R.-R. Riedel / M.L. Hansis / W. Wehrmann /
A. Schlesinger (Hrsg.)
Wirtschaftlich erfolgreich in der Arztpraxis

R.-R. Riedel / M.L. Hansis / W. Wehrmann / A. Schlesinger (Hrsg.)

Wirtschaftlich erfolgreich in der Arztpraxis

Das Einmaleins der Betriebswirtschaft für Ärzte

2. völlig überarbeitete Auflage

Unter Mitarbeit von J. Axer, K. Berresheim, R. Bristrup, C. F. Büll, F. S. Diehl, R. Fahlbusch, B. Glazinski, F. G. Hutterer, S. Jung, P. Klein, D. Knickenberg, U. Schmitz, R. Schütz, S. Sell, G. Strauss, S. Strick, O. Tobolski, C. Tophoven, M. Wallhäuser

Mit 31 Abbildungen und 20 Tabellen

Deutscher Ärzte-Verlag Köln

1. Auflage 2005

ISBN 978-3-7691-3284-7

aerzteverlag.de

Bibliografische Information der Deutschen National-bibliothek
Die Deutsche Nationalbibliothek verzeichnet diese Publikation in der Deutschen Nationalbibliografie; detaillierte bibliografische Daten sind im Internet über http://dnb.d-nb.de abrufbar.

Die Wiedergabe von Gebrauchsnamen, Handelsnamen, Warenbezeichnungen usw. in diesem Werk berechtigt auch ohne besondere Kennzeichnung nicht zu der Annahme, dass solche Namen im Sinne der Warenzeichen- oder Markenschutz-Gesetzgebung als frei zu betrachten wären und daher von jedermann benutzt werden dürften.

Wichtiger Hinweis:
Die Medizin und das Gesundheitswesen unterliegen einem fortwährenden Entwicklungsprozess, sodass alle Angaben immer nur dem Wissensstand zum Zeitpunkt der Drucklegung entsprechen können.
Die angegebenen Empfehlungen wurden von Verfassern und Verlag mit größtmöglicher Sorgfalt erarbeitet und geprüft. Trotz sorgfältiger Manuskripterstellung und Korrektur des Satzes können Fehler nicht ausgeschlossen werden.
Der Benutzer ist aufgefordert, zur Auswahl sowie Dosierung von Medikamenten die Beipackzettel und Fachinformationen der Hersteller zur Kontrolle heranzuziehen und im Zweifelsfall einen Spezialisten zu konsultieren.
Der Benutzer selbst bleibt verantwortlich für jede diagnostische und therapeutische Applikation, Medikation und Dosierung.
Verfasser und Verlag übernehmen infolgedessen keine Verantwortung und keine daraus folgende oder sonstige Haftung für Schäden, die auf irgendeine Art aus der Benutzung der in dem Werk enthaltenen Informationen oder Teilen davon entstehen.

Copyright © 2009 by
Deutscher Ärzte-Verlag GmbH
Dieselstraße 2, 50859 Köln

Umschlagkonzeption: Hans Peter Willberg und Ursula Steinhoff
Titelgrafik: Bettina Kulbe
Titelfoto: © medicalpicture/steche
Satz: Plaumann, 47807 Krefeld
Druck/Bindung: Bercker, 47623 Kevelaer

5 4 3 2 1 0 / 601

Herausgeber- und Autorenverzeichnis

Herausgeber

Prof. Dr. med. Dipl.-Kfm. (FH)
Rolf-Rainer Riedel
Rheinische Fachhochschule Köln
Schaevenstraße 1a/b
50674 Köln

Prof. Dr. med. Martin L. Hansis
Städt. Klinikum Karlsruhe
Moltkestraße 90
76133 Karlsruhe

Prof. Dr. med. Wolfgang Wehrmann
Warendorferstraße 183
48145 Münster

Prof. Dr. rer. pol. Almut Schlesinger
Rheinische Fachhochschule Köln
Schaevenstraße 1a/b
50674 Köln

Autoren

Prof. Dr. jur. Jochen Axer
Axer Partnerschaft, Rechtsanwälte
Wirtschaftsprüfer Steuerberater
Dürener Straße 295
50935 Köln

Klaus Berresheim
Diplom-Handelslehrer
Pestalozzistraße 24
50374 Erftstadt

Rosemarie Bristrup
Diplom-Pädagogin
Dezernat 3 der Bundesärztekammer,
zuständig für die Fachberufe im
Gesundheitswesen
Herbert-Lewin-Platz 1
10623 Berlin

Dr. jur. Christopher F. Büll
Fachanwalt für Medizinrecht
Dr. Schmitz Rechtsanwälte
Goethestraße 43
50858 Köln

Frank S. Diehl
Rechtsanwalt
Axer Partnerschaft, Rechtsanwälte
Wirtschaftsprüfer Steuerberater
Dürener Straße 295
50935 Köln

Reinhold Fahlbusch
Baumbachstraße 6
30163 Hannover

Prof. Dr. phil. Dipl.-Psych. Bernd Glazinski
MSA Management System Anwendung AG
Beethoventraße 24
50858 Köln

Dr. med. Frieder Götz Hutterer
Auf dem Heidenweg 8
50735 Köln

Dipl.-Finanzw. Stefan Jung
Rheinische Fachhochschule Köln
Schaevenstraße 1a/b
50674 Köln

Dr. med. Patricia Klein
Ostertorstraße 5
32312 Lübbecke

Prof. Dr. jur. Daniel Knickenberg
Anwaltsozietät Leinen & Derichs
Clever Straße 16
50668 Köln

Prof. Dr. med. Dipl.-Kfm. (FH)
Rolf-Rainer Riedel
Rheinische Fachhochschule Köln
Schaevenstraße 1a/b
50674 Köln

Prof. Dr. rer. pol. Almut Schlesinger
Rheinische Fachhochschule Köln
Schaevenstraße 1a/b
50674 Köln

Dr. jur. Udo Schmitz, MBL
Rechtsanwalt
Fachanwalt für Medizinrecht
Dr. Schmitz Rechtsanwälte
Goethestraße 43
50858 Köln

Rainer Schütz
Rheinische Fachhochschule Köln
Schaevenstraße 1a/b
50674 Köln

Prof. Dr. Stefan Sell
Fachbereich Betriebs- und Sozialwirtschaft
RheinAhrCampus Remagen
Südallee 2
53424 Remagen

Susanne Strick
Anwaltsozietät Leinen & Derichs
Clever Straße 16
50668 Köln

Dr. med. Oliver Tobolski
Praxisklinik in den Arkaden
Vorgebirgstraße 118
50969 Köln

Dr. rer. pol. Christina Tophoven
Bundespsychotherapeutenkammer
Klosterstraße 64
10179 Berlin

Matthias Wallhäuser
Anwaltsozietät Leinen & Derichs
Clever Straße 16
50668 Köln

Abkürzungsverzeichnis

AEVO	Ausbildereignungsverordnung
AfA	Absetzung für Abnutzung
AG	Aktiengesellschaft
AGG	Allgemeine Gleichbehandlungsgesetz
AK	Anschaffungskosten
AO	Abgabenordnung
ArbZG	Arbeitszeitgesetz
ArztR	Arztrecht
Ärzte-ZV	Zulassungsverordnung für Vertragsärzte
AZ	Aktenzeichen
BAG	Berufsausübungsgemeinschaft
BAO	Bundesverband für Ambulantes Operieren
BbiG	Berufsbildungsgesetz
BdF	Bundesminister für Finanzen
BDSG	Bundesdatensicherungsgesetz
BerzGG	Bundeserziehungsgeldgesetz
BetrVG	Betriebsverfassungsgesetz
BFH	Bundesfinanzhof
BGB-Gesellschaft	Gesellschaft bürgerlichen Rechts
BGH	Bundesgerichtshof
BMF	Bundesministerium der Finanzen
BMV-Ä	Bundesmantelvertrag – Ärzte
BND	betriebsgewöhnliche Nutzungsdauer
BRAGO	Bundesgebührenordnung für Rechtsanwälte
BSNR	Betriebsstättennummer
BStBl	Bundessteuerblatt
BurlG	Bundesurlaubsgesetz
BVerfG	Bundesverfassungsgericht
COC	Center of Competence
DGN	Deutsches Gesundheitsnetz
DMP	Disease-Management-Programm
DRG	Diagnosis Related Groups
DRG-Katalog	Abrechnungskatalog auf Grundlage von Fallpauschalen
EAÜR	Einnahmen-Ausgaben-Überschuss-Rechnung
EbM	Evidenzbasierte Medizin
EBM	Einheitlicher Bewertungsmaßstab
EFQM	European Foundation for Quality Management
EK-Konto	Eigenkapital-Konto

EntgeltfortzahlungsG	Entgeltfortzahlungsgesetz
EPA	Europäisches Praxisassessment
EstG	Einkommensteuergesetz
EstR	Einkommensteuer-Richtlinien
EuGH	Europäischer Gerichtshof
EÜR	Einnahmen-Überschuss-Rechnung
FiWA	Finanzwirtschaftliche Auswertung
G-BA	Gemeinsamer Bundesausschuss
GbR	Gesellschaft bürgerlichen Rechts
G-DRG	German Diagnosis Related Groups
GG	Grundgesetz
GKV	Gesetzliche Krankenversicherung
GKV-WSG	GKV-Wettbewerbsstärkungsgesetz
GMG	Gesundheitssystemmodernisierungsgesetz
GOÄ	Gebührenordnung für Ärzte
GWG	Geringwertige Wirtschaftsgüter
HGB	Handelsgesetzbuch
HVM	Honorarverteilungsmaßstab
HVV	Honorarverteilungsvertrag
HWG	Heilmittelwerbegesetz
ICD	Internationale Klassifikation der Krankheiten
IGeL	Individuelle Gesundheitsleistungen
IGV	Integrierte Versorgung
KF	Kommanditgesellschaft
KfW	Kreditanstalt für Wiederaufbau
KHK	Koronare Herzkrankheit
KSchG	Kündigungsschutzgesetz
KTQ	Kooperation für Transparenz und Qualität im Gesundheitswesen
KVK	Krankenversicherungskarte
LANR	Lebenslange Arztnummer
MBO	Musterberufsordnung
MBO-Ä	Musterberufsordnung für die deutschen Ärztinnen und Ärzte
MedR	Medizinrecht
MFA	Medizinische/r Fachangestellte/r
MuSchG	Mutterschutzgesetz
MVZ	Medizinische Versorgungszentren
NachwG	Nachweisgesetz
OFD	Oberfinanzdirektion
OHG	Offene Handelsgesellschaft
OLG	Oberlandesgericht
OVG	Oberverwaltungsgericht
PartGG	Gesetz über Partnerschaftsgesellschaften
PDCA	Plan-Do-Check-Act
PKV	Private Krankenversicherung
QEP	Qualität und Entwicklung in Praxen
QM	Qualitätsmanagement

QZ	Qualitätszirkel
RADAR	Result Approach, Deployment, Assessment, Review
RKI	Robert Koch-Institut
RSA	Risikostrukturausgleich
SBK	Schlussbilanzkonto
SGE	Strategische Geschäftseinheiten
SGB	Sozialgesetzbuch
SGE	Strategische Geschäftseinheiten
SOP	Standard Operating Procedures
TDG	Teledienstgesetz
TMG	Telemediengesetz
TzBfG	Teilzeit- und Befristungsgesetz
USP	Unique Selling Proposition
UstDV	Umsatzsteuerdurchführungsverordnung
UstG	Umsatzsteuergesetz
USV	Unterbrechungsfreie Stromversorgung
UWG	Gesetz gegen den Unlauteren Wettbewerb
VAAO	Velener Arbeitskreis Ambulantes Operieren
VändG	Vertragsarztrechtsänderungsgesetz
VersR	Versicherungsrecht
ZI	Zentralinstitut für die kassenärztliche Versorgung
ZPO	Zivilprozessordnung

Vorwort

Durch den Strukturwandel im Gesundheitswesen ändern sich auch die Rahmenbedingungen Ihrer Praxisführung: Medizinisches Fachwissen alleine reicht in Zeiten knapper Budgets nicht mehr aus, betriebswirtschaftliches Know-how ist notwendig, um den wirtschaftlichen Erfolg Ihrer Praxis zu sichern.

Ärzte würden alle zu den Großverdienern zählen, so die verbreitete Denkweise der Allgemeinheit. Die Realität zeigt aber, dass bei jedem zweiten Arzt das Einkommen aus den GKV-Einnahmen seit 1993 um bis zu 50 Prozent gesunken ist. Gerade den Einzelpraxen droht, aufgrund der hohen Betriebskosten in wachsenden Umfang rote Zahlen zu schreiben. Wenn in der Praxis die Kosten die Erlöse regelmäßig überschreiten, ohne dass der Praxisinhaber Gegenmaßnahmen ergreift, findet zwangsläufig eine Verdrängung im Wettbewerb statt und Ihr erarbeitetes Lebenswerk ist einfach nichts mehr wert. Gegen diese Entwicklung müssen Sie als Arzt aktiv gegensteuern. Nehmen Sie doch einfach folgenden Test vor, der das für die EBM-Kalkulation zugrunde gelegte Oberarztgehalt in Höhe von rd. 105 000 € nutzt: Praxisertrag vor Steuern minus dem fiktiven Oberarztgehalt: Welchen Betrag ermitteln Sie dann?

Die ärztlichen Leistungserbringer als direkt Betroffene dieser Entwicklung stellen zu Recht kritische Fragen: Wo bleibt die ärztliche Ethik, wenn Marktmechanismen und ökonomische Zwänge mehr und mehr ärztliches Handeln bestimmen und die Praxis als Wirtschaftsunternehmen funktionieren muss? Kann ich als niedergelassener Arzt mit dem medizinischen und technischen Fortschritt aus Kostengesichtspunkten noch Schritt halten, ohne mich zu ruinieren? Jedoch ist der niedergelassene Arzt heute im Zugzwang, die ökonomischen Prozesse in seiner Praxis so zu gestalten, dass medizinische Versorgung zu möglichst hoher Qualität möglich ist. Gemäß den Beschlüssen des Ärztetages 2004 und der in Kraft getretenen Gesetze (Vertragsarztrechtsänderungsgesetz und GKV-WSG) werden Arztpraxen als Gesundheitsunternehmen betrachtet, die sich die medizinische Versorgung von Patienten als Aufgabe gesetzt haben. So wird es Ärzten in der Zukunft u.a. möglich sein, mehrere Praxen zu führen oder aber auch dritte Ärzte als Angestellte zu beschäftigen.

Die Arztpraxis in den betreffenden Bereichen auf diese Erfordernisse auszurichten, läuft nicht über kaufmännische Funktionen, sondern den Weg hin zu kaufmännisch-ärztlichen Prozessen. Mehr Kosteneffizienz und sparsamer Mitteleinsatz sind die Lösungsformel.

Die Industrie, der Handel, die Lieferanten mit ihrem vorhandenen Potenzial sind im Gegenzug aufgerufen, dieses Engagement der Ärzte durch finanzierbare Innovationen und vor allem durch partnerschaftlich ausgerichtetes Handeln zu unterstützen. Nur dergestalt lassen sich Ethik und Geld im Gesundheitswesen auf einen Nenner bringen. Die Optimierung der medizinischen Leistungen muss das Ziel sein, und das Bemühen um Verbesserung von Kostenstrukturen darf nicht zu einer einseitigen Kommerzialisierung des Gesundheitswesens und der Merkantilisierung des Arztberufes führen, bei dessen Ausübung dann nicht mehr der Patient, sondern der Profit im Vordergrund

stünde. Gleichzeitig muss sich die Ärzteschaft allerdings den Herausforderungen der
deutschen Gesundheitspolitik stellen und
hierauf unter Wahrung ihrer berufspoliti-
schen Leitlinien reagieren.

Köln, im Oktober 2008
Die Herausgeber

Inhaltsverzeichnis

1 Wirtschaftliche Praxisführung: Grundlagen und gesundheitspolitische Rahmenbedingungen

Rolf-Rainer Riedel, Rainer Schütz, Stefan Sell, Christina Tophoven, Matthias Wallhäuser

1.1 Arztpraxis und Ökonomie: Mehr als ein Zweckbündnis

Aufgrund der gesundheitspolitischen Rahmenbedingungen reicht es heute nicht mehr aus, „nur" ein guter Arzt mit entsprechend fachlicher Qualifikation zu sein. Ergänzend hierzu müssen Sie die Eigenschaften eines guten Praxismanagers aufweisen, um Ihre Praxis langfristig erfolgreich führen zu können. Auch Sie als Praxisinhaber können die Erfolgsrezepte anderer erfolgreicher Unternehmer nutzen! Allerdings besteht ein kleiner Unterschied zu Unternehmen in der freien Marktwirtschaft: Sie müssen nämlich die Besonderheiten des Gesundheitsmarktes für niedergelassene Ärzte beachten. Eine gute Patientenversorgung ist leider nicht automatisch mit wirtschaftlichem Erfolg gleichzusetzen. Vor diesem Hintergrund sind Sie als ärztlicher Unternehmer gehalten, neben Ihren patientenzentrierten Prinzipien auch kaufmännischen Grundsätzen zu folgen. Vertiefen Sie also Ihr betriebswirtschaftliches Know-how, damit Ihre Praxis auch noch morgen erfolgreich an der Patientenversorgung teilnehmen kann. Zu diesem Zweck haben wir für Sie in diesem Buch alle relevanten Management-Module, die Sie im Alltag für Ihre Arztpraxis benötigen, auf die besondere Situation der Arztpraxis übertragen und praxisnah zusammengefasst.

Als Arzt und Manager sollten Sie sich begleitend zu Ihrer primären medizinischen Tätigkeit vor allem den Themen des Kosten-, Qualitäts- und Prozessmanagements widmen. Prozessmanagement ist nicht mehr nur ein Thema von großen Unternehmen, denn die optimierten Abläufe in Ihrer Praxis führen zu einem optimierten Ergebnis: gutes Kosten- und Qualitätsmanagement sowie sehr zufriedene Patienten. Die Umsetzung dieser Aufgabenbereiche kommt Ihren Patienten als Kunden zugute.

Ein erfolgreiches Unternehmen, auch eine Arztpraxis, muss ebenfalls nach den Grundlagen des Finanzmanagements gesteuert werden. Diese Grundlagen können Sie genauso wie die Themenkreise Finanzierung und Investitionen sowie Einführung in das Steuerrecht in diesem Wegweiser nachlesen. In Kapitel 6 finden Sie Tipps, wie Sie durch geschicktes Marketing Ihre Patienten verstärkt an sich und Ihre Praxis binden.

1.2 Marktbedingungen im Gesundheitswesen

Jeder Arzt hat aus ökonomischer Sicht das langfristige Ziel, sich seinen Marktanteil im Gesamtmarkt zu sichern. Abbildung 1.1 verdeutlicht das sog. **Marktpotenzial** des niedergelassenen Arztes in Abhängigkeit von seinem Einzugsgebiet an zu versorgenden Patienten. An dieser Stelle muss unter den zz. geltenden Abrechnungsbestimmungen berücksichtigt werden, dass die Honorierung für die Erbringung von Leistungen für Versicherte der Gesetzlichen Krankenversicherungen budgetiert und damit gedeckelt ist. Von daher hat die Marktpotenzialbetrachtung auf den ersten Blick nur dann eine Bedeutung, wenn der niedergelassene Arzt sein GKV-Budget nicht ausgeschöpft hat. Darüber hinaus kann jedoch diese Marktpotenzial-

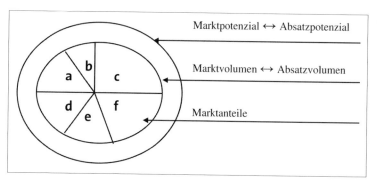

Abb. 1.1: Marktpotenzial

analyse auch dazu genutzt werden, um das zukünftige Wachstumspotenzial an Privatpatienten oder Patienten, die auf eigenen Wunsch kostenpflichtige Selbstzahlerleistungen (Individuelle Gesundheitsleistungen) in Anspruch nehmen werden, abzuschätzen (s.a. Kap. 1.2.2).

Die **Rahmenbedingungen im Gesundheitswesen** haben sich in den letzten zwei Jahrzehnten stetig verändert. Die Wirkungen der staatlichen Reformbestrebungen, unter anderem umgesetzt im GKV-Modernisierungsgesetz (GMG) 2004, im Vertragsarztrechtsänderungsgesetz (VÄndG) und im GKV-Wettbewerbsstärkungsgesetz (GKV-WSG), werden auch in Ihrer Vertragsarztpraxis deutlich spürbar:

◢ Die Zahl der niedergelassenen Ärzte (Leistungserbringer) hat trotz der sich verknappenden Ressourcen und der Bedarfszulassung in den letzten 20 Jahren zugenommen; hierdurch werden Ärzte in Ihrem Einzugsgebiet zunehmend zu Wettbewerbern.

◢ Zusätzlicher Konkurrenzdruck entsteht durch die Öffnung des ambulanten Sektors für die Krankenhäuser im Rahmen der Integrierten Versorgung (IGV).

◢ Seit 01.04.2007 können Krankenhäuser zudem ihre Spezialambulanzen gem. § 116b SGB V auf Antrag bei der zuständigen Krankenhausplanungsbehörde des betreffenden Bundeslandes für die Regel-Versorgung entsprechend dem Versorgungsschwerpunkt zulassen.

◢ Fast 1000 MVZ (Medizinische Versorgungszentren) sind mittlerweile zur Versorgung von Patienten aller Krankenversicherungen zugelassen. In diesem Angebotssegment treten Krankenhäuser zunehmend in den direkten Wettbewerb zu den niedergelassenen Ärzten.

◢ In Anbetracht der gesamtwirtschaftlichen Entwicklung stehen seit gut zehn Jahren nur begrenzte finanzielle Ressourcen im Ersten Gesundheitsmarkt der GKV zur Verfügung.

1.2.1 Auswirkungen der Gesundheitsgesetzgebung auf den ambulanten Bereich

Die beiden wichtigsten Gesetze der Gesundheitsreform 2007 (VÄndG und GKV-WSG) beeinflussen die Wettbewerbssituation im Gesundheitswesen wesentlich. Die einzelnen Marktteilnehmer (Krankenhäuser, Hausärzte, Fachärzte) bemühen sich um die gleichen Patientenzielgruppen. Gleichzeitig entwickeln die Patienten selbst eine zunehmende Nachfrage an zusätzlichen medizinischen Leistungen. Unter Berücksichtigung dieser beiden Trends lässt sich erkennen, dass sich in dem ambulant medizinischen Versorgungssegment marktähnliche Strukturen und Wettbewerbsrahmenbedingungen entwickeln. Infolgedessen besteht eine wachsende Tendenz, u.a. die Einzelpraxis in größere   Berufsausübungsgemeinschaften

(BAG) einzubringen. Dabei darf nicht übersehen werden, dass die neuen Regelungen nicht nur bzw. nicht unbedingt den Wettbewerb zwischen niedergelassenem Arzt und Krankenhaus verschärfen, sondern vielfältige Kooperationsmöglichkeiten bieten. So wird erwartet, dass sich – neben oder gar an Stelle des bisherigen Belegarztwesens – ein echtes Konsiliararztwesen herausbilden wird, ein niedergelassener Arzt freiberuflich oder in Teilanstellung beim Krankenhausträger seine Patienten stationär im Krankenhaus weiterversorgt und hierfür vom Krankenhausträger entlohnt wird. Die Kooperationsmöglichkeiten zwischen Arzt und Krankenhaus erhöhen somit indes zugleich den Wettbewerb zwischen den niedergelassenen Ärzten um eben solche Kooperationen.

Die im folgenden Überblick dargestellten Gesetzesänderungen gewähren dem Vertragsarzt neue Möglichkeiten des Leistungsangebots für seine Patienten und damit ein Stück mehr an unternehmerischer Freiheit, die viele bereits vollständig verloren geglaubt haben. Insbesondere in den neuen zulässigen Kooperationen mit anderen Leistungserbringern liegen erhebliche Chancen, an sich neu bildenden Strukturen in der ambulanten Versorgung der gesetzlich versicherten Patienten teilzuhaben.

VändG – Auf zu neuen Ufern

Das Vertragsarztrechtsänderungsgesetz (VändG) hat neue Entwicklungstrends im ambulanten Versorgungsangebot für Patienten gesetzt. Die wichtigsten Schlagworte sind:

◢ Teilzulassung
◢ Zweigpraxis
◢ (Über)örtliche Berufsausübungsgemeinschaft
◢ Teilgemeinschaftspraxis
◢ Wegfall von Altersgrenzen
◢ Anstellung von Ärzten
◢ Möglichkeit der Tätigkeit in Praxis und Krankenhaus
◢ Medizinische Versorgungszentren

Diese sich aus dem VändG ergebenden Optionen erläutern wir im folgenden Überblick.

Teilzulassung. Die Zulassung eines Vertragsarztes kann in Zukunft auf die Hälfte einer hauptberuflichen Tätigkeit beschränkt werden. Dies gilt sowohl für den Arzt, der sich erstmals um eine Zulassung als Vertragsarzt bewirbt, als auch für den bereits zugelassenen Vertragsarzt, der für die Zukunft auf die Hälfte seiner Zulassung verzichten möchte. Hiermit geht – naturgemäß – eine entsprechende Reduzierung des Punktzahlvolumens einher.

Interessant sind die Möglichkeiten der Teilzulassung nicht nur für junge Mütter, an die der Gesetzgeber hierbei in erster Linie gedacht hat, sondern gerade auch im Hinblick auf die nachstehend noch zu erläuternden weiteren Möglichkeiten des voll zugelassenen Vertragsarztes, sich verstärkt als Partner von Kooperationen im niedergelassenen Bereich, aber auch sektorübergreifend anzubieten: Verhandlungspartner hinsichtlich einer beabsichtigten Kooperation kann für den Krankenhausträger in Zukunft durchaus der Arzt sein, der selbst mit hälftiger Teilzulassung niedergelassen tätig ist, andere Vertragsarztsitze an sich gebunden und diese mit angestellten Ärzten besetzt hat. Es wird deutlich: Die Neuerungen des Vertragsarztrechtsänderungsgesetzes verschaffen dem Vertragsarzt auch neue Möglichkeiten und Kooperationsformen mit Krankenhäusern. Dies verschärft den Wettbewerb zwischen den Vertragsärzten um eben solche Kooperationen und damit um den Zugang zu Patienten.

Praxistipp
Die Teilzulassung ist nicht unproblematisch: Zwar kann die Beschränkung auf eine hälftige Zulassung auf Antrag des Arztes auch wieder aufgehoben werden, allerdings muss sich der betreffende Arzt dann dem üblichen Zulassungsverfah-

ren, und zwar unter Berücksichtigung des Bedarfsplanungsrechts, unterziehen. Befindet sich seine Praxis in einem für sein Fachgebiet gesperrten Bezirk, sind seine Aussichten auf Wiedererlangung der vollen Zulassung beschränkt. Streitig ist auch, ob die frei werdende Hälfte der Zulassung des Arztes, der seine Zulassung auf 50% beschränkt, übertragen werden kann; in Betracht kommt hierfür das sog. Nachbesetzungsverfahren des § 103 Abs. 4 SGB V. Derzeit wird von einigen Zulassungsausschüssen die Auffassung vertreten, für die Teilzulassung stehe dieser Weg nicht offen. Sie sollten den Schritt in die Teilzulassung daher sorgfältig abwägen.

Zweigpraxis. Es ist Ihnen als Vertragsarzt nunmehr auch erlaubt, an mehreren Orten tätig zu sein. Allerdings setzt das Berufsrecht eine Grenze insoweit, als jedem – also auch dem privatärztlich tätigen – niedergelassenen Arzt lediglich zwei Filialen erlaubt sind.

Kurz zur bisherigen Rechtslage: Bisher war eine Zweigpraxis nur dann zulässig, wenn diese zur medizinischen Versorgung der Bevölkerung erforderlich war. Hierüber hatte der Zulassungsausschuss zu befinden und hat dies nur in sehr engen Grenzen und unter Beachtung des Bedarfsplanungsrechts angenommen. Sonst kamen nur ausgelagerte Praxisräume in Betracht; dies waren solche Praxisräume, in denen lediglich spezielle Untersuchungs- und Behandlungsmethoden angeboten wurden, nicht jedoch eine Sprechstunde.

Voraussetzung für eine Filialtätigkeit ist nunmehr, dass die Versorgung der Versicherten an dem weiteren Ort hierdurch eine Verbesserung erfährt und zugleich die ordnungsgemäße Versorgung der Versicherten am Ort des Vertragsarztsitzes nicht beeinträchtigt wird. Wann eine Verbesserung bzw. eine Beeinträchtigung vorliegt, hat der Ge-

setzgeber indes nicht bestimmt. Dies wird die Verwaltungspraxis erweisen; auch hier ist mit einer eher größeren Zurückhaltung der Zulassungsausschüsse zu rechnen. Vernünftigerweise wird es hinsichtlich der Frage nach einer Verbesserung nicht darauf ankommen, ob am Ort der Zweigpraxis Zulassungsbeschränkungen bestehen. Von einer Verbesserung der Versorgung der Versicherten wird dann auszugehen sein, wenn am Ort der Zweigpraxis die Wartezeiten für Patienten verkürzt werden, was etwa bei seltenen Leistungen und Erkrankungen schnell erreicht wird. Umgekehrt wird diskutiert, dass eine Beeinträchtigung der ordnungsgemäßen Versorgung am Stammsitz bereits dann vorliegt, wenn das Engagement in der Zweigpraxis zu längeren Wartezeiten am Stammsitz führt oder gar zu einer Verknappung des Leistungsangebotes. Durch den am 01.07.2007 in Kraft getretenen Bundesmantelvertrag-Ärzte ist nunmehr klargestellt, dass bestimmte Sprechzeiten einzuhalten sind: Der sich aus der Zulassung des Vertragsarztes ergebende Versorgungsauftrag ist dadurch zu erfüllen, dass der Vertragsarzt an seinem Vertragsarztsitz persönlich mindestens 20 Stunden wöchentlich in Form von Sprechstunden zur Verfügung steht.

Wichtig für Sie als Vertragsarzt ist es zu wissen, dass die Regelungen zur Zweigpraxis auch für Krankenhausträger von Bedeutung sind, weil sie selbstverständlich auch das MVZ betreffen. Auch ein MVZ kann Filialpraxen unterhalten. Schon bestehen Überlegungen auf Seiten von Krankenhausträgern, neben dem in Krankenhausnähe positionierten Facharzt-MVZ in der weiteren Umgebung hausärztliche Filialpraxen zu betreiben, um so die Versorgungskette zu komplettieren.

Die Zweigpraxis birgt besondere Problemfelder. Durch das Vertragsarztrechtsänderungsgesetz ist klargestellt, dass eine Zweigpraxis auch in einem fremden KV-Bezirk betrieben werden darf; dies bedarf der sog. Ermächtigung durch den Zulassungsausschuss in diesem fremden KV-Bezirk. Der Zulassungsausschuss am Sitz der Stamm-KV wird hinsichtlich der Versorgungsgefährdung am Stammsitz allerdings angehört. Unklar ist derzeit noch, wem gegenüber die in der im fremden Bezirk gelegenen Zweigpraxis erbrachten Leistungen abgerechnet werden. Eine weitere Unsicherheit im Rahmen der Planung einer Filialpraxis besteht darin, dass der Zulassungsausschuss durchaus die Möglichkeit hat, die Ermächtigung mit Auflagen zu versehen, etwa in Form einer Mindestpräsenz in der Stammpraxis oder einer Höchstpräsenz in der Filiale.

Der Versorgungsauftrag des Vertragsarztes an dem weiteren Ort sowie am Stammsitz kann im Rahmen der Grenzen, die der Grundsatz der persönlichen Leistungserbringung zieht, auch durch angestellte Ärzte erfüllt werden, und zwar sowohl durch Ärzte, die am Stammsitz angestellt werden, als auch durch solche Ärzte, die speziell für die Tätigkeit am weiteren Ort eingestellt werden. Die Anstellung eines Arztes als solche bedarf stets der Genehmigung. Für seine Filialtätigkeit ist zwar grundsätzlich keine zusätzliche Genehmigung notwendig; dies gilt allerdings nur dann, wenn der angestellte Arzt dort nicht ausschließlich tätig ist. Wird der angestellte Arzt ausdrücklich nur für die Filialpraxis angestellt, bedarf dies der separaten Genehmigung, die nur dann erteilt wird, wenn für die Filialpraxis keine Zulassungsbeschränkungen bestehen oder bestehende Zulassungsbeschränkungen überwunden werden können (Nachbesetzung durch Übernahme eines Vertragsarztsitzes). Zuständig für die Genehmigung ist der Zulassungsausschuss am Ort der Filialpraxis.

Ärztliche Kooperationen. Die Bildung und Ausübung von Berufsausübungsgemeinschaften ist vereinfacht worden. Die vertragsarztrechtliche Zulässigkeit von standortübergreifenden Berufsausübungsgemeinschaften war bislang strittig. Durch eine Änderung des § 33 Ärzte-ZV ist nun klargestellt worden, dass sowohl örtliche als auch überörtliche Berufsausübungsgemeinschaften zulässig sind. Klargestellt wird in dieser Vorschrift ferner, dass Berufsausübungsgemeinschaften unter *allen zur vertragsärztlichen Versorgung zugelassenen Leistungserbringern mit Ausnahme von zuweisungsabhängigen Facharztgruppen (Labor, Radiologie)* zulässig sind, sodass also nicht nur Berufsausübungsgemeinschaften zwischen Vertragsärzten zulässig sind, sondern auch etwa zwischen Vertragsarzt und Psychotherapeuten sowie zwischen Vertragsarzt und Medizinischem Versorgungszentrum. Hinsichtlich der Medizinischen Versorgungszentren soll dies auch unabhängig davon gelten, ob sie als Kapital- oder als Personengesellschaften organisiert sind. Für die Mitglieder der überörtlichen Berufsausübungsgemeinschaften besteht bezogen auf ihre Tätigkeit für die Berufsausübungsgemeinschaft keine Präsenzpflicht. Auch Berufsausübungsgemeinschaften können künftig ferner Ärzte anstellen sowie an jedem ihrer Vertragssitze entsprechend dem Versorgungsbedarf einsetzen dürfen.

Vollständig neu geregelt wurde die Vorschrift in der Ärzte-ZV zur **Berufsausübungsgemeinschaft.** Die Regelungen erlauben und regeln die Anforderungen an die gemeinsame Berufsausübung und zwar für alle zur vertragsärztlichen Versorgung zugelassenen Leistungserbringer, also nicht nur für den Vertragsarzt, sondern insbesondere auch für das MVZ. Dabei sind Berufsausübungsgemeinschaften sowohl mit einem einzigen Vertragsarztsitz (in diesem Sinne also als örtliche Berufsausübungsgemeinschaft) als auch mit mehreren Vertragsarztsitzen (dann als überörtliche Berufsausübungsgemeinschaft) zulässig. Erforderlich ist die vorherige Genehmigung des Zulassungsausschusses. Es besteht ein Anspruch auf Genehmigung dann, wenn die Erfüllung der Versorgungspflicht am Vertragsarztsitz gewährleistet bleibt und der Vertragsarzt an den anderen Vertragsarztsitzen nur in zeitlich begrenztem Umfang tätig wird. Die Anzahl der Berufsausübungsgemeinschaften, an denen ein Vertragsarzt sich beteiligt, ist gesetzlich nicht beschränkt. Wird eine überörtliche Berufsausübungsgemeinschaft über die Grenzen von Zulassungsbezirken hinaus gebildet, muss für mindestens zwei Jahre einer der Sitze bestimmt werden, der sowohl für die Genehmigungsentscheidung als auch für die Abwicklung der Leistungserbringung an allen Vertragsarztsitzen maßgeblich ist.

Praxistipp

Bitte beachten Sie, dass für eine Behandlungstätigkeit in einer Berufsausübungsgemeinschaft eine gemeinsame Behandlungsunterlage geschaffen werden muss; die Berufsausübungsgemeinschaft kennt nur einen Patientenstamm. Auch stellen sich steuerrechtliche Fragen, erst recht dann, wenn fachgebietsfremde Ärzte sich zu Berufsausübungsgemeinschaften zusammenschließen; es besteht dann das Risiko, dass die Tätigkeit als gewerblich eingestuft wird mit der Folge, dass die gesamten Einnahmen der Berufsausübungsgemeinschaft der Gewerbesteuer unterliegen (s. hierzu a. Kap. 8).

Teilgemeinschaftspraxis. Auch die Bildung von Berufsausübungsgemeinschaften zur Übernahme spezifischer, auf die Erbringung bestimmter Leistungen bezogener Behandlungsaufträge ist nunmehr erlaubt. Der Gesetzgeber hatte hierzu ein Beispiel vor Augen: Es schließen sich ein Kinderarzt und ein Psychiater zusammen. Beide behalten ihre eigene Praxis, erbringen aber die psychiatrische Behandlung von Kindern im Rahmen einer Teilgemeinschaftspraxis gemeinsam.

Mittlerweile ist durch die Berufsordnungen in den Ländern weitestgehend klargestellt, dass nur die echte Leistungserbringer-

gemeinschaft erlaubt sein soll, nicht aber sog. Kickback-Konstellationen. Bekannt sind die Gestaltungen, in denen ein Laborarzt mehrere Dutzend bis mehrere Hundert über das gesamte Bundesgebiet verteilte niedergelassene Ärzte als Partner einer (sternförmig angelegten) Teilgemeinschaftspraxis aufnimmt. Solche Konstellationen verstoßen gegen das berufsrechtliche Verbot der Zuweisung von Patienten gegen Entgelt.

Teilzeittätigkeit des Vertragsarztes. Nach der derzeit geltenden Ärzte-ZV sind Nebentätigkeiten des Vertragsarztes nur ganz beschränkt zulässig. Nach § 20 Abs. 1 Ärzte-ZV ist ein Arzt für die Ausübung vertragsärztlicher Tätigkeit nicht geeignet, der wegen eines Beschäftigungsverhältnisses oder einer anderen nicht ehrenamtlichen Tätigkeit für die Versorgung der gesetzlich Versicherten nicht in erforderlichem Maß zur Verfügung steht. Hierbei wird es bleiben; auch mit dem VändG wird eine Nebentätigkeit des Vertragsarztes nur in zeitlich beschränktem Umfang von bis zu 13 Stunden möglich sein. Gleichzeitig können nun auch angestellte Krankenhausärzte bis zu 13 Stunden in Medizinischen Versorgungszentren oder Arztpraxen tätig sein. Nun wird dem Vertragsarzt in einem neuen § 19a Ärzte-ZV aber die Befugnis eingeräumt, den grundsätzlich vollzeitigen Versorgungsauftrag auf die Hälfte zu beschränken. Diese Beschränkung muss gegenüber dem Zulassungsausschuss angezeigt und von diesem im Beschlusswege festgestellt werden. Allerdings muss sich der Vertragsarzt darüber bewusst sein, dass der einmal zu 50% abgetretene Kassensitz für ihn unwiederbringlich abgegeben ist, sofern der Kollege (Jobsharer) mit den zweiten 50% dieses Kassensitzes diesen nicht mehr an den ursprünglichen Kassensitzinhaber mit Zustimmung der KV zurücküberträgt. Wird die angesprochene „KV-Sitz-Hälfte" an die KV zurückgegeben, dann ist dieser Schritt als dauerhaft anzusehen, es sei denn, diese

Rückübertragung wird in einem ärztlich unterversorgten Gebiet erfolgen.

Nebentätigkeit des Vertragsarztes. Geändert wurde ferner die Regelung des § 20 Abs. 2 Ärzte-ZV. Nach der Rechtsprechung des Bundessozialgerichts sind dies Nebentätigkeiten als Arzt im Krankenhaus. Entsprechend den Regelungen des VÄndG kann nun ein Vertragsarzt in einem Krankenhaus oder einer Vorsorge- oder Rehabilitationseinrichtung, mit der ein Versorgungsvertrag nach § 111 SGB V abgeschlossen worden ist, tätig sein dürfen und mit einer solchen Einrichtung kooperieren können, ohne dass damit seine Eignung als Vertragsarzt infrage gestellt ist. Dies gilt auch für seine Berufsausübung in einem MVZ. Darüber hinaus wurde klargestellt, dass ein Arzt als Angestellter gleichzeitig in einem Krankenhaus und in einem Medizinischen Versorgungszentrum tätig sein darf. In den eben genannten Tätigkeitskonstellationen ist jedoch darauf zu achten, dass eine entsprechende Berufsausübung einen Umfang von 13 Stunden pro Woche nicht überschreiten darf. Möglich ist auch eine gleichzeitige Anstellung in einer Vertragsarztpraxis und in einem Krankenhaus oder einer Vorsorge- oder Rehabilitationseinrichtung.

Präsenzpflicht eines Vertragsarztes. Das reformierte Berufsrecht erlaubt den Ärzten, über den Praxissitz hinaus an zwei weiteren Orten ärztlich tätig zu sein, sofern sie die Vorkehrungen für eine ordnungsgemäße Versorgung ihrer Patienten an jedem Ort ihrer Tätigkeit treffen. Bislang standen dem aber die Regelungen des Vertragsarztrechts entgegen. Zwar hält das Gesetz auch weiterhin daran fest, dass die Erteilung einer Zulassung für den Ort der Niederlassung des Arztes (Vertragsarztsitz) erfolgt. Nach den neuen Regelungen können aber weitere vertragsärztliche Tätigkeiten außerhalb des Vertragsarztsitzes an weiteren Orten zulässig sein, so-

weit dies mit der spezifischen Pflicht eines Vertragsarztes, die vertragsärztliche Versorgung an seinem Vertragsarztsitz zu gewährleisten, vereinbar ist und dies die Versorgung der Versicherten an den weiteren Orten verbessert. Die weiteren Arztsitze dürfen auch außerhalb des KV-Bezirks für den Vertragsarztsitz liegen. Auch die Anstellung von Ärzten außerhalb des Sitzes eines Vertragsarztes an weiteren Orten ist unter Berücksichtigung der bestehenden Zulassungsbeschränkungen zulässig.

Altersgrenzen. Der Vollständigkeit halber sei erwähnt, dass die im Vertragsarztrecht bis dahin bestehenden Altersgrenzen weggefallen sind. Bis zum 01.01.2007 bestand die sog. Alterszugangsgrenze. Ein Arzt, der das 55. Lebensjahr vollendet hatte, erhielt keine Zulassung mehr. Diese Alterszugangsgrenze ist vollständig aufgehoben worden. Interessant ist dies insbesondere für den über 55-jährigen Chef- oder Oberarzt, der sich auf den ausgeschriebenen Sitz eines Vertragsarztes bewerben möchte, gegebenenfalls in Teilzulassung, um in Zukunft sowohl im Krankenhaus als auch im Vertragsarztbereich – ggf. in (Teil-)Gemeinschaftspraxis mit einem niedergelassenen Kollegen – tätig zu sein.

Daneben bestand und besteht – allerdings in beschränkter Weise – eine sog. Altershöchstgrenze. Bis zum 01.01.2007 war es so, dass ein Vertragsarzt seine Zulassung mit der Vollendung seines 68. Lebensjahres automatisch verlor. In unterversorgten Gebieten ist diese starre Regelung nunmehr gelockert worden; in diesen Gebieten können Ärzte unter bestimmten Rahmenbedingungen auch über das 68. Lebensjahr hinaus als Vertragsarzt tätig sein.

Anstellung von Ärzten. Maßgebliche Änderungen gibt es bei den Anstellungsmöglichkeiten von Ärzten. Nach der bisherigen Rechtslage war es so, dass ein niedergelassener Arzt lediglich eine Vollzeitkraft oder zwei

Halbtagskräfte anstellen konnte. Erforderlich war allerdings eine Fachgebietsidentität, Ärzte mit anderen Spezialisierungen konnten nicht angestellt werden.

Durch das Vertragsarztrechtsänderungsgesetz und die Neuregelungen im Bundesmantelvertrag für Ärzte ist nunmehr die Rechtslage so, dass der Vertragsarzt drei Vollzeitstellen oder eine entsprechende Anzahl von Teilzeitstellen besetzen kann; bei überwiegend medizinisch-technischen Leistungen sind es sogar vier Vollzeitstellen oder die entsprechende Anzahl von Teilzeitstellen. Während das Vertragsarztrechtsänderungsgesetz eine solche zahlenmäßige Beschränkung nicht vorgesehen hat, ist sie im Bundesmantelvertrag durch die Selbstverwaltung eingeführt worden. Der Grund hierfür liegt in dem von den Vertragsärzten zu beachtenden Grundsatz der persönlichen Leistungserbringung, der eben nicht aufgegeben werden sollte. Ausnahmen von dieser zahlenmäßigen Beschränkung sind deshalb nur dann möglich, wenn der Vertragsarzt einen Nachweis über Vorkehrungen zur Gewährleistung seiner persönlichen Leitung erbringt.

Nicht ganz so innovativ sind die Regelungen für gesperrte Planungsbereiche. Dort gelten die alten Regelungen im Grundsatz weiter. Dies bedeutet, dass nur Ärzte mit Fachgebietsidentität angestellt werden können und der Leistungsumfang der Praxis begrenzt bleibt. Zu den bisherigen Abrechnungsvolumen der letzten vier Quartale kommen lediglich 3% des Fachgruppendurchschnitts hinzu. In diesem Fall wird der angestellte Arzt allerdings auch nicht auf die Bedarfsplanung angerechnet. Neu ist lediglich, dass die Arbeitszeit flexibel und die Zahl der Angestellten nicht mehr begrenzt ist. Nur dann, wenn der zuständige Landesausschuss der Ärzte und Krankenkassen einen zusätzlichen lokalen Versorgungsbedarf feststellt, können Ausnahmen von der Leistungsbegrenzung erfolgen, soweit und solan-

ge dies zur Deckung eines zusätzlichen lokalen Versorgungsbedarfs erforderlich ist.

In diesem Zusammenhang spielt eine besondere Bedeutung, dass der Vertragsarzt nunmehr – wie bislang schon das MVZ – Vertragsarztsitze „sammeln" kann. Es ist die Möglichkeit geschaffen worden, dass ein zugelassener Vertragsarzt auf seine Zulassung zugunsten eines anderen Vertragsarztes verzichtet, um bei diesem dann als angestellter Arzt tätig zu werden. War bislang hier nur die Möglichkeit über entsprechende gesellschaftsrechtliche Regelungen mit einigen rechtlichen Risiken oder aber die Konstruktion über ein MVZ möglich, ist nunmehr also eine weitere Variante eröffnet. Zwar kann die alte Zulassung nach Einbringung in die Praxis nicht mehr fortgeführt werden, allerdings ist es dem die Zulassung insoweit übernehmenden Vertragsarzt möglich, die hierdurch geschaffene neue Arztstelle jederzeit neu zu besetzen und zwar auch dann, wenn Zulassungsbeschränkungen in seinem Bezirk angeordnet sind.

Im Unterschied zur alten Rechtslage ist es nunmehr auch möglich, fachgebietsfremde Ärzte anzustellen. Nach der Musterberufsordnung für Ärzte kommt allerdings die Anstellung eines fachgebietsfremden Arztes nur dann in Betracht, wenn der Behandlungsauftrag des Patienten regelmäßig nur gemeinschaftlich von Ärzten verschiedener Fachrichtung durchgeführt werden kann. Durch diese berufsrechtliche Beschränkung soll die Umgehung des Verbots des Zuweiserentgelts vermieden werden.

Anstellung von Vertragsärzten im Krankenhaus. Bislang war es aufgrund der Rechtsprechung des Bundessozialgerichts zur maßgeblichen Regelung in der Zulassungsverordnung für Ärzte nicht zulässig, dass ein Vertragsarzt im Krankenhaus ärztliche Leistungen erbringt oder ein Krankenhausarzt zugleich im MVZ des Krankenhausträgers arbeitet. Das Bundessozialgericht hatte in ständiger Rechtsprechung entschieden, dass die Tätigkeiten als Krankenhausarzt und als Vertragsarzt wesensverschieden sind. Jetzt hat der Gesetzgeber in der Ärztezulassungsverordnung klargestellt, dass die Tätigkeit in oder die Zusammenarbeit mit einem zugelassenen Krankenhaus oder einer Vorsorge- oder Rehabilitationseinrichtung mit der Tätigkeit des Vertragsarztes vereinbar ist.

Neues im MVZ. Auch das MVZ hat einige Regelneuerungen erfahren. Der Gesetzgeber hat das Merkmal „fachübergreifend" konkretisiert. Bekanntlich bestanden nach Einführung des MVZ im Jahre 2004 diesbezüglich je nach Zulassungsbezirk unterschiedliche Auffassungen der Zulassungsgremien von der Definition dieses Merkmals. Sinnvolle Kooperationsmöglichkeiten wurden somit bislang abgeschnitten, insbesondere in den fachärztlichen Bereichen, die mit verschiedenen Schwerpunktbezeichnungen kooperativ in einem MVZ zusammenarbeiten wollten. Der Gesetzgeber hat nunmehr klargestellt, dass ein MVZ auch dann fachübergreifend ist, wenn in ihm Ärzte mit verschiedenen Facharzt- oder Schwerpunktbezeichnungen tätig sind.

Auch ist nunmehr eine kooperative Leitung möglich. Bislang hieß es lediglich, das MVZ müsse ärztlich geleitet sein. Da nunmehr auch Medizinische Versorgungszentren etwa mit Zahnärzten und Vertragsärzten denkbar sind, kommt auch eine kooperative Leitung durch einen Vertragsarzt und einen Zahnarzt in Betracht.

Für das MVZ in der Rechtsform einer juristischen Person des Privatrechts (Beispiel: GmbH) müssen die Gesellschafter selbstschuldnerische Bürgschaftserklärungen abgeben. In dieser Hinsicht bestehen derzeit mannigfache Probleme, insbesondere im Umgang mit den Zulassungsausschüssen. In Rede steht regelmäßig die notwendige Höhe der abzugebenden Bürgschaft.

Mehr Wettbewerb in der GKV

Mit Wirkung zum 01.04.2007 trat das GKV-Wettbewerbsstärkungsgesetz (GKV-WSG) in Kraft. Mit diesem Gesetz sollen die nachstehenden Regelungen und Leitgedanken erreicht werden:

◢ Versicherungsschutz für alle Einwohner.
◢ Sicherung der medizinisch notwendigen Leistungen für alle Bürger.
◢ Steigerung der Qualität und der Effizienz.
◢ Finanzierung auch durch Steuermittel: Es ist geplant, die Mitversicherung von Kindern über Steuermittel zu sichern.
◢ Einführung des Gesundheitsfonds: Aus heutiger Perspektive ist davon auszugehen, dass gesundheitspolitisch ein Einheitstarif für die Gesetzlichen Krankenversicherungen angestrebt wird. Kommen die Krankenkassen mit diesem Beitrag nicht zurecht, dann dürfen in beschränktem Umfang Zusatzbeiträge erhoben werden.
◢ Einführung eines Basistarifs PKV: Ausgangspunkt ist die Sicherstellung eines Versicherungsschutzes für alle bisher Nichtversicherten. Dieser Basistarif entspricht im Leistungsumfang dem GKV-Leistungskatalog. Dabei wird jedoch allen PKV-Versicherten ein Umstieg in den Basistarif ermöglicht. Ggf. ist zu erwarten, dass das Beihilfegesetz auf das Leistungsniveau des Basistarifs abgesenkt wird.
◢ Einführung von Wahltarifen der GKV: Alle Gesetzlichen Krankenversicherungen müssen seit dem 01.04.2007 ihren Versicherten spezielle Versicherungstarife anbieten, die in besonderen Versorgungsprogrammen, wie z.B. Disease-Management-Programme (DMP), Integrierte Versorgung, eingeschrieben sind. Ergänzend können die Versicherten nun einen Krankenversicherungstarif mit Selbstbeteiligung wählen; hier gilt allerdings eine dreijährige Bindung an die Bestandsversicherung. Dabei müssen sich

diese einzelnen Wahltarife aus dem einzelnen Tarif selbst rechnen.

◢ Vertrags- und Preiswettbewerb ab 2009 durch zu schließende Direktverträge gem. § 73c SGB V: besondere ambulante Versorgung; Ausschreibung von Leistungsverträgen der GKV. Im Zeitalter des Gesundheitsfonds werden sich die einzelnen gesetzl. Krankenkassen nicht mehr durch den Beitragssatz, sondern durch die individuellen Leistungsangebote im Wettbewerb unterscheiden.

◢ Öffnung der Spezialambulanzen der Krankenkassen gem. § 116b SGB V: Dies ist ein erster Schritt zur Teilnahme der Krankenhäuser an der ambulanten Patientenversorgung.

◢ § 87 (7) SGB V (GKV-WSG): Wegfall der Bedarfszulassung ab dem Jahr 2012.

1.2.2 Erster und Zweiter Gesundheitsmarkt

In einem Markt werden Leistungen oder Produkte von den einzelnen Marktteilnehmern angeboten und nachgefragt. Der Interessensausgleich erfolgt in unserer Gesellschaft durch das Tauschmittel Geld. Auch auf die ärztliche Praxis kann dieses grundsätzliche Modell übertragen werden: Die erbrachten privatärztlichen Leistungen werden von den Privatpatienten selbst bezahlt. Bei der Behandlung von GKV-Versicherten erfolgt die Vergütung über Leistungsäquivalente (EBM-Punkte), welche dann von der Kassenärztlichen Vereinigung in Euro-Beträge umgerechnet werden. Gemäß dem GKV-WSG soll dieses „floatende" Vergütungssystem durch ein eurobasiertes Honorarsystem abgelöst werden. Allerdings müssen die hiermit verbundenen Hoffnungen vieler niedergelassener Ärzte hinsichtlich einer Anhebung der Leistungsvergütung gedämpft werden: In Anbetracht des Grundsatzes der Beitragsstabilität kann keine Vergütungserhöhung erwartet werden.

Unter **Erstem Gesundheitsmarkt** verstehen wir den Krankenkassenmarkt, in dem die Krankenversicherten Anspruch auf Sachleistung ihrer Gesetzlichen Krankenversicherung für die notwendige medizinische Behandlung haben. In der öffentlichen Diskussion hat sich der Begriff **Zweiter Gesundheitsmarkt** für die Beschreibung des Leistungsaustausches bei **Selbstzahlerleistungen** eingebürgert. Die Unterscheidung zwischen dem Ersten und dem Zweiten Gesundheitsmarkt liegt also im Wesentlichen in der Art der Vergütungsform der ärztlichen Dienstleistung, für die auf dem Zweiten (Selbstzahler-)Gesundheitsmarkt kein Sachleistungsanspruch besteht. Hier muss der Patient für die in Anspruch genommenen Leistungen selbst zahlen.

Was die Abgrenzung zwischen beiden Märkten schwierig macht, ist eine weitgehende Identität von zu erbringenden ärztlichen Dienstleistungen, wenn es sich dabei zwar um medizinisch anerkannte medizinische Leistungen handelt, aber die medizinische Indikation für deren Erbringung fehlt; vgl. dazu die Ausführungen von G. Brenner [Hess, Klakow-Franck 2004]. Im Hinblick auf die in den vergangenen Jahren in Kraft getretenen Gesundheitsreformen und die hiermit verbundenen kontinuierlichen Leistungsbeschränkungen ist eine neue Entwicklung in der Inanspruchnahme von medizinischen Leistungen durch die Patienten zu beobachten: Wie z.B. die im Juli 2007 veröffentlichte Studie eines bekannten Beratungsunternehmens zeigt, engagieren sich immer mehr Menschen auch privat für ihre Gesundheit. Jeder Erwachsene gibt mittlerweile 900 € im Jahr für Vorsorgeuntersuchungen, alternative Medizin, Wellness, Sport und gesunde Ernährung aus. Seit dem Jahr 2000 sind damit die privaten Gesundheitsausgaben, die zusätzlich zur Krankenversicherung getätigt werden, jährlich um sechs Prozent gestiegen. Inzwischen hat dieser Zweite Gesundheitsmarkt ein Volumen von jährlich 60 Mrd. €

erreicht. 2003 waren es erst 49 Mrd. € (Quelle: Deutsches Ärzteblatt Newsletter vom 05.07.2007). Dieser Betrag ist unabhängig von dem Segment der PKV-Versicherten zu sehen. Demzufolge kann man zu dem Ergebnis kommen, dass der hier erwähnte Zweite Gesundheitsmarkt für alle niedergelassenen Ärzte von wachsender betriebswirtschaftlicher Bedeutung ist: Gesundheit wird zu einem Konsumgut!

> **Praxistipp**
> Patienten schätzen es, von ihrem Arzt individuell betreut zu werden. Diesen Wettbewerbsvorteil sollten Sie unbedingt nutzen, um sich in dieser Situation Ihre Marktanteile an der Patientenversorgung zu sichern. Weitergehende Ausführungen zum Gedanken hierzu finden Sie in Kapitel 6.

1.2.3 Marktteilnehmer: Wer spielt mit im Gesundheitswesen?

Die Marktteilnehmer im Gesundheitswesen sind Patienten, Leistungserbringer wie niedergelassene Ärzte, Krankenhäuser, Apotheker, Physiotherapeuten, Krankenversicherer und Health-Care-Unternehmen. In Zukunft werden diese Partner enger zusammenarbeiten.

Medizinische **Marktteilnehmer** für Selbstzahlerleistungen sind auf der **Angebotsseite** primär niedergelassene Ärzte, Medizinische Versorgungszentren und Krankenhäuser. Dabei besteht auch ein Wettbewerb mit medizinnahen Einrichtungen im Bereich von Wellness-, Fitness- und Lifestyle-Angeboten. Auf der **Nachfrageseite** stehen Patienten, die Versicherten der Gesetzlichen und Privaten Krankenversicherung als Konsumenten.

Der Patient nimmt als Marktteilnehmer im Gesundheitswesen eine immer bedeutendere Rolle ein. Im modernen Medienzeitalter ist der Patient durchschnittlich besser über diagnostische und therapeutische Möglichkeiten sowie Maßnahmen zur Prävention und Gesundheitserhaltung informiert als noch vor 20 Jahren. Allerdings besteht gleichzeitig die ärztliche Aufgabe darin, dem Patienten die für ihn medizinisch notwendige Versorgung sicherzustellen. Dies ist in einem Zeitalter tendenziell stringenterer Leistungskataloge, entsprechend den diagnostischen und therapeutischen Vorgaben nicht immer eine leichte Aufgabe.

Auch in Bezug auf die genannten Akteure ist der in Kapitel 1.2.2 eingeführte Begriff „Zweiter Gesundheitsmarkt" nicht trennscharf. Anbieter und Nachfrager stimmen weitgehend mit dem Ersten Gesundheitsmarkt überein. Der Arzt als Erbringer von Selbstzahlerleistungen erschließt i.d.R. keine neuen Zielgruppen von Patienten, wie z.B. bei der Wunschbehandlung von GKV-Versicherten in einer Vertragsarztpraxis. Zielgruppe für Selbstzahlerleistungen ist primär die gleiche Patientenklientel, welche bereits an den Arzt als Behandler gebunden ist. Neben dieser Patientenklientel werden von den ambulanten Leistungserbringern die Privatpatienten als Zielgruppe definiert. Ihr Anteil am Gesamtvolumen ist u.a. vom Standort, Ambiente und dem Leistungsspektrum der Arztpraxis abhängig. Die Erschließung neuer, zusätzlicher Patienten bedarf einer Strategie zur Vermarktung der Selbstzahlerleistungen, auf die Ärzte bisher nur unzureichend ausgerichtet und dabei durch berufsrechtliche Wettbewerbsbedingungen auch eingeschränkt sind.

Entwicklung des Leistungsportfolios für die Marktteilnehmer im ambulanten Gesundheitsmarkt
Die Struktur der ambulanten Leistungsanbieter wird sich auch in Anbetracht der nachfolgenden Einflussfaktoren ändern:

◢ Wechsel in den Trägerschaften von Krankenhäusern (Stand 2006: je ein Drittel öffentlich-rechtlich, freigemeinnützig und privat, Trend 2008 geht zur Privatisierung)

◢ Medizinische Versorgungszentren (MVZ)
◢ Rückgang der Einzelpraxis – Zunahme der örtlichen und überörtlichen Berufsausübungsgemeinschaften
◢ Ärztenetze (z.B. Genossenschaft)
◢ Integrierte Versorgung (IGV)
◢ Direktverträge zwischen Krankenversicherungen und ambulanten Leistungserbringern
◢ Kooperationsverträge zwischen Krankenhäusern, Rehabilitationskliniken und niedergelassenen Ärzten in der DRG-Versorgung

Unter Berücksichtigung der abzuschätzenden Marktveränderungen und der heutigen Einnahmestruktur im niedergelassenen Versorgungssektor ist zu erwarten, dass sich die Praxis-Einnahmestruktur in den nächsten fünf Jahren einem tief greifenden Wandel unterziehen wird (s. Abb. 1.2).

In Anbetracht der sich ändernden Rahmenbedingungen im deutschen Gesundheitssystem (s. Kap. 1.2.1) kann ein zunehmender Wettbewerb zwischen den Leistungserbringern im stationären und ambulanten Versorgungssegment beobachtet werden. Diese Entwicklung wird u.a. durch die von

Krankenhäusern betriebenen Medizinischen Versorgungszentren sowie die Öffnung der § 116b-SGB V-Spezialambulanzen deutlich. Über diesen Weg treten die Kliniken in direkten Wettbewerb zu den niedergelassenen Ärzten. Gleichzeitig werden aber neue Kooperationsformen zwischen den Sektoren entstehen.

So lässt sich ein wachsender Wettbewerb auch zwischen den ambulant tätigen Leistungserbringern selbst erkennen. Seit dem 01.01.2007 ist es niedergelassenen Ärzten gestattet, nicht nur eine lokale Praxis in Form der Einzel-, der Gemeinschaftspraxis oder Praxisgemeinschaft zu führen. Es ist den therapeutischen Heilberufen (Humanmedizinern, Zahnärzten, Psychologen) möglich, sich zu berufsübergreifenden Berufsausübungsgemeinschaften (BAG) zusammenzuschließen. Diese fachübergreifenden Kooperationsformen werden zu neuen Angebotsstrukturen führen. Diese BAG firmieren nach dem aktuellen Recht entweder nach dem Partnerschaftsrecht oder als GbR. Abrechnungstechnisch rechnen diese BAG ihre Leistungen gegenüber der KV mit einer KV-Nummer ab.

Darüber hinaus können diese BAG auch überörtlich tätig sein, d.h., dass Praxisbe-

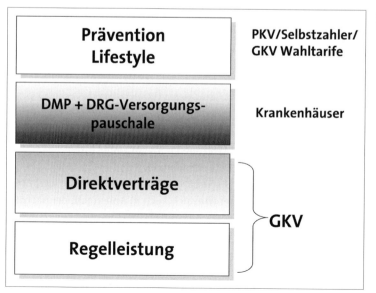

Abb. 1.2: Leistungsportfolio Arztpraxis 2012

Prävention
Lifestyle

PKV/Selbstzahler/
GKV Wahltarife

DMP + DRG-Versorgungs-
pauschale

Krankenhäuser

Direktverträge

Regelleistung

GKV

triebsstätten in unterschiedlichen Stadtteilen oder Städten als ein Unternehmen auftreten können. Jede Betriebsstätte wird aus abrechnungstechnischen Gründen eine Betriebsstättennummer von der Kassenärztlichen Vereinigung zugeteilt bekommen. Dies ist erforderlich, um die erbrachten Einzelleistungen den Standorten zuordnen zu können. Durch eine entsprechende Regelung im VändG wird seit 01.07.2008 jedem Vertragsarzt unabhängig von Status oder Praxiskonstellation eine lebenslange Arztnummer (LANR) zugeteilt, darüber hinaus erhält jede Arztpraxis, Betriebsstätte oder Nebenbetriebsstätte des Arztes oder des MVZ eine Betriebsstättennummer (BSNR), die bei der Abrechnung aller Leistungen anzugeben ist. Nach der Regelung in den Bundesmantelverträgen müssen seit 01.07.2008 auch fachgleiche Kooperationen ihre Leistungen arztbezogen sowie aufgeschlüsselt nach Betriebsstätten kennzeichnen. Diese Kennzeichnungspflicht für Vertragsärzte soll mehr Transparenz bringen, denn nun können die abgerechneten Leistungen einem Leistungserbringer zugerechnet werden, d.h. nicht nur die KVen, sondern auch die Krankenkassen können der Abrechnung entnehmen, welcher Arzt die jeweilige Leistung an welchem Ort erbracht hat [Arzt und Wirtschaft 2008].

Gerade die Verfügbarkeit der Patientendaten in den angestrebten vernetzten Versorgungskonzepten sollte im Hinblick auf eine zukunftsorientierte Patientenversorgung eine gute Basis bilden.

Seit Jahren nimmt die Bedeutung der EDV-gestützten Dokumentations- und Kommunikationssysteme in der Wirtschaft zu. EDV ist aus den Dienstleistungs- und Industriesektoren, aber auch aus Krankenhäusern und Arztpraxen nicht mehr wegzudenken. Im ärztlichen Arbeitsumfeld besteht hier im Vergleich zu anderen Branchen jedoch ein erheblicher Nachholbedarf, der durch die bevorstehende Einführung der elektronischen Gesundheitskarte in den kommenden Jahren schrittweise kompensiert wird. Somit entwickeln Experten neue Ansätze, um die Informationsverknüpfung im Gesundheitssektor zu realisieren.

Darüber hinaus hat das IT-Zeitalter auch zu einer Verschlankung der administrativen Routine-Prozesse im Praxisalltag geführt. Umgangssprachlich spricht man heute von „E-Health-Zeitalter". Hierunter verstehen wir heute beispielsweise die zukünftigen Arzt- und Patientenausweise mit PIN-Codes, das E-Rezept oder die vernetzte Patientenakte.

Die hier skizzierten Rahmenbedingungen verdeutlichen, dass niedergelassene Ärzte zur Sicherstellung ihrer unternehmerischen Tätigkeit vertiefende Managementkenntnisse benötigen. Dabei müssen dem Arzt als Manager die Wechselbeziehungen zwischen einem etablierten Qualitäts-, Prozess- und Kostenmanagement bewusst sein. Im zunehmenden Wettbewerb wird die Behandlungsqualität einschließlich der Ergebnisqualität zu einem wichtigen Wettbewerbsfaktor. Aus diesem Grund gehen wir auf das Thema Qualitätsmanagement in Kapitel 3 ausführlich ein.

1.3 Moderne Versorgungsformen – Was erwartet Sie in Zukunft?

Welche Versorgungsformen werden in der medizinischen Versorgung von den Patienten in Anspruch genommen? Traditionell unterscheiden wir zwischen der **ambulanten** und **stationären Behandlung**. Entsprechend dem Grundsatz des SGB V werden Patienten i.d.R. zunächst ambulant untersucht und/oder therapeutisch versorgt. Dieses Prinzip trifft sowohl für Patienten mit GKV- als auch die mit PKV-Versicherungsschutz zu. Ist eine ambulante medizinische Versorgung im Interesse des Patienten nicht mehr vertretbar, dann wird die Patientenversorgung stationär so lange durchgeführt, bis eine ambulante Behandlung für den Patienten wieder fortsetzbar ist. Diese klassischen Formen der ärztlichen Versorgung werden von niedergelassenen Ärzten als Belegärzten oder von Krankenhausärzten sichergestellt. Ergänzend sei noch die teilstationäre Patientenversorgung erwähnt.

Neben diesen sektorenbezogenen Versorgungsformen werden aus gesundheitspolitischer Sicht gerne die sektorübergreifenden und interdisziplinären Versorgungsformen in der Patientenbehandlung gefördert. Von besonderem Interesse sind in diesem Zusammenhang die Disease-Management-Programme, die Integrierte Versorgung, die Berufsausübungsgemeinschaften und die Medizinischen Versorgungszentren. Darüber hinaus müssen niedergelassene Ärzte erkennen, dass sich durch Gesundheitsreformgesetze auch das Leistungsangebot und die damit verbundenen Honoraranteile in den kommenden Jahren anders verteilen werden, als dies der jahrelangen Erfahrung entspricht.

1.3.1 Integrierte Versorgung – Fluch oder Segen für den Vertragsarzt?

Seit dem 01.01.2000 bietet das SGB V durch die Etablierung der Integrierten Versorgung (IGV) die Möglichkeit, die verschiedenen medizinischen Versorgungsbereiche im ambulanten und stationären Sektor stärker zu vernetzen. Integrierte Versorgung kann demnach als eine verschiedene Leistungssektoren übergreifende oder **interdisziplinär fachübergreifende Versorgung** der Versicherten definiert werden (§§ 140a–d SGB V). Abweichend von den übrigen Regelungen des 11. Kapitels SGB V dürfen Krankenkassen und Leistungserbringer autonom Verträge über die Versorgung der Versicherten außerhalb des Sicherstellungsauftrags der Kassenärztlichen Vereinigungen schließen. Die Versorgung wird also auf einzelvertraglicher Grundlage und nicht im Rahmen eines kollektivvertraglich vereinbarten Normensystems durchgeführt. Das Versorgungsangebot und die Voraussetzungen seiner Inanspruchnahme sollen sich aus den Verträgen zur Integrierten Versorgung ergeben (s. Abschnitt „Die rechtliche Grundlage: Direkt- und Einzelverträge mit den Kostenträgern"), wobei die Verantwortung für die Abfassung der vertraglichen Rechte und Pflichten allein in den Vertragspartnern obliegt. Die Krankenkassen begrüßen diese Entwicklung durch die größeren Verhandlungs- und Gestaltungsspielräume bei der Ausgestaltung der die Integration konstituierenden Verträge (http://www.aok-integrierte-versorgung.de/).

Das GMG (GKV-Modernisierungsgesetz) 2004 hat neue unternehmerische Spielräume

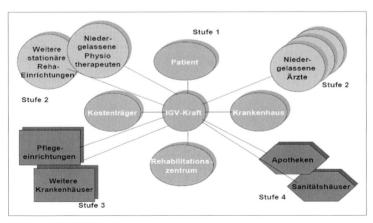

Abb. 1.3: Vernetzung der Leistungspartner in der Integrierten Versorgung

für Vertragsärzte, Krankenhäuser und weitere Leistungserbringer eröffnet. Diese ersten Schritte wurden durch die nachfolgenden Gesetze wie das VändG und das GKV-WSG noch breiter gefasst, wie bereits ausgeführt wurde. Hier ist die Einbeziehung von Leistungserbringern aus dem Bereich des SGB XI (Pflegeversicherung) zu berücksichtigen.

Folgende Entwicklung zeichnet sich ab: Die Gesetzlichen Krankenversicherungen beginnen, auf der Erfahrungsbasis der IGV-Verträge die seit 2007 zu schließenden Direktverträge zu konzipieren und zu managen. Nachvollziehbarer Grund für diese Strategie ist die Managementfähigkeit dieser großen Vertragszahl sowohl durch die Leistungserbringer als auch durch die Gesetzlichen Krankenversicherungen. Auch im Hinblick auf die bereits erwähnten Direktverträge, die seit 2007 durch das GKV-Wettbewerbsstärkungsgesetz möglich sind, wird die Strategie gefahren, nur noch IGV-Verträge mit überregionaler Bedeutung zu schließen. Beispielhaft sei an dieser Stelle der IGV-Vertrag CorBene zur Versorgung von Herzinsuffizienzpatienten (NYHA-Stadium I bis IV) erwähnt, der von 142 BKK überregional in NRW mit qualifizierten Leistungserbringern geschlossen wurde.

Praxistipp

Aufgrund dieser Tendenzen ist seit dem 01.04.2007 darauf zu achten, dass keine IGV-Verträge mit rein lokalem Versorgungscharakter abgeschlossen werden. Nach der aktuellen Rechtslage des § 140a SGB V wird die 1%ige Anschubfinanzierung zum 31.12.2008 auslaufen. Dennoch werden die gesetzlichen Krankenkassen und die Leistungserbringer auch in den kommenden Jahren Verträge nach §140a SGB V schließen, die dann aber in Verbindung den vertraglichen Regelungen der §§ 735 und 73c SGB V stehen werden (aktuelle Entwicklung).

Auch die Krankenhäuser stehen durch die neue Gesetzeslage vor neuen Herausforderungen. Gerade kleine und mittlere Krankenhäuser, insbesondere im Randgebiet von Ballungszentren oder in Ballungszentren selbst, stehen durch diese Entwicklung unter erhöhtem Leistungsdruck. Sie brauchen für Patienten und Krankenkassen attraktive Versorgungsangebote, um sich positiv von den Behandlungsschwerpunkten großer Häuser abzusetzen. Daher suchen kleine und mittlere Krankenhäuser verstärkt die Kooperation mit Vertragsärzten, wie man an den seit 2004 in wachsendem Umfang gegründeten Facharztzentren sieht. Inwieweit Vertragsärzte bereit sind, zumindest teilweise auf ihre bisherige Autonomie zu verzichten, um gemeinsam mit Krankenhäusern komplexe Versorgungsaufträge zu übernehmen, ist offen. Die Krankenhäuser und die niedergelassenen Ärzte müssen jedoch auf dieses zukunftsweisende Finanzierungssystem der Individualverträge der Gesetzlichen Krankenversicherung nach § 140d SGB V reagieren. Geht es nicht mit den Vertragsärzten, werden sich kleine und mittlere Krankenhäuser notgedrungen allein auf den Weg machen und entsprechende Verträge mit anderen Leistungserbringern, wie den Reha- oder Pflegeeinrichtungen, schließen. Daher müssen auch im niedergelassenen Bereich heute Strukturentscheidungen getroffen werden, wollen Vertragsärzte nicht Marktsegmente an den stationären Bereich verlieren.

Für Sie als niederlassungswilligen Arzt ist vor allem entscheidend, wie die Zukunftsaussichten der Integrierten Versorgung im Hinblick auf den niedergelassenen Bereich einzuschätzen sind. Welche Chancen ergeben sich für Sie als Vertragsarzt, wenn Sie an der Integrierten Versorgung teilnehmen, bzw. mit welchen Anbietern werden Sie sich den Gesundheitsmarkt zukünftig teilen müssen?

Es kommt für Vertragsärzte im Kontext der IGV darauf an, ihre Interessen zu wahren, denn i.d.R. werden die Krankenhäuser sich in den Anbieterkonsortien mindestens zum Primus inter Pares machen können. Dieser Entwicklungstrend z.B. im Bereich der MVZ wurde durch die aktuelle Gesundheitsgesetzgebung mit den erweiterten Möglichkeiten der Kooperation ambulanter Leistungserbringer untereinander allerdings relativiert: Ausreichende logistische Unterstützung vorausgesetzt, könnten Vertragsärzte auch ohne direkte Beteiligung von Krankenhäusern, z.B. im Kontext der hausarztzentrierten Versorgung und/oder durch den Aufbau von MVZ/BAG bis hin zu „Ärzte-Konzernen", in der Lage sein, 140er-Verträge abzuschließen und zu managen. Dies liegt im Interesse der Patienten und der Vertragsärzte gleichermaßen, denn Konzepte zur Veränderung der Anbieterstrukturen sowie des Versorgungsangebotes, die von den Krankenhäusern entwickelt werden, werden in erster Linie die ökonomischen Ziele des Krankenhauses bedienen. Außerdem denken Krankenhäuser beim Aufbau von Integrierter Versorgung an ihre Patientenklientel, d.h., die Versorgung wird vom teuersten Punkt aus gedacht und Integrierte Versorgung für Patienten, die vorrangig eine hausärztliche, pflegerische oder rehabilitative Unterstützung brauchen, entsteht nicht. Allerdings ist an dieser Stelle hervorzuheben, dass zukünftig die abzuschließenden Direktverträge folgende wesentliche Ziele verfolgen:

◢ Leitlinienorientierte ambulante Therapie
◢ Reduzierung von stationären Aufenthalten
◢ Generierung von medizinökonomischen Vorteilen für alle Beteiligten

Überwinden Vertragsärzte ihr Kompetenzdefizit und sind sie in der Lage, organisatorische Strukturen aufzubauen, die eine Umsetzung von Verträgen ermöglichen, liegt jedoch der strategische Vorteil bei ihnen. Die Krankenkassen werden kein Interesse daran haben, Krankenhäuser zu neuen Monopol-

anbietern aufzubauen. Krankenkassen befürchten zudem, dass Krankenhäuser unter dem Stichwort Integrierte Versorgung im Schwerpunkt eine Externalisierung ihrer Leistungen in den ambulanten Bereich hinein betreiben wollen. Gelänge es also den Vertragsärzten, managementfähige Versorgungsstrukturen aufzubauen, könnten sie trotz eines Vorsprungs der Krankenhäuser ein maßgebliches Wort bei der Weiterentwicklung von Disease-Management-Programmen und beim Aufbau integrierter Versorgungsformen mitreden.

Neben diesen leistungsbezogenen Betrachtungen des Gesundheitsmarktes in den kommenden Jahren sollten Sie als niederlassungswilliger Arzt gründlich prüfen, inwieweit Sie Ihre Berufstätigkeit in der konventionellen Form der Einzelpraxis einrichten wollen und betriebswirtschaftlich führen können. Nach Einschätzung der Mehrzahl der Experten sollte eine weitreichende Kooperation bis hin zur gesellschaftsrechtlichen Vernetzung in den kommenden zwei bis drei Jahren verstärkt ins Auge gefasst werden. Eine solche Entwicklung ist u.a. in Anbetracht

◢ der zunehmenden Managementanforderungen,
◢ der Frage der eigenen medizinischen Kernkompetenz,
◢ der betriebswirtschaftlichen Kosten- und Ertragsstruktur,
◢ der Praxisöffnungszeiten,
◢ des angebotenen Leistungsspektrums und
◢ der Lebensqualität
zu würdigen.

Voraussetzungen der Integrierten Versorgung

Um Integrierte Versorgung aufzubauen, müssen mindestens vier Voraussetzungen erfüllt sein:

◢ Leistungserbringer müssen sich auf **praxis-, disziplin- und/oder sektorüber-**

greifende Versorgungsprozesse einigen. Damit diese Versorgungsprozesse nicht nur auf dem Papier stehen, sondern im Praxisalltag gelebt werden, müssen organisatorische und informationstechnische Voraussetzungen für ein übergreifendes Qualitätsmanagement geschaffen werden.

◢ Die beteiligten Leistungserbringer müssen sich **an verbindlich vereinbarten Zielen bezüglich Qualität und Wirtschaftlichkeit** der Leistungen orientieren. Dies kann nur gelingen, wenn es eine gemeinsame Behandlungsphilosophie gibt. Auf dieser Basis haben die beteiligten Behandler in Verbindung mit dem definierten Behandlungspfad ein Instrument an der Hand, um die für die Patientenbehandlung benötigten Ressourcen zu bewerten (Personal- und Sachkosten). Die Summe dieser Kosten bildet das Honorar ab, welches als Mindesthonorar vergütet werden muss, um die eigenen Kosten zu decken. Auf Basis dieser Kalkulationsebene vereinbaren die Behandler i.d.R. eine Komplexpauschale, mit der alle Leistungen eines Behandlungsprozesses oder der umfassenden Versorgung eines Versicherten abgegolten sind. Damit gehen die Behandlungspartner der IGV eine Wirtschaftsgemeinschaft ein.

◢ Durch die Umsetzung dieses Konzeptes entsteht eine **übergreifende Behandlungsmanagement-Verantwortung.** Das Denken in Versorgungsprozessen setzt voraus, dass solche Abläufe einheitlich definiert (s.o.) und erstattet werden. Pauschalierte Vergütung, also morbiditätsorientierte Kopfpauschalen oder zumindest indikationsspezifische sektorübergreifende Fallpauschalen, setzen intern allerdings ein hohes Maß an Transparenz und Kooperationsfähigkeit im Interesse der Patientenversorgung voraus. Somit werden nur Leistungen, die in dem Behandlungspfad abgebildet sind, den Leistungserbringern vergütet. Im Umkehrschluss heißt dies aber auch, dass diese Leistungen immer dann zu erbringen sind, wenn keine Kontraindikationen bestehen.

◢ IGV-Verträge, die ab dem 01.04.2007 abgeschlossen werden, müssen so konzipiert sein, dass diese Versorgungsmodelle unter medizinökonomischen Gesichtspunkten nicht nur zu einer lokalen, sondern zu einer **überregionalen Verbesserung der Behandlungsqualität** bei gleichzeitiger Optimierung der Versorgungsaufwendungen führen.

In den fraktionierten und segmentierten Anbieterstrukturen des deutschen Gesundheitssystems wächst die Einsicht nur langsam, dass Integrierte Versorgung nur möglich sein wird, wenn die oben genannten vier Voraussetzungen erfüllt sind.

Wer spielt mit in der Integrierten Versorgung?

Um Risiken und Chancen der neuen Versorgungsformen für sich richtig einschätzen zu können, lohnt es sich, die Rollen und Interessen der weiteren Beteiligten kennenzulernen.

Für **Versicherte** entsteht mit der neuen Fassung des § 140c SGB V bei der Einschreibung in eine Integrierte Versorgung eine größere Bindungswirkung. Nehmen Versicherte Leistungserbringer in Anspruch, die nicht an der Integrierten Versorgung teilnehmen, so wird diese Leistungsinanspruchnahme aus der für die Integrierte Versorgung vereinbarten Vergütung nur finanziert, wenn die Versicherten von an der Integrierten Versorgung teilnehmenden Leistungserbringern überwiesen wurden oder aus sonstigen in dem Vertrag zur Integrierten Versorgung geregelten Gründen berechtigt waren, nicht teilnehmende Leistungserbringer in Anspruch zu nehmen.

Die Krankenkassen begrüßen für die am Aufbau Integrierter Versorgung Beteiligten die Verhandlungs- und Gestaltungsspielräume durch die erwähnten Möglichkeiten der Vertragsgestaltung mit den Leistungserbringern. Sinn der Integrierten Versorgung aus Sicht der AOK Rheinland-Pfalz beispielsweise „ist vor allem, die bisherige Abschottung der einzelnen Leistungsbereiche zu überwinden, Substitutionsmöglichkeiten über verschiedene Leistungssektoren hinweg zu nutzen und Schnittstellenprobleme so besser in den Griff zu bekommen. Damit sollen Doppeluntersuchungen, aber auch unnötige Wege für den Patienten durch die Verwirklichung einer notwendigen Behandlung – gleich, ob ambulant oder stationär – aus einem Guss realisiert werden." (http://www.aok-integrierte-versorgung.de/).

Krankenkassen haben die Möglichkeit, für eingeschriebene Versicherte einen Bonus im Sinne einer Ermäßigung der Zuzahlung zu gewähren (§ 65a SGB V). Seit dem 01.04. 2007 müssen die Gesetzlichen Krankenversicherungen eingeschriebenen IGV-Versicherten einen beitragsoptimierten Krankenversicherungswahltarif anbieten. Dieser spezielle Tarif muss sich aus diesem „IGV-Pool" selbst rechnen und darf nicht durch andere Tarife quersubventioniert werden.

Der **Gesetzgeber** erkennt an, dass Integrierte Versorgung nicht kurzfristig zu Einsparungen führen kann, sondern dass zunächst Investitionen in den Aufbau entsprechender Anbieterstrukturen und Versorgungskonzepte notwendig werden.

In diesem Zusammenhang ist nachdrücklich auf die neue Art der ärztlichen Praxisform, die örtliche und überörtliche Berufsausübungsgemeinschaft, hinzuweisen, die durch das VÄndG in den ärztlichen Alltag eingeführt wurden. Mit dieser gesetzlichen Regelung wird gesundheitspolitisch nicht nur ein Signal dahingehend gesetzt, dass die heute noch vorherrschende Einzelpraxis wohl nicht das ärztliche Ausübungsformat ist, das ge-

sundheitspolitisch gewünscht ist. Hier strebt man offensichtlich größere Zusammenschlüsse – vergleichbar mit größeren Wirtschaftsprüfungs- und Rechtsanwaltskanzleien – an. Es sollte an dieser Stelle insbesondere darauf hingewiesen werden, dass nach der Einschätzung von Experten u.a. von folgendem Szenario auszugehen ist: In Anbetracht der gesetzlichen Regelungen des VÄndG und GKV-WSG wird die Zahl der großen örtlichen und zeitlich folgend der überregionalen BAG stark zunehmen. Diese Entwicklung ist u.a. darauf zurückzuführen, dass hierdurch wirtschaftliche Skaleneffekte zu erzielen sind (mit Skaleneffekt bezeichnet man in der Betriebswirtschaftslehre die Abhängigkeit der Produktionsmenge von der Menge der eingesetzten Produktionsfaktoren). In diesem Zusammenhang bedeutet dies, dass sie ihre eingesetzten wirtschaftlichen Ressourcen optimiert einsetzen müssen. Dies werden zukünftig auch die gesetzlichen Krankenkassen in verstärkten Umfang umsetzen: Sie werden sich zu erfolgreichen Wirtschaftsunternehmen entwickeln oder selbst nicht mehr unabhängig am Gesundheitswesen agieren.

Es darf aber auch hinsichtlich der wachsenden Zahl an Direktverträgen nicht außer Acht gelassen werden, dass es für Krankenversicherungen nicht möglich sein wird, mit der einzelnen Arztpraxis einen einzelnen Direktvertrag zu schließen. So werden entsprechende Vereinbarungen aus heutiger Sicht insbesondere zwischen großen BAG-unterstützenden (unabhängigen und berufsverbandsgebundenen) Managementgesellschaften und den KVen geschlossen werden. Aus heutiger Sicht haben die BAG einen wesentlichen Vorteil gegenüber der Berufsausübung in einem MVZ: Sofern der den KV-Sitz einbringende Gesellschafter sich aufgrund von Streitereien wieder aus der BAG zurückzieht, bleibt ihm der KV-Sitz erhalten. Damit wird an diesem Punkt das grundsätzliche betriebswirtschaftliche Risiko für einen BAG-Gesellschafter limitiert.

Dabei lässt sich natürlich auch erkennen, dass auf diese Weise eine integrierte ambulante Versorgungsform gefördert werden soll. Somit kann man bereits heute vorsichtig postulieren, dass die Integrierte Versorgung eine der favorisierten Versorgungsformen von morgen sein wird! Allerdings ist abzuwarten, in welchem Umfang die MVZ in entsprechende Verträge eingebunden werden. Ergänzend wird sich zeigen müssen, inwiefern MVZ zu einer verbesserten Verzahnung zwischen der ambulanten und stationären Versorgung in den kommenden Jahren beitragen können.

Die rechtliche Grundlage: Direkt- und Einzelverträge mit den Kostenträgern

Die Verträge zur Integrierten Versorgung werden als Direkt- oder Einzelverträge zwischen den Leistungserbringern und den Krankenkassen oder deren Landesverbänden geschlossen. Vertragspartner auf Kassenseite sind die Krankenkassen selbst. Landesverbände der Krankenkassen werden nicht genannt, d.h. es kommt zu Direktverträgen zwischen einzelnen Krankenkassen und den aufgeführten Leistungserbringern (§ 140b SGB V). Zu diesen Leistungserbringern gehören neben einzelnen Vertragsärzten oder Krankenhäusern auch MVZ sowie explizit für die Integrierte Versorgung gegründete Managementgesellschaften, deren Träger selber keine zugelassenen Leistungserbringer sein müssen. Anbieter Integrierter Versorgung können zwischen sämtlichen Rechts- und Gesellschaftsformen wählen. Da es sich um Direktverträge handelt, ist die KV als Vertragspartner nicht mehr verpflichtender Partner. Auch die bisherige Rahmensetzung der gemeinsamen Selbstverwaltung durch die Rahmenvereinbarung nach § 140d und e SGB V entfällt.

Die Vertragspartner der Integrierten Versorgung können im Innenverhältnis auf der Grundlage ihres jeweiligen Zulassungsstatus vom Zulassungs- oder Ermächtigungsstatus des jeweiligen Leistungserbringers abweichen.

1.3.2 Disease-Management-Programme: Der Grundgedanke

Im Zusammenhang moderner Versorgungsformen sind auch die Disease-Management-Programme (DMP) zu nennen. Der Denkansatz bei DMP basiert auf einer Verknüpfung von Versorgungsverbesserung und Kostenreduktion. Dahinter steht die Tatsache, dass ein System der Einzelleistungsvergütung zur Zersplitterung von Behandlungsabläufen führt, die nun durch „strukturierte Behandlungsprogramme" (adäquate deutsche Übersetzung des Begriffs DMP) wieder gebündelt und durch die Führung des Patienten korrigiert werden sollen. Die strukturierten Behandlungsprogramme beziehen sich dabei nicht primär auf individuelle Patienten, sondern auf identifizierte Risikogruppen, wie z.B. Diabetes- oder Herzkranke.

Die DMP fokussieren auf die Gruppe der chronisch Kranken, die überdurchschnittlich hohe Kosten verursachen. Die erhofften Verbesserungen zielen zum einen auf die medizinischen Behandlungsergebnisse, vor allem durch die Orientierung an evidenzbasierten Leitlinien und die Schaffung kontinuierlicher Behandlungsabläufe. Gleichzeitig soll der Patient über eine Stärkung der Selbstmanagementfähigkeiten aktiviert werden. Zum anderen geht es aber immer auch um eine Kostenreduzierung durch die Vermeidung von Über- und Fehlversorgung, z.B. durch eine Verringerung der (teuren) stationären Behandlungstage.

Der Doppelcharakter der DMP hinsichtlich der erhofften medizinischen wie auch ökonomischen Effekte muss als ein letztendlich nicht auflösbares Spannungsfeld gesehen werden. Die entscheidende Frage, ob DMP tatsächlich zu signifikanten Kostenreduktionen führen, ist derzeit nur unter Vorbehalt positiv zu beantworten. Für die Zukunft erscheinen organisatorische und gesundheitspolitische Verbesserungen notwendig, um die – in Teilen berechtigten – Vorbehalte vieler Ärzte gegen eine zusätzliche Arbeitsbelastung durch die DMP abzubauen. Der ärztliche Dokumentationsaufwand ist durch die Einführung von IT-gestützten Verfahren grundsätzlich erleichtert worden. Im Hinblick auf die extrabudgetäre Honorierung dieser DMP-bezogenen ärztlichen Leistung wird immer entgegengehalten, dass der administrative Aufwand einer Behandlungseinheit/Quartal nicht durch die Flatrate-Vergütung kompensiert wird. Dem sollte jedoch gegenübergestellt werden, dass es sich hier in Abhängigkeit der Ausprägung der chronischen Erkrankung des Patienten auch um eine Routine-Kontrolluntersuchung handelt. Somit wird unter Berücksichtigung des aktuell gedeckelten Praxisbudgets dem Arzt betriebswirtschaftlich gesehen die Möglichkeit eingeräumt, einen höheren Deckungsbetrag je DMP-Patient zu generieren.

Aktuelle Entwicklung

Durch die Neuregelung des Risikostrukturausgleichs (RSA) zum 01.01.2009 im Rahmen des „Morbi-RSA" werden die RSA-Ausgleichszahlungsbeiträge der „Zahler-Kassen" und „Empfänger-Kassen" nicht mehr in dem Umfang gebunden sein, dass Patienten an den geschriebenen DM-Programmen teilnehmen. Vor diesem Hintergrund wird die Bedeutung der DMPs abnehmen. Es bleibt abzuwarten, inwieweit die DMP-Behandlungskonzepte in andere Vertragsformen wie z. B. §140a oder §73b, c SGB V-Verträge überprüft werden.

1.3.3 Hausarztzentrierte Versorgung

Krankenkassen müssen entsprechend den gesetzlichen Regelungen ihren Versicherten ein Hausarztmodell (§ 73b SGB V) auf freiwilliger Basis anbieten. Versicherte verpflichten sich dann für mindestens ein Jahr, sich primär von ihrem Hausarzt behandeln zu lassen und weitere ambulante fachärztliche Leistungen nur auf Überweisung in Anspruch zu nehmen. Damit übernimmt der Hausarzt zumindest theoretisch Koordinations- und Case-Management-Aufgaben für die eingeschriebenen Versicherten.

Die besondere Qualität der hausarztzentrierten Versorgung wird über Gesamtverträge oder über eine bundesmantelvertragliche Regelung näher beschrieben. Inhaltlich benennt der Gesetzgeber als mögliche Kriterien:

- Die Ausrichtung an evidenzbasierten Leitlinien
- Die verbindliche Teilnahme an Qualitätszirkeln
- Die Verpflichtung zur Dokumentation aussagekräftiger Qualitätsindikatoren
- Die Einführung eines zertifizierten Praxismanagements
- Die Fortbildung in spezifischen Grundkenntnissen, die angesichts des hohen Anteils älterer und hochbetagter Menschen in der Hausarztpraxis sinnvoll erscheint (Palliativmedizin, Schmerztherapie, Behandlung von Alterserkrankungen und geriatrischen Krankheitsbildern)

Bezüglich der sächlichen Ausstattung der Hausarztpraxis wird insbesondere auf die EDV-Ausstattung verwiesen.

Ein Gesamtvertrag zwischen Kassenärztlichen Vereinigungen und Krankenkassen oder eine bundesmantelvertragliche Regelung steckt auch künftig den Rahmen für die hausarztzentrierte Versorgung ab. Innerhalb dieses Rahmens können Krankenkassen mit zugelassenen Hausärzten, Gemeinschaften dieser Hausärzte (Netzen) oder zugelassenen Medizinischen Versorgungszentren Direktverträge zur Sicherstellung der hausarztzentrierten Versorgung schließen. In diesen Direktverträgen sind auch, abgeleitet aus den

Rahmenvereinbarungen, Regelungen zur Vergütung zu treffen.

Die Krankenkassen regeln in ihrer Satzung die Rechte und Pflichten der an den Hausarztmodellen teilnehmenden Versicherten. Nach § 65a SGB V können sie den Versicherten für die Teilnahme an der hausarztzentrierten Versorgung Zuzahlungen ermäßigen. Entscheiden sich Versicherte für die Inanspruchnahme eines Hausarztmodells, dann können sie seit dem 01.04.2007 auch von einem beitragsgünstigen Wahltarif ihrer Gesetzlichen Krankenversicherung profitieren. Die Aufwendungen für die Boni müssen sich mittelfristig durch Einsparungen und Effizienzsteigerungen refinanzieren. Die Krankenkassen haben mindestens alle drei Jahre gegenüber der zuständigen Aufsichtsbehörde eine Darlegungspflicht.

Im Rahmen der hausarztzentrierten Versorgung können spezielle Vereinbarungen für DMP in Kombination mit Verträgen zur Integrierten Versorgung abgeschlossen werden. Durch stringente vertragliche Qualitätsanforderungen kann sichergestellt werden, dass nur Hausärzte teilnehmen, die differenzierte Unterstützungsangebote umsetzen bzw. managen können.

Mit dem Instrumentarium der DMP erhoffen sich viele Hausärzte eine Stärkung der angestrebten Lotsen-Funktion als Einstieg in ein primärärztliches Versorgungssystem. Die Hausärzte als Lotsen gerade bei den chronisch Kranken – das leuchtet angesichts der Bedeutung der hausärztlichen Versorgung gerade für diese Patientengruppe auch unmittelbar ein. Man sollte allerdings ebenfalls die Erfahrungen aus den USA wie auch neuere Studien zur hausärztlichen Versorgung zur Kenntnis nehmen, welche die Perspektiven für Hausarztmodelle eher skeptisch einschätzen [Wasem, Greß, Hessel 2003]. Es ergeben sich aber auch aus eigenen bisher unveröffentlichten Studien Hinweise darauf, dass eine hausärztliche Versorgung mit definierten Behandlungsübergabepunkten zu einer

qualitativen Versorgungsverbesserung bei gleichzeitigem verminderten Ressourceneinsatz führt. Beispielhaft sei hier das Programm CorBene erwähnt (http://www.corbene.de/); im Rahmen dieses Herzinsuffizienz-Behandlungsprogrammes konnte durch eine vernetzte haus- und fachärztliche Therapieabstimmung der Anteil der leitlinienkonform behandelten Patienten mehr als verdoppelt werden. Gleichzeitig wurden die herzinsuffizienzbedingten Krankenhauseinweisungen gesenkt.

1.3.4 Arztnetze

Die bestehenden Ärztenetze bilden keine wirtschaftliche Einheit im Sinne eines Unternehmens, was den Nachteil beinhaltet, dass die individuellen Partialinteressen den Gemeinschaftszielen untergeordnet werden. Gesellschaftsrechtlich sind sie i.d.R. als eingetragene Vereine (e.V.) oder Genossenschaften geführt.

Diese Konstellation wird auch als einer der wesentlichen Gründe für den großen Erfolgszug der Arztnetze in der flächendeckenden Versorgung genannt. Allerdings gibt es in der Diskussion auch Stimmen, die darauf abheben, dass Arztnetze aufgrund ihrer fehlenden betriebswirtschaftlichen internen Verflechtung keinen medizinökonomischen Vorteil für die Krankenversicherungen generieren. Denn mit zunehmender Größe des Arztnetzes wird es für das Netzmanagement zunehmend komplexer, die einzelnen Leistungserbringer auf die Netzziele verbindlich zu verpflichten.

Eine erfolgreiche vernetzte und auch wirtschaftlich gemeinsam erfolgreiche Sicherstellung der ambulant-medizinischen Versorgung ist auf der Basis einer vernetzten Integrierten Versorgung dann möglich, wenn auch ein Einklang hinsichtlich der betriebswirtschaftlichen Rahmenbedingungen gegeben ist. An dieser Stelle muss auch darauf hingewiesen werden, dass sich das angestrebte höhere Honorarvolumen für die ambulante ärztliche Tätigkeit langfristig nur umsetzen lässt, wenn es durch Individualverträge gelingt, die ambulante medizinische Leistung mindestens auf dem heutigen Niveau zu halten, aber gleichzeitig den Anteil der stationär zu versorgenden Patienten zu reduzieren.

1.3.5 Medizinische Versorgungszentren (MVZ)

MVZ sind **fachübergreifende medizinische Einrichtungen** (§ 95 SGB V). Mindestens zwei Ärzte mit gleicher Fachrichtung, aber unterschiedlichen Schwerpunkten (gem. VändG) können darin als Angestellte oder Vertragsärzte tätig sein.

MVZ können von Leistungserbringern gegründet werden, die aufgrund von Zulassung, Ermächtigung oder Vertrag an der medizinischen Versorgung der gesetzlich Versicherten teilnehmen. Ein MVZ gründen und als Gesellschafter betreiben können alle zugelassenen Leistungserbringer wie

- Vertragsärzte,
- Vertragspsychotherapeuten,
- Einrichtungen nach § 311 SGB V,
- zugelassene Krankenhäuser,
- Vorsorge- und Rehabilitationseinrichtungen,
- Heil- und Hilfsmittelerbringer,
- Apotheker,
- Leistungserbringer zur Versorgung mit häuslicher Krankenpflege, mit Soziotherapie und mit sozialmedizinischen Nachsorgemaßnahmen gem. § 132a–c Abs. 1 und 2 SGB V,
- Vertragszahnärzte,
- ermächtigte Zahnärzte,
- ermächtigte andere Ärzte und Psychotherapeuten,
- ermächtigte Krankenhäuser,
- ermächtigte Hochschulambulanzen,
- ermächtigte Ärzte und Einrichtungen auf der Grundlage des Bundesmantelvertrages,
- Psychiatrien,
- Institutsambulanzen,
- sozialpädiatrische Zentren und Einrichtungen der Behindertenhilfe gem. §§ 117, 118, 119 und 119a SGB V.

Als Rechtsform sind alle gesetzlichen Organisationsformen von der GmbH bis zur BGB-Gesellschaft möglich. Dabei ist jedoch die eingeschränkte Haftungsbegrenzung dieser Kapitalgesellschaften im Hinblick auf die abzugebenden Gesellschafterausfallbürgschaften zugunsten der Kassenärztlichen Vereinigungen und der Gesetzlichen Krankenversicherungen zu beachten. Diese Regelung wurde gewählt, um im Fall von Vergütungsrückforderungen oder Regressansprüchen bei einer bereits erfolgten Gesellschaftslöschung die entsprechende Forderung auch einbringlich zu gestalten.

Die Zulassung des MVZ erfolgt auf Antrag durch den Zulassungsausschuss; es gilt mithin die Ärzte-Zulassungs-Verordnung. Die Gründung eines MVZ ist an die Bedarfsplanung im ambulanten Bereich gekoppelt. Das bedeutet, MVZ werden kaum durch Neugründungen, eher durch Praxisverlegungen oder im Sinne überörtlicher Gemeinschaftspraxen entstehen.

Der Sitz des MVZ ist der **Ort der Betriebsstätte**. Will ein MVZ nicht nur in seiner Betriebsstätte, sondern parallel auch in einer örtlich getrennten Betriebsstätte Leistungen erbringen (Zweigpraxis), brauchte es bisher eine Genehmigung der KV.

Mit seiner Zulassung nimmt das MVZ in den Fachgebieten an der vertragsärztlichen Versorgung teil, für welche die im MVZ tätigen Ärzte eine weiterbildungsrechtliche Befähigung haben. Die im MVZ tätigen Ärzte müssen ins Arztregister eingetragen sein. Es gelten die Qualitätsanforderungen für zugelassene Vertragsärzte (§ 135 SGB V). Die im

MVZ tätigen Ärzte bzw. Psychotherapeuten werden Mitglied in der für den Sitz des MVZ zuständigen KV. Die vertraglichen Bestimmungen über die vertragsärztliche Versorgung sind für das MVZ verbindlich. Hinsichtlich der vernetzten Tätigkeit von niedergelassenen Ärzten bzw. von Krankenhausärzten in MVZ ist an anderer Stelle hingewiesen worden.

Die Leistungen des MVZ werden aus der **vertragsärztlichen Gesamtvergütung honoriert**. Hier ist jedoch zu bedenken, dass die Ordinationsgebühr nur einmal je Quartal und Patient für alle im MVZ behandelnden Ärzte abgerechnet wird. Auch dürfen nur die EBM-Leistungen gegenüber den Krankenversicherungen abgerechnet werden, die durch eine entsprechende fachbezogene KV-Zulassung abgedeckt sind.

Praxistipp
Ergänzend sei erwähnt, dass seit dem 01.01.2007 Ärzte, die ihren KV-Sitz in ein MVZ einbringen, beim Verlassen des MVZ keinen Anspruch mehr darauf haben, wieder ihre alte KV-Zulassung zur ärztlichen Berufsausübung nutzen zu können. Somit fehlt an dieser Stelle der betriebswirtschaftliche „Fallschirm", sofern der „worst case" eintritt!

Vertragsärzte und andere Leistungserbringer können mit dem MVZ im Sinne eines Ressourcen-Sharings, aber auch, um Integrierte Versorgung anzubieten, kooperieren. Dem MVZ stehen alle Vertragsformen vom Strukturvertrag nach § 73a SGB V bis zur Integrierten Versorgung nach § 140a–d SGB V offen.

Der Gesetzgeber hat mit der Option, MVZ zu gründen, einen starken Impuls für Veränderungen der Anbieterstrukturen gesetzt. Insbesondere für Fachärzte mit einem hohen Investitionsvolumen (Radiologie, Kardiologie usw.) ist die Option ökonomisch attraktiv. Sinnvoll sind auch MVZ, die durch Kooperation von Hausärzten, Fachärzten,

Psychotherapeuten und weiterer Gesundheitsberufen entstehen. Sie könnten ein breites, evtl. inhaltlich und prozessual abgestimmtes Versorgungsangebot vorhalten. Kleine und mittlere Krankenhäuser, die sich zu Gesundheitszentren entwickeln wollen, werden sich um den Aufbau solcher Medizinischer Versorgungszentren bemühen. Und auch große Häuser werden für bestimmte Fachgebiete und Indikationen versuchen, MVZ zu gründen und zu betreiben. So könnten durch unterschiedliche Protagonisten und für eine Vielzahl von Indikationen die organisatorischen Voraussetzungen für ein effizientes Management komplexer Versorgungsprozesse entstehen.

Praxistipp
MVZ können auch als Leistungserbringer in die BAG integriert werden. Sofern sie ihre ärztlichen Tätigkeit zukünftig nicht mehr im Rahmen der Einzelpraxis ausüben möchten, können sie sowohl in einem MVZ oder BAG ärztlich wirken. Wenn sie diesen Schritt gehen, dann geben sie zwar einen Teil ihrer „Unabhängigkeit" auf, gewinnen jedoch im Gegenzug eine Vielzahl von Vorteilen, die individuell unterschiedlich bewertet werden:

- Sicherstellung eines Fair-Value-Preises für ihre heutige Praxis
- betriebswirtschaftlich nicht beliebte Tätigkeiten geben sie ab
- Konzentration auf ihre gewünschte ärztliche Tätigkeit
- Freizeitanteile am Wochenende nehmen zu, da sie z.B. nicht mehr die Praxissoftware aktualisieren oder aber die Abrechnung vorbereiten müssen.

Literatur

Abrechnung: Kennzeichnungspflicht für Vertragsärzte bringt mehr Transparenz. Arzt und Wirtschaft 08.04.2008. http://www.auw.de

äzq Ärztliches Zentrum für Qualität in der Medizin (Hrsg.) (2007) Kompendium Q-M-A. Qualitätsmanagement in der ambulanten Versorgung, 3. Aufl. Deutscher Ärzte-Verlag, Köln

Hentze J, Heinecke A, Kammel A (2001) Allgemeine Betriebswirtschaftslehre. Paul Haupt, Bern

Hess R, Klakow-Franck R (Hrsg.) (2004) Selbstzahler-Kompendium für die Arztpraxis. Deutscher Ärzte-Verlag, Köln

Meffert H (2000) Marketing: Grundlagen marktorientierter Unternehmensführung, 9. Aufl., 863ff. Gabler, Wiesbaden

Meurer U, Zukunftspanel. Das Krankenhaus verkauft seine Gesundheits-Markenartikel, wird Systemführer und übernimmt das Behandlungsschema. f&w (2004), 2, 112–114

Riedel R, Latz V, MVZ: Eine Standortbestimmung. Rechtsdepesche (2007), 2

Wasem J, Greß M, Hessel F (2003) Hausarztmodelle in der GKV – Effekte und Perspektiven vor dem Hintergrund nationaler und internationaler Erfahrungen. In: Diskussionsbeiträge aus dem Fachbereich Wirtschaftswissenschaften Nr. 130. Universität Duisburg-Essen. Essen

Vertragsarztänderungsgesetz (VÄG)

2 Praxisorganisation

Almut Schlesinger, Oliver Tobolski, Rolf-Rainer Riedel

Der Gesundheitssektor in Deutschland als wichtigster wirtschaftlicher Einzelsektor mit einem Brutto-Inlandsprodukt von rund 225 Mrd. € gewinnt wirtschaftlich zunehmend an Bedeutung, wird jedoch zugleich rechtlich und politisch stark reglementiert und beeinflusst. Dadurch verstärken sich die ökonomischen Probleme sämtlicher Institutionen des Gesundheitswesens. Erschwerend kommen zwei Komponenten hinzu: Die Nachfrage nach Gesundheitsleistungen unterliegt nicht den üblichen Marktprinzipien der sozialen Marktwirtschaft, und ein Arzt sollte laut Hippokratischem Eid in seinen Entscheidungen frei und unabhängig in seinen Gewissensentscheidungen bleiben können und sich nicht allein ökonomischen Zwängen unterwerfen müssen. Wenn dadurch im Gesundheitssektor der Konflikt zwischen rational-ökonomischer Denkweise und der Orientierung an sozialen Werten vorprogrammiert ist, sollte man ein besonderes Augenmerk auf die betriebswirtschaftlichen – einschließlich der prozess- und qualitätsorientierten – Aufgabenfelder der Arztpraxis-Organisation legen. Gerade hinsichtlich der seit Jahren eher stagnierenden Ertragssituation der Arztpraxis, der zunehmenden Qualitätsmanagement-Pflichten und des Trends der Einkaufspolitik der Krankenkassen sollten Sie diese Aufgabenfelder in Ihrer Praxis fest im Auge haben. Durch einen durchgeplanten und zeitsparenden Ablauf ökonomisch und medizinisch notwendiger Leistungserbringung bleibt dem Arzt die Chance, seiner eigentlichen Berufung nachzugehen.

Zugleich stellt die Servicequalität Ihrer Praxis eine Art Visitenkarte für Sie und Ihr Praxisteam dar. Diese Form des Marketings wird in Kapitel 6 angesprochen.

2.1 Aufbauorganisation

2.1.1 Praxisorganisation als Erfolgsfaktor in der Arztpraxis

Das Funktionieren des Unternehmens Arztpraxis basiert auf seiner organisatorischen Gestaltung. Die Organisation, das Zusammenspiel zwischen Aufbau und Abläufen, beeinflusst unmittelbar den wirtschaftlichen Erfolg oder Misserfolg einer Arztpraxis. Es liegt ein komplexes Miteinander von Subsystemen vor, deren reibungsfreies Funktionieren an den Schnittstellen den Schlüssel zu einer hohen Patientenzufriedenheit (Kundenzufriedenheit) darstellt.

Dabei sollten Sie die sinnvolle Vernetzung einer guten Praxisorganisation mit den Elementen des Qualitätsmanagements in Ihrer Praxis erkennen: Alle therapie- und diagnostikbezogenen Prozesse sind im Hinblick auf eine gute Mitarbeiterführung und die zu realisierenden hohen Qualitätsstandards schriftlich abzubilden. Eine solche Vorgehensweise ermöglicht es den Teammitgliedern, einzelne Prozessschritte ggf. auch noch einmal nachzulesen. Erfahrungsgemäß lässt sich auf diese Weise das Bewusstsein des Personals für ein qualitäts- und wirtschaftsorientiertes Arbeiten erhöhen. Ergänzend sei auch auf die umzusetzenden Qualitätsmanagement-Programme in Arztpraxen hingewiesen. Dabei können Ärzte beispielsweise auf das QEP®-System als unterstützendes Verfahren für die Einführung eines QM-Systems in der Arztpraxis zurückgreifen. Somit unterstützen Sie hiermit die Erreichung Ihrer Praxisziele. Ausführlich informiert Sie hierzu Kapitel 3.

Bedeutung der Organisation in der Arztpraxis
Der Ausdruck Organisation bringt je nach Kontext eine unterschiedliche Bedeutung mit sich. Die mit dem Organisationsbegriff verbundenen Inhalte lassen sich in drei Kategorien einteilen:

Institutional gesehen stellt die Arztpraxis als Unternehmen eine Organisation mit einem eigenen sozialen System dar. Die darin agierenden Personen stehen zueinander in Beziehungen. Die Institution verfolgt eine spezifische Zweckorientierung, nämlich die medizinische Patientenversorgung einerseits und die Gewinnerzielung für den oder die Inhaber andererseits. Sie weist eine geregelte Arbeitsteilung auf, und es sind beständige Grenzen vorhanden, die die organisatorische Innenwelt von der Außen- oder Umwelt unterscheiden.

Funktional gesehen *wird* ein Unternehmen organisiert. Zumeist der Praxisinhaber oder der für diese Aufgaben zuständige Praxispartner schafft die Voraussetzungen dafür, dass das Praxisteam die anfallenden Arbeiten möglichst reibungsfrei erledigen kann und damit die Voraussetzungen schafft, Patienten unter ökonomischen Rahmenbedingungen erfolgreich zu behandeln. Die Gesamtheit aller generellen Regelungen bezüglich der zu erledigenden Aufgaben und Kompetenzen wird festgelegt. Das Unternehmen wird organisatorisch gestaltet, was alle Aktivitäten der Planung, Einführung und Durchsetzung zukünftiger organisatorischer Regelungen beinhaltet.

Instrumental gesehen *hat* ein Unternehmen eine Organisation. Sie kann als Mittel zur effizienten, d.h. auch zur wirtschaftlich gewinnbringenden Führung einer Praxis genutzt werden. Diese bewusst geschaffene

Ordnung dient der Zielerreichung des Unternehmens und bezieht sich sowohl auf die Strukturen als auch auf die Prozesse, die die tägliche Aufgabenbewältigung in einer Praxis betreffen.

Praxistipp
In diesem Zusammenhang sollte sich jeder Praxisinhaber fragen, inwieweit seine Managementvorgaben auch von seinem Praxisteam adäquat umgesetzt werden. Hier zeigt sich nicht selten eine Führungsschwäche der Praxispartner, da die Mitarbeiter diese Aufgaben des Praxismanagements nicht als ihre Kernaufgabe identifizieren. Gerade in Zeiten knapper Ressourcen und eines wachsenden Wettbewerbsdrucks ist es von herausragender Bedeutung, dass Sie sich als Praxispartner um organisatorische Dinge und damit Prozessoptimierungen kümmern. Mit einer erfolgreichen Umsetzung von behandlungsorientierten Patientenprozessen realisieren Sie ein konstant hohes Qualitätsniveau verbunden mit der geforderten Wirtschaftlichkeit und einer hohen Patientenzufriedenheit.

Der „Beziehungs-Eisberg" in der Arztpraxis: Formale und informale Organisation
Nur ein Teil aller Regelungen, die in einer Arztpraxis getroffen werden, unterliegt einem autorisierten Prozess der Regelschöpfung, ist also geplant und von allen Teammitgliedern nachvollziehbar. Ein anderer Teil organisatorischer Bezüge ist informell geregelt. Diese Ebene ist nicht für jeden transparent und unterliegt einer stärkeren Dynamik als die formalen Regelungen.

Stellt man sich das organisatorische Gefüge in der Arztpraxis vor wie einen im Meer treibenden Beziehungs-Eisberg [Vahs 2003], so finden sich **formale**, also geplante Aspekte als sichtbare Spitze des Eisberges oberhalb der Wasseroberfläche. Sie sind sinnlich erfahrbar und rational kalkulierbar durch jeden, der mit der Arztpraxis in Kontakt kommt. Typische formale Elemente sind Stellenbeschreibungen oder Arbeitsrichtlinien im Sinne der SOP (Standard Operating Procedures), z.B. Arbeitszeitkonten, Terminplanung und die Dokumentation und -archivierung der Patientenakten. Diese formalisierten Richtlinien sind notwendig, wenn eine Arztpraxis nicht mehr alleine auf einen Arzt als Praxisinhaber ausgerichtet ist. In Gemeinschaftspraxen mit mehr als drei Partnern sind schon heute entsprechend gute Organisationsstrukturen etabliert.

Unterhalb der Wasseroberfläche schwimmt die eigentliche Basis des Eisberges: die **informalen**, stark affektiv geprägten, aber verdeckten Aspekte, die Arzt, Mitarbeiter und Patienten unterschiedlich erfahren und wahrnehmen. Häufig sind sie von größerer Bedeutung für das Funktionieren einer Praxis. Persönliche Beziehungen, Werte, Einstellungen, Erwartungen und die Motivation eines jeden Beteiligten können sich hier äußern. Ein klassisches Beispiel sind hier die unterschiedlichen Machtverteilungen und Rollen, die nicht immer dem hierarchisch vorgegebenen Gefüge entsprechen müssen. Eine Medizinische Fachangestellte beispielsweise kann durchaus aufgrund ihrer Persönlichkeit sehr viel mehr Macht ausüben, als es ihr ihrer formalen Rolle entsprechend zustünde.

Bilden sich zwischen formalem Gefüge und tatsächlich vorherrschenden, informalen Gegebenheiten zu starke Diskrepanzen, kann ein ökonomisch erfolgreiches Arbeiten stark gefährdet sein. Leider sind diese informalen Strukturen nicht organisierbar und daher schwer steuerbar oder kontrollierbar. Häufig sind es aber gerade die informalen Verflechtungen aus gleichen Interessen oder gleichen sozialen Merkmalen, die die kurzen Entscheidungswege und schnellen Handlungsmöglichkeiten in der täglichen Praxisarbeit gewährleisten und zugleich die Praxiskultur prägen (s. Kap. 2.2.2).

Daher muss ein unternehmerisches Ziel sein, aufeinander abgestimmte Handlungsabläufe in der täglichen Praxisarbeit zu gewährleisten. Gleichzeitig muss das Führungsteam die Rahmenbedingungen für eine Praxiskultur vorgeben. Eine Möglichkeit der Konfliktvermeidung im Team ist die nicht zu starr angelegte formale Organisation (flache Hierarchie, dadurch auch unkomplizierte Kommunikation im Team), die Fehlentwicklungen durch ein flexibles Veränderungsmanagement (vgl. Kap. 3.2.2) im Hinblick auf aktuelle Entwicklungen und Handlungsmöglichkeiten in der Arztpraxis korrigiert.

Praxistipp

Gemäß den Zielsetzungen des Qualitätsmanagements in der Arztpraxis (s. Kap. 3) müssen alle praxisrelevanten Prozessabläufe in einem Praxishandbuch beschrieben sein. In einer modernen Arztpraxis sollten diese Beschreibungen für alle Mitarbeiter über den PC abrufbar sein. Darüber hinaus beschreibt man auf diese Weise auch die Aufgabenbereiche der einzelnen Mitarbeiter (s.a. Abschnitt „Aufgabenstrukturierung in der Arztpraxis").

Organisationseinheiten in der Arztpraxis

Organisatorische Einheiten werden durch eine Bündelung von Teilaufgaben gebildet. Anschließend werden diese Aufgabenbündel einzelnen Mitarbeitern bzw. Mitarbeiterteams zugeordnet.

Klassische Organisationseinheiten beispielsweise in einer orthopädischen Praxis sind:

◢ Empfang (Rezeption) mit der Terminvereinbarung aller Termine (Sprechstunde, ambulante OP auch als Belegarzttätigkeit, Vertreterbesuche, etc.) und allgemeiner Kommunikation nach außen

◢ Technische Abteilungen: Röntgenabteilung, Laborabteilung, MRT-Abteilung, Stoßwellenbehandlung etc.

◢ Allgemeine Sprechstunde mit eventueller Assistentensprechstunde

◢ Verwaltung (Back-Office) mit allgemeinen Verwaltungsaufgaben, wie Arztbriefe, Abrechnungen, Mahnungen, Durchführung von Marketingmaßnahmen etc.

◢ Externe Dienstleistungen wie Schreibdienste, Reinigung, Wäscherei, technische Dienste, Abrechnungsdienstleistungen

Praxistipp

Aus der Erfahrung wird deutlich, dass „passende" leitende Angestellte intensiv an der Ausbildung des eigenen Teams mitarbeiten und dadurch die Effizienz des eigenen Zusammenschlusses fördern (s.a. Kap. 5). Alle Teilbereiche sollten deshalb von einem(er) leitenden Mitarbeiter(in) mit Weisungsbefugnis und Verantwortung besetzt sein, um ein Verständnis für die Schnittstellen zu entwickeln. Auf diese Weise lassen sich Reibungsverluste in der Zusammenarbeit auf ein Minimum reduzieren.

2.1.2　Die Arztpraxis und ihre Strukturen

Strukturierung der Aufgaben

Die Aufgabenstrukturierung ist die vorrangige Voraussetzung für eine gute prozessorientierte Organisationsgestaltung Ihrer Praxis. Zunächst wird die Gesamtaufgabe Ihrer Praxis, also die Versorgung der Patienten eines bestimmten Einzugsbereichs entsprechend der fachspezifischen Ausrichtung, in Teilaufgaben aufgeteilt; es wird also organisatorisch differenziert. Anschließend erfolgt mit der Integration wiederum die Arbeitsvereinigung, eine effektive Zusammenführung der zuvor ausdifferenzierten Teilaufgaben.

Die **organisatorische Differenzierung** erfolgt in zwei Schritten: In der **Aufgabenanalyse** wird die Gesamtaufgabe systematisch in Teilaufgaben zerlegt. Dabei geht man vom Groben zum Detail, wodurch automatisch eine Teilaufgabenhierarchie entsteht. Eine **Aufgabe** ist eine dauerhaft wirksame Aufforderung, bestimmte Verrichtungen an bestimmten Objekten zur Erreichung von Zielen vorzunehmen. Als Dokument wird der Aufgabengliederungsplan erstellt, anhand dessen man Teilaufgaben ablesen kann. Eine solche Abbildung der Praxis-Tätigkeitsstruktur ist bei einer stärkeren Fluktuation der Praxismitarbeiter beispielsweise durch Minijobs eine gute Orientierungshilfe – man kann zügig auf entsprechende Tätigkeitsmodule zurückgreifen.

In der Arztpraxis sollte man sich überlegen, ob die Aufgabenverteilung beispielsweise eher den verschiedenen Phasen der Behandlung (z.B. Empfang, Beratung, Diagnose, Therapie, Kontrolle) oder eher objektbezogen den entsprechenden Behandlungsschwerpunkten (z.B. Diabetes mellitus, Hypertonus, Schilddrüsenerkrankungen, Allergien) oder auch Patientengruppen (z.B. Akutpatienten und chronische Patienten) angepasst sein sollte. Erscheint die Übertragung einer Teilaufgabe als kleinste Einheit auf einen Aufgabenträger sinnvoll, kann zur Analyse des Arbeitsprozesses übergegangen werden.

In der folgenden **Arbeitsanalyse** sind die **Arbeitsschritte** von Bedeutung: Die Arbeitsanalyse setzt dort an, wo die Frage nach dem Aufgabeninhalt in die Frage nach der Aufgabenerfüllung übergeht. Sie ist nötig, da aus der Aufgabenanalyse noch nicht ersichtlich werden kann, wie die dort ermittelten Teilaufgaben zeitlich, räumlich und personell zusammenhängen. Somit ist die Arbeitsanalyse die Fortführung der Aufgabenanalyse unter besonderer Betonung der für die Aufgabenerfüllung erforderlichen Arbeitsschritte. Während die strukturellen Überlegungen der Aufgabenanalyse und später der Aufgabensynthese durch die entsprechenden Dokumente standardisierbar und von jeder Praxis leicht zu übernehmen sind, werden die

Überlegungen zu Arbeitsanalyse und Arbeitssynthese sehr individuell getroffen und die entsprechenden Dokumente für jeden Praxisbetrieb speziell entworfen.

Die **organisatorische Integration** erfolgt durch die Aufgabensynthese und die abschließende Arbeitssynthese. Dabei ist zu beachten, dass eine vorherige starke Differenzierung zu einer problematischeren Integration führt. In der Arztpraxis ist dies kein eklatantes Problem, weil die dort zu differenzierenden und wieder zu integrierenden Teilaufgaben einen überschaubaren Rahmen behalten und von vornherein zu keiner zu tiefen Differenzierung verleiten.

In der **Aufgabensynthese** vollzieht sich der eigentliche organisatorische Akt, die Bildung von Stellen und damit die Möglichkeit der Konstruktion eines komplexeren Stellengefüges. Die Stellenbildung, also die Bündelung der zuvor beschriebenen Teilaufgaben, erfolgt nach quantitativen oder qualitativen Gesichtspunkten. Entweder bevorzugt man eine **Mengenteilung** in Bezug auf die Gesamtaufgabe, wobei sich beispielsweise in einer Gemeinschaftspraxis die zwei behandelnden Ärzte die Patientengesamtheit nach den Buchstabengruppen A–K und L–Z aufteilen könnten, egal welche Krankheitsbilder zu erwarten sind. Oder man strebt eine **Artenteilung** an, in der sich die beiden Stellen jeweils auf bestimmte Patientengruppen, Krankheitsbilder oder auch Tätigkeiten spezialisieren würden. Das Dokument, anhand dessen das komplexere Stellengefüge darstellbar gemacht werden kann, wird als **Organigramm** oder Organisationsplan bezeichnet. Organigramme zeigen nur einen Ausschnitt aus dem organisatorischen Regelwerk und beziehen sich auf rein formale Gesichtspunkte.

Die **Arbeitssynthese** ermöglicht die Zusammenfassung der in der Arbeitsanalyse gewonnenen Arbeitsschritte zu **Arbeitsprozessen**. Die Arbeitsprozesse werden außerdem mit den in der Aufgabensynthese gebildeten Organisationseinheiten zusammengebracht. Hier geht es um ablauforganisatorische Feinabstimmungen zeitlicher, räumlicher und personeller Art – es wird also bestimmt, wann, wo und in welcher Reihenfolge bestimmte Aktivitäten stattfinden. Konkrete Pläne zur Synchronisierung und Simultanisierung der Organisationseinheiten mit ihren entsprechenden Aufgaben werden wiederum in jeder Praxis sehr individuell ausgestaltet.

Räumlichkeiten

Die Räumlichkeiten sollten strategisch gut positioniert sein. Ein wichtiges Merkmal für einen Patienten z.B. mit akuter Gehbehinderung durch einen Sportunfall ist die Parkmöglichkeit in Nähe der Praxis (möglichst Tiefgarage) und die Erreichbarkeit der Praxis über Fahrstühle. Dabei sollte generell auf eine behindertengerechte Ausstattung, z.B. rollstuhlgerechten Zugang und Bewegung innerhalb der Praxis, geachtet werden. Auch wichtig ist die Anbindung an das öffentliche Verkehrsnetz sowie das Umfeld mit Einkaufsmöglichkeiten (Apotheke, Orthopädietechnik, Sanitätshaus) bzw. anderen Ärzten (Ärztehaus). Hier sollten Sie nicht vergessen, dass auch der erste Eindruck am Eingang neben den Schildern mit Informationen zu Praxisöffnung und die erste verbindliche Kommunikation mit dem Patienten, z.B. am Empfang, eine große Rolle spielen. Hier zeigt sich die Verbindung zum Marketing der Arztpraxis.

Die nicht technische Ausstattung sollte hell, freundlich, aber nicht zu luxuriös wirken. Die wichtigsten Merkmale, auf die Patienten hauptsächlich achten, sind schlicht Sauberkeit und Ordnung.

Sinnvoll ist eine großzügige räumliche Aufteilung mit verschiedenen Behandlungszimmern, sodass der Behandler zwischen den Behandlungsräumen wechseln kann und so der Ablauf der Sprechstunde zeitlich gestrafft werden kann.

Ein etwaiger Umzug in andere Räumlichkeiten muss gut kalkuliert werden, da mit Weggang vom alten Standort ca. 20–30% der Stammklientel verloren gehen.

Diagnostisch-technische Ausstattung

Die technische Ausstattung sollte modern und wenig störanfällig sein und mit gut funktionierenden Wartungsverträgen versehen sein. Dazu gehören z.B. im technischen Bereich digitales Röntgen, EKG, hoch auflösende Ultraschallgeräte, ggf. sogar ein Kernspintomograf, eine leistungsstarke Telefon- und EDV-Anlage mit Vernetzung sowie Internetanbindung, ein vor unberechtigten Zugriffen sicheres, gut organisiertes Archiv usw. Im Hinblick auf die wachsende Zahl von MVZ und großen BAG wird es für Sie in diesen neuen Form der ärztlichen Berufsausübung einen wesentlichen Vorteil gegenüber Ihrer Einzel- oder Doppelpraxis geben: Wie die Praxis schon heute zeigt, können Sie in diesen Fällen auf ein umfangreicheres Diagnosespektrum zurückgreifen. In den kommenden Jahren wird es zu einem sich verstärkenden Wettbewerb zwischen den ambulanten und stationären patientenbetreuenden Einrichtungen kommen. Dies ist u.a. auf die zunehmende Tendenz der Krankenhäuser hinsichtlich eines Angebotes einer ambulanten medizinischen Versorgung zurückzuführen.

2.2 Ablauforganisation

2.2.1 Praxismanagement in die Tat umsetzen

Die meisten Prozessverläufe müssen im Hinblick auf die gleichbleibende Qualität standardisiert sein. Dabei besteht aber die hohe Kunst – wie in anderen Dienstleistungssegmenten auch – darin, eine personenbezogene Behandlung seitens des Kunden (Patienten) sicherzustellen, da der Patient hierdurch

das Gefühl erhält, seinen individuellen Bedürfnissen entsprechend betreut zu werden. Dies ist eine besondere Zielsetzung der Dienstleistung in einer Arztpraxis.

Diesen Beweis treten wirtschaftlich sehr erfolgreiche BAG und MVZ an, indem man die Behandlungsabläufe für die Mehrzahl der Patienten in Diagnostik und Therapie standardisiert, aber auch diese relevante persönliche Zuwendung dem Patienten zukommen lässt. Eine solche Vorgehensweise ermöglicht eine hohe Versorgungssicherheit sowie eine erhöhte Behandlungsqualität. Werden dabei die einzelnen Behandlungseinheiten modularisiert, dann resultiert daraus eine hohe Flexibilität der Praxisorganisation.

Momentan werden evidenzbasierte Behandlungsleitlinien, strukturierte Behandlungs- und Schulungsprogramme, DMP sowie komplexe Versorgungsformen im ambulanten Sektor gesundheitspolitisch gefördert. Die Bedeutung formaler Strukturen und Regelungen wird in der Arztpraxis in Zukunft möglicherweise ähnlich hoch sein wie in anderen Institutionen des Gesundheitswesens. Dies ist u.a. mit der Zielsetzung einer zu definierenden Ergebnisqualität zu sehen. Eine Standardisierung von Behandlungsabläufen ist jedoch nicht damit gleichzusetzen, dass individuelle Behandlungserfordernisse keine Berücksichtigung finden. Gerade das Gegenteil kann bei der oben beschriebenen Praxisorganisation erreicht werden: Sie sind so in der Lage, den individuellen Erfordernissen Ihrer Patienten gerechter zu werden, da durch die Sicherstellung von qualitäts- und leitlinienorientierten Behandlungsstandards u.a. Leerlaufzeiten vermieden werden. Darüber hinaus bietet die Einführung eines Verordnungsmanagementsystems die Möglichkeit, eine Übersicht aller dem Patienten verordneten Arzneimittel abbilden zu können. Auf diese Weise lassen sich u.a. die nachstehenden Effekte erzielen:

◢ Vermeidung von unerwünschter Medikamenten-Interaktion

◢ Vorbeugung von Doppelverordnungen

◢ Überprüfung der Medikamenten-Compliance des Patienten

◢ Einhaltung von leitliniengestützten Behandlungskonzepten

◢ Erhöhung der Behandlungsqualität

◢ Unterstützende Maßnahme zur Vermeidung der Praxis-Malus-Regelung für Arzneimittel

Sprechstundenorganisation

Bei der differenzierten Betrachtung der Sprechstundenorganisation ist allgemein zu empfehlen, welche Praxisöffnungszeiten für die Patienten grundsätzlich angeboten werden. Erfahrungsgemäß können die Patienten ihre behandelnden Ärzte nur im Rahmen der Regelsprechstundenzeiten konsultieren:

Montag, Dienstag und Donnerstag:
8:00–13:00 Uhr + 15:00–18:00 Uhr
Mittwoch und Freitag:
8:00–13:00 Uhr

Solche Sprechzeiten sind für eine Einzelpraxis üblich. Dies lässt sich auch durch die nur bedingt verfügbaren patientenzentrierten Zeiten ableiten: Die Arbeitskapazität eines Praxisinhabers ist an dieser Stelle zeitlich limitiert, sofern man auch noch die erforderlichen Verwaltungstätigkeiten berücksichtigt. Betrachtet man diese Konstellation, wird deutlich, in welchem Umfang Leerlaufzeiten für die vorgenommenen Investitionen und die Praxisräume gegeben sind. (vgl. Kap. 9).

Auch an dieser Stelle wird somit deutlich, welche Vorteile sich für die Ärzte ergeben, wenn man die gewohnte Einzelpraxis zugunsten eines ambulanten Versorgungsschwerpunktes aufbaut.

Auf der Basis einer bisher unveröffentlichten Studie konnte gezeigt werden, dass die Patienten gerade aufgrund ihres beruflichen Verantwortungsbewusstseins Sprechstundenrandzeiten bevorzugen:

Montag bis Freitag:
7:00–8:30 Uhr oder nach 17:30 Uhr
Samstagvormittag:
8:30–12:00 Uhr

Einen solchen patientenzentrierten Sprechstundenservice kann nur ein ambulanter Versorgungsschwerpunkt anbieten, in dem sich die teilnehmenden Praxen den Sprechstundenzeitrahmen adäquat untereinander aufteilen. Ergänzend sei nur erwähnt, dass auch in einem solchen System eine personenbezogene Arzt-Patienten-Betreuung möglich ist, da jeder Arzt in bestimmten Zeitfenstern mit Behandlungsslots tätig ist. Die Patienten können sich auf diese Weise dann in die Slot-Positionen „ihres" Arztes eintragen lassen.

Die drei Formen der Sprechstundenorganisation werden nachstehend kurz erläutert:

◢ **Allgemeine Sprechstunde**: Die allgemeine Sprechstunde ist die Basis einer jeden Praxis, in der die Grundlagen für eine erfolgreiche wirtschaftliche Tätigkeit geschaffen werden. Hier werden Patienten gesehen, beraten, aufgeklärt, IGeL-Patienten akquiriert und in die entsprechenden Sprechstunden weitergeleitet. Daher ist eine zeitlich ausgedehnte Kassensprechstunde (möglicherweise durch einen angestellten Assistenten) notwendig und sinnvoll.

◢ **BG-Gutachten-Sprechstunde und Privatsprechstunde**: Die Abspaltung einer separaten Privat- bzw. BG-Gutachten-Sprechstunde kann eine organisatorische Maßnahme in Ihrer Arztpraxis darstellen.

◢ **Diagnostische Sprechstunde**: Es ist zu empfehlen, die Durchführung von diagnostischen Untersuchungsverfahren terminlich zu bündeln, um die Arbeitsabläufe einer Arztpraxis zu verbessern. Neben den prozessorientierten Aspekten ist in den einzelnen Praxen zu prüfen, inwieweit bei dieser Organisationsform die durchschnittliche Personalbindung an Mitarbeitern in der Praxis erforderlich ist.

◢ **Wunsch-Sprechstunde:** Die IGeL-Sprechstunde (Selbstzahlersprechstunde) ist ähnlich wie die Privatsprechstunde gesondert anzubieten, um Selbstzahlern Spezialbehandlungen, die nicht durch die Gesetzlichen Krankenkassen übernommen werden, anzubieten. Hierunter sind auch Präventionsleistungen zu subsumieren, die nicht von den Gesetzlichen Krankenkassen übernommen werden. In diesen Sprechstundenzeiten werden die Patienten entsprechend ihren persönlichen Bedürfnissen medizinisch betreut.

Qualitätsmanagement

Seit Januar 2004 müssen Vertragsärzte gem. den Vorschriften des § 135a (2) SGB V ein praxisinternes Qualitätsmanagement einführen und im Alltag leben. Dabei wird den Praxisinhabern eine Übergangsfrist bis zum Jahr 2009 eingeräumt. Jedoch sollte nicht nur die gesetzliche Pflicht den Ausschlag geben, ein QM-System in der Arztpraxis zu etablieren, denn Qualitätsmanagement ist gerade zur Verbesserung der Ablauforganisation und im Hinblick auf eine patientenzentrierte und abbildbare Ergebnisqualität eine wesentliche Voraussetzung, um in dem sich verschärfenden medizinischen Wettbewerb erfolgreich bestehen zu können. Ausführlich wird auf die Grundlagen des Qualitätsmanagements in Kapitel 3 eingegangen.

Das am wichtigsten zu messende Qualitätsmerkmal eines Dienstleistungsunternehmens im Gesundheitswesen ist die Patientenzufriedenheit. Über diese, schwer messbare Größe wird die weitere Entwicklung einer Praxis wesentlich beeinflusst, da alle Marketingmaßnahmen in ihrer Erfolgswahrscheinlichkeit hinter der preiswerten sog. Mund-zu-Mund-Propaganda des zufriedenen Patienten liegen. Erst in zweiter Linie sind OP-Ergebnis, postoperative Schmerzen, Erreichbarkeit des Operateurs im Notfall etc.

Punkte, auf die Patienten bei der Bewertung eines Prozesses achten, da im Allgemeinen die fachliche Kompetenz des behandelnden Arztes als selbstverständlich angenommen wird. So nennt z.B. die G-BA-Richtlinie Qualitätsmanagement Patientenbefragungen als mögliche QM-Maßnahme zum Nachweis des in der Vertragsarztpraxis gesetzlich geforderten Qualitätsmanagements. Bedenken Sie an dieser Stelle auch, dass die Gesetzlichen Krankenkassen bei den zukünftig zu schließenden Selektivverträgen nach § 73b, c SGB V auch ein Kriterium wie Ergebnisqualität als Vertragsbestandteil definieren.

> **Praxistipp**
> Arztpraxen mit invasiven diagnostischen und therapeutischen Verfahren müssen auch die Auflagen des Robert Koch-Instituts (RKI) erfüllen. Diese Richtlinien schreiben sehr differenziert vor, in welchem Rahmen die erforderlichen Hygienemaßnahmen einzuhalten sind. So können die hiervon betroffenen Praxen die Umsetzung der RKI-Kriterien als einen wesentlichen Bestandteil ihres Qualitätsmanagementsystems verstehen.

Zeitmanagement

Es gibt ein Gut, welches wir nie vermehren können: Dies ist die uns verbleibende Zeit. Aus unserer eigenen Erfahrung kann ich Sie an dieser Stelle auf den größten Fehler von ärztlichen Kollegen hinweisen: Zeit wird nicht als wahrlich wertvolles Gut angesehen. Wenn Sie als erfolgreicher Arzt selbstkritisch Ihr Zeitmanagement betrachten, dann könnten Sie wohl zu den nachstehenden Ergebnissen kommen:

Die administrativen Tätigkeiten in Ihrer Praxis nehmen ca. 20 Std. in der Woche ein.

◢ Privat-Praxisabrechnungen erfolgen i.d.R. am Wochenende.

◢ Software-Updates werden am Wochenende eingespielt.

◢ Mögliche Publikationen schreiben Sie am Wochenende.

◢ Für die KV, Berufsverbände oder Ärztekammer engagieren Sie sich in Ihrer Freizeit.

Was bleibt hier noch für Freizeit oder für die Familie?

Praxistipp

Erfahrungsgemäß ärgern Sie sich täglich in Ihrer Praxis darüber, dass die eingeplanten Praxisslots überhaupt nicht gehalten werden und Sie partiell als „der getriebene Arzt" durch Ihre Praxis hetzen, um die Patienten versorgen zu können. Dies ist nicht gut für Sie, Ihre Patienten und für die Befriedigung der individuellen Patientenwünsche. Und wenn Sie dies gerade wieder einmal erlebt haben, erkennen Sie, dass eine oder gar zwei Ihrer Arzthelferinnen schon wieder nur mit den Telefonanrufen Ihrer Patienten kämpfen.

Um dieser Zeitfalle entgehen zu können, bedarf es einer hohen Selbstdisziplin, auch einmal Nein zu sagen, aber dies funktioniert tatsächlich. Darüber hinaus lassen sich die gerade aufgezeigten Zeitfallen in großen, zukunftsorientierten BAG vermeiden, da Sie hier mit einer besseren Arbeitsteilung tätig sein können.

Deshalb bedenken Sie: Zeitmanagement ist für Sie und Ihre Familie, Ihre Mitarbeiter und Ihre Patienten von größter Bedeutung. Zeitmanagement beinhaltet auch ein hohes Maß an Lebensqualität für *Sie*.

2.2.2 Die Arztpraxis im Wandel

Praxiskultur

Neben den strukturellen und prozessbezogenen Komponenten der Organisation gibt es einen weiteren ergänzenden Bereich, dem eher unbürokratischere, weichere Eigenschaften zugesprochen werden. Es handelt sich um die Unternehmenskultur, die einen ähnlich hohen Erfolgsfaktor für die Arztpraxis besitzt. Diese wird auch durch die gesetzlichen Änderungen, die im Gesundheitswesen in den kommenden Jahren zu erwarten sind, beeinflusst. Gerade vor diesem Hintergrund erscheint es von besonderer Bedeutung, diesem Aspekt einen vertiefenden Gedanken zu widmen: Unter Praxiskultur versteht man das Selbstverständnis des Praxisteams und deren positive Ausstrahlung auf die Patienten. Durch die Praxiskultur profiliert man sich nach außen, und nach innen soll diese motivierend wirken. Erfahrungsgemäß forciert eine Praxiskultur die Identifikation aller Praxisteammitglieder mit der eigenen Praxis.

Damit wird der hohe Stellenwert der Praxiskultur deutlich: Für viele Patienten hängt ihr Wohlfühlfaktor, der für sie mit dem Besuch einer Arztpraxis verbunden ist, eng mit dem Verhalten der Mitarbeiter zusammen, mit denen sie primär zu tun haben. Es ist das wichtige Gefühl der Empathie und des Sich-angenommen-Fühlens.

Da der erste und damit der am stärksten prägende Eindruck nur selten durch den Arzt/die Ärzte selbst entsteht, sollten gerade die für diese Primärkontakte zuständigen Teammitglieder die entsprechende Praxiskultur „leben": Das Praxisteam muss diese Praxiskultur sowohl in ihren Herzen als auch in ihren Köpfen verinnerlicht haben. Diese gelebte Praxiskultur ist für den Patienten emotional prägend und relativiert oft erlebte organisatorische „Unebenheiten" im Praxisablauf. Im Gegensatz dazu wird auch eine gute medizinische Behandlung vom Patienten oft verdrängt oder gar nicht wahrgenommen, wenn die menschliche Nähe, das Verhalten der Mitarbeiter in der Praxis nicht ihren Vorstellungen entspricht.

Somit ist die Entwicklung einer guten Praxiskultur von immenser Wichtigkeit für die wirtschaftliche Weiterentwicklung einer Praxis. Außerdem gehören Praxisrituale und -riten (z.B. Aufnahme- und Entlassungsriten, Konfliktlösungsriten etc.) zu dieser Kulturebene, ebenso wie Legenden über besondere Ereignisse in der Praxisgeschichte.

Auf welche Art und Weise man in der Arztpraxis die eigene Unternehmenskultur auch dem Patienten gegenüber transportieren kann, wird in Kapitel 6 ausführlich dargestellt.

Formen des Wandels

Alle Gesundheitsorganisationen haben sich in den letzten Jahren stark verändert und werden es im Zuge neuer Gesundheitsreformen zukünftig weiterhin tun. Dabei liegen die Herausforderungen in einem organisationsweiten, berufsgruppenübergreifenden Veränderungsprozess. Tiefer greifende Änderungen von Unternehmensstrukturen und damit auch Praxisstrukturen werden als organisatorischer Wandel bezeichnet. Dabei handelt es sich um den Umbau oder Abbau alter Strukturen und den Aufbau neuer organisatorischer Elemente. Dabei ist es gerade im Hinblick auf die durch entsprechende Gesetzesänderungen eingeführte Möglichkeit von (über-)örtlichen Berufsausübungsgemeinschaften (BAG) für Ärzte von großer Relevanz zu prüfen, in welchem Umfang man die eigene Arztpraxis auch zukünftig als Einzelpraxis oder im Rahmen einer BAG weiterführen möchte. Gerade diese Entscheidung zieht eine Vielzahl von organisatorischen Veränderungen nach sich. Eine Entscheidung in Richtung BAG oder MVZ hat zur Folge, dass man als niedergelassener Arzt nicht mehr allein und rund um die Uhr die große Verantwortung in der Patientenversorgung tragen muss. Organisatorisch bedeutet dies, die eigene Praxis in ein „Praxis-Unternehmen" einzubringen, was organisatorische und wertschöpfungsbezogene Vorteile generiert. Gleichzeitig sollte in einem solchen Praxisübergang zunächst eine kompetente individuelle Beratung angenommen werden, um alle mit einer solchen Veränderung notwendigen Schritte von Beginn an zu strukturieren.

Nicht selten spielen auch ein gesellschaftlicher Wertewandel als Auslöser oder geänderte wirtschaftliche Rahmenbedingungen eine Rolle für den Wandel der Arztpraxis nach traditionellem Gepräge. Patienten sehen eine Arztpraxis heute stärker als Dienstleister für ihre selbstbewusst geäußerten Belange an und gehen nicht mehr allein als ängstliche Bittsteller um Heilung ihrer Krankheiten zum Arzt. Dieses geänderte Patienten-Rollenverständnis muss auch auf mittlere Sicht zu einem den neuen Erfordernissen angepassten ärztlichen Leitverhalten führen. Dieses beinhaltet nicht nur die ethischen Aspekte, sondern wird in wesentlich größerem Umfang auch stärker leitlinienbezogene Kompetenzen umfassen. In einem medizinisch immer komplexeren Umfeld steht der Arzt vor fortwährenden neuen Herausforderungen einer Wissensgesellschaft. Diese Anforderungen lassen sich in einem ambulanten medizinischen Versorgungsschwerpunkt im Rahmen einer Partnerschaftsstruktur langfristig wesentlich besser bewältigen. Demzufolge müssen Ärzte zukünftig nicht nur einen strategie- und ressourceninduzierten Wandel bewältigen: Sie haben unter diesen neuen Rahmenbedingungen auch die große Chance, selbst neue Kernkompetenzfelder für sich zu identifizieren. Dies kommt einerseits der medizinischen Versorgung zugute und ist andererseits auch als Garant für eine höhere Arbeitszufriedenheit in Verbindung mit einer verbesserten „Work-Life-Balance" zu sehen.

Widerstände der Beteiligten

Veränderungsmanagement ist schwieriger als das tägliche Routinemanagement, da man mit Widerständen sowohl seitens der Mitarbeiter als auch seitens der Patienten zu rechnen hat. Widerstände können rational begründet und nachvollziehbar sein, beispielsweise die Angst der Mitarbeiter vor der neuen Praxissoftware, die spezielle Kenntnisse zur reibungslosen Bedienung voraussetzt.

Auch können Patienten im ersten Moment neue Organisationsabläufe einer Arztpraxis schwer annehmen.

Meist jedoch haben Widerstände mit den unbestimmten, irrationalen Ängsten vor Veränderungen zu tun: Die Medizinische Fachangestellte, die nach Einführung eines neuen EDV-Abrechnungssystems verantwortlich für diese Aufgabe abgestellt wird, fürchtet als Folge der Veränderung möglicherweise eine Schlechterstellung im Praxisteam oder eine geringere Arbeitszufriedenheit durch den fehlenden Umgang mit den Patienten. Sind die Widerstände emotionaler Art und durch unbestimmtes, z.T. nicht kommunizierbares Unbehagen begründet, dann sind die Handlungsmöglichkeiten des Praxisinhabers sehr eingeschränkt.

In vielen Fällen einer praxisinternen Neustrukturierung müssen Praxischefs häufig die Widerstände ihrer Mitarbeiter überwinden, um neue, zukunftsorientierte Arbeitsweisen in der Praxis umzusetzen. Diesen Widerständen, teilweise als Wohlstandsbarrieren bezeichnet, ist argumentativ schwieriger zu begegnen, insbesondere dann, wenn eine radikale Veränderung angestrebt wird.

Veränderungsmanagement in der Arztpraxis
Veränderungsmanagement bleibt im Leben eines jeden Unternehmens eine Daueraufgabe. Angesichts zunehmender interner und externer Veränderungen im Gesundheitssektor müssen sich auch Arztpraxen einer ständig wechselnden Anspruchsstruktur von Patienten und Mitarbeitern stellen. Die Praxen, denen es gelingt, sich bietende Chancen zügig zu nutzen und schnell innovative organisatorische Antworten auf drängende Fragen des Gesundheitssektors zu geben, werden entscheidende Wettbewerbsvorteile erlangen. Dabei kann organisationales Lernen in

einer Organisation des Gesundheitssektors nicht nur bei größeren Institutionen, sondern auch bei weniger mitarbeiterstarken Arztpraxen geplante Veränderungsprozesse positiv vorantreiben. Unter dem Konzept der lernenden Organisation lassen sich drei Managementmethoden sinnvoll konzeptionell aufeinander abstimmen:

- Qualitätsmanagement unterstützt die Methodenkompetenz der Organisationsmitglieder,
- Wissensmanagement die Fachkompetenz, und
- Elemente des „Change-Management-Ansatzes" erweitern die Sozialkompetenz [Kühnle 2001].

Eine große Chance bietet die gemeinsame Klammer der Unternehmenskultur, hier unter dem Begriff Praxiskultur bereits beschrieben. Werte und Normen koordinieren das Verhalten der Mitglieder, wobei Veränderungen der Praxiskultur niemals radikal zu realisieren sind.

Werden Betroffene zu Beteiligten gemacht, können sie in jeder Phase des Veränderungsprozesses mitdenken und zur Problemlösung beitragen, ohne sich als allein Ausführende übergangen zu fühlen. Dabei darf keine Scheinpartizipation betrieben werden – offene Kommunikationsprozesse wie Teambesprechungen oder Mitarbeitergespräche (s. Kap. 5.3.3) bilden einen zentralen Erfolgsfaktor zur Akzeptanz der Veränderungsvorhaben bei den Praxismitarbeitern. Damit erhalten die Praxismitarbeiter in jeder Phase der Veränderungsprozesse die Chance, mitzudenken und zur Problemlösung beizutragen. Offene Kommunikationsprozesse im Praxisalltag unterstützen dabei die Eigenverantwortlichkeit eines jeden Beteiligten. Wie Sie Kommunikation als entscheidendes Instrument der Mitarbeiterführung einsetzen, erfahren Sie in Kapitel 5.

Literatur

äzq Ärztliches Zentrum für Qualität in der Medizin (Hrsg.) (2004) Kompendium Q-M-A. Qualitätsmanagement in der ambulanten Versorgung, 2. Aufl. Deutscher Ärzte-Verlag, Köln

Bahrs O et al. (2001) Ärztliche Qualitätszirkel, 4. Aufl. Deutscher Ärzte-Verlag, Köln

Beil-Hildebrand MB (2003) Institutional Excellence im Krankenhaus – Rhetorik und Realität. Huber, Bern

Benstetter F (2001) Health Care Economics: The Market for Physician Services. Lang, Frankfurt/Main

Bernecker T, Reiß M, Kommunikation im Wandel. Zeitschrift Führung und Organisation (2002), 6, 352–359

Brinkmann A, Steffen P, Pfaff H, Patientenbefragungen als Bestandteil des Qualitätsmanagements in Arztpraxen: Entwicklung und Erprobung eines Instrumentes. Gesundheitswesen (2007), 69, 585–592

Brinkmann, Pfaff 2008

Diel F, Gibis B (Hrsg.) (2005) QEP-Manual Kernziel-Version, Version 2005. Deutscher Ärzte-Verlag, Köln

Diel F, Gibis B (Hrsg.) (2005) Qualitätsziel-Katalog kompakt, Version 2005. Deutscher Ärzte-Verlag, Köln

Glouberman S, Mintzberg H (1996) Managing the care of health and the cure of disease. Health care Manage Rev, Montreal

Graf G, Jordan G, Implementierung einer neuen Organisationsform. Zeitschrift Führung und Organisation (2002), 4, 233–243

Grochla E (1982) Grundlagen der organisatorischen Gestaltung. Schäffer, Stuttgart

Haubrock M, Schär W (Hrsg.) (2002) Betriebswirtschaft und Management im Krankenhaus, 3. Aufl. Huber, Bern

Hellmann W (2002) Management von Gesundheitsnetzen. Kohlhammer, Stuttgart

Helmig B, Teuschlin DK, Krankenhausmanagement in der deutschsprachigen betriebswirtschaftlichen Forschung im internationalen Vergleich. Zeitschrift für Betriebswirtschaft (1998), 1, 83–110

Holtbrügge D, Neue Organisationsformen. Zeitschrift Führung und Organisation (2001), 6, 338–345

Kieser A, Kubicek H (1983) Organisation, 2. Aufl. DeGruyter, Berlin, New York

Körfer R (2001) Die organisatorische Gestaltung von Krankenhäusern – eine systemtheoretische Perspektive. Lang, Frankfurt/Main

Kosiol E (2001) Organisation der Unternehmung. Gabler, Wiesbaden

Kühnle S, Konzept für eine Lernende Health-Care Organisation: Erfolgsfaktoren von Lern- und Veränderungsprozessen. Zeitschrift Führung und Organisation (2001), 6, 364–370

McDonald R, Using health economics in health services. Journal of Health Politics, Policy and Law (2000), Vol 28, No 5, Philadelphia

Pfaff H, Patientenbefragung in der Arztpraxis: Quadratur des Kreises. In: PRAXiS Computer & Management, Ausgabe 4/07. Deutsches Ärzteblatt, 23. Jahrgang, (11/2007)

Pfaff H, Bentz J (2008) Patientenbefragung, Komplettpaket für Arztpraxen und Medizinische Versorgungszentren. Deutscher Ärzte-Verlag, Köln

Schein E (1985) Organizational culture and leadership: A dynamic view. Jossey-Bass, San Francisco

Schwab C, Scholz TC, Was wird gelernt beim Organisationalen Lernen? Zeitschrift Führung und Organisation (2000), 6, 354–361

Schreyögg G (2003) Organisation, 4. Aufl. Gabler, Wiesbaden

Schulte-Zurhausen M (2002) Organisation, 3. Aufl. Vahlen, München

Siess MA (2003) Ärztliche Leitungsstrukturen und Führungsaufgaben. Gabler, Wiesbaden

Steinbuch PA (2001) Organisation, 12. Aufl. Kiehl, Ludwigshafen

Vahs D (2003) Organisation. Einführung in die Organisationstheorie und -praxis, 4. Aufl. Schäffer/Poeschel, Stuttgart

Zaug RJ, Organisation – Quo vadis? Entwicklungstendenzen und Zukunftsperspektiven einer Disziplin im Spannungsfeld einer paradigmatischen Proliferation. Zeitschrift Führung und Organisation (2003), 1, 4–12

3　Qualitätsmanagement in der Arztpraxis

Patricia Klein

Sowohl Patienten als auch Krankenkassen erwarten berechtigterweise eine qualitativ standardisierte, damit reproduzierbare und nachvollziehbare medizinische Versorgung, die sich an den aktuell relevanten und wissenschaftlich fundierten Standards orientiert.

Medizinisches Qualitätsmanagement – ob in der Arztpraxis oder im Krankenhaus – hat die Aufgabe, gute bzw. hervorragende Medizin planbar, vorhersehbar und nachweisbar zu machen. Der zentrale Ansatz medizinischen Qualitätsmanagements ist mithin nicht die totale dauerhafte Verbesserung, sondern vielmehr das Bestreben, das eigene medizinische Handeln frei von Zufälligkeiten für alle Beteiligten und die Güte der eigenen medizinischen Tätigkeit transparent zu gestalten. Kern medizinischer Qualitätssicherung ist damit das der eigenen Praxis bzw. der eigenen Krankenhausabteilung angepasste Qualitätsmanagement.

Ein klassisches Beispiel für die kontinuierliche Verbesserung der Behandlungsverfahren ist die Geschichte des Kindbettfiebers: Semmelweiß analysierte die Umstände, die dazu führten, dass 30% der Frauen im Kindbettfieber verstarben, legte einen verbesserten Behandlungsplan fest, setzte diesen um und stellte bei der Überprüfung der Mortalität fest, dass diese auf 3% gesunken war [Djakovic, Dietl 2006].

Das Qualitätsmanagement rückt zunehmend in den Fokus des öffentlichen Interesses. Verschiedene Maßnahmen wie Morbiditätskonferenzen, Sektionsbefunddemonstrationen, Peer Reviews, Benchmarks, Balintgruppen, Qualitätszirkel, Fort- und Weiterbildung usw. sollten für jeden Arzt selbstverständlich mit seiner Profession verknüpft sein. Allerdings fehlt häufig dem Leistungserbringer eine systematische und strukturierte Methode, viele Einzelmaßnahmen zu einem harmonischen Ganzen zusammenzufügen und nach außen für alle Beteiligten transparent abzubilden.

3.1　Qualitätsmanagement – ein Erfolgsfaktor?

Als Verbraucher haben wir uns daran gewöhnt, i.d.R. qualitativ hochwertige Produkte und Dienstleistungen in Anspruch zu nehmen. Dies gilt vor allem für lebenswichtige Bereiche wie Verkehr, Ernährung und natürlich auch für die medizinische Versorgung. Mit Interesse verfolgen die Verbraucher beispielsweise die Qualitätssicherungsprogramme der Automobilbranche. Entsprechende Reports werden von den einzelnen Automobilclubs jährlich in Form von Pannenstatistiken veröffentlicht. Auch haben wir uns daran gewöhnt, konsumentenorientierte Qualitätsberichte der Stiftung Warentest oder etablierte Hotelführer bei der Produktauswahl zu nutzen. Auch im Gesundheitsmarkt lassen sich Initiativen erkennen, Verbraucher und Versicherte über mögliche Qualitätsindikatoren eines bestimmten Gesundheitssektors zu informieren. Exemplarisch seien die nachstehenden Beispiele genannt:

- ◢ Krankenhausführer für bestimmte Regionen
- ◢ Bewertungsberichte über das Leistungsspektrum der Versandapotheken

◢ Ärzte-Hitlisten differenziert nach Fachrichtungen in deutschen Medien

◢ Qualitätsberichte der Krankenhäuser alle zwei Jahre seit 2004

Diese Auflistung zeigt, welches Basisinteresse der Patienten an qualitätsorientierten Informationen aus dem diagnostischen und therapeutischen Bereich besteht. Diese Form der patientenzentrierten Qualitätsinformationen über medizinisch erbrachte Leistungen ist jedoch noch nicht durchgängig und in vergleichbarer Verlässlichkeit verfügbar, selbst bei den o.g. Beispielen ist der Nutzen für den Patienten oft nur eingeschränkt vorhanden. Im Gegensatz zu diesen eher publizistischen Formen der qualitätszentrierten Information haben Ärzte schon immer freiwillig standesorganisationskonforme Qualitätssicherungsprogramme durchgeführt. Hier lag allerdings der Schwerpunkt zunächst hauptsächlich auf der Überprüfung konkreter Strukturqualitätsparameter als Voraussetzung zur ambulanten oder auch stationären Versorgung, später dann aber auch auf komplexeren ambulanten medizinischen Behandlungsverfahren, wie beispielsweise dem ambulanten Operieren, der kurativen Mammografie etc.

Die Wechselbeziehung zwischen unternehmerischem Erfolg als Arzt und der vom Patienten erlebten Behandlungsqualität ist offensichtlich. Vergleicht man jedoch die Leistungserbringer des Gesundheitssektors mit anderen Branchen, dann besteht ein grundsätzlicher Nachholbedarf hinsichtlich der Etablierung von QM-Systemen in der medizinischen Versorgung, da im Gesundheitssystem die Prozess- und Ergebnisqualität i.d.R. nicht dokumentiert wird. In der Industrie müssen Unternehmen zertifiziert sein, wenn diese miteinander geschäftliche Beziehungen unterhalten wollen.

Die wirtschaftlichen Aspekte kommen nur dann auch angemessen zum Tragen, wenn die Leistungserbringer die Grundsätze eines leitliniengestützten Behandlungsprozesses nutzen. Die Wechselbeziehung von Wirtschaftlichkeit und Einhaltung von Behandlungsprozessen führt zu einem hohen Grad an Leistungsqualität. Allerdings fühlen sich Ärzte durch die Checklisten eines qualitätsmanagementgestützten Behandlungsprozesses in ihrer therapeutischen und diagnostischen Freiheit stark eingeengt. Der Eingriff in ihre ärztliche Autonomie weckt verständlicherweise emotionale Widerstände. Verstärkt werden diese Widerstände gerade im ambulanten Sektor durch die Tatsache, dass viele der Kollegen in der Niederlassung diesen Berufsweg eingeschlagen haben, um der Fremdbestimmung im Krankenhaus (durch hierarchische Grundstrukturen) zu entgehen. Aber hier ist ein Beispiel zu nennen, welches einem vergleichbar sensiblen Bereich zuzuordnen ist: Jeder Leser fliegt sicher einmal oder mehrmals im Jahr. Jeder Passagier vertraut sein Leben oder aber die Leben seiner Familie der Pilotencrew an. Was ist hier von Bedeutung? Piloten verwenden vor dem Start und während des Fliegens definierte und verbindliche Checklisten beispielsweise für den Start- und den Landevorgang. Aus den dokumentierten und gut rekonstruierten Luftfahrtunfällen hat man u.a. die Erkenntnis gezogen, dass die Nichteinhaltung der verbindlichen Qualitätschecklisten viele Unglücke verursacht hat. Für diesen Bereich erwartet der Arzt als Passagier die strikte Beachtung der standardisierten Fluginstruktionen, unabhängig davon, wie viele Jahre Flugerfahrung die Pilotencrew nachweisen kann.

Übertragen wir diese tägliche Anwendung von Qualitätssicherungsmaßnahmen auf den medizinischen Verantwortungsbereich, dann lässt es sich gut nachvollziehen, dass auf der Basis der heutigen leitlinien- und evidenzbasierten Kenntnisse ein ärztliches Qualitätssicherungs- und -managementsystem ein standesrelevantes Instrument darstellt.

Der Zugang zum Thema Qualitätsmanagement fällt leichter, wenn man sich verdeutlicht, dass QM ein Führungsinstrument für Organisationen darstellt, welches durchaus auch auf das Kleinunternehmen Arztpraxis sinnvoll angewendet werden kann. Qualitätsmanagement ist ein wichtiger Faktor der Unternehmensführung, auch in einer Arztpraxis. Gerade in größeren Praxisverbünden, die sich zunehmend formieren werden, wächst sein Stellenwert unabhängig von den gesetzlichen Vorgaben, da mit QM eine dauerhafte Verbesserung der Praxisabläufe erreicht wird. Die Erfahrung zeigt eine hohe Zufriedenheit der Praxisinhaber und Patienten, wenn QM-Systeme in einer Arztpraxis eingeführt wurden. Nicht ohne Grund: Qualitätsmanagement in der Arztpraxis fokussiert die Sicht des Leistungserbringers auf den Patienten als Leistungsempfänger. Dies kann auch eine Änderung der Praxis-Unternehmensstrategie bedeuten:

◢ weg von der operativen Ebene hin zur strategischen Übersicht,

◢ weg vom behandelnden Arzt hin zum individuellen Behandlungsprozess eines Patienten.

Damit ist das Qualitätsmanagement eine wichtige operative und strategische Organisationseinheit der Praxis. Vor diesem Hintergrund sollte man die Etablierung eines Praxis-QM-Systems unter verschiedenen Gesichtspunkten gewichten:

◢ Gute Qualitätssicherungsprogramme kosten nicht nur Geld, sondern sie führen i.d.R. auch zu Ressourceneinsparungen. Dies zeigt sich u.a. durch die erfolgreiche Einführung von klinischen Pfaden oder beispielsweise in dem Behandlungsprogramm für Herzinsuffizienz CorBene (http://www.corbene.de).

◢ Patienten schätzen QM-Programme, da der Arzt mit ihnen sein Bemühen um größtmögliche Behandlungsqualität signalisiert und diese auch sichtbar in die Tat umsetzt.

◢ QM-Programme und die mit ihnen verbundenen Maßnahmen, wie z.B. Patientenbefragungen, sind auch als Marketinginstrument zu werten.

◢ Direktverträge mit Krankenversicherungen werden immer an QM-Programme geknüpft sein. Nur diejenigen Praxen, die QM betreiben, kommen überhaupt als Vertragspartner infrage.

◢ QM führt auf längere Sicht zu zufriedenen Mitarbeitern und zu leistungsstarken sowie erfolgreichen Praxisinhabern.

Praxistipp

Es empfiehlt sich ein pragmatischer und vom gesunden Menschenverstand geprägter Umgang mit QM, was aber nicht zur Folge haben darf, dass die Grundsätze des QM der individuellen Bequemlichkeit geopfert werden. Bei der Einführung eines QM-Systems in Ihrer Arztpraxis können Sie sich an folgenden Grundsätzen orientieren:

1) Beginnen sollte jede Praxis mit Fortbildungen zum Thema QM, vor allem für die Praxisleitung und eine QM-beauftragte Mitarbeiterin, um die notwendigen Grundbausteine und relevanten Zusammenhänge zu verinnerlichen.

2) Die Praxis-Unternehmensziele müssen Elemente des QM beinhalten. Die Mitarbeiter müssen diese kennen.

3) Jedes Praxisteam muss sich vor Beginn der Implementierung eines QM-Systems für eines der im Markt befindlichen Systeme entscheiden. Dabei kann es im Hinblick auf die ins Auge gefassten Kooperationen empfehlenswert sein, die QM-Systeme der zukünftigen Partnerpraxen aufeinander abzustimmen. Einen Überblick gibt Kapitel 3.3.

4) Zuständigkeiten und Prozessabläufe müssen für alle Teammitglieder verbindlich festgelegt sein.

5) Etablierte Prozessabläufe müssen regelmäßig überprüft werden. Nach dem PDCA-Verfahren (s. Kap. 3.2.4) sollen alle sorgfältig vorbereiteten Prozessablaufe immer wieder dahingehend überprüft werden, inwieweit diese dann auch tatsächlich im Praxisalltag gelebt werden. Ergebnisbezogen kann dies auch partielle Anpassungen zur Folge haben.

3.2 Ihr Weg zu einem praxisinternen Qualitätsmanagement

3.2.1 Was bedeutet Qualität in der ärztlichen Versorgung?

Es wird der Versuch unternommen, den Begriff Qualität aus dem allgemeinen Dienstleistungssektor auf die ärztliche Versorgung zu übertragen. Nach Crosby ist Qualität die Gesamtheit der Eigenschaften und Merkmale, die darauf ausgerichtet sind, die Anforderungen der Kunden zu erfüllen [Crosby 1992]. Im Gesundheitswesen rankt sich nunmehr schon seit Jahren die (meist fruchtlose) Diskussion darum, wer die Kunden sind. Natürlich beschreibt die Bezeichnung Patient einen wesentlich komplexeren Begriff als die Bezeichnung Kunde, der Begriff Kunde greift daher also zu kurz. Aber in vielen Organisationen des Gesundheitswesens wäre jeder in der Patientenrolle dankbar, wenn er wenigstens wie ein Kunde behandelt würde. Sollte das Sachleistungsprinzip von der Kostenerstattung abgelöst werden, wird das Bewusstsein der Patienten, sich als Kunden zu fühlen, weiter wachsen und zu teilweise neuen Anforderungen führen, die eine Praxis zu berücksichtigen hat.

Für Praxen stellen sich aber noch mehr Probleme, denn es gibt weitere Kunden mit ihren Anforderungen. Zunehmend spielen die Überweiser eine wesentliche Rolle, hinzu kommen Angehörige, Krankenkassen, die Kassenärztlichen Vereinigungen, inzwischen sogar vielerorts die Gemeinden. Auch Selbsthilfeorganisationen kommen gerade auf Spezialpraxen wie HIV- oder Diabetesschwerpunktpraxen zu und können wichtige Partner für zu behandelnde Patientengruppen sein.

Qualität als solche wird nach drei Dimensionen unterschieden:

◢ **Strukturqualität** ist definiert durch das Vorliegen bestimmter struktureller Gegebenheiten, also der Praxisausstattung, der Qualifikation der Praxisleitung und der Mitarbeiter, der örtlichen Gegebenheiten usw.

◢ **Prozessqualität** ist definiert als die Qualität der Abläufe in einer Praxis. Dabei liegt das Hauptaugenmerk auf einer stabilen und einheitlichen Qualität der Prozesse in einer Praxis unabhängig von den durchführenden Mitarbeitern. Hier liegt derzeit ein Hauptfokus von QM in Arztpraxen; durch die schriftliche Festlegung der Prozesse und der Zuständigkeiten können oft Fehler reduziert und Belastungen abgebaut werden.

◢ **Ergebnisqualität** ist definiert als das aus den Prozessen heraus messbare Ergebnis. Die Ergebnisqualität ist direkt abhängig von der Struktur- und Prozessqualität, wobei sich in der Regel die Prozessqualität schneller und direkter beeinflussen lässt.

3.2.2 Welche gesetzlichen Grundlagen von QM sind wichtig?

In den neuen Änderungen des SGB V durch das GMG findet sich seit 2004 eine verbindliche Verpflichtung zur Einführung eines Qualitätsmanagementsystems für die Vertragspraxen in § 135a (2). Die grundsätzlichen Anforderungen hierzu werden gem. § 136b (1) durch den Gemeinsamen Bundesausschuss (G-BA) festgelegt. Die letztgenannte Richtlinie ist zum 01.01.2006 in Kraft getreten und legt dezidiert sowohl die Grundelemente von Qualitätsmanagement in der ambulanten Versorgung fest als auch die geforderten Instrumente (http://www.g-ba.de).

Viele Vertragsärzte sind durch Diskussionen mit Kollegen und Berichten in der Praxis verunsichert und fragen sich, wie sie in ihrer Praxis ein QM „aus dem Boden stampfen" sollen. Aber es ist keine übertriebene Hektik nötig: Die QM-Richtlinie räumt ausreichend lange Übergangsfristen ein. Bis Ende 2007 hatten die Nidergelassenen Zeit für Fortbildung und Information. In den Jahren 2008 und 2009 folgt nun.die Einführung des QM, und im fünften Jahr (also 2010) fordert die Richtlinie eine Selbstbewertung und Überprüfung, ob die gesetzten QM-Ziele auch erreicht wurden. Weder wird eine Zertifizierung vorgeschrieben noch ein bestimmtes QM-System gefordert. Vertiefend werden die einzelnen QM-Systeme unter 3.3 vorgestellt.

Trotz allem entsteht ein zunehmender Druck auf die Arzt- und Psychotherapeutenpraxis. In Hausarztmodellen und auch in den Verträgen zur Integrierten Versorgung gem. § 140ff. SGB V ist schon heute ein implementiertes QM-System für die teilnehmenden Leistungserbringer Voraussetzung zur Teilnahme. Entsprechendes gilt für auch für DMP. QM ist in diesem Zusammenhang als Wettbewerbsfaktor zu sehen, dessen Bedeutung immer größer wird. Immer öffentlicher wird eine Verknüpfung von Teilen der Vergütung an Qualitätsvorgaben, z.B. Ergebnisqualität, diskutiert, die zumindest im ambulanten Bereich schon innerhalb der nächsten fünf Jahre zu erwarten sein dürfte. Daher ist eine frühzeitige Einstellung jeder Praxis auf diese Entwicklung überlebenswichtig.

3.2.3 QM als wichtiger Grundbaustein Ihrer Praxisstrategie

Qualitätsziele legen zunächst den Rahmen der strategischen Positionierung für größere Zeiträume fest. Dabei müssen Qualitätsziele konkret und realistisch formuliert sein:

„Wir wollen in fünf Jahren die größte diabetologische Schwerpunktpraxis in der KV XYZ sein."

Aber auch andere Qualitätsziele können relevant sein:

„Wir wollen in fünf Jahren 10% unseres Praxisumsatzes über Direktverträge mit den Gesetzlichen und Privaten Krankenversicherungen generieren."

Praxistipp

Wenn Sie keine mittel- und langfristigen Ziele für die eigene Arbeit schriftlich festlegen, werden Sie Ihre Praxis in der heutigen Zeit nur schwer führen können. Die Implementierung eines Qualitätsmanagementsystems ist ohne die Festlegung von Zielen in keinem Fall umsetzbar.

Die strategische Ausrichtung sollte auf die Bedürfnisse und unter Berücksichtigung der Wettbewerbssituation der Praxis entwickelt und umgesetzt werden. Wenn dieses Grundgerüst steht, sind die langfristigen Ziele einfach festzulegen.

Es empfiehlt sich, die QM-Richtlinie des Gemeinsamen Bundesausschusses vor der Festlegung der Ziele zu beachten. Gerade den §§ 3 und 4 lassen sich viele wichtige Informationen zur Zielformulierung entnehmen. Zur Unterstützung sind die relevanten QM-Ziele der QM-Richtlinie des G-BA zusammengefasst:

- **Patientenbefragungen** durchführen.
- Ein **Beschwerdemanagement** implementieren.
- Ein **Riskmanagement** und ein **Fehlermanagement** implementieren.

◢ **Zuständigkeiten** für Aufgabenbereiche im Praxisteam festlegen.

◢ **Behandlungspfade** fixieren und dabei evidenzbasierte Leitlinien einbeziehen.

◢ **Notfallmanagement** einschließlich der entsprechenden Verantwortlichkeiten festlegen.

◢ Strukturierte nachvollziehbare **Patienteninformationen** erstellen und den Patienten zur Verfügung stellen.

Praxistipp

Bei der Festlegung der Unternehmensstrategie und der strategischen Ziele kann es auch für kleine Praxen sinnvoll sein, ein Leitbild zu entwickeln. Ein Leitbild verknüpft eine Praxispolitik (also die strategische Entscheidung: „Wo wollen wir hin?") mit der Unternehmenskultur (also „Wer sind wir? Wie empfinden wir uns?"). Oft reichen zwei oder drei Sätze, die etwas über die konkrete Praxis aussagen, z.B. „Wir wollen unseren Patienten jederzeit in allen medizinischen Fragen ein fachlich kompetenter Ansprechpartner sein. Dabei ist für uns besonders wichtig, dass unsere Patienten als Partner im Behandlungsprozess wertgeschätzt werden. Wir achten auf einen ruhigen und geregelten Praxisablauf, damit wir als Praxisteam ohne Hektik und gut gelaunt unsere Aufgaben erfüllen können." Die Betonung eines partnerschaftlichen Ansatzes liegt im Zeitgeist, ist aber abhängig vom Menschentyp des Praxisinhabers. Ärzte und Psychotherapeuten, die eher einen väterlichen Kommunikationsstil zu Patienten wählen, sollten dies auch im Leitbild formulieren. Viele Patienten schätzen es sehr, wenn sie die Verantwortung auf den Arzt übertragen können, auch wenn dies für den Heilungsprozess manchmal hinderlich sein kann.

3.2.4 Wie Sie ein QM-System in der Arztpraxis umsetzen

Aus den langfristigen Qualitätszielen leiten sich die kurzfristigen Qualitätsziele für den Praxisalltag ab. Die operativen QM-Ziele sollten im letzten Quartal eines laufenden Jahres jeweils für das Folgejahr festgelegt werden.

In einem ersten Schritt wird das Praxis-Qualitätsmanagement unter Zuordnung von eindeutigen Verantwortlichkeiten eingeführt. Dabei sollte es aber nicht bleiben. Ein QM-System ist nur erfolgreich, wenn es auch regelmäßig auf seine Zuverlässigkeit überprüft wird.

Dieses Steuerungsinstrument wurde von Deming erstmals definiert [Deming 2000] und ist daher als **Deming-Zyklus** oder **PDCA-Regelkreis** bekannt: Alle Tätigkeiten werden systematisch geplant (= Plan), umgesetzt (= Do), überprüft (= Check) und angepasst (= Act). Dabei liegt der Fokus natürlich in erster Linie auf Prozessen, mit denen es immer wieder Probleme gibt und/oder die besonders wichtig sind.

Praxistipp

Ganz pragmatisch benötigen Prozesse, die seit Jahren im Alltag gut funktionieren, in der Regel weder der Schriftform noch der Überprüfung. Aber Vorsicht ist geboten: Manchmal kann es auch hier empfehlenswert sein, den IST-Prozess einmal zu checken und zu überprüfen. Gerade erfahrene Prozess- und Qualitätsmanager erkennen dann bewährte Routineabläufe, die nicht den zeitgemäßen fachlichen und wirtschaftlichen Anforderungen entsprechen.

Demnach sind die festgelegten QM-Ziele regelmäßig im Rahmen eines PDCA-Regelwerkes zu hinterfragen und ggf. zu adjustieren. Folgende Grundregeln sind hilfreich:

◢ QM-Ziele sind mit definierten Zeiträumen festzulegen.

◢ Ziele müssen für die verantwortlichen Mitarbeiter und Ihr Praxisteam auch umsetzbar sein! Wenn man beispielsweise einen 40%igen Privatpatientenanteil im ländlichen Gebiet plant, kann dieses Ziel aller Erfahrung nach nicht erreicht werden.

◢ Die Ziele sind ggf. an die äußeren Rahmenbedingungen, wie z.B. die Wettbewerbssituation im Praxisumfeld, anzupassen (s.o.).

◢ Um QM-Ziele gemeinsam mit dem Praxisteam zu erreichen, empfiehlt es sich, eine mitarbeiterorientierte Personalpolitik zu planen und zu leben (vgl. Kap. 5).

Fallbeispiel

Bei der Festlegung der operativen Qualitätsziele sind Kombinationen aus Prozess- und Ergebnisqualität sinnvoll (vgl. Kap. 3.2.1). Setzt sich eine Praxis beispielsweise das Ziel für das Folgejahr, ein **systematisches Beschwerdemanagement** einzuführen, dann sollte zunächst überprüft werden, wie bisher Beschwerden abgearbeitet werden (Prozessqualität).

☞ Ist auch in Ihrer Praxis eine unsystematische Entgegennahme durch die Medizinische Fachangestellte an der Annahme oder durch Sie als Praxisleitung die Regel? Dann geht es Ihnen wie vielen Ihrer Kollegen. Eine schriftliche Dokumentation ist selten, Rückmeldungen an den Beschwerdeführer sind noch seltener, und eine Übersicht über alle Beschwerden eines Jahres haben die wenigsten Praxen.

☞ Dann gilt es, gemeinsam mit dem Team das bisherige Vorgehen in Ihrer Praxis zu beleuchten: Erheben Sie systematisch die Vorgehensweise bei der Patientenanmeldung durch die Medizinische(n) Fachangestellte(n) an Ihrer Praxisrezeption: Welches Dokumentationssystem wird eingesetzt? Wie werden Beschwerden von Patienten über das durchgeführte Anmeldeverfahren bearbeitet? Gibt es Rückmeldungen an den Patienten als Beschwerdeführer? Bereits diese Analyse ergibt wahrscheinlich einen Verbesserungsbedarf.

☞ Dem PDCA-Zyklus folgend legen Sie nun eine systematische Beschwerdeerfassung für die eigene Praxis fest (Plan) und setzen diese um (Do). Die Erfassung kann relativ einfach zum Beispiel mit vorgedruckten kurzen Erfassungsbögen und durch Sammlung in einer geschlossenen Ablage durchgeführt werden. Diese Beschwerdebögen können namentlich erfasst oder anonym dokumentiert sein. Diese Dokumente müssen dann auch entsprechend erfasst und ausgewertet werden. Messbar sind beispielsweise Ergebniskriterien wie der Anteil an Beschwerden, die zu Konsequenzen geführt haben, oder auch die Anzahl an Beschwerden insgesamt. Dabei sollte natürlich das Ziel sein, möglichst viele Beschwerden zu erfassen, aber möglichst wenige Beschwerden zu verursachen.

Wenn nun noch eine regelmäßige Besprechung der eingegangenen Beschwerden in den Teambesprechungen folgt und Sie gemeinsam Konsequenzen aus den Beschwerden ziehen (Check und Act), haben Sie den PDCA-Zyklus praktisch vollständig durchlaufen. Als Benchmark lässt sich die Anzahl der Beschwerden je Quartal heranziehen.

☞ Wie bereits u.a. in Kapitel 2 angesprochen, wird zukünftig der Komplex der Ergebnisqualität eine wesentliche größere Bedeutung haben, als dies heute der Fall ist. Im stationären Bereich kennen wir hier u.a. die Erhebungen der BQS, im niedergelassenen kardiologisch invasiven Segment das QUICK-Register. Entsprechende Benchmark-Verfahren zur Abbildung der Ergebnisqualität werden zunehmend eingeführt. Hier seien exemplarisch die für Deutschland neuen PSI (Patient Safety Indicators) erwähnt.

Praxistipp

Das Thema Beschwerdemanagement kann parallel mit dem Thema Fehlermanagement abgearbeitet werden, da sich sehr viele Parallelen in der Erfassung und Überprüfung ergeben.

3.3 Qualitätsmanagementsysteme für die Arztpraxis im Überblick

„Drum prüfe, wer sich ewig bindet …", dieser scheinbar so abgedroschene Spruch gilt auch für die Auswahl eines für die Arztpraxis geeigneten QM-Systems. Denn wenn man sich einmal entschieden hat, kostet ein späterer Umstieg Zeit, Nerven und Geld.

Grundsätzlich werden branchenneutrale Systeme (DIN-EN-ISO, EFQM), die in der Regel aus der Industrie übernommen wurden, und branchenspezifische Systeme (KPQM 2006/qu.no, KTQ, EPA, QEP®), die speziell für Arzt- und Psychotherapeutenpraxen entwickelt wurden, unterschieden. Im Folgenden finden Sie eine Zusammenstellung der wichtigsten QM-Systeme für den ambulanten Versorgungsbereich in alphabetischer Reihenfolge.

Die G-BA-Richtlinie zum Qualitätsmanagement in der vertragsärztlichen Versorgung schreibt kein spezielles Qualitätsmangemensystem vor, die Niedergelassenen sind frei in ihrer Auswahl und können auch ein selbst strukturiertes System wählen.

DIN-EN-ISO

Die DIN-EN-ISO ist ein auch im Gesundheitswesen häufig genutztes Normensystem. Entwickelt schon Mitte der 40er-Jahre für die Industrie, wurde es auch für Unternehmen im Dienstleistungsbereich angepasst und weiterentwickelt (Normenreihe DIN EN ISO 9000:2000ff.). Es handelt sich jedoch um ein sehr allgemeines und stark prozessorientiertes Normensystem, in dem jedes Unterneh-

men selbst die Übersetzung aus der unspezifischen Norm auf die eigene Organisation vornehmen muss. Systematisch werden acht übergeordnete und sehr allgemeine Kapitel abgearbeitet, die jede Praxis in ihre eigene Unternehmenssprache umsetzen muss:

1.–3. Vorwort und Einführung
4. Qualitätsmanagementsystem
5. Verantwortung der Leitung
6. Management von Ressourcen
7. Produktrealisation
8. Messung, Analyse und Verbesserung

Dabei arbeitet die ISO-Norm mit acht QM-Grundsätzen, die es umfassend zu berücksichtigen gilt:
1. Kundenorientierung
2. Führung
3. Einbeziehung der Personen
4. Prozessorientierter Ansatz
5. Systemorientierter Managementansatz
6. Ständige Verbesserung
7. Sachbezogener Ansatz zur Entscheidungsfindung
8. Lieferantenbeziehung zum gegenseitigen Nutzen

Die Übersetzung der ISO-Norm in die Sprache von Praxisorgansiationen ist aufwendig, hinzu kommt die Anpassung an die eigene Organisation.

Dabei ist der Weg in die Organisationseinheit Arzt- und Psychotherapeutenpraxis an sich schon sehr weit, hinzu kommt dann noch der Weg hin zur spezifischen Organisationseinheit. Dabei stößt die DIN-EN-ISO auch in ihrer neuen Überarbeitung sowohl im Krankenhaus als auch in der vertragsärztlichen und -psychotherapeutischen Versorgung an ihre Grenzen. Ohne externe Beratung und ausgiebige Teamschulungen ist die DIN-EN-ISO praktisch nicht zu implementieren.

Die DIN-EN-ISO stellt ein reines Normensystem dar, zertifiziert wird die Übereinstimmung mit der Norm, die es mit unternehmensspezifischen Inhalten zu füllen gilt. Grundlage ist ein unternehmensspezifisches Handbuch. Das ISO-System bietet außerhalb der unspezifischen Grundnorm keine eigenen Unterstützungsinstrumente, Fortbildungen und Einführungen in die Arbeit mit der ISO sind dem freien Beratermarkt überlassen. Die GBA-Richtlinie kann mit einer ISO-Zertifizierung nur erfüllt werden, wenn man in der Praxis alle inhaltlichen Vorgaben aus der Richtlinie (§ 3 und § 4) berücksichtigt.

EFQM

Ein weiteres branchenunabhängiges System ist das EFQM-Modell, das Ende der 80er-Jahre in Industrieunternehmen entwickelt wurde. Das EFQM-Modell beinhaltet neun Kriterien, die direkt mit dem Unternehmenserfolg zusammenhängen:

◢ Befähigerkriterien
 – Prozesse
 – Ressourcen
 – Mitarbeiterorientierung
 – Politik und Strategie
 – Führung
◢ Ergebniskriterien
 – Geschäftsergebnisse
 – Gesellschaftliche Verantwortung
 – Mitarbeiterzufriedenheit
 – Kundenzufriedenheit

Zu diesen neun Kriterien stellt das EFQM-Modell jeweils konkrete Fragen, die nach der RADAR-Systematik bewertet werden (**R**esults = Ergebnisse, **A**pproach = strategisches Vorgehen, **D**eployment = Umsetzung, **A**ssessment = Beurteilung, **R**eview = systematische Überprüfung). Eine Praxis führt zunächst eine Selbstbewertung durch, anhand einer klaren Skalierung mit bis zu 1000 möglichen Punkten kann jedes Unternehmen seinen Standpunkt und seine kontinuierliche Weiterentwicklung kontrollieren und ggf. im Rahmen einer externen Bewertung des internen Berichtes supervidieren lassen. Eine Zertifizierung ist nicht möglich, aber eine Be-

werbung um zum Teil EFQM-spezifische Preise.

Fortbildungen zum Thema EFQM mit einem festgelegten Curriculum werden nur von ausgebildeten und zugelassenen Trainern angeboten, weitere Unterstützungsangebote fehlen bzw. sind auf dem freien Beratermarkt einzukaufen. Die GBA-Richtlinie kann mit dem EFQM-Modell nur erfüllt werden, wenn man in der Praxis alle inhaltlichen Vorgaben aus der Richtlinie (§ 3 und § 4) berücksichtigt.

EPA

Beim European Praxis Assessment handelt es sich um ein „maßgeschneidertes Qualitätsmanagementsystem für die Hausarztpraxis" [Szecsenyi 2004], welches derzeit auch für Facharztpraxen weiterentwickelt wird. Entwickelt aus dem niederländischen Modell der „Visitatie", beruht dieses System auf einer initialen Begutachtung durch einen Peer anhand einer definierten Checkliste und einem daraus resultierenden Maßnahmenplan. Abgerundet und unterstützt wird das System durch vorgegebene Patienten- und Mitarbeiterbefragungen, über die auch ein externer Benchmark möglich ist.

Die bewerteten Hauptdimensionen sind

◢ Menschen,
◢ Finanzen,
◢ Struktur,
◢ Information,
◢ Qualität und
◢ Sicherheit;

der kontinuierliche Verbesserungsprozess steht im Mittelpunkt [Grol et al. 2005].

Die Richtlinie des GBA kann mit EPA nur bei gezielter Entwicklungsarbeit erfüllt werden, EPA bietet dazu eine Erläuterungstabelle an.

KTQ/ProcumCert

Die Selbstverwaltung hat für den stationären Bereich das KTQ- bzw. ProcumCert-System entwickelt, nach dem sich zunehmend Krankenhäuser zertifizieren lassen (7/2007 ca. 540 zertifizierte Krankenhäuser). Das KTQ-System baut auf der DIN-EN-ISO für Dienstleistungsfirmen auf, erweitert die DIN jedoch um die Bewertungssystematik von EFQM (PDCA-Zyklus zu allen vorgegebenen Bereichen). KTQ stellt konkrete Fragen praktisch zu allen Bereichen der Organisationseinheit Krankenhaus und leistet damit eine Übersetzung der ISO-Norm in die spezifische Unternehmenssprache. KTQ bietet eine Bewertungssystematik, die beginnend mit einer Bewertung des Ist-Zustandes die kontinuierliche Weiterentwicklung verfolgt und bewertet, und zwar ähnlich wie EFQM anhand eines unternehmensspezifischen Qualitätsberichtes. Bei einer Erfüllung von mehr als 55% aller Vorgaben wird ein KTQ-Zertifikat erteilt.

Da KTQ jedoch an und mit den Prozessen von Krankenhäusern entwickelt wurde, eignet es sich nur bedingt und nach größeren Anpassungen für den ambulanten Sektor. Diese Anpassungen wurden 2004 vorgenommen und mit zwölf Pilotpraxen erprobt und evaluiert, der so entstandene Fragenkatalog steht seit Ende 2004 zur Zertifizierung von Praxen zur Verfügung [Kolkmann 2006]. KTQ bietet seit Mitte 2006 ein Basisseminar und diverse Aufbauseminare in Kooperation mit dem Hartmannbund an und einheitliche Schulungen für ihre Auditoren. Die G-BA-Richtlinie ist durch die konkreten Fragestellungen i.d.R. erfüllt.

QEP®

QEP® heißt Qualität und Entwicklung in Praxen. Es wurde nach Sichtung aller nationalen und internationalen Systementwicklungen durch die Kassenärztliche Bundesvereinigung gemeinsam mit den Landes-KVen entwickelt und im Jahre 2004 mit 61 Pilotpraxen getestet und wissenschaftlich evaluiert [Streuf et al. 2006].

Basis ist ebenfalls die DIN-EN-ISO, erweitert um Nachweise bzw. Indikatoren für „Best Medical Practice" im ambulanten Bereich aus den USA (JCAHO), aus Kanada und Australien und Elementen aus EFQM.

Es entstand ein Katalog mit insgesamt 174 Qualitätszielen, 63 dieser Ziele sind als Kernziele zwingend für eine QEP®-Zertifizierung zu erfüllen. Jedes Ziel enthält Nachweise bzw. Indikatoren, zu jedem Nachweis werden konkrete und selbst erklärende Fragen gestellt.

Der Qualitätsziel-Katalog gliedert sich in fünf Kapitel:

◢ Patientenversorgung
◢ Patientenrechte und Patientensicherheit
◢ Mitarbeiter und Fortbildung
◢ Praxisführung und -organisation
◢ Qualitätsentwicklung

QEP® stellt unterstützend ein Einführungsseminar zur Verfügung, das KVen und Berufsverbände durchführen. Des Weiteren steht ein Musterhandbuch bereit, das zu jedem QEP®-Kernziel konkrete Umsetzungsvorschläge gibt. Zu diesem QEP®-Manual gehört auch eine CD-ROM mit einer Vielzahl von Musterdokumenten als Worddateien, die jede Praxis mit wenig Aufwand auf ihre eigenen Abläufe anpassen kann. Die 63 Kernziele des QEP®-Qualitätsziel-Katalogs gehen über die Anforderungen der GBA-Richtlinie hinaus, eine Zertifizierung nach QEP® ist daher ein echter Qualitätsnachweis.

Weitere QM-Systeme

Einsteigermodelle für Praxen ohne QM-Vorerfahrung können die Systeme
◢ KPQM 2006 (KV Westfalen-Lippe) und
◢ qu.no (KV Nordrhein) sein.

Die identischen Methoden sehen die Vorlage von bestimmten Dokumenten vor (Praxisleistungen, Qualitätspolitik und -ziele, Festlegung von zehn Prozessen mittels Flow Charts, einige davon zwingend inhaltlich festgelegt), anhand derer ein externer Auditor nach einer Praxisbegehung Grundkenntnisse im QM bescheinigt. Darüber hinaus werden eintägige Befähigungsseminare angeboten. Die Richtlinie des G-BA kann mit diesen Systemen nur dann erfüllt werden, wenn viele der Vorgaben aus der Richtlinie in die Qualitätspolitik aufgenommen sind und in der Praxis gelebt werden. Beide Systeme bieten einen guten und problemlosen Einstieg ins Qualitätsmanagement an, beide Systeme empfehlen, für die sich anschließende Weiterentwicklung QEP® zu nutzen. Jede Praxis muss selbst entscheiden, ob sie ein solches Einstiegssystem benötigt. Der Vorteil ist ein sehr ressourcenschonender und wenig Widerstände erzeugender Anfang und ein kurzfristig zu erreichendes Zertifikat. Der Nachteil ist, dass man für eine langfristige QM-Implementierung auf QEP® umsteigen muss.

3.4 Werkzeuge des Qualitätsmanagements für die Arztpraxis

Die drei wichtigsten Werkzeuge zum Aufbau eines internen Qualitätsmanagements einer Arztpraxis sind im Folgenden dargestellt. Jedes gute praxisinterne medizinische Qualitätsmanagement nutzt alle drei Instrumentarien. Die Gewichtung (Mischung) der Instrumentarien richtet sich nach dem örtlichen Bedarf und den Vorlieben, ebenso die Themen, mit denen sich das QM befasst.

3.4.1 Beschreibung von Abläufen

Mit Abläufen sind hier Prozeduren wie SOP (Standard Operating Procedures), Behandlungspfade, Arbeitsanweisungen oder andere interne Regelungen gemeint. Deren Beschreibung ist vor allem dann nützlich, wenn es sich um komplexe oder störungsanfällige Abläufe oder um Abläufe, bei denen zahlreiche verschiedene Professionen bzw. Personen beteiligt sind, handelt. Je homoge-

ner eine Arztpraxis organisiert ist, je weniger Personen in ihr arbeiten und je einheitlicher das Leistungsspektrum ist, umso weniger wird man einzelne Abläufe ausdrücklich schriftlich niederlegen müssen.

3.4.2 Messung von Ergebnissen

Es ist zwar nicht immer einfach, aber höchst wünschenswert, diejenigen Zielgrößen exakt in Zahlenwerten zu bestimmen, die man in seiner Prioritätenliste nach vorne gesetzt hat: Chirurgen messen gerne (und sinnvollerweise) die Wundinfektionsrate, ein Dermatologe kann die Zahl der richtigen klinischen Diagnosen (im Abgleich mit der nachfolgenden histologischen Diagnose) bestimmen. Wer die Patientenzufriedenheit hoch gewichtet und Patientenbeschwerden oder -lob als Seismografen für Unwuchten in seinen Praxisabläufen einsetzen will, sollte von Zeit zu Zeit eine entsprechende Patientenbefragung vornehmen (s.a. Kap. 6). Vergleichbares gilt für die Mitarbeiterzufriedenheit oder die Zufriedenheit von einweisenden Ärzten.

Qualitätsbewertung durch Standards
Ein Standard definiert klare Bewertungen oder Beobachtungen eines Prozesses oder auch einer Struktur und gibt diese verbindlich sozusagen als Norm vor. Zum Beispiel definiert die DDG klare Standards für diabetologische Schwerpunktpraxen bezüglich Ausbildung und Einrichtungen (Strukturqualität), aber auch bezüglich der Abläufe in einer Praxis (Prozesse). Standards beantworten die Frage: „Tut die Organisation das Richtige?" und „Tut sie es richtig?" [Groene 2006]. Die tatsächlichen Ergebnisse werden nicht gemessen.

Qualitätsbewertung durch Indikatoren
Die Messung der Qualität ist nur durch Indikatoren möglich. Diese sind im medizinischen Bereich nicht einfach festzulegen, da

sie voraussetzen, dass organisationstypische Gegebenheiten berücksichtigt werden. Die Messung der Mortalität setzt beispielsweise voraus, dass es eine ausreichende Risikoadjustierung für die einzelne Organisation gibt. Dies gilt ebenso für viele andere medizinische Grunddaten. Die Überprüfung der Effizienz von DMP ist z.B. teilweise an bestimmte messbare Indikatoren gebunden, beispielsweise des HBA1-Wertes. In Großbritannien richtet sich die Vergütung der Hausärzte teilweise nach Qualitätsindikatoren wie z.B. den durchschnittlichen RR-Werten von Hypertonikern. In den nächsten Jahren werden auch in Deutschland spezifische Indikatoren für den ambulanten Bereich ausgetestet und auf Validität und Reliabilität getestet, wobei schon jetzt die verschiedenen Berufsverbände und Fachgesellschaften eine große Rolle in der Festlegung und Überprüfung valider Indikatoren spielen.

Qualitätsbewertungen sind ein Teil des Qualitätsmanagements. Dabei werden durch die derzeit gebräuchlichen Systeme meist Standards bewertet, was zunächst noch keine eindeutige Beurteilung der Versorgungsqualität zulässt. Die Überprüfung von Qualitätsindikatoren für den ambulanten Versorgungsbereich auch in Deutschland steht im Fokus der nächsten Jahre.

3.4.3 Qualitätszirkel

Wie jeder selbstkritische Arzt werden auch Sie die Problematik der sog. Betriebsblindheit kennen. Daher ist es empfehlenswert, sich dauerhaft einem externen Qualitätszirkel (QZ) bzw. einem externen Qualitätssicherungsprogramm anzuschließen. QZ haben sich als Instrument der Qualitätssicherung und -entwicklung in der vertragsärztlichen Versorgung etabliert und bewährt. Die Richtlinien der KBV für Verfahren zur Qualitätssicherung nach § 75 Abs. 7 SGB V (Qualitätssicherungs-Richtlinien) aus dem Jahr 1994 bilden die Grundlage für eine bundesweit weitgehend einheitliche Vorgehensweise der Errichtung und Weiterentwicklung von Qualitätszirkeln. Aktuell sind regelmäßig ca. 4000 Qualitätszirkel aktiv. Die Qualitätszirkelarbeit in den KVen basiert auf regionalen Leitlinien bzw. Grundsätzen der Durchführung und Anerkennung von Qualitätszirkeln. Anerkannte QZ werden i.d.R. organisatorisch und finanziell durch die KVen unterstützt. Durch die kritische Überprüfung der eigenen Tätigkeit und eines auf den Erfahrungen der Teilnehmenden aufbauenden Lernprozesses tragen die QZ-Teilnehmer zur Qualitätsentwicklung nach dem Best-Practice-Prinzip bei. Im interkollegialen Erfahrungsaustausch werden Versorgungsroutinen bewusst gemacht und eine Analyse und Bewertung der eigenen Tätigkeit ermöglicht. QZ werden von bei den regionalen KVen ausgebildeten QZ-Moderatoren geleitet. Ein von der KBV gesteuertes Tutorenkonzept gewährleistet eine systematische Supervision der Moderatoren. QZ werden häufig auch unabhängig von den KVen über Berufsverbände, Ärztenetze oder andere Ärzteorganisationen angeboten.

3.5 Zertifizierungen/Auditierung

Eine Zertifizierung kann den Implementierungsprozess im Bereich QM abschließen, wobei derzeit die Bewertung nach vorgegebenen Standards die Regel ist. Nach jeder Zertifizierung steht die kontinuierliche Weiterentwicklung einer Praxis im Mittelpunkt. Eine Zertifizierung ist bisher nicht vom Gesetzgeber oder von der Richtlinie des G-BA vorgeschrieben, aber die Diskussionen zum Thema zusätzliche Vergütung für zertifizierte Praxen werden immer offener. Der Wettbewerb um Patienten und auch um die verschiedensten Versorgungsverträge wird immer stärker mit einer Zertifizierung verknüpft [Ollenschläger 2000], z.B. bei praktisch allen Verträgen zur hausarztzentrierten Versorgung.

Haftpflichtversicherer geben zunehmend Prämiennachlässe für zertifizierte Praxen [Biesenecker 2000].

Zertifizierungen bieten Vor- und Nachteile. Die Vorteile sind z.B. die erhöhte Disziplin der Organisation bei der Umsetzung der Vorgaben und eine transparente Darstellung der Qualität (bzw. der Implementierung von Qualitätsmanagement) nach außen. Vor allem für Krankenkassen als Verhandlungspartner wird dies in den nächsten Jahren eine zunehmende Rolle spielen. Nachteile sind die Kosten und die rigiden externen Normen, an die es sich zu halten gilt. Für eine Praxiszertifizierung muss ein Qualitätshandbuch mit den entsprechend abgebildeten Handlungsprozessen erstellt werden.

Für praktisch jedes Qualitätsmanagementsystem kann man letztendlich eine Zertifizierung erreichen, wobei derzeit die Qualitätsbewertungen durch Standards im Fokus der meisten genutzten Systeme stehen (ISO, KTQ, QEP®, EPA). Die externe Begehung wird in der ISO Audit genannt, bei KTQ, QEP® und EPA heißt es Visitation, da sich hier die Begehung an das holländische Visitatie-Modell anlehnt, welches eine Begehung durch einen Arzt/Ärztin vorsieht.

Welche Arten von Zertifizierung gibt es?

Nach Möller sind die nachstehenden Zertifizierungsansätze für Arztpraxen nutzbar [Möller 2001]:

◢ Die **Visitation** ist dem holländischen „Visitatie" angelehnt und entspricht am ehesten einer externen Beurteilung durch einen Peer, also einen gleichgestellten Partner (vgl. EPA, QEP®, KTQ).

◢ Die **Akkreditierung** ist eine externe Evaluation (= Bewertung) auf dem Boden definierter Standards.

◢ Bei einer **Zertifizierung** bescheinigt ein unparteiischer Dritter Normenkonformität (vgl. DIN-EN-ISO).

◢ Eine **Excellencebewertung** beschreibt eine kontinuierliche Weiterentwicklung

(vgl. EFQM), also eine Verbesserung im Vergleich zu einem Status in der Vergangenheit.

Literatur

Biesenecker R (2000) Der niedergelassene Arzt

Busse et al. (Hrsg.) (2005) Health Policy Developments. Gütersloh

Crosby PB (1992) Quality for the 21st century. Penguin, New York

Deming WE (1986) Out of the Crisis. MIT Press, Cambridge

Djakovic A, Dietl J, Semmelweis und Scanzoni: „Herr Hofrath hatte 13 Jahre lang recht, weil ich 13 Jahre lang schwieg". Dtsch Arztebl 2006; 103(42): A-2774/B-2410/C-2319

Groene O, Vorschläge der WHO zur umfassenden Leistungsbewertung von Krankenhäusern. Ges. Oek. Qual.manag. (2006),11, 226–233

Grol R et al. (2004) Quality Management in Primary Care. Verlag Bertelsmann Stiftung, Gütersloh

Kliche T et al., Professional Expectations about Quality Assurance; J. of Pub. Health Vol. (2/2007), 15, No.1, 11–19

Kolkmann F-W, Selbstkritik als erster Schritt zum KTQ-Zertifikat. Der Allgemeinarzt (2006), 10

Möller J, Methoden zur Bewertung der Qualität im Gesundheitswesen. Ein Überblick. Gesundheitsökonomie und Qualitätsmanagement (2001), 6, 26–33

Ollenschläger G, Thoughts on Certification on Ambulatory Care. ZaeFQ (9/2000), 94(8), 645–649

Streuf et al., Qualität und Qualitätsentwicklung in Praxen, ZäFQ (2006)

Szecsenyi J, Europäisches Praxisassessment: Maßgeschneidertes Qualitätsmanagement für die Hausarztpraxis. Der Allgemeinarzt (2004), 26, 414–416

4 Patientenbehandlung in der zukunftsorientierten Praxis

Georg Strauss, Rainer Schütz, Rolf-Rainer Riedel

4.1 Patientenbehandlung optimal steuern

Die Prozessabläufe in Ihrer Arztpraxis sind mit entscheidend für Ihren wirtschaftlichen Erfolg, denn hier werden die Kosten durch den Einsatz von Mitarbeitern und Sachmitteln für Ihre Patientenbehandlung verursacht. In den vergangenen Jahren war es möglich, aus den Erfahrungen anderer Wirtschaftsbereiche zu lernen, die die eigene Qualität und die Kostenzufriedenheit steigerten, den Ressourcenverbrauch optimierten und auch noch zu einer Erhöhung der Unternehmensrendite führten. Nach den Erfahrungen des modernen Praxismanagements der vergangenen Jahre versteht man unter dem Ausdruck „Patientenbehandlung optimal steuern" ein gutes Patientenmanagement.

Wird ein Patientenmanagement konsequent von Ihnen in Ihrer Praxis umgesetzt, dann können Sie auch die nachstehenden Effekte erzielen:

◢ Die Leistungsfähigkeit eines Praxisarztes[1] wird erhöht.

◢ Durch eine Verbesserung der Arbeitsabläufe werden interne Reibungsverluste reduziert.

◢ Die Zufriedenheit des Praxisteams wird erhöht.

◢ Einzelne Arbeitsvorgänge müssen nicht doppelt bearbeitet werden.

◢ Die Praxisatmosphäre wirkt für die Patienten einladender.

◢ Die Servicequalität für den Patienten steigt.

◢ Ausrichtung auf einen Praxismarkt 2012, in dem die Bedarfszulassung aufgehoben werden soll und voraussichtlich alle Krankenversicherungen zunehmend Direktverträge mit den Leistungserbringern schließen werden.

◢ Die Anforderungen an das umzusetzende Qualitätsmanagement werden durch die Umsetzung dieses Patientenmanagementsystems erfüllt.

◢ Die Ertragskraft Ihrer Praxis wird durch ein Patientenmanagement gesichert!

Aus der Abbildung 4.1 kann man die Zusammenhänge zwischen den drei Einflussgrößen (Kosten, Prozesse und Qualität) erkennen.

Geht man von den in der Arztpraxis standardisierbaren Prozessen aus, handelt es sich hier um Routineprozesse wie beispielsweise Patientenservice (Anmeldung, Rezeptausstellung, Überweisung).

4.1.1 Planung des Behandlungsverlaufs

Wirtschaftlichkeit bedeutet im Allgemeinen das Verhältnis von Ertrag zum Aufwand. Für die Produktionswirtschaft heißt das, die Leistung zu den Kosten in Relation zu bringen, um letztendlich bei der optimalen Leistungserzielung die geringst möglichen Kosten zu haben. Daraus ist das Oberziel der Produktionswirtschaft abzuleiten, durch eine optimierte Prozesssteuerung eine Kostenreduktion bei gleichzeitiger Beibehaltung eines

---

[1] An dieser Stelle und im Folgenden wird von Praxisarzt gesprochen, da nach dem seit 01.01.2007 geltenden VÄndG und dem Bundesmantelvertrag vom 01.07.2007 auch bis zu drei Fachärzte je KV-Sitz tätig sein können.

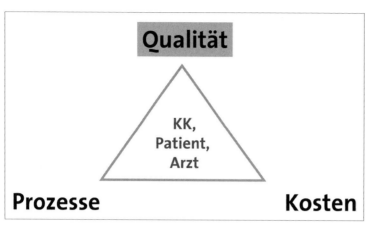

hohen oder erhöhten Servicegrades zu erreichen.

In der ärztlichen Betreuung von Patienten fällt diese Betrachtungsweise auf den ersten Blick nicht gerade leicht, da überwiegend der **Patient** mit seinen **aktuellen Befindlichkeiten** im Mittelpunkt steht. Hier mag der vermeintliche Eindruck entstehen, standardisierte Behandlungsabläufe ließen sich in einer Arztpraxis nicht realisieren. Dieses erste Urteil kann jedoch revidiert werden: In einer Arztpraxis lassen sich für den Routineablauf alle wesentlichen Behandlungsprozesse vereinheitlichen. Damit die Patientenbetreuung in der Arztpraxis nicht nur medizinisch, sondern auch wirtschaftlich erfolgreich erbracht wird, sollten Sie als Praxisinhaber den Behandlungsablauf unter betriebswirtschaftlichen Geschichtspunkten planen, steuern und kontrollieren, um bei entsprechenden Prozessabweichungen vom Plan (s.a. Kap. 9) regulierend nachzusteuern. Die ökonomischen Aspekte hierbei sind die Minimierung der Behandlungs-, Raum- und Personalkosten sowie der Kosten für Beschaffung und Lagerhaltung von medizinischen Geräten und Materialien. Kosten und Servicegrad stehen zueinander in abhängigem Verhältnis.

Im Folgenden werden Ansätze und Verfahren aufgezeigt, um Ihnen als Praxisinhaber mögliche Zusammenhänge zwischen dem Personal-/Materialeinsatz und den betrieblichen Ergebnissen zu ermöglichen.

Bei der **Planung der Abläufe in der Patientenbetreuung** sind insbesondere folgende Unterziele zur Erreichung des genannten Zieles der Wirtschaftlichkeit zu beachten:

◢ **Optimierte Durchlaufzeiten:** Raumbelegung durch den Patienten während seiner Behandlung in der Praxis, vergleichbar mit der Betrachtung der Verweildauer des Patienten im Krankenhaus; entsprechende Ansätze sind bei der Kalkulation des EBM 2008 berücksichtigt worden. Bitte bedenken Sie, dass anhand der erbrachten Leistungen im EBM 2008 auch Plausibilitätsprüfungen erfolgen können, um zu hinterfragen, inwieweit es möglich ist, die von Ihrer Praxis abgerechneten Leistungen auch innerhalb einer unterstellten Arzttätigkeitszeit von 55 Stunden/Woche erbringen zu können.

◢ **Hohe Termintreue** durch den Arzt als Leistungserbringer, d.h. geringe Wartezeiten im Wartezimmer. Können Sie die vereinbarten Termine Ihrer Patienten halten, werden Sie im Wettbewerb große Vorteile gewinnen, da die Patienten in den meisten Praxen keine Termintreue kennen!

◢ **Niedrige Lagerbestände** von Verbrauchsmaterialien und Medikamenten; hier vermeiden Sie den Verfall von Produkten, was nur unnötigerweise Kosten verursacht.

◢ **Optimale Auslastung** der vorhandenen Kapazitäten: Planung des Mitarbeitereinsatzes und des Einsatzes der vorgehaltenen diagnostischen Apparate.

Neben der Planung der kapazitiven Produktionsauslastung ist eine gut strukturierte Kostenplanung für den wirtschaftlichen Erfolg des Unternehmens unerlässlich. Die Kosten- und Leistungsrechnung wird auch für die moderne Arztpraxis ein unverzichtbares Instrument zur Überwachung des wirtschaftlichen Erfolges (vgl. Kap. 9).

> **Praxistipp**
> Durchleuchten Sie die Behandlungsabläufe in Ihrer Praxis! Bei der Patientenbehandlung haben Sie die Qualitätskriterien zu erfüllen – aber beachten Sie auch die Wirtschaftlichkeitsgrundsätze nach dem SGB V. Aus diesem Grund ist es empfehlenswert, die Behandlung eines Patienten in einzelne Behandlungsschritte zu gliedern. Im Rahmen dessen lassen sich die erforderlichen Tätigkeiten mit den Personalbindungszeiten und dem hiermit verbundenen Sachmitteleinsatz transparent für alle Beteiligten dieser Behandlung abbilden. Auf diese Weise werden Verantwortlichkeiten und Zuständigkeiten definiert. Auf der Basis dieser Kenntnisse kann ein Praxis-Organigramm abgeleitet werden.
> Die erarbeiteten Behandlungsprozesse lassen sich zu diagnosespezifischen **Behandlungspfaden** weiterentwickeln. Dabei ist jede Stelle im Behandlungsprozess mit den anderen bezüglich der Tätigkeiten und der formalen Stellung innerhalb der Hierarchie zu vergleichen. Werden bei dieser Untersuchung gleiche oder ähnliche Tätigkeiten bei verschiedenen Ausführungsstellen (z.B. Röntgen, Ultraschall) bemerkt, sind diese auf

Notwendigkeit der getrennten Bearbeitung kritisch zu hinterfragen. Gegebenenfalls sind diese Tätigkeiten an einer Stelle zu zentralisieren, um so qualitätsoptimierte Behandlungspfade zu nutzen (s.a. Kap. 4.2). Damit lassen sich u.U. Personalkosten reduzieren sowie die Behandlungsqualität und die Patientenzufriedenheit erhöhen. Infolgedessen kann der Arzt auch eine Steigerung seiner Wirtschaftlichkeit in seinem Unternehmen erzielen.

4.1.2 Einsatz von Materialien und Geräten

Um die Durchlauf- bzw. Behandlungszeiten in der Arztpraxis wirtschaftlich zu gestalten, sind eine Reihe von Vorüberlegungen, Planungen und Entscheidungen notwendig. Zuerst sind die „Produktionstypen" zu betrachten, die für eine Arztpraxis relevant sind.

Der sog. Anordnungstyp sagt etwas über die Aufstellung der einzelnen Betriebsmittel aus, also wie die Medizingeräte und Behandlungsräume zueinander positioniert sind. Dieser Produktionstyp lässt sich in verschiedene Varianten zerlegen. Für den Bereich des Gesundheitswesens sind die beiden folgenden Anordnungen von Interesse:

In produktionsorientierten Branchen findet man die sog. **Baustellenanordnung**, bei der das jeweilige Produkt der Mittelpunkt des Herstellungsprozesses ist. Dementsprechend werden die Betriebsmittel um das zu fertigende Gut angeordnet. Übertragen auf die medizinische Behandlung hieße dies, dass die gesamte Medizingeräteausstattung der Praxis an einem zentralen Ort positioniert wäre. Beispielsweise müsste die Patientin einer gynäkologischen Praxis für die unterschiedlichen Phasen der medizinischen Betreuung (Blutdruckmessung, Blutabnahme zur Hormonspiegelbestimmung, Ab-

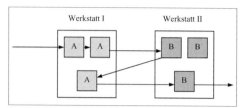

Abb. 4.2: Die Werkstattanordnung

strich und Ultraschall für gynäkologische Krebsvorsorge) nicht verschiedene Praxisräume aufsuchen.

Für ein Krankenhaus, ein Ärztehaus oder ein MVZ bietet dieser Anordnungstyp den organisatorischen Vorteil, dass der Patient sich nicht in verschiedene Abteilungen/Räume/Stockwerke begeben und ggf. dabei von Praxis-/Pflegepersonal begleitet werden muss (Zeitersparnis). Ein ökonomischer Vorteil besteht darin, dass Gerätschaften nicht mehrfach angeschafft werden müssen; das bedeutet, dass kein zusätzliches Kapital für die u.U. teuren Geräte aufgebracht werden muss. In der Arztpraxis lässt sich aufgrund der relativ hohen Bindung der Apparate an die Räume diese Art der Arbeitsorganisation jedoch nur selten realisieren.

Nachteile dieses Produktionstyps sind u.a., dass bei Ausfall eines Medizingerätes (Betriebsmittels) die gesamte Patientenbehandlung (Produktion) behindert wird, oder dass bei höherem Patientenaufkommen lange Wartezeiten entstehen und damit die Termintreue nachlässt.

Die **Werkstattanordnung** beschreibt die Spezialisierung von Abläufen in bestimmten, räumlich festgelegten Bereichen. Betriebswirtschaftlich-technisch gesehen werden in der Werkstattanordnung Geräte/Anlagen gleichen bzw. ähnlichen Typs zusammengefasst, um das Know-how spezialisierter Mitarbeiter nutzen zu können und eine hohe Qualität im Sinne des Qualitätsmanagements zu erreichen.

Im **Gesundheitswesen** hat die Aufteilung der Krankenhäuser und teilweise der Arztpraxen in unterschiedliche Fachabteilungen einen **werkstattähnlichen Charakter**. Dies trifft mittlerweile verstärkt auf die Medizinischen Versorgungszentren zu.

Die Werkstattanordnung hat jedoch einen nicht zu übersehenden Nachteil, und zwar die langen und oft mehrfachen Transportwege. Dies trifft auf produktionsorientierte Branchen ebenso zu wie auf Gesundheitseinrichtungen. Wird in einem solchermaßen organisierten Produktionsbetrieb das herzustellende Produkt mehrfach hin- und hertransportiert, so hat dies längere Produktionszeiten und damit einen höheren Kapitalaufwand (Kosten) zur Folge. Ebenso ist in einem Krankenhaus mit entsprechenden Fachabteilungen oder in einem MVZ der Patient während des gesamten Behandlungsprozesses mehrfach unterwegs, was für diesen möglicherweise mit Unannehmlichkeiten wie Wartezeit verbunden ist und Personalkapazitäten bindet.

Heute werden aus betriebswirtschaftlich-technischen Gründen **Mischformen** der klassischen Produkionstypen ausgewählt. So kann in einem Produktionsbetrieb die Werkstatt sinnvoll durch nicht ortsfixe Anlagen ergänzt werden. Dabei begleitet das Betriebsmittel das zu bearbeitende Gut durch die Produktionswerkstätten. Als Beispiel für den Bereich der Medizin sei genannt: Ein transportables Beatmungsgerät ist mit dem zu beatmenden Patienten „verbunden" und wird bei Bedarf auf diese Weise durch die unterschiedlichsten Abteilungen mit dem Patienten transportiert (Gründe für ein solches Vorgehen sind meistens technisch-medizinischer Art, hier die Sicherstellung der kontinuierlichen Sauerstoffversorgung für den beatmeten Patienten).

4.1.3 Patientenverweildauer

Wie Sie Patientenbehandlung und Zeitmanagement auf einen Nenner bringen

Neben der Bestimmung der optimalen Kombination der Produktionsprozesstypen ist die Betrachtung der **Dauer des Arzt-Patienten-Kontaktes** bzw. der Verweildauer des Patienten in der Praxis zur Leistungserbringung von hoher Wichtigkeit. Hintergrund dieser Überlegung ist die Tatsache, dass die mit der Behandlung verbundenen Zeiteinsätze betriebswirtschaftlich gesehen die **Gesamtkosten wesentlich beeinflussen**, denn Personalkosten stellen den wichtigsten Kostentreiber dar! Darüber hinaus bekommt der Faktor Zeit noch einen anderen Stellenwert in der Dienstleistung ärztliche Behandlung: Patienten als Kunden bewerten die Qualität der ärztlichen Leistung auch nach der zugewendeten Zeit, der notwendigen Wartezeit neben dem subjektiven Besserungsempfinden. Warum erfolgt u.a. eine solche Bewertung? Patienten können die durchgeführte Behandlung als solche selbst nicht qualitativ einordnen, weshalb sie dann weiche Hilfsparameter für ihre Bewertung heranziehen.

Eine Leistung muss schnell verfügbar, kostengünstig und doch qualitativ hochwertig sein. Wird beispielsweise die Behandlungszeit für einen Patienten, die ursprünglich mit 15 Minuten geplant war, nun auf zehn Minuten veranschlagt, lässt sich die Behandlungsfrequenz (Produktivität) von vier auf sechs Patienten pro Stunde erhöhen. Eine solche Änderung in der Behandlungsart darf selbstverständlich nicht zulasten einer verminderten Behandlungsqualität bzw. einer von den Patienten erlebten, reduzierten ärztlichen Zuwendung führen. Niedergelassene Ärzte haben aber über die Jahre erkannt, dass sie aufgrund der wachsenden medizinischen Erfahrungen ihre ärztlichen Tätigkeiten zügiger und routinierter durchführen. Somit ist das Leistungsergebnis rein betriebswirtschaftlich gesehen von dem Einsatz z.B. von Arbeitszeit im Verhältnis zum Praxishonorarumsatz zu betrachten.

Allerdings können diese allgemeingültigen betriebswirtschaftlichen Erkenntnisse nicht einfach auf das Gesundheitswesen übertragen werden. Grund ist die Honorarsituation in der vertragsärztlichen Versorgung. Die Gesamtvergütung der Vertragsarztleistungen nach EBM wird anhand definierter Kriterien verteilt. Eine erhöhte Zahl an behandelten Patienten mit dem gleichen Personalaufwand führt nicht gleichzeitig zu einem höheren Budget oder Honorarvolumen. Alle darüber hinausgehend erbrachten patientenbezogenen Leistungen werden nicht oder nur partiell durch die Kostenträger vergütet. Letztendlich werden nur die Leistungspunkte honoriert, die durch das individuelle Praxisbudget gedeckt sind. Allerdings sei an dieser Stelle darauf verwiesen, dass die Leistungen der Direktverträge z.B. gem. § 73b und c SGB V aus heutiger Sicht extrabudgetär vergütet werden. Es bleibt abzuwarten, wie sich die Vergütung der ärztlichen Leistungen durch die umzusetzende EBM-Reform 2009 ändert. Angestrebt wird ein fallpauschaliertes, morbiditätsgestütztes Honorarsystem auf Eurobasis. Hier wird es von Interesse sein, welche diagnostischen/therapeutischen/operativen Leistungen zukünftig durch dieses pauschalierte Vergütungssystem abgedeckt sein werden. Dies erscheint insbesondere im Hinblick auf das ergänzende, praxisspezifische Selbstzahlerleistungsangebot von Relevanz zu sein.

4.1.4 Behandlungskosten

Kennen Sie Ihre „Produktionskosten" pro Patient?

In den letzten Jahren sind durch Kostenexplosion und starken Wettbewerbsdruck im deutschen Gesundheitswesen zwar ökonomische Anstrengungen erkennbar. Die Einführung des **DRG-Entgeltkonzepts** mit Fest-

Marktpreisen hat die Notwendigkeit des Wirtschaftens noch verstärkt. Durch die Festpreisvergütung für die gesamte Krankenhausleistung mit der Einführung des DRG-Vergütungssystems ist ein Honorarsystem im Sinne der Pauschalvergütung realisiert worden. Somit muss das Krankenhaus seine Leistungen zu einem definierten Vergütungssatz erbringen. Das setzt zunächst voraus, dass man seine eigenen Erstellungskosten (Herstellungskosten) ermittelt. Dies ist für die Industrie eine ganz normale Aufgabe. Auf Knopfdruck kann jeder verantwortliche Produktionsleiter die Erstellungskosten für seine Produkte im Computer abrufen.

Ist dies für Krankenhäuser und Arztpraxen gegeben? In der Regel nicht. Die Mehrzahl der Krankenhäuser kann die Gesamtkosten für die durchgeführten wichtigsten DRG (z.B. Hypertonusbehandlung, Knie-TEP-OP) nicht beziffern. Entsprechendes gilt auch für ambulant durchgeführte Operationen. Warum ist dies so wichtig? Nur wenn die individuelle Kostenstruktur (entspricht der Preisuntergrenze) bekannt ist, kann das Management entscheiden, inwieweit die zu erbringende Patientenbehandlung zumindest kostendeckend erbracht wird. Sind nun die individuellen Kostenstrukturen und angewendeten Ist-Behandlungspfade ermittelt, kann an einer Verbesserung der Prozessqualität gearbeitet werden. Erfahrungsgemäß hat eine **Erhöhung der Qualität** auch eine **betriebswirtschaftliche Ergebnisverbesserung** zur Folge. Somit ist die Einführung des DRG-Vergütungssystems auch als eine Herausforderung für die proaktiven Leistungsanbieter im Gesundheitsmarkt zu verstehen.

Niedergelassene Ärzte wurden jahrelang mit einer ähnlichen Situation konfrontiert: einem fallenden EBM-Punktwert bei einem definierten Praxisbudget. Darüber hinaus sollten Sie im Hinblick auf die anstehende EBM-Reform 2009 bereits jetzt Ihr Augenmerk darauf richten, Ihre Patientenbehandlungskosten zu kalkulieren. Weshalb wird

dies für ihre Praxis so von Bedeutung sein? Spätestens ab 2009 soll es ein fallbezogenes Honorarsystem auch für die ambulante Versorgung von GKV-Versicherten geben.

Demzufolge können die hier beschriebenen Gedanken für die Krankenhäuser grundsätzlich auch auf die niedergelassene Arztpraxis insbesondere für die Zukunft übertragen werden.

4.1.5 Geräteauslastung

Medizinisch-technische Geräte müssen sich rechnen

Ihre apparative Praxisausstattung hat Sie viel Geld gekostet. Diese Investitionen müssen (aus betriebswirtschaftlicher Sicht) in möglichst kurzer Zeit verdient werden! Aufgrund der eher erlösdegressiven Finanzentwicklung der vergangenen Jahre empfehlen wir, Investitionen im Vorfeld einer kritischen Erlösbetrachtung zu unterziehen, d.h. zu ermitteln, innerhalb welchen Zeitraums sich eine vorgenommene Investition amortisiert. Von daher ist es wichtig, den Zusammenhang von Auslastung und Behandlungskosten/-zeiten zu beachten. Zur Optimierung der Behandlungszeiten bzw. -kosten ist die Betrachtung der **zeitlich-kapazitiven Auslastung der Betriebsmittel** (z.B. Ultraschallgerät, Fahrradergometer) unerlässlich. Eine nicht ausgelastete betriebliche Anlage verursacht so genannte **Leerkosten** (diese Kosten fallen auch ohne Nutzung an). Dies ist darauf zurückzuführen, dass diese medizinischen Geräte Investitionsmittel binden und demzufolge Abschreibungen bedingen. Damit wird die effektive wirtschaftliche Anschaffung und Nutzung infrage gestellt. Der logische Umkehrschluss ist eine Vollauslastung, welche man in einer Arztpraxis unter den heutigen Rahmenbedingungen der Praxisöffnungszeiten nur bedingt erreichen kann.

Um dies zu erzielen, sind folgende wirtschaftliche Kenngrößen zu ermitteln:

◢ Kapazitätsangebot eines jeden Betriebsmittels (z.B. Computer, Ultraschallgerät, Laser) pro Jahr (Zeitperiode)

◢ Tatsächlicher Auslastungsgrad jedes medizinischen Geräts, wie z.B. Ultraschallgerät, bezogen auf die tatsächlich durchzuführenden Untersuchungen

◢ Anschaffungskosten und die sich hieraus ableitende AfA

◢ Die Jahresbetriebskosten einschließlich der Wartungsaufwendungen und des Sachmittelaufwandes für die Untersuchungen

◢ Die mit der Anschaffung verbundenen Kapitalkosten

Ärzte als Unternehmer sollten im Interesse einer hohen Mitarbeiter- und Patientenzufriedenheit Belastungsspitzen von 100% in der Praxis vorbeugen. Denn diese haben eine erhöhte Mitarbeiterbelastung und eine unerwünschte Verlängerung der Patientenwartezeiten zur Folge. Sind Schwankungen oder unregelmäßige betriebliche Auslastungen während der Behandlungszeit erkennbar, sollten Maßnahmen zur Harmonisierung u.a. der Terminplanung implementiert und/ oder die Behandlungsdurchlaufzeiten verbessert werden. Der Arbeitsablaufplan mit der Erfassung der Arbeitsvorgänge und den jeweiligen Vorgangszeiten definiert einen Anhaltspunkt für eine Behandlungsdauer. Der tatsächliche Zeitablauf in der Arztpraxis sollte sich an der maximalen Kapazitätsaufnahme orientieren und durch die vorgenommenen Maßnahmen zu einer angestrebten gleichmäßigen Praxisauslastung führen. Das bedeutet, dass die geplante Tageskapazität in der Regel ca. 90% betragen sollte.

Praxistipp
Erstellen Sie einen Arbeitsablaufplan! Nachdem eine Prüfung des Ist-Zustandes durchgeführt wurde und anschließend die Abläufe nach Notwendigkeit und Zentralisierbarkeit geordnet sind, emp-

fiehlt es sich, die Tätigkeiten innerhalb der Patientenbehandlung so zu gliedern, dass eine sinnvolle Aufgabenstellung für die Mitarbeiter (Arzthelfer/-innen und Ärzte/-innen) resultiert. Die Aufgabenstellung ist idealerweise in einem sog. Arbeitsablaufplan zusammenzustellen. Darin werden zu übernehmende Tätigkeiten bzw. Aufgaben definiert.

Die Ablaufplanung ist zweckmäßigerweise nah an den strukturell-räumlichen und den inhaltlichen Gegebenheiten zu gestalten, um die vorgenommenen Planungsschritte auch im Patienten-Behandlungsprozess umsetzen zu können. Demnach sollte man aus ärztlicher Sicht daran interessiert sein, den vorgesehenen Behandlungspfad und die damit verbundenen Kosten im Rahmen einer Plankostenrechnung zu ermitteln. Für den Patientenbehandlungsprozess werden die tatsächlich entstehenden bzw. entstandenen Kosten (Ist-Kosten) aufgenommen (s.a. Kap. 9). Der Arbeitsplan hat darüber hinaus eine qualitative Sicherungsaufgabe. So sind Besonderheiten während des Behandlungsprozesses im Arbeitsablaufplan zu hinterlegen und können bei nachfolgenden gleichartigen Behandlungen kurzfristig abgerufen werden.

4.1.6 Materialbedarf bei der Patientenbehandlung

Die Materialbedarfsplanung befasst sich mit der ökonomischen Beschaffung, Bereitstellung und Lagerung der für die Behandlungsdurchführung benötigten Materialien. Diese sind in zwei grundsätzliche Kategorien einzuteilen:

◢ Gebrauchsgüter
◢ Verbrauchsgüter

Die Gebrauchsgüter werden während des Behandlungsprozesses eingesetzt und genutzt, ohne jedoch verändert oder zerstört zu werden oder direkt in den Patientenbehandlungsprozess selbst einzufließen. In der Regel sind die Betriebsmittel mit den Gebrauchsgütern gleichzusetzen, in der Arztpraxis also die Medizingeräte, aber auch die Wartezimmerausstattung etc. Die Verbrauchsgüter werden in der Patientenbehandlung eingesetzt und „verzehrt", d.h. sie stehen dem Behandlungsprozess nur einmal zur Verfügung. In Kapitel 4.3 wird ausführlich auf die Materialplanung in der Arztpraxis eingegangen.

4.2 Zukunftsorientierte Patientenversorgung am Beispiel von Behandlungspfaden in der Arztpraxis

Die für eine ambulante medizinische Versorgung wichtigen Grundzüge der Produktionswirtschaft lassen sich besonders gut an der Definition von Behandlungspfaden nachvollziehen, welche im Zuge integrierter Versorgungsformen zunehmend interessant werden.

4.2.1 Aufgaben und Vorteile von Praxis-Behandlungspfaden

Behandlungspfade sollten ursprünglich als **Prozessoptimierungsinstrument** und als Qualitätsmanagementwerkzeug eingesetzt werden. Aktuell lässt sich in der Diskussion um die Bedeutung der evidenzbasierten Medizin (EbM) und um die Einführung der DRG zur Abrechnung stationärer Leistungen ein größeres Interesse an Behandlungspfaden zur Prozessabbildung der Behandlung erkennen. Darüber hinaus sind Behandlungspfade im Rahmen der Integrierten Versorgung (IGV) nicht mehr wegzudenken. Durch eine Kostenbewertung von medizinischen Pfaden

wird der Nutzen dieses ärztlichen Managementinstruments noch erweitert. Es zeigt sich gerade in aktuellen Studien, dass sich durch die Nutzung von medizinischen Pfaden unter Einbeziehung der Erkenntnisse aus medizinischen Leitlinien sowie der EbM die Patientenbehandlung von chronisch kranken Herzinsuffizienzpatienten verbessern lässt.

Viele Ärzte befürchten zudem, mit starren Behandlungspfaden den Patienteninteressen nicht mehr gerecht zu werden. Diesem Vorbehalt lässt sich jedoch entgegensetzen, dass die entsprechenden Ein- und Ausschlusskriterien definiert werden, also der Patient als Einzelfall mit individuellen Voraussetzungen gesehen wird. Darüber hinaus helfen gerade diese medizinischen Pfade den Praxismitarbeitern, in der Zusammenarbeit mit den Praxisärzten eine sehr qualitative Arbeit zu verrichten, denn diese Mitarbeiter können sich an entsprechenden qualitätsgesicherten Arbeitsschritten orientieren und müssen diese auch umsetzen. Damit erfüllt Ihre Arztpraxis u.a. die Qualitätsauflagen der KV.

Nicht nur für den Krankenhaussektor, sondern auch für den niedergelassenen Arzt ist der Einsatz von Behandlungspfaden interessant, weil sie ihm Kriterien für eine qualitativ gesicherte Patientenbetreuung an die Hand geben. Dies dürfte für jeden praktizierenden Arzt Priorität haben und sollte besonders im Hinblick auf die zunehmende Verzahnung von ambulanter und stationärer Patientenbetreuung sowie dem damit verbundenen Wechsel der Behandler durchgehend sichergestellt sein. Hierzu können derartige Therapiewege einen entscheidenden Beitrag leisten:

Behandlungsqualität. Behandlungspfade sind ein Qualitätsmanagementinstrument. Durch sie werden Art und Anzahl der eingesetzten Ressourcen sowie der Prozessablauf insgesamt festgelegt. Dies hat entscheidenden Einfluss auf die Behandlungsqualität des Patienten.

Medizinische Pfade sind im interdisziplinären Team zu entwickeln. Das Team sollte aus allen am Behandlungsprozess beteiligten Berufsgruppen bestehen. Der Pfad stellt das Ergebnis der Teamsitzung dar.

Verantwortlichkeiten. Durch den Aufbau und die Pfadinhalte werden die Verantwortlichkeiten im Behandlungsprozess festgelegt. Dies bezieht sich auf Aufgabenverantwortung, Durchführungsverantwortung, Ergebnisverantwortlichkeit.

Ressourcenzuordnung. Die Ressourcenzuordnung wird durch das Team vorgenommen. Sie erfolgt unter Qualitäts-, Verfügbarkeits- und Kostengesichtspunkten. Dies gewährleistet, dass nur die für die Behandlung notwendigen und im jeweiligen Krankenhaus individuell verfügbaren Ressourcen im Pfad Berücksichtigung finden.

Steuerung und Dokumentation. Behandlungspfade sind nicht nur ein prospektives Steuerungsinstrument für die Behandlung. Indem sie als Standard festgelegt sind und möglicherweise als Checkliste die Behandlung begleiten, dienen sie auch retrospektiv als Dokumentationsinstrument. Abweichungen von der Norm sind erlaubt, jedoch zwingend in Form einer Dokumentation zu begründen.

Zukunftsgestaltung. Die Untersuchung und Hinterfragung von Abweichungen zwischen der tatsächlichen Behandlung und dem klinischen Pfad sind wichtige Tätigkeiten im Rahmen einer ständigen Verbesserung. Die Verbesserung erfolgt anhand des Behandlungspfades und wirkt sich damit unmittelbar auf die Therapie aus. Es ist empfehlenswert, in regelmäßigen Abständen eine Überprüfung des medizinischen Pfades nach aktuellen, evidenzbasierten Erkenntnissen und den medizinischen Leitlinien vorzunehmen.

Konsens. Medizinische Pfade legen fest, wie man ein Behandlungsprozess am besten durchführt. Dies bezieht sich sowohl auf die ambulante als auch die stationäre Behandlung. Damit stellen alle beteiligten medizinischen Leistungserbringer eine verzahnte Patientenbehandlung u.a. unter Berücksichtigung der medizinischen Leitlinien sicher. Entsprechende vernetzte Behandlungskonzepte werden gerade im Hinblick auf die pauschalierten Behandlungsvergütungen und die wechselseitige kooperierende Abhängigkeit von stationären und ambulanten Leistungserbringern immer notwendiger und empfehlenswerter!

4.2.2 Kostenplanung im medizinischen Behandlungspfad: Wie Sie Kostentreiber entlarven

Bei der Realisierung des Behandlungsprozesses (betriebswirtschaftlich: Produktion eines Gutes) sind die Plankosten Richtschnur zur Erreichung wirtschaftlicher Ziele. Demnach sind Ist-Kosten ständig mit Plankosten zu vergleichen. Sind die Ist-Kosten des Auftrages größer als der Ertrag (Vergütungshöhe für den Behandlungsfall), werden umgehend Maßnahmen zur Kostenreduzierung notwendig. Dabei können mittels der Arbeitsablaufplanung und der anschließenden Ist-Analyse detaillierte Aussagen über die kostentreibenden Verursacher möglich werden. Die kostentreibenden Arbeitsschritte innerhalb des Behandlungsprozesses sind genauestens zu überprüfen und durch intelligentes Vorgehen zu optimieren. Die kostenrelevanten Gesichtspunkte dürfen allerdings nicht zur Vernachlässigung der Praxisziele und der ärztlichen Pflichten gegenüber den anvertrauten Patienten führen.

Die Betrachtung der Kosten innerhalb der Produktion ist u.a. in beschäftigungsfixe und -variable Kosten zu unterscheiden. Bei zu beobachtenden Kostensteigerungen ist insbesondere das Kapazitätsangebot mit der Beschäftigung zu vergleichen.

Beispiel: In einer Arztpraxis wird das Verhältnis der Beschäftigung zur Kapazität analysiert. Dabei wird festgestellt, dass die Beschäftigung ständig weit unter dem eigentlichen Leistungsvermögen des Betriebes liegt. Somit ist die Kapazität der normalen, „geglätteten" Beschäftigung anzupassen. Diese Anpassung kann z.B. durch Veräußerung von Betriebsmitteln oder personelle Anpassungen wie Stellenabbau oder Verringerung der Arbeitszeiten geschehen.

Durch eine Erhöhung der Kapazität an die tatsächliche Beschäftigung ist ebenfalls ein sprungfixes Verhalten der Gesamtkosten zu beobachten. Wird beispielsweise eine zusätzliche Arzthelferin als Halbtagskraft für die Praxis eingestellt, ist eine entsprechende Zunahme der sprungfixen Kosten für Beschäftigung zu beobachten.

4.3 Materialwirtschaft: Wieso ein Thema in der Arztpraxis?

Die Materialwirtschaft gewinnt auch für den niedergelassenen Praxisbereich eine zunehmende Bedeutung unter der Maxime einer Optimierung der Ertrags- und Kostensituation. Gemeinsam mit einem (oder mehreren) kompetenten Dienstleistern, u.U. im Verbund mit anderen Arztpraxen und/oder Krankenhäusern, sollten Materialwirtschaftskonzepte entwickelt und implementiert werden. Diese Betrachtung ist gerade im Hinblick auf die sich neu implementierenden BAG/MVZ von Relevanz, da sich die Aufwendungen der Materialwirtschaft in diesen neuen Unternehmensformen gut bündeln lassen. Solche Entwicklungen sind nicht nur für die Ärzte als Unternehmer, sondern auch für die liefernden Hersteller bzw. Großhändler vorteilhaft. Auf diese Weise können beide Partner Synergiepotenziale heben, die sich demzufolge auch positiv auf das Betriebser-

gebnis der klassischen Arztpraxis oder einer BAG bzw. eines MVZ auswirken.

Dies gilt beispielsweise für Beschaffungskonzepte des Praxisbedarfs, der Wäscheoder Sterilgutversorgung[2] im Sinne einer reibungslosen Abwicklung[3]. Gedacht ist hier insbesondere an die Nutzung von internetbasierten Bestellmedien und eine Anlieferung der Verbrauchsmaterialien bis in den Verbrauchsschrank der Praxis.

4.3.1 Aufgaben und Ziele der Materialwirtschaft

Auch innerhalb der ambulanten Patientenversorgung ist ein effektiver Ansatzpunkt zur **Kostenreduktion** in der Materialwirtschaft zu sehen. Immerhin machen die Materialkosten durchschnittlich, auf alle Fachgruppen bezogen, ca. 5% vom Gesamtumsatz der vertragsärztlichen Praxen aus. Gemessen an den Betriebskosten steigt der Anteil im Durchschnitt sogar auf 10% an. Für Sie als Praxisinhaber lohnt es sich also auch wirtschaftlich, diesem Bereich Ihr Augenmerk zu widmen. Gerade unter Berücksichtigung der nun in Gründung befindlichen BAG/MVZ gewinnt dieses Thema einen neuen Stellenwert.

Die Bereiche der klassischen Materialwirtschaft sind prinzipiell auf das „Unternehmen Arztpraxis" übertragbar:

- ◢ Disposition
- ◢ Einkauf/Beschaffung
- ◢ Lagerhaltung
- ◢ Logistik/Transport
- ◢ Entsorgung

---

[2] In diagnostischen oder operativ-tätigen Zentren
[3] Diese Betrachtungen werden im Hinblick auf die geplante Einführung der Fallpauschalen-Vergütung im EBM eine noch größere Rolle zugeordnet bekommen, da mit dieser Umstellung des Vergütungssystems auch der Sprechstundenbedarf durch die Pauschale abgedeckt sein soll. In diesem Fall würde dann die separate Beschaffung und Budgetierung des Sprechstundenbedarfes entfallen. Somit wäre in diesem Fall der Arzt gehalten, diese Sprechstunden-Verbrauchsgüter in eigener wirtschaftlicher Verantwortung zu managen.

Auch in Ihrer Praxis können Sie durch straffe Materialplanung den Einkauf optimieren und die Praxiskosten senken. Dabei lassen sich positive Erfahrungen aus anderen kundenorientierten Unternehmungen in der Arztpraxis nutzen, ohne dass Sie das Rad vollständig neu erfinden müssten. Eine effektive Materialwirtschaft lässt sich in der Industrie nur durch Optimierung des Informationsflusses (Know-how) und des Materialflusses (Just-in-Time-Belieferung) erreichen.

Aus diesen Zielvorgaben ergibt sich ein Bündel von Aufgaben. Die Funktionen weitgehend administrativer Art, die routinemäßig zu erledigen und ebenfalls zu automatisieren sind, werden unter dem Begriff des **Beschaffungsmanagements**, solche, die aktiv und kreativ auf die Beschaffungsmärkte Einfluss nehmen, unter der Bezeichnung **Beschaffungsmarketing** subsumiert.

Funktionen des **Beschaffungsmanagements** sind

- Bearbeiten von Bestellungen/Abrufen
- Bezugsquellenermittlung
- Bestellentscheidung
- Bestellüberwachung
- Rechnungsprüfung und -bezahlung
- Dokumentation

Die Aufgaben des **Beschaffungsmarketings** sind aufgrund ihrer Bedeutung den strategischen Aufgaben des Unternehmers Arzt zuzuordnen:

- Bedarfsanalyse und Beschaffungsstrategie: Welche Informationen über Bedarf und Möglichkeiten der Bedarfsdeckung benötige ich als Entscheidungsgrundlage?
- Beschaffungsmarktforschung: Wo bekomme ich die Artikel in der benötigten Qualität zu bezahlbaren Preisen?
- Produktbewertung: Messen, Vertreterbesuche, Qualitätskontrolle, Patientenzufriedenheit
- Wirtschaftlichkeitsanalysen: Controlling
- Betrachtung des Bestellweges: Fax, Brief oder Internet

- Statistische Bedarfsanalysen: Stimmt mein Verbrauch mit den Behandlungsfällen überein?
- Überprüfung der Beschaffungspolitik: Mit welchem Lieferanten bzw. auf welchem Weg versorge ich meine Arztpraxis?
- Information und Beratung innerhalb des Praxisteams: interne Kommunikation.

4.3.2 Kosteneinsparung durch effektive Materialwirtschaft

Im Folgenden sind für die verschiedenen Bereiche der Materialwirtschaft die Ansätze für eine **Effektivitätssteigerung** in diesem für die Kosteneinsparung so wichtigen Bereich aufgelistet. Daraus sind Handlungsempfehlungen und Konzepte ableitbar, die jede Arztpraxis schrittweise umsetzen kann, um zu einer nachhaltig verbesserten Materialwirtschaft zu gelangen. Als Praxisinhaber werden Sie aber kritisch prüfen müssen, in welchem Maße Sie bereit und fähig sind, entsprechende Desiderate selbst in die Praxis umzusetzen, und wie viel Zeit und Geld Sie für die Optimierung der Abläufe investieren.

Bedarfsmanagement
- Bündelung des Bedarfs
- Bedarf vs. Verbrauch
- Bedarfsanalysen durchführen, Beschaffungsstrategien ableiten
- Schulungen, Aus- und Weiterbildung des Praxispersonals

Bestellmanagement
- Reduzierung der Einzelbestellungen; Bestellvolumina erhöhen
- Erhöhung der Auftrags-/Rechnungswerte (Dieses Ziel sollte allerdings mit dem Anspruch einer schlanken Lagerhaltung abgeglichen sein und eher durch eine Bündelung von Bestellungen erreicht werden)
- Senkung der Bestellkosten (Handling); dies betrifft die Prozesskosten der Mitar-

beiter und die Frage der Bestellmengen bzw. Mindestmengen plus Frachtkosten

◢ Regelmäßige Preisverhandlungen zur Senkung der Einkaufskosten (s. Abb. 4.2)

◢ Drastische Reduzierung der Bestellungen über Vertreterbesuche – (Zeit-/Kostenfaktor)

◢ Nutzung von E-Commerce; automatische Online-Bestellungen durch den Großhandel, durch Dienstleister

◢ Optimierung des Auftragsabwicklungsprocedere z.B. durch Barcode-Systeme

Lieferantenmanagement

◢ Instrumentarium zur Lieferantenauswahl und -bewertung kennen und nutzen

◢ Abnahmeverhalten: Bei welchen Artikeln ist meine Praxis für den Lieferanten ein interessanter Abnehmer?

◢ Bestehende Lieferantenbeziehungen weiter entwickeln

◢ Partnerschaftliches Lieferantenverhältnis

◢ Flexibilität der Lieferanten (z.B. Lieferrhythmen, Monatsrechnungen)

◢ Konstante Qualität

◢ Gutes Preis-Leistungs-Verhältnis

◢ Standort der Firma/des Services

◢ Lieferzeiten, Liefertermintreue

◢ Rechnungsstellung und -bearbeitung

◢ Bearbeiten von Reklamationen, Kulanzverhalten

◢ Just-in-Time-Belieferung (zeitnahe Anlieferung gem. Bedarf), z.B. durch Mehrweg-Container-System

◢ Kreativität der Mitarbeiter und des Lieferanten, um die Versorgungskette der Praxis immer an den bewährten Innovationsschritten teilhaben zu lassen.

Materialmanagement

◢ Auflistung der vorhandenen Produktgruppen

◢ Standardisierung von Artikeln, Alternativen entwickeln

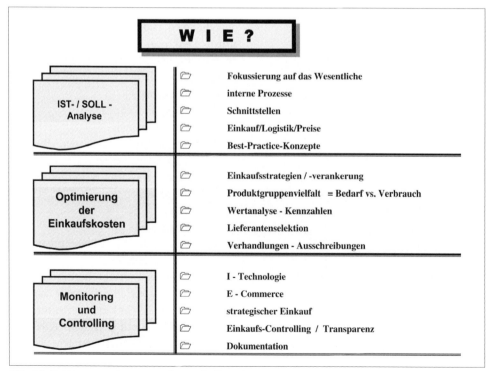

Abb. 4.3: Ein Weg zur Verbesserung der Beschaffungskostenstruktur

◢ Verlustoptimierung, Verfalldaten
◢ Materialmanagement und Outsourcing der Lagerhaltung
◢ Verbesserte Entsorgungssysteme

4.3.3 Einkauf in der Arztpraxis

Der Einkauf ist eine der Stellschrauben für den wirtschaftlichen Erfolg im Unternehmen. Dies trifft im Gesundheitswesen vor allem für große Gemeinschaftspraxen, Berufsausübungsgemeinschaften, MVZ und Krankenhäuser zu. Aber auch für die einzelne Arztpraxis gilt es unter anderem, Einkaufsstrategien erfolgreich zu entwickeln und umzusetzen, d.h. den richtigen Mix von Gestaltungselementen zur optimalen Auswahl von Lieferanten und Material einerseits und zur Verringerung der Beschaffungs- und Regiekosten andererseits zu finden.

Das grundsätzliche Ziel der Arztpraxis sollte sein, durch ein **strategisches Einkaufsmanagement** die Bestandswerte (Lagerwerte) sowie Bestandsreichweiten zu reduzieren und trotzdem die Materialverfügbarkeit zu erhöhen. Mit Einzelbestellungen sollten nur Artikel eingekauft werden, die einen geringen Wert sowie einen nicht genau vorhersagbaren Verbrauch haben. Artikel mit hohem Wert und gleichmäßigem Verbrauch sollten mittels Rahmenverträgen und/oder Abrufaufträgen beschafft werden. Dabei sollten Sie jedoch neben den Preis je Einzelstück auch die nachfolgenden Preiseinflusskomponenten nicht außer Acht lassen:

◢ Jahresbonus
◢ Skontoziehung
◢ Versandkosten
◢ Serviceumfang des Lieferanten

Diese o.a. Punkte können bei differenzierter betriebswirtschaftlicher Betrachtung dazu führen, einen Lieferanten zu wechseln, da das Gesamtpaket der Produktkonditionen für die entsprechenden Produkte in Ihrem Fall günstiger ausfallen würde.

> **Praxistipp**
> Unkoordinierte Beschaffung vervielfacht die Arbeit und verschlechtert das Ergebnis. Bedarfsbündelung und Standardisierung haben auch im ambulanten Sektor des Gesundheitswesens große Potenziale. Es gilt, die Beschaffungskosten zu senken und die Praxismitarbeiter über sichere Arbeitsplätze nachhaltig zu motivieren. Entsprechendes Handeln ist gerade im Hinblick auf die Pauschalisierung des Sprechstundenbedarfs von Bedeutung.

Aus dem unternehmerischen Ziel der **Wirtschaftlichkeit** leitet sich als leistungswirtschaftliches Hauptziel des Einkaufs die sachlich, quantitativ, qualitativ sowie zeitlich passende Übernahme und Bereitstellung von Gütern, wie z.B. von Praxis- oder Bürobedarf, ab. Dabei sind nicht nur die Beschaffungskosten, sondern auch die Folgekosten beim Mitteleinsatz zu berücksichtigen. Hierbei muss nicht zwingend die Maxime der Kostenminimierung bei vorgegebenem Leistungsniveau zur Anwendung kommen; es kann vielmehr auch eine **Nutzenmaximierung bei vorgegebenen Kosten** dem Grundsatz der Wirtschaftlichkeit und Sparsamkeit genügen. Anzustreben bleibt stets ein optimales Preis- und Leistungsverhältnis. Wer allein auf den Preis achtet, der übersieht meistens wichtige Aspekte, wie

◢ die Notwendigkeit einer kompetenten Beratung,
◢ die Entscheidungsfindung über das verwendete Praxissortiment und der damit verbundenen Hersteller,
◢ die Frage, ob die Verbrauchsmaterialien für IGeL dem Standardsortiment entsprechen,
◢ die Verfügbarkeit der gewünschten, weil benötigten Menge in der erforderlichen, zugesicherten Qualität,

◢ den schnellen, rechtzeitigen und verlässlichen Lieferservice,

◢ die professionelle Teamarbeit, die Nerven und Budgets schont.

Materialauswahl und Mengensteuerung
Der Wert einer Ware wird durch den Preis ausgedrückt und durch die drei Faktoren

◢ Art,

◢ Menge sowie

◢ Qualität

bestimmt.

Art und **Menge** von Verbrauchsmaterialien lassen sich in einer Arztpraxis sehr schwer, wenn überhaupt, durch den Einkauf beeinflussen. Krankenversorgung, gepaart mit dem Auftrag zur Notfallversorgung, sind Argumente, die hier absolute Beachtung finden müssen. Der Stellenwert des Faktors **Qualität** drückt sich in der Aussage aus: „Qualität hat ihren Preis". Die mit der Erbringung medizinischer Leistungen verbundenen Materialkosten sollten den Arzt und das Personal umso weniger interessieren, je dringlicher das gesundheitliche Problem des zu behandelnden Patienten ist. So begründen sich die Anforderungen des Arztes an das medizinisch-technische Material neben operationstechnischen Spezialitäten und/oder Gewohnheiten überwiegend über Qualitätsanforderungen an die zu beschaffenden Artikel, die u.U. darüber auch das Risiko eines Behandlungsfehlers minimieren könnten. Im Sinne einer wirtschaftlichen und dennoch qualitätsgesteuerten Praxisführung sollte die Frage inzwischen nicht „Was kostet etwas?", sondern „Was bekomme ich für den Preis?" und zudem „Was ist abrechenbar? lauten".

Die bisherigen Ausführungen betreffen aktuell alle Bereiche bis auf die Sprechstunden für GKV-Patienten, da diese letztgenannten Sachaufwendungen von den Gesetzlichen Krankenversicherungen über entsprechende Rezepte im Rahmen des Sachkostenerstattungsprinzips kompensiert werden. Allerdings bleibt im Hinblick auf das neue pauschalierte EBM-Vergütungssystem abzuwarten, inwieweit durch die entsprechenden Pauschalhonorare nicht dann auch die entsprechenden Sachkosten (einschl. des Sprechstundenbedarfs) abgedeckt sind. Entsprechende Überlegungen sind unter Berücksichtigung des seit 2004 genutzten DRG-Systems für die Vergütung der stationären Leistungen in die ambulante Diskussion einzubeziehen, da durch dieses DRG-System quasi alle Standardbehandlungsaufwendungen abgegolten sind.

Praxistipp
Egal, wie sich die Sachkostenvergütung im ambulanten Bereich entwickelt – bei der Materialplanung gilt es grundsätzlich die richtige Balance zu finden: Selbstverständlich sollte Ihr Materiallager stets so gut gefüllt sein, dass keine zur Patientenbehandlung notwendigen Materialien, wie Injektionsbesteck, Desinfektionsmittel oder Verbandmaterial akut fehlen. Die hierdurch entstehenden Wartezeiten oder die durch die Medizinische Fachangestellte (MFA) aufgewendete Zeit für die Beschaffung in der Apotheke nebenan machen die zuvor erreichten Einsparungen wieder zunichte. Auch das andere Extrem sollten Sie vermeiden: Keinesfalls sollten Sie mit Ihrem Warenlager dem pharmazeutischen Großhändler Konkurrenz machen wollen: Auch wenn die vom Lieferanten offerierten Großpackungen und Mengenrabatte eine Bevorratung als günstig erscheinen lassen, ist das Risiko groß, dass die Bestände, für deren Einkauf Sie Geldmittel gebunden haben, ungenutzt in den Schubladen liegen, bis ihr Verfallsdatum überschritten ist, und damit wertlos werden (Arzt & Wirtschaft 06/2007, S. 56).

Materialplanung: Was ist lebenswichtig für den Praxisbetrieb?

Praxistipp

Wenn Sie in Ihrer Praxis auch künftig den Einkauf besser als heute abwickeln wollen, dann macht es unbedingt Sinn, die einzelnen Waren in ihrem Stellenwert für den Betrieb Ihrer Praxis und die Qualität der Leistungserbringung einzuschätzen, als auch sie in das Verhältnis zu den bei der Beschaffung entstehenden Kosten zu setzen.

Dieses Ranking ist wichtig für die Steuerung des Einkaufs, denn es erleichtert Ihnen die sinnvolle Einteilung der vorhandenen Ressourcen für die Beschaffung der Waren und hilft damit, Zeit wie auch Kosten zu sparen. Eine wichtige Frage in diesem Zusammenhang lautet z.B., für welche Warengruppe sich beispielsweise Preisverhandlungen lohnen. Ist die Ware im Ranking von untergeordneter Bedeutung, so investieren Sie diese Zeit besser in andere Dinge!

Wie aber finde ich Kriterien für die gewünschte Klassifizierung der Waren? Hier bietet sich eine betriebswirtschaftliche Analysemethode an: Mit der sog. **ABC-Analyse** werden die zu beschaffenden Artikel entsprechend ihrer Preise eingruppiert, und es erfolgt eine Analyse des Lagerbestands, der Wareneingänge, der Rechnungen (nach Anzahl und Wert) und auch des Einkaufsvolumens z.B. nach Anzahl der Artikel und der Lieferanten.

◢ Die A-Artikel stellen nur 10% des Gesamtartikelbestandes, machen aber 80% der Kosten/des Wertes aus.
◢ Die B-Artikel stellen 15% des Gesamtartikelbestandes, machen dagegen 20% der Kosten/des Wertes aus.
◢ Die C-Artikel stellen zwar 80% des Gesamtartikelbestandes, machen aber nur 20% der Kosten/des Wertes aus.

Wenn Sie Geräte, Verbrauchsartikel etc. einkaufen, dann sollten Sie wissen, welche von Ihnen zu beschaffenden Artikel in die A- und welche in die C-Kategorie gehören! Eine ABC-Analyse können Sie selbst dem Prinzip nach ganz einfach durchführen: Sie lassen sich alle Rechnungen für die Verbrauchsgüter der beiden vergangenen Wirtschaftsjahre heraussuchen. In einem weiteren Arbeitsschritt lassen Sie diese Belege nach der folgenden Systematik mittels einer Excel-Tabelle auswerten: Besteller in der Praxis, Lieferant, Anzahl der bestellten Artikel gesamt, Anzahl je Artikel, Einzelpreis, Rabatte, Skonto.

Preisverhandlungen: Verzetteln Sie sich nicht!

Die B-Artikel können Sie zu diesem Zeitpunkt vernachlässigen. Bei jedem A-Artikel (zahlenmäßig geringer Gesamtanteil, aber hoher Wert) sind Preisverhandlungen angesagt und sinnvoll. Diese Preisverhandlungen machen bei den C-Artikeln wegen der sehr hohen Gesamt-/Stückmenge, aber des geringen Anteils am Gesamtkostenblock für die Arztpraxis wenig Sinn. Bei diesem sog. Kleinkram vergeuden Sie oder Ihre Mitarbeiter kostbare Zeitanteile, denn diese C-Artikel, 80% Mengenanteil des gesamten Artikelstamms, verursachen in ihrer Bestellabwicklung, der Rechnungsprüfung und beim Rechnungsausgleich, bei der Warenannahme, Lagerhaltung, Kommissionierung und der internen Logistik enorme Kosten! Die C-Artikel werden im mengenmäßigen Handling zu A-Artikeln. Das Verhältnis der Beschaffungskosten vs. Warenwert ist sehr ungünstig. Außerdem sind die Erfolgsaussichten bei Preisverhandlungen in diesem Segment insofern gering, da die entsprechenden Firmenvertreter vom eigenen Unternehmen meistens mit wenig Verhandlungskompetenz ausgestattet sind und ein streng limitiertes Rabattangebot beachten müssen.

Praxistipp

Wenn Sie diesen sog. Kleinkram über Einkaufsverbünde/Dienstleister beziehen und mittels Monats-/Quartalsrechnungen begleichen, dabei insgesamt ihre Kostenstrukturen verbessern, dann sind Sie bereits einen entscheidenden, wirtschaftlichen Schritt zur Sicherung Ihrer Existenz gegangen. Als Mitglied einer Einkaufsgemeinschaft profitieren Sie von zahlreichen Vorteilen, die Ihre Materialbeschaffung wirtschaftlicher machen. Die Teilnehmer der Einkaufsgemeinschaft schließen eine Rahmenvereinbarung ab, die für sie bei Einkaufsvorgängen maßgebend ist. Mit den Lieferanten werden bestimmte Abnahmemengen vereinbart, für die diese im Gegenzug günstigere Einkaufskonditionen gewähren. Sie können Ihre Einkaufsvorgänge auch splitten und lediglich die Materialien für den Routinebetrieb über die Einkaufsgemeinschaft beziehen, die praxisindividuellen Materialien dagegen weiterhin durch Einzelbestellungen einkaufen (Arzt & Wirtschaft 06/2007, S. 56).

Einkaufscontrolling: Läuft alles rund?

In Anbetracht des ständigen Wandels auf dem Lieferantenmarkt, der gesetzlichen Änderungen und der daraus abzuleitenden erforderlichen Anpassungen des ärztlichen Leistungsangebotes sind Sie als Unternehmer gefordert, den Materialverbrauch und die damit in Zusammenhang stehenden Kosten regelmäßig, am besten halbjährlich, zu hinterfragen:

◢ Entwicklung des Einkaufsvolumens, Preisabweichungen, Reaktions- und Wiederbeschaffungszeiten sowie die Lieferqualität (Einkaufsperformance)

◢ Aktueller Stand der Zielerreichung hinsichtlich der festgelegten Einkaufsziele

◢ Entwicklung der Gemeinkosten im Einkauf

4.3.4 Outsourcing von materialwirtschaftlichen Dienstleistungen

Der ärztliche Leser wird sich an dieser Stelle fragen, wie er sich noch auf seine Kernkompetenz als Arzt konzentrieren kann, wenn er diese zusätzlichen Aufgaben in der verfügbaren Zeit bewältigen muss. Hier kann Outsourcing der Materialwirtschaft als erweiterte Delegation fachfremder Leistungen einen Weg aus dem Dilemma eröffnen. Aber auch in größeren ambulanten Versorgungseinrichtungen, wie MVZ oder den nach VändG seit 01.01.2007 möglichen Ärzte-Allianzen mit entsprechendem Patientenaufkommen sollten Sie sich die entscheidende Frage stellen: Sind wir diesem Aufgabenspektrum gewachsen, oder benötigen wir unterstützende Dienstleister? Die Antwort wird nach folgenden Überlegungen leicht fallen:

◢ Entspricht nicht oft mehr als 50% der Tätigkeit außerhalb der direkten Patientenbehandlung exakt den Dienstleistungen von Experten und/oder spezialisierten Unternehmen, die wir in den „Gelben Seiten" finden?

◢ Arbeitet keiner dieser Anbieter besser, innovativer, qualitätsbewusster und kosteneffizienter als wir?

Sicherlich können wir Letzteres ehrlich verneinen. Also gilt es, kompetente Dienstleister zu finden, deren Honorarforderung in einem vertretbaren Verhältnis zur Qualität ihrer Leistungen steht. Die Dienstleister, die sich durch qualifizierte, kompetente Arbeit in anderen Bereichen des Gesundheitswesens etabliert haben, sollten mit in das Boot Arztpraxis geholt werden. Die Arztpraxis muss demnach Dienstleistungen einkaufen. Vorab sollte geprüft werden:

◢ Welche Dienstleistungen erbringe ich selbst und welche kaufe ich ein?

◢ Mit welchem Dienstleister arbeite ich zusammen (Referenzen)?

◢ Welchen Dienstleistungsservice (Umfang, Qualität) benötige ich?

◢ Wie kann ich mein gebündeltes Volumen effizient einbringen?

Sollte sich der Dienstleister in der Planungsphase und bei den Umsetzungsaktionen bewähren, dann ist er der richtige Langzeitpartner zur langfristigen Absicherung der erzielten Erfolge. Die Arztpraxis wird sich sehr schnell daran gewöhnen, die betreffenden Dienstleistungen zu delegieren, und den Dienstleister zunehmend mit neuen Aufgaben konfrontieren. Der Dienstleister als vertrauenswürdiger Geschäftspartner wird zum Mitdenken animiert. Sie können den Dienstleister zum interdisziplinären Denken und Handeln auffordern und vielfältige Lösungsvorschläge erwarten.

Literatur

Adams H, Radermacher H (1994) Qualitätsmanagement. FAZ Verlagsbereich Wirtschaftsbücher, Frankfurt/Main

Corsten H (2000) Produktionswirtschaft. Oldenbourg, München

Frehr HU (1993) Total Quality Management. Carl Hanser, München

Hummel S, Männel W (1993) Kostenrechnung 1. Gabler, Wiesbaden

Kötzle A (1995) Controlling der Unternehmensbereiche. FAZ Verlagsbereich Wirtschaftsbücher, Frankfurt/Main

Kreis R (1998) Betriebswirtschaftslehre. Oldenbourg, München

Lebefromm U (1997) Produktionsmanagement. Oldenbourg, München

Oeldorf G, Olfert K (1995) Materialwirtschaft. Kiehl Verlag, Ludwigshafen

5 Personalauswahl und Führung in der Arztpraxis

5.1 Einleitung

Bernd Glazinski

Als niedergelassener, selbstständig tätiger Arzt nehmen Sie neben Ihrer primären Funktion als Behandler auch immer die Funktion als **Vorgesetzter und Arbeitgeber** und auch als Unternehmer wahr. Personalauswahl und Führung in der Arztpraxis stellen daher einen eigenen Bereich der Leistungsanforderung an Sie als Praxisinhaber dar. Dieser Bereich mag zunächst nicht in Ihrem direkten Fokus liegen, jedoch ergeben sich hier Möglichkeiten, den Gesamtablauf in der Praxis zu verbessern, zum Beispiel, indem Sie die Voraussetzungen für ein positives Arbeitsklima im Praxisteam schaffen oder Ihr Team aktiv auf das gemeinsame Praxisleitbild einer serviceorientierten Zuwendung aller Mitarbeiterinnen und Mitarbeiter zum Patienten hin entwickeln. Darüber hinaus kann als Ergebnis einer entsprechenden Veränderung im Denken und Handeln des Praxisteams auch eine Verbesserung der einzelnen Praxisprozesse, wie z.B. ein runderer Ablauf der Patientenanmeldung und Terminvergabe mit dem Resultat verringerter Warte- oder Leerlaufzeiten, beobachtet werden. Dies kann sich auch in einer wirtschaftlich positiven Veränderung der Ertragslage der Praxis niederschlagen. Das Thema Führung in der Arztpraxis unter rein betriebswirtschaftlich-effizienztheoretischen Gesichtspunkten zu sehen, würde dem Gesamtrahmen der Anforderungen und des Leistungsbildes einer Arztpraxis denkbar wenig gerecht werden. Personalwesen und Führung sollen im End-effekt den Arzt in seiner Funktion als Mediziner in der Zusammenarbeit mit den Patienten unterstützen und das Gesamtbild der Praxis gegenüber dem Patienten im Sinne einer ganzheitlichen Betreuung und medizinischen Begleitung optimieren. Dieser Bereich lässt sich demnach als tragender Baustein Ihres Praxismanagements betrachten, auf dem alle weiteren organisatorischen Prozesse fußen.

Da die Qualität Ihrer Praxis von der Qualität Ihres Personals entscheidend beeinflusst wird, liegt es nahe, dass Mitarbeiterorientierung und Teamkommunikation wichtige Bausteine eines praxisinternen Qualitätsmanagements darstellen. Um den Zusammenhang konkret deutlich zu machen, sind den Ausführungen in diesem Kapitel zu Personalauswahl, -führung und -entwicklung wichtige Qualitätsziele des gängigen QM-Systems QEP® (s.a. Kap. 3.3) exemplarisch zugeordnet.

Grundsätzliche Prozesse des Personalmanagements sind in ihrer Struktur durchaus auf die Arztpraxis transferierbar. Sie bedürfen einer Anpassung an die Notwendigkeiten und Spezifikationen des Praxisbetriebes mit dem Vorzeichen der o.g. grundsätzlichen Ausrichtung.

Personalmanagement in der Arztpraxis lässt sich in folgende Prozessschritte gliedern:

- Personalbeschaffung
- Personaleinsatz
- Personalführung
- Personalentwicklung
- Kommunikation
- Ganzheitliche Patientenorientierung

5.2 Personalbeschaffung

Bernd Glazinski

Unter Personalbeschaffung versteht man den gesamten Prozess der **Gewinnung von Mitarbeitern/-innen** vom möglichen Erstkontakt bis hin zur Vertragsgestaltung und Einarbeitung. Schwerpunkte des Personalbeschaffungsprozesses bilden die Bewerberansprache am Markt sowie die eigentliche Auswahl von Bewerbern und damit das Thema der **Auswahldiagnostik.**

Möglicherweise stehen Sie der Herausforderung, für die eigene Praxis das passende Personal auszuwählen und damit die Grundlage für eine hohe Qualität Ihrer Praxisabläufe zu legen, zunächst unsicher gegenüber. Die eigene Intuition ist zwar oft ein guter Ratgeber, verhilft aber in diesem Bereich nicht zu einer sachlichen Entscheidung. Daher finden Sie in diesem Kapitel geeignete Vorgehensweisen und Sachkriterien, an denen Sie den Personal-Auswahlprozess orientieren sollten.

5.2.1 Grundlagen des Personalmarketings

Für Sie als Arzt stellt sich bei der Besetzung einer freien Position in Ihrer Praxis die Frage, wie am besten Bewerberinnen und Bewerber zu beschaffen sind. In der Phase des **Personalmarketings** sind Sie in der Position desjenigen, der am Markt eine Stelle anbietet und damit einen Arbeitsplatz gewissermaßen verkaufen möchte. Dies bedeutet immer eine aktive Ansprache von Bewerbern im Sinne eines **Werbens um den Potenzialträger.** In dieser Rolle ändert sich für Sie der gewöhnliche Blickwinkel auf den (potenziellen) Mitarbeiter: Mit Ihrer Praxis und der entsprechenden Stellenausschreibung wollen Sie eine Mitarbeiterin mit möglichst hoher Qualifikation und hohem Potenzial für die aus-

geschriebene Funktion gewinnen. Es geht darum, diese Mitarbeiterin langfristig zu passenden, angemessenen Konditionen an die Praxis binden. Denn auch, wenn es auf dem Arbeitsmarkt offenbar viele Stellensuchende gibt, werden die guten Bewerber immer über mehrere Angebote verfügen und sich für den Arbeitsplatz entscheiden, der ihnen persönlich die besten Perspektiven bezogen auf ihre persönliche Situation anbietet.

> **Praxistipp**
> Gezielt gute Mitarbeiter zu werben, bedeutet, den Auswahlprozess und die Gespräche mit Bewerbern mit hoher Priorität zu belegen und nicht nur als lästige Pflicht zu sehen, die neben dem Praxisalltag irgendwie zu erledigen ist. Nehmen Sie sich daher genügend Zeit für die Bewerbungsgespräche, und sorgen Sie für eine ungestörte Atmosphäre. Für einen Termin sollten Sie Zeiten außerhalb der Sprechstunde wählen.

Neben der Suche nach ausgebildetem Fachpersonal auf dem Arbeitsmarkt bietet sich Ihnen auch die Möglichkeit, Nachwuchskräfte durch Ausbildung einer Medizinischen Fachangestellten in der eigenen Praxis zu gewinnen. Für Bewerber um Ausbildungsplätze ist die Arztpraxis generell ein interessanter Bereich, weil der Umgang mit Menschen die Tätigkeit in der Arztpraxis interessant und abwechslungsreich macht. Andererseits sind die Aufstiegschancen und oft auch die Bezahlung im Vergleich zu anderen Branchen nicht so gestaltet, wie sich dies auch viele junge Berufseinsteiger vorstellen. Daher sollten Sie Spielräume nutzen, um Bewerbern einen interessanten Ausbildungsplatz zu bieten. Nach erfolgreichem Abschluss der Ausbildung integrieren Sie diese Mitarbeiter in Ihr Team, von deren Eignung Sie sich während der Ausbildung überzeugen konnten. Zur Ausbildung von Medizinischen Fachangestellten finden Sie einen Exkurs in Kapitel 5.8.

Praxistipp
Beginnen Sie bereits im Winter damit, passende Kandidaten für die Ausbildung zu suchen. Im Sommer sind die besten Bewerber oft schon vergeben, so die Erfahrung von Ärztekammern.

5.2.2 Stellenbeschreibungen

QEP®-Qualitätsziel-Katalog 3.1.2 Stellenbeschreibungen und Verantwortlichkeiten, Ziel 2: „Die Praxisleitung erstellt Stellenbeschreibungen, legt die hierfür erforderlichen Qualifikationen fest und besetzt jede Arbeitsstelle mit der entsprechend qualifizierten Person."

Stellenbeschreibungen beschreiben die Tätigkeiten und damit die Inhalte und Aufgaben einer Stelle. Diese liegen zumeist vor bzw. können vom Praxisinhaber schnell erstellt werden. Es ist darauf zu achten, dass die Stellenbeschreibungen die erforderlichen Qualifikationsanforderungen enthalten. Wenn Sie arbeitsrechtlich auf der sicheren Seite sein wollen, können Sie den Arbeitsverträgen/Stellenbeschreibungen eine salvatorische Klausel beifügen, falls sich nach Einstellung formale oder inhaltliche Änderungen ergeben. Darüber hinaus sollten Sie Ihren Standardarbeitsvertrag für Ihre Mitarbeiter in regelmäßigen Abständen von einem Arbeitsrechtler Ihres Vertrauens auf die aktuelle Entwicklung im Arbeitsrecht überprüfen lassen.

5.2.3 Anforderungsprofile

Bei der Erstellung von Anforderungsprofilen ist die Fragestellung ausschlaggebend, wen Sie mit welchen Kompetenzen überhaupt suchen. Anforderungsprofile sind deutlich zu unterscheiden von **Stellenbeschreibungen** (s. Kap. 5.2.2). Die Stellenbeschreibungen stellen einen sinnvollen Einstieg zur Erstellung eines Anforderungsprofils dar. Es empfiehlt sich, in einer **tabellarischen Übersicht** zusammenzustellen, welche Aufgaben in der zu besetzenden Funktion von der Mitarbeiterin zu erfüllen sind. Die aufgelisteten Aufgaben werden anschließend mit zeitlichen Anteilen bewertet. Dann erfolgt eine Priorisierung bezogen auf die Wichtigkeit für die Funktion und damit eine Vordefinition von sog. K.o.- oder Ausschlusskriterien für die Auswahl. Im letzten Schritt werden dann den jeweiligen Tätigkeiten die Kompetenzen und Fähigkeiten zugeordnet, über die ein Bewerber verfügen muss, um die Funktion sinnvoll erfüllen zu können.

Als Beispiel kann hier angeführt werden, dass eine Mitarbeiterin, die gewisse Qualitätssicherungsprozeduren zu betreuen hat, über eine entsprechende Akkreditierung eines Qualitätsmanagementinstitutes verfügen muss. Hierbei handelt es sich um eine **harte Kompetenz**, die durch eine Bescheinigung bzw. eine Prüfung nachgewiesen werden muss. So können beispielsweise bestimmte Ausbildungsstufen, Lehrberufe oder Zusatzqualifikationen (z.B. im Röntgenbereich) Voraussetzung für den Stellenantritt sein.

Darüber hinaus lassen sich sog. **weiche Kriterien** definieren. Hiermit sind Kompetenzen gemeint, die sich eher im Bereich der individuellen Gestaltung und Ausrichtung der Praxis auswirken, z.B. die Fähigkeit der freundlichen Zuwendung zu den unterschiedlichsten Patienten. Es kommt aber auch darauf an zu definieren, über welche persönlichen Eigenschaften die Mitarbeiterin verfügen sollte, um sich optimal in das Praxisteam und die in der Praxis ablaufenden Prozesse zu integrieren.

Zu den weichen Kriterien gehören
◢ soziale Kompetenz,
◢ Kommunikationsfähigkeit,
◢ Teamfähigkeit,
◢ Leistungswillen und
◢ persönliches Engagement.

Die Dimensionen des Anforderungsprofils stellen die Richtgrößen dar, nach denen die Personalauswahl im Anschluss vollzogen wird. Diese Anforderungsdimensionen sind in allen Prozessschritten ihrer Priorität nach – d.h. beginnend von den K.o.-Kriterien – abzuarbeiten und zu hinterfragen.

5.2.4 Das Bewerberauswahlverfahren im Überblick

QEP®-Qualitätsziel-Katalog 3.1.3 Einstellung und Einarbeitung neuer Mitarbeiter, Ziel 1 (Kernziel): „Die Einstellung und Einarbeitung neuer Mitarbeiter erfolgt nach einem strukturierten Verfahren."

Das Bewerberauswahlverfahren gliedert sich in die folgenden Schritte:
◢ Bewerberansprache, entweder durch Anzeige oder persönliche Kontakte
◢ Anschließend ggf. mündliche Vorselektion durch ein Telefoninterview
◢ Eingang und Sichtung der schriftlichen Unterlagen
◢ Unterlagenselektion
◢ Erstes Bewerbungsgespräch
◢ Ggf. zweites Bewerbungsgespräch inklusive Gehaltsverhandlung und Vertragsangebot
◢ Austausch der unterschriebenen Verträge
◢ Antritt der Stelle mit entsprechender Einarbeitung

Das Bewerberauswahlverfahren sollte in dieser Form **stets standardisiert** und ohne Abweichungen durchgeführt werden. Dies führt zu einer erhöhten Prozesssicherheit und gewährleistet, dass alle Mitarbeiterinnen in gleicher Weise den Weg in die Praxis gefunden haben und damit Hypothesen, Vermutungen und Unklarheiten zu Beginn der Tätigkeit aufgrund des kollegialen Austausches der Mitarbeiterinnen untereinander

vermieden werden. Wenn alle Mitarbeiterinnen in gleicher Weise ausgewählt wurden, stellt dies eine wesentliche Voraussetzung für ein kollegiales Miteinander und ein gleichrangiges, faires Teamarbeiten dar. Darüber hinaus sichert die Einhaltung eines solchen standardisierten Prozesses auch die Qualität der Auswahl aus Sicht des Arztes ab. Wenn Sie gewisse Prozessschritte definiert haben, von denen Sie nicht abweichen, erhöht dies die Systematik Ihres Vorgehens und schützt bei der Auswahl vor folgenreichen Fehlern.

5.2.5 Bewerberansprache

Die Bewerberansprache stellt den Erstkontakt zum Bewerber dar und erfolgt bei der Personalsuche für die Arztpraxis normalerweise über drei Wege:
◢ die Personalanzeige
◢ die Direktansprache
◢ Empfehlungen

Grundsätzlich kann festgehalten werden, dass die Bewerberansprache und die Ausschlussquote eng mit der Intensität der möglichen Vorkontakte zusammenhängen. Wann immer Bewerber aufgrund von persönlichen Beziehungen, Empfehlungen oder eigenen Kontakten angesprochen werden, erhöht sich die Wahrscheinlichkeit erheblich, dass diese den Anforderungen der Praxis entsprechen. Das Schalten von Anzeigen ist der Zugangsweg mit dem höchsten Streuverlust. Streuverlust heißt hier, dass sich möglicherweise eine Reihe von Bewerbern melden, die dem ausgeschriebenen Profil nicht entsprechen.

Während in Krankenhäusern oft ein professionelles Beratungsunternehmen eingeschaltet wird, das die Bewerberansprache und -auswahl steuert, erscheint dieses Vorgehen für die klassische Stellenbesetzung in der ambulanten Einzelpraxis überdimensioniert. Im Blick auf die sich zeigende Tendenz zu Großpraxen und Medizinischen Versorgungszentren kann sich dort eine externe Unterstützung bei der Auswahl ärztlicher Mitarbeiter/-innen jedoch ebenfalls als sinnvoll erweisen.

Die Zugangswege zu Bewerbern stellen wir Ihnen im Folgenden mit einer Bewertung hinsichtlich ihrer Effektivität vor.

Anzeigenschaltung

Die Anzeigenschaltung stellt einen zunächst bequemen und wenig aufwendigen Weg der Bewerberansprache dar. Sie ist schnell zu realisieren und von der Kostenseite her durchaus akzeptabel, hat aber auch den angesprochenen Nachteil des Streuverlusts.

Die Anzeigenschaltung empfiehlt sich in lokalen Zeitungen entweder als chiffrierte oder unchiffrierte Anzeige. Die Frage, ob die Anzeige chiffriert oder unchiffriert geschaltet wird, hängt davon ab, ob Sie sich potenzielle Nachfolger für noch in der Funktion befindliche Mitarbeiterinnen anschauen möchten oder aber, ob Sie offen eine vakante Position besetzen möchten. Eine Vakanz kann entweder dadurch entstehen, dass eine neue Funktion in der Praxis zu besetzen ist, die es vorher nicht gab, oder aber durch altersbedingte oder durch persönliche Gründe bedingte Fluktuation. Der Bewerberrücklauf von chiffrierten und unchiffrierten Anzeigen ist weitgehend als gleichwertig zu betrachten.

Die Stellenanzeige sollte eine genaue Beschreibung des Anforderungsprofils enthalten (vgl. Kap. 5.2.3). Darüber hinaus sollte sie eine Aussage zur Lage und zur Größe der Praxis machen. Hierin sind entscheidende Hinweise für die Bewerber zu sehen, was eine Vorselektion der Bewerber durch die Anzeige zur Folge hat.

In der Anzeige kann der Inserent die Möglichkeit der telefonischen Voranfrage einräumen. Diese bezieht sich meistens auf den Tag des Erscheinens der Anzeige. Es empfiehlt sich, diese Personalanzeigen zum Wochenende hin – also in den Samstagsaus-gaben der regionalen Tageszeitungen – zu schalten. Eine telefonische Voranfragemöglichkeit, die durch eine Vertrauensperson aus dem Praxisteam, möglicherweise sogar durch den Arzt selber, bedient wird, senkt den Aufwand der Bewerbungssichtung und des Schriftverkehrs im Nachgang. Durch den persönlichen ersten Kontakt am Telefon in Verbindung mit einem entsprechenden Telefonleitfaden zur Abklärung der wichtigsten Fragestellungen kann der schriftliche Aufwand im Bewerbungsverfahren reduziert werden.

Praxistipp

Seit Inkrafttreten des AGG (Allgemeines Gleichstellungsgesetz) im August 2006 sind Stellenanzeigen besonders umsichtig zu formulieren, um keine Angriffsfläche hinsichtlich einer unzulässigen Ausgrenzung bestimmter Bewerber zu bieten. Das AGG soll die Diskrimimierung von Arbeitnehmern, z.B. wegen ihrer Religionszugehörigkeit, ihres Alters, ihrer sexuellen Identität oder einer Behinderung, vermeiden. Wenn Sie also in Ihrer Anzeige Bewerber nur bis zu einem bestimmten Alter suchen oder Deutsch als Muttersprache fordern, kann ein Arbeitsuchender, der diesen Kriterien nicht entspricht, Anzeige erstatten. Im schlimmsten Falle wird ein Prozess gegen Sie angestrengt, in dem Sie zur Zahlung von Schadensersatz in empfindlicher Höhe, z.B. mehrerer Monatsgehälter, verurteilt werden können. Leider sind bereits Fälle bekannt geworden, in denen von Arbeitnehmerseite gezielt eine Bewerbung und Nichteinstellung betrieben wurde, um die finanziellen Vorteile des AGG auszunutzen. Hiervor sollten Sie sich generell schützen, indem Sie im Kontakt mit den Bewerbern stets die alleinige Geltung fachlicher Gesichtspunkte des Stellenprofils betonen [Ärzte Zeitung 2007].

Persönliche Kontakte

Der sicherste Weg zur schnellen und tragenden Ansprache von Bewerbern sind sicherlich persönliche Kontakte. Fluktuation tritt nicht selten überraschend und wenig vorhersehbar ein. Deshalb empfiehlt es sich, immer eine kleine Kartei mit potenziellen Interessenten an einer Mitarbeit für Ihre Praxis zu führen. Diese Kontakte, sei es über kollegiale Netzwerke, Registrierung von Spontanbewerbungen oder Bekanntschaften Ihrer vorhandenen Mitarbeiter, sind in regelmäßigen Abständen zu aktivieren. Das kann so aussehen, dass Sie mit potenziellen Interessenten ein- bis zweimal im Jahr Kontakt aufnehmen, um stets zu wissen, wo und in welchem Zufriedenheitsgrad sich diese gerade beruflich befinden bzw. in welche Richtung sich ihre persönlichen Interessen und Perspektiven aktuell entwickeln. Auch wenn alle Positionen in Ihrer Praxis besetzt sind, sollten Sie stets Augen und Ohren offen halten, wo Sie möglicherweise weitere Kontakte zu potenziellen Mitarbeiterinnen knüpfen können.

Ein solcher Pool an potenziellen Interessenten sichert Sie auch gegenüber überraschender Fluktuation ab und macht Sie mental frei für ein unvoreingenommenes Führungshandeln in einer möglichen Eskalationssituation. Er schützt Sie damit auch davor, an nicht leistungsfähigen bzw. -willigen Mitarbeiterinnen festzuhalten, weil Sie Aufwand und Schwierigkeit einer geeigneten Stellenbesetzung als zu hoch einschätzen. Wenn Sie bereits einen Plan B zur Stellenbesetzung haben, sind Sie in der Krisensituation weniger abhängig von Ihrem Praxispersonal. Durch die Pflege der Kontakte zu Aspiranten aus früheren Bewerbungsverfahren entsteht Ihnen zwar organisatorischer Aufwand, dieser rechnet sich jedoch, wenn Sie sich durch Aktivierung dieser Kontakte z.B. die Kosten für eine erneute Anzeigenschaltung und die anschließende Sichtung der Unterlagen sparen können.

Empfehlungen

Ähnlich wie persönliche Kontakte sind Empfehlungen von Kollegen und ärztlichen Mitarbeiter/-innen wesentliche Hilfestellungen bei der Gewinnung von Bewerbern. Auch hier gilt das Prinzip, dass der Bewerber zur Praxis und dem bestehenden Team persönlich passen sollte (Fitting). Wenn der empfehlende Kollege mit Ihnen persönlich auf einer Wellenlänge liegt und Sie ein gemeinsames Verständnis der Arbeit und des Praxisleitbilds haben, werden die empfohlenen Bewerber auch besser auf die zu besetzende Stelle passen.

5.2.6 Bewerberselektion

Im Anschluss an die Anzeigenschaltung vollzieht sich der Prozess der Bewerbung. In der Regel ist in einem Zeitraum von ein bis zwei Wochen mit dem Rücklauf der Bewerbungen zu rechnen. Die Vorselektion durch direkte telefonische Beantwortung von Fragen empfiehlt sich verständlicherweise nur bei unchiffrierten Anzeigen. Inwieweit hier eine höhere Erfolgsquote erreicht werden kann, ist statistisch nicht wirklich zu belegen.

Bei einer angenommenen Zahl von fünf Aspiranten, die sich schriftlich bewerben, ist davon auszugehen, dass zwei bis drei Bewerber schon bei der schriftlichen Unterlagenselektion aussortiert werden. Die verbleibenden zwei bis drei Bewerber werden telefonisch oder schriftlich zum Einstellungsgespräch eingeladen.

5.2.7 Einstellungsgespräch

Grundregeln für das Erstgespräch

Das entscheidende Instrument bei der Personalauswahl in der Arztpraxis stellt nach wie vor das **Einstellungsgespräch** dar. Hierbei handelt es sich i.d.R. um den ersten persönlichen Kontakt zwischen Arzt und Bewerber, wenn kein vorheriger Telefonkontakt bestanden hat.

Praxistipp

Das Ziel des Einstellungsgespräches ist es, vom Bewerber in kurzer Zeit möglichst viele Informationen zu erhalten. Daher sollten Sie das Gespräch gut vorbereiten und kurz vor dem Termin noch einmal die Unterlagen des Bewerbers ansehen, um im Gespräch gezielt Fragen stellen zu können, mit denen Sie die Eignung für Ihre Anforderungskriterien prüfen können. Planen Sie ausreichend Zeit ein, und sorgen Sie für eine ungestörte Atmosphäre, indem Sie den Termin außerhalb der Sprechstunden ansetzen und Ihre Mitarbeiter am Empfang bitten, keine Telefonate durchzustellen. Die meisten Einstellungsgespräche scheitern inhaltlich daran, dass der Einstellende zu hohe Redeanteile hat. Alles, was der Einstellende sagt, ist ihm selber schon bekannt und stellt somit keinen inhaltlichen Fortschritt für seine Auswahlentscheidung dar. Selbstverständlich sollten Sie kurz Ihre Praxis vorstellen, die Schwerpunkte der Tätigkeit und die Erwartungen an den Bewerber formulieren. Diese aber sind i.d.R. in wenigen Sätzen in einem ersten Gespräch abzubilden. Viel interessanter ist es, mit dem Bewerber ins Gespräch über seine Person, seine berufliche Entwicklung, seine Motive für die Bewerbung in Ihrer Praxis und seine Vorstellungen zu kommen. Die Redeanteile im Bewerbungsgespräch sollten gemäß der 70-30-Regel verteilt sein. 70% der Redeanteile gehören dem Bewerber und maximal 30% dem Arzt. Dies bedeutet bezogen auf ein Gespräch von 45 Minuten, dass die Gesprächszeit des Bewerbers mindestens bei 30 Minuten gelegen haben soll. Die Interviewtechnik (s.u.) hat sich für Bewerbergespräche bewährt, da sie die Re-

deanteile deutlich zugunsten des Bewerbers verschiebt und damit dem Sinn des Gespräches, nämlich der Informationserhebung über den Bewerber, deutlich Vorschub leistet.

Am Ende eines solchen Gespräches können Sie dann die Frage stellen, ob beim Bewerber noch Fragen bezüglich der zukünftigen Position, der Praxis etc. offen sind. Hier erweist sich sehr oft, wie gründlich sich Bewerber auf das Gespräch vorbereitet haben und inwieweit sie in der Lage sind, eigenständig Fragen zu formulieren, mitzudenken und sich eine eigene Meinung zu bilden.

Interviewtechnik

Die Einstellungsgespräche dauern i.d.R. zwischen 30 und 45 Minuten. Um möglichst viel vom Bewerber zu erfahren, ist auch für den einstellenden Arzt die gängige Interviewtechnik hilfreich. Diese Technik besteht darin, primär mit offenen Fragen zu arbeiten. Offene Fragen sind die sogenannten W-Fragen (Wieso? Weshalb? Warum?). Offene Fragen haben den Vorteil, dass sie nicht abschließend mit ja oder nein beantwortet werden können. Sie fordern vom Bewerber immer eine persönliche Stellungnahme und eine informationsbringende Ausführung der Inhalte. Sollte Ihnen in der Gesprächssituation keine offene Frage direkt einfallen, so empfiehlt es sich, mit einem „inwiefern" den

- offene Fragen
- Ich-Botschaften
- Feedback
- Zusammenfassen/Spiegeln
- aktives Zuhören
- kritische Themen ansprechen
- Alternativen entwickeln
- Perspektive wechseln/neue Aspekte aufzeigen

Abb. 5.1: Techniken der Gesprächsführung

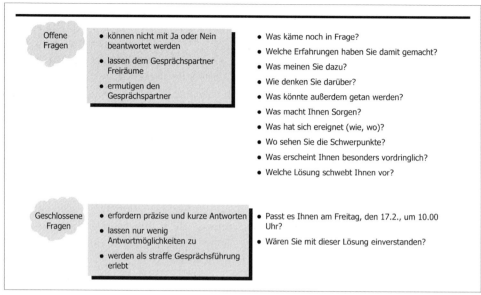

| Offene Fragen | • können nicht mit Ja oder Nein beantwortet werden
• lassen dem Gesprächspartner Freiräume
• ermutigen den Gesprächspartner | • Was käme noch in Frage?
• Welche Erfahrungen haben Sie damit gemacht?
• Was meinen Sie dazu?
• Wie denken Sie darüber?
• Was könnte außerdem getan werden?
• Was macht Ihnen Sorgen?
• Was hat sich ereignet (wie, wo)?
• Wo sehen Sie die Schwerpunkte?
• Was erscheint Ihnen besonders vordringlich?
• Welche Lösung schwebt Ihnen vor? |
| Geschlossene Fragen | • erfordern präzise und kurze Antworten
• lassen nur wenig Antwortmöglichkeiten zu
• werden als straffe Gesprächsführung erlebt | • Passt es Ihnen am Freitag, den 17.2., um 10.00 Uhr?
• Wären Sie mit dieser Lösung einverstanden? |

Abb. 5.2: Arten von Fragen

letzten Hauptsatz des Bewerbers aufzunehmen und ihn nochmals als Frage an diesen zurückzugeben.

Wenn Sie im ersten Bewerbungsgespräch einen positiven Voreindruck gewonnen haben, kann bereits im Anschluss daran eine erste Führung durch die Praxis stattfinden. Dies ist aber nicht wirklich notwendig. Denn i.d.R. findet nach dem Erstgespräch ein sog. Zweitgespräch statt.

Zweitgespräch
Nach dem Erstgespräch werden maximal drei bis vier der durch die Unterlagensichtung ausgewählten maximal acht bis zehn Bewerber einen positiven Eindruck hinterlassen haben. Mit diesen sollte dann ein zweites Gespräch geführt werden. Möglicherweise werden Sie einwenden, dass Ihnen hierdurch ein zusätzlicher zeitlicher Aufwand entsteht. Nicht zu unterschätzen ist aber die Tatsache, dass es sich bei dem Einstellungsprozess um eine erhebliche **Investitionsentscheidung** mit strategischer Bedeutung für die Praxis handelt. Zum Ersten machen die Personalkosten einen erheblichen Anteil der Gesamtkosten einer

Praxis aus. Zum Zweiten sind sie aufgrund der stark personengebundenen Abläufe in einer Arztpraxis nicht ohne Weiteres zu ersetzen und auszutauschen. Meistens stellen Personalentscheidungen mittel-, wenn nicht sogar langfristige Bindungen dar. Und zum Dritten ist eine falsche Personalentscheidung immer eine Entscheidung, die nicht nur den Arbeitsbereich und die Kosten des einzelnen Mitarbeiters betrifft. Von ihr ist vielmehr die gesamte Praxisorganisation betroffen. Denn eine Fehlbesetzung hat i.d.R. Auswirkungen auf die Qualität der ablaufenden Prozesse, die Zufriedenheit der Patienten und die Motivation im Gesamtteam. Nicht nur die daraus entstehenden Folgekosten und -aufwendungen sind erheblich, auch das Arbeitsklima in der Praxis und Ihre persönliche Arbeitszufriedenheit leiden. Denn Sie sind es, der als Leiter der Praxis mit den atmosphärischen Störungen innerhalb Ihres Praxisteams konfrontiert und zur Lösung herangezogen wird.

Das Zweitgespräch läuft anders ab als das Erstgespräch. Im Zweitgespräch werden nochmals **Aspekte** des Erstgesprächs **vertieft**, die dem Einstellenden im Nachgang möglicherweise aufgefallen sind. Auch erhält der Bewerber noch mal die Möglichkeit, eigene Fragen zu stellen und sich differenziert zu seinen Arbeitsvorstellungen zu äußern. In diesem Rahmen wird dann auch über die Frage des Vertrages diskutiert (s. Kap. 5.2.9).

> **Praxistipp**
> Im Anschluss an das Zweitgespräch können Sie die Möglichkeit nutzen, dem Bewerber Ihre Praxis und seinen zukünftigen Arbeitsplatz zu zeigen und mit dem Team bekannt zu machen. Es hat sich auch bewährt, bei ernsthaftem beiderseitigem Interesse einen Probearbeitstag durchzuführen, um den Einsatz im Echtbetrieb der Praxis zu testen.

5.2.8 Bewerberauswahl: Wer ist für die Funktion geeignet?

Auswahldiagnostik
Unter Auswahldiagnostik versteht man das **systematische Vorgehen** im Auswahlprozess, um die mögliche Eignung der Bewerber für die Funktion festzustellen. Ziel der Auswahldiagnostik ist es nicht, aus einer Zahl von Bewerbern den besten Bewerber zu ermitteln. Vielmehr wird der Ausschluss der Fehler zweiter Ordnung angestrebt. Hierunter versteht man die Ausselektion von Bewerbern, die potenziell nicht in der Lage sind, die Funktion erfolgreich zu erfüllen. Um einen systematischen Auswahlprozess zu gewährleisten, sollten alle Bewerber mit den gleichen Instrumentarien in der Auswahldiagnostik konfrontiert werden. Hierzu empfiehlt es sich, entsprechende **Leitfäden** für Interviews und Bewerbergespräche zu entwickeln. Derartige Leitfäden sollten Kernfragen zur Person, der beruflichen Entwicklung, den privaten Interessen und den individuellen Perspektiven des Bewerbers enthalten. Nur wenn Sie ähnliche Interviews bei allen Bewerbern gleichmäßig durchführen, ist eine Vergleichbarkeit in der Bewerbungs- und Auswahlsituation herzustellen.

Beurteilungsfehler vermeiden
Wie für alle Verantwortlichen in derartigen Situationen besteht für Sie im Gespräch mit

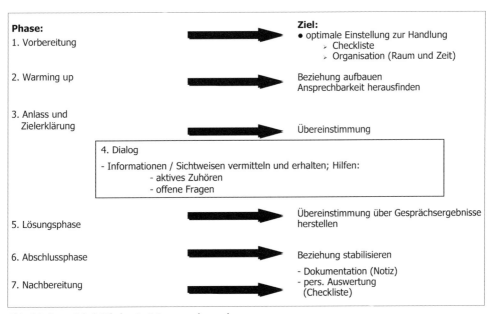

Abb. 5.3: Gesprächsleitfaden trainieren und erproben

dem Bewerber die Gefahr der **Wahrnehmungsverzerrung**. Das heißt, in der Auswahlsituation nehmen Sie den Bewerber möglicherweise nicht so unvoreingenommen wahr, wie es für eine objektive Beurteilung notwendig ist. Wenn Sie sich dies im Vorfeld klarmachen, ist ein erster Schritt getan, die aus der Wahrnehmungsverzerrung resultierenden klassischen Beurteilungsfehler in der konkreten Situation zu vermeiden.

Mögliche **Gründe** für eine verzerrte Wahrnehmung sind:

◢ Äußere Rahmenbedingungen (Atmosphäre, Sitzordnung, Störungen)
◢ Zu schnelles Urteil, Ersteindruck
◢ Sympathie/Antipathie
◢ Implizierte Persönlichkeitstheorien
◢ Selektive Wahrnehmung je nach persönlicher Erfahrung/Lerngeschichte/Vorurteil
◢ Verallgemeinerungstendenz: unzulässige Übertragung einzelner beobachteter Merkmale auf das Gesamtbild
◢ Beeinflussung der Beurteilung durch andere
◢ Leistungsschwankungen, Ermüdung bei Beurteiler/Bewerber
◢ Halo-Effekt/Ausstrahlungseffekt: Ein Merkmal strahlt auf andere Merkmale in der Bewertung eines Bewerbers aus
◢ Reihenfolgeeffekt: Der erste Bewerber wird mit einer anderen Erwartungshaltung beurteilt als der letzte, der Maßstab verschiebt sich (Primacy/Recency)
◢ Härte-/Milde-Effekt: Tendenz zur Härte oder Milde in der Beurteilung, z.B. beeinflusst durch Atmosphäre, Jahreszeit, Umwelt

5.2.9 Vertragsgestaltung

Wenn Sie sich für einen Bewerber entschieden haben, ist es notwendig, sehr zügig in die Themen der Vertragsgestaltung einzusteigen. Die Vertragsgestaltung selber stellt keinen eigenen Prozessschritt der Personalbeschaffung dar. Sie wird i.d.R. im Zweitgespräch vollzogen (s. Kap. 5.2.7). Die Vertragsverhandlungen umfassen die relevanten **Bestandteile des Arbeitsvertrages**. Hierzu gehören die Urlaubsregelung, die Regelung des Gehaltes im Sinne der Zahlbarkeit von 12, 13 oder 13,5 Monatsgehältern, die Möglichkeit der persönlichen Weiterbildung und alle darüber hinausgehenden, frei zu vereinbarenden Sonderregelungen, die aufgrund ggf. persönlicher Anliegen des Bewerbers oder der spezifischen Situation der Praxis angesprochen werden müssen (s.a. Kap. 11.4.1 und 11.4.2).

Praxistipp

Für die Vertragsgestaltung gilt, dass grundsätzlich alle Aspekte, die im Gespräch zwischen Einstellendem und Bewerber aufgekommen sind, auch vertraglich abgebildet werden können. Es empfiehlt sich jedoch für Sie als einstellenden Arzt, **Standardverträge** in Ihrer Praxis zur Anwendung zu bringen, um auch hier eine Vergleichbarkeit sicherzustellen. Darüber hinaus bedeutet es immer ein gewisses Risiko, wenn die Verträge sehr unterschiedlich verhandelt und ausgestaltet sind. Die Mitarbeiterinnen werden sich über kurz oder lang, auch wenn Geheimhaltung vereinbart worden ist, in irgendeiner Form über die Verträge gegenseitig austauschen und mögliche Unterschiede entdecken. Dies kann dann wiederum zu Fragen und Interpretationen führen, die nicht im Sinne eines konstruktiven Zusammenarbeitens sein müssen. Die Standardverträge können in Abstimmung mit dem Steuerberater und/oder dem Rechtsanwalt des Arztes erstellt werden. Sie bilden so die gesetzlich geforderten Rahmen- und ggf. tarifvertraglichen Bedingungen ab.

Die Bundesärztekammer gibt regelmäßig den aktuellen Arbeitsvertrag mit Gehaltstarifvertrag für Arzthelfer(innen)/Medizinische Fachangestellte heraus, der als Grundlage der Vertragsgestaltung verwendet werden kann (Arbeitsvertrag 2007).

Gehaltsverhandlung

Der Aspekt der Gehaltsverhandlung wird vom Einstellenden oftmals kritisch gesehen. Gehaltsverhandlungen gehören zu jeder Form der Vertragsgestaltung organisch dazu. Gehalt allerdings stellt eine Tauschgröße dar. Im Rahmen des Arbeitsvertrages bringt der Mitarbeiter seine Arbeitsleistung ein, für deren Gegenwert er *unter anderem* ein Gehalt erhält. Das **Gehalt ist nicht die alleinige Dimension**, an der die Wertschätzung und ökonomische Bewertung der Arbeitsleistung der Mitarbeiterin festgemacht wird. Darüber hinaus gibt es die Möglichkeit, Leistung durch Optionen zur Fortbildung, möglicherweise auch im Vertrag garantiert, durch Arbeitszeitregelungen, finanzielle Unterstützung bezogen auf Mahlzeiten etc. auszugestalten. Hierbei sollte jeder Arzt versuchen, für seine Praxis ein **Gesamtkonzept** zu erarbeiten, welche Leistungen er den Mitarbeiterinnen anbieten kann. Mit Ihrem Steuerberater können Sie ein für Ihre Praxis passendes Angebotspaket entwickeln.

Praxistipp
Sprechen Sie als ärztlicher Arbeitgeber am besten von sich aus die Möglichkeiten beispielsweise der vermögenswirksamen Leistungen, der betrieblichen Altersversorgung, möglicher Zusatzversicherungen etc. an! Durchaus möglich sind auch leistungsbezogene Vereinbarungen für die Mitarbeiterinnen im Sinne variabler Gehaltsbestandteile. Diese bedürfen eines durchgängigen Systems in der gesamten Praxis. Das Gehaltsgefüge der Praxis insgesamt ist nur schwer zu entwickeln. Es ist darauf zu achten, dass das Gehaltsgefüge innerhalb der Praxis nicht durch einzelne, neu hinzukommende Mitarbeiterinnen gesprengt wird. Auch ist darauf zu achten, dass die Gehaltshöhe zu Beginn des Arbeitsverhältnisses noch nicht den für den Arzt absolut vorstellbaren Maximalpunkt erreicht. Denn dann sind keine weiteren Entwicklungsmöglichkeiten mehr absehbar. Sie sollten gegenüber dem Bewerber auch deutlich und ehrlich darüber sprechen, welche Möglichkeiten der Entwicklung Sie perspektivisch sehen bzw. welche alternativen Optionen Sie ihm im Gesamtpaket der Vergütung, wie oben angesprochen, bieten möchten.

Das Gehaltsgespräch ist auch immer noch Teil der Auswahldiagnostik. Wenn Bewerber im Gehaltsgespräch ihre Forderungen unklar formulieren bzw. immer wieder nach oben korrigieren und zum Nachverhandeln neigen, ist von einer Einstellung grundsätzlich abzuraten. Es gilt auch hier der Grundsatz, Fehler zweiter Ordnung zu vermeiden: „in dubio contra". Sich im Zweifelsfall gegen den Bewerber zu entscheiden, hilft oft, teure Extraschleifen bei der Stellenbesetzung zu vermeiden.

Auf jeden Fall sollten die Gehaltsverhandlungen im Zweitgespräch aufgenommen werden. Grundlage der Gehaltsgespräche stellt immer das bisherige Einkommen der Mitarbeiter an ihrem vorherigen Arbeitsplatz dar.

5.2.10 Auswahlentscheidung

Wenn alle oben angesprochenen Aspekte vom Arzt mit dem Bewerber durchdiskutiert worden sind, kommt es zur endgültigen Auswahlentscheidung. Diese ist nicht nur abhängig von der fachlichen Qualifikation des Bewerbers und der Erfüllung der gestellten Anforderungen (s.a. Kap. 5.2.3) sowie der Vertretbarkeit und Realisierbarkeit seiner finanziellen und sonstigen vertraglichen Forderungen. Vor allem müssen Sie als Arbeitgeber, Vorgesetzter und persönlicher Ansprechpartner davon überzeugt sein, dass die neue Mitarbeiterin zu 100% in das Team passen wird.

Praxistipp
Sollten sich Zweifel einstellen, ob sich die Zusammenarbeit wirklich erfolgreich und positiv gestalten lässt, und sollten Sie das Gefühl haben, dass diese Zweifel sich auch auf das Arzt-Patienten-Verhältnis bzw. den Gesamtablauf der Praxis erheblich niederschlagen könnten, so ist von einer Einstellung abzusehen: „in dubio contra".

Auch bei dringlichem Handlungsbedarf zur Besetzung einer Stelle gilt immer der Grundsatz, dass keine Zweifel an der Qualität des Bewerbers vorhanden sein sollten. Die Überlegung, Bewerber sukzessive in ihrer Person zu entwickeln und möglicherweise sogar zu verändern, hat sich in 99,9% der Fälle als Illusion erwiesen. Zum einen ist die Veränderungsfähigkeit des Menschen mit zunehmendem Erwachsenenalter eher reduziert, und zum anderen bedeutet dies einen erheblichen zeitlichen Aufwand, der i.d.R. vom Arzt im normalen Praxisalltag nicht geleistet werden kann. Wann immer es zu Problemen mit Personal kommt, hört man im Nachhinein oft die Aussage „Ich hab' das schon bei der Einstellung geahnt". Eine solche Aussage bestätigt den obigen Grundsatz „in dubio contra".

5.3 Personaleinsatz

Bernd Glazinski

Die Gestaltung des Personaleinsatzes innerhalb der Praxis folgt den Gesamtprozessen innerhalb des Praxisbetriebs. Die Einsatzgestaltung ist absolut vorrangig vom Ablauf der Praxis und den hier gängigen Zeiten und Ressourcenbedürfnissen abhängig zu ma-

chen. Diese spezifischen Bedürfnisse und Notwendigkeiten der jeweiligen Praxis, z.B. Abendsprechstunden, sind der Mitarbeiterin von Beginn an, schon im Bewerbungsprozess, transparent und offen mitzuteilen.

5.3.1 Einarbeitung

Abhängig von der Größe der Praxis stellt die Einarbeitung ein mehr oder weniger umfangreiches Gebiet dar. Bei kleinen Praxen sollte die Einarbeitung in Abstimmung zwischen dem Arzt und der dienstältesten Mitarbeiterin stattfinden. Die Einarbeitung umfasst die genaue Information über die grundlegenden Praxisabläufe, die Einweisung in die jeweiligen Tätigkeiten des Funktions- und Aufgabengebietes und das aktive Vertrautmachen mit den in der Praxis befindlichen Instrumenten und Geräten. Hierbei ist nicht zu unterschätzen, dass eine neue Praxis und ein neues Arbeitsumfeld für die neue Mitarbeiterin auch ein **erhöhtes Maß an Belastung** darstellen kann. Dies kann zu individuell erlebtem Stress und Unsicherheitsgefühlen führen. Hier ist dafür zu sorgen, dass von Beginn an eine klare Orientierung und eine eindeutige Vermittlung der Erwartungen an die neue Mitarbeiterin sowie eine Vermittlung der fachlichen Kompetenzen gewährleistet sind.

Praxistipp
Idealerweise liegt zur Einarbeitung ein Einarbeitungsplan vor. Dieser sollte die Haupttätigkeiten der Funktion umfassen und sicherstellen, dass alle Tätigkeiten in den ersten drei Wochen der Einarbeitung zumindest erklärt und einmal von der neuen Mitarbeiterin eigenverantwortlich durchgeführt worden sind. In dieses Feld gehören auch die gesetzlich vorgeschriebenen Einweisungen bzw. Unterweisungen in bestimmten Aufgabenbereichen (z.B. Röntgen). Über die erfolgreiche Durchführung dieser Aufga-

ben sollten Sie sich persönlich ein Bild verschaffen.

Die **Einarbeitungszeit** ist mit vier bis sechs Wochen zu veranschlagen. In dieser Zeit sollte die neue Mitarbeiterin von einer erfahrenen Kollegin begleitet werden und immer wieder Feedback auch durch den Arzt erhalten. Diese ersten vier bis sechs Wochen sind einerseits von entscheidender Bedeutung für die langfristige und nachhaltige Qualität der Arbeit der Mitarbeiterin in der Praxis und stellen andererseits die Anfangsphase der **Probezeit** dar, in der noch die Möglichkeit besteht, sich ohne weitere Folgen von der Mitarbeiterin wieder zu trennen, falls sie sich als nicht geeignet erweist. Dies aber kann nur festgestellt werden, wenn ein regelmäßiger Kontakt zur Mitarbeiterin besteht. Ihnen als ärztlichem Arbeitgeber und Vorgesetzten obliegt es hier, in regelmäßigen Gesprächen Feedback zu geben und sich der angemessenen Entwicklung der Mitarbeiterin zu versichern (s. Kap. 5.4.3). Solche Feedbackgespräche sollten in den ersten drei Wochen wöchentlich und danach im vierzehntägigen Rhythmus stattfinden.

Mit Ende der Probezeit, die je nach Vertragsgestaltung nach sechs, acht oder zwölf Wochen endet, sollte ein ausführliches Feedbackgespräch stattfinden, in dem Sie Ihre Eindrücke zum Leistungsbild der Mitarbeiterin wiedergeben und ihr mitteilen, ob sie in eine unbefristete Anstellung übernommen wird oder nicht.

5.3.2 Personaleinsatzplanung

QEP®-Qualitätsziel-Katalog 3.1.1 Personalplanung und -entwicklung, Ziel 1 (Kernziel): „Eine Personalplanung sorgt für die Bereitstellung einer dem Patientenaufkommen und dem Leistungsspektrum entsprechend ausreichenden Anzahl an qualifizierten Mitarbeitern."

Die Personaleinsatzplanung regelt letztendlich den gesamten Bereich der **zeitlichen Arbeitsausgestaltung** der Mitarbeiter. Gerade in größeren Praxen mit längeren Öffnungszeiten von den frühen Stunden des Tages bis in die Abendstunden ergibt sich die Notwendigkeit einer schichtartigen Arbeit. Auch hier gilt, dass die Praxisprozesse und die Bedürfnisse der Patienten absoluten Vorrang genießen. Die Personaleinsatzplanung sollte jedoch immer in Zusammenarbeit mit den Mitarbeitern entwickelt werden, denn sie hat wesentlichen Einfluss auf die **Mitarbeiterzufriedenheit**. In ihr werden die Urlaubstage, die Regelung für mögliche Brückentage und die Feiertagsregelungen bzw. die Notdienstregelungen abgestimmt.

Praxistipp
Nehmen Sie zu Beginn des Jahres mit Ihren Mitarbeiterinnen gemeinsam eine grundsätzliche **Jahresplanung** vor. Hierbei sind die persönlichen Bedürfnisse aller Mitarbeiterinnen im Sinne einer Abfrage ihrer persönlichen Wünsche zu berücksichtigen. In der Regel wird es nicht zu allzu vielen Überschneidungen der persönlichen Wünsche kommen. Allerdings sind an den kritischen Tagen, wie Feiertagen und in Urlaubszeiten, Überschneidungen der Wünsche durchaus möglich. Hier sollte zum einen die Qualifikation der jeweiligen Mitarbeiterin und die Anforderungen der Praxis die erste Richtung vorgeben. Fördern Sie ein faires Aushandeln innerhalb des Teams. Ein autoritäres Festlegen des Personaleinsatzes in Ihrer Praxis durch Wahrnehmung Ihres Weisungsrechtes als Vorgesetzter ist nur als letztes Mittel sinnvoll.

5.3.3 Arbeitszeitgestaltung

QEP®-Qualitätsziel-Katalog 3.1.1 Personalplanung und -entwicklung, Ziel 3: „Vertraglich vereinbarte und unter Berücksichtigung der Mitarbeiterbelange geplante Arbeitszeiten werden eingehalten."

Die Arbeitszeitgestaltung eröffnet Ihnen bei der Führung Ihrer Mitarbeiterinnen und der Gestaltung der Praxisprozesse erhebliche Freiräume. Es hat sich zunehmend eine **Flexibilisierung der Arbeitszeit** im gesamten wirtschaftlichen Leben durchgesetzt. Diese bietet für den Mitarbeiter erhebliche Vorteile, aber auch naturgemäß gewisse Nachteile. Die Vorteile liegen insbesondere in der Möglichkeit, die Arbeitszeit privaten Aktivitäten im Rahmen der Möglichkeiten der Praxisprozesse anzupassen und sich flexibler aufzustellen. Dies stellt insbesondere für berufstätige Frauen, die noch eine Familie und Kinder zu versorgen haben, einen wesentlichen persönlichen Anreiz dar. Allerdings bedeuten flexible Arbeitszeiten auch, dass an unbeliebten Zeiten, beispielsweise in den Abendstunden oder auch an Wochenenden, je nach Abläufen in der Praxis, gearbeitet werden muss. Die flexiblen Arbeitszeiten erhöhen den **Kontrollaufwand** und erfordern einen erhöhten Abstimmungsbedarf innerhalb des Praxisteams.

Feste Arbeitszeiten sind einfacher zu kontrollieren und bedürfen keiner weiteren Abstimmung, erweisen sich aber oftmals als untauglich, wenn es darum geht, flexibel auf die Patientenwünsche und die situativen Anforderungen der Praxis zu reagieren (s.a. Kap. 6.8). Gleichzeitig erfordern sie dann von den Mitarbeiter tatsächlich Überstunden, die im Rahmen eines starren Arbeitszeitmodells nur bedingt durchführbar sind. Es besteht also bei festen Arbeitszeiten die Gefahr der Unter- oder Überforderung des Praxisteams, wenn die Zeit möglichst effizient genutzt werden soll.

Mit flexiblen Arbeitszeiten können Sie in Ihrer Praxis dagegen z.B. auf schwankende Fallzahlen reagieren, bei hohem Patientenaufkommen die Wartezeiten verkürzen und bei geringerem Patientenstrom überflüssigen Leerlauf vermeiden. Ein weiterer positiver Effekt ist, dass Sie Ihre Mitarbeiterinnen an der Entscheidung beteiligen, wie die Arbeitszeit am günstigsten zu verteilen ist, und so ihre Autonomie und Motivation stärken.

Voraussetzung für die Einführung flexibler Arbeitszeiten ist zunächst die Bereitschaft der Mitarbeiter zu einem entsprechenden Modell. Außerdem sollten Sie sich einen Überblick über die genaue Arbeitsbelastung des Teams über einen gewissen Zeitraum verschaffen, z.B. durch Protokollierung der Patientenzahlen, des Zeitbedarfs von Verwaltungstätigkeiten wie Abrechnung, Pflege der Patientendaten etc., der tatsächlichen Sprechstundenzeiten usw. Haben Sie die Einführung eines flexiblen Arbeitszeitmodells, ggf. zusammen mit dem Praxispartner, beschlossen, darf die Information der Patienten, z.B. über die Änderungen der Sprechstundenzeiten durch Aushang oder mündliche Ansprache nicht fehlen [DocCheck Newsletter 2005].

Arbeitszeitkonten

In Praxen, in denen der Zeitbedarf für die Mitarbeiterinnen nur begrenzt planbar ist, empfiehlt sich die Einführung von Arbeitszeitkonten. Mit diesen können Sie nicht nur unvorhergesehene Auslastungsspitzen, z.B. durch eine Grippewelle, sondern auch krankheitsbedingte Ausfälle und Urlaubszeiten besser kompensieren. Arbeitszeitkonten stellen eine Aufsummierung aller geleisteten Stunden dar. Sie legen also mit Ihren Mitarbeitern ein fixes Arbeitszeitvolumen für einen bestimmten Zeitraum fest, die Arbeitszeit wird nach dem tatsächlichen Arbeitsaufkommen verteilt. Am Ende der Zeitperiode muss das Konto ausgeglichen sein, dies kann entweder durch Mehrarbeit oder durch Zeitausgleich erreicht werden.

Die Arbeitsstunden sind vom Gesetzgeber in der Woche auf 50 Stunden begrenzt. Pro Tag dürfen nicht mehr als zehn Zeitstunden gearbeitet werden. Ausnahmen hiervon sind möglich, dann aber ist der Arzt als Arbeitgeber verpflichtet, beispielsweise für eine sichere Heimfahrt durch Bezahlung eines Taxis zu sorgen. In vielen Fällen sind solche gesetzlichen Auflagen dem Arzt als Arbeitgeber nicht bewusst. Hier empfiehlt sich die Einholung qualifizierten Rechtsbeistandes, z.B. zu den Fragen des Jugendarbeitsschutzes und des Mutterschutzes. Zum Arbeitsrecht informiert Sie Kapitel 10.5.

Job Sharing für Medizinische Fachangestellte
Beim Job Sharing teilen sich mehrere Mitarbeiter einen Arbeitsplatz. Dies kann für Sie eine adäquate Lösung sein, wenn die familiäre Situation Ihrer Mitarbeiterinnen, z.B. nach der Rückkehr aus dem Erziehungsurlaub, eine Reduzierung der Arbeitsstunden erfordert. Wenn die Arbeitsübergabe zwischen den Kräften untereinander reibungslos und ohne Informationsverlust verläuft, stehen Ihnen als Arbeitgeber zumeist hoch motivierte und engagierte Kräfte zur Verfügung, und jede kann ihre Stärken in die Praxis einbringen.

5.4 Personalführung

Bernd Glazinski

Die Personalführung stellt einen wesentlichen Erfolgsfaktor in der betrieblichen Ausgestaltung des Praxismanagements dar. Als niedergelassener Arzt sind Sie nicht nur der fachliche Entscheider in der Behandlung der Patienten, sondern in der Praxis i.d.R. auch der **disziplinarische Vorgesetzte**, wenn nicht sogar Arbeitgeber. Einerseits tragen Sie in Ihrer Primäraufgabe als Mediziner eine umfassende Verantwortung für die Gesamtleistung der Praxis für den Patienten, anderseits nehmen Sie die Rolle als Führungskraft ein. Es mag für Sie mitunter noch ungewohnt sein, sich in der Rolle als Führungskraft wiederzufinden. Trotzdem stellt die Zusammenarbeit in der Praxis immer auch eine Führungssituation dar. In dieser Konstellation können Sie sich der Funktion als Führungskraft auch aus arbeitsrechtlichen Gesichtspunkten gar nicht entziehen. Wenn man der Arbeitgeber eines Mitarbeiters ist, ist es nicht möglich, nicht auch sein Vorgesetzter und damit eine Führungskraft zu sein. Mit der Arbeitgeberschaft und der Rolle als Führungskraft erhält man Rechte, aber auch Pflichten. In der Führung stellt sich für Sie als Arzt die Herausforderung, auf der einen Seite der Führungsverantwortung und -rolle gerecht zu werden, auf der anderen Seite gleichzeitig ein gutes Arbeitsklima und ein partnerschaftliches Miteinander in der täglichen Arbeit zu gewährleisten. Denn nur auf Basis einer vernünftigen Zusammenarbeit, die nicht notwendigerweise von hierarchischen Barrieren geprägt sein muss, lässt sich eine sinnvolle Praxisorganisation aufbauen. Auch die Konfliktprävention bzw. -lösung gehört zu Ihren Aufgaben als Führungskraft, denn das Team kann diese häufig nicht aus eigener Kraft lösen.

Personalführung bedeutet, dass der Vorgesetzte gegenüber seinem Mitarbeiter im Rahmen der fachlich-inhaltlichen Aufgabenstellung und im Rahmen der vom Arbeitgeber beachteten gesetzlichen Kontexte ein **Direktionsrecht** erhält. Dieses Direktions- oder auch Weisungsrecht bevollmächtigt den Vorgesetzten dazu, arbeitsbezogene Aufträge anzuordnen, und verpflichtet den Mitarbeiter, diesen Anordnungen im Rahmen der gesetzlichen Vorgaben und – soweit diese Anordnungen nicht sittenwidrig sind – Folge zu leisten. Damit handelt es sich bei der Führung um eine notwendigerweise asymmetrische Form der Kommunikation.

5.4.1 Der Führungskreislauf: Zielverein-
barung, Delegation, Kontrolle

Führung von Mitarbeitern bedeutet in der Hauptsache das Delegieren von Aufgaben und Kompetenzen. Grundsätzlich lässt sich der Ablauf der Führung im sog. **Management-Regelkreis** darstellen (s. Abb. 5.4).

Zielvereinbarung
Zunächst wird eine **Aufgabe** im Sinne einer klaren **Zielstellung** definiert. Wenn diese Aufgabe ausreichend klar definiert worden ist, d.h. operationalisiert wurde und damit am konkreten Beispiel greifbar, nachvollziehbar und überprüfbar geworden ist, wird diese Aufgabe **delegiert**. Die Zielvereinbarung kann sich im Tagesgeschäft auf wenige Sätze beschränken und ganz alltägliche Handlungen umfassen. Eine Zielvereinbarung zu treffen, bedeutet nicht immer einen erheblichen formalen Aufwand oder umfangreichen Prozess. Entscheidend ist, dass bei der Zielvereinbarung stets der angestrebte Zielzustand genau beschrieben wird. Aussagen wie „Kümmern Sie sich doch mal darum" oder „Da müsste man mal nach gucken" entspre-

chen keiner Zielvereinbarung. Vielmehr geht es darum, der Mitarbeiterin in jeder Situation klare Aufträge und Handlungsleitlinien zu erteilen, die es ihr ermöglichen, die angewiesenen Tätigkeiten ordnungsgemäß abzuwickeln. Dies gilt besonders dann, wenn in einer Berufsausübungsgemeinschaft oder einem MVZ mehrere Ärzte weisungsbefugt sind. Möglicherweise kommt auf diese Weise Ihre Mitarbeiterin ungewollt in einen Prioritätenkonflikt, wenn nicht klar wird, welche Aufgaben vorrangig zu erledigen sind und in welchem Zeitfenster das Ergebnis vorliegen soll.

Bei unklaren Aufträgen entstehen zwei Quellen von **Ineffizienz**. Zum einen denkt die Mitarbeiterin mitunter längere Zeit darüber nach, was sie eigentlich tun soll; sie ist sich unsicher, diskutiert möglicherweise mit Kolleginnen, und erbringt eventuell Leistungen, die vom Arzt nicht gefordert sind. Zum Zweiten weichen die Arbeitsergebnisse mitunter von den Vorstellungen des beauftragenden Arztes deutlich ab. In diesem Augenblick besteht zum einem Handlungsbedarf im Sinne einer Nachbearbeitung. Dabei gilt, dass die Nachbearbeitung von Fehlern i.d.R.

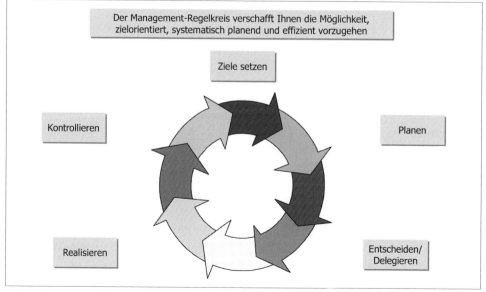

Abb. 5.4: Management-Regelkreis

den doppelten bis dreifachen Zeit- und Ressourcenaufwand benötigt wie die direkte korrekte Ausführung. Darüber hinaus lässt sich bei unklaren Zielen gar nicht wirklich abgrenzen, wann eine Aufgabe erfolgreich im Sinne des Auftraggebers erfüllt wurde. Dass Sie möglicherweise die zu erbringende Leistung anders vorgesehen hatten, als die Mitarbeiterin sie verstanden hat, bedeutet nicht, dass im Führungssinne hier eine restriktive Maßnahme oder ein wirklich kritisches Feedback möglich/nötig ist. Nur bei klaren Zielstellungen kann auch Kritik geübt werden.

Delegation

Diese kennzeichnet wesentlich den Führungsprozess. Die Delegation umfasst nicht nur die Abgabe von Aufgaben in die Verantwortung der Mitarbeiterin, sondern auch die bewusste **Zuordnung** von entsprechenden **Kompetenzen** im Sinne von Befugnissen für die Mitarbeiterin, diese Aufgabe auch erledigen zu können. Keiner kann im Rahmen der Delegation beauftragt werden, das PC-Netzwerk in der Praxis zu betreuen, wenn er keinen Administratorzugang mit entsprechenden Rechten hat. Somit ist es immer notwenig, dass neben der Aufgabenstellung – der klaren Zielvereinbarung im Rahmen der Delegation – auch die entsprechenden Kompetenzen als **Befugnisse** vermittelt werden.

Praxistipp

Als Beauftragender haben Sie auch dafür zu sorgen, dass die Mitarbeiterinnen ausreichende Kompetenzen im Sinne von Fähigkeiten besitzen, die angewiesenen Aufgaben auszuführen. Stellen Sie also durch Nachfragen sicher, dass diese Fähigkeiten vorhanden sind! Ausgenommen sind natürlich hiervon diejenigen Fähigkeiten, die selbstredend im Rahmen des Anforderungsprofils und der Stellenbeschreibung als gegeben vorausgesetzt werden können. Sollten die

Fähigkeiten nicht vorhanden sein, ist es Ihre Aufgabe, den Fähigkeitserwerb zu ermöglichen. Dies kann entweder dadurch geschehen, dass Sie selber eine Einweisung oder Unterweisung an bestimmten Instrumenten oder zu bestimmten Themenstellungen vornehmen. Die andere Möglichkeit ist die Entsendung der Mitarbeiterinnen zur Teilnahme an entsprechenden Qualifikationsveranstaltungen.

Kontrolle

Notwendigerweise verbunden mit der Delegation ist im Führungsprozess immer auch der Aspekt der Kontrolle. Kontrolle ist hierbei nicht zu verstehen als ein Beweis von Misstrauen gegenüber der Mitarbeiterin. Vielmehr bedeutet Kontrolle die Möglichkeit, differenziert zur Leistungserbringung der Mitarbeiterin Stellung zu nehmen.

Der Vorgesetzte hat in der detaillierten Art der Ausführung einer übertragenen Aufgabe, d.h. in der Art, wie die Mitarbeiterin die Aufgabe erledigt, kein Weisungsrecht. Er kann nur intervenieren, wenn er erkennt, dass die von der Mitarbeiterin angestrebte Art der Durchführung das gesamte Ergebnis negativ beeinflusst wird. Um dies feststellen zu können, bedarf es entsprechender Kontrollen. Die Kontrolle des Arztes stellt auch eine Verpflichtung im Sinne der Fürsorgepflicht für den Patienten dar.

5.4.2 Führungsstile

Beschreibt der Führungskreislauf das *Was* der Führung als Struktur, kennzeichnet der Führungsstil das *Wie* der Führung. Jede Persönlichkeit führt unterschiedlich. Somit ist Führung immer abhängig von den handelnden Personen. Sie findet statt in der Interaktion zwischen dem Vorgesetzten, dem Mitarbeiter und der jeweiligen Situation. Entsprechend

gibt es nicht den einen richtigen Führungsstil, sondern man spricht vom Konzept der
sog. **situativen Führung**. Dabei richtet sich
das *Wie* des Führungshandelns maßgeblich
nach den jeweiligen situativen Komponenten. Je nach Schwierigkeit der Aufgabe und
Arbeitssituation, der Leistungsfähigkeit bzw.
der Reife des Mitarbeiters und der jeweiligen
Leistungsmotivation werden unterschiedliche Führungsstile differenziert. Diese werden
in einem Portfolio von Aufgabenorientierung und Mitarbeiterorientierung abgebildet. **Aufgabenorientierung** bezeichnet
dabei die Ausrichtung auf das fachlich-in-
haltliche Erreichen einer Zielvorgabe. **Mitarbeiterorientierung** bezieht sich auf das
Einlassen und Orientieren an den persönlichen Bedürfnissen des Mitarbeiters. Je mehr
der Vorgesetzte auf den Mitarbeiter eingeht,
umso mehr führt er **kooperativ**; je mehr er
sich auf das Erreichen der Ziele fokussiert,
um so mehr führt er **autoritär**. Dabei sagt
der Führungsstil nichts darüber aus, inwieweit das Arbeitsklima positiv oder negativ erlebt wird. Vielmehr geht es darum, inwieweit
Mitarbeiter an Entscheidungen beteiligt, in
ihrer persönlichen Befindlichkeit abgeholt
oder eher als Empfänger von Entscheidungen und Aufträgen gesehen werden. Je mehr
Mitarbeiter in einer Organisation zu führen
sind, um so eher ergibt sich die Notwendigkeit einer integrierenden und partizipativ
orientierten Führung, um Entscheidungen
transparent, nachvollziehbar und somit für
alle Mitarbeiter als sinnvoll akzeptierbar zu
gestalten. Hier liegt ein wesentlicher Motiva-
tionsaspekt der mehr auf Mitabeiterorientie-
rung ausgerichteten Führung. In kleinen Organisationseinheiten wie einer Arztpraxis
von i.d.R. bis zu fünf oder sechs Mitarbeitern, neigen Vorgesetzte oftmals aufgrund
der hohen natürlichen Kontaktdichte und
der sich daraus automatisch ergebenden Ori-
entierungs- und Ausrichtungsfunktion des
Vorgesetzten zu einem eher aufgabenbezoge-
nen und damit mehr autoritären Führungs-

stil. Bei größerer Mitarbeiterzahl und entsprechenden Substrukturen der Führung
nimmt die persönliche Nähe des verantwortlichen Vorgesetzten zu den einzelnen Teammitgliedern automatisch ab. Hier werden
mehr Maßnahmen einer mitarbeiterorien-
tierten und damit kooperativen Führung
notwendig. Dies gilt demnach besonders
für größere Berufsausübungsgemeinschaften
und MVZ, denn Kommunikation, Information und das Erklären des Warum ebenso wie
das Verständnis für die übergeordnete Strategie der Praxis können dann nicht mehr als
selbstverständlich bei jedem einzelnen Mitarbeiter vorausgesetzt werden. Somit können
dann bei fehlender Integration der Mitarbeiter Motivation und Leistungsverhalten leiden und typische Mangelerscheinungen auftreten. Zuverlässigkeit, Qualität der Arbeits-
ausführung, Entscheidungsverhalten im
Sinne der Praxisziele und Bereitschaft zu
Mehrarbeit sind hiervon häufig betroffen.
Daher sollten Sie bei dem Zusammenschluss
mit Kollegen in einer Kooperation (BAG,
MVZ) Ihren Führungsstil untereinander abstimmen und ggf. ändern, um den neuen
Anforderungen Ihrer Organisation gerecht
zu werden.

5.4.3 Führungsgespräche

Die Personalführung umfasst in der Hauptsache den in Kapitel 5.4.1 beschriebenen Prozess der Zielvereinbarung, der Delegation
und der anschließenden Kontrolle. Darüber
hinaus bedeutet Personalführung auch, dass
der Mitarbeiter persönlich eine **Entwicklung** innerhalb seines Arbeitslebens durchlaufen kann. Diese Entwicklung ist in einem
Kleinbetrieb wie der Arztpraxis naturgemäß
eingegrenzt von den persönlichen Potenzia-
len der Mitarbeiterin einerseits und den Angeboten und Möglichkeiten der Praxis andererseits. Trotzdem ist es für die einzelne Mitarbeiterin von großer Bedeutung, dass sich

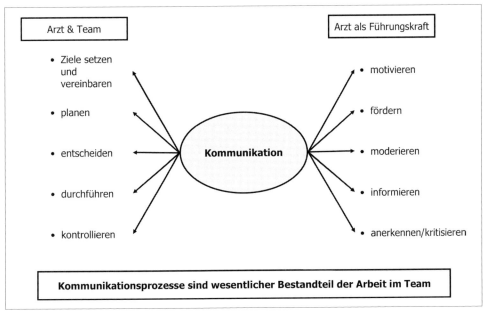

Abb. 5.5: Kommunikation im Praxisteam

der Vorgesetzte mit ihr beschäftigt, ihr regelmäßig Rückmeldung gibt und sie als Person mit ihren persönlichen Motiven und Vorstellungen ernst nimmt. Die Kommunikation ist demnach ein entscheidendes Instrument der Mitarbeiterführung.

Gut führen heißt auch richtig kommunizieren

Kommunikation bedeutet, dass Sie als Sender der Botschaft dafür zuständig sind, dass die Mitarbeiter als Empfänger der Botschaft Sie verstehen. Wenn Mitarbeiter ihren Vorgesetzten nicht verstehen, so ist das – vorausgesetzt, dass diese einen eindeutigen Verständniswillen haben – nicht Schuld der Mitarbeiter. Deshalb ist Kommunikation im führungstechnischen Sinne immer eine **Bringschuld** des Vorgesetzten, der dafür verantwortlich ist, dass das Gespräch konstruktiv, aufgabenbezogen und lösungsorientiert abläuft. Persönliche Stellungnahmen, Wertungen oder gar persönlich-anzügliche Anmerkungen oder Bemerkungen sind in solchen Diskussionen und Dialogen auszu-

Termin: Wann soll das Gespräch stattfinden?
- Ablauf des Gespräches
- Sammlung der Tätigkeiten von beiden Seiten (mit %-Zeitanteilen und %-Wertigkeiten)

Ziel: Was soll das Ergebnis sein?
- eigenes Ziel
- Ziel des Gesprächspartners (erwartetes Ziel!)

Strategie aufbauen:
- Wie will ich mein Ziel erreichen?
- Wie wirken meine Thesen/Aussagen auf die Anderen?
- Methode
- Verhandlungsspielraum definieren
- mögliche Entwicklungen im Gespräch antizipieren
- prophylaktische Einwandbehandlung
- Ziel: max. 3 Sätze
- Informationen sammeln
- Mit wem spreche ich?
  - Perspektivenwechsel/Rollentausch
- Rahmenbedingungen
- Definition der Botschaft
- Stategie des Gesprächs
- Argumentationskette
- „Leitplanken"/Korridor (min./max.)
- mögliche Lösungsoptionen
- kritische Aspekte vorformulieren
- metale Einrichtung auf
  - des Gesprächspartner
  - die Situation

Abb. 5.6: Gesprächsvorbereitung

blenden. Die Verantwortung für die Kommunikationskultur liegt also bei Ihnen. Sollten sich die Mitarbeiterinnen nicht an die von Ihnen implizit gesetzten und vorgelebten Regeln halten, so besteht hier die Möglichkeit, in einem Meta-Dialog darauf hinzuweisen und entsprechende Regeln gemeinsam zu vereinbaren.

Das Mitarbeitergespräch

> QEP®-Qualitätsziel-Katalog 3.1.1 Personalplanung und -entwicklung, Ziel 4: „Die Praxisleitung führt regelmäßig strukturierte Mitarbeitergespräche, in denen Mitarbeiterbeurteilungen erfolgen und Zielvereinbarungen getroffen werden, und dokumentiert diese."

Auch in der Arztpraxis sollte es **regelmäßige Führungsgespräche** zwischen Arzt und Mitarbeiterinnen geben. Regelmäßig kann hier verstanden werden als halbjährlich. Wenn es Ihnen gelingt, im Rahmen der Tagesarbeit die Zeit zu finden, mit jeder Mitarbeiterin zweimal im Jahr ein Mitarbeitergespräch von ca. 30 Minuten Dauer über ihre persönliche Situation, ihre Entwicklung und ihre Vorstellungen für die Zukunft zu führen, stellt dies einen wesentlichen Aspekt systematischer Führungsarbeit dar.

Die persönliche Kommunikation in einem Mitarbeiterjahresgespräch, das als solches auch markiert wird, ersetzt keinesfalls die Tageskommunikation und das tägliche Miteinander. Genauso wenig ist ein systematischer Führungsdialog durch die Tageskommunikation ersetzbar. Vielmehr handelt es sich hierbei um ergänzende Instrumentarien.

Inhalt dieser Mitarbeitergespräche sind i.d.R. keine direkt fachlichen Themen, sondern eine Auseinandersetzung und Diskussion über die **geleistete Arbeit** der Mitarbeiterin und die **Qualität der Zusammenarbeit** der Mitarbeiterin mit den anderen Kolleginnen und Kollegen sowie die Qualität der Zusammenarbeit zwischen Mitarbeiterin und Arzt:

◢ Sind die verabredeten Arbeitsziele erreicht worden?

◢ Was ist gut erledigt worden, was ist weniger gut gelaufen?

◢ Was könnte verbessert werden und wie?

◢ Gibt es eine Möglichkeit, wie Sie als Vorgesetzter Ihre Mitarbeiterin dabei unterstützen können?

Es findet hier also gewissermaßen ein Meta-Dialog über die Arbeit selbst statt, ohne die fachspezifischen Einzelaspekte zu diskutieren.

Für diese Form der Mitabeitergespräche ist es notwendig, dass zu Beginn klar benannt wird, was Ziel des Gespräches ist und dass es in diesem Gespräch nicht um die Erörterung von Einzelfällen geht. Wesentlich für den Erfolg solcher Mitarbeitergespräche ist auch, dass Sie es verstehen, der Mitarbeiterin zu vermitteln, dass hier keine Leistungsbewertung, sondern ein **Feedback** durchgeführt wird. Darüber hinaus müssen Sie auch bereit sein, die eigene Rolle im Führungsprozess kritisch zu hinterfragen und gemeinsam mit der Mitarbeiterin darüber zu diskutieren, wie möglicherweise der gemeine Arbeitsprozess und damit auch der Führungsprozess optimiert werden kann.

> **Praxistipp**
> Außerdem bieten regelmäßige Gespräche die Möglichkeit, schwelende oder offene Konflikte im Praxisteam zu thematisieren und einer Lösung zuzuführen, bevor das Praxisklima vergiftet ist und sich negativ gegenüber den Patienten bemerkbar macht. Wird beispielsweise eine neue Mitarbeiterin eingestellt, die aufgrund besonderer Qualifikationen mit besonderen Aufgaben, z.B. im Qualitätsmanagement, betraut wird und dadurch einen gewissen Sondersta-

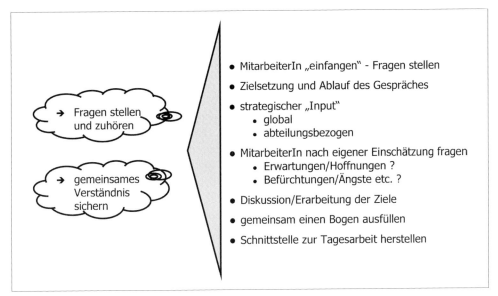

Abb. 5.7: Gesprächsaufbau

tus von der Verantwortung, aber auch der Entlohnung her genießt, kann es schnell zu Missgunst, ja sogar Mobbing im Team kommen. Dieser Entwicklung können Sie vorgreifen, indem Sie in Gesprächen mit den betroffenen Mitarbeiterinnen klarstellen, dass die bevorzugte Position der neuen Kraft ihren Grund in der besonderen Qualifikation als QM-Beauftragte hat und dass es Ihren weiteren Mitarbeiterinnen freisteht, sich ebenfalls in einem bestimmten Bereich zu qualifizieren (s.a. Kap. 5.5.3).

Feedback

Beim Feedback handelt es sich um eine spezielle Form der Kommunikation zwischen Vorgesetzen und Mitarbeitern. Feedback bedeutet wörtlich übersetzt nichts anderes als „Rückfütterung". Feedback meint Widerspiegeln von Verhaltensweisen auf Basis des Erlebens desjenigen, der Feedback gibt. Feedback stellt somit keine Beurteilung oder Bewertung einer bestimmten Verhaltensweise dar, sondern beschreibt, wie eine Verhaltensweise auf einen anderen gewirkt hat.

Wenn sich eine Mitarbeiterin beispielsweise in einer Situation gegenüber einem Patienten nicht optimal verhält, so können Sie ihr hierüber Feedback geben. In diesem Feedback sagen Sie nicht „Das war schlecht", sondern Sie teilen mit, wie Sie persönlich die Situation erlebt haben. Allerdings sollten Sie es vermeiden, dieses Feedback vor Patienten oder Kollegen zu geben, sondern eine situationsnahe Möglichkeit suchen, in der Sie sich ungestört mit Ihrer Mitarbeiterin unterhalten können.

In diesem Sinne wird Feedback immer von der sog. **Ich-Botschaft** getragen, die sich darauf bezieht, dass der Feedbackgebende eine bestimmte Situation in einer bestimmten Weise erlebt hat. Sie können z.B. sagen: „Ich habe Ihre Kommunikation als unglücklich empfunden, weil meiner Wahrnehmung nach der Patient Sie an dieser Stelle nicht wirklich verstanden hat." Der Unterschied zur Kritik besteht darin, dass beiden Seiten, dem Feedbackgebenden und dem Feedbacknehmenden, die Möglichkeit gegeben wird, über das Feedback zu diskutieren, die jeweilige Wahrnehmung des anderen als Erweiterung des eigenen Verständnisses und Wahrnehmungsspektrums aufzunehmen und somit in einen **konstruktiven Dialog** zu gelangen. Am Ende eines derartigen Feedbackprozesses steht i.d.R. die Vereinbarung veränderter Verhaltensweisen bzw. die Identifikation eines gemeinsamen Verständnisses der situationsbezogen diskutierten Verhaltensweisen. Feedback ist deshalb nur auf eine konkrete Situation und bestimmte Verhaltensweise bezogen.

Allgemeine Feedbacks durch Bemerkungen wie „Ich erlebe Sie in Ihrer Arbeit als wenig kompetent" sind kein Feedback, sondern fallen in den Bereich der getarnten Kritik bzw. Bewertung. Darüber hinaus ist Feedback grundsätzlich eine Methode der Kommunikation, die von beiden Seiten, dem Feedbackgebenden genauso wie dem Feedbacknehmenden, gewollt sein muss. In der Führungssituation kann der Vorgesetzte allerdings der Mitarbeiterin von sich aus auch ungefragt Feedback geben. Umgekehrt kann es auch für Sie hilfreich sein, das Feedback Ihrer Mitarbeiterinnen zu bekommen und daraus Konsequenzen für Ihr Führungsverhalten abzuleiten.

Auch ist es wichtig, dass Sie in Ihrer Praxis zum richtigen Umgang mit Fehlern anleiten. Dies ist eine Tendenz, die besonders im Risikomanagement vermehrt zu beobachten ist (s. Kap. 9.5). Wenn Sie mit einer Mitarbeiterin, die einen Fehler gemacht hat, hart ins Gericht gehen und sie ggf. sanktionieren, wird sie zum einen demotiviert, zum anderen aber wird sie als Konsequenz eher dazu neigen, Fehler zu vertuschen als offen zuzugeben. Damit wird nicht nur der Lerneffekt für den einzelnen und die Organisation verhindert, sondern es kann zu einer wirklichen Gefährdung Ihrer Patienten kommen. Zuweilen handelt es sich aber auch um Fehler im rein organisatorischen Bereich, die sich jedoch empfindlich auf das wirtschaftliche Ergebnis Ihrer Praxis auswirken können, vor allem, wenn sie sich häufen. Beschweren

sich z.B. Patienten über Probleme bei der Terminvergabe oder monieren ein falsch ausgefülltes Rezept, sollten Sie als Führungskraft diese Fehler ansprechen und sicherstellen, dass sie sich nicht wiederholen. Generell sollte die Tendenz jedoch eher in der Fehlervermeidung als in der Fehlerkorrektur liegen, und Fehler sollten als Symptom gesehen werden, deren Ursache im Team zu ergründen ist. Auch hier sind Gespräche unumgänglich [Deutsches Ärzteblatt 2007].

Leistungsbewertung

Die Bewertung von Leistung stellt einen wesentlichen Aspekt des Führungsprozesses dar. Die Mitarbeiterinnen brauchen zur eigenen Orientierung Rückmeldung darüber, wie sich ihr Leistungsverhalten entwickelt hat. Dies stellt einen wesentlichen Ankerpunkt in der Motivation dar (vgl. Kap. 5.4.4). Darüber hinaus bedeutet die Leistungsbewertung auch die gewissermaßen aktenkundige Dokumentation von Leistungsverhalten bzw. von Entwicklungspotenzialen.

Die Leistungsbewertung stellt auch ein Mittel für Sie als Praxisinhaber dar, sich ein Bild darüber zu machen, wie sich die **Kompetenzprofile** in Ihrer Praxis entwickelt haben. Selbstverständlich verfügen Sie als ärztlicher Vorgesetzter über ein sich kontinuierlich im Tagesgeschäft entwickelndes Bild Ihrer Mitarbeiterinnen. Trotzdem ist es sinnvoll, eine in sich abgeschlossene, systematisierte Leistungsbewertung vorzunehmen. Denn die Wahrnehmung der Mitarbeiter weicht mitunter deutlich von der Wahrnehmung der Vorgesetzten ab. Eine solche Wahrnehmungsdifferenz kann dann bei kritischen Diskussionen und ggf. Auseinandersetzungen über die weiterführende Zusammenarbeit bzw. über mögliche Entwicklungsfelder der Mitarbeiterin zu größeren Schwierigkeiten führen. Im Rahmen der Leistungsbewertung wird auch mit der Mitarbeiterin diskutiert, welche **Perspektiven der Entwicklung** sich für sie ergeben und welche Maßnahmen bezogen auf die Verbesserung der bewerteten Leistung angestrebt werden.

Die Leistungsbewertung richtet sich i.d.R. nach den Leistungsdimensionen des Anforderungsprofils. Sie wird i.d.R. jährlich, mindestens aber alle zwei Jahre vorgenommen.

In der Leistungsbewertung wird festgestellt, ob und wie weit die Mitarbeiterin den gestellten Erwartungen in der Funktion Genüge trägt. Die Leistungsbewertung stellt zunächst eine in sich ruhende Bewertung des Leistungsverhaltens dar. Sie ist nicht direkt kausal zu verknüpfen mit Themen der Gehaltsdiskussion oder der Mitarbeiterentwicklung. Für den Führungsalltag ist davon abzuraten, Leistungsbewertungen mit jährlichen Gesprächen zum Thema der Gehaltsentwicklung zugleich zu führen. Die Erfahrung hat gezeigt, dass bei der Erörterung von Gehaltsfragen zumeist andere Aspekte des Gespräches aufgrund der fokussierten Wahrnehmung auf das Thema Gehalt sowohl beim Arbeitgeber als auch beim Arbeitnehmer in der Aufmerksamkeit deutlich zurücktreten.

5.4.4 Motivation

Motivation im Arbeitsprozess bedeutet hauptsächlich, dass die Mitarbeiter bereit sind, von sich aus Leistung zu erbringen und sich für die Praxis zu engagieren. Psychologisch betrachtet bedeutet Motivation zunächst nur einen Impuls zur Umsetzung einer Handlung, die i.d.R. der **Befriedigung eines Bedürfnisses** dient.

Man unterscheidet sog. primäre und sekundäre Bedürfnisse. Bei den primären Bedürfnissen handelt es sich um die physiologischen Bedürfnisse wie beispielsweise Hunger und Durst. Die sekundären Bedürfnisse sind die Bedürfnisse, die zur Befriedigung der primären Bedürfnisse notwendig sind. Hierzu zählen beispielsweise die Entlohnung

durch Geld, die Erreichung gewisser materieller Sicherheiten etc.

Motivation ist nicht wirklich abhängig vom Grad der materiellen Ausstattung einer Position. Motivation ist primär eine Größe, die sich auf sog. intrinsische Faktoren bezieht. Intrinsische Motive sind die Motive, die gewissermaßen intrapersonal den Mitarbeiter beeinflussen. Hierzu zählen insbesondere die Aspekte der **Arbeitszufriedenheit**, der Zufriedenheit mit dem Vorgesetzten und den Kollegen, des Arbeitsklimas und der Sinnerfüllung durch die Tätigkeit. Derartige Aspekte sind tatsächlich motivierende Faktoren.

Andere wie beispielsweise Arbeitsausstattung, Gehalt und Entlohnung, äußere Incentives wie Geschenke etc. gehören eher in den Bereich der sog. Hygienefaktoren (vgl. Herzberg-Modell). Hygienefaktoren dienen dazu, die Unzufriedenheit der Mitarbeiter am Arbeitsplatz zu verhindern. Sie führen aber keinesfalls zu einer erhöhten Zufriedenheit. Dies hat eine Vielzahl von Studien ergeben. Damit stellt sich im Rahmen der Mitarbeitermotivation für Sie die Aufgabe, insbesondere die persönlich erlebte Befriedigung der Arbeit auf Seiten der Mitarbeiterin zu gewährleisten. Hierzu dient insbesondere das Führungsinstrument des situationsnahen Feedbacks im Sinne auch des aktiven Lobes für erfolgreiche und gut geleistete Arbeit (s. Kap. 5.4.3).

In der Regel geht im Tagesgeschäft das Lob unter. Kaum jemand erwähnt Dinge, die er eigentlich für selbstverständlich hält, wenn sie gut oder besonders gut erledigt werden. Die Zufriedenheit über Mitarbeiter äußern Vorgesetzte – und das gilt auch für Ärzte – eher indirekt bzw. im Gespräch mit Kollegen oder den Ehepartnern, wenn sie bestimmte Ereignisse aus dem Praxisalltag berichten und darüber erzählen. Der Mitarbeiterin gegenüber direkt wird solche Wertschätzung nur selten ausgedrückt. Ein offenes Arbeitsklima und eine positive Atmosphäre der Zusammenarbeit werden auch beeinflusst vom Grad der **Wertschätzung** und des Ernstnehmens, den Sie der Mitarbeiterin entgegenbringen. Damit verbunden ist auch die sinnvolle Gewährung von Freiräumen zur Ausgestaltung der Arbeitsfelder der Mitarbeiterinnen. Mitarbeiter, die verantwortlich eingebunden werden in die von ihnen betreuten Arbeitsprozesse, die im Rahmen dieser Arbeitsprozesse und der damit verbundenen Delegation auch Entscheidungskompetenzen im Rahmen ihrer Verantwortungsmöglichkeiten eingeräumt bekommen und somit selbst Verantwortung tragen, sind i.d.R. wesentlich ressourcen-, kosten- und verantwortungsbewusster als solche, die alles bis ins Kleinste vorgegeben bekommen. Diese Entscheidungsmöglichkeiten bedürfen einer entsprechenden Entwicklung hin zur Kompetenz als Fähigkeit, diese auch ausfüllen zu können. Nach dieser Phase der Investition aber sind sie durchaus renditeträchtig. Denn die Mitarbeiter identifizieren sich dann viel eher mit ihrem Job und zeigen von sich aus ein Engagement, das durch Anweisungen nicht erreicht werden kann.

5.4.5 Personalbindung

Im Kontext der Personalführung innerhalb der Praxis stellt sich die Frage, warum Mitarbeiter in einer bestimmten Praxis arbeiten und nicht in einer anderen. Dies ist sowohl bei der Personalbeschaffung von Bedeutung als auch beim Thema der **Retention**. Retention bedeutet das Behalten von Mitarbeitern und bezieht sich i.d.R. auf das langfristige Binden von Mitarbeitern an eine Organisation, wenn es um Leistungsträger geht. Bei der Mitarbeiterbindung wiederum treten Sie als maßgeblicher Repräsentant der Praxis, ähnlich wie bei der Personalbeschaffung (s. Kap. 5.2), in die Rolle des Werbenden und desjenigen, der einen Arbeitsplatz in seiner Praxis

der Mitarbeiterin gegenüber positiv darstellt und gewissermaßen bewirbt.

Neben Ihrer eigenen Persönlichkeit und dem angenehmen Arbeitsklima sind geeignete Maßnahmen zur Mitarbeiterbindung beispielsweise Prämiensysteme, Arbeitszeitmodelle, die den Bedürfnissen der Mitarbeiter entgegenkommen, Fortbildungsmaßnahmen, Gutscheine für Mahlzeiten in benachbarten Bistros etc. Oft aber sind es auch eher symbolische Dinge oder Annehmlichkeiten, die Ihnen selbstverständlich vorkommen mögen, für Ihre Mitarbeiterinnen aber einen wichtigen Gesichtspunkt darstellen, die Ihre Praxis für sie attraktiv machen.

5.4.6 Teamarbeit in der Arztpraxis

Teamarbeit als Organisationsform

Teamarbeit schließt sich eng an das Thema Motivation an. Die Teamarbeit als Grundorganisationsform in der Praxis hat sich deutlich bewährt. Dabei bedeutet Teamarbeit nicht eine Zusammenarbeit ohne Struktur und klar abgegrenzte Kompetenzen und Verantwortlichkeiten. Vielmehr bedeutet Teamarbeit eine **klare Vereinbarung** aller am Team Beteiligten über ein gemeinsames Ziel mit einer klaren Rollenverteilung und einem hohen Maß an Transparenz über die Kompetenzen und Möglichkeiten der einzelnen Teammitglieder.

QEP®-Qualitätsziel-Katalog 3.1.2 **Stellenbeschreibungen und Verantwortlichkeiten, Ziel 1 (Kernziel):** „Verantwortlichkeiten und Befugnisse innerhalb der Praxis sind geregelt, schriftlich fixiert und allen in der Praxis Tätigen bekannt."

In diesem Kontext ist es möglich, dass der Arzt alle seine Mitarbeiterinnen auf die spezifischen Ziele seiner Praxis hin ausrichtet und somit seiner Praxis und der von ihm für die Patienten erbrachten Leistungen ein ganzheitliches und von allen Patienten in allen Prozessschritten erlebbares Gepräge gibt. Diese gewissermaßen **strategische Ausrichtung der Praxis** verhilft zu einem gemeinsamen Praxisbild nach außen wie nach innen. Dieses Bild nach innen wird von allen Teilnehmern der Praxisorganisation gelebt und mitgetragen (vgl. Kap. 3.2).

Die Komplexität der in der Praxis stattfindenden Abläufe rechtfertigt die Teamarbeit. Teamarbeit bezieht sich dabei auf eine Arbeit von Personengruppen zwischen vier bis zehn Teilnehmern. Der Arzt ist der natürliche Leiter des Teams. Der Leiter des Teams stellt den Mitarbeitern die Aufgaben im Rahmen der Delegation und setzt auf eine erfolgreiche Erledigung dieser Aufgaben. Das Team selber erklärt sich bereit, untereinander offen zu kommunizieren und gemeinsam die unterschiedlichen Aufgaben zu bewältigen. Hierbei übernimmt jeder im Team eine klar definierte Funktion und Verantwortung. Die Teammitglieder helfen sich gegenseitig, diesen Funktionen und Verantwortungen gerecht zu werden, und vertreten sich gegebenenfalls. Innerhalb des Teams gibt es eine klar definierte Struktur, die selbstverständlich auch Unterschiedlichkeiten zwischen den Teammitgliedern im Sinne von größerer Erfahrung, mehr Kompetenzen und auch möglicherweise unterschiedlichen Entlohnungsstufen abbildet. Alle Teammitglieder kennen die Regeln des Teams und können sich innerhalb des Teams entwickeln, wenn sie die Regeln besonders gut befolgen. Hier sind Sie als Vorgesetzter gefordert, die Regeln des Teams in den Eckpunkten festzusetzen.

Weg vom Teamfrust durch Teambuilding

Darüber hinaus empfiehlt es sich, möglicherweise in **Workshops** mit Ihren Mitarbeiterinnen im Abstand von ein bis zwei Jahren ein gemeinsames Teambuilding, d.h. die Entwicklung des Teams als Organisationsform, zu betreiben. Ein solches Teambuilding umfasst insbesondere die Definition des gemeinsamen Ziels und die Ableitung der ganz konkreten Handlungsschritte aus diesem gemeinsamen Ziel für die einzelnen Teammitglieder. Entscheidet sich beispielsweise ein Arzt, seine Praxis stärker in den Bereich der Prävention zu rücken, so werden bestimmte medizinische Leistungen der Prävention von größerer Bedeutung sein. Das hat zum einen fachlich-kompetenzbezogene Ableitungen für die Mitarbeiterinnen, zum anderen aber auch Auswirkungen auf die Patientenstruktur. In der Präventionsmedizin werden andere Patienten mit anderen Anliegen kommen als in der grundmedizinischen Versorgung.

Schon graduelle Veränderungen in der Grundausrichtung und dem Grundverständnis der Praxis können zu mitunter erheblichen Veränderungen auf Seiten der Mitarbeiterinnen führen, was das konkrete Arbeitsverhalten betrifft. Teamarbeit stellt hier die Möglichkeit dar, als Gesamtgruppe gemeinsam ein Ziel zu verfolgen und eine gemeinsame Linie zu klären. Teamarbeit ist darauf ausgelegt, die entsprechenden gemeinsam verabschiedeten Ziele der Praxis gemeinsam zu erreichen und das Bestmögliche für die Gesamtorganisation zu bezwecken.

Teambesprechungen

> **QEP®-Qualitätsziel-Katalog 3.1.4 Mitarbeiterinformation und -kommunikation**
> **Ziel 1 (Kernziel):** „Regelmäßige sowie aus aktuellen Anlässen stattfindende Teambesprechungen sichern die Information und Einbeziehung der Mitarbeiter."
> **Ziel 2 (Kernziel):** „In der Praxis ist sichergestellt, dass Mitarbeiter auch außerhalb der Teambesprechungen zeitnah über Neuerungen informiert sind."

Die Teamarbeit wird wesentlich unterstützt durch das Abhalten regelmäßiger Teambesprechungen. In der Regel finden solche Teambesprechungen in einem ein- bis zweiwöchigen Rhythmus statt. In diesen Teambesprechungen werden die Routineabläufe der Praxis, die Personaleinsatzplanung und anstehende Besonderheiten diskutiert. Die Teambesprechung dient neben dem Austausch von Informationen dazu, dass der Arzt seine Führungsrolle gegenüber dem gesamten Team explizit wahrnimmt und die Teammitglieder die Möglichkeit haben, ihre aktuellen Fragen und Befindlichkeiten zu äußern. Solche Teammeetings dauern i.d.R. zwischen 30 und 90 Minuten. Es empfiehlt sich, derartige Meetings am Ende der Woche, z.B. an einem Freitagnachmittag, durchzuführen.

5.5 Personalentwicklung

Bernd Glazinski

Personalentwicklung umfasst den gesamten Bereich der ganzheitlichen Entwicklung der Mitarbeiter. Hiermit sind sowohl Maßnahmen der Persönlichkeitsentwicklung und -erweiterung gemeint als auch Maßnahmen zur fachlichen Kompetenzerweiterung.

5.5.1 Möglichkeiten der Personalentwicklung in der Arztpraxis

Die Arztpraxis als Organisationsform bietet ein spezifisches Spektrum von Möglichkeiten der Personalentwicklung. Selbstverständlich stehen nicht die Möglichkeiten einer großen Organisation oder gar eines Konzerns zur Verfügung. Diese Ansprüche wird auch kaum jemand, der in der Arztpraxis arbeitet, an den Arzt stellen. Vielmehr geht es bei der Personalentwicklung in der Arztpraxis darum, den Mitarbeiterinnen die **Optionen** aufzuzeigen, die sie innerhalb des Systems haben, sich selbst einzubringen und damit

auch eine Entwicklung anzustoßen. Personalentwicklung bedeutet also nicht die ständige hierarchische Aufwertung und Beförderung und auch nicht ein ständiges Zulegen an Gehalt. Personalentwicklung zielt eher darauf ab, die Mitarbeiterin in einer mittel- bis langfristigen Perspektive in ihren Aufgaben zu entwickeln, sie kompetenzmäßig immer auf der Höhe der Zeit zu halten oder sie so weit in ihren Kompetenzen zu entwickeln, dass sie weitergehende Aufgaben übernehmen kann.

Je nach Anforderungsstruktur der Praxis und nach Schwierigkeitsgrad der erbrachten medizinischen Leistungen ergeben sich hier in unterschiedlichen Praxen unterschiedliche Spielräume. Die Personalentwicklung lebt wesentlich davon, dass sämtliche Entwicklungsschritte – und sei es auch nur die Übernahme einer kleinen neuen Funktion – auch als Entwicklungsschritte gewissermaßen markiert und benannt werden. In vielen Fällen wird von Vorgesetzten und auch von Ärzten eine hervorragende Personalentwicklung betrieben, die aber von den Mitarbeiterinnen als solche gar nicht wahrgenommen wird. Die Mitarbeiterinnen brauchen immer wieder Hinweise darauf, dass eine mögliche Veränderung ihrer Arbeitsaufgabe eine Entwicklung darstellt, dass die Teilnahme an einem Kongress eine Entwicklung darstellen kann und dass Seminare oder auch interne Veranstaltungen oder Unterweisungen zu bestimmten Themen auch Maßnahmen der Entwicklung sind.

Es empfiehlt sich deshalb, die **Entwicklungsschritte** in einem **Dokument** zu protokollieren. Dieses Dokument kann dann auch Grundlage der jährlich stattfindenden Mitarbeitergespräche sein (vgl. Kap. 5.4.3). Die Dokumentation dient dazu festzuhalten, welche Maßnahmen mit einer Mitarbeiterin vorgenommen wurden bzw. welche Maßnahmen sie besucht hat. In einer solchen Dokumentation sollte auch festgehalten werden, welche Ziele die Maßnahme hatte und inwieweit diese Ziele erreicht wurden bzw. welche Inhalte dier Mitarbeiterin in der täglichen Arbeit aktuell einsetzen oder zukünftig nutzen kann.

Die meisten Entwicklungsmöglichkeiten in der Arztpraxis ergeben sich mit Sicherheit im Bereich der fachlichen Entwicklung und der Betreuung von Patienten im Sinne der eigenständigen Verantwortung von sich entsprechend vergrößernden Prozessschritten innerhalb des Praxisprozesses. Weniger Entwicklungsmöglichkeiten gerade in kleineren Praxen gibt es im Sinne der hierarchischen Entwicklung, also des Erreichens einer Vorgesetztenfunktion im Praxisteam. Bei großen Praxen gibt es natürlich die Funktionalitäten des Praxismanagements und der Mitarbeitersteuerung, die entsprechende hierarchische Entwicklungsmöglichkeiten eröffnen. In der Regel aber sind diese Funktionen quantitativ limitiert und somit als durchgängiges Personalentwicklungsinstrument nur begrenzt einsetzbar.

Die in Kapitel 5.4.3 angeführten Instrumentarien des Feedbacks und der Führungsgespräche – sowohl Mitarbeitergespräche im jährlichen oder zweijährlichen Rhythmus wie auch Leistungsbewertungsgespräche – stellen zentrale Aspekte der Personalentwicklung dar. Denn sie markieren für die Mitarbeiterin immer wieder Punkte, an denen sie persönlich mit ihren Perspektiven und Interessen im Vordergrund steht. Eine Diskussion der Entwicklungsmöglichkeiten und das Aufzeigen des Status quo bedeuten eine Wertschätzung für die Mitarbeiterin und damit Motivation einerseits und zugleich Ausgangspunkt einer erneuten Beschäftigung mit der eigenen Entwicklung andererseits.

5.5.2 Karriereplanung für Praxispersonal

Die Karriereplanung für Praxispersonal soll hier nicht im Sinne einer hierarchischen Karriere über verschiedene Stufen verstanden werden. Vielmehr geht es darum, dass neben der Dokumentation der einzelnen Entwicklungsschritte durch den Arzt für die Mitarbeiterin auch eine Planung vorgenommen wird, in welchen **Zeithorizonten** welche Entwicklungen und Erweiterungen angedacht werden können. Solche Überlegungen sollten stets auf langfristige Zusammenarbeit ausgerichtet sein. Ein Karriereschritt kann hierbei z.B. auch der Erwerb einer bestimmten **Zusatzqualifikation** sein. Selbstverständlich obliegt es hier Ihnen als Führungskraft, im Führungsverhalten mit Ihren Mitarbeiterinnen die Bedingungen für derartige Maßnahmen zu besprechen und auszuhandeln. Wenn diese Maßnahmen mit einem erheblichen Aufwand an Zeit und auch an Kosten für die Praxis verbunden sind, so ist es durchaus legitim, wenn Sie mit den Mitarbeiterinnen entsprechende Rückzahlungsvereinbarungen bei entsprechenden Weiterbildungsmaßnahmen treffen für den Fall, dass die Mitarbeiterin die Praxis von sich aus vorzeitig verlässt.

5.5.3 Qualifikation und Fortbildung

QEP®-Qualitätsziel-Katalog 3.2.1 Ausbildung von Medizinischen Fachangestellten,
Übergeordnetes Ziel: „Durch eine kontinuierliche Fortbildung während des gesamten Berufslebens eignen sich alle in der Praxis Tätigen neues Wissen und neue Verfahren bzw. Fähigkeiten an und vermitteln dieses weiter. Die Aus- und Weiterbildung von Mitarbeitern verläuft praxisorientiert und strukturiert."
Ziel 1 (Kernziel): „Der Fort- und Weiterbildungsbedarf aller in der Praxis Tätigen wird regelmäßig festgestellt, es wird ein Fortbildungsplan aufgestellt und umgesetzt. Die Planung orientiert sich am Leistungsspektrum und an den Zielen der Praxis."

Ziel 2: „Die Mitarbeiter interessieren sich für Angebote der Fort- und Weiterbildung. Die Praxisleitung ermutigt sie zur Teilnahme und unterstützt sie dabei."

Ziel 3: „Mitarbeiter, die an einer Fortbildung teilgenommen haben, informieren die anderen Mitarbeiter über das erworbene Wissen und bewerten die Fortbildung."

Ziel 4: „Die Praxisleitung fördert bei ihren Mitarbeitern das Studium von aktueller medizinischer Fachliteratur."

Entsprechend den in der Personalentwicklung sich eröffnenden Möglichkeiten sind auch korrespondierende Maßnahmen der Mitarbeiterqualifikation – sowohl bezogen auf die fachlichen Kompetenzen als auch auf die persönliche Entwicklung – von Seiten des Arztes anzubieten. Voraussetzung für eine entsprechende Qualifikationsmaßnahme ist eine eingehende Erhebung des **Qualifikationsbedarfes**. Qualifikationsmaßnahmen, die ohne eine entsprechende Bedarfserhebung angeboten und durchgeführt werden, zeichnen sich zumeist durch einen hohen Streuverlust der vermittelten Inhalte und eine i.d.R. nicht sehr hohe Transferierbarkeit der Inhalte in die Arbeitspraxis aus.

Die Bedarfserhebung bedeutet eine differenzierte Analyse der eigentlichen Anforderungen und der aktuellen Leistung der Mitarbeiterin. Beide Aspekte werden eigentlich durch die Prozessschritte der Erstellung von Anforderungsprofilen einerseits und des Feedbacks und der Leistungsbewertung sowie der Mitarbeitergespräche andererseits abgebildet. Die Zuordnung zu bestimmten Maßnahmen ergibt sich aus den wirtschaftlichen wie auch organisatorischen Möglichkeiten der Praxis. Bei entsprechender Praxisgröße ist es durchaus vorstellbar, dass entsprechende Maßnahmen im Haus, d.h. von entsprechenden Anbietern in der Praxis

selbst beispielsweise am Nachmittag oder auch an Samstagen, durchgeführt werden. Ansonsten empfiehlt sich die Teilnahme an externen Seminaren, die aber i.d.R. teurer sind als Inhouse-Veranstaltungen.

In der Regel dienen Kongresse der reinen Information und im begrenzten Umfang der Wissensvermittlung. Seminare sind eher auf Wissensvermittlung ausgerichtet und Trainings i.d.R. auf die praktische Einübung des vermittelten Wissens. In Trainings tritt der Theorieanteil im Vergleich zu bestimmten Seminaren zugunsten der praktischen Einübung eher zurück. Deshalb empfehlen sich Trainings immer dann, wenn konkrete Praxiskompetenzen gefordert sind. Zugleich können Sie als Praxisinhaber, aber auch eine erfahrene Mitarbeiterin, eine qualifizierende Rolle übernehmen, indem Sie beispielsweise zu bestimmten Themen einmal im Monat eine ein- bis zweistündige Informationsveranstaltung abhalten. In eine interne Qualifikation können Sie bei entsprechender Praxisgröße alle beteiligten Mitarbeiterinnen integrieren, indem Sie ihnen bestimmte Themen zur **schwerpunktmäßigen Bearbeitung** vorgeben und diese dann in den Teambesprechungen darstellen lassen.

5.5.4 Erweiterung von Verantwortung und Kompetenzen

Die Erweiterung von Verantwortungen und Kompetenzen stellt eine zentrale Möglichkeit der Personalentwicklung in der Arztpraxis dar. Hierbei lassen sich die beiden Begriffe Job Enrichment und Job Enlargement einführen. Unter **Job Enrichment** versteht man die Anreicherung der aktuellen Tätigkeit durch qualitativ neue Funktionalitäten. So kann z.B. eine Helferin, die bislang ausschließlich im Empfangs- und Patientenverwaltungsbereich eingesetzt war, stückweise in den Bereich der medizinischen Leistungserbringung integriert werden. Der Bereich des **Job Enlargements** umfasst im Prinzip nur die quantitative Erweiterung der Tätigkeit. Hier werden mehr Tätigkeiten gleicher Art in das Anforderungsprofil aufgenommen und somit die Funktion aufgewertet.

5.6 Prozessorientierte Führungsarbeit

Die Kommunikation als Hauptmedium der Führung findet im Prozessmanagement ihren strukturellen Widerpart. Das Prozessmanagement umfasst die gesamte prozessuale Ausgestaltung sämtlicher in der Praxis stattfindender Abläufe und Tätigkeiten. Das Prozessmanagement erstreckt sich über die Bereiche der Prozessanalyse, innerhalb derer die Kernprozesse der administrativen Art, an denen die Mitarbeiterinnen schwerpunktmäßig beteiligt sind, und auch der medizinischen Art erfasst werden.

Jede Mitarbeiterin sollte für ihren Arbeitsplatz über eine überschaubare Anzahl an Kerntätigkeiten verfügen. Die Gesamtpraxis – auch dies ist Teil der Führungsarbeit – sollte auch von den Räumlichkeiten her so aufgebaut sein, dass sie entsprechend in der Praxis stattfindende Prozesse sinnvoll in den räumlichen Gegebenheiten abbildet und den Mitarbeiterinnen möglichst reibungslose Arbeitsabläufe ermöglicht.

5.6.1 Definition von Schnittstellen

Bernd Glazinski

Unter Schnittstellen versteht man jeden Kontakt, den ein Mitarbeiter im Rahmen der Prozessausführung mit anderen Beteiligten hat, die nicht im Rahmen seines aktuellen Prozesses tätig sind. Diese Schnittstellen können sowohl intern innerhalb des Praxisteams als auch extern gegenüber Patienten, Apotheken, anderen Praxen, Physothera-

peuten, Krankenkassen und allen anderen Formen von externen Partnern und Dienstleistern auftreten.

Die Analyse der Schnittstellen dient zunächst einmal der Feststellung, mit wem der Mitarbeiter zu tun hat und in welchem Umfang. Aus einer solchen Analyse lassen sich möglicherweise kritische Erfolgsfaktoren für die Prozessgestaltung ableiten. In vielen Fällen sind es externe und in nicht gut positionierten Praxen auch interne Schnittstellen, die dazu führen, dass ganze Prozessschritte scheitern bzw. in Ergebnis und Qualität hinter den gesteckten Erwartungen zurückbleiben.

Hier wiederum sind Sie als ärztliche Führungskraft gefordert, Ihre Mitarbeiterinnen so in die Prozesse zu integrieren und sie so gegenüber den Schnittstellen zu positionieren, dass sie dieser Aufgabe sowohl von den Befugnissen als auch von den Fähigkeiten her gewachsen sind.

Der Ausbau von Schnittstellenkompetenz als der Fähigkeit, mit unterschiedlichen Schnittstellen auf unterschiedlichen Schwierigkeitsgraden zu kommunizieren und die Schnittstellen in die bestehenden Prozesse zu integrieren, stellt somit auch eine aus dem Prozessmanagement erwachsene Anforderung an die Teilnehmer des Praxisteams dar.

5.6.2 Prozessgestaltung in der Führung am Beispiel der Patientenorientierung

Bernd Glazinski, Georg Strauss

Praxisprozesse können unter bestimmten **Leitgedanken** gesehen werden. Ein solcher Leitgedanke kann beispielsweise die **ganzheitliche Patientenorientierung** sein. Hiermit bildet sich ein umfassendes Verständnis von Patienten als eines wertzuschätzenden und ernst zu nehmenden Partners im Gesundheitsprozess ab.

Der Fokus auf Patientenorientierung und Service innerhalb der Arztpraxis stellt einen zentralen Bereich der Weiterentwicklungsmöglichkeiten für Mitarbeiter dar. Neben den fachlichen Anforderungen stellt nämlich die **ganzheitliche Patientenbetreuung** im gesamten Praxisprozess einen wesentlichen **Erfolgsfaktor** für die moderne Arztpraxis dar. Hier greifen sowohl Teamarbeit, partnerschaftliches Führungsverständnis des Arztes als auch die Motivation und das Engagement des einzelnen Mitarbeiters ineinander. Der Patient soll seinen Aufenthalt in der Praxis als positiv und für sich nutzbringend und trotz aller persönlicher Befindlichkeiten wie gesundheitlichem Unwohlsein emotional als angenehm erleben.

Hier kommt insbesondere auf das Personal eine erhebliche **Anforderung** zu. Der Service und die Patientenorientierung werden allein durch die Häufigkeit des Kontaktes der Helferinnen mit dem Patienten erheblich bestimmt. Der Arzt tritt an genau definierten Schnittstellen in die Wahrnehmung des Patienten. Die Mitarbeiterinnen in der Praxis allerdings sind im Prozess permanent mit dem Patienten in Kontakt und haben somit eine viel höhere Kontaktfrequenz und manchmal auch persönliche Kontaktdauer, als der Arzt es in der Behandlungssituation haben kann. Die Helferinnen sind Ansprechpartner und auch Problemlöser der administrativen Probleme der Patienten. In diesem Feld können sich insbesondere engagierte Mitarbeiterinnen, die Freude am Kontakt mit Menschen und am Umgang mit Menschen haben, sehr gut weiterentwickeln und für die Praxis eine positive Wirkung erzielen. Deshalb sollte der Aspekt der Patientenorientierung in der Personalentwicklung immer als eine Möglichkeit der Karriereentwicklung jenseits der formalen Hierarchien und Titel gesehen werden. Die Erweiterung des Kontaktes mit den Patienten durch eine fachliche Aufgabenerweiterung einerseits und durch eine verbale Prozessverantwortung andererseits stellen dabei probate Mittel der Mitarbeitermotivation und -entwicklung dar.

Hier wird deutlich, wie weitreichend die Prozessgestaltung die Form der Praxisführung beeinflusst. Die Prozesse durchziehen in ihrer qualitativen Ausgestaltung alle Abläufe der Praxis und gewährleisten entsprechend eine Erlebbarkeit für alle Beteiligten – für Mitarbeiter wie auch für Patienten.

> **QEP®-Qualitätsziel-Katalog 3.1.4 Mitarbeiterinformation und -kommunikation, Ziel 3:** „Innovatives und kreatives Verhalten der Mitarbeiter wird gefördert und für den kontinuierlichen Verbesserungsprozess genutzt."

Es stellt eine komplexe Führungsaufgabe für den Arzt dar, die administrativ-operativen Kernprozesse und die Wertschöpfungsprozesse einerseits und die inhaltliche Umsetzung in Leitgedanken andererseits konsequent zu gestalten. Hier muss er sein Direktionsrecht als Führungskraft und seinen unternehmerischen Gestaltungsraum in der Führungsaufgabe entwickeln, um entsprechend inhaltliche Impulse zu setzen. Andernfalls bleiben die Prozesse weitgehend formal und werden von den Mitarbeiterinnen i.d.R. eher beliebig im Sinne ihres persönlichen Verständnisses gelebt. Dies kann dazu führen, dass die Praxis ein weniger einheitliches Bild nach außen abgibt und die Führungsarbeit für Sie als Arzt erschwert wird.

Einige Grundregeln erleichtern die Einbindung des Praxisteams in eine **strategische Ausrichtung** der Arztpraxis im Sinne der Corporate Identity:

◢ Klare und eindeutige Ziele vorgeben. Die strategische Ausrichtung wird für alle verständlich formuliert.

◢ Den Veränderungsprozess straff moderieren. Teambesprechungen sind wichtig für die Ausrichtung aller Beteiligten auf die Zielerreichung, aber sie sollten zeitlich begrenzt mit inhaltlichem Fokus auf das Ziel ablaufen.

◢ Beschäftigte mit dem entsprechenden Wissen gewinnen oder zur Weiterbildung motivieren. Der Mensch ist entscheidend für den notwendigen Erfolg, jedoch dürfen die Veränderungen nicht auf die Beschäftigten der Praxis selbst abzielen, sondern auf die Abläufe, in welche die Personen eingebunden sind.

◢ Kriterien für Zielvorgaben festlegen. Die beteiligten Personen formulieren diese Kriterien selbst. Die Nähe zur Ausführung („Vor-Ort-Wissen") ist der beste Nährboden für kreative, innovative Impulse.

◢ Für Transparenz und Feedback sorgen. Als Steuerungsinstrumente dienen Orientierung, Zustimmung und Motivation.

◢ Gezielte Vernetzung mit externem Knowhow. Infos über die Praxisgrenzen hinaus, auch mit Lieferanten etc. austauschen.

◢ Nutzung moderner Infrastruktur (Praxissoftware, Terminorganizer, E-Mail/Internet) als Hilfsmittel der Umsetzung der angestrebten Veränderungsprozesse.

5.7 Beendigung von Arbeitsverhältnissen

Bernd Glazinski

> **QEP®-Qualitätsziel-Katalog 3.1.3 Einstellung und Einarbeitung neuer Mitarbeiter, Ziel 3:** „Scheiden Mitarbeiter aus der Praxis aus, erfolgt die Beendigung des Arbeitsverhältnisses nach einem strukturierten Verfahren."

Ärzte als Arbeitgeber sind immer noch beliebt. Warum? Die Arbeitsplätze sind sicher, denn Kündigungen wurden selten durch den Arbeitgeber, den Arzt, ausgesprochen. Wie sich diese Situation in den nächsten Jahren entwickeln wird, kann noch nicht einge-

schätzt werden. Gerade aber aufgrund der sich ständig wandelnden arbeitsrechtlichen Rahmenbedingungen sollten Sie in Fragen einer angestrebten Kündigung einer Mitarbeiterin juristischen Rat hinzuziehen. Eine kurze Einführung zu diesem Thema finden Sie in Kapitel 10.4.3.

5.8 Auszubildende MFA: Ihre Mitarbeiterin von morgen

Klaus Berresheim, Rosemarie Bristrup

Der (wirtschaftliche) Erfolg eines jeden Betriebes steht und fällt bekanntlich mit der Qualität des in ihm beschäftigten Personals. Da aber gut ausgebildete Fachkräfte nicht vom Himmel fallen, sollte jeder Personalverantwortliche dem Thema der *Ausbildung* des Mitarbeiter*nachwuchses* und der Übernahme von im Betrieb Ausgebildeten Beachtung schenken.

Für Sie als niedergelassenen Arzt ist der zielgerichtete Aufbau des Mitarbeiternachwuchses besonders wichtig, da gerade im Kleinunternehmen Arztpraxis Auszubildende bereits einen unverzichtbaren Teil des Personals darstellen. Spätestens im zweiten Ausbildungsjahr nehmen Auszubildende zahlreiche Funktionen wahr, die zum regulären Praxisbetrieb gehören. Insofern treffen die im Kapitel 5.2 zur Personalbeschaffung gemachten Ausführungen prinzipiell auch auf die Einstellung bzw. Übernahme von Auszubildenden zu. Der Unterschied liegt häufig nur darin, dass es bei der Bewerberauswahl für einen Ausbildungsplatz nicht um die Eignung für eine genau definierte Funktion geht, sondern um die Eignung zur Ausbildung und einen vielfältigen Einsatz in unterschiedlichen Funktionsbereichen.

Darüber hinaus befinden sich Auszubildende nach Vertragsabschluss in einer Sonderstellung, da sie einen Anspruch darauf haben, dass ihnen die in der Ausbildungsordnung festgelegten Kenntnisse, Fähigkeiten und Fertigkeiten vermittelt werden. Deshalb sollte es für den ausbildenden Arzt und das mit der Ausbildung betraute Personal das primäre Anliegen sein, diesen Anspruch auf die bestmögliche Art und Weise zu erfüllen.

Mit dieser Zielsetzung sollte sich jede Arztpraxis identifizieren, denn dadurch erhält sie

◢ den denkbar besten Zugewinn an funktionalen Einsatzmöglichkeiten der Auszubildenden schon während der Ausbildungszeit und

◢ die denkbar beste Chance, qualifizierte Auszubildende nach Abschluss der Ausbildung ohne das Risiko von Fehleinschätzungen zu übernehmen und dabei Ressourcen für die Einarbeitung fremder Kräfte zu sparen.

Vielleicht können Sie sich auch in wirtschaftlich schwierigeren Zeiten, wenn eine Übernahme von Auszubildenden nicht ansteht, mit dem Gedanken anfreunden, einen Ausbildungsplatz anzubieten. So leisten Sie einen Solidarbeitrag zur Sicherstellung der ambulanten Versorgung durch Praxen niedergelassener Ärzte und geben jungen Menschen die Chance, sich eine Basis für ihre berufliche Zukunft zu schaffen.

5.8.1 Von der Arzthelferin zur Medizinischen Fachangestellten

Verordnung (VO) über die Berufsausbildung
Mit Wirkung zum 1. August 2006 ist nach 20 Jahren eine neue Verordnung für die Berufsausbildung der Mitarbeiter/innen in Arztpraxen in Kraft getreten, mit der gleichzeitig die bisherige Berufsbezeichnung „Arzthelfer/Arzthelferin" durch die neue Berufsbezeichnung „**Medizinischer Fachangestellter/Medizinische Fachangestellte**" abgelöst wurde. Der Wandel im Gesundheitswesen und der medizinisch-technische Fortschritt machten eine Aktualisierung der alten Ausbildungsordnung dringend notwendig. In der neuen Be-

Berufsbildungsgesetz in der reformierten Fassung vom 23. März 2005, Inkrafttreten: 1. April 2005	
Verordnung (VO) über die Berufsausbildung zum medizinischen Fachangestellten/zur medizinischen Fachangestellten vom 26. April 2006, Inkrafttreten: 1. August 2006	
Ausbildungsrahmenplan § 5 und Anlagen 1 und 2 der VO	**Rahmenlehrplan** Beschluss der Kultusministerkonferenz (KMK) vom 18.11.2005 (Als Beilage im Bundesanzeiger veröffentlicht)
Der Ausbildungsrahmenplan ist nach § 6 der VO Grundlage für den Ausbildungsplan, den jeder Ausbildungsbetrieb zu erstellen hat.	Der Rahmenlehrplan der KMK ist Grundlage für eigene Richtlinien und Lehrpläne in den Bundesländern, die jedoch z.T. darauf verzichten und den Rahmenlehrplan, ergänzt durch Hinweise auf didaktische Materialien, zur Grundlage des Unterrichts an den Berufsschulen machen.
Prüfungsordnung	
Gemäß § 47 BBiG erlassen die zuständigen Stellen (Landesärztekammern) eine Prüfungsordnung für die Abschlussprüfung. Diese bedarf der Genehmigung der zuständigen oberen Landesbehörde. Die Bundesärztekammer als Arbeitsgemeinschaft der deutschen Ärztekammern hat Vereinbarungen zur Prüfungsordnung entwickelt, die den Landesärztekammern als Grundlage dienen.	

Abb. 5.8: Berufsbildungsgesetz Übersicht 1

zeichnung kommen das gewandelte Selbstverständnis und die Einsatzmöglichkeiten auch außerhalb von Arztpraxen zum Ausdruck.

Das Berufsbild ist – ohne die bewährte Konstruktion einer gleichgewichtigen Bedeutung von medizinischen und verwaltungsbezogenen Inhalten zu verlassen – in seiner Akzentuierung und inhaltlichen Ausgestaltung deutlich modernisiert worden. Maßgebliche Orientierungshilfe waren die Ergebnisse einer Studie des Zentralinstituts für die kassenärztliche Versorgung (ZI) aus dem Jahr 2002 zum Qualifikationsbedarf bei Arzthelferinnen [Zentralinstitut 2002]. In die von Bundesärztekammer und Kassenärztlicher Bundesvereinigung in Auftrag gegebene Studie wurden die Interessen aller an diesem Beruf beteiligten Personenkreise, also auch die der niedergelassenen Ärzte, einbezogen. Die Ergebnisse wiesen auf einen besonderen Reformbedarf in den Bereichen Praxisorganisation und betriebswirtschaftliche Kenntnisse und psychosoziale/kommunikative Kompetenz hin. Unbeschadet dieser Akzentuierung blieb die Forderung nach der Vermittlung eines soliden medizinischen Grundwissens bzw. eines breit angelegten klinischen Allroundwissens erhalten.

Die neue Ausbildungsverordnung wurde 2004/2005 beim Bundesinstitut für Berufsbildung mit Fachleuten von Arbeitgeber- und Arbeitnehmerseite im Konsens erarbeitet und vom zuständigen Bundesministerium für Gesundheit im Einvernehmen mit dem Bundesministerium für Bildung und Forschung erlassen. Berufsbild und Ausbildungsrahmenplan schreiben die Lern- und Ausbildungsinhalte im Sinne von rechtlich verbindlichen Mindeststandards für alle ausbildenden Betriebe fest. Parallel wurde bei der Kultusministerkonferenz der Rahmenlehrplan für die Berufsschulen erarbeitet und mit den Inhalten der betrieblichen Ausbildung abgestimmt. Zusammen mit dem Berufsbildungsgesetz stellen diese Komponenten die bundeseinheitlich gültige Rechtsgrundlage der Ausbildung dar (s. Abb. 5.8 und 5.9).

Teil 2
Berufsbildung
Kapitel 1
Berufsausbildung
Abschnitt 1
Ordnung der Berufsbildung; Anerkennung von Ausbildungsberufen
§§ 4–9
Abschnitt 2
Berufsausbildungsverhältnis
Unterabschnitt 1
Begründung des Ausbildungsverhältnisses
§§ 10–12
Unterabschnitt 2
Pflichten der Auszubildenden
§ 13
Unterabschnitt 3
Pflichten der Ausbildenden
§§ 14–16
Unterabschnitt 4
Vergütung
§§ 17–19
Unterabschnitt 5
Beginn und Beendigung des Ausbildungsverhältnisses
§§ 20–23
Unterabschnitt 6
Sonstige Vorschriften
§§ 24–26
Abschnitt 3
Eignung von Ausbildungsstätte und Ausbildungspersonal
§§ 27–33
Abschnitt 4
Verzeichnis der Berufsausbildungsverhältnisse
§§ 34–36
Abschnitt 5
Prüfungswesen
§§ 37–50
Abschnitt 6
Interessenvertretung
§§ 51–52

Abb. 5.9: Berufsbildungsgesetz Übersicht 2

Was ist neu: Ziele der Ausbildung

Die Ausbildung ist in Umfang und Niveau den Erfordernissen einer modernen, qualitativ hoch stehenden Patientenversorgung angepasst: Kommunikation mit Patienten und im Team, Umgang mit Störungen und Konflikten, Patientenbetreuung, -koordinierung und -beratung sowie Gesundheitsförderung und Prävention sind neue Schwerpunkte. Die Bereiche Praxismanagement, Informations- und Kommunikationstechnologien unter Berücksichtigung von Datenschutz und Datensicherheit sowie Handeln in Notfällen wurden deutlich ausgeweitet, Qualitätsmanagement, Zeit- und Selbstmanagement sowie Marketing als Inhalte aufgenommen. In der Behandlungsassistenz bleibt die Medizinische Fachangestellte die rechte Hand des Arztes in bekanntem und bewährtem Umfang.

Die berufliche Handlungsfähigkeit als Ziel der Berufsbildung steht im Zentrum der neuen Verordnung. Damit ist ein Handeln im betrieblichen Gesamtzusammenhang gemeint, das selbstständiges Planen, Durchführen und Kontrollieren/Bewerten einschließt. Die berufliche Handlungsfähigkeit umfasst nicht nur fachliche Kenntnisse, Fertigkeiten und Fähigkeiten, sondern auch „überfachliche" methodische Qualifikationen; sie wird durch soziale und kommunikative Kompetenz sowie durch „Selbstkompetenz" ergänzt. Der neue Ansatz der Verordnung hat zur Folge, dass nur noch Ziele beziehungsweise gewünschte Ergebnisse (outcome) festgelegt werden und Wissensbestandteile als „mittelbare" Elemente von beruflicher Handlungskompetenz nicht mehr im bisherigen Umfang ausgewiesen sind. Alle Ausbildungsziele im Ausbildungsrahmenplan sind deshalb in komplexer, integrierter Form eines zu erreichenden Endverhaltens beschrieben. So heißt es etwa unter der Berufsbildposition „Patientenbetreuung und -beratung": die Patienten und Patientinnen situationsgerecht empfangen und unter Berücksichti-

gung ihrer Wünsche und Erwartungen vor, während und nach der Behandlung betreuen. Oder unter „Durchführen von Maßnahmen bei Diagnostik und Therapie unter Anleitung und Aufsicht des Arztes oder der Ärztin": Untersuchungen und Behandlungen vorbereiten, insbesondere Patientenbeobachtung durchführen, Vitalwerte bestimmen, Patienten messen und wiegen, Elektrokardiogramm schreiben, Lungenfunktion prüfen, Geräte und Instrumente handhaben, pflegen und warten. Die hierfür notwendigen medizinischen Grundlagen in Anatomie, Pathologie, Physiologie und die einzelnen Organbereiche sind nicht mehr im Einzelnen aufgeführt.

Ausbildungsberufsbild – ein Überblick

An dieser Stelle kann der Ausbildungsrahmenplan der VO nicht im Detail vorgestellt und interpretiert werden [s. Bundesärztekammer 2007]. Deshalb soll es hier genügen, die Fertigkeiten, Kenntnisse und Fähigkeiten aufzuzeigen, wie sie § 4 (**Ausbildungsberufsbild**) der VO vorsieht (s. Abb. 5.10).

Die weitere inhaltliche Ausgestaltung und Gliederung sowie das grundlegende Zeitgerüst, aufgeteilt in zwei große Ausbildungsabschnitte von je 18 Monaten Dauer, finden sich im Ausbildungsrahmenplan und in der Anlage zur zeitlichen Gliederung der Ausbildung. Damit hat die Ausbildungspraxis generelle Vorgaben zur Erstellung eines auf ihre betriebspraktischen Besonderheiten abstellenden Ausbildungsplanes. Dieser Ausbildungsplan ist gemäß § 6 der VO verbindlich. Er soll beschreiben, wie die Ausbildung zur Medizinischen Fachangestellten im jeweiligen Ausbildungsbetrieb organisiert wird.

Neue Abschlussprüfung

Die Regelungen zur Abschlussprüfung sind ebenfalls geändert worden. In der Abschlussprüfung soll festgestellt werden, ob die Ziele der Ausbildung erreicht wurden. Prüfungsanforderungen müssen von Inhalt, Struktur

§ 4 Ausbildungsberufsbild Gegenstand der Berufsausbildung sind mindestens die folgenden Fertigkeiten, Kenntnisse und Fähigkeiten	
1. Ausbildungbetrieb	1.1 Berufsbildung, Arbeits- und Tarifrecht
	1.2 Stellung des Ausbildungsbetriebes im Gesundheitswesen, Anforderungen an den Beruf
	1.3 Organisation und Rechtsform des Ausbildungsbetriebes
	1.4 Gesetzliche und vertragliche Bestimmungen der medizinischen Versorgung
	1.5 Umweltschutz
2. Gesundheitsschutz und Hygiene	2.1 Sicherheit und Gesundheitsschutz bei der Arbeit
	2.2 Maßnahmen der Arbeits- und Praxishygiene
	2.3 Schutz vor Infektionskrankheiten
3. Kommunikation	3.1 Kommunikationsformen und -methoden
	3.2 Verhalten in Konfliktsituationen
4. Patientenbetreuung und -beratung	4.1 Betreuen von Patienten und Patientinnen
	4.2 Beraten von Patienten und Patientinnen
5. Betriebsorganisation und Qualitätsmanagement	5.1 Betriebs- und Arbeitsabläufe
	5.2 Qualitätsmanagement
	5.3 Zeitmanagement
	5.4 Arbeiten im Team
	5.5 Marketing
6. Verwaltung und Abrechnung	6.1 Verwaltungsarbeiten
	6.2 Materialbeschaffung und -verwaltung
	6.3 Abrechnungswesen
7. Information und Dokumentation	7.1 Informations- und Kommunikationssysteme
	7.2 Dokumentation
	7.3 Datenschutz und Datensicherheit
8. Durchführen von Maßnahmen bei Diagnostik und Therapie unter Anleitung und Aufsicht des Arztes oder der Ärztin	8.1 Assistenz bei ärztlicher Diagnostik
	8.2 Assistenz bei ärztlicher Therapie
	8.3 Umgang mit Arzneimitteln, Sera und Impfstoffen sowie Heil- und Hilfsmitteln
9. Grundlagen der Prävention und Rehabilitation	
10. Handeln bei Not- und Zwischenfällen	

Abb. 5.10: Berufsbildungsgesetz Übersicht 3 (Ausbildungsberufsbild)

und Niveau her die Zielvorgaben valide widerspiegeln. Neben der schriftlichen Prüfung in drei Fächern gibt es deshalb einen „neuen" praktischen Teil, der deutlich aufgewertet wurde: Die Prüflinge haben in ca. 60 Minuten einen komplexen Behandlungsfall mit allen Begleitprozessen zu bearbeiten und zu präsentieren; darüber hinaus führen sie ein bis zu 15-minütiges sog. Fachgespräch. Der praktische Teil spielt zu 50% für das Bestehen eine Rolle (bisher lediglich zu einem Sechstel) und muss mindestens mit „ausreichend" bewertet sein. Auch das ist Ausdruck der Aufwertung der beruflichen Handlungsfähigkeit. Das Ausbildungsberufsbild verdeutlicht das anspruchsvolle Niveau der praktischen Aufgabe, ihre Komplexität und die verschiedenen Kompetenzen, die abgeprüft werden müssen.

Die Musterabschlussprüfungsordnung wurde vom Vorstand der Bundesärztekammer im April 2006 verabschiedet; den Ärztekammern wurde empfohlen, diese umzusetzen. Die beschriebenen Ziele beziehungsweise Änderungen werden den Ansprüchen an den Beruf und den Gegebenheiten in den Praxen, Krankenhäusern oder sonstigen Versorgungseinrichtungen besser gerecht, denn die Ausbildung dort findet per se in einer komplexen, mehrdimensionalen Alltagssituation statt. Durch die neue Form der zeitlichen Gliederung (Zeitrahmenmethode) kann darüber hinaus eine stärkere Ausrichtung auf die Gegebenheiten vor Ort und die medizinische Ausrichtung des Betriebes erfolgen.

5.8.2 Ihre Pflichten als ausbildender Arzt

Als ausbildender Arzt sind Sie gem. Rechtsverordnung zu § 30 BBiG Abs. 4 für die Berufsausbildung von Medizinischen Fachangestellten ausschließlich verantwortlich. Ihre Pflichten sind in § 14 BBiG im Einzelnen geregelt. Findet die Ausbildung in ärztlicher Kooperation statt, muss einer der Ärzte verantwortlich für Leitung und Überwachung sein. Eine Delegation der verwaltungsbezogenen Inhalte an eine ausgebildete Fachkraft ist möglich und sinnvoll.

Sie müssen den **Ausbildungsprozess** Ihrer Auszubildenden planen, sowohl in seiner inhaltlichen und zeitlichen Gesamtheit – konkretisiert im Ausbildungsplan der Praxis – als auch im Detail der einzelnen didaktischen Einheiten des Lehrens und Lernens. Die jeweiligen Rahmenbedingungen der Praxis sind dabei zu beachten.

Die Entwicklung des Ausbildungsplanes ist Sache der einzelnen Arztpraxis, in der ausgebildet wird.

Als ausbildender Arzt sind Sie durch die Neugestaltung der Abschlussprüfung vermehrt gefordert: Durch die Prüfung und die Neugewichtung des praktischen Teils können Mängel in der Ausbildung, die primär in der Verantwortung des Arztes liegen, deutlicher werden als bisher. Die Abschlussprüfung bezieht nämlich nur solche Inhalte des Berufsschulunterrichts ein, die für die Ausbildung „wesentlich" sind. Dabei bietet der ab 01.08.2006 neu gestaltete Berufsschulunterricht Chancen und Risiken zugleich:

Der didaktische Bezugsrahmen wird nunmehr durch Lernfelder repräsentiert, die aus konkreten Handlungsfeldern der ärztlichen Praxis gewonnen werden. Die innerhalb der Lernfelder bei der Beschäftigung mit möglichst praxisnahen Lernsituationen erworbenen Qualifikationen sollen für die Handlungsfelder des Berufs unmittelbar kompetent machen. War die bisherige Berufsschulpädagogik an bekannten Fächern orientiert, so führt das Prinzip der Handlungsorientierung zu fachübergreifenden Lernfeldern und situations- und projektorientiertem Unterricht. Ein klassisches Curriculum mit verbindlich vorgeschriebenen Fachinhalten, zum Beispiel in den medizinischen Fächern, das die Ausbildung in der Arztpraxis verlässlich begleitet, gibt es allerdings jetzt nicht mehr.

Die Planung und Durchführung einzelner Ausbildungseinheiten in der Arztpraxis erfordert Grundkenntnisse der Methodik und Didaktik praktischer Ausbildung. Lerntheoretische und lernpsychologische Kenntnisse sind ebenso erforderlich. Letztlich sollte in der Arztpraxis das Know-how vorhanden sein, wie es die Ausbildereignungsverordnung (AEVO) für Ausbilder in Betrieben, die nicht den sog. freien Berufen angehören, vorsieht.

In der Realisation der Ausbildung sind darüber hinaus pädagogisches Geschick und Einfühlungsvermögen gefragt – Eigenschaften, die besonders dazu beitragen, die Auszubildenden zur Selbstverantwortung für den Ausbildungsfortschritt und das spätere aktive berufliche Handeln zu motivieren.

5.8.3 Qualität zahlt sich aus – auch in der Ausbildung

> **QEP®-Qualitätsziel-Katalog 3.2.1 Ausbildung von Medizinischen Fachangestellten**
> **Ziel 1 (Kernziel):** „Auszubildende werden in den Praxisalltag einbezogen und in das Praxisteam integriert. Sie lernen auf strukturierte Weise alle organisatorischen und inhaltlichen Bereiche und Abläufe der Praxis kennen."
> **Ziel 2:** „Die Praxis ermöglicht eine umfassende, an den Zielen und Inhalten des Ausbildungsrahmenplans für Arzthelferinnen orientierte Ausbildung."
> **Ziel 3:** „Status und Besonderheiten von Auszubildenden sowie der aktuelle Stand der Ausbildung werden bei der Personal- und Einsatzplanung berücksichtigt."

Seit 2004 sind Sie als Vertragsarzt gesetzlich verpflichtet, sich an einrichtungsübergreifenden Maßnahmen der Qualitätssicherung zu beteiligen und **einrichtungsintern** ein

Qualitätsmanagement einzuführen (§ 135a SGB V). Es spricht einiges dafür, auch die Ausbildung nach den Grundsätzen des Qualitätsmanagements zu gestalten:

◢ Kenntnisse des QM sind Gegenstand der Ausbildung selbst. Auszubildende sollen erfahren, wie alle Praxisbereiche nach Maßgabe eines **QM mitverantwortlich zu organisieren** sind. Dies ist weitaus anschaulicher, wenn die Kategorien des QM auch Grundlage der eigenen Ausbildung sind.

◢ Wenn Sie die **Ausbildung** selbst **nach Kriterien des QM** organisieren, können Sie QM-Erfordernisse auch in diesem Teilbereich authentisch vertreten. Nichts ist der Ausbildung abträglicher, als Forderungen für alle Funktionsbereiche der Praxis aufzustellen, diese aber in der Ausbildung selbst nicht zu beachten.

> **Praxistipp**
> Ein wesentlicher Aspekt der Organisation einer Praxis nach Prinzipien des Qualitätsmanagements liegt in der bewussten Gestaltung aufbauorganisatorischer Zuständigkeiten und ablauforganisatorischer Prozesse (s. auch Kap. 3). Das heißt, auch für den Bereich der Ausbildung gilt: Es muss vereinbart werden, wer in der Praxis für die jeweiligen Ausbildungsabschnitte zuständig ist, damit es nicht dem Zufall überlassen bleibt, wer sich hier und da einmal der Auszubildenden annimmt. Für alle Funktionen, welche Medizinische Fachangestellte unmittelbar in der ärztlichen Assistenz wahrnehmen, ist der Arzt meist als Ausbilder am besten geeignet. Für alle anderen Aufgabenbereiche sollte die Aufgabe der Ausbildung an qualifizierte Mitarbeiterinnen delegiert werden. Geeignet kann z.B. eine langjährig in der Praxis tätige Arzthelferin sein, welche Praxisabläufe und Patienten gut kennt und gleichzeitig pädagogisches Geschick

mitbringt. Eine Person mit besonderer Erfahrung sollte als Ausbildungsbeauftragte die Hauptzuständigkeit für die Ausbildung erhalten.

Ausbildungsplanung zieht im organisatorischen Dreischritt eines Qualitätsmanagements die Realisation der Vorhaben nach sich und fordert im Anschluss daran zur Evaluation (Kontrolle) des Erreichten auf. Der letzte Schritt ist die Voraussetzung zur kontinuierlichen Verbesserung. Die Evaluation der erreichten Ausbildungsqualität deckt Stärken und Schwächen auf und gibt Anlass zu Planungskorrekturen, die möglichst auf der Grundlage von mit den Auszubildenden zu treffenden Zielvereinbarungen einen erneuten Eintritt in den organisatorischen Regelkreis von Planung, Realisation und Kontrolle zur Folge haben (s. auch Kap. 5.4.1).

Die geschilderten Zusammenhänge sollen durch die nachfolgenden Abbildungen 5.11 und 5.12 noch einmal verdeutlicht werden.

5.8.4 Fazit

Arztpraxen und andere Einrichtungen der medizinischen Versorgung sind zukünftig mehr denn je auf qualifiziertes Personal angewiesen, das den medizinischen und organisatorischen Anforderungen an eine hochwertige Patientenversorgung gerecht wird – auch und gerade bei knapper werdenden (personellen) Ressourcen. Die Ausbildung zur Medizinischen Fachangestellten bietet bei entsprechender Umsetzung beste Voraussetzungen hierfür.

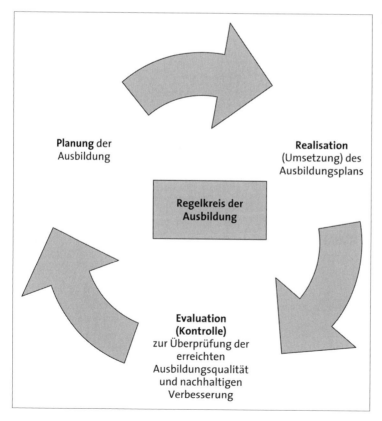

Abb. 5.11: Die Ausbildung im organisatorischen Regelkreis

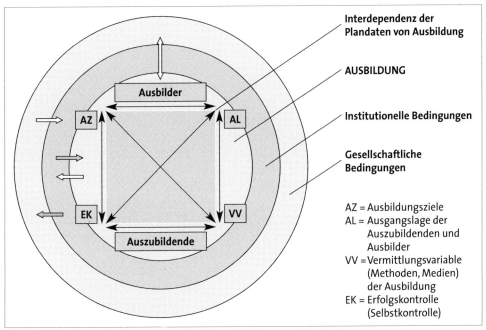

Abb. 5.12: Planungsparameter für Ausbildungsmaßnahmen in Anlehnung an Schulz [1980]
Die Doppelpfeile kennzeichnen den Implikationszusammenhang zwischen den die Ausbildung mitbestimmenden Wirkungskreisen. So sind die gesellschaftlichen Bedingungen nicht ohne Einfluss auf die Ausbildung. Diese verändert ihrerseits aber auch die gesellschaftlichen Bedingungen. Ebenso ist nachvollziehbar, dass die institutionellen Bedingungen der Ausbildung, z.B. das Berufsbildungsrecht, der Ausbildungsrahmenplan, die Berufsschulpflicht oder die räumlichen und materiellen Bedingungen der Ausbildung, wechselseitig sowohl mit den gesellschaftlichen Bedingungen als auch mit den Handlungsmomenten der Ausbildung selbst in Verbindung stehen. All das gilt es bei der Ausbildungsplanung zu berücksichtigen.

Literatur

Ärzte Zeitung Newsletter, Artikel „Falsche Formulierung in Stellenanzeige kann teuer werden" v. 07.05.2007

Bundesärztekammer (Hrsg.) (2007) Die Medizinische Fachangestellte. Deutscher Ärzte-Verlag, Köln

Deutsches Ärzteblatt, Jg. 104, Heft 15 v. 13.04.2007, S. A 1048

Diel F, Gibis B (Hrsg.), Qualitätsziel-Katalog kompakt, Version 2005, Deutscher Ärzte-Verlag 2005

Diel F, Gibis B (Hrsg.), QEP-Manual Kernziel-Version, Version 2005, Deutscher Ärzte-Verlag 2005

DocCheck Newsletter 5.14 v. 24.04.2005

Schulz W (1980) Unterrichtsplanung. Urban & Schwarzenberg, München, Wien, Baltimore

Zentralinstitut für die kassenärztliche Versorgung in der Bundesrepublik Deutschland (2002) Qualifikationsanforderungen an Arzthelferinnen – ZI Projekt 5.27 – Abschlussbericht, Köln

6 Marketing in der Arztpraxis

Wer als Unternehmer erfolgreich sein will, muss auf sich in der Öffentlichkeit aufmerksam machen und sich damit seinen (potenziellen) Kunden vorstellen. So soll er ihnen ins Bewusstsein rufen, dass der Kunde mit diesem Unternehmen die richtige Wahl trifft. Wie diese Strategie am besten gelingt, damit beschäftigt sich der betriebswirtschaftliche Teilbereich der sog. Absatzwirtschaft, allgemein besser bekannt unter dem Begriff „Marketing" [Wöhe 2000].

Auf das **Unternehmen Arztpraxis** ist dieser Grundsatz der wirkungsvollen Außendarstellung der eigenen Produktpalette (ärztliches Leistungsspektrum) zur Gewinnung neuer Abnehmer (Patienten) oder Sicherung der vorhandenen Kundenklientel (Patientenstamm) prinzipiell übertragbar.

Um als niedergelassener Arzt ein effektives Marketing betreiben zu können, erscheint es unerlässlich, sich zunächst mit dem Begriff sowie dessen wesentlichen Funktionselementen und Instrumentarien auseinanderzusetzen. Nur so werden Sie individuell entscheiden können, ob, wie und in welchem Umfang Sie Marketing für Ihre berufliche Tätigkeit betreiben möchten. Da Ihre Berufsordnung, aber auch andere Gesetze, Marketing und Werbung zudem an enge Voraussetzungen knüpfen, sollten Sie sich auch der rechtlichen Grenzen Ihres Bestrebens nach Umsatz- und Gewinnmaximierung bewusst sein. Das ärztliche Werberecht wird daher in Kapitel 6.9 ausführlich dargestellt. Einen Beispielkatalog zulässiger und nicht zulässiger Werbe- und Marketingmaßnahmen finden Sie in Kapitel 6.10.

6.1 Was ist Praxismarketing? – Definitionen

Udo Schmitz, Rolf-Rainer Riedel

Marketing ist die Lehre vom systematischen Absatz von Gütern und Dienstleistungen [Bahner 2003]. Das Wort stammt aus dem Englischen und bedeutet übersetzt Vermarktung. Eine standardisierte Definition des Begriffs Marketinggibt es nicht. Den Begriffsdefinitionen in der Fachliteratur zufolge ist es Sinn und Zweck des Marketings, durch gezielte Bedürfnisbefriedigung bereits existierender oder potenzieller Kunden die Absatzmöglichkeit des Produkts oder der Dienstleistung mit dem Ziel der Umsatzsteigerung zu verbessern.

Die Kunden des niedergelassenen Arztes sind seine Patienten, ihre Bedürfnisse sind vorwiegend gerichtet auf eine freundliche, spontane und korrekte ärztliche Behandlung. Danach hat der Arzt seine Entscheidungen auszurichten. Aber vergessen Sie nicht, welchen Stellenwert der Patientenerstkontakt in Ihrer Praxis besitzt. Hier müssen Sie im sich verschärfenden Wettbewerb von Ihren Kollegen positiv absetzen. Positiv freundliche Zuwendung und Ausstrahlung vom ersten Moment in der Patienten-Praxis-Beziehung vermindert die grundsätzlichen Patientenängste.

Im Hinblick auf die Gesetzesänderungen ab dem 01.01.2007 bekommt das Praxismarketing einen weitaus höheren Stellenwert im Vergleich zu den Jahren zuvor: Die ambulante Patientenversorgung wird sich infolge der 2007 in Kraft getretenen Gesetze (VÄndG,

GKV-WSG) in den kommenden Jahren erwartungsgemäß ändern. Die Zahl der Einzelpraxen wird durch Praxisfusionen als Einzelwettbewerber abnehmen – aber die Wettbewerbsposition der ärztlichen Großpraxen wird für Ihr Unternehmen zu einer größeren Herausforderung.

So werden in den kommenden Jahren neben der klassischen ambulanten Einzelpraxis Versorgungsanbieter werden:

◢ (Über)örtliche Berufsausübungsgemeinschaften (BAG)
◢ Medizinische Versorgungszentren (MVZ)
◢ Medizinische Kompetenzzentren
◢ Spezialambulanzen gem. § 116b SGB V

Zu beachten ist auch, dass es nach den Gesetzesänderungen und der erfolgten Aufweichung der Grenzen zwischen stationärer und ambulanter Versorgung auch Krankenhäusern in wachsendem Umfang möglich sein wird, im ambulant-medizinischen Versorgungsbereich durch die Gründung und den Betrieb von MVZ sowie von § 116b-SGB V-Ambulanzen werbend aufzutreten.

6.2 Warum Praxismarketing? – Ziele

Udo Schmitz, Rolf-Rainer Riedel

Niedergelassene Ärzte sind gleichzeitig **Unternehmer**. Diese Aufgabe hat oft nur einen marginalen Stellenwert im Selbstbild des Arztes, und diejenigen, die sich dieser Funktion bewusst sind, sehen sich nicht selten in einem Rollenkonflikt, da sie die ärztliche Verpflichtung gegenüber den Prinzipien des hippokratischen Eides mit Marketing, Werbung und Gewinnoptimierung nur schlecht vereinbaren können. Sie fokussieren sich daher auf ihre in einem langen Prozess geprägte und gesellschaftlich akzeptierten Rolle des Experten für Vorbeugung oder Therapie und Heilung von Krankheitszuständen. Oft sieht

der einzelne Arzt, als Repräsentant einer gesellschaftlich akzeptierten Berufsgruppe, seine fachliche Qualifikation und Persönlichkeit als Mediziner als ausreichenden Garanten dafür, dass Patienten, die sich gut behandelt fühlen, wiederkommen sowie Freunden und Bekannten von ihrem kompetenten und verständnisvollen Arzt berichten. In einem häufig lang währenden Prozess erwirbt er eine Vertrauensstellung bei den Patienten, die von ihm die Erhaltung oder Wiederherstellung ihres wichtigsten Gutes, der Gesundheit, unter Anwendung besten ärztlichen Wissens erwarten. Diese Beziehung will er oft nicht durch die Bekundung wirtschaftlicher Interessen in Form von Marketing gefährden.

Zufriedene Patienten sind zwar die wichtigste Basis für eine langjährige erfolgreiche Tätigkeit als niedergelassener Arzt, sie allein reichen jedoch oft nicht, um dauerhaft gewinnbringend zu arbeiten und dem Konkurrenzdruck, der vielerorts – insbesondere in den Städten und Ballungszentren – herrscht, standzuhalten. Um Patienten langfristig an die Praxis zu binden, die vorhandenen Kapazitäten somit optimal auszulasten sowie die Gewinnsituation der Arztpraxis zu optimieren, kann ein aktives und zielgerichtetes Marketing ein nützliches oder gar notwendiges Mittel sein.

Wenn die Vertragsarztpraxis auch meist einer strikten Budgetierung unterliegt und vor allem der Arzt als Person, der im Rahmen seiner Berufsausübung Standesrichtlinien zu beachten hat, nicht zu vergleichen ist beispielsweise mit dem Supermarktinhaber, der durch den Verkauf möglichst vieler Waren einen tunlichst hohen Umsatz erzielen will, so soll im Folgenden doch gezeigt werden, dass Marketing eine nicht zu unterschätzende Rolle im Unternehmen Arztpraxis spielen kann. Denn finanzielle Budgetierungen beschränken Sie nur im Rahmen der vertragsärztlichen Versorgung von gesetzlich krankenversicherten Patienten. Sie sind dagegen nicht gehindert, Ihr Tätigkeitsspektrum außerhalb der vertragsärztlichen Standardversorgung zu erweitern sowie Therapien und Behandlungsmaßnahmen anzubieten, die nicht von den gesetzlichen Krankenkassen bezahlt werden und daher dem Patienten unmittelbar in Rechnung gestellt werden können (Stichwort: Selbstzahler).

Aus heutiger Sicht muss man davon ausgehen, dass Sie in Ihrer Praxis dann auch Patienten aus Krankenkassen-Direktverträgen gem. § 73b oder c SGB V behandeln werden. Damit werden Sie eine weitere Patientengruppe als Zielgruppe definieren.

Unter Berücksichtigung des GKV-WSG (z.B. Basistarif, Erfüllung des Kriteriums Beitragsbemessungsgrenze für den Wechsel von der GKV in PKV) muss der niedergelassene Arzt bereits heute spezifische Marketingstrategien für seine Bestandsprivatpatienten umsetzen. Erfahrungsgemäß ist ein zehnfacher Aufwand erforderlich, um einen „Neukunden" zu gewinnen, im Vergleich dazu, einen Bestandskunden zu halten.

Gerade der Anteil privat versicherter Patienten sollte im Wege eines effektiven Marketings gesteigert werden. Dies sollte ein Anreiz sein, sich näher mit dem Thema Marketing zu beschäftigen. Aufgrund des in einer marktwirtschaftlich organisierten Ordnung herrschenden Wettbewerbs, der auch im medizinischen Dienstleistungsbereich immer mehr zunimmt, sollten Sie als niedergelassener Arzt – wie jeder andere Unternehmer auch – nicht nur die vorhandenen Versorgungsbereiche auf Verbesserungspotenzial überprüfen, sondern sich durchaus auch **lohnende Betätigungsfelder** suchen, um dauerhaft Ihre Existenz zu sichern. Dieses Engagement sollte bei den Abnehmern Ihrer ärztlichen Leistungen ansetzen und mit einer Bedarfsanalyse beginnen: Erkunden Sie die Bedürfnisse der Patienten, und überzeugen Sie sie, dass sie bei Ihnen in besseren Händen sind als anderswo! Über diesen Ansatz der zielgerichteten Gewinnung und Sta-

bilisierung der Patientenklientel lassen sich Wege finden, die vertragsärztlichen Pflichten mit einem verantwortungsvollen medizinischen und wirtschaftlichen Handeln als Praxisinhaber und Arbeitgeber zu vereinbaren.

Ein effektives Marketing können Sie als niedergelassener Arzt nur betreiben, wenn Sie sich bewusst sind, welche Ziele Sie mit dem Praxismarketing verfolgen möchten. Sie werden sich daher zunächst u.a. die folgenden Fragen stellen müssen:

◢ Dienen die Marketingaktivitäten angesichts des bereits ausgereizten Budgets lediglich der Erhaltung des bestehenden Patientenstamms durch Optimierung der Patientenzufriedenheit (sog. Erhaltungswerbung) oder soll der Patientenstamm noch erweitert werden (sog. Expansionswerbung)?

◢ Sollen gerade wegen des bereits ausgereizten Budgets lediglich Privatpatienten akquiriert werden?

◢ Dient das Marketing daneben oder stattdessen der Änderung oder Ausdehnung des derzeitigen Dienstleistungsangebots, z.B. im Hinblick auf Selbstzahlerleistungen?

Es ließen sich viele weitere Marketingziele aufzählen, die jeder niedergelassene Arzt aber individuell definieren sollte. Dieser Beitrag kann hierzu lediglich Anregungen oder Hilfestellungen geben.

Haben Sie Ihre konkreten Marketingziele definiert, erfolgt die Umsetzung der gewonnenen Erkenntnisse mithilfe der sog. vier **absatzpolitischen Instrumente**, entsprechend ihren Anfangsbuchstaben auch als die „vier P" bezeichnet:

◢ Produkt (Produktpolitik)
◢ Preis (Preispolitik)
◢ Platzierung (Distributionspolitik)
◢ Promotion (Kommunikationspolitik)

Da alle Absatzinstrumente sowohl einzeln als auch gemeinsam eingesetzt werden können, spricht man in diesem Zusammenhang oft vom sog. Marketing-Mix.

6.3 Das ärztliche Behandlungs- angebot – Produktpolitik

Udo Schmitz, Rolf-Rainer Riedel

Die Produktpolitik ist die Gesamtheit aller Maßnahmen, die der Unternehmer für die bestmögliche Gestaltung seines Produktes durchführt [Elste 2004].

Ihnen sollte bewusst sein, dass Sie als niedergelassener Arzt täglich **Dienstleistungen** anbieten. Sie stellen kein fertiges Produkt her, allein Ihre Dienstleistung ist das Produkt, das es bestmöglich bedarfsorientiert zu verteilen gilt. Denn Patienten erwarten von Ihnen, dass Sie ihre Krankheit zielsicher diagnostizieren, therapieren und sie während des gesamten Prozesses vom erstmaligen Aufsuchen der Arztpraxis bis zur endgültigen Heilung der Krankheit von Ihnen umfassend und kompetent betreut werden. Dabei dürfen Sie bitte nicht vergessen, dass Sie nicht nur Ihr Produkt Dienstleistung am Menschen verkaufen, sondern stets auch sich selbst. Denn bei den von Ihnen zu erbringenden höchstpersönlichen Dienstleistungen kommt es dem Kunden (Patienten) nicht nur auf das Ergebnis der eigentlichen Handlung (Heilung der Krankheit) an, sondern ebenso auf die Vorgehensweise der Leistungserbringung und damit auf die Persönlichkeit sowie das Auftreten, also Ihre soziale Kompetenz.

In Kapitel 6.2 ist das **Patientenbedürfnis** als maßgebliches Kriterium genannt worden, an dem es die Marketingmaßnahmen auszurichten gilt. Diese Wünsche des Kranken befriedigt der kompetente Arzt, der die Heilung der krankheitsbedingten Symptome herbeiführt, jedoch nur teilweise. Vollständig den Patienten zufrieden stellen wird nur der Therapeut, der die Heilung oder Genesung kompetent herbeiführt bei gleichzeitig freundlichem, zuvorkommenden Auftreten für die Schaffung einer angenehmen Behandlungsatmosphäre. Ausschließlich so ist dem Patienten zu vermitteln, dass er sich beim gewählten Mediziner in den besten Händen befindet.

Welche Eigenschaften der „gute" Arzt nach Ansicht des Erkrankten haben soll, zeigt zum Beispiel die nachfolgende Auflistung, welche Ergebnis einer Studie der Chirurgischen Universitätsklinik Heidelberg ist [Lenz 2003].

„Ein(e) gute(r) Arzt/Ärztin muss

- mir schnell helfen,
- mein Leiden richtig erkennen,
- mir die bestmögliche Versorgung zukommen lassen,
- viel Fachwissen besitzen,
- praktische Fähigkeiten besitzen,
- emotionale Intelligenz zeigen,
- Sicherheit ausstrahlen,
- sorgfältig arbeiten,
- Wissen vermitteln können,
- erfahren sein,
- fachliche Qualifikationen besitzen,
- Fragen beantworten können,
- über sein/ihr Fachgebiet hinausschauen,
- verantwortungsvoll sein,
- auch in kurzer Zeit die richtige Entscheidung treffen,
- Kollegen mit einbeziehen,
- auf dem aktuellen Stand sein."

Diese Meinungsumfrage belegt, dass neben dem medizinischen Fachwissen des Arztes und der Behandlungsqualität auch weiche Faktoren relevante Kriterien für die Patientenzufriedenheit darstellen. In der Regel können Patienten diese sozialen Faktoren besser beurteilen als die fachliche Qualifikation des Arztes, sodass diese Ersatzkriterien nicht selten den Ausschlag für die positive oder negative Einschätzung der ärztlichen Betreuung geben (s.a. Kap. 6.7).

6.4 Möglichkeiten der Preisgestaltung – Preispolitik

Udo Schmitz, Rolf-Rainer Riedel

> Im Bereich der Preispolitik befasst sich der Unternehmer mit der Preisgestaltung für das von ihm erstellte Produkt oder die von ihm erbrachte Dienstleistung.

Für den niedergelassenen Arzt ist das Instrument der Preispolitik zumeist von untergeordneter Bedeutung, da er in der Gestaltung seiner Honorare nicht frei ist, sondern bei der Behandlung von privat versicherten Patienten an die Gebührenordnung für Ärzte (GOÄ) und im Rahmen der Behandlung von gesetzlich versicherten Personen an den Einheitlichen Bewertungsmaßstab (EBM) sowie die Honorarverteilungsverträge (HVV) mit den darin vorgesehenen Vergütungsgrundsätzen gebunden ist. Budgetierungen im kassenärztlichen Bereich sind ein weiterer limitierender Faktor. Es bleibt für die Zeit nach 2008 abzuwarten, inwieweit die HVV in den aktuellen Formen weiterbestehen werden. Gemäß den Bestimmungen des GKV-WSG wird der EBM vollständig überarbeitet. Bis 2009 soll ein morbiditätsgestütztes Pauschalvergütungssystem, differenziert nach Haus- und Fachärzten eingeführt werden. Dieses Honorarsystem wird dann die Leistungen nicht mehr in Punkten, sondern in Euro ausweisen. Beispielsweise werden die morbiditäts- und altersorientierten Vergütungen in einer Spanne von 30,– € bis 110,– € diskutiert.

Dennoch gibt es auch für den Vertragsarzt – gerade durch das zum 01.04.2007 in Kraft getretene GKV-Wettbewerbsstärkungs-Gesetz (GKV-WSG) – Möglichkeiten, auch bei gesetzlich Krankenversicherten in gewissem Maße Einfluss auf die Preisgestaltung zu nehmen, zumindest aber eine Umsatzsteigerung trotz Budgetierung zu erreichen.

Dies gilt u.a. für die Individuellen Gesundheitsleistungen (IGeL = Selbstzahlerleistungen), die neu eingeführten Direktverträge nach § 73b und c SGB V sowie für die mit dem GMG wiederbelebte Integrierte Versorgung nach §§ 140a ff. SGB V. In der Integrierten Versorgung (IGV) wird die Vergütungshöhe zwischen den Vertragsparteien individuell ausgehandelt. IGV-Verträge bilden eine wichtige Säule für niedergelassene Ärzte, um Erfahrungen im Abschluss mit Direktverträgen zu generieren. Weitere Direktverträge i.d.S. sind Verträge nach § 73b und c SGB V sowie DRG-Leistungsverträge mit Krankenhäusern.

In Anbetracht der sich ändernden Leistungsvergütungsstrukturen im ambulanten Versorgungsbereich wird es zu einer neuen Portfolio-Zusammensetzung kommen. Hier wird die Bedeutung des KV-Umsatzes in den Arztpraxen nachhaltig geringer werden. Aus heutiger Sicht geht man aber davon aus, dass die rückläufigen KV-Umsatzanteile beispielsweise durch Direktverträge oder Präventionsleistungen kompensiert werden (s.a. Kapitel 1.2).

Von daher haben Ärzte als Leistungserbringer u.a. die Möglichkeit, sich an der Preisgestaltung zu beteiligen. Dies ist bei der Arztleistungshonorierung in der Zusammenarbeit mit den gesetzlichen Krankenversicherungen ein neuer Trend.

Selbstzahlerleistungen

Als privatärztliche Leistungen müssen Individuelle Gesundheitsleistungen auf Basis der Gebührenordnung für Ärzte berechnet werden. In der Abrechnungspraxis bei Selbstzahlern zeigen sich häufig Verstöße gegen die der Abrechnungstransparenz dienenden Vorgaben der GOÄ – wie z.B. die Berechnung von Pauschalvergütungen, die Abrechnung von selbst kombinierten Leistungskomplexen, deren Zusammensetzung und Bewertung nicht mehr auf das verbindliche Gebührenverzeichnis zurückzuführen sind, oder die sog. Pool-Abrechnung, welche Leistungen verschiedener Ärzte bündelt, allerdings von einem Arzt in Rechnung gestellt wird. Diese Vorgehensweisen mögen zwar vordergründig als Abrechnungserleichterung erscheinen, sind jedoch mit den gebührenrechtlichen Vorschriften der GOÄ nicht vereinbar. Die unbedingte Einhaltung auch der gebührenrechtlichen Bestimmungen ist daher Voraussetzung für die generelle Akzeptanz zusätzlich zu liquidierender Selbstzahler bei gesetzlich Krankenversicherten – ein besonders sensibler Bereich, der auch von Seiten der Ärzteschaft vor allem Augenmaß und Fingerspitzengefühl erfordert.

Die genaue Kenntnis aller **Zielleistungsinhalte der Gebührenpositionen** nach GOÄ sowie der Abrechnungsbestimmungen nach GOÄ ist für eine korrekte Abrechnung von Individuellen Gesundheitsleistungen unerlässlich. Die Tabelle 6.1 zeigt beispielhaft einen Individuellen Gesundheitsleistungskomplex mit folgenden Informationen: GOÄ-Nr., Leistungslegende, Gebührensatz (Einfachsatz) sowie zur Orientierung über die jeweilige Bandbreite bei der Gebührenbemessung bzw. über das durchschnittliche Vergütungsniveau den Schwellenwertsatz der Leistung. Im individuellen Abrechnungsfall muss sich die Auswahl des Steigerungsfaktors für die jeweilige Leistung nach den Kriterien der GOÄ richten (§ 5 GOÄ). Bei entsprechender Begründung gem. § 5 GOÄ kann der Steigerungsfaktor auch bei Individuellen Gesundheitsleistungen über dem Schwellenwert liegen.

Für die **Preisfindung** von Selbstzahlerleistungen ist folgender Grundsatz zu beachten: Die Honorarforderung des Arztes muss angemessen sein, und der Arzt hat bei der Berechnung von Leistungen die besonderen Umstände des einzelnen Falles zu berücksichtigen. Bei der Festlegung der Vergütungshöhe sollte einkalkuliert werden, dass es sich bei den Zahlungspflichtigen, für Selbstzahlerleistungen i.d.R. um sozialversicherte Patienten handelt [Hess, Klakow-Franck 2004].

6.5 Wie erreiche ich Patienten mit meinem Leistungsspektrum? – Distributionspolitik

Udo Schmitz, Rolf-Rainer Riedel

Im Rahmen der Distributionspolitik werden die Marketingfragen behandelt, die mit der Verteilung des Produktes, also der Vorgehensweise der Dienstleistungserbringung, zusammenhängen. Übertragen auf die Arztpraxis ist auf die Art und Weise der Leistungserbringung durch den Arzt, sein Praxisteam und auf die in diesem Zusammenhang erforderlichen Werbemaßnahmen einzugehen.

Wichtige Faktoren sind hier die räumliche und zeitliche **Erreichbarkeit** des behandelnden Therapeuten, dessen Mobilität und

Tab. 6.1: Beispiel Leistungskomplex Check-up-Ergänzung [aus: Hess, Klakow-Franck 2004]

GOÄ-Nr.	Legende	Einfachsatz €	Schwellenwert €
651	EKG in Ruhe/nach Belastung (mindestens 9 Ableitungen)	14,75	26,54
3550	Blutbild/Blutbildbestandteile	3,50	4,02
3551	Leukozyten-Differenzierung, zusätzlich zu Nr. 3550	1,17	1,34
3583.H1	Harnsäure	2,33	2,68
3585.H1	Kreatinin	2,33	2,68

Bereitschaft zu Hausbesuchen sowie die Wartezeitenregelung.

So sind gerade ältere, gebrechliche Patienten, die eine Praxis nicht mehr alleine aufsuchen können, auf Hausbesuche angewiesen. Diese lassen sich nicht immer dergestalt planen, dass der reibungslose Ablauf des Praxisbetriebs nicht gestört wird. Dies führt in vielen Fällen dann zu längeren Wartezeiten auch für diejenigen Patienten, die nach Terminabsprache zur Behandlung erschienen sind. Hier ist Ihre Fähigkeit zum effektiven Zeitmanagement gefordert.

> **Praxistipp**
> Es ist empfehlenswert, sich täglich feste Korridore, mit ausreichendem zeitlichen Puffer im Verlauf Ihrer Sprechstunden, für Hausbesuche oder Notfallpatienten freizuhalten (z.B. am frühen Morgen oder in der verlängerten Mittagspause). Da die zeitliche Inanspruchnahme durch Hausbesuche in erster Linie von der Verfassung sowie der Anzahl nicht mobiler Patienten abhängt, lassen sich schematische Anweisungen hier jedoch nur schwerlich geben. Jeder von Ihnen sollte auf seine individuellen Gegebenheiten Rücksicht nehmen und sein Praxismanagement daran – immer vor dem Hintergrund der bestmöglichen Befriedigung des Patientenbedürfnisses – ausrichten.

Dazu kann aber auch die längere zeitliche Erreichbarkeit für Berufstätige gehören. Eine Arztpraxis, die täglich um 17:00 Uhr schließt, nötigt viele Berufstätige, ihre Arbeit vorzeitig zu beenden, um noch rechtzeitig den Arzt aufsuchen zu können. Dies ist gerade bei Akademikern, die oft privat versichert sind, nicht immer möglich und führt zum Abwandern solcher Patienten zu Arztpraxen, in denen der Arzt zumindest an ein oder zwei Tagen in der Woche länger zu erreichen ist. Hier sollten Sie Nutzen und Kosten gegenüberstellen, um zu entscheiden, ob eine

längere Erreichbarkeit zufriedenere Patienten und höheren Umsatz bringt. Bei bereits bestehenden Vollauslastung, einer schon erreichten Budgetgrenze sowie einem geringen Privatpatientenanteil werden Sie hierin sehr wahrscheinlich keine Notwendigkeit sehen. In allen anderen Fällen lohnt es sich zumindest, hierüber nachzudenken.

Hinsichtlich Ihres Servicegrades ist zu prüfen, inwieweit Sie die Praxisöffnungszeiten insbesondere für Berufstätige nicht erweitern (7:00 bis 20:00 Uhr) sollten. Entsprechende Patientenbetreuungskonzepte sind an den Bedarf und die Nachfrage anzupassen. Die Erfahrung zeigt, dass gerade die Randsprechstundenzeiten von berufstätigen Patienten bevorzugt in Anspruch genommen werden.

6.5.1 Marktdifferenzierung: Konkurrenz belebt das Geschäft

Die unternehmerische Strategie beruht darauf, sich auf dem Gesamtmarkt von den Wettbewerbern zu unterscheiden, die Wünsche der potenziellen Kunden zu kennen und ihnen mit den entsprechenden Produkten dienen zu können. Auch Sie als niedergelassener Arzt haben das Ziel, sich aus den folgenden Überlegungen von Ihren Kollegen abzuheben:

◢ Eintrittsbarrieren gegenüber neuen Anbietern durch den Aufbau von spezialisierter Kompetenz aufzubauen,

◢ Synergieeffekte für das gesamte Produktangebot auszunutzen.

◢ größeren Umsatz durch die Gründung einer BAG zu erreichen und

◢ um den Patienten als Kunden an Ihre Praxis zu binden.

Für Sie als Behandler ist es langfristig von Bedeutung, dass die Arzt-Patienten-Beziehung im Grunde auf einer **Dachmarkenstrategie** beruht: Bei der Behandlung des Patienten besitzt die Arzt-Patienten-Beziehung einen besonderen Stellenwert. Das Vertrauen des Patienten in die Behandlungskompetenz des Arztes schlägt sich u.a. in einer positiven Compliance des Patienten bei der Durchführung von Therapien nieder. Darüber hinaus kommt der besondere Stellenwert des Vertrauensverhältnisses Patient-Arzt unter anderem in der Äußerung zum Ausdruck: „Mein Arzt hat gesagt, dass …".

Damit wird deutlich, dass schon ein positives Image und die Glaubwürdigkeit des Arztes dazu beitragen, dass das individuelle Bedürfnis des Patienten erfüllt wird.

Im Hinblick auf die zunehmende Wettbewerbssituation sowie die befürchtete Kommerzialisierung im Selbstzahlerbereich wird es umso bedeutender sein, die Glaubwürdigkeit der ärztlichen Anordnungen sowie die Qualität der veranlassten Selbstzahlerleistungen beizubehalten bzw. zu erhöhen. Dies soll auch heißen, dass Selbstzahlerleistungen einem Patienten nur dann empfohlen werden können, wenn diese auch ärztlicherseits verantwortbar sind.

Diese „Arzt-Dachmarkenstrategie" wurde bisher von den niedergelassenen Ärzten nur unbewusst genutzt. In Anbetracht der raschen Änderung der Wettbewerbssituation im Gesundheitsmarkt und der damit veränderten betriebswirtschaftlichen Rahmenbedingungen sollten die niedergelassenen Ärzte sich in stärkerem Maße darüber im Klaren sein, wie sie ihre medizinischen Leistungen (Produkte) zu einer ärztlichen Dachmarke langfristig ausbauen können. Nur eine solche Positionierung und damit starke Bindung des Patienten an seinen Arzt wird dazu führen, dass ein niedergelassener Arzt in den kommenden Jahren seine heutige Position im Behandlungswettbewerb sichern kann. Eines ist sicher: Auch Krankenhausmanager denken über die Markenbildung für Gesundheitsleistungen nach, und im Zuge der gesetzlich geförderten Versorgungsformen (Integrierte Versorgung, MVZ) sind die Krankenhäuser bestrebt, sich neue Teilmärkte im

ambulanten Versorgungsmarkt für eine sektorenübergreifende Kooperation zu erschließen. Auf diese Weise können sie zu ernst zu nehmenden Konkurrenten der niedergelassenen Ärzte werden [Meurer 2004]. Gleichzeitig müssen Sie sich jedoch auf eine zunehmende Konzentration durch Zusammenschlüsse von Arztpraxen einstellen. Das VÄndG in Verbindung mit dem ab dem 01.07.07 gültigen Bundesmantelvertrag der Ärzte ermöglicht die Gründung von örtlichen und überörtlichen Berufsausübungsgemeinschaften. Diese neuen ärztlichen Unternehmen werden als ärztliche Versorgungsgruppierung mit der Zielsetzung auftreten, sich entweder als Kompetenz-Center oder als medizinischer Vollversorger darzustellen. Nicht zuletzt durch diese neue Wettbewerbssituation werden Sie gezwungen, sich marketingtechnisch zu positionieren.

6.5.2 Marktsegmentierung: Durchleuchten Sie Ihre Patientenklientel!

Die Marktsegmentierung ist betriebswirtschaftlich gesehen die Aufspaltung des Marktes in Teilmärkte, in denen der Kundenaspekt besondere Beachtung findet. Auch für die Arztpraxis ist eine solche Marktsegmentierung aus Marketinggründen durch die bessere Orientierung des Leistungsspektrums der Praxis an den Bedürfnissen der jeweiligen Patientenklientel sinnvoll. Diese Betrachtung kann z.B. zu einem verstärkten Engagement im IGeL-/Selbstzahlerbereich oder zum Ausbau der Sprechstunden für Privatpatienten führen und damit eine Voraussetzung für ein erfolgreiches Bestehen auf dem „Gesamtmarkt" der Patientenversorgung darstellen.

Die **Marktsegmentierung** wird i.d.R. nach **folgenden Kriterien** durchgeführt:
◢ Aufstellung der niedergelassenen Ärzte im Umkreis von 2–5 km (differenziert nach Facharztgruppen)

◢ Differenzierung der eigenen Patienten-klientel, z.B. nach den folgenden Krite-rien:
  – Singles (differenziert nach Altersgrup-pen)
  – Ehepartner bei Doppelverdienern oh-ne Kinder
  – Allein erziehende Mütter und Väter (Unterscheidung wegen unterschiedli-cher Zielgruppendefinition)
  – Senioren (z.B. differenziert die Alters-gruppe bis 75 und älter)
◢ Betrachtung der Versorgungsstruktur von Krankenhäusern
◢ Abschluss von Direktverträgen mit ein-zelnen Krankenkassen für individuelle Versorgungskonzepte
◢ Angebotssituation von Sportvereinen und Fitnesscentern
◢ Beurteilung der Patientenbedürfnisse (z.B. Nachfrage nach Fitnessuntersu-chungen, Gesundheits- und Urlaubsbera-tungen, Brainchecks)
◢ Die 20 wichtigsten Diagnosen der in der Praxis behandelten Patienten
◢ Anzahl der Patienten (differenziert nach Kostenträgern)
◢ Umsatzvolumen nach Kostenträgern
◢ Kostenentwicklung (differenziert nach den Aufwandskonten des DATEV-Kon-tenrahmens)
◢ Gewinnentwicklung der letzten drei Jahre.

Die sozio-ökonomische Segmentierung glie-dert die Patienten nach Geschlecht, Alter, Haushaltsgröße, Einkommen, sozialer Schicht, Familienstand und Ausbildung.

Die geographische Gliederung differen-ziert die Patienten (Kunden) nach ihrem Wohnsitz bzw. Aufenthalt. Das bedeutet eine Aufteilung nach Ortsteilen, Städten, Kreisen, Regionen und Ländern. Darüber hinaus las-sen sich Patienten hinsichtlich der psycho-grafischen Gestaltung nach Verhaltens-, Per-sönlichkeitsmerkmalen und Einstellungen unterscheiden [Ölschlägel 1988].

6.6 Wie stelle ich mein Leistungs-spektrum dem Patienten dar?

Udo Schmitz, Rolf-Rainer Riedel

Die Kommunikationspolitik beinhaltet alle Maßnahmen, mit denen entweder die Pro-dukte oder Dienstleistungen eines Unterneh-mers oder das Unternehmen bzw. der Unter-nehmer selbst dem potenziellen Kunden-kreis angeboten bzw. vorgestellt werden.

6.6.1 Werbung als Teil der Kommunikationspolitik

Unterschieden wird damit zwischen Pro-dukt- oder Absatzwerbung im klassischen Sinne einerseits und Unternehmenswer-bung, besser bekannt unter den sog. Public Relations (PR) oder Öffentlichkeitsarbeit, an-dererseits.

Marketing und Werbung werden vielfach synonym verwendet. Viele glauben fälschli-cherweise, dass der Begriff Werbung lediglich die deutsche Übersetzung des englischen Be-griffs Marketing sei.

Werbung ist betriebswirtschaftlich be-trachtet als Maßnahme der Kommunikati-onspolitik ein bloßes Marketinginstrument und damit lediglich ein Element des (opera-tiven) Marketings. Eine allgemein verbindli-che Definition von Werbung findet sich we-der in der Betriebs- noch in der Rechtswis-senschaft. Aus diesem Grunde existieren verschiedene Definitionen des Begriffs mit jeweils unterschiedlichen Schwerpunkten.

Nach Rieger sowie Bühlow/Ring ist Wer-bung „jede Handlung zu Zwecken des Wett-bewerbs, die den Absatz von Waren oder Dienstleistungen fördern soll" [Rieger 1999; Bülow, Ring 2005].

Der Europäische Gerichtshof für Men-schenrechte hat im Jahre 2002 die positive Bedeutung der Werbung betont, indem er Werbung dargestellt hat als „die Möglichkeit für den Bürger, sich über ihm angebotene Dienstleistungen und Waren zu informieren" [EGMR 2003].

Diesem Informationsbedürfnis sollten Sie als Arzt ausreichend Rechnung tragen, wollen Sie für sich das Instrument der Werbung erfolgreich einsetzen.

Versuchen Sie, durch geeignete Werbe- und PR-Maßnahmen nicht nur die Öffentlichkeit für die eigenen Arbeiten/Ziele zu interessieren, sondern darüber hinaus ein eigenständiges, positives Image zu gestalten sowie Vertrauen zu schaffen. Nur dann können Sie sich Ihren Kunden gegenüber so darstellen, dass Sie als Dienstleistungserbringer nicht nur wahrgenommen, sondern gegenüber Ihren Kollegen auch bevorzugt werden.

6.6.2 Corporate Identity: Definieren Sie Ihr Praxisleitbild!

Die sog. Corporate Identity (CI, deutsch: Unternehmensleitbild) ist eine schriftlich formulierte Fixierung von **strategischen**, teilweise auch von **operativen Zielsetzungen**. Das Unternehmensleitbild soll das Unternehmen nach außen vertreten, um eine klare, eindeutige Profilierung gegenüber der Konkurrenz zu unterstützen. Dieses Leitbild enthält eine kurze und prägnante Charakterisierung des Unternehmens und stellt die Unternehmensgrundsätze sowie deren Konsequenzen für die Marktteilnehmer, namentlich Mitarbeiter, Wettbewerber, Lieferanten, Kapitalgeber und Öffentlichkeit, dar.

Auch für die Arztpraxis ist ein einheitliches Auftreten im Sinne eines **definierten Praxisleitbildes** von großer Bedeutung bei Patienten und Kooperationspartnern. Leitbilder sollen also die unterschiedlichsten Adressaten ansprechen, in Ihrem Fall vor allem die Patienten. Die hierbei entscheidende Unternehmensidentität einer Arztpraxis wird in starkem Maße von der Persönlichkeit des Praxisinhabers geprägt, aber darüber hinaus be-

stimmen eine Vielzahl von anderen wahrnehmbaren Formen des Auftretens das Praxisbild mit: Layout des Praxisschildes, des Briefpapiers oder der Visitenkarten; die innenarchitektonische Praxisgestaltung; das kommunikative Verhalten der Praxismitarbeiter-/innen und die Dienstkleidung sowie der Internetauftritt, ja sogar die Nachricht auf dem Anrufbeantworter mit Informationen zu Sprechstundenzeiten und Vertretungen.

Das Praxisleitbild (s.a. Kap. 2.2.2) sollte unbedingt dem tatsächlichen Praxisbetrieb entsprechen, weil sonst die Glaubwürdigkeit der Praxis Schaden leidet. Auch eine noch so freundliche Einrichtung der Praxisräume, die Demonstration von Patientenorientierung, z.B. durch Bereitstellung von interessanter Lektüre im Wartebereich oder kostenlosen Getränken, wird wirkungslos bleiben, wenn nicht ein entsprechender Kommunikationsstil vorliegt, der von Praxisteam und Arzt gleichermaßen beherrscht werden sollte. Den negativen Eindruck langer Wartezeiten, einer unfreundlichen Helferin am Empfang oder eines desinteressiert wirkenden Arztes können auch keine freundlich „gestylten" Warte- oder Behandlungszimmer wettmachen.

Das Praxisleitbild sollte laufend überprüft werden, damit Veränderungen des Marktgeschehens (s. Kap. 1.2) berücksichtigt werden können. Eine Veränderung des Leitbildes in Teilgrundsätzen ist oft einfacher möglich als eine komplett neue Definition, die besonders auf langjährige Patienten gekünstelt wirken mag: Keine Praxis wird von heute auf morgen ihr gesamtes Erscheinungsbild und Auftreten völlig „umkrempeln" können, Modernisierungsmaßnahmen (sowohl im räumlichen wie auch sozialen Sinne, also im Umgang untereinander und mit Patienten) sind meist das Ergebnis eines längeren Veränderungsprozesses. Wichtig ist dabei, den Patienten nicht zu vergessen. Denn als Patient möchte man sich gerne von dem Praxisteam persönlich angenommen fühlen: Wenn Sie dieses Gefühl Ihren Patienten „spüren lassen", dann besitzen Sie und Ihr Praxisteam die erforderlichen Kommunikationsfähigkeiten.

6.7 Wie spreche ich meine Patienten an?

Bernd Glazinski

6.7.1 Das Arzt-Patienten-Gespräch

Damit der Patient sich in einer Praxis „gut aufgehoben" fühlt, müssen neben der Behandlungsqualität bestimmte Voraussetzungen erfüllt sein, die für das Bild der Praxis nach außen eine bedeutende Rolle spielen. Beim Aufbau einer – aus Marketingsicht wichtigen – langfristigen Bindung der Patientenklientel an die Praxis hat die **vertrauensvolle Beziehung** zum Patienten einen wichtigen Stellenwert.

Besonders im Umgang mit anspruchsvollen oder auch unsicheren Patienten können einige grundlegende Faktoren zu einem für beide Seiten positiven Gesprächsergebnis beitragen und Verständnis sowie Compliance des Patienten erhöhen. Kommunikation ist hier der Schlüssel zum Einstieg in die Zusammenarbeit mit dem Patienten.

Ein erweitertes Verständnis der wechselseitigen Kommunikation im Sinne des vertrauensbasierten Austausches erfordert sowohl vom Arzt als auch von seinem gesamten Praxisteam ein erhöhtes Maß an Sensibilität, Offenheit und Bereitschaft zur persönlichen Auseinandersetzung mit dem Patienten als Person. Aufseiten des Patienten ist die Voraussetzung das Vertrauen in den Arzt und sein Team sowie die daraus folgende Bereitschaft, sich zu öffnen und seine Bedürfnisse zu artikulieren.

Folgende Faktoren stellen die Grundpfeiler für eine erfolgreiche Arzt-Patienten-Kommunikation dar:

▲ Atmosphäre in der Praxis
▲ Atmosphäre im Gespräch
▲ Dem Patienten gewidmete Zeit
▲ Empathische Grundhaltung des Arztes
▲ Interesse an der ganzen Person des Patienten
▲ Ganzheitliches Auf- bzw. Ernstnehmen des Patienten in seiner persönlichen Situation

Diese Voraussetzungen sind nur in einem ganzheitlichen Prozess durch eine Integration aller Praxismitarbeiter abzubilden und zu erreichen.

6.7.2 Erfolgsfaktoren im Arzt-Patienten-Gespräch

Dem Patienten zuhören – vorbehaltlose Kommunikation
Vorbehaltlose Kommunikation bedeutet den Schlüssel zum Erfolg im bedarfsorientierten Gespräch. Übertragen auf die Arztpraxis heißt dies: Der Arzt legt sich nicht von vorneherein auf eine bestimmte Leistung fest, sondern lässt sich auf den Patienten ein. Er ist offen für die Befindlichkeiten und Bedürfnisse des Patienten. Er möchte erfahren, was den Patient bewegt, und dies nach Möglichkeit in seiner Behandlungsstrategie berücksichtigen. Außerdem bedeutet vorbehaltlose Kommunikation, sich nicht von ökonomischen Zwängen oder Zeitdruck im Gespräch leiten zu lassen. Eine Regel der bedarfsorientierten Kommunikation besagt, dass der Erfolg des Gesprächs an der Offenheit für den anderen hängt. Der Patient wird sich dann öffnen, wenn er sich gut aufgehoben und vertrauensvoll behandelt fühlt. Dann ist er auch bereit, die Therapieanweisungen des Arztes zu befolgen und damit zum Erfolg der Behandlung beizutragen oder, beispielsweise im Bereich der Selbstzahler, einen eigenen Beitrag in finanzieller Hinsicht zu leisten.

Nicht lange Gespräche, sondern gute Gespräche – Faktor „gefühlte Zeit"

Zeit zu haben für den Patienten und das Gespräch, ist ein wesentlicher Erfolgsfaktor. Natürlich ist es in den eng gesteckten Zeitkorridoren der Behandlung und den gestrafften Abläufen einer modernen Arztpraxis nicht immer möglich, für jeden Patienten objektiv sehr viel Zeit aufzuwenden.

Einen entscheidenden Punkt für den Erfolg des Gespräches stellt die „gefühlte Zeit" des Patienten dar. Wenn seine Gesprächspartner ihm entspannt gegenübertreten und sich sowohl in Körperhaltung, Stimmführung als auch Mimik und Gestik bereit zeigen zu einem persönlichen Gespräch, dann entsteht ein Dialog, der für die Patientenbindung auf Dauer förderlich ist.

Für die **Kommunikationssituation** mit dem Patienten heißt dies, folgende Punkte zu beachten:

◢ Beim Gespräch sich auf den Patienten konzentrieren und keine anderen Dinge parallel tun.
◢ Nach Möglichkeit in der Dialogsituation dem Patienten gegenübersitzen.
◢ Blickkontakt zum Patienten halten.
◢ Den Patienten in seinen Ausführungen nonverbal und verbal bestätigen.
◢ Fragen stellen.
◢ Nicht auf die Uhr schauen.
◢ Sich nicht durch Telefonate oder andere Störungen ablenken lassen.

Diese Maßnahmen scheinen zunächst zeitintensiv zu sein. Sie führen aber dazu, dass das Gespräch in einer konzentrierten Atmosphäre abläuft. Damit kann der Informationsgehalt pro aufgewendeter Zeiteinheit optimiert werden. Es hat sich gezeigt, dass Gespräche, die so geführt werden, i.d.R. schneller ablaufen, als wenn verschiedene Dinge parallel gemacht werden.

Das Praxisteam einbeziehen

In den Kommunikationsprozess mit dem Patienten sind im weiteren Sinne alle in der Praxis tätigen Personen eingebunden. Den Praxishelferinnen kommt außerhalb der direkten Leistungserbringung eine tragende Bedeutung im Bereich **Service am Patienten** zu. Sie nehmen den Patienten im wahrsten Sinne des Wortes beim Betreten der Praxis in Empfang, geleiten ihn durch die Behandlungsräume und verabschieden ihn. Sie sind die Stellen, an denen zuallererst sowohl Bedarf als auch Befindlichkeit signalisiert und bei denen Zufriedenheit oder Unzufriedenheit der Patienten mit dem Verlauf des Praxisbesuches am ehesten deutlich werden. Dem Arzt gegenüber werden die Patienten aufgrund des angestammten Rollenverhaltens und dem darin wurzelnden Respekt vor seiner Autorität kaum Kritik üben. Den Helferinnen gegenüber sind sie aber meist durchaus bereit, Signale zu senden, inwieweit sie mit der Behandlung und dem Service aus ihrer Sicht zufrieden waren. Hier können die Helferinnen durch kurze Fragen beim Verlassen der Praxis („Wir hoffen, Sie hatten einen angenehmen Besuch in unserer Praxis", „Wie geht es Ihnen jetzt?") ein pragmatisches Instrument der Qualitätssicherung liefern.

Wichtig ist hierbei, dass die Informationen, die in einem solchen Prozess von den Helferinnen erhoben werden und die der Patient damit der Praxis implizit zur Verfügung stellt, auch in den expliziten Ablauf der Informationsaufnahme und -speicherung in den Patientenakten eingehen. Hier muss ein Rücklauf von Helferinnen und Helfern zum Arzt und umgekehrt sichergestellt werden.

Die Sprache des Patienten sprechen

Die Patientenansprache sollte individuell auf den **Verstehenshorizont** des jeweiligen Gesprächspartners abgestimmt sein, z.B. differenziert nach Alter, sozialer Schicht oder auch sprachlicher Herkunft. Einige allgemeine Grundregeln sind jedoch auf die gesamte Patientenklientel anwendbar: Sowohl Fragen nach dem Befindlichkeitszustand und den Krankheitssymptomen als auch Informationen und Erklärungen zu Krankheitsbildern und Therapien sollten für den medizinischen Laien verständlich formuliert werden. Der Verzicht auf medizinisches Fachvokabular und die Beschränkung auf die wichtigsten Fakten ist ratsam, um den Patienten nicht zu überfordern, der u.U. bereits durch das bestehende Unwohlsein belastet ist. Wenn der Patient durch Nachfragen oder ggf. durch seine Körpersprache weiteren Informationsbedarf signalisiert, kann diesem natürlich entsprochen werden. Des Weiteren ist es wichtig, den Patienten nicht durch missverständliche Äußerungen oder forsche Sprüche zu verunsichern oder die Privatsphäre des Patienten durch einen nicht angebrachten familiär-vertraulichen Ton zu verletzen. Auch hier sollte der Arzt sensibel auf die individuelle Verfassung seines Gegenübers eingehen und ihn als Gesprächspartner ernst nehmen.

Widerstände abbauen – Vertrauen schaffen
Möglicherweise bringen Patienten im Laufe des Arzt-Patienten-Kontaktes Einwände gegen Therapievorschläge vor, die z.B. auf Ängste oder entsprechende Vorinformationen zurückzuführen sind. Hierauf gilt es, stets sachlich und zugewandt einzugehen. Der Patient als mündiger Partner des Arztes hat natürlich das Recht, Verständnisfragen zu stellen oder über Alternativen informiert zu werden. Der Arzt ist in der Situation, den Patienten über den Sinn der angestrebten Maßnahme aufzuklären und ggf. eine medizinisch verantwortbare Alternative vorzuschlagen. So kann er einerseits den Behandlungserfolg durch bessere Compliance erhöhen, andererseits sich einen Vertrauensvorsprung beim Patienten sichern sowie sich stärker in die Rolle des Partners und Ratgebers bringen. Im Verlaufe dieser Zusammenarbeit wird der Patient zunehmend mehr Vertrauen, das über die reine ärztliche Leistungserbringung der Behandlung hinausgeht, aufbauen.

6.8 Wie erstelle ich ein praxis-individuelles Marketing-Konzept? – Schritt für Schritt zum Erfolg

Bernd Glazinski

Der Leser mag bei dem einen oder anderen ausgeführten Punkt in diesem Kapitel auf den Gedanken kommen, dass er bei seinem Engagement im Praxismarketing bereits in dem angesprochenen Sinne handelt. Allerdings folgt er häufig hierbei einem zwar bewährten, aber intuitiven Handeln, ohne seine entsprechenden Aktivitäten einem systematischen Konzept zu unterwerfen. Daher werden im folgenden Abschnitt die Aufgaben und Ziele des Praxismarketings im Allgemeinen umrissen. Auf dieser Basis kann die praxisindividuelle Marketingstrategie schrittweise und mit Bezug zu den Gegebenheiten der jeweiligen Arztpraxis entwickelt und umgesetzt werden.

6.8.1 Marketing-Zielstufen für die Arztpraxis

Das folgende Gedankenmodell nach Steiner [1971] und Becker [2001] führt die einzelnen Marketing-Zielstufen auf, welche die Gesamtpositionierung der Arztpraxis im Gesundheitsmarkt abbilden. In diesem hierarchischen Zusammenhang sollte der Arzt sein vertragsärztliches Engagement ebenso wie privatärztliche Leistungen und sein Selbstzahlerleistungsspektrum entsprechend einordnen.

Tab. 6.2: Zielstufen des Praxismarketings[1]

Lfd. Nummer	Marketing-Zielstufe	Erläuterung
1	Praxiszweck	Ziel der ärztlichen Tätigkeit ist es, den Patienten zu helfen.
2	Leitsätze für die Praxis als Unternehmen	Patienten mit Hilfe von diagnostischen und therapeutischen Maßnahmen in ihrem Wohlbefinden zu unterstützen. Die Arztpraxis als Unternehmen am Markt auch zukunftsorientiert zu positionieren.
3	Corporate Identity	Die Unternehmensidentität wird in starkem Maße von der Persönlichkeit des Praxisinhabers geprägt. Darüber hinaus wird die Unternehmensidentität auch durch eine Vielzahl von anderen wahrnehmbaren Formen des Auftretens geprägt: Layout des Praxisschildes, des Briefpapiers oder der Visitenkarten; die innenarchitektonische Gestaltung der Praxis; das kommunikative Verhalten der Praxismitarbeiter/innen und der Dienstkleidung sowie der Internetauftritt.
4	Arztpraxis als Unternehmen	Hierunter ist insgesamt zu verstehen, wie sich die Arztpraxis in ihrem Umfeld am Markt etabliert, welche wirtschaftlichen Ziele (z.B. Ergebnisse vor Steuern) oder aber auch sozialen Ziele (wie z.B. Mitarbeiterzufriedenheit) in einer Praxis realisiert werden.
5	Geschäftsfeld	Facharztrichtung, z.B. Internist mit hausärztlicher Versorgung, Dermatologe, Gastroenterologe, mit den entsprechenden Zusatzbezeichnungen, z.B. Psychotherapie.
6	Praxismarketing-angebot	Hierunter ist insbesondere die Kommunikation zwischen dem Praxisteam und dem Patienten über das medizinisch-ärztliche Leistungsangebot zu verstehen. Bei dem Leistungsangebot handelt es sich um die ärztlichen Leistungen im Sinne der vertragsärztlichen Versorgung auf der Abrechnungsbasis des EBM sowie der privatärztlichen Versorgung nach GOÄ und den Bereich der IGeL-Leistungen.

[1] Vgl. auch z.B. Becker 2001; Meffert, H.: Marketinggrundlagen marketingorientierter Unternehmensführung, 9. Auflage, Wiesbaden, 2000, S. 73; Ulrich, P. und Fluri, E.: Management: Eine konzentrierte Einführung, Bern, 1975, S. 80

6.8.2 Die fünf Schritte des Praxismarketings

Schritt 1

Im Rahmen einer **Ist-Analyse** werden die nachfolgenden Informationen erhoben, um abzuschätzen, wie die Praxis im bestehenden Wettbewerb der Leistungsanbieter derzeit aufgestellt ist und wo Ansätze zur Optimierung durch gezieltes Marketing gegeben sind:

◢ Aufstellung der niedergelassenen Ärzte im Umkreis von 2–5 km (differenziert nach Facharztgruppen)

◢ Anzahl der Patienten (differenziert nach Kostenträgern)

◢ Differenzierung der eigenen Patientenklientel, z.B. nach den folgenden Kriterien:
  – Singles (differenziert nach Altersgruppen)
  – Ehepartner bei Doppelverdienern ohne Kinder
  – Alleinerziehende Mütter und Väter (Unterscheidung wegen unterschiedlicher Zielgruppendefinition)
  – Senioren (z.B. differenziert die Altersgruppe bis 75 und älter; entsprechende

Statistiken lassen sich beispielsweise über die Einwohnermeldeämter besorgen)

- Versichertenstatus
◢ Beurteilung der Patientenbedürfnisse
◢ Die 20 wichtigsten Diagnosen der in der Praxis behandelten Patienten
◢ Umsatzvolumen nach Kostenträgern
◢ Kostenentwicklung (differenziert nach den Aufwandskonten des DATEV-Kontenrahmens)
◢ Gewinnentwicklung der letzten drei Jahre
◢ Betrachtung der Versorgungsstruktur von Krankenhäusern
◢ Angebotssituation nichtmedizinischer Leistungsanbieter (z.B. Fitnesscenter, Wellness-Einrichtungen).

Aus der **Bewertung** der dargelegten Einflussfaktoren lassen sich die nachfolgenden wesentlichen Punkte ableiten:

◢ Die strategische Marktpositionierung der Arztpraxis im Umfeld des Wettbewerbs
◢ Die betriebswirtschaftliche Stärke
◢ Die organisatorischen Stärken und Schwächen
◢ Das Potenzial für die Gewinnung neuer Patienten bzw. die Erweiterung des Leistungsspektrums, z.B. durch Selbstzahler oder zusätzliche privatärztliche Sprechstunden.

Schritt 2

Nachdem der Mediziner für seine Praxis als Ziel definiert hat, dass er gemeinsam mit dem Praxisteam die Positionierung der Arztpraxis im Wettbewerb verbessern möchte, um die Behandlungsqualität ebenso wie ihr wirtschaftliches Überleben langfristig zu sichern, und durch eine Ist-Analyse konkrete Ansatzpunkte für seine Marketing-Strategie ausgemacht hat, sollte das **Leitbild** der Praxis formuliert und allen Mitarbeitern gegenüber verdeutlicht werden – im Interesse eines einheitlichen Handelns des Praxisteams.

Dem Leitbild der Praxis dienen alle Teammitglieder, um die Praxisziele bei hohem qualitativem Niveau erfüllen zu können. Definiert der Praxisinhaber beispielsweise das Praxisleitbild als den Anspruch, „das Streben des Patienten nach Gesundheit durch ärztliches Handeln bestmöglich zu unterstützen", so kann er dem Praxisteam folgende **Zielsetzung** verdeutlichen:

◢ Auch zukünftig werden dem Patienten gegenüber alle medizinisch notwendigen Leistungen, die durch den GKV-Leistungskatalog abgedeckt werden, als Kassenleistungen erbracht, ohne den GKV-Versicherten in Kommunikation und Service zu einem „Patienten 2. Klasse" zu degradieren.
◢ Darüber hinaus besteht aber die Aufgabe für alle Mitglieder des Praxisteams, im Interesse einer umfassenden Patientenversorgung darauf zu achten, dass bestehende Patientenbedürfnisse, die nicht mehr durch den GKV-Leistungskatalog abgedeckt werden, durch Selbstzahler bedient werden.
◢ Service und Augenmerk für Privatpatienten stehen dem nicht entgegen, jedoch sollte das Praxisteam die Privatpatienten nicht vor den Augen der Kassenpatienten durch vorgezogene Termine etc. bevorzugen. So bietet sich z.B. eine gesonderte privatärztliche Sprechstunde an, um beide Bereiche auch organisatorisch zu trennen. Dasselbe gilt für den Selbstzahlerbereich.
◢ Den einzelnen Teammitgliedern der Praxis muss bewusst sein, dass die Erbringung von honorarfreien Leistungen zulasten der Ertragslage der einzelnen Praxis geht und damit die Standortsicherung der Praxis mittelfristig gefährdet ist. Daher sollte die Einstellung auch in das Team getragen werden, dass durch das gemeinsame Engagement im Selbstzahler-Bereich zusätzliche Einnahmen erwirtschaftet werden, die zur Standortsicherung der Praxis und damit zur Siche-

rung der Arbeitsplätze in der Praxis beitragen.

Schritt 3

Unter Berücksichtigung der im ersten Schritt
ermittelten Praxis- und Wettbewerbsstruktur
werden die sinnvollen **Marketing-Maßnah-
men** im Detail individuell für jede Praxis
festgelegt. In diesem Zusammenhang sind
die relevanten Fragestellungen in Anlehnung an Meffert [1971] dargestellt:

Schritt 4

Zur Behauptung der Marktposition einer
Arztpraxis, wie sie ein Therapeut als Unternehmer stabilisieren bzw. ausbauen muss,
gehört es, dem Patienten die **Leistungsfähigkeit** des Praxisteams darzustellen. Grundsätzlich ist daher festzulegen, wie die Information über Leistungsspektrum und Service
der Praxis dem Patienten gegenüber zugänglich gemacht wird. In Diskussionen mit ärztlichen Kollegen zum Thema Werbung ist immer wieder der so oder ähnlich geäußerte
Vorbehalt zu vernehmen: „Ich bin doch Arzt
– und verkaufe doch keine Waschmaschine."
Dieser hier vertretene Grundsatz, kein Verkäufer von Konsumgütern zu sein, entspricht grundsätzlich der Realität des Arztberufes und sollte auch in der Zukunft eingehalten werden. Aber wie hat sich dann der
Arzt zu verstehen, der dem Patienten beispielsweise Selbstzahlerleistungen empfiehlt? Dem Grundsatz nach folgt der Arzt
dabei nur dem grundsätzlich geäußerten Bedürfnis der Patienten nach der Inanspruchnahme von besonderen gesundheitsbezoge-
nen ärztlichen Dienstleistungen.

Entsprechend der aktuellen Rechtsprechung darf ein Arzt die Patienten in seiner
Praxis sowie auf seiner Homepage im Internet über den Service seiner Praxis einschließlich der von ihm angebotenen ärztlichen
Leistungen informieren. Somit stehen dem
Arzt unter anderem die folgenden **Medien**
zur Verfügung:

◢ Broschüren
◢ Informationsblätter
◢ Informationsfilme
◢ Homepage sowie
◢ Informationsabende

Bei der Information über das Selbstzahlerleistungsspektrum einer Praxis ist auch der positive Effekt der Bewusstseinsbildung beim
Patienten für eine ganzheitliche Gesund-
heitsprävention zu sehen. Bei einigen Selbst-
zahler-Präventivleistungen, wie z.B. Sport-
check-Untersuchungen, stellt sich der kritische Betrachter vielleicht die Frage, inwieweit diese Handlungen aus ärztlicher Sicht
empfehlenswert sind oder nicht. Grundsätzlich liegt die Gesundheitserhaltung in der **Eigenverantwortung** des Patienten. Von daher ist es auch aus Sicht des Mediziners zu
begrüßen, wenn Patienten ihre körperliche
Belastbarkeit im Rahmen von Fitnesspro-
grammen überprüfen lassen. Auf diese Weise
lassen sich zumindest körperliche Überlas-
tungen und ggf. sogar damit verbundene
Grundschäden vermeiden.

Betrachten wir in diesem Zusammen-
hang die Selbstzahlerleistung Sportcheck-
Untersuchung an einem repräsentativen
Fallbeispiel.

Fallbeispiel
Patient, männlich, 42 Jahre, 1,78 m, 83
kg, Abitur, kaufmännische Ausbildung,
tätig als Abteilungsleiter im Einzelhan-
del; gesetzlich krankenversichert; ver-
heiratet, 2 Kinder (im Alter von 4 und 9
Jahren); Nichtraucher seit 3 Jahren, täg-
licher Alkoholkonsum 1/2 Flasche Wein,
bis dato keine regelmäßige sportliche
Betätigung; Ehefrau, 38 Jahre, kaufmännische Angestellte, halbtags berufstätig.
Der Patient, bei dem keine akuten oder
chronischen Erkrankungen bekannt
sind, wendet sich mit der Frage an seinen Hausarzt, inwieweit er sich im Rahmen seines angestrebten Fitnesspro-

Tab. 6.3: Sport-Check [aus: Hess, Klakow-Franck 2004]

GOÄ-Nr.	Legende	Einfachsatz €	Schwellenwert €
1	Beratung, auch telefonisch	4,66	10,72
606	Spiroergometrische Untersuchung	22,09	39,76
650	EKG, zur Kontrolle Rhythmusstörung/Verlauf/Notfall	8,86	15,95
oder 652	EKG in Ruhe/bei Ergometrie (mindestens 9 Ableitungen)	25,94	59,66
715 analog	(Motorisch-funktionelle Testverfahren/ Kraft-Ausdauer-Tests, noch überprüfen!)	12,82	29,49
3511	Teststreifenuntersuchung, je Untersuchung	2,91	3,35

gramms ohne Bedenken im Fitness-Studio „zweimal die Woche quälen könnte". In Anbetracht der Gesamtkonstellation würde es sich nun aus ärztlicher Sicht empfehlen, folgende Selbstzahlerleistungen anzubieten: Ganzkörperstatus, EKG in Ruhe sowie ein Belastungs-EKG.

Schritt 5

Der Arzt sollte aufmerksam beobachten, wie sich die **Wettbewerbssituation** in seinem Umfeld entwickelt. Darüber hinaus ist es wichtig, in regelmäßigen Abständen (z.B. quartalsweise bei der Abrechnung) zu prüfen, ob die Praxis Marktanteile beispielsweise im Privatversicherten- oder Selbstzahler-Bereich erhöhen, halten konnte oder vielleicht sogar verloren hat. Je nach Ergebnis sollte der Arzt durch gezielte Maßnahmen einer negativen Entwicklung gegensteuern; z.B. kann er die Serviceleistungen und die Abläufe in seiner Praxis überprüfen, Informationsabende zu Selbstzahlerleistungen organisieren, eine zusätzliche Abendsprechstunde für Privatpatienten einrichten etc.

6.9 Wie setze ich das Marketing-Konzept rechtssicher in die Praxis um? – Möglichkeiten und Grenzen

Udo Schmitz, Christopher F. Büll

Wenn Sie den Entschluss gefasst haben, ein auf Sie zugeschnittenes Marketing-Konzept oder einzelne Werbemaßnahmen in die Tat umzusetzen, handelt es sich dabei immer um eine Gratwanderung zwischen einer aussagekräftigen Außendarstellung und drohenden Wettbewerbsprozessen oder berufsgerichtlichen Verfahren im Fall der Überschreitung der rechtlich zulässigen Grenzen. Es gilt daher, nicht nur gute Ideen zu verwirklichen, sondern auch einige rechtliche Fallstricke zu beachten.

Diese ergeben sich daraus, dass Sie im Gegensatz zu den meisten anderen Unternehmern kein Gewerbetreibender sind, sondern gemäß § 1 Satz 2 und 3 der Musterberufsordnung für Ärzte (im Folgenden kurz MBO genannt) einen sog. **freien Beruf** ausüben und hierbei dem **ärztlichen Standesrecht** unterliegen, das in den von den jeweiligen Landesärztekammern erlassenen Berufsordnungen seine gesetzliche Ausprägung gefunden hat. Die jeweiligen Berufsordnungen wollen im Interesse des Schutzes der Volksgesundheit eine Verfälschung des ärztlichen Berufsbildes mittels Kommerzialisierung des Arztberufs durch Werbemethoden, wie sie in der gewerblichen Wirtschaft üblich sind, verhindern [Rieger 2001].

Sie unterliegen jeweils den berufsrechtlichen Regelungen des Landes, in dem Sie ärztlich tätig sind. Da viele Berufsordnungen der Länder ein genaues Abbild der vom Deutschen Ärztetag als Hauptversammlung der Bundesärztekammer verabschiedeten Musterberufsordnung darstellen, wird im Folgenden ausschließlich auf die Regelungen in dieser Musterberufsordnung für Ärzte (MBO) eingegangen. Dennoch entfaltet die MBO keine unmittelbaren Rechtswirkungen; jeder Arzt hat sich vielmehr an den Berufsordnungen seines Landes zu orientieren. Im Zweifel sollte die jeweilige Landesärztekammer konsultiert werden.

Die MBO stellt bereits in der Präambel klar [Musterberufsordnung 2004], dass es ihr vorrangiges Ziel ist,

- ◢ das Vertrauen zwischen Arzt und Patient zu erhalten und zu fördern,
- ◢ die Qualität der ärztlichen Tätigkeit im Interesse der Gesundheit der Bevölkerung sicherzustellen,
- ◢ die Freiheit und das Ansehen des Arztberufs zu wahren sowie
- ◢ berufswürdiges Verhalten zu fördern und berufsunwürdiges Verhalten zu verhindern.

Mit den drei Hauptanliegen der ärztlichen Berufsordnung – Patientenschutz, Reputationserhalt und Wettbewerbsschutz – müssen alle der von Ihnen ergriffenen Werbemaßnahmen in Einklang stehen.

6.9.1 Regelungen des ärztlichen Berufsrechts zur Zulässigkeit von Werbemaßnahmen

§ 27 MBO ist die Kernvorschrift, die sich mit der Zulässigkeit ärztlicher Werbemaßnah-men befasst. Im Jahre 2002 erhielt § 27 der MBO unter der Überschrift „Erlaubte Information und berufswidrige Werbung" den jetzt gültigen Wortlaut, den mittlerweile alle Berufsordnungen der Länder entweder unverändert oder nur mit geringen Ergänzungen übernommen haben. Während bis dahin die Berufsordnungen noch ein generelles Werbeverbot für Ärzte enthielten, das nur in Einzelfällen Ausnahmen zugelassen hatte, darf der Arzt heute werben, soweit die Werbung nicht berufswidrig ist (§ 27 Abs. 3 MBO). Damit hat eine Abkehr von dem ursprünglich generellen Werbeverbot mit sog. Erlaubnisvorbehalt für einzelne, gesetzlich festgelegte Fälle im ehemaligen Kapitel D. I. der MBO stattgefunden. Ersetzt wurde dieses generelle Werbeverbot durch eine **Werbeerlaubnis** mit sog. **Verbotsvorbehalt** im Falle der Berufswidrigkeit. Ein solcher Verbotsvorbehalt bedeutet nichts Anderes, als dass alle Werbemaßnahmen erlaubt sind, solange sie nicht gegen die berufsrechtlichen Vorschriften verstoßen bzw. hierdurch verboten worden sind. Es existiert nunmehr eine generalklauselartige Vorschrift, die Werbung grundsätzlich zulässt, jedoch einen bestimmten Rahmen vorgibt, der nicht verlassen werden darf.

Der nun beschrittene Weg führt mehr und mehr weg von einer strengen Reglementierung zu einer auf das Informationsbedürfnis und die Eigenverantwortung des Patienten ausgerichteten Abgrenzung zwischen erlaubter **sachlicher Information** und verbotener berufswidriger Werbung. Trotzdem steht der Schutz des Patienten vor der Kommerzialisierung des Arztberufs weiterhin im Mittelpunkt. Dies ist nunmehr in § 27 Abs. 1, Satz 1 MBO ausdrücklich dadurch klargestellt, dass bei jeder Werbemaßnahme die „[...] Gewährleistung des Patientenschutzes durch sachgerechte und angemessene Information" Beachtung finden muss. Dies unterstützt auch mittlerweile das Bundesverfassungsgericht, welches in einer neueren Entscheidung klargemacht hat, dass „für interessengerechte und sachangemessene Informationen, die keinen Irrtum erregen, im rechtlichen und geschäftlichen Verkehr Raum bleiben [muss]".

Ansonsten findet sich in den jeweiligen Berufsordnungen der Landesärztekammern eine dem § 27 MBO in vielen Fällen nahezu identische Vorschrift, die den Maßstab für sämtliche Werbemaßnahmen vorgibt.

§ 27 MBO in der Fassung des 105. DÄT aus dem Jahr 2002 lautet:
§ 27 Erlaubte Information und berufswidrige Werbung
(1) Zweck der nachstehenden Vorschriften der Berufsordnung ist die Gewährleistung des Patientenschutzes durch sachgerechte und angemessene Information und die Vermeidung einer dem Selbstverständnis des Arztes zuwiderlaufenden Kommerzialisierung des Arztberufs.
(2) Auf dieser Grundlage sind dem Arzt sachliche berufsbezogene Informationen gestattet.
(3) Berufswidrige Werbung ist dem Arzt untersagt. Berufswidrig ist insbesondere eine anpreisende, irreführende oder vergleichende Werbung. Der Arzt darf eine solche Werbung durch andere weder veranlassen noch dulden. Werbeverbote aufgrund anderer gesetzlicher Bestimmungen bleiben unberührt.
(4) Der Arzt kann
1. nach der Weiterbildungsordnung erworbene Bezeichnungen,
2. nach sonstigen öffentlich-rechtlichen Vorschriften erworbene Qualifikationen,
3. Tätigkeitsschwerpunkte und
4. organisatorische Hinweise
ankündigen.
Die nach Nr. 1 erworbenen Bezeichnungen dürfen nur in der nach der Weiterbildungsordnung zulässigen Form geführt werden. Ein Hinweis auf die verleihende Ärztekammer ist zulässig.
Andere Qualifikationen und Tätigkeitsschwerpunkte dürfen nur angekündigt werden, wenn diese Angaben nicht mit solchen nach geregeltem Weiterbildungsrecht erworbenen Qualifikationen verwechselt werden können.
(5) Die Angaben nach Absatz 4 Nr. 1 bis 3 sind nur zulässig, wenn der Arzt die umfassten Tätigkeiten nicht nur gelegentlich ausübt.
(6) Die Ärzte haben der Ärztekammer auf deren Verlangen die zur Prüfung der Voraussetzungen der Ankündigung erforderlichen Unterlagen vorzulegen. Die Ärztekammer ist befugt, ergänzende Auskünfte zu verlangen.

Die Frage, ob das Verhalten des Arztes im Einzelfall erlaubte Information oder berufswidrige Werbung darstellt, ist nunmehr in erster Linie nach Maßgabe des aktuellen § 27 MBO (bzw. des einschlägigen Paragraphen in den jeweiligen Landesberufsordnungen) zu bewerten. Daneben sind aber auch

◢ das Gesetz gegen den Unlauteren Wettbewerb (UWG),
◢ Spezialgesetze, wie z.B. das Gesetz über die Werbung auf dem Gebiete des Heilwesens – Heilmittelwerbegesetz (HWG), und
◢ die verfassungsrechtlichen Vorgaben im Grundgesetz

zu beachten (vgl. Kap. 6.9.4).

Abgrenzung Information – Werbung
Nach § 27 Abs. 2 und 3 MBO sind sachlich bezogene Informationen und nicht berufswidrige Werbung zulässig. Eine Abgrenzung zwischen (sachlich bezogener) Information und (berufswidriger) Werbung erweist sich jedoch meist als problematisch, da Werbung informieren kann und umgekehrt Informationen werben können. Zumeist wird eine

Gesamtabwägung stattfinden müssen, die sich an dem

◢ Informationsinhalt der Maßnahme,
◢ ihrer Darstellungsart und
◢ dem Medium (Werbeträger)

orientieren muss.

6.9.2 Berufswidrige Werbung gemäß MBO

Die regelmäßig schwierige und oftmals theoretische Abgrenzung zwischen sachlicher Information und Werbung wird in der Praxis von der Frage, ob eine Informations- oder Werbemaßnahme berufswidrig oder standesrechtskonform ist, verdrängt. Denn allein die Berufswidrigkeit entscheidet über die Zulässigkeit einer solchen Maßnahme.

Gemäß § 27 Abs. 3 MBO ist dem Arzt die berufswidrige Werbung untersagt. Eine solche Werbung darf der Arzt weder selbst initiieren noch durch andere veranlassen oder sie dulden. Berufswidrig ist nach dem Wortlaut der Musterberufsordnung insbesondere eine

◢ anpreisende,
◢ irreführende oder
◢ vergleichende

Werbung.

Über diese Formulierung hinaus trifft die MBO in ihrer aktuellen Fassung keine konkrete Aussage, wann die Grenze zur berufswidrigen Werbung überschritten ist.

Anpreisende Werbung

In den amtlichen Hinweisen und Erläuterungen der Bundesärztekammer zu § 27 MBO in seiner auf dem 105. Deutschen Ärztetag beschlossenen Form wird „anpreisend" definiert als „eine gesteigerte Form der Werbung, insbesondere eine solche mit reißerischen und marktschreierischen Mitteln."

Obwohl anpreisende Werbung im allgemeinen Geschäftsverkehr nicht wettbewerbswidrig und damit nicht verboten ist, soll anpreisende Werbung von Ärzten unter-

bunden werden. Dies wird zu Recht damit begründet, dass Ärzte **Dienste höherer Art** leisten und sie damit eine Vertrauensstellung ihren Patienten gegenüber einnehmen, bei der Anpreisungen der eigenen Person oder Tätigkeit deplatziert sind.

Als **Ausdrucksmittel** anpreisender Werbung kommen regelmäßig in Betracht

◢ Superlative („der beste Arzt auf dem Gebiet") oder
◢ die Herausstellung einzelner Worte als Blickfang („Spitzenmediziner", „Spezialist", „Top-Arzt").

Trotzdem können auch Begriffe gewählt werden, die der Herausstellung der Tätigkeit des Arztes dienen. Es ist dann aber zwingend zu beachten, dass dabei Inhalt, Bedeutung und Möglichkeiten der praktizierten Behandlung mit vermittelt werden. Entscheidend ist, dass die Information potenzieller Patienten über die Behandlungs- und Operationsmethoden im Vordergrund steht und die Hervorhebung des Arztes keinen wesentlichen Teil der Werbung ausmacht.

Zwei Gerichtsentscheidungen zu tatsächlichen Beispielen sollen diese Ausführungen illustrieren: Der erste Fall betraf einen Orthopäden, der im Rahmen von Anzeigen und Interviews unter anderem damit warb, die „unangefochtene Nr. 1 für Bandscheibenvorfälle" zu sein. Das BVerfG entschied nunmehr, dass bei überwiegend sachlicher zutreffender und dem Patienten verständlicher Informationswerbung über zudem noch weitgehend unbekannte Operationsmethoden ein Allgemeininteresse vorliegen würde. Die damit einhergehende anpreisende Image- bzw. Sympathiewerbung und Hervorhebung des Arztes in seiner Person sei daher zu vernachlässigen. Die Entscheidung wird vielfach missverstanden und ist gerade nicht – wie vielfach kommuniziert – als Freifahrtschein für anpreisende Werbung zu verstehen. Eine ausschließliche persönliche Hervorhebung des Arztes ist nach wie vor unzulässig. Doch besteht nunmehr zumindest die Möglichkeit, eine direkt persönlichkeitsbezogene Werbung zu betreiben, soweit sie nicht den Gesamtcharakter der Werbemaßnahme prägt.

In dieselbe Richtung geht auch eine aktuelle Entscheidung des OVG NRW. Hierin werden Formulierungen im Superlativ in Anzeigen und Interviews wie „modernste Geräte und Technik" oder „neuesten Stand der Technik" nicht als anpreisende Werbung eingestuft, da sich diese Aussagen alleine auf die Ausstattung der Praxis beziehen und dadurch nicht automatisch die ärztlichen Leistungen des Arztes hervorheben. Auch hier steht wieder der Gesamtcharakter der Werbemaßnahme im Vordergrund.

Dagegen wurde die Rechtsprechung zur Bezeichnung als Spezialist jüngst durch eine Entscheidung des OVG NRW vom 20.08. 2007 (AZ.: 13 B 503/07) nochmals bestätigt. In der Entscheidung, der die Bezeichnung eines Zahnarztes als „Spezialist für Kieferorthopädie" zugrunde lag, wurde wiederum festgestellt, dass dem Begriff des Spezialisten immanent ist, dass eine langjährige und umfassende Tätigkeit auf dem angegebenen Spezialgebiet mit diesbezüglichen Spezialkenntnissen theoretischer und praktischer Art vorliegt. Zudem müsse auch die Verwechslungsgefahr mit einer Facharztbezeichnung ausgeschlossen sein. Beides wurde im vorliegenden Fall verneint und das Führen einer solchen Bezeichnung damit als berufsrechtswidrig eingestuft.

> **Praxistipp**
> Humorvolle Begriffe oder sloganähnliche Aussagen, die nicht zusätzlich irreführend und/oder Erfolg versprechend sind, sind nicht anpreisend und damit auch unter Ärzten zulässig.

Irreführende Werbung

Irreführend ist eine Werbung nach den Erläuterungen der Bundesärztekammer, wenn sie „Angaben enthält, die geeignet sind, potenzielle Patienten über die Person des Arztes, über die Praxis und über die Behandlung zu täuschen und Fehlvorstellungen von maßgeblicher Bedeutung für die Wahl des Arztes hervorzurufen". Dies könne u.a. durch mehrdeutige, unvollständige und unklare Angaben, aber auch durch verschwiegene Tatsachen geschehen (so z.B. durch Irreführung und Täuschung über eine medizinische Exklusivität).

Vergleichende Werbung

Vergleichend ist nach § 6 Abs. 1 des Gesetzes gegen den Unlauteren Wettbewerb (UWG) „jede Werbung, die unmittelbar oder mittelbar (zumindest) einen Mitbewerber oder die von einem Mitbewerber angebotenen Waren oder Dienstleistungen erkennbar macht".

Im Gegensatz zum allgemeinen Geschäftsverkehr ist vergleichende Werbung unter Ärzten **stets verboten**, unabhängig davon, ob diese Werbung objektiv nachprüfbar und weder herabsetzend noch irreführend ist. Sowohl ist es dem Arzt untersagt, in seiner Werbung persönliche Vergleiche zu ziehen, indem auf die persönlichen Eigenschaften und Verhältnisse ärztlicher Kollegen abgestellt wird, als auch auf die Arztpraxis oder die Behandlungsweise anderer Ärzte Bezug zu nehmen. Letzteres geschieht entweder in negativer Form, um Kollegen in der Vorstellung des Patienten herabzusetzen, oder in positiver Form, um deren Vorzüge als eigenen Vorteil zu nutzen.

Über die Charakteristik „anpreisend, irreführend oder vergleichend" hinaus trifft die MBO in ihrer aktuellen Fassung keine konkrete Aussage, wann die Grenze zur berufswidrigen Werbung überschritten ist. Stattdessen bedarf es stets einer Gesamtabwägung im jeweiligen Fall, sofern insbesondere keine zulässigen Maßnahmen nach § 27 Abs. 4 MBO vorliegen (vgl. Kap. 6.9.3).

Bei dieser Gesamtabwägung ist einerseits zu berücksichtigen, ob die sachliche Information oder der bloße Werbeeffekt im Vordergrund steht, andererseits muss hier die Tatsache Beachtung finden, dass das Informationsbedürfnis des Patienten mit zunehmender Entwicklung, Diversifizierung und Spezifizierung der Medizin rapide zunimmt, während die Transparenz des ärztlichen Leistungsangebots im gleichen Maße abnimmt. Wer dafür Sorge tragen will, dass der Patient frei entscheiden kann, welchen Arzt er konsultiert, der muss sicherstellen, dass der Patient umfassend darüber informiert ist, welche Leistungen der jeweilige Arzt für ihn in welcher Qualität erbringen kann.

6.9.3 Erlaubte Bezeichnungen und Hinweise gemäß MBO

Nach § 27 Abs. 4 der MBO dürfen Sie als Arzt dem Patienten und sonstigen Dritten ohne Weiteres **folgende Informationen** mitteilen, ohne sich dem Vorwurf der berufswidrigen Werbung nach § 27 Abs. 3 MBO auszusetzen:

◢ Nach der Weiterbildungsordnung (WBO) erworbene Bezeichnungen (in der nach der Weiterbildungsordnung zulässigen Form)
◢ Nach sonstigen öffentlich-rechtlichen Vorschriften erworbene Qualifikationen
◢ Tätigkeitsschwerpunkte
◢ Organisatorische Hinweise (selbstverständlich ohne anpreisenden, irreführenden oder vergleichenden Charakter)

Nach der Weiterbildungsordnung erworbene Bezeichnungen
Nach der Weiterbildungsordnung erworbene Bezeichnungen sind in erster Linie die von der zuständigen Ärztekammer nach der jeweiligen Weiterbildungsordnung zuerkannten Gebiets-, Schwerpunkt-, oder Zusatzbezeichnungen. Wer mehrere Facharztbezeichnungen erworben hat, darf diese grundsätzlich alle ankündigen. Dazu kommen nunmehr

auch bisher nicht führungsfähige fakultative Weiterbildungen und Qualifikationen, die nach Inkrafttreten der neuen WBO Ende 2005 nunmehr als Schwerpunktkompetenzen und Zusatz-Weiterbildungen bezeichnet werden, soweit dies in der nach der Weiterbildungsordnung zulässigen Form geschieht. Ein zusätzlicher Hinweis auf die verleihende Ärztekammer ist dabei zulässig, § 27 Abs. 4, Satz 3 MBO. Es ist bei Gemeinschaftspraxen darauf zu achten, dass die jeweils verliehenen Bezeichnungen dem entsprechenden Arzt zugeordnet werden können.

Nach sonstigen öffentlich-rechtlichen Vorschriften erworbene Qualifikationen
Nach sonstigen öffentlich-rechtlichen Vorschriften erworbene Qualifikationen sind in erster Linie Zertifikate der Ärztekammern (z.B. Akupunktur) sowie Qualifikationen, die nach dem SGB V erworben worden sind. Dabei handelt es sich um genehmigungspflichtige Leistungen wie z.B. Kernspintomografie, Schlafapnoe, LDL-Elimination, arthroskopische Operationen und Stoßwellenlithotripsie, also um solche Qualifikationen, hinsichtlich derer ein besonderes Informationsinteresse der Patienten ohne Irreführungsgefahr besteht.

Tätigkeitsschwerpunkte
Tätigkeitsschwerpunkte sind Leistungen des Arztes, die nicht nur gelegentlich erbracht und enger als die Gebietsbezeichnung nach der Weiterbildungsordnung definiert werden können. Ankündigungen von Tätigkeitsschwerpunkten sind uneingeschränkt zulässig, wenn sie einen konkreten Bezug zur Facharzt- oder Schwerpunktbezeichnung haben, diese zulässigerweise konkretisieren oder präzisieren und damit zum Kernbereich der erworbenen Qualifikation gehören. Bei Tätigkeitsschwerpunkten, nicht auf den bereits erworbenen Qualifikationen nach der WBO beruhen, sondern sich auf gebietsfremde weitere ärztliche Leistungen beziehen, be-

darf es eines überprüfbaren besonderen Kenntnisstandes, der belegbar ist durch entsprechende Praxis, Fortbildungsveranstaltungen, vertiefende Veranstaltungen im Studium, Auslandsaufenthalte und/oder Veröffentlichungen in Fachzeitschriften. Nur so könne gewährleistet werden, dass der Arzt die angegebenen Tätigkeitsschwerpunkte tatsächlich besser beherrscht als der Durchschnitt seiner Berufskollegen. Die Berufsordnungen in Nordrhein und Bayern z.B. knüpfen die besondere Sachkunde an eine nachprüfbare mindestens zweijährige Tätigkeit in erheblichem Umfang. Eine zahlenmäßige Beschränkung auf drei Schwerpunktangaben ist in der aktuellen MBO im Gegensatz zu dem aufgehobenen Kapitel D. I. Nr. 5 Abs. 2a der MBO 2000 nicht mehr vorgesehen. Ein Missbrauch wird zukünftig jedoch nicht zu erwarten sein, da die Schwerpunkttätigkeiten gemäß § 27 Abs. 5 MBO nicht nur gelegentlich ausgeübt werden dürfen, was nach Auffassung der BÄK unter Hinweis auf eine Entscheidung des Bundesverfassungsgerichts immer dann der Fall ist, wenn die Tätigkeiten mehr als 20% der Gesamtleistung ausmachen. Die Angabe von mehr als fünf Schwerpunkten wird damit keinesfalls zulässig sein. In § 27 Abs. 4 der Berufsordnung in Nordrhein z.B. ist dagegen bereits eine strikte Grenze bei drei besonderen Leistungsangeboten gezogen worden. Zusätzlich sollen diese Tätigkeitsschwerpunkte in Nordrhein auch noch mit dem Zusatz „nach eigenen Angaben" versehen werden müssen.

Gemäß § 27 Abs. 4 Satz 3 MBO dürfen Tätigkeitsschwerpunkte genau wie die nach sonstigen öffentlich-rechtlichen Vorschriften erworbenen Qualifikationen aber nur angekündigt werden, wenn und soweit diese Angaben nicht mit solchen nach geregeltem Weiterbildungsrecht erworbenen Qualifikationen verwechselt werden können. Eine solche Verwechslungsgefahr bergen z.B. zertifizierte Fortbildungen oder besondere Ärztekammer-Diplome. Eine Irreführung der Patienten muss der betroffene Arzt durch deutliche Unterscheidung vermeiden. So darf z.B. ein Zahnarzt, der nicht Facharzt für Kieferchirurgie ist, nicht die Kammerzertifikate „Zahnärztliche Chirurgie" und „Kieferorthopädie" führen. Bei einer Gemeinschaftspraxis ist zudem darauf zu achten, dass die jeweiligen Tätigkeitsschwerpunkte auch dem Arzt zugeordnet werden, der diese auch tatsächlich ausübt. So sollte vermieden werden, dass auf dem Briefbogen oder dem Praxisschild alle Tätigkeitsschwerpunkte unter den beiden Namen der Ärzte aufgelistet werden, wenn nicht auch beide Leistungen aus diesen Bereichen erbringen.

Organisatorische Hinweise

Auch organisatorische Hinweise dürfen nach Maßgabe des § 27 Abs. 3 MBO nicht irreführend, anpreisend oder vergleichend sein. Danach kann der Arzt u.a. auf seinem Praxisschild oder der Homepage die folgenden Hinweise ohne Verletzung berufsrechtlicher Pflichten ankündigen, soweit deren tatsächliche und rechtliche Voraussetzungen gegeben sind:

- Zulassung zu den Krankenkassen
- Hausärztliche Versorgung/Hausarzt
- Durchgangsarzt oder D-Arzt, H-Arzt
- Dialyse
- Zugehörigkeit zu einem Praxisverbund
- Bereitschaftsdienst oder Notfallpraxis
- Belegarzt im X-Hospital
- Ambulante Operationen
- Praxisklinik
- Lehrpraxis der Universität „Musterstadt"

Organisatorische Hinweise können aber auch

- die Lage und Erreichbarkeit der Praxis (z.B. Parkplätze vorhanden),
- die Ausstattung (z.B. behindertengerecht, rollstuhlgerecht) oder
- die Abläufe in der Praxis (z.B. Praxisorganisation zertifiziert nach ...)

betreffen.

6.9.4 Werbeverbote in anderen Gesetzen

Nach § 27 Abs. 3 Satz 4 der MBO sollen Werbeverbote anderer gesetzlicher Bestimmungen von den Regelungen der MBO unberührt bleiben. Daher sind neben den Vorschriften der jeweils einschlägigen **Berufsordnung** insbesondere

◢ das Gesetz gegen den Unlauteren Wettbewerb (UWG) sowie

◢ das Gesetz über die Werbung auf dem Gebiete des Heilwesens – Heilmittelwerbegesetz (HWG)

bei der Frage der Zulässigkeit einer Werbemaßnahme zu beachten.

Heilmittelwerbegesetz (HWG)

Das Heilmittelwerbegesetz regelt die Werbevorschriften für alle Angehörigen der Heilberufe und gilt damit auch für Ärzte. Vorrangiges Ziel dieses Gesetzes ist es, das Publikum vor unrichtiger respektiver unsachlicher Beeinflussung gerade im heiklen Bereich der Heilmittelwerbung zu bewahren.

> **Es findet gem. § 1 HWG Anwendung auf:**
> 1. Arzneimittel im Sinne des § 2 des Arzneimittelgesetzes,
> 1a. Medizinprodukte im Sinne des § 3 des Medizinproduktegesetzes,
> 2. andere Mittel, Verfahren, Behandlungen und Gegenstände, soweit sich die Werbeaussage auf die Erkennung, Beseitigung oder Linderung von Krankheiten, Leiden, Körperschäden oder krankhaften Beschwerden bei Mensch oder Tier bezieht, sowie operative plastisch-chirurgische Eingriffe, soweit sich die Werbeaussage auf die Veränderung des menschlichen Körpers ohne medizinische Notwendigkeit bezieht.

Andere Mittel im Sinne dieses Gesetzes sind „kosmetische Mittel" im Sinne des § 2 Abs. 5

des Lebensmittel-, Bedarfsgegenstände- und Futtermittelgesetzes (LFGB). Gegenstände im Sinne dieses Gesetzes sind auch Gegenstände zur Körperpflege im Sinne des § 2 Abs. 6 Nr. 4 LFGB. Das Heilmittelwerbegesetz findet danach immer dann auf Ärzte Anwendung, wenn sich die Werbemaßnahme des Arztes nicht auf seine Arztpraxis als solche im Sinne einer Unternehmens-, Image- bzw. Vertrauenswerbung bezieht, sondern wenn es um die Bewerbung eines konkreten medizinischen Verfahrens oder einer ärztlichen Behandlungsmaßnahme im Sinne einer Absatzwerbung geht. Obwohl § 1 HWG dies nicht ausdrücklich anspricht, gelten die Vorschriften des HWG nicht nur für alle ärztlichen Therapiemaßnahmen, sondern auch für alle Maßnahmen im Bereich der Prävention. Damit findet das HWG auf das gesamte ärztliche Tätigkeitsspektrum Anwendung.

Das HWG unterscheidet strikt zwischen Werbemaßnahmen innerhalb oder außerhalb der sog. Fachkreise.

> **Fachkreise** im Sinne von § 2 des Gesetzes sind
> „Angehörige der Heilberufe oder des Heilgewerbes, Einrichtungen, die der Gesundheit von Mensch oder Tier dienen, oder sonstige Personen, soweit sie mit Arzneimitteln, Medizinprodukten, Verfahren, Behandlungen, Gegenständen oder anderen Mitteln erlaubterweise Handel treiben oder sie in Ausübung ihres Berufes anwenden."

Zu den Fachkreisen zählen daher z.B. alle Ärzte, Heilpraktiker, Krankenhäuser, Apotheker, Rehabilitationseinrichtungen und Krankenschwestern. Da Mitglieder dieser Berufsgruppen über die erforderliche Fachkunde verfügen, um die beworbene Maßnahme oder das angepriesene medizinische Verfahren objektiv zu bewerten, ist das Schutzbedürfnis dieser Personengruppen gering. Hier steht vielmehr der Informationsbedarf im Vordergrund.

Der Patient gehört gerade nicht zum Fachkreis im Sinne des HWG. Aus diesem Grund haben Sie als niedergelassener Arzt vor allem die für die Publikumswerbung relevanten §§ 11 und 12 HWG zu beachten.

Nach § 11 HWG darf außerhalb der Fachkreise bei der Bewerbung eines konkreten medizinischen Verfahrens z.B. nicht geworben werden

◢ mit Gutachten, Zeugnissen, wissenschaftlichen oder fachlichen Veröffentlichungen sowie mit Hinweisen darauf,

◢ mit Angaben, dass das Arzneimittel, das Verfahren, die Behandlung, der Gegenstand oder das andere Mittel ärztlich, zahnärztlich, tierärztlich oder anderweitig fachlich empfohlen oder geprüft ist oder angewendet wird,

◢ mit der Wiedergabe von Krankengeschichten sowie Hinweisen darauf,

◢ mit der **bildlichen Darstellung von Angehörigen der Heilberufe und medizinischen Fachberufen in der Berufskleidung oder bei der Ausübung der Tätigkeit,**

◢ mit der bildlichen Darstellung von Veränderungen des menschlichen Körpers oder seiner Teile durch Krankheiten, Leiden oder Körperschäden,

◢ mit der bildlichen Darstellung der Wirkung eines Arzneimittels, eines Verfahrens, einer Behandlung, eines Gegenstandes oder eines anderen Mittels durch vergleichende Darstellung der Körperzustandes oder des **Aussehens vor und nach seiner Anwendung,**

◢ mit der bildlichen Darstellung des Wirkungsvorganges eines Arzneimittels, eines Verfahrens, einer Behandlung, eines Gegenstandes oder eines anderen Mittels am menschlichen Körper oder seinen Teilen,

◢ mit fremd- oder fachsprachlichen Bezeichnungen, soweit sie nicht in den allgemeinen deutschen Sprachgebrauch eingegangen sind,

◢ mit einer Werbeaussage, die geeignet ist, Angstgefühle hervorzurufen oder auszunutzen,

◢ durch Werbevorträge, mit denen ein Feilbieten oder eine Entgegennahme von Anschriften verbunden ist,

◢ mit Veröffentlichungen, deren Werbezweck missverständlich oder nicht deutlich erkennbar ist,

◢ mit Veröffentlichungen, die dazu anleiten, bestimmte Krankheiten, Leiden, Körperschäden oder krankhafte Beschwerden beim Menschen selbst zu erkennen und mit den in der Werbung bezeichneten Arzneimitteln, Gegenständen, Verfahren, Behandlungen oder anderen Mitteln zu behandeln, sowie mit entsprechenden Anleitungen in audiovisuellen Medien,

◢ mit Äußerungen Dritter, insbesondere mit Dank-, Anerkennungs- oder Empfehlungsschreiben, oder mit Hinweisen auf solche Äußerungen,

◢ mit Werbemaßnahmen, die sich ausschließlich oder überwiegend an Kinder unter 14 Jahren richten,

◢ mit Preisausschreiben, Verlosungen oder anderen Verfahren, deren Ergebnis vom Zufall abhängig ist,

◢ durch die (nicht verlangte) Abgabe von Mustern oder Proben von Arzneimitteln oder durch Gutscheine dafür.

Verboten ist gemäß § 12 HWG auch die Werbung für Arzneimittel, Verfahren und Behandlungen, die auf die Erkennung, Verhütung, Beseitigung oder Linderung von

◢ nach dem Infektionsschutzgesetz meldepflichtigen, durch Krankheitserreger verursachten Krankheiten oder durch meldepflichtige Krankheitserreger verursachte Infektionen,

◢ bösartigen Neubildungen,

◢ Suchtkrankheiten, ausgenommen Nikotinabhängigkeit,

◢ krankhafte Komplikationen der Schwangerschaft, der Entbindung und des Wochenbetts

abzielen.

Werbung für Verfahren oder Behandlungen in Heilbädern, Kurorten und Kuranstalten ist in § 12 Abs. 2 HWG von diesem Verbot ausdrücklich ausgenommen.

Nicht nur außerhalb der Fachkreise, also gegenüber (potenziellen) Patienten, sondern auch innerhalb der Fachkreise im Sinne des § 2 HWG ist eine irreführende Werbung nach § 3 HWG stets unzulässig.

Nach § 3 HWG liegt eine irreführende Werbung insbesondere dann vor,

1. wenn Arzneimitteln, Medizinprodukten, Verfahren, Behandlungen, Gegenständen oder anderen Mitteln eine therapeutische Wirksamkeit oder Wirkungen beigelegt werden, die sie nicht haben,

2. wenn fälschlich der Eindruck erweckt wird, dass
   a) ein Erfolg mit Sicherheit erwartet werden kann,
   b) bei bestimmungsgemäßem oder längerem Gebrauch keine schädlichen Wirkungen eintreten,
   c) die Werbung nicht zu Zwecken des Wettbewerbs veranstaltet wird,

3. wenn unwahre oder zur Täuschung geeignete Angaben
   a) über die Zusammensetzung oder Beschaffenheit von Arzneimitteln, Medizinprodukten, Gegenständen oder anderen Mitteln oder über die Art und Weise der Verfahren oder Behandlungen oder
   b) über die Person, Vorbildung, Befähigung oder Erfolg des Herstellers, Erfinders oder der für sie tätigen oder tätig gewesenen Personen gemacht werden.

Anerkannt ist aber, dass Werbung, die nach der ärztlichen Berufsordnung zulässig ist, nach dem UWG oder dem HWG nicht unzu-

lässig sein kann. Ein Arzt, der sich standesrechtskonform verhält, handelt nicht unlauter im Sinne des UWG, und ein Arzt, der standesrechtskonform Patienten veranlasst, sich in seine ärztliche Behandlung zu begeben, handelt nicht zuwider des Schutzzwecks des HWG, da das HWG gerade sicherstellen soll, dass sich Patienten in ärztliche Behandlung begeben und sich nicht fachunkundigen Personen ausliefern.

Das HWG hat insoweit eine aktuelle Änderung erfahren, als dass es nunmehr auch für Werbung für operative plastisch-chirurgische Eingriffe gelten soll, soweit sich die jeweilige Werbeaussage auf die Veränderung des menschlichen Körpers ohne medizinische Notwendigkeit bezieht. Mit dieser Regelung muss auch die Werbung für operative kosmetische Eingriffe nunmehr an den Beschränkungen des HWG gemessen werden. Darunter fällt vor allem die Werbung mit sog. Vorher-Nachher-Bildern, die nach dem HWG nicht zulässig ist. Daher wird sicherlich für Ärzte, die im schönheitschirurgischen Bereich tätig sind, die Notwendigkeit bestehen, die Bewerbung ihrer Praxen oder Kliniken vollkommen neu zu gestalten, wobei die Begründung der Gesetzesänderung hier einen gewissen Spielraum offen lässt.

Vorsicht ist auch wieder bei der Werbung mit Behandlungsmethoden unter gleichzeitiger Nennung eines Medikaments geboten. So hatte das Bundesverfassungsgericht noch im Jahre 2004 die Werbung eines Arztes für die Faltenunterspritzung mit Botox für zulässig erachtet. Das OLG Frankfurt ist von diesem Grundsatz abgewichen (Urt. v. 31.08. 2006, 6 U 118/05). In dem konkreten Fall hatte eine Ärztin in Rahmen einer Anzeige für kosmetische Behandlungsmethoden auch auf die Faltenbehandlung mittels Botox hingewiesen. Das Gericht kam zu der Auffassung, dass hierdurch in unzulässiger Weise für ein Arzneimittel geworben und damit auch der Absatz des Produktes gefördert würde. Grundsätzlich ist die Werbung für Arzneimittel nur gegenüber Ärzten und Apothekern zulässig, sodass eine solche Anzeige, ohne ausdrückliche Hinweise auf die medizinischen Befähigungen und ohne sachliche Aufklärung über die Technik und Wirkungsweise dieser Faltenbehandlung, gegen das HWG verstoße.

Gesetz gegen den Unlauteren Wettbewerb (UWG)

Eine Werbemaßnahme kann schließlich auch gegen das Gesetz gegen den Unlauteren Wettbewerb (UWG) verstoßen. Das UWG dient der Wahrung der Lauterkeit des Wettbewerbs. Nach dem UWG sind gem. § 3 UWG solche Wettbewerbshandlungen unzulässig, die geeignet sind, den Wettbewerb zum Nachteil der Mitbewerber, der Verbraucher oder der sonstigen Marktteilnehmer nicht nur unerheblich zu beeinträchtigen. Derjenige, der solche Handlungen vornimmt, kann auf Unterlassung, Schadensersatz und Gewinnabschöpfung in Anspruch genommen werden.

Das Gesetz führt in den §§ 4 bis 7 Beispiele für unzulässige Wettbewerbshandlungen auf. Daneben haben sich aber nach der geltenden höchstrichterlichen Rechtsprechung auch weitere Einzelfälle herausgebildet, die schon per se als unzulässige Wettbewerbshandlungen zu qualifizieren sind.

Darunter fallen folgende hervorzuhebende Fallgruppen:

- Kundenfang, § 4 Nr. 1 bis 6, § 7 UWG durch
  - Täuschung,
  - Nötigung,
  - Belästigung,
  - Bestechung,
  - Verlockung,
  - Ausnutzen von Gefühlen oder
  - Laienwerbung, d.h. Werbung z.B. durch eigene Patienten.
- Behinderungswettbewerb (z.B. durch Rufschädigung oder gezielte Behinderung des Konkurrenten), § 4 Nr. 7, 8, 10 UWG

- Ausbeutung des Rufs oder der Leistungen anderer durch unrechtmäßige Nachahmung, § 4 Nr. 9 UWG

Daneben verbietet § 5 UWG, im geschäftlichen Verkehr zu Zwecken des Wettbewerbs irreführende Angaben zu machen und wiederholt damit das auch in § 27 Abs. 3 der MBO ausgesprochene Verbot, durch irreführende Angaben in berufswidriger Weise zu werben. Klassische Beispiele sind u.a. die Bezeichnung einer Einzel- oder kleinen Gemeinschaftspraxis als

- Zentrum für Rehabilitation,
- Institut für Herz- und Kreislaufkrankheiten,
- Augenärztliche Abteilung,
- Fachpraxis für Sportmedizin.

Es sei nochmals betont, dass ein Verstoß gegen die Regeln des Gesetzes gegen den Unlauteren Wettbewerb in keinem Falle vorliegt, wenn der Arzt in nicht irreführender Weise interessengerechte und sachangemessene Informationen ohne berufsrechtswidrige Werbung verbreitet und damit nicht gegen die Regeln des Standesrechts verstößt. Insofern brauchen Sie sich bei der Wahl der Werbemaßnahme nicht doppelt abzusichern.

6.9.5 Zulässigkeit einzelner Werbemedien

Anzeigen/Inserate

Anzeigen und Inserate sind nach der Reform des ärztlichen Werberechts durch die Änderungen der Musterberufsordnung von 2002 **zulässig**, sofern sie nicht nach Form, Häufigkeit oder Inhalt übertrieben wirken und damit anpreisenden Charakter haben.

Unzulässig sind z.B. wegen ihres anpreisenden Charakters die folgenden Anzeigentexte:

- „Spezialist für Magen- und Darmbeschwerden" (Anpreisung des Arztes)

◢ „Neuartige Aknebehandlung" (Anpreisung der ärztlichen Leistung)

Dies gilt jedoch nur dann, wenn diese Anzeigentexte separat und als Schlagwort im Vordergrund der Werbemaßnahme stehen. Die Verbindung mit einem sachlichen Informationsgehalt ist dagegen zulässig.

Besondere Anlässe, z.B. Niederlassung, längere krankheitsbedingte Abwesenheit oder Praxisverlegung, sind heute nicht mehr Voraussetzung, um eine Anzeige schalten zu können. Auch die zeitlichen und zahlenmäßigen Reglementierungen – maximal drei Anzeigen innerhalb von drei Monaten zur Bekanntgabe der Niederlassung oder der Aufnahme der vertragsärztlichen Tätigkeit – sind aufgehoben worden.

In der Zeitungsanzeige dürfen Sie auch auf Ihr ärztliches Leistungsspektrum und in sachlicher Form auf besondere von Ihnen erbrachte Behandlungsmethoden hinweisen. Eine Zeitungsanzeige darf auch Lichtbilder von Ihnen und Ihrem nicht ärztlichen Personal enthalten. Die Rechtsprechung hat jedoch nunmehr die Werbemöglichkeiten in dieser Form erweitert. Sie hat § 11 Abs. 1 Nr. 4 des Heilmittelwerbegesetzes (HWG) nicht mehr so restriktiv ausgelegt. Vielmehr soll die Werbung für Arzneimittel oder ärztliche Behandlungen durch die bildliche Darstellung von Ärzten in Berufskleidung nun zulässig sein. War es früher nicht erlaubt, mit Bildern, die den Arzt im **weißen Kittel** zeigen, zu werben, ist dies nunmehr nach einem Urteil des BGH vom 01.03.2007 (Az.: I ZR 51/04) möglich. Das Urteil legt den Grundsatz fest, dass die Ärztekammern für die Untersagung der Werbung in dieser Form nachweisen müssen, dass damit der Patient unsachlich beeinflusst und dadurch zumindest eine mittelbare Gesundheitsgefährdung bewirkt werde. In den meisten Fällen ist es geradezu absurd, der bloßen Abbildung eines Arztes im Kittel eine gesundheitsgefährdende Wirkung zuzumessen. Es ist daher davon auszugehen, dass sämtli-

che bildlichen Darstellungen im weißen Kittel – auch bei den Internetauftritten – nicht mehr beanstandet werden. Allein Werbung in Berufskleidung, die zu einer gefährlichen Selbstmedikation der Patienten anregt, wird hier zu einem Verbot führen.

Patienteninformationen, Praxisbroschüren und Rundschreiben an Patienten
Nach dem aktuellen Stand der Musterberufsordnung (MBO) sind innerhalb der Arztpraxis ausgelegte Broschüren, Praxiszeitungen, Patienteninformationen, Flyer und Visitenkarten sowie ähnliche Unterlagen zum Zwecke der Information der Patienten **grundsätzlich erlaubt**. Der Inhalt dieser Patienteninformationen muss sich nach § 27 Abs. 2 und 3 MBO richten. Sachliche, berufsbezogene Informationen und nicht berufswidrige Werbung sind dem Arzt hier gestattet. Sie sollten sich aber jeder Maßnahme enthalten, die dabei den Tatbestand der berufswidrigen Werbung erfüllen könnte.

Nach Ansicht der Bundesärztekammer sind jedoch ärztliche Rundschreiben mit Informationsmaterial, die auf dem Postweg versandt werden, berufswidrige und damit unzulässige Werbemaßnahmen, unabhängig davon, ob sie nur an bereits bestehende Patienten oder auch an Nichtpatienten gesendet werden. Ob die Gerichte diese Auffassung teilen werden, wird sich zeigen, denn der Empfänger – egal ob Patient oder nicht – wird durch solche postalischen Werbebriefe nicht unmittelbar in seiner Privatsphäre betroffen [Bahner 2003]. Er kann – ohne direkten Einfluss des Absenders – vom Inhalt der Postwurfsendung Kenntnis nehmen oder sie sofort wegwerfen.

Die Grenze zum unzulässigen Kommunikationsmittel dürfte aber zumindest dann überschritten sein, wenn die Werbemaßnahme so aufdringlich ist, dass sich der Patient ihr nicht mehr entziehen kann. Gemäß § 7 Abs. 2 des Gesetzes gegen den Unlauteren Wettbewerb (UWG) können insbesondere an

Patienten und Nichtpatienten gerichtete E-Mails, Faxe und SMS-Nachrichten, die ihnen ohne ihre Einwilligung zugesendet werden, unabhängig vom Inhalt der Nachricht als unzumutbare Belästigung eingestuft werden und sind damit sowohl standesrechtlich als auch wettbewerbsrechtlich unzulässig.

Auch ausgelegte Hinweise auf die eigene Tätigkeit/Praxis bei anderen Leistungserbringern im Gesundheitswesen (z.B. in Apotheken, Fitness- und Wellness-Einrichtungen oder Massagepraxen) sind nach Ansicht der Bundesärztekammer genauso wie eigene Zeitungsbeilagen des Arztes als berufswidrige Werbung einzustufen. Für den stationären Bereich gibt jedoch eine Entscheidung des Bundesverfassungsgerichts aus dem Jahre 2002, nach der Klinikbroschüren in Fitnessstudios und ähnlichen Einrichtungen ausgelegt sowie der Sommer- und Winterbroschüre eines Sportveranstalters beigelegt werden dürfen, eine andere Tendenz vor. Klinikwerbung dieser Art wird vom Bundesverfassungsgericht als „weder ungewöhnlich noch aufdringlich" angesehen (BVerfG, Beschluss v. 08.01.2002 – 1 BvR 1147/01). Da es sich hierbei um eine grundsätzliche Aussage zu Werbemaßnahmen im medizinischen Bereich handelt, dürften auch im ambulanten Sektor derartige Flyer-Aktionen zulässig sein. Vorsicht ist aber aus berufs- und wettbewerbsrechtlicher Sicht im Zusammenhang mit der Überlassung von Praxisbroschüren oder Flyern auch dann geboten, wenn in dem Flyer z.B. bestimmte Apotheken oder sonstige Gesundheits-Dienstleister beworben werden. Darin kann ein manipulatives Element gegenüber dem Patienten jenseits der schlichten Information gesehen werden. In einem Sachverhalt, den das OLG Saarbrücken (Urteil vom 13.06.2007, Az.: 1 U 81/07-25) zu entscheiden hatte, wurde eine solche Manipulation bejaht, da der Arzt in seinem Flyer eine Internet-Apotheke beworben hatte und medizinische Gründe für diese Empfehlung nicht erkennbar waren.

Homepage

Da die Übermittlung und Veröffentlichung sachlicher Informationen nicht mehr auf bestimmte Werbeträger begrenzt ist, dürfen Sie sich und Ihre Praxis auf einer eigenen Homepage vorstellen. Der Inhalt Ihrer Internetseite darf dabei jedoch insbesondere nicht den Vorschriften der Berufsordnung, des Heilmittelwerbegesetzes und des Gesetzes gegen den Unlauteren Wettbewerb zuwiderlaufen.

Danach dürfen Sie auf Ihrer Internetseite alle Bezeichnungen aufnehmen, die auch auf dem Praxisschild, den Briefbögen, Rezepten, Visitenkarten und in sonstigem Schriftverkehr nach Maßgabe der Berufsordnung geführt werden dürfen. Sachliche, berufsbezogene Informationen sind damit genauso zulässig wie Werbemaßnahmen, die nicht berufswidrig im Sinne des § 27 Abs. 2 und 3 MBO sind. Die unter Kapitel 6.9.3 dargestellten Bezeichnungen und Hinweise nach § 27 Abs. 4 MBO können selbstverständlich ebenfalls in eine Homepage aufgenommen werden, sofern die Voraussetzungen des § 27 Abs. 5 MBO erfüllt sind.

Darüber hinaus stellt die Darstellung Ihres ärztlichen Dienstleistungsangebots einen sog. elektronischen Informationsdienst im Sinne des **Telemediengesetzes (TMG)** dar. Als Diensteanbieter unterliegen Sie damit zusätzlichen allgemeinen Informationspflichten nach § 5 TMG. Im Rahmen des ärztlichen Internetauftritts sind auch weiterhin bestimmte Informationen leicht erkennbar, unmittelbar erreichbar und ständig verfügbar zu halten. Diese müssen im Impressum aufgeführt sein und von der Startseite sowie zusätzlich von jeder einzelnen Ebene der Homepage erreichbar sein (s. Tab. 6.4). Neu ist auch die besondere Kennzeichnungspflicht für Kommunikation (Newsletter, E-Mails, etc.) mit werbendem Inhalt. Hierzu hat das TMG vollkommen neue Anforderungen geschaffen. Denn nach dem TMG dürfen bei Werbung via E-Mail weder der Absender noch der kommerzielle Charakter der Nachricht verschleiert oder verheimlicht werden, damit sich der Empfänger besser vor sog. Spam-E-Mails schützen kann. Auch eine Datenschutzerklärung auf der Homepage ist zur rechtlichen Absicherung ratsam, besonders wenn der Nutzer der Homepage die Möglichkeit zur Kontaktaufnahme über ein entsprechendes Formular oder eine verlinkte E-Mail-Adresse zur Praxis erhält [Stiftung Gesundheit 2008].

Den Betreibern von Praxishomepages ist dringend anzuraten, die rechtlichen Vorgaben, die seit März 2007 bestehen, umzusetzen, um sich vor kostenintensiven Abmahnungen, die auch nicht selten von Kollegen initiiert werden, zu schützen (s.a. Kap. 6.10 Eintrag Homepage).

Eintragung in öffentlich zugängliche Verzeichnisse und Suchdienste
Als niedergelassener Arzt dürfen Sie sich gemäß § 28 der MBO 2002 auch in Verzeichnisse wie **Branchenverzeichnisse**, Datenbanken und sonstige Informationsmedien nach Fachrichtungen, Schwerpunkt- oder Zusatzbezeichnungen eintragen lassen, wenn diese folgenden Anforderungen gerecht werden:
◢ Sie müssen allen Ärzten, die die Kriterien des Verzeichnisses erfüllen, zu denselben Bedingungen gleichermaßen mit einem kostenfreien Grundeintrag offen stehen.

◢ Die Eintragungen müssen sich auf die ankündigungsfähigen Informationen beschränken.
◢ Die Systematik muss zwischen den nach der Weiterbildungsordnung und nach sonstigen öffentlich-rechtlichen Vorschriften erworbenen Qualifikationen einerseits und Tätigkeitsschwerpunkten andererseits unterscheiden.
◢ Einträge in Arztsuchdiensten und Informationsdiensten für Patienten sind ebenfalls zulässig.

Veröffentlichungen in den Medien
Veröffentlichungen in den Medien sind Ihnen als niedergelassener Arzt grundsätzlich **gestattet**, wobei der Pressebericht auch auf einem Interview basieren darf. Die Zulässigkeit sowohl der Darstellung als auch des Inhalts richtet sich wiederum in erster Linie nach § 27 MBO.

Es ist möglich, ein Foto von Ihnen (auch im Arztkittel), die Praxisanschrift, einen kurzen Lebenslauf und Kontaktmöglichkeiten in den Artikel mit aufzunehmen. Sie sollten dagegen vermeiden, sowohl Ihre Person und Ihre Leistungen über Gebühr herauszustellen als auch Ihre Praxisräume zu beschreiben. Achten Sie bitte bei von Ihnen nicht selbst verfassten Artikeln darauf, dass sich auch der Verfasser im Rahmen der ärztlichen Werbe-

Tab. 6.4: Checkliste: Notwendige Angaben im Impressum der Praxis-Homepage [Stiftung Gesundheit, 2008]

☑	Name des Arztes/der Praxis
☑	Anschrift der Praxis
☑	Telefonnummer
☑	Mailadresse
☑	Gesetzliche Berufsbezeichnung und Staat, in dem sie verliehen wurde
☑	Zuständige Landesärztekammer
☑	Name der Berufsordnung
☑	Bei niedergelassenen Vertragsärzten: zuständige KV
☑	Bei Gewerbebetrieben: Umsatzsteueridentifikationsnummer
☑	Bei Partnerschaften: Partnerschaftsregister samt Registernummer

möglichkeiten bewegt. Denn nach § 27 Abs. 3, Satz 2 MBO dürfen Sie berufswidrige (Werbe-)Maßnahmen Dritter, die unmittelbar oder mittelbar Ihre Person als niedergelassenen Arzt betreffen und Sie oder Ihre Dienstleistung in berufswidriger Weise werbend in den Vordergrund stellen, nicht dulden.

Im Hinblick auf die Frage der Berufswidrigkeit Ihrer Werbemaßnahme kann es einen bedeutenden Unterschied machen, ob ein Artikel z.B. über eine neue Behandlungsmethode in einer medizinischen Fachzeitschrift oder in einer Tageszeitung erscheint. Während der Artikel in der Fachzeitschrift lediglich Berufskollegen ansprechen und damit ausschließlich auf fachlich gehobenem Niveau sachlich informieren soll, ist der Artikel in der Tageszeitung regelmäßig vorwiegend dazu bestimmt, die Allgemeinheit und damit potenzielle Patienten zu erreichen. Der Werbeeffekt dürfte damit im Vordergrund stehen. Die Grenze zur Berufswidrigkeit wegen unlauteren Kundenfangs und anpreisender Darstellung der ärztlichen Dienstleistung ist in solchen Fällen recht schnell überschritten.

Wenn es sich um Informationen für andere **ärztliche Kollegen** handelt, braucht die Information nicht nur sachlich zu sein, denn das Hauptargument für ärztliche Werbebeschränkungen – der Schutz vor Gesundheitsgefährdungen und vor Verunsicherung der Patienten – betrifft die eigenen ärztlichen Kollegen nicht. Erst wenn Publikationen auch für fachunkundige Personen, also für (potenzielle) Patienten bestimmt oder ihnen zumindest ungehindert zugänglich sind, sollten Sie die Restriktionen im ärztlichen Werberecht umso gewissenhafter beachten.

Fernsehauftritte in Berichten oder Diskussionssendungen sind – auch unter Namensnennung – grundsätzlich möglich. So hat das OVG Münster mit seiner Entscheidung vom 25.4.2007 (Landesberufsgericht für Heilberufe Az.: 6t A 10145/05) bestimmt,

dass der Auftritt des Arztes in einem Fernsehbericht nur dann berufsrechtlich zu beanstanden sei, wenn dieser als unsachliche oder übertriebene Werbung qualifiziert werden könne. In dem Fall hatte ein TV-Magazin über einen vermeintlich neuen „Mallorca-Trend des Sommers" berichtet, der schönheitschirurgische Eingriffe (z.B. Fettabsaugung etc.) mit Urlaubstagen auf der Ferieninsel verknüpfte. Der Beitrag begann mit den einleitenden Sätzen: „Erst abfeiern, dann absaugen und dann wieder abfeiern. Motto: Ein bisschen Spaß muss sein, schau doch mal wieder beim Chirurgen rein." In dem Beitrag wurde dann ein in Deutschland niedergelassener Chirurg interviewt und vorgestellt, der in einer namentlich genannten Privatklinik auf Mallorca plastisch-ästhetische Eingriffe durchführte. In dem Interview äußerte sich der Arzt rein sachlich-informativ zu den von ihm durchgeführten Eingriffen. Für das OVG Münster war schon nicht eindeutig klar, ob überhaupt ein Fall der Werbung für den Arzt und seine Leistungen vorlag, da offensichtlich der Unterhaltungscharakter bei der Sendung im Vordergrund stand. Auch wurde festgestellt, dass es dem Arzt nicht zugemutet werden könne, eine umfassende inhaltliche Kontrolle von Medienveröffentlichungen aufzuerlegen. Zudem habe der Arzt in rein sachlicher Art und Weise die Schönheits-Operationen beschrieben. Die Entscheidung macht deutlich, dass der Arzt grundsätzlich nur für seine eigenen Äußerungen zu medizinischen Leistungen zur Verantwortung gezogen werden kann. Hierzu sollte er ausschließlich sachangemessene Informationen liefern.

Praxisschilder

Nachdem mit der Novellierung der MBO im Jahre 2002 das gesamte Kapitel D. I. aufgehoben wurde, das detaillierte Angaben zur Größe, Form und zum zulässigen Inhalt der Praxisschilder einhielt, wird das Praxisschild in der aktuellen MBO lediglich in § 17 Abs. 4

angesprochen. Danach ist die Niederlassung durch ein Praxisschild kenntlich zu machen, das als **Mindestangaben**

- den Namen,
- die (Fach-) Arztbezeichnung,
- die Sprechzeiten sowie
- ggf. die Zugehörigkeit zu einer Berufsausübungsgemeinschaft gem. § 18a MBO enthalten muss.

Über die aufgezählten Mindestinhalte hinaus enthält die MBO keine weiteren Vorgaben über den zulässigen Inhalt eines Praxisschildes. Die einstige Größenbeschränkung auf 35 mal 50 Zentimeter ist entfallen. Die Größe des Praxisschildes sowie das Layout haben sich damit nur noch an den Grundsätzen berufswidriger Werbung messen zu lassen. Dabei sind weitere Angaben auf dem Praxisschild, insbesondere alle Angaben nach § 27 Abs. 4 MBO, also Weiterbildungsbezeichnungen, andere öffentlich-rechtliche Qualifikationen, Tätigkeitsschwerpunkte und organisatorische Hinweise, genauso zulässig wie ein unaufdringliches Praxislogo. Erlaubt ist weiterhin der Hinweis auf eine neue Wirkungsstätte im Falle der Praxisverlegung für die Dauer eines halben Jahres.

Ein umfangreiches und detailliertes Praxisschild könnte z.B. aussehen wie in Abbildung 6.1.

6.10 Alphabetischer Beispielkatalog ausgesuchter Marketing- und Werbemaßnahmen

Udo Schmitz, Christopher F. Büll

Die Zulässigkeit der Marketing- und Werbemaßnahme richtet sich stets nach der Berufsordnung des Landes, in dem der Arzt seine Tätigkeit ausübt, sowie nach Spezialgesetzen, vorwiegend nach dem Gesetz über die Werbung auf dem Gebiete des Heilwesens (HWG) und dem Gesetz gegen Unlauteren Wettbewerb (UWG).

Abteilung
☞ Siehe unter Zentrum für …

Ambulante Operationen
☝ Ein Arzt, der ambulante Operationen ausführt, darf dies mit dem Hinweis „ambulante Operationen" auf dem Praxisschild ankündigen, wenn er ambulante Operationen, die über kleine chirurgische Eingriffe hinausgehen, ausführt.

Anzeige
☝ Diese ist grundsätzlich in allen Printmedien auch ohne besonderen Anlass wie Urlaub oder Krankheit zulässig, z.B. in Branchenverzeichnissen, Tageszeitungen. Möglicher Inhalt siehe Praxisschild.

Dr. med. Markus Mustermann
Facharzt für Innere Medizin
Fachkunde Internistische Röntgendiagnostik
Fakultative Weiterbildung Klinische Geriatrie
Tätigkeitsschwerpunkte
Anti-Aging-Medizin, Gesundheitscheck
Krebsvorsorge, Belegarzt im Maria-Hospital
Behindertengerechte Praxis

Sprechstunden: LOGO
Mo. – Fr.   8 – 12 h
Mo., Di. und Do.   14 – 18 h
Telefon: 0221-900900
Telefax: 0221-900990
E-mail: dr.mustermann@web.de
URL: www.dr-mustermann-internist.de

Abb. 6.1: Muster Praxisschild

☞ Form, Häufigkeit oder Inhalt dürfen nicht übertrieben wirken und damit keinen anpreisenden Charakter haben.

Ausgeschiedener Partner

☞ Junge Ärzte übernehmen häufig die gut eingeführte Praxis eines am Ort bekannten, alteingesessenen Kollegen, wenn dieser in Ruhestand geht, und führen den Namen des ausgeschiedenen Kollegen auf dem Praxisschild, den Briefbögen oder der Homepage fort. Der Name des ausgeschiedenen Kollegen wird genutzt, um die Patienten zu veranlassen, das Vertrauen, das sie diesem entgegengebracht haben, auf die jetzigen Praxisinhaber zu übertragen.

☞ Für die Patienten besteht ein Bedürfnis nach klaren und unmissverständlichen Informationen über die aktiv tätigen Ärzte in der Praxis. Dies ist bei der Nennung ausgeschiedener oder verstorbener Ärzte auf dem Praxisschild, der Homepage oder dem Briefbogen nicht gewährleistet.

Behandlungserfolg

☞ Ein solcher ist als anpreisende Darstellung unzulässig (vgl. auch § 11 HWG).

Beiträge in der Presse

Siehe unter Presseberichte

Belegarzt

☞ Ein Arzt, der Belegarzt ist, darf auf seine belegärztliche Tätigkeit durch den Zusatz Belegarzt auf dem Praxisschild unter Hinzufügung des Namens des Krankenhauses, in dem er die belegärztliche Tätigkeit ausübt, hinweisen.

Berufsausübungsgemeinschaften

☞ Ärzte, die im Rahmen einer Gemeinschaftspraxis oder Partnerschaftsgesellschaft ihren Beruf gemeinsam ausüben, dürfen und müssen dies nach Maßgabe des § 18a MBO ankündigen. Dies gilt auch für weitere Nebenbetriebsstätten (Filialen).

☞ Organisationsgemeinschaften (z.B. Praxisgemeinschaften, Apparategemeinschaften) dürfen nunmehr nach § 18a Abs. 3 MBO ebenfalls angekündigt werden.

Besondere Sprechstunden

☞ Ärzte können ihr Leistungsspektrum erweitern, indem sie besondere Sprechstunden anbieten, die zu ihrem jeweiligen Fachbereich passen.

Beispiel: Ein Kinderarzt könnte Jugendsprechstunden anbieten oder ein Frauenarzt spezielle Sprechstunden für junge Frauen.

Corporate Identity

☞ Corporate Identity steigert den Wiedererkennungseffekt, demonstriert gewissenhaftes und professionelles Auftreten und gibt dem Patienten das Gefühl, zumindest organisatorisch in guten Händen zu sein. Zur Corporate Identity gehören zum Beispiel einheitlich gestaltete Schriftstücke wie allgemeine Patienteninformationen, Atteste und Formulare sowie farblich einheitlich gestaltete Praxisräume mit nicht aufdringlichen, angenehmen Farben.

Erinnerungsschreiben/Recall-System

☞ Der Patient darf mit einem Erinnerungsschreiben auf den nächsten Termin aufmerksam gemacht werden. Beispiele: Impftermine, Vorsorgeuntersuchungen, sonstige notwendige medizinische Folgebehandlungen.

☞ Vorsicht ist jedoch geboten bei der Abrechnung solcher Erinnerungsschreiben, denn sie werden als Service eingestuft und können daher nicht abgerechnet werden.

Eyecatcher

☞ Eyecatcher können in Form von Patientenbroschüren oder Patienteninformationen im Wartezimmer ausliegen bzw. als Plakat aushängen; sie sollten gut lesbar sein und den Patienten für ein Thema sensibilisieren. Dabei können durchaus eigene Logos verwendet werden, auch wenn diesen ein Informationswert fehlt.

☞ Unzulässig ist die Darstellung per aufdrängenden oder mit Kosten für den Empfänger verbundenen Kommunikationsmitteln wie Telefon, Telefax, E-Mail oder SMS.

Feste

👍 Anlassbezogene Feste in der Arztpraxis sind grundsätzlich zulässig. Ein „Wunschkindfest" ist zum Beispiel geeignet für eine auf Fortpflanzungsmethoden spezialisierte Frauenarztpraxis.

☞ Feste dürfen nicht genutzt werden, um die Person des Arztes und seine Tätigkeit anpreisend in den Vordergrund zu stellen.

Fotos des Arztes

👍 Bilder des Arztes und seines nicht-ärztlichen Personals sind grundsätzlich erlaubt.

👍 Der Arzt darf sich jetzt auch grundsätzlich – soweit hiervon keine „gesundheitsgefährdenden" Wirkungen ausgehen – im weißen Kittel präsentieren.

Geburtstagsglückwünsche

👍 Solche dürfen per Post an Patienten versandt werden.

Getränke

👍 Wasser und Tees z.B. sind insbesondere im Sommer eine willkommene Erfrischung.

Hol- und Bringservice

👍 Dieser Service ist sinnvoll für ältere Menschen.

☞ Der Service sollte auf die Stammpatienten beschränkt werden, die hierauf krankheits- oder alterbedingt angewiesen sind.

Homepage

☞ Viele Ärztekammern informieren auf ihren eigenen Homepages und im Rahmen von telefonischen Beratungen über die rechtssichere Gestaltung von Internetauftrit-

ten. Dienstleister bieten entsprechende Serviceangebote und/oder Tools zur Erstellung von Praxis-Internetauftritten an (z.B. unter „Praxismarketing" im E-Shop www.aerzteverlag.de).

IGeL-Leistungen

👍 Für IGeL-Leistungen darf generell Werbung betrieben werden; auch im Rahmen eines Beratungsgespräches darf der Arzt seinem Patienten eine IGeL-Leistung erläutern. Die Initiative muss jedoch vom Patienten ausgehen.

☞ Die Beratung darf keinen anpreisenden Charakter haben und sollte mehrere Behandlungsmethoden berücksichtigen.

Information ärztlicher Kollegen

👍 (Bild-)Berichte in Medien, die sich hauptsächlich an Ärzte wenden, vorwiegend in Fachzeitschriften und Fachbesucherforen im Internet, daneben auch auf Kongressen Seminaren und Vorträgen, sind erlaubt.

Informationstafeln

👍 In der Stadt oder dem Ortsteil, in dem eine Praxis ansässig ist, ist es dem Arzt gestattet, Werbung auf einer Informationstafel zu betreiben (zum Inhalt vgl. insbesondere die Angaben zum Praxisschild).

Informationsveranstaltungen

👍 Der Arzt kann Infoveranstaltungen durchführen und dafür Werbung betreiben.

Mögliche Veranstaltungsorte:

◢ Praxis
◢ Andere öffentliche Orte:
- Selbsthilfegruppe
- Kindergarten
- Schule
- Frauenhilfe
- Rotary oder Lions Club
- Kirchengemeinde
- Arbeiterwohlfahrt
- Krankenhaus
- VHS

Inserate
Siehe unter Anzeigen

Institut für ...
Siehe unter Zentrum für …

Internet
Siehe unter Homepage

Kinderecke
☝ Eine solche ist geeignet z.B. für Kinderärzte und Frauenärzte.

Kooperationen
Siehe unter Berufsausübungsgemeinschaften

Krankengeschichten
☞ Mit Krankengeschichten darf nicht geworben werden (§ 11 Nr. 3 HWG).

Medienauftritte
☝ Radio- und Fernsehwerbung ist grundsätzlich zulässig.
☞ Eine isolierte übertriebene Herausstellung der Person oder der ärztlichen Dienstleistung ist nicht erlaubt.

Medizinprodukte
☞ Werbung für medizinische Produkte ist unzulässig; gestattet ist nur die Information über die Anwendung eines Heilmittels.
☞ Zu beachten sind weiterhin die Vorschriften der §§ 3 und 12 des HWG. Das Irreführungsverbot dieser Vorschriften soll Patienten vor drohenden Gefahren durch Medizinproduktewerbung schützen.

Mitgaben
☝ Mitgaben an die Patienten können beispielsweise Plastikhüllen für Chipkarten, Kugelschreiber oder Kalender mit Praxis- bzw. Namensaufdruck sein; sie sollten nur einen geringen Wert haben.

Newsletter
Siehe unter Praxiszeitschrift

Patientenausweis
☝ Ein solcher ist sinnvoll für Patient und Arzt. Es können wichtige Daten, wie Erreichbarkeit der Praxis und die Notfalldaten des Patienten, festgehalten werden.

Patientenfragebögen
☝ Solche Fragebögen können dazu dienen, die Organisation in der Praxis oder Arbeitswege zu verbessern und diese für den Patienten angenehmer zu gestalten.

Piepser
☝ Ein Arzt, der seine Patienten oder deren Angehörige nicht warten lassen will, kann einen Piepser aushändigen, der den Patienten darauf aufmerksam macht, dass er als Nächster an der Reihe ist oder wartenden Angehörigen mitteilen, dass die Behandlung beendet ist.

Praxisflyer
☝ Ein Praxisflyer kann für den Patienten wichtige Informationen enthalten und zugleich die Arbeit des ganzen Teams mit dem Patienten in einer Praxis erleichtern. Ein Praxisflyer sollte folgende Informationen enthalten:
◢ Anschrift, Lage und telefonische Erreichbarkeit der Praxis
◢ Öffentliche Verkehrsmittel
◢ Günstige Parkmöglichkeiten
◢ Namen und Funktionen der Mitarbeiter/-innen
◢ Notfallnummern
◢ Urlaubsvertretung
◢ Sprechstundenzeiten
◢ Untersuchungszeiten
◢ Behandlungszeiten
◢ Vorsorgeuntersuchungen
◢ Labortage
◢ Spezialuntersuchungen
◢ Grundriss der Praxis (Funktion der Räume)

◢ Kooperationsverhalten zwischen Patienten und Praxis (Termine rechtzeitig absagen etc.)

◢ Handhabung von Wiederholungsrezepten (Zusendung, Abholung)

☞ Praxisflyer zur Patienteninformation dürfen nicht nur in der Praxis selbst ausgelegt werden, sondern es kann auch gestattet sein, die Flyer in medizinnahen Einrichtungen wie z.B. Fitness-Studios und Reha-/Wellness-Zentren auszulegen oder sie per Post an Patienten zu versenden. Dies sehen einzelne Ärztekammern in Bezug auf das Auslegen der Flyer aber anders.

Praxisklinik

✍ Ein Arzt darf mit der Bezeichnung Praxisklinik eine besondere Versorgungsweise und eine besondere Praxisausstattung auf seinem Praxisschild ankündigen, wenn er

◢ im Rahmen der Versorgung ambulanter Patienten bei Bedarf eine ärztliche und pflegerische Betreuung auch über Nacht gewährleistet,

◢ neben den für die ärztlichen Maßnahmen notwendigen Voraussetzungen auch die nach den anerkannten Qualitätssicherungsregeln erforderlichen apparativen, personellen und organisatorischen Vorkehrungen für eine Notfallintervention beim entlassenen Patienten erfüllt.

In der Regel sind diese Voraussetzungen erfüllt, wenn

◢ eine angemessene Pflege, sofern der Aufenthalt des Patienten in der Praxis länger als sechs Stunden dauert, sichergestellt ist,

◢ die Anwesenheit mindestens einer qualifizierten Hilfskraft, die die Patientenbetreuung auch außerhalb der Sprechstundenzeiten sicherstellt, gewährleistet ist,

◢ die Rufbereitschaft eines verantwortlichen Arztes außerhalb der Sprechstun-

denzeiten gewährleistet ist und mindestens zwei Betten in Räumen mit

– ausreichender Belüftung und Beleuchtung,

– Sanitärraum mit Waschgelegenheit,

– gut erreichbarer, adäquater Notrufanlage,

– apparativer Ausstattung für eine Notfallintervention,

– räumlicher Anbindung der Übernachtungsmöglichkeiten zur Praxis und außerdem

– die Möglichkeit von Liegendtransporten

vorhanden sind.

Praxislogo

✍ Ein Praxislogo ist zulässig; dies dient zur Wiedererkennung (vgl. Corporate Identity). Auf den Informationswert des Logos kommt es nicht an.

☞ Das Praxislogo sollte nicht aufdringlich wirken und mit dem jeweiligen Fachgebiet eines Arztes vereinbar sein.

Praxisschild

✍ Pflichtangaben:

◢ Nennung des Namens

◢ Bezeichnung als Arzt oder Facharztbezeichnung nach der Weiterbildungsordnung

◢ Bei Berufsausübungsgemeinschaften von Ärzten (Gemeinschaftspraxis, Ärzte-Partnerschaft) – unbeschadet des Namens einer Partnerschaftsgesellschaft – Anzeigen der Namen und Arztbezeichnungen aller in der Gemeinschaft zusammengeschlossenen Ärzte

◢ Sprechzeiten.

Darüber hinaus zum Beispiel:

◢ Qualifikationen, die von einer Ärztekammer verliehen wurden

◢ Privatanschrift

◢ Telefonnummern

◢ Medizinisch-akademische Grade

◢ Zulassung zu den Krankenkassen

◢ Hausärztliche Versorgung

◢ Durchgangsarzt oder D-Arzt, H-Arzt

◢ Dialyse

◢ Zugehörigkeit zu einem Praxisverbund

◢ Bereitschaftsdienst- oder Notfallpraxis

◢ Praxislogo

◢ Hinweis auf die neue Wirkungsstätte des Arztes im Falle der Praxisverlegung für die Dauer eines halben Jahres.

☝ Das Führen von Zusätzen, die nicht von § 27 Abs. 4 MBO erfasst sind, ist nicht erlaubt.

☝ Ein Tätigkeitsschwerpunkt darf in einer Gemeinschaftspraxis nicht geführt werden, wenn ihn tatsächlich nur einer der Ärzte ausübt.

Praxisuniform

👍 Eine Praxisuniform kann dazu beitragen, dass dem Patienten ein Team suggeriert wird, in dem alle für sein Wohlbefinden arbeiten. Durch frische Akzente muss diese Uniform auch nicht langweilig aussehen.

Praxisverbund

👍 Ärzte, die sich zu einem Praxisverbund zusammenschließen, dürfen und müssen dies nach Maßgabe des § 23d MBO ankündigen.

Praxiszeitschrift

👍 Durch eine Praxiszeitschrift kann der Arzt seine Patienten informieren und sie über eventuelle Neuerungen oder Veränderungen in Kenntnis setzen. Die Zeitschrift kann auch dazu genutzt werden, neue Kollegen vorzustellen oder die Patienten über Freizeitaktivitäten zu informieren.

Presseberichte

👍 In Presseberichten dürfen außer dem Namen des Arztes auch seine Praxisanschrift, ein Foto des Arztes (auch im weißen Kittel), der Lebenslauf wie auch Beispiele aus der Praxis bekannt gegeben werden.

☝ Diese Beispiele müssen sich jedoch auf den jeweiligen Bericht beziehen, und der Arzt darf dazu nur Stellung nehmen, wenn er auf diesem bestimmten Gebiet tätig ist. Die sachangemessene Information – bezogen auf die medizinische Leistung – muss gegenüber der Öffentlichkeit und damit den Patienten im Vordergrund stehen. Bei fachbezogenen Publikationen, die ausschließlich an ärztliche Kollegen gerichtet sind, besteht kein Bedürfnis für Patientenschutz.

Publikationen

👍 Einem Arzt sind Publikationen und Vorträge medizinischen Inhalts generell erlaubt. Bei fachbezogenen Publikationen, die ausschließlich an ärztliche Kollegen gerichtet sind, besteht kein Bedürfnis nach Patientenschutz.

Qualitätssiegel

👍 Unter bestimmten Voraussetzungen darf der Arzt auch mit Zertifizierungen oder Qualitätssiegeln werben, auch wenn diese nicht von einer staatlichen Stelle oder Selbstverwaltungskörperschaft, wie der Ärztekammer oder der Kassenärztlichen Vereinigung, verliehen wurden.

☝ Es ist z.B. nach der neusten Rechtsprechung zulässig, mit dem blau-roten Symbol „geprüfte Mc-Dent Qualitätsstandards" zu werben, da lediglich neutral über die Einhaltung bestimmter einheitlich konzeptionierter Qualitätsstandards innerhalb eines Zusammenschlusses von mehreren Praxen informiert wird.

Service-Hotline/0800-Nummern (für die Patienten kostenfrei!) eines Arztes oder mehrerer Ärzte im Verbund

👍 Solche sind als Kundenservice zulässig.

☝ Der Arzt sollte jedoch am Telefon keine Beratung ausüben, denn dies muss im persönlichen Gespräch und nach Inaugenscheinnahme des Patienten geschehen.

Slogans

👍 Slogans dürfen nach herrschender Ansicht verwendet werden. Beispiele:

◢ „Ihre Gesundheit ist unser Anliegen"

◢ „Der Natur ein Stück näher"

◢ „Implantate – ein guter Weg"

👎 Die Slogans sollten allerdings nicht primär auf den Werbeeffekt abzielen.

Sponsoring

👍 Um in der Öffentlichkeit um Vertrauen, Sympathie und Akzeptanz zu werben, kann der Arzt Sponsoring betreiben.

Möglich sind:

◢ Kultursponsoring

◢ Sportsponsoring

◢ Sozialsponsoring

Sportabend

👍 Ein solcher ist geeignet z.B. für Sportärzte, um das Vertrauen des Patienten in den Arzt und seine Tätigkeit bzw. Philosophie zu stärken.

Sportlertrikots

👍 Diese dürfen als Werbefläche genutzt werden, ebenso wie Banden im Stadion.

Suchdienste

☞ Die Eintragungen müssen sich auf die ankündigungsfähigen Informationen beschränken (ankündigungsfähig sind alle Informationen, die unter dem Begriff Praxisschild aufgeführt sind).

Tag der offenen Tür

👍 Dies ist generell eine Werbemaßnahme, welche geeignet ist, Patienten zu informieren und neue Patienten auf die Praxis aufmerksam zu machen.

👎 Die Ankündigung sollte nur in der Praxis oder auf der Homepage erfolgen. Auch die postalische Einladung von Patienten ist möglich. Auf die persönliche Einladung von Nicht-Patienten sollte verzichtet werden.

Telefonbuch

👍 Werbung auf der Vorderseite eines Telefonbuches oder den Gelben Seiten ist zulässig; eine farbige Hervorhebung und die Verwendung eines Praxislogos sind in Grenzen zulässig.

Vernissage in den Praxisräumen

👍 Eine Vernissage ist geeignet, um Patienten an sich zu binden und die Praxis nach außen hin zu präsentieren.

Verzeichnisse

Siehe unter Suchdienste und Anzeigen

Visitenkarten

👍 Diese können unter anderem enthalten:

◢ Namen des Arztes

◢ Bezeichnung als Arzt oder Facharztbezeichnung nach der Weiterbildungsordnung

◢ Qualifikationen, die von einer Ärztekammer verliehen wurden

◢ Adresse (privat, Praxis)

◢ Telefonnummern

◢ Medizinisch-akademische Grade

◢ Praxislogo

Die Visitenkarten können auch selbstklebend oder magnetisiert sein.

Auf der Rückseite können Felder zu finden sein, in denen der nächste Termin festgehalten wird.

Vorher-Nachher-Bilder

👎 Eine bebilderte Darstellung von Veränderungen durch eine bestimmte Behandlungsmethode oder Medikation ist nicht erlaubt.

Werbespot

👍 Dieser ist als Radio- und Fernsehwerbung zulässig.

☞ Die Rolle des Arztes als Vertrauensperson ist zu beachten.

Zentrum für …

☝ Die Bezeichnungen einer Einzelpraxis als „Zentrum für …" oder „Institut für…" sind unzulässig, da dies den Eindruck einer größeren und besonders ausgestatteten medizinischen Einrichtung erweckt (irreführend).

☝ Gleiches gilt für den Begriff Abteilung für einen lediglich vorhandenen Tätigkeitsschwerpunkt in einer Einzelpraxis. Hier wird der Eindruck vermittelt, der Arzt sei in eine Krankenhausstruktur organisatorisch eingebunden (irreführend).

Zertifizierung

☝ Ein Hinweis auf eine QM-Zertifizierung als besonderes Qualitätsmerkmal ist erlaubt, soweit erkennbar ist, dass sie sich alleine auf den organisatorischen Ablauf der Praxis bezieht. Die Qualitätsurkunde kann im Wartezimmer ausgehängt werden, sie signalisiert Qualität. Ein solcher Test ist mit Aufwand an Kosten und Zeit verbunden und bezieht sich auf organisatorische Abläufe in der Praxis, wie auch auf das Personal.

Literatur

Ärztekammer Nordrhein: www.aekno.de

Bahner B (2003) Das neue Werberecht für Ärzte. 2. Aufl. Springer, Berlin

Becker J (2001) Marketing-Konzeption: Grundlagen des ziel-strategischen und operativen Marketing-Managements, 7. Aufl. Franz Vahlen, München

Bülow P, Ring G (2005) Kommentar zum Heilmittelwerbegesetz, 3. Aufl. Carl Heymanns, Köln

Elste F (2004) Marketing und Werbung in der Medizin. Springer, Wien

Erläuterungen der Bundesärztekammer zu der MBO i.d.F. des 107. Ärztetages in Bremen 2004. http.//www.bundesaerztekammer.de

Europäischer Gerichtshof für Menschenrechte. NJW (2003), 497ff.

Hess R, Klakow-Franck R (Hrsg.) (2004) IGeL-Kompendium für die Arztpraxis. Deutscher Ärzte-Verlag, Köln

Kotler P et al. (1999) Grundlagen des Marketing, 2. Aufl. Prentice Hall, New Jersey

Lenz A (2003) Etablierung eines Krankenhausimages durch Patientenbroschüren – die BILD-Studie der chirurgischen Universitätsklinik Heidelberg. Eingereicht als Inauguraldissertation, Universität Heidelberg

Meffert H (1971) Marketing. In: Management-Enzyklopädie, Band 4. München, S. 383–413

Musterberufsordnung, in der Fassung des 107. Deutschen Ärztetages in Bremen 2004, Präambel

Rieger HJ, MedR (1999), S. 513

Rieger HJ (2001) Lexikon des Arztrechts. C. F. Müller, Heidelberg

Ratzel R, Lippert HD (2006) MBOÄ, 4. Aufl. Springer, Berlin

Schmitz U, Büll C, Deutsches Ärzteblatt (2007), 6, S. 95

Steiner G (1971) Topmanagement in der Planung, 199ff. München

Stiftung Gesundheit, Stiftungsbrief 2. Quartal 2008, 11. Jahrgang, Serie „Wissenswertes und Nützliches zur Praxishomepage"

Wöhe G (2000) Einführung in die Allgemeine Betriebswirtschaftslehre. Franz Vahlen, München

7 Investitionen und Finanzierung

Reinhold Fahlbusch

Die stärkste Investitionsphase im Arztleben ist die Zeit der Niederlassung sowie der Bau oder Erwerb des Eigenheims. Mit einem Investitionsprozess kommt man als Arzt oft erst mit dem Entschluss zur eigenen Praxis, dann aber unweigerlich und intensiv in Berührung. Allerdings erschöpft sich das Thema keineswegs mit den Finanzentscheidungen, die Sie bei der Etablierung Ihres Unternehmens Arztpraxis treffen müssen. Der Umbruchprozess im deutschen Gesundheitswesen fordert derzeit von vielen Inhabern einer Einzelpraxis eine Weiterentwicklung durch Kooperationen oder Anschluss an ein MVZ in Richtung Wachstum, und in diesem Rahmen stehen häufig weitere wichtige Investitionen an.

Dabei müssen Sie jedoch auch berücksichtigen, dass einzelne Banken heute bereits nicht bereit sind, die Finanzierung einer Einzelpraxis zu übernehmen. Dies soll heißen, die Übernahme einer klassischen Arztpraxis wird auch an dieser Stelle nicht gerade erleichtert. Sollten Sie dann auch noch planen, nach Ihrer Praxisübernahme ein Eigenheim zu erwerben, dann wird es in Anbetracht der Erfahrungen der letzten Jahre schwieriger, diese jahrelang praktizierte Lebensplanung auch erfolgreich umsetzen zu können. Der Grund ist in einer über die kommenden Jahre nicht abschätzbaren Einkommenssituation der niedergelassenen Ärzte durch die anstehende EBM- und GOÄ-Reform sowie der möglichen § 73b-und-c-SGB V-Selektiv-Verträge zu sehen.

Das Wechselspiel zwischen Investitionen, Kosten, Finanzierung, Selektions-, Entscheidungs- und Realisierungsprozess zu durchschauen, ist eine Herausforderung, der sich jeder Praxisinhaber stellen muss, wenn er sein Unternehmen wirtschaftlich weiterentwickeln will. Dies geht sicher nicht ohne fachliche Beratung von außen, jedoch kann sich auch der Nicht-Ökonom eine Handlungssystematik aneignen, auf deren Basis er souverän die nötigen Investitionsentscheidungen treffen kann. Dieses Kapitel zeigt an Beispielen aus der täglichen Praxis, was sich wie verändert, wenn man an den Stellschrauben **Investition**, **Kosten** und **Finanzierung** dreht, und wo die Fallstricke liegen, die im Entscheidungsprozess zu teuren Extraschleifen führen können.

7.1 Investitionsplanung

7.1.1 Der Kampf des Machbaren gegen das Wünschenswerte

Am Anfang eines Investitionsvorhabens in der Arztpraxis steht die Antwort auf die Frage, in **welche Geräte und Ausstattungen** das Geld investiert werden soll, das der Arzt dem Kreditgeber in angemessenem Zeitraum zurückzahlen muss. Die Frage nach den **Finanzierungsmöglichkeiten** im Detail ist an zweiter Stelle zu beantworten. Wir wenden uns diesem Thema in Kapitel 7.3 zu. Ist jedoch im Vorfeld absehbar, dass die Finanzierung nicht bewältigt werden kann, sollte die Investition besser unterlassen werden. Außerdem sind die Grenzen der Investition durch deren Wirtschaftlichkeit gezogen.

Investitionen sind aus wirtschaftlicher Sicht **sinnvoll**, wenn

◢ das Investitionsgut zwingend zur Ausübung der Berufstätigkeit erforderlich ist,

◢ damit notwendige Rahmenbedingungen zur Berufsausübung geschaffen werden,

◢ die Kosten der Investition aus Honoraren finanziert werden, die der Arzt
  – zusätzlich erwirtschaftet und/oder
  – anderenfalls einbüßen würde,

◢ das Investitionsgut dadurch ein Vermögenswert und kein Konsumgut wird.

Investition oder Konsumgut?

In Fällen **überdimensionierter** Investitionen wird der Praxisüberschuss in einem Ausmaß reduziert, das die Fähigkeit zur Existenz- und Alterssicherung, also zum organischen Vermögensaufbau, beeinträchtigt, sodass u.U. die notwendigen Kosten der privaten Lebenshaltung nicht mehr gedeckt sind. Die Investition hat dann die Qualität einer konsumtiven Mittelverwendung – meist jedoch ohne den üblicherweise damit verbundenen Lustgewinn. Bei einem gegebenen Einkommen liefern sich Konsumgüter untereinander einen Verdrängungswettbewerb. Investitionen in ein Zuviel an Praxisausstattung beispielsweise verhindern, dass Sie mit dem investierten Geld anderen Konsum betreiben können, der zu Ihrer Lebensqualität im privaten Bereich beiträgt (Urlaub etc.). Es liegt in Ihrem Ermessen, wofür Sie Ihr Geld verwenden. Fahrlässigkeit an dieser Stelle lässt sich jedoch nur bei hohem Einkommen in gewissem Umfang kompensieren.

Bei Investitionsvorhaben gibt es dementsprechend zwei Limits:

◢ Das **untere Limit** wird von den qualitativen **Mindestanforderungen** bestimmt, die für die Berufsausübung in der gewählten Fachrichtung am vorgesehenen Standort erforderlich sind.

◢ Das **obere Limit** ist erreicht, wenn die Kosten der Investitionsentscheidung nicht durch **zusätzlich erwirtschaftete Honorare** oder infolge der Investition nicht verlorene Honorare durch Patientenwanderung gedeckt sind. In Fällen oberhalb dieses Limits ist das angeschaffte Gerät kein Investitions-, sondern ein Konsumgut.

Unbestritten ist die Investitionsentscheidung zugunsten der Geräte und Ausstattungen, die für einen fachlich erforderlichen, patienten- und mitarbeitergerechten Praxisbetrieb angeschafft werden *müssen*.

Gleiches gilt für die Investitionen, die in der Folge dazu dienen können, das **fachliche Profil** des Arztes zu schärfen und sein Leistungsspektrum zu erweitern – wenn eine Nachfrage nach diesen Leistungen vorhanden ist. Ersatzinvestitionen für unverzichtbare und rentable Geräte stehen außer jeder Diskussion.

Praxistipp

Haben Sie sich schon mit dem Gedanken beschäftigt, Ihre Einzelpraxis in eine der sich im Gesundheitsmarkt bietenden Kooperationsformen zu überführen, statt allein die Last von Erweiterungs- oder Ersatzinvestitionen zu tragen? Kooperationen zwischen niedergelassenen Ärzten, z.B. im Rahmen von Berufsausübungsgemeinschaften oder Medizinischen Versorgungszentren, bieten vermehrt die Möglichkeit zur Minimierung der Investitionen und der damit verbundenen finanziellen Risiken in die eigene Praxisausstattung durch gemeinsame Nutzung von Medizingeräten, Räumlichkeiten etc.

Limitierende Faktoren

Eine maßvolle Planung der Praxisausstattung ist auch durch die heutige Marktlage begründet: Zum einen entsteht bei ärztlichen Einrichtungsgegenständen kaum ein Wiederverkaufswert. Also kann eine Fehlinvestition nur zulasten des Gewinns abgeschrieben werden. Das Geld ist einfach ausgegeben und hat keinen Nutzen gestiftet – außer beim Verkäufer und der finanzierenden Bank, und für die Mittelverwendung für Investitionen sind Abstriche an anderer Stelle hinzunehmen, denn einen Euro kann man bekanntlich nur einmal ausgeben.

Ein weiterer limitierender Faktor ist der gewählte **Standort** mit seiner speziellen Patientenklientel. Gebiete mit überwiegend sozial schwächeren Bewohnern limitieren beispielsweise aufwendige Leistungserbringung und die ihnen vorausgehenden Investitionen. Auch die Übernahme einer bereits bestehenden Arztpraxis schränkt die Handlungsmöglichkeiten bei der Praxisausstattung ein, da vorgefundene Raumgrößen vielfach nicht die Aufstellung eines jeden Gerätes zulassen. Eine räumliche Veränderung als Investitionsfolge kann eine Zusatzbelastung bringen, die ein knapp kalkuliertes Gerät letztlich unrentabel macht. Das ist nur dann tolerabel, wenn das Gerät fachlich zwingend erforderlich oder zur Erhaltung des Patientenstamms geboten ist.

7.1.2 Es gibt keine folgenlosen Investitionen

Jede Investition verursacht, bedingt durch den Kaufpreis, dessen steuerliche Behandlung und die Kapitalmarktsituation, **Kapitalkosten**. Zum Betrieb des angeschafften Investitionsgutes sind Ressourcen erforderlich, die sich bei den generell personalintensiven Arztpraxen besonders in den Personal- und Personalnebenkosten bemerkbar machen. Die Raumkosten verändern sich im Regelfall weniger; die Betriebs- und Verbrauchskosten sind stark geräteabhängig.

Eine **Investitionskalkulation** ist nicht erforderlich, wenn notwendige Grund- oder Ersatzinvestitionen vorgenommen werden müssen. **Erweiterungsinvestitionen** sollten jedoch vorher kalkuliert werden.

Die Betrachtungsweise eines Controllers, der betriebswirtschaftliche Aspekte nur aus dem Blickwinkel nackter Fakten betrachtet,

ist häufig in der Arztpraxis unangebracht. Wenn die Berufspflichten des Arztes in Diagnose und Therapie den Geräteeinsatz erfordern, gibt es keine Diskussionen. Handelt es sich aber um ein aus therapeutischer Sicht verzichtbares Gerät, dessen Anschaffung aus anderen Gründen gewünscht ist (z.B. aufgrund Ihrer fachlichen Schwerpunkte als Arzt oder weil Sie sich einen Vorteil im Wettbewerb erhoffen), sollten Sie die betriebswirtschaftliche Betrachtungsweise in die Überlegungen einbeziehen. Es gibt Fälle, in denen nach der Kalkulationsweise eines Controllers ein Gerät als „nice to have" einzustufen ist; für Sie als Praxisinhaber ist es aber ein „must have". Dies sind die Fälle, in denen durch Geräteeinsatz Überweisungen vermieden und Patienten in ein und derselben Praxis umfänglich betreut werden können. In diesen Fällen sind Nutzen und Lasten besonders sorgfältig abzuwägen.

Kapitalkosten und Abschreibungen

Egal, ob Eigen- oder Fremdfinanzierung gewählt wird: Investitionen verursachen Zinsbelastungen. Bei der Entscheidung über die Wahl des richtigen Finanzierungsweges ist üblicherweise die Belastung durch die **Fremdkapitalzinsen** im Fokus. Die Bank hat einen Zinsanspruch, der sich genau beziffern lässt. Die entgangenen Zinsen infolge des **Eigenkapitaleinsatzes** werden oft vergessen, da sie nicht so augenfällig sind wie die Zinsforderung eines fremden Kreditgebers. Eigenkapitaleinsatz bei Investitionen in einer Arztpraxis bedeutet schlicht: Es wird dem Privatvermögen Kapital entnommen und in Betriebsvermögen angelegt. Dadurch fehlt im Privatvermögen der Kapitalnutzen (Zinsen, Dividenden usw.). Dafür entsteht der Kapitalnutzen im Betriebsvermögen in Höhe der ersparten Fremdmittelzinsen.

Die Differenz zwischen beiden Zinssätzen kann ein **Kapitalzusatznutzen** für Sie sein – dies jedoch nur dann, wenn die Zinserträge im Privatvermögen voll steuerpflichtig sind. Es gibt viele Konstellationen, beispielsweise bei gleichzeitigen oder nur knapp zeitversetzten Investitionen in betriebliche Einrichtungen und selbstgenutztem Immobilienbesitz, in denen betrieblicher Eigenkapitaleinsatz in nüchternen Zahlen betrachtet nicht sinnvoll, ja sogar schädlich ist.

Wenn die Kapitalkosten einer Investition nicht durch **Mehrumsatz** erwirtschaftet werden können, wird kein Vermögen geschaffen, sondern verzehrt. Ob der Mehrumsatz durch zusätzliche Honorare oder dadurch zustande kommt, dass durch zusätzliche Investitionen Marktanteile erhalten bleiben, ist unerheblich.

Investitionen werden nicht auf einen Schlag steuerlich abgesetzt. Nach feststehenden Regeln der Finanzbehörden ist das angeschaffte Wirtschaftsgut über einen bestimmten Zeitraum abzuschreiben. Maßgeblich ist die betriebsgewöhnliche Nutzungsdauer des Wirtschaftsgutes. Durch die Absetzung für Abnutzung (AfA) wird der jährliche Wertverzehr gewinnmindernd berücksichtigt. Dieser Ansatz erfolgt jedoch nur bei der Ermittlung des *steuerlichen* Praxisgewinns. Auf die Liquidität der Praxis hat die AfA keinen nachteiligen Einfluss. Ein Kapitalabfluss über die Laufzeit der Gerätenutzung ist damit nicht verbunden: Der Kapitalabfluss findet zum Zeitpunkt der Anschaffung in voller Höhe statt. Zu diesem Thema informiert ausführlich das Kapitel 8.

Praxistipp
Der Steuerberater sollte den gesamten Investitionsvorgang begleiten und darauf achten, dass alles steuerlich optimal verläuft. Deshalb muss er frühzeitig und laufend eingebunden sein. Er sollte auch die weiteren Pläne des Arztes kennen, beispielsweise geplante Privatinvestitionen, um für die steueroptimale Mixtur der Gesamtfinanzierung zu sorgen. Zur Finanzierung finden Sie wichtige Tipps in Kapitel 7.3.

Bereitstellung der Ressourcen
Wenn zum Betrieb der Geräte Praxispersonal eingesetzt werden muss, sind die zeitanteiligen Personalkosten und Sozialabgaben Investitionsfolgekosten. Gleiches gilt für anteilige Miet- und Mietnebenkosten für die vom Gerät und für dessen Betrieb benötigte und im Zusammenhang mit der Geräteanschaffung neu geschaffene/angemietete Fläche.

Sonstige Betriebskosten
Je nach Gerät handelt es sich dabei um mehr oder weniger hohe Energiekosten. Der Energieverbrauch ist wahrscheinlich schon bei der Investitionsentscheidung eines der Auswahlkriterien gewesen. Gleiches gilt für die Intensität des Einsatzes von Verbrauchsmaterial. Es müssen nicht zwangsläufig durch einen Wartungsvertrag Wartungskosten produziert werden. Es ist ein Rechenexempel, ob nicht der gelegentliche Besuch eines Technikers günstiger ist.

7.1.3 Investitionen wollen verdient werden: Praxisbeispiel

In Tabelle 7.1 wird als **Praxisbeispiel** die Anschaffung eines Sonografiegerätes kalkuliert. In dem Beispiel müssen die mit dem Gerät möglichen Untersuchungen im Durchschnitt 2,28-mal pro Arbeitstag durchgeführt werden. Es ist zu prüfen, ob die **Patientenstruktur** im Tagesdurchschnitt die Erbringung dieser Leistung in dieser Menge erfordert bzw. nachfragt und damit die Auslastung möglich macht. Bei einem angenommenen Zeitaufwand von 15 Arztminuten pro Geräteeinsatz ist ein Arzt dadurch rund 35 Minuten am Tag an dieses Gerät gebunden. Kalkuliert man eine fachgruppenübliche Gewinnspanne ein, beläuft sich der Zeitaufwand auf 50 Minuten täglich. Für jede Praxis muss individuell beurteilt werden, ob die Zeit dafür vorhanden ist.

Tab. 7.1: Investitionskalkulation: Anschaffung eines Sonografiegerätes

Investition			AfA-Jahre	Betrag
Anschaffung/Herstellung			5	35 000 €
Umbau			5	3000 €
Sonstiges			5	2000 €
Gesamt				*40 000 €*
Finanzierung		Banktilgung	Zinsen	
Eigenkapitaleinsatz [1]			3,125 %	5000 €
Fremdkapital		20 %	6,125 %	35 000 €
Kalkulation der Fixkosten				
Abschreibungen	Anschaffung	Umbau	Sonstiges	
	7000 €	600 €	400 €	8000 €
Raumkosten [2]	Fläche/m²	Miete m² mtl.	NK m² mtl.	
	10	8,00 €	3,00 €	1320 €
Personal [2]	Mitarbeiter	Jahresgehalt	Nebenkosten	
	0,25	18 000 €	23 %	5535 €
Finanzierung [3][4]		Banktilgung	Zinsen	
		8000 €	1150 €	9150 €
Sonstiges	Wartung	Versicherung	Sonstiges	
	200 €	0 €	500 €	700 €
Steuerentlastung durch AfA	Grenzsteuersatz		Kirchensteuer	
		42 %	9 %	3662 €
Liquiditätsbedarf p.a. nach Steuerentlastung durch AfA				**13 043 €**
Fallzahlenkalkulation				
Liquiditätsbedarf pro Tag [5]				59,28 €
Ermittlung des bereinigten Fallwertes *)*				
Ärzt. Zeitaufwand pro Behandlung/min			15	
Fixkosten je Arztstunde [6]			71,50 €	
Fixkosten Arzt je Behandlung			17,88 €	
Materialkosten pro Behandlung			0,10 €	
Arzt- und Materialkosten je Behandlung			17,98 €	
GKV- o. PKV-Vergütung pro Behandlung			− 44,00 €	
Deckungsbeitrag pro Fall zum Liquiditätsbedarf pro Tag			26,03 €	
Notwendige Fallzahl pro Tag				**2,28**

Erläuterungen:
[1] = Zins für Geldanlagen mit 50 % des Sollzinssatzes angenommen
[2] = anteilig für Aufstellung bzw. Betrieb des Gerätes
[3] = Zinsen: Eigenkapitalzins z.B. 3 % unter Fremdkapitalzins annehmen. Zinsen auf 50 % des Ursprungskapitals für die gesamte Laufzeit rechnen.
[4] = Tilgung: Tilgung des Fremd- und Eigenkapitals während der AfA-Dauer
[5] = Liquiditätsbedarf p.a. dividiert durch angenommene 220 Arbeitstage pro Jahr
*) = beispielhaft angenommene Werte
[6] = Gesamtkosten der Praxis dividiert durch 220 Jahresarbeitstage zu je 8 Stunden. Damit ist nur Kostendeckung, jedoch kein Gewinn sichergestellt

Ein Hinweis ist noch zu den **kalkulatorischen Kosten** notwendig: Nach betriebswirtschaftlichen Grundsätzen werden in derartige Berechnungen auch steuerlich nicht absetzbare Kosten wie Unternehmerlohn, Abschreibungen auf den Wiederbeschaffungswert, Ausgleich besonderer Risiken usw. einkalkuliert; es sollen möglichst alle belastenden Faktoren in die Kalkulation einfließen. Aus Gründen der Nachvollziehbarkeit und Übersichtlichkeit wurde hier auf Details verzichtet.

7.1.4 Vermögen bilden durch dosierte Investitionen

Das rechte Augenmaß bei der Investitionsplanung wirkt sich auch sichtbar auf Ihre Vermögensbildung aus. Selbstverständlich werden Sie als investierender Arzt mit Ihrer Bank verhandeln, um für die Finanzierung der Anschaffung günstige Kreditbedingungen zu erhalten. Aber auch durch eine besonders günstige Finanzierung wird eine unwirtschaftliche Investition nicht wirtschaftlich. Ausschlaggebend für den wirtschaftlichen Erfolg Ihrer Investitionsentscheidungen ist es, die Investitionen richtig zu dosieren.

Praxistipp
Setzen Sie sich bei der Anschaffung neuer Geräte oder der Realisierung baulicher Veränderungen von vornherein klare Grenzen, und kommunizieren Sie diese auch den Anbietern von Medizingeräten oder den ausführenden Handwerkerfirmen. Nicht immer sind die vom Hersteller genannten Listenpreise zu akzeptieren, Nachverhandeln lohnt sich. Nicht der hohe Kreditzins, sondern ein zu hohes Investitionsvolumen ist oftmals die Wurzel des Übels Unwirtschaftlichkeit. Wie wichtig es ist, am richtigen Ort zu

verhandeln, zeigt die vergleichende Kalkulation in Tabelle 7.2: Eine Reduzierung des Investitionsvolumens wirkt sich auf den Liquiditätsgewinn des Arztes in der Beispielrechnung günstiger aus als die Senkung des Kapitalzinses.

In dieser Beispielkalkulation wurden die Auswirkungen einer Reduzierung der Investitionen um 10% und einer Senkung des Kreditzinses um 10,5% (= 0,5 Prozentpunkte) verglichen.

Die Senkung der Kreditzinsen ergibt pro Jahr unter Berücksichtigung der angenommenen Steuerbelastung durch einen Steuersatz von 35% einen Liquiditätsgewinn von 444,– €.

Bei gleichem Steuersatz beträgt der Liquiditätsgewinn pro Jahr bei Reduktion des Investitionsvolumens durchschnittlich 758,– €. Daran ist die Reduzierung der Zinsbelastung durch das geringere Finanzierungsvolumen schon beteiligt; der Rest ist der auf die zwölfjährige Kreditlaufzeit verteilte Ersparnisbetrag durch das geringere Investitionsvolumen. Durch die reduzierte Investition verringert sich auch die AfA. Das führt zu einer höheren Steuerbelastung, die von den Einsparungen bereits abgezogen wurde. Alle Einsparungen durch die Reduzierung der Kreditzinsen machen während der zwölfjährigen Kreditlaufzeit nur 5331 € aus. Die geringeren Investitionen haben eine Verringerung der Ausgaben während dieser Zeit in Höhe von 9097 € zur Folge. Würde man die Ersparnisse zum in den Rahmenbedingungen genannten Zins regelmäßig anlegen, stünde nach zwölf Jahren aus der Zinsersparnis ein Kapital von 6107 € bereit. Die Einsparungen bei den Investitionen bringen bei verzinslicher Anlage rund 70% mehr, nämlich 10 421 €.

Tab. 7.2: Vermögensbildung durch dosierte Investitionen

Rahmenbedingungen			
Steuerlast %	35,00	Tilg.-/AfA-Jahre	12
Investitionen	136 700 €	Reduzierung %	10,00
Kreditzins %	4,75	Zinssenkung %	0,50
Kapitalzins %	3,75	Anlagezeit-Jahre	12

Vorteil durch Reduzierung des Investitionsvolumens			
		Liquiditätsgewinn für den Arzt:	
Reduzierung um	pro Jahr*	Während der Kreditlaufzeit*	Bei Anlage zum Kapitalzins*
13.670 €	758 €	9097 €	10 421 €

Vorteil durch Reduzierung des Kapitalzinses			
		Liquiditätsgewinn für den Arzt:	
Neuer Zinssatz	pro Jahr*	Während der Kreditlaufzeit*	Bei Anlage zum Kapitalzins*
4,25 %	444 €	5331 €	6107 €

* = Soll- und Habenzinsbesteuerung berücksichtigt, Sparerfreibetrag unberücksichtigt

7.1.5 Anschluss an die Zukunft: Aufrüstung der Praxis-EDV

Der Ökonom kann die Wirtschaftlichkeit von Geräten kalkulieren und diese finanzieren. Es ist jedoch der Arzt, der die Investitionsentscheidung trifft. Auf zwei Positionen, die Investitionen in elektronische Informations- und Kommunikationsinfrastruktur sowie die Um- und Ausbaukosten (vgl. Kap. 7.1.6), gehen wir im Folgenden dennoch aus Sicht des Ökonomen näher ein, denn diese stehen meistens mit den Neugründungsvorhaben in engerer Beziehung. Bei Übernahmen werden die vorgefundenen Gegebenheiten vielfach übernommen. Gleichwohl sind diese beiden Investitionsmöglichkeiten auch bei Praxisübernahmen von Bedeutung, denn

◢ entweder muss von Anfang an vieles in der Praxis verändert und die veraltete EDV ersetzt werden, oder

◢ der Arzt wendet sich diesen Investitionen zu, nachdem er sich finanziell „freigeschwommen" hat.

Auf die Praxisgründung geht Kapitel 7.4 ausführlich ein.

Kommunikationstechnik als Baustein des Praxismanagements

Viele im deutschen Gesundheitssystem absehbare Veränderungen, wie die Einführung der elektronischen Patientenakte und die zunehmende Vernetzung der am Gesundheitsmarkt Beteiligten, setzen eine **Veränderung der technischen Infrastruktur** voraus. Der wirtschaftliche Druck, unter dem alle Ärzte stehen, setzt auf der Makro- und Mikroebene vielfältige Kooperationen voraus. Diese sind nur mit effektiver Kommunikation umzusetzen. Der politische Wille zu neuen Kooperationsformen wie BAG, MVZ oder Integrierter Versorgung ist gegeben; die Umsetzung ist jedoch eine organisatorische und technische Herausforderung für alle Beteiligten und nicht zuletzt eine Sache der inneren Einstellung.

Ärzte, die sich in den letzten zehn Jahren selbstständig gemacht haben, sind mit der

Elektronik groß geworden, auch die nachwachsende Patientengeneration verfügt über völlig andere Kommunikationsgewohnheiten; Terminvereinbarungen über die Website, per SMS oder E-Mail sind Realität, Recall-Systeme werden als Mittel der Patientenbindung eingesetzt. Die Recherche nach dem geeigneten Arzt über Suchmaschinen im Internet ersetzt oft die persönliche Empfehlung; daher sollten Sie die Website im Internet zur Darstellung Ihres Leistungsspektrums nutzen – im Rahmen der durch die Berufsordnung vorgegebenen Möglichkeiten (s. Kap. 6.9). Sogar die Steuerung digitaler Medizintechnik in der Praxis kann heute effektiv über die EDV erfolgen.

Deshalb ist es wichtig, dass Sie in Ihrer Planung die Investitionen im Bereich Datenverarbeitung und Kommunikationstechnik vorrangig berücksichtigen. Jedes ernstzunehmende Praxis-Softwarehaus bietet entsprechende Dienstleistungen an.

Die moderne EDV kann Sie hier effektiv unterstützen und verschafft Ihnen Zugang zu

◢ Informationen für Arzt, Personal, Kollegen, vorhandene und potenzielle Patienten,

◢ moderner Kommunikation innerhalb der Praxis, in Kooperationen und Verbünden, mit der KV, der privatärztlichen Verrechnungsstelle und den Patienten

◢ Workflow-Management, von der Patientenbegleitung und -verwaltung über die Abrechnung bis zur Gerätesteuerung.

Der Praxiscomputer – vom Aschenputtel zur Prinzessin

In vielen Praxen fristet der Praxiscomputer immer noch ein Schattendasein als Stammdatenverwalter und Abrechnungsbeschleuniger. Bringen Sie Ihren elektronischen Gehilfen auf Trab, indem Sie die Möglichkeiten der Organisations- und Kommunikationsunterstützung bis hin zum Workflow-Management nutzen!

Selbst vermeintlich fortschrittliche Praxen speichern Kundendaten oft noch via Software im EDV-System und via „Paperware" auf der traditionellen Pappkarteikarte. Das ist doppelte Arbeit und kostet unnötig Geld. E-Banking-Software wird oft lediglich verwendet, um Überweisungsaufträge auszustellen, sicher elektronisch zu versenden und durch Abruf der Kontoumsätze die Ergebnisse zu betrachten. Moderne E-Banking-Software, z.B. StarMoney, ist mit weiter reichenden Funktionen ausgestattet und sogar in der Lage, dem Arzt einen Finanzstatus zu erstellen. Wenn mit Hilfe der Software dem Steuerberater zugearbeitet wird, lässt sich dessen Tätigkeit zu Ihrem Nutzen optimieren!

Der wirtschaftliche Einsatz eines EDV-Systems erfordert ein **durchdachtes Organisationskonzept.** Eine Organisationsberatung ist in diesem kostenintensiven und sensiblen Bereich empfehlenswert, denn Sie können als Arzt nicht alles leisten! Die Ausgaben sind wie eine Investition zu betrachten: Erst durch eine gute Organisationsberatung wird der EDV-Einsatz wirtschaftlich. Anderenfalls gehen die Aufwendungen für die EDV überwiegend wirkungslos zulasten des Gewinns. Erste Hinweise erhalten Sie auf den Websites der regionalen KVen oder im Direktkontakt mit der für Sie zuständigen KV.

Sicher ist sicher

Haben Sie sich entschlossen, die Möglichkeiten des Internet, insbesondere die Dienste Web und E-Mail, direkt mit dem Praxiscomputer auszuschöpfen? Dann steht sofort das Thema Datensicherheit auf dem Aktionsplan. Auf dem Praxiscomputer sind personenbezogene (Patienten-)Daten gespeichert. Deshalb müssen die Systeme besonders geschützt werden, um Angriffe Unbefugter abzuwehren. Die Installation einer eigenen Hard- und Softwareumgebung als elektronische Brandschutzmauer (Firewall), um der

Geheimhaltungsverpflichtung des Arztes nachzukommen, ist nicht ausreichend. Mehr Sicherheit bietet ein Zugang (Account) bei einem der im Gesundheitswesen eingeführten **Intranet-Betreiber**, z.B. dem Deutsche Gesundheitsnetz (DGN) oder Telemed. Das Intranet ist ein nach außen geschlossenes System, welches die WWW-Technologie nutzt und zu dem (im Fall des DGN) nur Ärzte Zugang haben, die sich durch ein Passwort akkreditieren müssen. Diese Dienste betreiben Virenscanner, die laufend aktualisiert werden und Viren, Würmer, Trojaner und alles, was sonst noch fremde Systeme beschädigen oder ausspähen will, herausfiltern und damit direkte Angriffe auf den Computer in der Arztpraxis verhindern. Mögen die Internetdienste vieler Anbieter noch so preiswert sein: Es sind nur *Inter*net-, nicht *Intra*netdienste, und mit der Reduktion der Kosten steigt die Gefahr. Und dabei handelt es sich um Gebührensätze pro Monat, die in der Kostenstruktur jeder Arztpraxis einen nicht nennenswerten Bruchteil ausmachen.

Tradierte Kommunikationstechnik
Die gleichzeitige Telekommunikation an mehreren Arbeitsplätzen, Faxbetrieb und Online-Kommunikation mit dem Praxis-EDV-System verlangen hochleistungsfähige Leitungsverbindungen. Ein DSL-Anschluss mit einer Flatrate, also einem monatlichen Grundbetrag unabhängig von der für die Datenübertragung in Anspruch genommenen Zeit, wird spätestens dann erforderlich sein, wenn die regionale innerärztliche Kommunikation mit dem Austausch von Patientendaten beginnt. Ein ISDN-Anschluss ist inzwischen der Mindeststandard, eine Telefon-Mehrplatzanlage sowie Faxkommunikation sind aus einer Praxis nicht mehr wegzudenken. Auch vor der Registratur darf die Technik nicht halt machen. In eine gut organisierte Praxis gehört heutzutage ein leistungsfähiger Scanner, mit dem konventionell, per

Briefpost oder Fax, zugehende Schriftstücke elektronisch erfasst und archiviert werden.

7.1.6 Am rechten Ort investieren: Um- und Ausbaukosten

Möglicherweise haben Sie bei der Niederlassung eine nicht mehr ganz taufrische Praxis übernommen und zum Zeitpunkt der Übernahme diese nur ein wenig optisch aufgefrischt, weil Sie in eine komplette Modernisierung nicht zusätzlich Geld investieren wollten. Und selbst wenn Sie bei der Praxisgründung diese nach neuestem Standard ausgestattet haben – irgendwann kommt der Zeitpunkt, da Sie renovieren müssen und sich überlegen sollten, wo es aus Patientensicht Sinn macht, über die Anschaffung der notwendigen Geräte hinaus die Einrichtung Ihrer Praxis neu zu gestalten. Nach der Analyse des ZI und der APO-Bank belaufen sich die Kosten für Baumaßnahmen bei der Neugründung von Einzelpraxen (alle Ärzte) im Schnitt auf 39 426 € (West) und 18 929 € (Ost). Bei der Praxisübernahme errechneten sich 22 989 € (West) bzw. 15 600 € (Ost). Kosten für Baumaßnahmen amortisieren sich nur, wenn sie zur Sicherstellung eines leistungsgerechten Praxisbetriebes notwendig sind – könnte man meinen. Es gibt aber auch weiche Faktoren, die an dieser Stelle eine Rolle spielen. Ohne dem Prunk das Wort zu reden, lässt sich der Nutzen einer patienten- und gleichzeitig ablauforientierten Praxisgestaltung unterstreichen. Eine in vertretbarem Rahmen aus dem Blickwinkel des Patienten gestaltete Praxis bindet Patienten. Der fehlende Spiegel in den Umkleidekabinen z.B. ärgert nicht nur die Patientinnen. Auch die Patienten, die sich blind um den Krawattenknoten bemühen müssen, merken spätestens dann, dass der Praxisinhaber bei der Gestaltung nicht an solche Details gedacht hat, die scheinbar unbedeutend sind, aber den Praxisbesuch angenehmer gestalten. Viele bewunderte, von begeisterten Innenarchitekten gestaltete Praxen berücksichtigen nicht, dass es sich bei Patienten, wenn sie es denn im Wortsinn sind, um Leidende handelt. Moderne Grafik und unbequeme Stühle vertragen sich hier nicht, auch wenn sie häufig nebeneinander anzutreffen sind. Hier kann der Arzt in Patientenzufriedenheit investieren. Das führt zu Patientenbindung und diese zu entsprechendem Honorarpotenzial (vgl. Kap. 6).

7.2 Investitionsrealisierung

Der systematische Ablauf des Prozesses von der Planung bis zur Kaufentscheidung ist von entscheidender Bedeutung für das Gelingen einer Investition. Das ist leicht gesagt: Zuerst überlegt man sich, was man anschaffen will, dann sucht man den **richtigen Anbieter** und das passende Produkt. Bei Wirtschaftsgütern wie Medizingeräten oder EDV-Systemen, die mit komplexen Vorgängen in Verbindung zu bringen sind, ist der Verkäufer im Regelfall der Experte. Dieser denkt jedoch in den meisten Fällen aus der Richtung seines Produkts. Wichtig ist, dass Sie als Praxisinhaber die Prozesse in der Praxis im Blick haben und diese **klar beschrieben** sind. Ebenso wie bereits in der Niederlassungsphase sollten Sie sich auch bei Ersatz- und Erweiterungsinvestitionen im laufenden Praxisbetrieb Zeit zur Vorbereitung nehmen, z.B. durch Modell- und Preisvergleiche, denn voreilige Entschlüsse sind bei Investitionsentscheidungen preis- und mängeltreibend. Spezialisierte Messen, wie z.B. die MEDICA (http://www.medica.de), sind gute Möglichkeiten, sich rechtzeitig vor einer anstehenden Investition ein Bild über das vielfältige Angebot zu verschaffen.

Die sinnvollen Schritte auf dem Weg zur Entscheidungsfindung werden im folgenden Beispiel an Wirtschaftsgütern festgemacht, auf die eine moderne Arztpraxis ebenso wenig verzichten kann wie auf die Medizintechnik: an der Praxis-EDV. Die Investition in moderne Informations- und Kommunikationstechnologie ist ebenfalls keine Frage des Ob, sondern eine Frage des Was, Wie und ggf. Wann. Deshalb ist der im Praxisbeispiel beschriebene Prozess auch auf andere Investitionsentscheidungen, beispielsweise die Anschaffung von Medizingeräten, übertragbar.

7.2.1 Praxisbeispiel EDV-Ausstattung: Vom Anforderungsprofil zum Echtbetrieb

Abbildung 7.1 zeigt als Beispiel das Anforderungsprofil an eine EDV-Ausstattung in einer Praxis. Die Zusammenstellung ist ziemlich umfangreich. Das ist auch richtig so. Wer mit einer Minimalausstattung an EDV seine Praxis betreiben möchte, lässt wichtige Möglichkeiten moderner Praxisorganisation ungenutzt. Der Ökonom sagt, dass das nur zulasten der Wirtschaftlichkeit gehen kann. Er hat überzeugende Argumente: Die für die Vernetzung erforderlichen Kabel usw. müssen ohnehin verlegt werden. Die Grundausstattung eines PC-Arbeitsplatzes geht heute nicht mehr sehr ins Geld, bei einem **Komplettpaket** ist Ihnen die Entscheidung über ein Mehr oder Weniger an Ausstattung bereits abgenommen. Die meisten Kosten werden proportional von der Software verursacht, diese wird überwiegend unabhängig von der Zahl der mit EDV ausgestatteten Arbeitsplätze benötigt. Die Weichen zur Wirtschaftlichkeit Ihrer Praxis-EDV werden aber an einem ganz anderen Punkt gestellt: Der größte Kostenfaktor in einer Arztpraxis ist die menschliche Arbeitskraft. Wenn deren Einsatz durch Einsatz von Technik zur Unterstützung der Arbeitsabläufe optimiert werden kann, ist es auch aus Kostengründen sinnvoll, in EDV konsequent zu investieren – ein Höchstmaß an EDV-Ausstattung ist im Zweifel billiger als zu viel Personal.

Beispiel eines Anforderungskatalogs Praxis-EDV

Praxisorganisation
Praxisverwaltung
  Kalenderfunktion
  Wartezimmermanagement
  Wartezimmerliste
  Arztbriefschreibung
  Textverarbeitung
Recall incl. SMS- und Faxfunktion
Medikamentendatenbank
Praxiseigene Medikamentenliste
Budgetübersicht
Formularwesen
Mandantenfähigkeit (Praxisgemeinschaft)
Labor- und Patientendatenaustausch (LDT-,VCS-;HL7-Schnittstellen)
Patientenverwaltung
Patientenregistrierung
Patientenadministration
Stammdatenverwaltung
Elektronische Karteikarte
Medizinische Dokumentation
Programmierte Befundung / Diagnostik
Befunddokumentation
Fremd- und technische Befundung
Einscannen von Ultraschallbildern
Chronologischer Krankheitsverlauf

Leistungsabrechnung
Leistungsabrechnung (möglichst Online)
  EBM, GOÄ, BG
Auflistung abrechenbarer Leistungen
Privatliquidation mit Mahnwesen
Zahlungskontrolle und Finanzbuchhaltung
Kassenführung (Praxisgebühr)
Statistiken
Diagnosen, Diagnosehäufigkeiten
Verordnungen
Medikamente
Medikamentenbudget
Privat-BG-Statistik
Unfallberichtauswertung
Patientenprofilstatistik
Tagesstatistik
Betriebswirtschaftliche Auswertungen
Zusatzfunktionen
Facharztmodule
Onlinezugang über Intranet (DGN, Telemed)
Onlinezugang zu Fachdatenbanken (z.B. BSMO)
QM-Tools, DMP-Tools
Geräteschnittstelle, Gerätesteuerung
Scanner (Dokumentation von Fremdbefunden pp.)
Virenscanner, Firewall (z.B. Norton-Internet-Security)

Abb. 7.1: Beispiel eines Anforderungskataloges Praxis-EDV

Auch hier sei der Kontakt zu Ihrer regionalen KV empfohlen, von deren EDV-Berater Sie die ersten Auskünfte erhalten. Er kennt im Regelfall auch die regionalen Vertriebspartner der Softwarehäuser für Praxissoftware.

Wenn Sie auf der Basis Ihres Organisationskonzepts den **Leistungsumfang** für die Praxis-EDV festgelegt haben, steht die **Auswahl des Anbieters** an. Dabei geht es auch um die Stabilität und die regionale Präsenz der Unternehmen. Die EDV-Anlage ist in einer Arztpraxis ein neuralgischer Punkt; der Stellenwert des Systemhauses, das die EDV-Anlage betreut, wird vielfach als zu gering angesehen. Natürlich kann ein gewisser Medizinbetrieb noch aufrechterhalten werden, wenn der Computer ausfällt. Das entstehende organisatorische Chaos kann jedoch den Praxisablauf und damit die Patientenversorgung ernsthaft beeinträchtigen und ist daher geschäftsschädigend. Wenn ein Systemhaus durch Insolvenz plötzlich ausfällt, wird es für den Arzt teuer. Wenn man sich für EDV-Systeme entscheidet, die im Gesundheitssektor einen relativ geringen Marktanteil haben, muss man bereit sein, das dünne Servicenetz zu tolerieren und die damit zusammenhängenden hohen Wegekosten zu zahlen. Praxissoftware für diese Rechner ist oft nicht weit verbreitet. Das sind Gründe, sich den potenziellen Lieferanten näher anzusehen. Die folgende Übersicht kann dabei helfen:

Es bringt bei der Anschaffung eines EDV-Systems für die Praxis keinen Vorteil, dieses Produkt hier und ein anderes Produkt dort einzukaufen, um Preisvorteile nutzen zu können. In Zeiten, in denen PCs zu Discounterpreisen erhältlich sind, sind die Kosten für die Hardware nicht mehr ausschlaggebend. Wenn die einzelnen Komponenten aus unterschiedlichen Quellen stammen, ergibt sich meist ein unverhältnismäßig hoher Anpassungs- und Abstimmungsaufwand, der den Preisvorteil beim Einkauf überkompensiert. Bei der Wahl des Anbieters sind verschiedene Kriterien von Bedeutung (vgl. Kap. 4.3): Vergleicht man die Preise verschiedener Anbieter, wird es bei gleichen Komponenten zu Preisabweichungen in unter-

Tab. 7.3: Checkliste Anbietertransparenz

Leistungsumfang	Firma A	Firma B	Firma n
Vollsortiment (Hard- und Software)			
überwiegend Standardkomponenten			
Gesamtinstallation möglich			
Alter des Unternehmens			
Marktanteil			
0800er Hotline			
24-Stunden-Service			
Regionale Präsenz			
Schulung vor Ort			

Tab. 7.4: Checkliste Angebotstransparenz I

Module	Firma A		Firma B		Firma C	
	Lieferbar	Preis	Lieferbar	Preis	Lieferbar	Preis
Hardware:						
Peripherie:						
Softwaremodule:						

Tab. 7.5: Checkliste Angebotstransparenz II

Beschaffungs-Zusatzkosten EDV	Firma A	Firma B	Firma C
Reisekosten			
Schulungskosten			
Beratungskosten bei Kauf			
Lieferung, Installation, Inbetriebnahme			
Zusatzinstallation (z.B. Leerrohre)			
Lizenzkosten			
Wartungskosten pro Monat (Hardware)			
Update			
Upgrade			
Aufwand pro zusätzlichen Arbeitsplatz			

schiedliche Richtungen kommen. Die Lieferfähigkeit ist ein weiterer Gesichtspunkt. Die folgenden Tabellen 7.3–7.5 können bei der Suche nach dem Kompromiss helfen.

Die Investition in eine Praxis-EDV ist nicht mit dem Kauf eines steckerfertigen Computers erledigt. Eine gute Nachsorge, der Support nach der Installation, ist entscheidend für den wirtschaftlichen Einsatz der EDV-Anlage in der Praxis.

Die Abbildungen 7.2 und 7.3 zeigen, dass der Arzt es beim Kauf und der Wartung mit vier **unterschiedlichen Verträgen** zu tun hat. An dieser Stelle ist Vorsicht angesagt. Es ist gefährlich, wenn jeder Vertrag für sich alleine ohne Beziehung zu den anderen Verträgen abgeschlossen wird. Der Praxisinhaber ist auf verlorenem Posten, wenn er drei Verträge erfüllen muss, unter Umständen auf die Erfüllung eines Vertrages warten muss und die Abläufe in seiner Praxis dadurch beeinträchtigt werden.

7.2.2 Kauf oder Leasing?

Die Antwort auf diese Frage hat nicht nur mit Finanzierung zu tun, auch wenn das Leasing allgemein als Finanzierungsform bezeichnet wird. Allein die Übersicht über die **vielfältigen Vertragsbeziehungen** macht auch die rechtliche Dimension deutlich. Der Leasingnehmer entscheidet sich für ein von ihm ausgewähltes Wirtschaftsgut, das der Leasinggeber (Leasinggesellschaft) vom Hersteller für ihn beschafft und dann zum Gegenstand des Leasingvertrages macht. Eigentümer des Wirtschaftsgutes ist die Leasinggesellschaft. Am Ende der Leasingdauer wird das Leasingobjekt entweder vom Leasinggeber zurückgenommen, vom Leasingnehmer auf der Basis eines Restwertes gekauft oder zu auf dieser Basis reduzierten Raten weiter geleast (Vollamortisationsvertrag).

Der Leasingnehmer mietet das Wirtschaftsgut auf eine bestimmte Zeit zur freien Nutzung gegen Zahlung der Leasingraten. Die Dauer richtet sich nach steuerlichen Vorschriften (zwischen 40 und 90% der betriebsgewöhnlichen Nutzungsdauer). Wenn si-

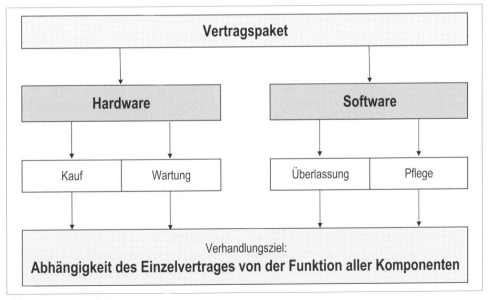

Abb. 7.2: Vertragspaket

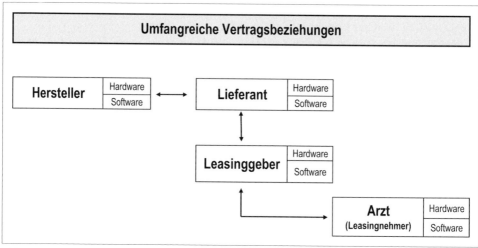

Abb. 7.3: Umfangreiche Vertragsbeziehungen

chergestellt ist, dass es sich beim Leasinggut um notwendiges Betriebsvermögen handelt und die Laufzeitvoraussetzungen gegeben sind, sind die Leasingraten steuerlich voll abzugsfähige Betriebsausgaben.

Bei einem **Vollamortisationsvertrag**, der im medizinisch-technischen Bereich der Regelfall ist, ist die Leasingrate so bemessen, als wenn das Leasinggut während der Vertragslaufzeit voll verbraucht worden wäre.

Leasing ist nicht nur eine bestimmte Form der Finanzierung und Gebrauchsüberlassung. Es ist ein Dienstleistungspaket. Deshalb ist das Leasing prinzipiell teurer als eine klassische Beschaffung mit Eigen- und/oder Fremdfinanzierung. Sie sollten vor der Entscheidung prüfen, ob Sie den gesamten Paketinhalt benötigen, weil Sie alle Leistungen mitbezahlen, auch wenn Sie sie nicht benötigen.

Gerade für den Existenzgründer ist Leasing wegen der hohen gleichmäßigen Belastung, auch in der Anlaufzeit, nicht empfehlenswert. Das gilt auch für die Anschaffung der Praxis-EDV, nachdem die Kosten dafür im Verhältnis zur Leistung stark gesunken sind. Die liquiditätsschonende Verlängerung der betriebsgewöhnlichen Nutzungsdauer (AfA-Dauer), mit der in vielen Fällen die Li-

quiditätssituation des Existenzgründers entspannt werden kann, ist nicht möglich – bei 90% (s.o.) ist Schluss. Eine Liquiditätsentlastung könnte auch durch Steuerersparnisse infolge der vollen steuerlichen Abzugsfähigkeit der Leasingraten erfolgen. Das geht beim Existenzgründer in der ersten Zeit mangels ausreichendem steuerpflichtigen Einkommen ins Leere.

Hier eine Bewertung der am häufigsten gebrauchten Argumente des Leasinggebers für den Abschluss eines Leasingvertrages:

„Leasing schont Liquidität": Das stimmt nur anfänglich für kurze Zeit. Vorhandenes Eigenkapital muss selbstverständlich nicht eingesetzt werden; dafür fällt die Leasingrate an. Folglich verbraucht sich die Liquidität im Zeitverlauf.

„Leasing schont den Bankkredit": Bei Leasing gilt dasselbe wie für die Verpflichtung zur Leistung von Zins- und Tilgungsraten: Auch beim Abschluss von Leasingverträgen finden Bonitätsprüfungen statt. Führen diese zu Zweifeln an der Bezahlbarkeit der Leasingraten, wird der Leasinggeber von dem Geschäft Abstand nehmen. Vereinbarte Leasingverpflichtungen verringern bei gleichbleibendem Praxisergebnis den Spielraum für weitere Kredite.

„**Leasinggeber kaufen preiswerter ein**": Das stimmt. Der Einkauf größerer Stückzahlen durch den Leasinggeber führt zu Preisvorteilen. Eine generelle Aussage, ob er davon an den Arzt etwas weitergibt und wie viel, kann nicht getroffen werden.

7.3 Finanzierung – Clever die Weichen stellen

Eigen- oder Fremdfinanzierung?

Unsere arbeitsteilige Wirtschaft verlangt bei jeder Aktivität Kapital. Kapital als Wertausdrucksmittel regelt die Verrechnung von Leistung und Gegenleistung über den Preis. Selbst die karitative Zuwendung setzt Kapital voraus – beispielsweise der Krankenbesuch unter Einsatz von Geld für eine Straßenbahnfahrkarte oder für den weit zurückliegenden Kauf eines Fahrrades. Finanzierungsmittel in der richtigen Höhe und Struktur sind erfolgsbeeinflussend. Jederzeit zahlungsbereit – Liquidität geht vor Rentabilität! Illiquidität, nicht Überschuldung ist die häufigste Insolvenzursache.

Die vom Arzt benötigte **Kapitalstruktur** gliedert sich in:

◢ Investitionsmittel
  – Praxis
  – Privatvermögen
◢ Betriebsmittel
  – Praxisausgaben
  – Private Lebenshaltung

Diese Gliederung ist unabhängig davon, ob es sich dabei um

◢ Eigenkapital oder
◢ Fremdkapital

handelt.

Die isolierte Betrachtung der Finanzierung des betrieblichen Sektors und der Privatsphäre führt zu einer falschen Finanzierung. Gerade der in eigener Praxis tätige Arzt ist nur mit einer Finanzierung aus der Gesamtschau erfolgreich. Natürlich ist bei dem erfolgreichen und damit hoch besteuerten Arzt die steuerliche Abzugsfähigkeit der Zinsen ein wichtiges Kriterium. Ob die Abzugsfähigkeit als **Betriebsausgaben** (Praxis) oder **Werbungskosten** (privat) erfolgt, ist unerheblich. Die Wirkung ist gleich. Obwohl dieses Kapitel seinen Schwerpunkt in der betrieblichen Finanzierung hat, sollten als Wegweiser einige **Finanzierungsregeln** für alle Arten von Finanzierungen gelten:

◢ Die **Laufzeit** der Finanzierung sollte im Schnitt aller Finanzierungsvorgänge die tatsächliche Lebensdauer oder die steuerliche Lebensdauer (AfA-Zeitraum) der angeschafften Wirtschaftsgüter nicht übersteigen. Das gestattet im betrieblichen Bereich – in Grenzen – längerfristige Finanzierungen, wenn im Gegenzug dazu vermehrt Eigenkapital im Privatbereich (z.B. Einfamilienhaus) zur Vermeidung nicht abzugsfähiger Zinsen eingesetzt wird.

◢ Zinsen und Tilgung sollten aus dem finanzierten Wirtschaftsgut **langfristig** (während dessen üblicher Lebensdauer) erwirtschaftet werden können. Bei selbst genutzten Wirtschaftsgütern (z.B. Einfamilienhaus) liegt der erwirtschaftete Nutzen in der Steuerersparnis durch Abschreibungen, staatlichen Zuschüssen, der ersparten Miete und evtl. in realisierten Wertsteigerungen. Kann das Wirtschaftsgut Zinsen und Tilgung nicht oder nur unvollständig erwirtschaften, handelt es sich nicht um die Finanzierung eines Investitions-, sondern eines Konsumgutes (z.B. privat genutztes Kfz, beim Einfamilienhaus anteilige Herstellungskosten über dem Wiederverkaufswert).

◢ Investitionsgüter mit Sammlerwert sind wie Konsumgüter zu finanzieren, Fremdfinanzierung setzt eine hohe Risikobereitschaft voraus.

◢ Die Fremdfinanzierung von Konsum führt nicht selten zur Zahlungsunfähigkeit. Eine Ausnahme ist die vorübergehende Kontoüberziehung angesichts sicher zu erwartender Zahlungseingänge.

◢ Wenn Zinsen nicht abzugsfähig sind, ist Eigenkapitalfinanzierung geboten.

◢ Die Fremdfinanzierung risikoreicher Investitionen (z.B. Aktien) kann die Chancen erhöhen und die Risiken sprunghaft vergrößern.

◢ Langlebige Wirtschaftsgüter dürfen nicht kurzfristig finanziert werden.

◢ Betriebsmittelkredite sollten – mit Ausnahme bei der Existenzgründung – den Quartalsbedarf an Zahlungsmitteln einer Praxis nicht übersteigen.

Wie komme ich zu einer richtigen Finanzierung?

Als finanzierungssuchender Arzt brauchen Sie zweierlei: Rat und Geld! Das Geld als vergleichbare Ware ist nicht das Problem, wenn vernünftig geplant wurde und die Aussichten Erfolg versprechend sind. Aber es fällt nicht jedem Existenzgründer leicht, die **Rolle als Wirtschaftssubjekt** einzunehmen, die Folgen aus der fremdfinanzierten Existenzgründung zu akzeptieren und die entsprechenden Handlungsoptionen abzuleiten. Diese Bewusstseinsbildung wird stark von der Qualität der Information abhängen, die Sie von Ihren Finanzpartnern erhalten.

Natürlich stehen bei Finanzierungsvorhaben **Banken** an erster Stelle. Es ist ihre klassische Aufgabe, bei der Realisierung von Finanzierungsvorhaben mitzuwirken. Sie erfüllen sie, indem sie zwei Leistungen bereitstellen: **Kredite** als Finanzierungsmittel und **Finanzierungsberatung** durch eigens dafür qualifizierte Mitarbeiter – also Geld und Rat. Die Bedingungen für die Bereitstellung von Krediten sind vom Markt diktiert. Wer mehr als marktüblich an Zinsen berechnet oder an Sicherheiten verlangt, verhindert die Kreditnachfrage. Banken befinden sich untereinander bezüglich der Kreditbedingungen in einem Imitationswettbewerb, bei dem einer auf den anderen schaut. Interessant ist, dass

sich viele Kreditinstitute bei der Finanzierung ärztlicher Existenzgründungen restriktiv oder ablehnend verhalten. Dahinter steht die Sorge, dass junge Ärzte kein Eigenkapital haben und anfangs keine verwertbaren Sicherheiten stellen können. Der Anteil an der Gesamtzahl der Finanzierungen ärztlicher Existenzgründungen gibt einen deutlichen Hinweis auf die Expertise in diesem Bereich und die daraus resultierende Qualität der Beratung.

Die Beratungsleistung wird dem Arzt nicht in Rechnung gestellt. Dafür spricht der Berater nur über Kredite aus dem eigenen Haus. Den Konditionenvergleich mit anderen Anbietern muss der Arzt selbst anstellen. Der materielle Nutzen der Banken liegt in Zinsen und Gebühren und den nach Zustandekommen einer Geschäftsverbindung möglichen Folgegeschäften.

Der Arzt braucht bei Investitionen und Finanzierung Beratung. Um die Beratungsleistung bewerten zu können, kann er auf Finanzierungsgrundwissen nicht verzichten. In Kapitel 7.4 sind daher die wichtigsten Fakten rund um das Thema zur Vertiefung des Wissens zusammengestellt.

7.4 Finanzierungsgrundwissen für den Arzt

7.4.1 Gesetzliche Vorschriften im Kreditgeschäft

Was ist eigentlich „Basel II"?

Wichtig zu wissen: Die Bank muss sich bei Krediten von mehr als 250 000 € laufend die wirtschaftlichen Verhältnisse offenlegen lassen. Dies ist gesetzlich vorgeschrieben, Verstöße dagegen sind strafbedroht. Die Risiken der Kreditvergabe beginnen nicht erst bei der im Gesetz genannten Summe. Auch bei geringeren Summen beobachten deshalb die Kreditinstitute die wirtschaftlichen Verhältnisse der Kreditnehmer. Die jährliche Einsichtnahme in die Ergebnisrechnung der Praxis und die zweijährige Vorlage eines Vermögensstatus – das wird meistens von Ihnen bei der Kreditvergabe verlangt – dienen nicht nur der Kontrolle. Viele wertvolle Hinweise und Beratungsaspekte können Fachleute aus diesen nüchternen Zahlen ableiten.

Unter dem Stichwort Basel II sind Verfahren bei den Kreditinstituten eingezogen, die den Kunden unmittelbar betreffen.

Das Regelwerk von Basel II ist seit Jahresbeginn 2007 für die Kreditinstitute verbindlich, gestaffelt nach den zur Anwendung kommenden Ratingverfahren. Europäische Banken müssen seit 2007 ihre Kreditengagements nach einer neuen Rechtslage bewerten.

Zwar handelt es sich zunächst nur um die Eigenkapitalvorschriften für Kreditinstitute. Mittelbar sind aber auch Sie als Arzt von diesen Veränderungen betroffen. Die Banken sind durch Basel II bei ihren Kreditentscheidungen strikten Regularien unterworfen – bei Neukrediten und für alle bereits laufenden Darlehens- und Kreditverträge. Für *jeden* bewilligten Kredit müssen die Banken einen *eigenen* Eigenkapitalanteil für genau *diesen* Kredit als "Risikopuffer" hinterlegen, und zwar abhängig von der Bonität des Kreditnehmers. Für diese Eigenmittelunterlegung im Kreditgeschäft der Banken ist das Rating des Kunden maßgeblich.

Die Kapitalanforderungen an Banken werden mit Basel II stärker als bisher von deren ökonomischem Risiko abhängig gemacht. Ziel ist die Stabilisierung des internationalen Finanzsystems durch Abwendung von Insolvenzen bei Banken. Damit verbunden sind

◢ die bessere Erfassung der Risiken im Kreditgeschäft und
◢ die am Risiko der ausgegebenen Kredite orientierte Ausstattung der Banken mit Eigenkapital.

Nach gesetzlichen Vorgaben wird ein **Rating** zur Klassifizierung der Kundenbonität eingeführt. Schlechtere Bonität eines Kunden führt zu einem höheren Risiko des Kreditinstitutes. Daher müssen nach den im Rahmen von Basel II erlassenen Vorschriften die Kredite an bonitätsmäßig schlechtere Kreditnehmer seitens des Kreditinstituts mit mehr Eigenkapital als in anderen Fällen unterlegt werden. Das erhöht die Geldeinstandskosten des Kreditinstituts. Es gibt diese Kosten durch einen höheren Kreditzins dem Kunden weiter. Das heißt im Klartext: Kredite unter erschwerten Bedingungen! Unternehmen mit schlechter Bonität werden in Zukunft mit höheren Zinsen als bisher bestraft oder erhalten – im schlechtesten Fall – überhaupt keinen Kredit.

Das Ratingverfahren hat aber auch seine positiven Seiten für Sie: Durch die von der Bank erwartete Rechenschaft über Ihre Bonität sind Sie gezwungen, sich mit den finanziellen Voraussetzungen und den wirtschaftlichen Auswirkungen Ihrer geplanten ärztlichen Tätigkeit intensiv zu beschäftigen, bevor der Startschuss fällt. Dies minimiert Ihr Risiko, mit der eigenen Praxis Schiffbruch zu erleiden.

Kreditentscheidung der Bank nach Rating

Das bankinterne Kreditrisikomanagement liefert den Maßstab für die Kreditentscheidung. Die autonome Entscheidung des Beraters oder seines Direktors gehört der Vergangenheit an. Ihr Berater kann entscheiden – solange Sie sich mit Ihren Zahlen im Vorgabenkorridor bewegen.

An erster Stelle steht das Rating – die normierte Beurteilung Ihrer wirtschaftlichen Zukunftsaussichten. Man will eine objektive Bewertung an die Stelle einer subjektiven Beurteilung stellen. Der Autor mit mehr als 40 Jahren Erfahrung im Kreditgeschäft ist skeptisch, ob die aus den Zahlen errechnete Kreditfähigkeit ohne Berücksichtigung der aus der Person des Kreditnehmers resultierenden Kreditwürdigkeit ausreicht – man wird sehen. Denn schon in der Vergangenheit hat sich jeder schief gegangene Kredit zum Zeitpunkt der positiven Kreditentscheidung gerechnet, und es sind vielfach die subjektiven Faktoren, die zum Scheitern führen. Aber alle Skepsis hilft nicht: Vorschrift ist Vorschrift. Die Entscheider können sich im Fall von Schieflagen hinter den von der EDV vorgegebenen Kriterien verstecken. Was aber schlimmer ist: Etwas, das sich nicht rechnet, wird nicht gemacht, und damit wird die Chance vertan, die im Willen und in der Fähigkeit der Person des Kreditnehmers liegt.

Das Ratingergebnis wirkt sich nicht nur auf die Kreditentscheidung aus. Auch die Konditionen werden dadurch bestimmt. Der Kunde mit dem kleineren Risiko zahlt weniger Zinsen als der Kreditnehmer mit dem größeren Risiko.

Was beeinflusst Ihr Rating?
Es geht um die Bewertung von Hard- und Softfacts. Diese werden in Kennzahlen umgesetzt und sollen zur Vergleichbarkeit individueller Kundendaten führen:

◢ Umsatz- und Kostenentwicklung
◢ Umsatz- und Kostenstruktur
◢ Ertragsentwicklung
◢ Kundenstruktur

◢ Rentabilität
◢ Liquidität
◢ Eigenkapitalquote
◢ Tilgungsdauer und Betriebsvermögen

Wenn Sie sich also niederlassen wollen, sollten Sie im Finanzierungsgespräch der Bank über diese Parameter Auskunft geben können – Ihr Berater wird Ihnen die Zahlen aufarbeiten. Sie müssen jedoch dahinterstehen.

Die weichen Faktoren beziehen sich beispielsweise auf Ihre Qualifikation und Ihr Verhalten als Kunde oder Kreditnehmer in der Vergangenheit und das Halten an Absprachen in der Vergangenheit, z.B., ob die Konten im vereinbarten Rahmen geführt wurden, ob Lastschriften zurückgegeben wurden. Politische und konjunkturelle Faktoren spielen ebenso eine Rolle wie die privaten Lebensumstände, Ehescheidung, Unterhaltsverpflichtungen und dergleichen.

Ratingergebnis
Das Ratingergebnis wird in **Ratingklassen** ausgedrückt, die von Bank zu Bank anders benannt sein können. Ein Beispiel für zwei unterschiedliche Klassifizierungen finden Sie in Tabelle 7.6.

Tab. 7.6: Ratingklassen

Kundenbonität	Ratingklasse	
Engagements mit sehr guter Bonität, faktisch kein Ausfallrisiko	AAA	Aaa
	AA+	Aa1
Engagements mit guter Bonität, hohe Zahlungswahrscheinlichkeit	AA/AA–	Aa2/Aa3
	A+	A1
	A/A–	A2/A3
	BBB+/BBB	Baa1/Baa2
Engagements mit Risikofaktoren, geringe Sicherung von Zins und Tilgung	BBB–	Baa3
Risikobehaftete Engagements, niedrigste Qualität, geringster Anlegerschutz	BB+	Ba1
	BB/BB–	Ba2/Ba3
	B+	B1
	B/B–/CCC	B2/B3/Caa
	D	

Die Problematik aller Ratingverfahren liegt in der Schematisierung von Bewertungsfaktoren. Systembedingt kommt es oft zu schlechten Ratingergebnissen oder Kreditablehnungen, die nicht nachvollziehbar sind. Man stelle sich das vor wie einen Multiple-Choice-Test in einer Illustrierten. Beantwortet man alle Fragen mit b), ist man eben der sportliche Typ, auch wenn man in Wirklichkeit 120 kg wiegt und fettleibig ist. Problematisch ist bei vielen Banken das mangelnde spezielle Know-how im Bereich der Ärzteschaft. Bei einigen Banken sind die angewendeten Ratingverfahren zur Beurteilung der Situation eines selbstständigen Arztes ungeeignet. Nicht für jede Berufsgruppe wird ein eigenes Rating entwickelt. Eine Arztpraxis ist in ihrer Besonderheit weder einem Privatkunden noch einem Unternehmen zuzuordnen. Die für Ärzte spezifischen Merkmale sind im Ratingverfahren nicht ausreichend berücksichtigt. Verfügt der zuständige Berater/Sachbearbeiter nicht über fundierte Kenntnisse, sind Fehleinschätzungen unvermeidbar.

Wie bereite ich mich optimal auf die Verhandlungen mit der Bank vor?
Der Kampf mit der Bank um ein angemessenes und faktenbezogenes Ratingergebnis lohnt sich immer! Um aber gut gerüstet zu sein, erfahren Sie im Folgenden, was nun für das Gespräch mit der Bank wichtig ist.

Persönliche Qualifikation und persönliche Lebens- und Kostensituation. Neben beruflichem Werdegang und unternehmerischen Fähigkeiten sind der verantwortungsbewusste Umgang mit Geld und das Ausgabeverhalten der Vergangenheit maßgebend. Haben Sie über Ihre Verhältnisse gelebt? Sind Sie der Bank durch Kontoüberziehungen schon negativ aufgefallen? Bedenken Sie: Nahezu jede Bank holt von selbst bei der Eröffnung eines Kontos eine SCHUFA-Auskunft ein. Negative Einträge in der SCHUFA führen fast immer zu Kreditablehnungen. Bei der SCHUFA werden übrigens auch die Kreditanfragen vermerkt.

Entwicklung im Gesundheitswesen. Wegen anstehender gesundheitspolitischer Veränderungen und sich weiter verschärfender Wettbewerbsbedingungen könnten Arztpraxen in der Zukunft eine andere Risikoeinstufung erfahren. Ärzte haben nur bedingt Einfluss auf die Einnahmensituation ihrer Praxis und stehen in starker Abhängigkeit zum Gesetzgeber.

Transparenz und Informationsmaterial. Transparenz ist wohl *die* unternehmerische Tugend, die jeder Experte, der sich zum Thema Rating äußert, beschwört. Damit ist gemeint, Ziele, Abläufe, Chancen und Risiken gegenüber der Bank darstellen, am besten schriftlich. Je mehr schriftliche Planungsdaten man der Bank für das Rating anzubieten hat, desto besser für das Ratingergebnis. Kreditinstitute erwarten dabei gleichermaßen einige Unterlagen:

◢ letzte Einkommensteuererklärung
◢ letzter Einkommensteuerbescheid
◢ Vermögensaufstellung

Hilfreich sind die mit dem Berater erarbeiteten Planzahlen zur Entwicklung der

◢ Honorareinnahmen,
◢ Kosten,
◢ Liquidität,
◢ Erträge,
◢ Investitionen,
◢ Finanzierung.

Praxistipp
Zu den Kriterien, die beim Rating herangezogen werden, zählen neben Vermögen und Einkommen auch Komponenten wie Geschäftsplanung, Unternehmensziele usw. Dieses setzt im Regelfall eine Zusammenarbeit mit einem Wirtschaftsberater voraus.

Sicherheiten. Glauben Sie es nicht, wenn Ihnen die Bank die Abhängigkeit der zu stellenden Kreditsicherheiten zum Zins als zwingend darstellt! Die Sicherheiten haben auf das Rating keinen Einfluss. Kreditsicherheiten führen nicht zur planmäßigen Rückzahlung des Kredites (die Wahrscheinlichkeit der Rückzahlung soll mit dem Rating ermittelt werden). Die Verwertung gestellter Kreditsicherheiten reduziert nur den Ausfall der Bank, wenn der Kredit notleidend wird.

Auf Banken zugehen

Problematisch ist, dass in aller Regel das Ratingergebnis der Bank für den Kreditnehmer ein Buch mit sieben Siegeln bleibt. Dennoch: Lassen Sie sich nicht abwimmeln. Um sich so gut wie möglich auf anstehende Ratings vorzubereiten und Ratingergebnisse nachzuvollziehen, raten Banker und Berater unisono: nachfragen. Wer gut abschneiden will, sollte ganz genau wissen, worauf seine Hausbank Wert legt. Darum ist es der richtige Weg, auf den Firmenkundenbetreuer und Kreditsachbearbeiter zuzugehen und ihn zu fragen:

◢ Wie haben Sie uns bereits geratet?

◢ Was für eine Bewertung steht hinter der Ratingkennziffer?

◢ Welche Kriterien und Faktoren haben zu dem Ratingergebnis geführt?

◢ Was hat sich positiv, was negativ ausgewirkt?

◢ Gibt es für Kunden eine Checkliste für Vorbereitungs- und Optimierungsmaßnahmen?

Praxistipp
Die Umsetzung von Basel II wird in der Bankenlandschaft mehr oder weniger unterschiedlichen Handhabungen und Interpretationen unterliegen. Wie bisher auch, sollte der *Vergleich* verschiedener Banken einer Entscheidung für oder gegen ein Institut vorangehen. Ein schlechtes Ratingergebnis kann in Teilen

am verwendeten Verfahren der Bank und der Eignung/Nichteignung für die Bewertung der Spezifika von Arztpraxen liegen. Die Ergebnisse können von Bank zu Bank variieren. Die Beratungspraxis und die Erfahrungen der Autoren spiegeln dieses Bild tagtäglich wider. Auch der Bankberater wird an persönlichen Vertriebszahlen gemessen. Das Ergebnis seiner Bemühungen kann sich in Ihrem Ergebnis wiederfinden. Machen Sie sich dies zunutze!

7.4.2 Finanzierungsformen

Grundlagen jeden Kredites sind die rechtlichen Regeln über das Darlehensverhältnis (§§ 607ff. BGB). Geliehenes muss zurückgegeben werden. Damit ist der Rechtsanspruch auf **Tilgung** festgeschrieben. Die Höhe des Entgelts für die

◢ Geldbeschaffung,

◢ Übernahme des Risikos,

◢ Transaktionskosten

(üblicherweise als **Zinsen** bezeichnet), richten sich nach den schwankenden Marktbedingungen und – Stichwort Basel II (s. Kap. 7.4.1) – nach den individuellen Verhältnissen des Kreditnehmers.

Investitionen werden über **Darlehen** finanziert. Für sie werden die Laufzeit und die Modalitäten der Rückzahlung vorher bestimmt. Die Laufzeiten des Darlehens und der Darlehensbedingungen für Zinsen, Gebühren etc. können voneinander abweichen (Beispiel: Darlehenslaufzeit zwölf Jahre, Tilgung in einer Summe zum Ende der Laufzeit, Zinsfestschreibungsfrist fünf Jahre).

Das Finanzierungsinstrument für die notwendigen Betriebsmittel ist der **Kontokorrentkredit**. Hier stellt die Bank auf dem Girokonto des Kunden einen Kreditrahmen zur Verfügung. Innerhalb dieses Rahmens kann der Kunde frei disponieren. Vereinbarungen über regelmäßige Tilgung existieren nicht. Der Kontokorrentkredit wird für einen bestimmten Zeitraum oder bis auf Weiteres zur Verfügung gestellt. Zinsen zahlt der Kreditnehmer nicht auf den bereitgestellten Kreditrahmen, sondern auf den in Anspruch genommenen Kreditbetrag. Deshalb eignet sich der Kontokorrentkredit in den Fällen, in denen die Inanspruchnahme kurzfristig und unter Schwankungen erfolgt. Trotz höherer Zinssätze ist diese Kreditvariante wegen der Zinsberechnung auf die durchschnittliche Inanspruchnahme günstiger.

7.4.3 Finanzierungsbedingungen

Der **Festzins**, der während der vereinbarten Laufzeit unveränderbar ist, verschafft Ihnen Kalkulationssicherheit. Die monatlichen oder vierteljährlichen Raten sind auf Jahre hindurch kalkulierbar. Ein weiterer Vorteil ist die Stabilität des vereinbarten Zinssatzes, wenn das allgemeine Zinsniveau nach der Kreditvereinbarung steigt. Im Wechsel des Vorzeichens wird der Nachteil erkennbar: Sinkt das Zinsniveau, gilt die Zinsvereinbarung weiterhin bis zum Ende der Festschreibungsfrist. Ein Ausstieg aus der Festzinsvereinbarung vor dem Ende der Festschreibungsfrist hat eine Vorfälligkeitsentschädigung zur Folge. Darauf hat das Kreditinstitut einen Anspruch, weil es mit der festen Zinseinnahme kalkuliert und auf der Basis dieser Kalkulation die Zinshöhe berechnet und sich selbst entsprechend refinanziert hat. Unabhängig davon, dass Sie in Zeiten hoher Zinsen keine Festzinsvereinbarungen treffen sollten, ist auch zu berücksichtigen, ob bekannte Mittelzuflüsse, z.B. Versicherungsfälligkeiten oder Verkaufserlöse, zur Tilgung verwendet werden sollen. Nach deren Fälligkeit ist dann ggf. eine Zinsfestschreibungsperiode zu bemessen.

Ein **variabler Zins** passt sich immer dem aktuellen Zinsniveau an; ein Nutzen, der nur bei fallenden Zinsen eintritt. Sie haben bei variablen Zinsen keine feste Kalkulationsbasis. Die Vereinbarung variabler Zinssätze ist nur in Hochzinsphasen oder bei beabsichtigten Sondertilgungen sinnvoll.

Das **Disagio** ist ein Konditionsbestandteil, der der Feinjustierung des Zinssatzes und u.U. der steuerlichen Optimierung dient. Das Disagio reduziert die auszuzahlende Kreditsumme. Es ist praktisch ein in einer Summe vorweg gezahlter Zins. Es gibt Fälle, in denen es vorteilhaft ist, ein steuerlich sofort abzugsfähiges Disagio zu vereinbaren. Der Ausgleich dafür ist ein für die Folgezeit geringerer Zinssatz.

Entscheidend ist der **Effektivzins** zur Beurteilung der Kreditbedingungen. Einflussfaktoren sind im Wesentlichen der Nominalzins, das Disagio, die Laufzeit und der Zeitpunkt der Zahlung von Zins und Tilgung sowie der Verrechnung der Tilgungsleistung im Verhältnis zur Kreditsumme. Tabelle 7.7 zeigt dies beispielhaft.

Auswirkung auf den Effektivzins haben auch die Zins- und Tilgungsintervalle, wie Tabelle 7.8 verdeutlicht.

Tab. 7.7: Bedingungsvarianten eines Tilgungsdarlehens

Nominalzins	Disagio	Laufzeit	Effektivzins
5,45 %	0 %	10 Jahre	5,45 %
4,85 %	2 %	10 Jahre	5,45 %
4,37 %	4 %	10 Jahre	5,45 %
3,51 %	4 %	5 Jahre	5,45 %
4,54 %	4 %	15 Jahre	5,45 %

Tab. 7.8: Bedingungsvarianten eines Tilgungsdarlehens mit 10 Jahren Laufzeit ohne Disagio

Nominalzins	Ratenzahlungen	Tilgungsverrechnung	Effektivzins
5,32 %	monatlich	monatlich	5,45 %
4,91 %	monatlich	jährlich	5,45 %
5,34 %	vierteljährlich	vierteljährlich	5,45 %
5,22 %	vierteljährlich	halbjährlich	5,45 %
4,99 %	vierteljährlich	jährlich	5,45 %

Einen weiteren Einfluss auf den Effektivzinssatz haben eventuell zu zahlende **Bereitstellungszinsen**. Diese Zinsen berechnen Banken für die Zeit von der Bereitstellung des Kredites bis zu dessen tatsächlicher Auszahlung. Die Differenz zwischen beiden Zeitpunkten kann in fehlenden Auszahlungsvoraussetzungen (z.B. Bestellung von Sicherheiten) oder noch nicht fälligen Zahlungen für die Investitionsgüter ihre Ursache haben. Die Begründung für diese Zinsen leitet sich aus der Tatsache ab, dass die Bank beim Vorliegen der Auszahlungsvoraussetzungen sofort auszahlen muss, sie hält daher die Mittel vor. Das verursacht bei der Bank Zinsaufwand, den sie weiterbelastet. In vielen Fällen tolerieren die Banken einen bestimmten Zeitraum, z.B. drei Monate, zwischen Bereitstellung und Auszahlung des Kredites. In dieser Zeit werden Bereitstellungszinsen nicht berechnet. Diese die Höhe des Zinses beeinflussenden Faktoren sollte man bei einem Vergleich der Effektivzinsen berücksichtigen.

Die Banken sind verpflichtet, den Effektivzinssatz bei **Verbraucherkrediten** ungefragt zu nennen. Für die Antwort auf die Frage, ob ein Disagio nützlich ist oder nicht, sollte der Steuerberater eingeschaltet werden.

Die **CAP-Zinsvereinbarung** ist eine Möglichkeit, der Entscheidung für einen festen oder variablen Zins aus dem Wege zu gehen und das Eine zu erhalten, ohne auf das Andere verzichten zu müssen. Der Gegenstand einer CAP-Zinsvereinbarung ist die Vereinbarung variabler Zinsen, die innerhalb

der Bandbreite zwischen einer festen Zinsober- und Zinsuntergrenze je nach Marktlage schwanken können. Dadurch haben Sie die Gewähr, Zinsen je nach Marktlage zu zahlen und Ihr Risiko durch die Zinsobergrenze, aber auch Ihre Chance durch die Zinsuntergrenze zu limitieren.

Die systematische Darstellung eines CAP-Darlehens finden Sie in Abbildung 7.4.

Als letzte Kondition ist die **Überziehungsprovision** zu nennen, die sich aus dem Namen selbst erklärt. Sie wird berechnet, wenn Kreditnehmer ihren Kontokorrentkredit über die vereinbarte Höhe hinaus in Anspruch nehmen. Diese zusätzlich zum vereinbarten Zinssatz zu zahlende Gebühr ist keine Strafe zur Disziplinierung des Kunden; hier gibt die Bank Kosten weiter, die ihr bei der Bevorratung mit Geld entstanden sind, das für eine spontane (und nicht vorher abgesprochene) Inanspruchnahme des Kontos bereitgehalten wurde.

7.4.4 Laufzeit und Tilgung

Die betriebsgewöhnliche Nutzungsdauer des mit Krediten zu finanzierenden Investitionsgutes limitiert die Gesamtlaufzeit des Kredites. Es ist nicht schädlich, wenn Sie diese Kongruenz auf der Ebene jeden einzelnen angeschafften Wirtschaftsgutes sehen. Unschädlich ist es aber auch nicht, wenn sich im Schnitt die Lebenszyklen aller Investitionsgüter und deren Kredite entsprechen.

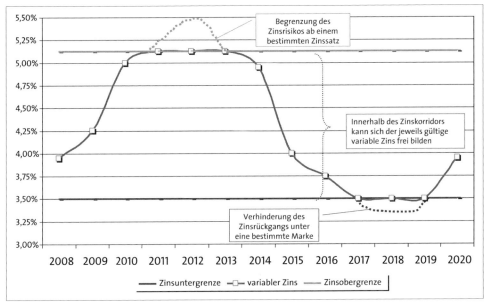

Abb. 7.4: Systematische Darstellung eines CAP-Darlehens

Abschreibungskongruente Tilgung

Die **Absetzung für Abnutzung** (vgl. Kap. 8.2.1) unterliegt strenger staatlicher Reglementierung. In den von den Finanzbehörden festgelegten AfA-Tabellen sind für die AfA Mindestzeiten festgeschrieben, die nicht unterschritten werden dürfen. Eine längere Laufzeit zu wählen, ist gestattet. Die AfA wird als Aufwand bei der Ermittlung des steuerlichen Überschusses der Praxis berücksichtigt. Das ist aber nur ein rechnerischer Vorgang; ein Geldabfluss ist damit nicht verbunden. Die Tilgung jedoch interessiert das Finanzamt nicht. Dieser Abfluss an Liquidität findet in der Vermögenssphäre des Arztes statt und ist steuerlich irrelevant. Mit der AfA haben Sie mithin steuerliche Aufwendungen ohne Ausgaben und mit der Tilgung Ausgaben ohne steuerliche Wirkung. Um demzufolge die Steuerrechnung und die Liquiditätsrechnung des Arztes deckungsgleich zu bekommen, ist es vernünftig, diese beiden Größen miteinander zu verbinden.

Durch die AfA bleiben Praxiseinnahmen in gleicher Höhe steuerfrei. Deshalb ist es klug, diese Einnahmen zu verwenden, um die Tilgungszahlungen zu leisten. Verzichten Sie auf diese Kongruenz und tilgen über die Abschreibungsdauer hinaus, dann fehlt Ihnen, nachdem die AfA ausgelaufen ist, in Ihrer Liquiditätsrechnung die Entlastung durch die Steuerersparnis. Das folgende vereinfachte **Praxisbeispiel** in Tabelle 7.9 macht dies deutlich.

Ausgegangen wurde von einer ursprünglichen Investitionssumme von 100 000 €. Es wurde für die AfA die Mindestdauer von fünf Jahren gewählt; der Kredit zur Finanzierung der Investitionsgüter hat eine Laufzeit von zehn Jahren. Im sechsten Jahr verliert der Arzt in diesem Beispiel seine finanzielle Beweglichkeit.

Neben der Bestimmung der Kreditlaufzeit ist die Festlegung der Art der Tilgung entscheidend.

Beim klassischen **Tilgungsdarlehen** wird die Kreditsumme durch die Laufzeit dividiert. Das Ergebnis ist ein gleichmäßiger Betrag als Tilgungsleistung. Durch die sich kontinuierlich verringernde Schuld reduziert sich die Zinszahlung. Der Investor hat im Verlauf eine rückläufige Belastung.

Tab. 7.9: Praxisbeispiel Liquiditätsrechnung

	Jahr 1	Jahr 6
Honorareinnahmen	200 000 €	200 000 €
Betriebsausgaben ohne AfA	110 000 €	100 000 €
AfA (AfA-Dauer 5 Jahre)	20 000 €	0 e
Steuerlicher Praxisüberschuss	70 000 €	90 000 €
Versicherungen und Vorsorge	25 000 €	25 000 €
Private Lebenshaltung	36 000 €	36 000 €
Steuern	15 600 €	24 100 €
Tilgung (Kreditlaufzeit 10 Jahre)	10 000 €	10 000 €
Freie Liquidität	3400 €	– 5100 €

Den Verlauf der Zahlungsströme beim Tilgungsdarlehen zeigt Abbildung 7.5.

Beim **Annuitätendarlehen** wird ein anderer Ansatz verfolgt: Es wird ein anfänglicher Tilgungssatz festgelegt. Die im Verlauf durch die sich infolge der Tilgung verringernde Schuld weniger zu zahlenden Zinsen werden zur anfänglichen Tilgungsrate addiert. Der Schuldner zahlt mithin stets einen gleichbleibenden Betrag. Dieser Betrag setzt sich aus den Bestandteilen: Zinsen, Tilgung sowie Tilgung aus ersparten Zinsen zusammen. Die Struktur verändert sich im Verlauf der Zeit: Der Zinsanteil verringert und der Til-

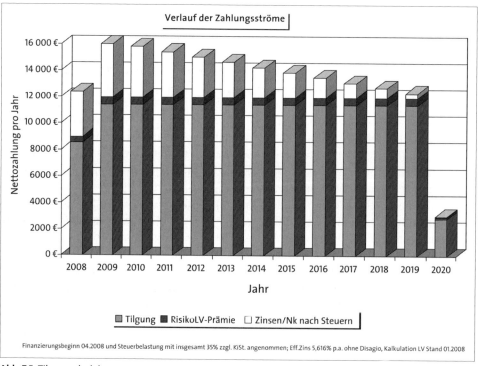

Abb. 7.5: Tilgungsdarlehen

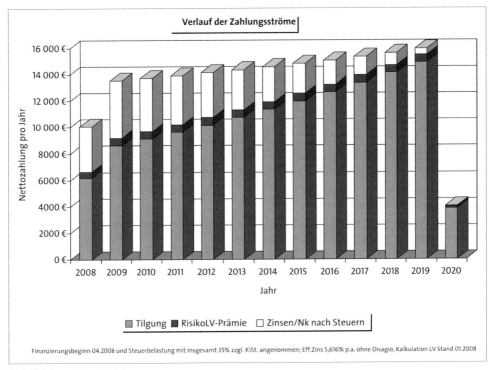

Abb. 7.6: Annuitätendarlehen

gungsanteil vergrößert sich. Da die Belastung gleich bleibt, verringert sich demzufolge die Kreditlaufzeit. Diese Finanzierungsform ist gerade bei langfristigen Immobilienfinanzierungen gebräuchlich. Die gestrichelte Linie am oberen Rand der Abbildung 7.6 zeigt die regelmäßige Bruttobelastung. Sind die Zinsen nicht steuerlich abzugsfähig, entsprechen sich Brutto- und Nettobelastung. Bei steuerlich abzugsfähigen Zinsen steigt infolge der Reduktion des Zinsanteiles die Nettobelastung.

Das **endfällige Darlehen** hat im Verlauf der letzten 15 Jahre einen immer höheren Anteil an den Praxisfinanzierungen erhalten. Es wird nicht regelmäßig getilgt, sondern ist am Ende der Laufzeit in einer Summe zurückzuzahlen. Das bietet sich vor allem dann an, wenn in der Zukunft größere Geldzuflüsse (Versicherungsfälligkeiten, Verkaufserlöse, Erbschaften usw.) zu erwarten sind. Ansonsten sind beim endfälligen Darlehen während

der Laufzeiten nur die Zinsen in gleichbleibender Höhe zu zahlen.

Das endfällige Darlehen (s.a. Abb. 7.7) hat sich in den zurückliegenden Jahren großer Beliebtheit erfreut, denn die steuerlich irrelevante klassische Tilgungsleistung wurde durch die Zahlung der Prämien in einen **Lebensversicherungsvertrag** ersetzt. Die von der Versicherungsgesellschaft erwirtschafteten Gewinnanteile sind dem investierenden Arzt steuerfrei zugeflossen. Voraussetzung war eine Prämienzahlungsdauer von nicht weniger als fünf und eine Versicherungslaufzeit von mindestens zwölf Jahren. Die Tilgung erfolgte nicht direkt, sondern auf dem Umweg über den Lebensversicherungsvertrag. Dessen Ablaufguthaben wurde fest für die Kredittilgung eingeplant. Steuerbefreite Gewinnanteile anstelle von Tilgungszahlungen aus bereits versteuertem Einkommen setzten beim Arzt Mittel frei, die er anderswo einsetzen konnte. Voraussetzung für ein Ge-

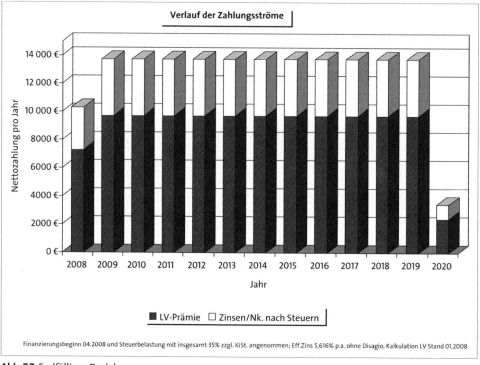

Abb. 7.7: Endfälliges Darlehen

lingen dieses Modells sind unveränderte steuerliche Bedingungen und eine ausreichend hohe Verzinsung des aufgrund des Versicherungsvertrages bei der Gesellschaft entstehenden Guthabens.

Beide Grundvoraussetzungen sind im Augenblick gefährdet: Die Kapitalmarktentwicklung führt derzeit zu **rückläufigen Gewinnversprechen** der Versicherungsgesellschaften. Durch die neue, ab 01.01.2005 geltende Gesetzgebung sind die Steuervorteile normaler Lebensversicherungsverträge um die Hälfte reduziert worden. Damit ist die Tilgung über eigens dafür abgeschlossene Versicherungsverträge im Augenblick nicht mehr lukrativ. Eine andere Situation könnte eintreten, wenn durch entsprechende Kapitalmarktentwicklungen in der Zukunft die den Versicherten zugewiesenen Gewinne der Lebensversicherungsgesellschaften aus Kapitalanlagen einmal kräftig steigen und auf hohem Niveau verbleiben sollten. Damit ist

aber auf absehbare Zeit nicht zu rechnen. Alternativen zur klassischen Lebensversicherung, beispielsweise Investmentsparpläne, verbieten sich wegen der damit verbundenen Kursrisiken. Außerdem führt ab 01.01. 2009 die Abgeltungssteuer das Ergebnis unmittelbar ins Minus. Oftmals werden auch Rentenversicherungen mit Kapitalauszahlungen als Alternative angeboten. Damit vertagt man die Problemlösung in die Zeit nach dem 60. Geburtstag. Das ist, je nach Lebensalter, mehr oder weniger unvertretbar. Das endfällige Darlehen ist nur dann eine Alternative, wenn „alte" Verträge zur Tilgung eingesetzt werden können. Die Anbieter von endfälligen Darlehen haben aber ein Interesse an „Neu-Verträgen" und den damit zusammenhängenden Provisionserträgen.

Die Darstellung der vergleichenden Übersicht in Abbildung 7.8 über die Gesamtbelastung nach zwölf Jahren bei jeder der drei Möglichkeiten, einen Kredit zu tilgen, zeigt:

⬛ Die Unterschiede zwischen dem Tilgungs- und dem Annuitätendarlehen sind vergleichsweise gering.

⬛ Deutlicher ist der Vorteil beim endfälligen Darlehen mit Tilgung durch das Ablaufguthaben aus einem Lebensversicherungsvertrag erkennbar. Dieser Vorteil kann nur prognostiziert werden; abgerechnet wird aber am Ende der Kreditlaufzeit.

⬛ Um die Komponente Versicherungsschutz im Vergleich nicht zu vernachlässigen, wurden beim Annuitätendarlehen und beim Tilgungsdarlehen Prämien für eine Risikolebensversicherung einkalkuliert.

⬛ Vor einer Entscheidung zugunsten des endfälligen Darlehens ist zu prüfen, wie risikobehaftet der rechnerische Vorsprung der Tilgung aus dem Ablaufguthaben des Lebensversicherungsvertrages ist.

7.4.5 Ungeliebte Kreditsicherheiten

Hintergrund einer jeden Kreditgewährung ist – aus dem Blickwinkel einer Bank – die zu diesem Zeitpunkt vorhandene Gewissheit, vom Schuldner aus dessen laufendem Einkommen die vereinbarten Zins- und Tilgungsleistungen fristgerecht zu erhalten (Primärsicherheit). Wäre sich die Bank nicht sicher, gäbe es kein Geld. Die Erfahrung zeigt, dass trotz dieser kalkulatorischen Sicherheit Ereignisse eintreten können, die die Kreditfähigkeit (wirtschaftliche und finanzielle Verhältnisse) bzw. die Kreditwürdigkeit (persönliche Sphäre) beeinträchtigen. Wird die Rückzahlung des Kredites dadurch gefährdet, muss die Bank, will sie keinen Verlust erleiden, die Möglichkeit des Zugriffs auf Sekundärsicherheiten haben.

Wirtschaftskraft als Kreditsicherheit
Darum geht es eigentlich bei der Kreditvergabe. An der Verwertung von **Sekundärsicherheiten** haben Kreditinstitute prinzipiell **kein Interesse**. Die Verwertung von Patien-

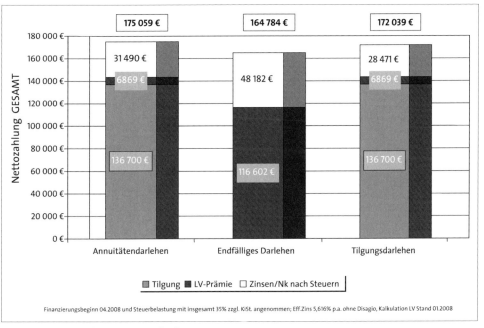

Abb. 7.8: Gesamtzahlungen im Vergleich

tenforderungen oder Einrichtungsgegenständen aus dem Betrieb des Kreditnehmers führt selten zur vollständigen Befriedigung der Forderung der Bank und immer zur Zerschlagung des Betriebes – egal ob Gewerbebetrieb oder Praxis.

Zum Zeitpunkt der Existenzgründung verfügt ein Arzt i.d.R. kaum über Eigenkapital. Nur selten stehen banktübliche Sicherheiten zur Verfügung. Die Kreditbereitstellung erfolgt aufgrund der Kreditwürdigkeit und des persönlichen Eindrucks. Dieser wird ergänzt durch Erfahrungen aufgrund bisheriger Praxisverläufe bei der Übernahme einer Einzelpraxis oder dem Einstieg in eine Gemeinschaftspraxis. Ergänzt wird die Kreditwürdigkeit auch – je nach Kreditinstitut – durch die Erfahrung mit allen wirtschaftlichen und rechtlichen Details der Zielgruppe, also die Marktkenntnis. Durch die spezifischen Voraussetzungen der Arztpraxis sind einige bestimmte Formen der Sekundärsicherheiten geeignet:

Honorarabtretungen. Der zur vertragsärztlichen Behandlung zugelassene Arzt tritt der Bank seine Honorarforderungen an die KV sicherungshalber ab. Das beeinträchtigt nicht seine Verfügungsmöglichkeiten darüber. Die Honorare werden auf das Konto des Arztes bei der kreditgebenden Bank überwiesen. Der Arzt trifft darüber nach eigenem Ermessen seine Verfügungen durch Bezahlung der Betriebs- und Privatausgaben, zur Vorsorge und zum Vermögensaufbau. Für den Fall, dass der Arzt seinen Verpflichtungen gegenüber der Bank aus den in Anspruch genommenen Krediten nicht nachkommt, hat diese den unmittelbaren Zugriff und kann dafür sorgen, dass sie bevorrechtigt bedient wird.

Sicherungsübereignung. Der Arzt überträgt das Eigentum am von ihm beschafften und aus dem Kredit finanzierten Investitionsgut an die Bank. Letztere kann, wenn sie sonst nicht zu ihrem Recht kommen kann, dieses verwerten und aus dem eventuellen Erlös ihre Forderung teilweise oder ganz ausgleichen. Diese Sicherheit ist wegen der Rechte Dritter (Eigentumsvorbehalt des Lieferanten, Vermieterpfandrecht) und wegen des fehlenden Marktes der zweiten Hand selten werthaltig.

Abtretungen von sonstigen Ansprüchen. Darunter sind in den meisten Fällen Ansprüche auf Auszahlung des Rückkaufswertes oder des Ablaufguthabens von Lebensversicherungsverträgen zu verstehen. Vermehrt werden Ansprüche auf Herausgabe hinterlegter Wertpapiere abgetreten. Grund ist zumeist, dass endfällige Darlehen aus dem Ergebnis eines Investment-Fondssparplans zurückgezahlt werden sollen. Aber auch in anderen Fällen muss die Bank die Möglichkeit haben, zur Absicherung des Todesfallrisikos im Krisenfall über die Medien verfügen zu können. Gerade im Todesfall, wenn keine Honoraransprüche an die KV mehr entstehen können, gewinnt diese Form der Besicherung besondere Bedeutung. Die Abtretung solcher Ansprüche verschafft dem Kreditinstitut die Möglichkeit, im Falle von Leistungsstörungen die Zahlung zu ihren Gunsten unmittelbar zu verlangen.

Bei der Abtretung von Lebensversicherungen als Tilgungssurrogat in Fällen betrieblicher Verwendung sind besondere steuerliche Vorschriften zu beachten. In der Finanzierung von Arztpraxen erfahrene Kreditinstitute berücksichtigen dies.

Bürgschaften. Die Bürgschaft des Ehegatten ist höchstrichterlich in solchen Fällen in Zweifel gezogen worden, in denen die wirtschaftliche Leistungsfähigkeit des Bürgen in keinem Verhältnis zu der potenziellen Verpflichtung aus der Bürgschaft steht. Die Ehegattenbürgschaft schützt aber nicht nur die Bank. Sie schützt auch den Kunden, insbesondere dann, wenn infolge güterrechtlicher Auseinandersetzungen der scheidende Ehepartner existenzgefährdende Zahlungsansprüche hat.

7.4.6 Öffentliche Finanzierungshilfen

Der Bund stellt über die Kreditanstalt für Wiederaufbau (KfW) [http://www.kfw-mittel standsbank.de] immer wieder zu jeweils unterschiedlichen Bedingungen **Kreditprogramme** für die Finanzierung von Praxisinvestitionen zur Verfügung. Einzelne Bundesländer haben auch regionale Kreditprogramme aufgelegt. Die Finanzierungserleichterungen können sich auf die Bereiche Verzinsung, Tilgung und Besicherung oder auf einen Mix aus allen drei Sektoren beziehen. Gerade im Hinblick auf die zu Regelungen nach Basel II (s. Kap. 7.4.1) wird durch entsprechende Kreditprogramme der Tatsa-

che Rechnung getragen, durch Erleichterungen bei den Besicherungsvorschriften den Kreditnehmern die Möglichkeit der nachträglichen Eigenkapitalbildung zu geben. Ausreichendes Eigenkapital ist eine Voraussetzung für eine positive Bonitätsbeurteilung. Diese wiederum führt zu günstigeren Zinssätzen und damit sinkenden Kosten.

Praxistipp
Die öffentlichen Kreditprogramme haben regelmäßig einen wirtschaftspolitischen Hintergrund. Die Güte einer Finanzierungsberatung wird auch daran erkennbar, dass die Nutzung von Vorteilen durch die Inanspruchnahme öffentlicher Finanzierungshilfen mit in das Finanzierungskonzept eingebaut wird. Ein Verzicht darauf müsste schon besonders begründet sein.

8 Buchführung und Steuern in der Arztpraxis

Stefan Jung, Jochen Axer, Frank S. Diehl

Grundlegende Datenquelle der Ergebnisermittlung und des Controllings (s. Kap. 9) ist das **Rechnungswesen**. Das Rechnungswesen erfasst, ganz allgemein formuliert, den Verbrauch von Gütern, Leistungen und Werten. Je nach Standpunkt begreift es den Zu- und Rückfluss als Einnahme oder Ausgabe, Ertrag oder Aufwand, Leistung oder Kosten. Durch das Rechnungswesen lassen sich somit Wirtschaftlichkeit und Erfolg des Praxisprozesses kontrollieren. Die Ergebnisse des Rechnungswesens bilden auch die Basis für Ihre Steuerverpflichtung, da der ermittelte Gewinn die Bemessungsgrundlage für Ihre steuerliche Veranlagung maßgebend darstellt.

Nachfolgend stellen wir Ihnen einen Teilbereich des Rechnungswesens, die **Finanzbuchhaltung bzw. Buchführung**, im Überblick vor und geben Ihnen einen Einblick in die steuerlichen Grundlagen.

8.1 Grundlagen der Finanzbuchhaltung in der Arztpraxis

Möglicherweise ist für Sie als Praktiker die Buchhaltung ein rotes Tuch, mit dem Sie möglichst nicht konfrontiert werden möchten. Auf der anderen Seite möchten Sie als Selbstständiger wissen, wie viel Sie verdienen. Die Buchführung gibt Ihnen als niedergelassenem Arzt Auskunft über die Ertrags- und Vermögenslage Ihrer Praxis und damit über den Praxiserfolg. Des Weiteren können Sie der Buchführung wichtige Daten für die Kalkulation und für die Überwachung der Forderungen und Schulden entnehmen; die Finanzbuchhaltung ist also eine wichtige **In**formationsquelle für Sie als Unternehmer. Sie verfolgt nicht nur solche internen Zwecke, sondern ebenfalls externe Zielsetzungen: So zeigt sich auch der Staat an den Ergebnissen der Buchführung interessiert, denn sie stellen die wichtigsten **Besteuerungsgrundlagen** dar. Auch aus Gründen des **Gläubigerschutzes** ist eine ordnungsgemäße Buchführung zwingend erforderlich. Bei Auseinandersetzungen mit Lieferanten, Banken, Behörden oder auch Patienten über finanzielle Forderungen erleichtern entsprechende Belege die Beweisführung.

8.1.1 Buchführung bei selbstständigen Ärzten

Die Buchführungspflicht für Kaufleute ist im Handelsgesetzbuch (HGB) geregelt. Einzelkaufleute, Personengesellschaften, Kapitalgesellschaften und eingetragene Genossenschaften, die nach § 238 HGB buchführungspflichtig sind, müssen diesen Verpflichtungen, Bücher und Aufzeichnungen zu führen, auch für die Besteuerung nachkommen.

Bei der kaufmännischen Buchführung werden die einfache und doppelte Buchführung unterschieden:

Die **einfache Buchführung** kann als Einnahmen-Ausgaben-Rechnung oder Einnahmenüberschussrechnung nur von bestimmten Unternehmern, die keine Kaufleute sind, z.B. Freiberuflern wie selbstständig tätigen Ärzten, angewandt werden. Sie beruht ausschließlich auf steuerlichen Vorschriften (gem. § 4 Abs. 3 Einkommensteuergesetz).

Die **doppelte Buchführung** hingegen stellt ein geschlossenes Buchführungssystem dar, das Kaufleute anzuwenden haben. Jeder Geschäftsvorfall wird doppelt erfasst, einmal im Grundbuch und einmal im Hauptbuch, und jede Buchung erfolgt auf zwei Buchungskonten, einmal im Soll und einmal im Haben. Am Ende des Geschäftsjahres wird der Erfolg des Unternehmens durch eine Gewinn- und Verlustrechnung festgestellt und zum Abschlussstichtag eine Bilanz erstellt.

Da **Ärzte keine Kaufleute** im Sinne des Handelsrechts sind, greifen für sie die Vorschriften des HGB bezüglich der Buchführungspflicht nicht. Ebenso haben Ärzte nicht den Status von Gewerbetreibenden, sondern sie sind **Freiberufler**. Daher fällt der Gewinn aus der Arztpraxis steuerlich i.d.R. unter die Einkünfte aus selbstständiger Arbeit. Insofern besteht für sie auch keine Pflicht zur doppelten Buchführung nach dem Steuerrecht. Anders ist es jedoch mit den Aufzeichnungspflichten, die auch der Freiberufler beachten muss (s. Kap. 8.1.2). Diese Regelung gilt nur solange, wie die ärztliche Tätigkeit in freier Tätigkeit als Unternehmer erfolgt. Wird beispielsweise jedoch die ärztliche Tätigkeit in einem Medizinischen Versorgungszentrum (Rechtsform einer GmbH) erbracht, dann ist die GmbH als Kapitalgesellschaft gem. den Vorschriften des HGB verpflichtet, Bücher zu führen.

Der **Gewinn** kann nach dem deutschen Steuerrecht grundsätzlich durch zwei unterschiedliche Methoden ermittelt werden: durch Betriebsvermögensvergleich, also eine **Bilanz**, oder durch die **Einnahmenüberschussrechnung**.

Da selbstständige Ärzte nicht zur doppelten Buchführung verpflichtet sind, ermitteln sie ihren Gewinn i.d.R. nicht durch Bilanzierung, sondern durch eine Einnahmenüberschussrechnung.

Allerdings besteht nach dem Einkommensteuergesetz die Möglichkeit, dass selbst-

ständig tätige Ärzte freiwillig doppelte Buchführung betreiben. Der Vorteil liegt im genaueren Ergebnis durch die periodengerechte Gewinnermittlung. Sie haben somit einen präziseren Überblick über die Ertrags- und Vermögenslage der Praxis: Sie sehen z.B., was Ihr Betriebsvermögen wert ist. Mit der Bilanzierung haben Sie weiterhin die Möglichkeit, finanzielle Rückstellungen zu bilden. Andererseits bietet die doppelte Buchführung weniger Gestaltungsmöglichkeiten mit Betriebsvermögen. Zudem ist die Einnahmenüberschussrechnung in der Praxis einfacher zu handhaben.

8.1.2 Steuerliche Aufzeichnungspflichten

Während die Buchführungspflicht nur von bestimmten Personen einzuhalten ist, sind die steuerrechtlichen **Aufzeichnungspflichten** von jedem zu erfüllen, der ein Unternehmen betreibt. Sie gelten also auch für Sie als Inhaber einer Arztpraxis. So liefern die einzelnen **Steuergesetze** eine ganze Reihe von Vorschriften für gesondert zu führende Aufzeichnungen innerhalb der Buchhaltung. Diese müssen so beschaffen sein, dass es einem sachverständigen Dritten innerhalb einer angemessenen Zeit möglich ist, einen Überblick über die Umsätze des Unternehmens und die evtl. abziehbaren Vorsteuerbeträge zu erlangen sowie die Grundlagen für die Steuerberechnung festzustellen. Dies ist durch die Umsatzsteuer-Durchführungsverordnung (§ 63 UStDV) vorgeschrieben.

Aus dem Umsatzsteuergesetz (UStG) folgt beispielsweise die Verpflichtung zur Aufzeichnung der einzelnen Betriebseinnahmen.

Betriebseinnahmen

Nach § 22 UStG ist jeder Unternehmer zur Aufzeichnung der Entgelte und der unentgeltlichen Wertabgaben seines Betriebes verpflichtet. Diese Aufzeichnungen sind dann auch relevant für die Einkommensteuerermittlung. Entgelte sind die für die ärztliche Leistungserbringung liquidierten Honorare. Beispiele für unentgeltliche Wertabgaben der Arztpraxis können Privatfahrten mit dem als betriebliches Vermögen eingestuften Pkw oder Verbandmaterial sein, das auf Praxiskosten angeschafft, aber privat verbraucht wird.

Da Sie als Arzt zu den nicht buchführungspflichtigen Unternehmern zählen, sind Sie nicht zur Führung eines Kassenbuchs verpflichtet. Daher müssen Sie private Entnahmen und Einlagen nicht aufzeichnen, sofern sie in Geld bestehen. Sach-, Nutzungs- und Leistungsentnahmen dagegen müssen aufgezeichnet werden, da sie Betriebseinnahmen darstellen. Hierunter fallen z.B. die private Pkw-, PC- oder Telefonnutzung oder Büromöbel, die für die Wohnung genutzt werden. Betriebseinnahmen sind alle Güter in Geld oder Geldeswert, die dem Arzt aus betrieblicher Veranlassung zufließen (z.B. Honorare), also die Einnahmen, in denen ein Kausalzusammenhang zwischen ärztlicher Tätigkeit und vereinnahmtem Geldbetrag besteht.

Betriebsausgaben
Jeder Steuerpflichtige ist verpflichtet, auf Verlangen der Finanzbehörde die Glaubhaftigkeit und betriebliche Veranlassung seiner Betriebsausgaben zu erläutern. Dies ergibt sich aus der allgemeinen Mitwirkungspflicht des § 90 Abs. 1 Abgabenordnung (AO). Auch wenn dafür die Vorlage geordneter Belege genügt, ist es sinnvoll, auch die Betriebsausgaben laufend zu erfassen, um die vollständige und zutreffende Erfassung zu gewährleisten.

Gesonderte Aufzeichnungspflichten hingegen bestehen z.B. für
◢ **Aufwendungen** für Geschenke, Bewirtungsaufwendungen usw. Sie sind einzeln und getrennt von den sonstigen Betriebsausgaben aufzuzeichnen (s. § 4 Abs. 7 EStG).

◢ **geringwertige Wirtschaftsgüter**, kurz **GWG**. Das sind Gegenstände, die im Jahr der Anschaffung sofort und in voller Höhe als Betriebsausgaben abgezogen werden dürfen. Maßgebend sind beim Kauf Nettowerte (ohne Umsatzsteuer) von bis zu 150,– €. Diese können aber vor 2008 nur dann im Jahr der Anschaffung sofort und in voller Höhe als Betriebsausgaben abgezogen werden, wenn sie unter Angabe des Tages der Anschaffung und der Anschaffungskosten in ein besonderes, laufend zu führendes Verzeichnis aufgenommen werden (s. § 6 Abs. 2 Satz 4 EStG).

◢ **nicht abnutzbare Wirtschaftsgüter des Anlagevermögens**, z.B. unbebaute Grundstücke. Diese sind unter Angabe des Tages der Anschaffung/Herstellung und der Anschaffungs-/Herstellungskosten im Zeitpunkt der Veräußerung oder Entnahme als Betriebsausgaben zu berücksichtigen (s. § 4 Abs. 3 Sätze 4 und 5 EStG).

◢ **Lohnkonten**, die für jeden Arbeitnehmer am Ort der Betriebsstätte geführt werden müssen (s. § 41 EStG).

Kontenplan und Kontenrahmen
Jedes Unternehmen ist bestrebt, seine Wirtschaftskraft zu vergleichen und zu messen, einmal als äußeren Betriebsvergleich mit anderen Unternehmen und zum anderen als Zeitvergleich, dem sog. inneren Betriebsvergleich. Dazu bedarf es eines möglichst einheitlichen Organisationsmittels und Leitfadens zur Buchung der Geschäftsvorfälle.

Anfang des 20. Jahrhunderts wurde daher der **Kontenplan** als Gliederungsplan für den gesamten Zweig des Rechnungswesens geschaffen. Er ist heute nicht mehr verbindlich; auf der Grundlage eines Gemeinschaftskontenrahmens, herausgegeben durch den Bundesverband der Deutschen Industrie, der eine Empfehlung für Unternehmen darstellt, basieren jedoch alle abgeleiteten Branchenkontenrahmen, u.a. auch der für Arztpraxen relevante **Kontenrahmen für Ärzte und Pflegeeinrichtungen**.

8.2 Die Einnahmenüberschussrechnung

Freiberufler haben mit der sog. einfachen Buchführung eine gegenüber der doppelten Buchführung vereinfachte Möglichkeit, den Praxisgewinn festzustellen: Der Erfolg oder der Überschuss der Praxis ermittelt sich aus der Gegenüberstellung von Einnahmen und Ausgaben; daher spricht man in der Praxis von einer Einnahmenüberschussrechnung (EÜR), die auf § 4 Abs. 3 EStG beruht.

Die einfache Buchführung reduziert sich auf die Erfassung von Zahlungsvorgängen in Form der Einnahmen und Ausgaben. Es erfolgt weder eine Gewinn- und Verlustrechnung durch Erfolgskontenabschluss noch eine Aufstellung einer Bilanz.

Tab. 8.1: Gewinnermittlung durch Einnahme-Überschuss-Rechnung

	Summe der Betriebseinnahmen
−	Summe der Betriebsausgaben
=	Gewinn des Wirtschaftsjahres
−	Steuerfreie Betriebseinnahmen
+	Nicht abziehbare Betriebsausgaben
=	Steuerpflichtiger Gewinn

Bei der Einnahmenüberschussrechnung wird der Gewinn als Differenz zwischen Betriebseinnahmen und -ausgaben ermittelt.

Praxistipp
Bei der Erfassung der Einnahmen und Ausgaben im Allgemeinen ist immer ein Finanzkonto wie Kasse oder Bank beteiligt. Die meisten EDV-Programme bieten in der Praxis gerade für diese Buchungsart mit einem Buchungsmenü „Buchen auf Finanzkonto" eine große Erleichte-

rung an. Mit dieser Buchungsart entfällt die Frage nach Soll- oder Habenkonto. Der Anwender entscheidet nur noch, für welches Finanzkonto er die Buchungen erfassen will und gibt dann lediglich an, für welchen Zweck die entsprechende Einnahme bzw. Ausgabe getätigt wurde. Dieses Prinzip der reinen Geldrechnung wird allerdings auch bei der Einnahmenüberschussrechnung an einigen Stellen durchbrochen, z.B. bei regelmäßig wiederkehrenden Praxiseinnahmen bzw. -ausgaben, wie Gehältern, Mieten, Abschlagszahlungen der KV.

8.2.1 Das Zufluss-Abfluss-Prinzip

Die Gewinnermittlung mittels der EÜR erfasst grundsätzlich
⊿ die getätigten Betriebseinnahmen und
⊿ die getätigten Betriebsausgaben
nach dem Zufluss-Abfluss-Prinzip des § 11 EStG.

Bei einer **Gewinnermittlung** durch die EÜR gelten also die Betriebseinnahmen als in dem Kalenderjahr bezogen, in dem sie dem Steuerpflichtigen zugeflossen sind. Entscheidend für die Besteuerung ist der Zeitpunkt, zu dem der Arzt die wirtschaftliche **Verfügungsmacht** über das Geld erlangt. Das ist
⊿ der Zeitpunkt der Barzahlung,
⊿ der Überweisungseingang auf dem Bankkonto,
⊿ die Annahme eines Schecks, unabhängig von der Einlösung,
⊿ der Zeitpunkt einer Verrechnung mit Forderungen.

Die Abschlags- und Abschlusszahlungen der Kassenärztlichen Vereinigung gelten bei Eingang auf dem Konto als zugeflossen. Nicht maßgebend ist der Termin, an dem die Krankenkassen an die Vereinigung bezahlen. Laufen aber die Honorare von Privatpatienten über eine Abrechnungsstelle, gelten sie bereits bei Zugang auf deren Konto als Einnahme, unabhängig von der Auszahlung an den Arzt.

Die bei gesetzlich versicherten Patienten zu erhebende **Praxisgebühr** stellt beim Arzt, Zahnarzt oder Psychotherapeuten im Zeitpunkt der Zahlung eine **Betriebseinnahme** dar. Entsprechend der gesetzlichen Regelung hat der Arzt die Praxisgebühr einzubehalten, und sein Vergütungsanspruch gegenüber der Kassenärztlichen Vereinigung wird entsprechend verringert. Betriebsausgaben sind in dem Kalenderjahr abziehbar, in dem sie geleistet worden sind. Der Abfluss richtet sich damit nach

◢ der Leistung einer Zahlung,

◢ der Einreichung eines Überweisungsauftrags,

◢ der Hingabe eines Schecks oder

◢ der Verrechnung von gegenseitigen Forderungen.

Werden Teile der Aufwendungen über eine Laborgemeinschaft abgewickelt, stellen die Umlagen keine Ausgaben dar. Maßgebend ist in diesen Fällen die Zahlung der Gemeinschaft, die vom Finanzamt mittels gesonderter Feststellung ermittelt wird.

Aufwendungen entstehen nicht nur im bereits laufenden Praxisbetrieb, sondern fallen auch schon vor der Eröffnung an. Das können beispielsweise Kosten für die neu angemieteten Räume oder zur Finanzierung sein. Sie können bereits im Jahr der Zahlung geltend gemacht werden, auch wenn noch kein Euro Honorar eingenommen wurde. Kommt es anschließend wider Erwarten nicht zu Einnahmen, zählen die Kosten steuerlich dennoch. Entscheidend ist lediglich, ob der Freiberufler sich konkret um die Aufnahme einer Tätigkeit bemüht hat.

Nach Beendigung der Tätigkeit können i.d.R. keine Kosten mehr geltend gemacht werden. Doch es gibt einige Ausnahmen: So können etwa Zinsen aus einem laufenden Praxiskredit weiterhin abgesetzt werden, so-

fern ein Verkaufspreis für die komplette Tilgung nicht ausreicht. Auch die Kosten der Abwicklung sind noch Betriebsausgaben. Die betrieblich veranlassten Aufwendungen sind nachzuweisen. Das Finanzamt kann vom Selbstständigen verlangen, dass er für den Abzug von Betriebsausgaben den Gläubiger oder Empfänger von Zahlungen genau benennt. Erfolgt dies nicht, kann der Kostenansatz komplett gestrichen werden. Solche detaillierten Nachforschungen ergeben sich meist im Rahmen einer Betriebsprüfung.

Eine Reihe von Kosten ist nicht in voller Höhe, sondern nur beschränkt oder überhaupt nicht abziehbar, da der Fiskus eine zumindest teilweise private Veranlassung unterstellt:

◢ **Mehraufwand für Verpflegung** bei Geschäftsreisen ist unabhängig von der Höhe nur mit den auch für Arbeitnehmer geltenden Pauschalen zu berücksichtigen.

◢ **Private Fahrten** mit dem Betriebs-Pkw müssen pauschal oder durch exakte Ermittlung als Einnahme angesetzt werden.

◢ Fahrten zwischen **Wohnung und Betrieb** sind nur mit den auch für Arbeitnehmer geltenden Sätzen wie Betriebsausgaben zu berücksichtigen, also der Entfernungspauschale ab dem 21. Kilometer.

◢ **Familienheimfahrten** sind ebenfalls mit der Entfernungspauschale absetzbar, allerdings ab dem ersten Kilometer.

◢ Mehraufwand bei **doppelter Haushaltsführung** wirkt sich nur im Rahmen der auch für Arbeitnehmer geltenden Vorschriften aus. Daher kann der ledige Unternehmer ohne eigenen Hausstand nur in begrenztem Maße Kosten absetzen.

◢ **Geschenke** dürfen pro Empfänger nicht teurer als 35,– € sein. Grundsätzlich handelt es sich hier um einen Nettobetrag. Bei nicht zum Vorsteuerabzug berechtigten Ärzten sind es 35,– € brutto.

◢ **Gästehäuser**, die nicht für Arbeitnehmer vorgesehen sind, sowie Jachten dürfen nicht geltend gemacht werden.

◢ **Bewirtung** von Personen aus geschäftlichem Anlass kann nur zu 70% geltend gemacht werden.

◢ Das häusliche **Arbeitszimmer** darf nur nach den auch für Arbeitnehmer geltenden Regeln angesetzt werden.

◢ Aufwendungen für die **Kapitalanlage** können bis Ende 2008 nur zur Hälfte und ab 2009 mit 60% abgezogen werden, sofern die entsprechenden Einnahmen oder Verkaufsgewinne – etwa bei Aktien – auch nur mit 50% bzw. 60% angesetzt werden.

Sonderfall: Ansatz der Pkw-Kosten

Hier ist zu unterscheiden zwischen privaten und beruflichen Fahrten und solchen zwischen Wohnung und Praxis. Der Arzt kann seine dienstlichen Fahrten komplett, Privat-

touren überhaupt nicht und Fahrten zur Praxis in begrenztem Umfang geltend machen. Grundsätzlich gelten hier dieselben Regeln wie bei Arbeitnehmern, die einen Firmenwagen zur Verfügung gestellt bekommen. Die private Nutzung kann entweder pauschal mit der Ein-Prozent-Regel oder exakt per Fahrtenbuch ermittelt werden. Gleiches gilt für die Fahrten zur Arbeit. Hier können pauschal 0,03% des Listenpreises als Ausgabe angesetzt werden, bei Nachweis die Entfernungspauschale von 0,30 € pro Kilometer. Ein Beispiel zeigt Tabelle 8.2.

Seit **2006** ist die Ermittlung nach der Ein-Prozent-Regel auf Fahrzeuge beschränkt worden, die nachweislich zu mehr als 50% für die berufliche Tätigkeit verwendet werden. Dies wird nur selten der Fall sein, sodass die private Entnahme mit den tatsächlichen Werten zu erfolgen hat. Im vorherigen Beispiel muss der Freiberufler also 12 800 € Betriebseinnahmen für seine Privatfahrten er-

Tab. 8.2: Beispiel zu den Fahrtkosten mit Fahrtenbuch

Ein Arzt hat sich einen Pkw mit Listenpreis von 50 000 € angeschafft. Den nutzt er mit 20% für die Praxis. An jährlichen Kfz-Kosten fallen 16 000 € an. Hierin ist auch die Abschreibung enthalten.	
Berechnung nach dem Fahrtenbuch	
Kosten für den Betriebs-Pkw im Jahr inkl. AfA	16 000 €
Gefahrene Kilometer laut Fahrtenbuch	20 000 km
Privatfahrten	16 000 km
Privatanteil als Einnahme 80% x 16 000	12 800 €
Kosten für den Pkw	16 000 €
Ergibt Betriebsausgaben von	**3200 €**
Berechnung nach der Ein-Prozent-Regel für das Jahr 2005	
Bruttolistenpreis des Pkw inklusive Extras	50 000 €
Pauschaler Anteil für Privatfahrten (1% von 50 000 €)	500 €
Für zwölf Monate Privatanteil als Einnahme	6000 €
Kosten für den Betriebs-Pkw im Jahr inkl. AfA	16 000 €
Ergibt Betriebsausgaben von	**10 000 €**
Ergebnis	Über den pauschalen Ansatz der Privatfahrten kann das Dreifache an Betriebsausgaben abgesetzt werden.

fassen, die alternative Ein-Prozent-Regel mit lediglich 6000 € gelingt nicht mehr. Hinzu kommen noch die Fahrten von der Wohnung in die Praxis.

Übersteigt die pauschale Berechnung des Privatanteils über das Jahr gesehen den Wert der tatsächlichen Kfz-Kosten, müssen Freiberufler maximal den Wert dem Gewinn wieder hinzurechnen, der auch tatsächlich als Betriebsausgabe verbucht worden ist. Ob die eine oder andere Methode in Anspruch genommen wird, muss der Arzt für das von ihm auch privat genutzte Fahrzeug erst nach Ablauf des Jahres entscheiden, spätestens mit Abgabe seiner Steuererklärung beim Finanzamt. Selbst wenn sämtliche erforderlichen Nachweise zur Inanspruchnahme der Einzelnachweismethode vorliegen, kann er sich je nach tatsächlichem Ergebnis einer Vergleichsrechnung für das evtl. günstigere Pauschalverfahren entscheiden.

Gehört der Pkw zum Privatvermögen, muss anders gerechnet werden. In diesem Fall können die auf betriebliche Fahrten entfallenden Kosten abgesetzt werden; private Nutzungsanteile werden nicht ermittelt. Der private Anteil führt immer wieder zu Streit mit den Finanzbeamten, die stets einen möglichst geringen Anteil für die betriebliche Sphäre akzeptieren wollen. Ein exakt geführtes Fahrtenbuch hilft i.d.R. als stichfester Beleg. Zu beachten sind auch die Fahrten der Familienmitglieder. Nutzen auch Partner oder Kinder den auch betrieblich genutzten Pkw, sind dies Privatfahrten.

Sonstige Betriebsausgaben des Arztes. Grundsätzlich gilt: Bei Einnahmenüberschussrechnern wirken die Ausgaben steuerlich erst bei Zahlung. Eine Ausnahme gibt es lediglich bei der AfA. Hier ist das Anschaffungsdatum maßgebend.

Absetzung für Abnutzung (AfA) in der Arztpraxis

Bei abnutzbaren Wirtschaftgütern des Anlagevermögens, deren Verwendung oder Nutzung sich erfahrungsgemäß auf einen Zeitraum von mehr als einem Jahr erstreckt, sind die Anschaffungskosten auf die betriebsgewöhnliche Nutzungsdauer zu verteilen (§ 7 Abs. 1 EStG). Abnutzbare Wirtschaftsgüter (zeitlich begrenzte Nutzung, da technischer Wertverzehr) sind z.B. Praxisräume, Medizingeräte, Fahrzeuge, sonstige Praxisausstattung.

Nicht abnutzbare Wirtschaftsgüter (zeitlich unbegrenzte Nutzung) sind z.B. Grund und Boden und Wertpapiere des Anlagevermögens.

Bemessungsgrundlage für die AfA sind die Anschaffungskosten des Wirtschaftsgutes. Bei Ärzten, die i.d.R. nicht zum Vorsteuerabzug berechtigt sind, gehört die Umsatzsteuer mit zu den Anschaffungskosten. Ansonsten ist der Nettowert anzusetzen. Die betriebsgewöhnliche Nutzungsdauer ist zu Beginn der Nutzung vorsichtig zu schätzen. Anhaltspunkte für die Schätzung können die betriebseigenen Erfahrungen und die vom Bundesminister für Finanzen (BMF) herausgegebenen AfA-Tabellen sein (Erfahrungswerte von Betriebsprüfungen).

Zeitpunkt des Beginns der AfA ist der Monat der Anschaffung, d.h. es muss eine zeitanteilige Berechnung des Jahres-AfA-Betrages nach Monaten erfolgen (vgl. § 7 Abs. 1 Satz 4 EStG).

Bei der Abschreibung wird zwischen zwei Methoden unterschieden. Zum einen gibt es die planmäßige Abschreibung, d.h. die Wirtschaftsgüter sind nach ihrer betriebsgewöhnlichen Nutzungsdauer abzuschreiben, zum anderen im Ausnahmefall die außerplanmäßige Abschreibung, auf die an dieser Stelle nicht näher eingegangen wird.

Bei der planmäßigen Abschreibung unterscheidet man folgende Methoden:

◢ Lineare AfA → in gleichbleibenden Jahresbeträgen

◢ Degressive AfA (Buchwert-AfA) bei An- schaffung bis Ende 2007 → in fallenden Jahresbeträgen

◢ AfA nach Leistungseinheiten → Jahresbe- träge abhängig von der tatsächlichen Nutzung.

Sonderabschreibung und Investitionsabzugsbetrag

Hiermit werden kleine und mittlere Betriebe bei der Anschaffung beweglicher Wirt- schaftsgüter des Anlagevermögens gefördert. Es sind dabei mehrere Fördervoraussetzun- gen zu beachten, die sich für 2007 endende Geschäftsjahre grundlegend geändert haben:

Das Betriebsvermögen des Gewerbebe- triebes oder des der selbstständigen Arbeit dienenden Betriebs darf zum Ende des An- schaffungsjahres 235 000 € nicht überstei- gen. Für Einnahmenüberschussrechner hin- gegen gilt ein Jahresgewinn von 100 000 €, der im Jahr der Bildung des Investitionsab- zugsbetrags nicht überschritten werden darf. Anders als bei der früheren Ansparrücklage können Ärzte die neue Förderung nicht mehr bei hohen Gewinnen bilden, wohl aber, wenn der Praxiswert außergewöhnlich hoch ist. Die Funktion dieser Förderung für den Mittelstand erfolgt in zwei Stufen:

◢ Zuerst wird ein gewinnmindernder In- vestitionsabzugsbetrag in Höhe von 40% der voraussichtlichen Investitionskosten gebildet.

◢ Im Jahr der Anschaffung wird dieser Pos- ten dann gewinnerhöhend aufgelöst, und gleichzeitig werden 40% der An- schaffungskosten gewinnmindernd ab- gesetzt. Dafür kann neben der herkömm- lichen AfA noch eine Sonderabschrei- bung von 20% gebildet werden. Die wird für das gesamte Jahr abgezogen, auch wenn Praxiseinrichtung oder Behand- lungsgeräte erst im Dezember gekauft werden. Allerdings mindert sich die Be- messungsgrundlage für die AfA um die abgezogenen 40%.

Das angeschaffte Wirtschaftsgut muss aller- dings im Jahr der Inanspruchnahme der Son- derabschreibung fast ausschließlich betrieb- lich genutzt werden, d.h. die Privatnutzung darf nicht mehr als 10% betragen. Daher scheidet die Sonderabschreibung für den Pkw i.d.R. aus. Der vorherige Investitionsab- zugsbetrag darf ebenfalls nur mit diesen Nut- zungsanteilen gebildet werden. Auf diese Weise kann in Jahren mit hohen zu versteu- ernden Gewinnen die Steuerlast in zukünfti- ge Jahre (mit ggf. geringeren Gewinnen) ver- lagert werden.

8.2.2 Regelmäßige Einnahmen/ Ausgaben um den Jahreswechsel

Bei regelmäßig wiederkehrenden Einnah- men und Ausgaben kurz vor oder nach dem Jahreswechsel bestimmt der Gesetzgeber eine **Ausnahme** vom Zuflussprinzip. Diese Zahlungen sind in dem Jahr zu berücksichti- gen, zu dem sie wirtschaftlich gehören, wenn zwischen Fälligkeit und Bezahlung maximal zehn Tage liegen (s. § 11 Abs. 1 Satz 2, Abs. 2 Satz 2 EStG). Voraussetzungen für die Anwendung dieser Vorschrift sind:

◢ Die Zahlungen beruhen auf einem Rechtsverhältnis. Dies können beispiels- weise periodisch zu zahlende Zinsen, Miete, Löhne und Gehälter sein.

◢ Die Zahlungen kehren regelmäßig wie- der.

◢ Die Zahlungen werden zwischen dem 22. Dezember und dem 10. Januar geleistet bzw. vereinnahmt.

Die am 23. Dezember für Januar überwiesene Praxismiete gilt daher als Betriebsausgabe des neuen Jahres. Auf der Einnahmeseite hat diese Regel bei der Abrechnung mit der Kas- senärztlichen Vereinigung Relevanz. Über- weist diese den Dezemberabschlag bis zum 10. Januar, sind die Honorare dem alten Jahr zuzuordnen. Kommen die Gelder einen Tag später, ist die Ausnahme außer Kraft, die Einnahmen fließen steuerlich erst im neuen Jahr zu.

Praxistipp
Da die Einnahmenüberschussrechnung nahezu ausschließlich den Zahlungsfluss erfasst, werden Zahlungen im Gegensatz zur Bilanzierung **nicht periodengerecht abgrenzt**. Sinkende Steuersätze können daher genutzt werden. So bewirkt die Zahlung einer Rechnung noch im alten und der Geldeingang erst im neuen Jahr eine Verschiebung von Einnahmen und Ausgaben in die Jahre, in denen sie sich bei sinkenden Steuersätzen steuerlich günstiger auswirken. Dies können Freiberufler selbst beeinflussen, indem sie die Erstellung der Honorarrechnungen über den Jahreswechsel hinauszögern, was keinen Patienten stören wird. Umgekehrt sorgt die Bezahlung sämtlicher Eingangsrechnungen noch vor dem Jahreswechsel für eine erhebliche Gewinnminderung. Fällt das Plus allerdings gering aus, kann die Bezahlung nach dem 31. Dezember Ausgabenpotenzial für die Einkommensteuerprogression des Folgejahres bringen.

8.3 Das Betriebsvermögen des Freiberuflers

Auch als Arzt haben Sie Betriebsvermögen. Dies gilt unabhängig davon, ob Sie Ihren Gewinn durch Einnahmenüberschussrechnung oder Betriebsvermögensvergleich, also eine Bilanz ermitteln. Hierzu zählen alle Wirtschaftsgüter, die Ihnen gehören und dem Betrieb Ihrer ärztlichen Praxis dienen. Hierbei wird unterschieden zwischen **Anlage- und Umlaufvermögen**. Zum Anlagevermögen gehören Wirtschaftsgüter, die ein Freiberufler bei der Ausübung seiner Tätigkeit auf Dauer benutzt. Als Umlaufvermögen gelten

zum Verbrauch bestimmte Waren, etwa Medikamente.

Die Zuordnung von Wirtschaftsgütern zum betrieblichen Bereich ist mit erheblichen steuerrechtlichen Folgen verbunden:

◢ Wertzuwächse wirken sich beim Verkauf unabhängig von Haltefristen aus, stille Reserven werden steuerlich erfasst.
◢ Wertabschläge können durch eine Abschreibung auf den niedrigeren Teilwert gem. § 6 Abs. 1 Nr. 1 Satz 2 EStG gewinnmindernd berücksichtigt werden.
◢ Verkaufsverluste und damit stille Lasten wirken im betrieblichen Bereich stets gewinnmindernd.
◢ Veräußerung von Privatvermögen wird nur im Rahmen von Spekulationserträgen erfasst, Verluste im privaten Bereich sind nur begrenzt verrechenbar.

So ist beispielsweise der Verkaufserlös eines Pkw als Betriebseinnahme zu erfassen, wenn der Arzt diesen im Betriebsvermögen führt. Bleibt der Wagen hingegen im privaten Bereich, kann die Veräußerung ohne Beteiligung des Finanzamts erfolgen. Diese Regel ist im Gewinnfall negativ und bei Verlusten positiv. Dem Verkaufspreis kann dabei der aktuelle Buchwert gegengerechnet werden.

Einnahmeüberschussrechner haben im Vergleich zu bilanzierenden Unternehmern nur begrenzte Wahlmöglichkeiten, ein Wirtschaftsgut dem betrieblichen oder privaten Bereich zuzuordnen. Die Option gelingt nur beim sog. gewillkürten Betriebsvermögen (s.u.), und dies unabhängig von der Art der Gewinnermittlung.

Grundsätzlich kann ein Arzt drei Arten von Vermögen aufweisen, über die wir im Folgenden einen Überblick geben.

8.3.1 Notwendiges Betriebsvermögen

Wirtschaftsgüter gehören zum notwendigen Betriebsvermögen, wenn sie unmittelbar für eigene berufliche Zwecke genutzt werden. Der Einsatz in der Praxis muss objektiv erkennbar sein, sich auf den geschäftlichen Ablauf beziehen und ihm zu dienen bestimmt sein. Klassische Fälle sind Praxisräume, Büroeinrichtung sowie beruflich benötigte Werkzeuge und Hilfsmittel. Sofern die Voraussetzungen vorliegen, besteht kein Wahlrecht. Ein Arzt, der seine Praxis in den eigenen vier Wänden betreibt, hat die Immobilie daher zwingend als Betriebsvermögen auszuweisen. Die über die Dauer der Tätigkeit anfallenden Wertzuwächse unterliegen im Falle von Verkauf oder Aufgabe der Einkommensteuer, geltend gemachte AfA-Beträge werden teilweise oder vollständig gewinnerhöhend rückgängig gemacht. Bei gemischt genutzten Wirtschaftsgütern führt eine Verwendung von mehr als 50% für die Praxis zwingend zu notwendigem Betriebsvermögen (R 4.2 EStR 2005), sofern es sich nicht um Immobilien handelt. Was beim Computer in den Praxisräumen noch eindeutig zuzuordnen ist, führt beim PC im heimischen Arbeitszimmer zu lästigen Aufzeichnungen. Denn ohne diese wird ein Verhältnis von 50:50 unterstellt, was gerade nicht die Schwelle zum notwendigen Betriebsvermögen überschreitet. Bei unbeweglichen Wirtschaftsgütern kommt eine Aufteilung einzelner Teilbereiche nach Nutzflächen in Betracht. Die eigengenutzten Büroräume eines Selbstständigen stellen dabei notwendiges Betriebsvermögen dar – das gilt auch für den anteiligen Grund und Boden. Beträgt der Wert weder mehr als 20 500 € noch mehr als ein Fünftel des gesamten Grundstücks, kann auf den Ansatz als Betriebsvermögen verzichtet werden (§ 8 EStDV).

8.3.2 Notwendiges Privatvermögen

Hierzu zählen alle Wirtschaftsgüter, die ausschließlich privaten Zwecken dienen, etwa das eigengenutzte Einfamilienhaus, Hausrat, Möbel oder Kleidung. Auch ein Anspruch aus einer Versicherung rechnet zum notwendigen Privatvermögen, soweit das versicherte Risiko privater Natur und nicht das Unternehmen Bezugsberechtigter ist (BFH, 14.03. 1996, IV R 14/95; ausführlich hierzu: OFD Düsseldorf vom 07.05.2003, S 2134 A – St 11). Bei gemischt genutzten Wirtschaftsgütern führt eine Verwendung von weniger als 10% für die Praxis zwingend zu notwendigem Privatvermögen. Die zum notwendigen Privatvermögen gehörenden Wirtschaftsgüter dürfen nicht in das Betriebsvermögen aufgenommen werden. Ändert sich jedoch die Nutzung, liegt zu diesem Zeitpunkt eine Einlage vor. Bei Immobilien können die vermieteten Flächen zwar als betriebliche Teile behandelt werden, die Eigennutzung stellt aber zwingend Privatvermögen dar. Das klassische Zweifamilienhaus mit der Praxis in Parterre und der Wohnung im ersten Geschoss ist somit als notwendiges betriebliches und notwendiges privates Vermögen auszuweisen. Endet die freiberufliche Tätigkeit, liegt eine Entnahme vor (§ 4 Abs. 1 Satz 2 EStG), die im Gebäudeteil ruhenden stillen Reserven sind aufzudecken.

8.3.3 Gewillkürtes Betriebsvermögen

Wirtschaftsgüter, die kein notwendiges Betriebs- oder Privatvermögen darstellen, können nach Wahl des Steuerpflichtigen zugeordnet werden. Das können Gegenstände sein, die zwischen 10 und 50% für berufliche Zwecke verwendet werden. Bei Immobilien kommen Teile in Betracht, die fremdbetrieblich oder zu fremden Wohnzwecken vermietet werden. Hierbei muss aber ein objektiver Zusammenhang mit der selbstständigen Tätigkeit bestehen, etwa die Vermietung an artverwandte Freiberufler oder eine Aufwertung der Praxisumgebung. Die Zuordnung muss sich jedoch eindeutig ergeben. Im Falle der

Einnahmenüberschussrechnung ist die Einlage oder der Erwerb von gewillkürtem Betriebsvermögen unmissverständlich zu dokumentieren. Ein sachverständiger Dritter (gemeint ist hier i.d.R. ein Betriebsprüfer der Finanzverwaltung) muss ohne weitere Erklärung die Zugehörigkeit des Wirtschaftsguts erkennen können. Hierzu reicht die zeitnahe Aufnahme in ein Bestandsverzeichnis aus (R 5.4 EStR 2005), was dem Finanzamt seit 2005 über die Anlage EÜR auch formal zu erklären ist. Eine Zuordnung ist im Rahmen der Einnahmenüberschussrechnung spätestens bis zum Ablauf des Geschäftsjahres vorzunehmen.

8.4 Betriebsvermögensvergleich und Einnahmenüberschussrechnung im Vergleich

Neben der Einnahmenüberschussrechnung hat der Arzt die Möglichkeit, die Gewinnermittlung durch Betriebsvermögensvergleich (Bilanzierung) im Rahmen der doppelten Buchführung durchzuführen. Der Arzt ist aber nicht zu dieser Form der Gewinnermittlung verpflichtet, es sei denn, es handelt sich um eine Ärzte-GmbH (s. Kap. 8.6).

Der Hauptunterschied zwischen der einfachen und der doppelten Buchführung besteht zum einen darin, dass bei der doppelten Buchführung das **Vermögen** und das **Kapital** in einer **Bilanz** gegenübergestellt werden, und zum anderen ist bei der doppelten Buchführung der **Gewinn periodengerecht** zu ermitteln, d.h. das Jahr der wirtschaftlichen Zugehörigkeit ist relevanter als das Jahr der Zahlung.

Es gilt der Grundsatz, dass die Überschussrechnung und der Betriebsvermögensvergleich zum **gleichen Totalgewinn** führen. In den einzelnen Jahren können die Gewinne jedoch je nach Gewinnermittlungsart differieren, man spricht dann vom **unterschiedlichen Periodengewinn**. Bei der

Überschussrechnung gilt das Zufluss-Abfluss-Prinzip. Beim Betriebsvermögensvergleich erfolgt die Zurechnung nach wirtschaftlicher Verursachung als Ertrag oder Aufwand.

Praxistipp
Bedingt durch das Zufluss-Abfluss-Prinzip kann der Arzt mit der Gewinnermittlung durch die Einnahmenüberschussrechnung auf die Höhe seines Jahresgewinnes Einfluss nehmen, z.B. dadurch, dass er die Beschaffung von Materialien für die Praxis in den betreffenden Zeitraum vorverlagert oder die Einziehung von Forderungen aufschiebt. Diese **Beeinflussung der Gewinnhöhe** ist zulässig und wird vom Gesetzgeber bewusst in Kauf genommen.
Betriebsvermögensänderungen, die sich im Betrachtungszeitraum der Gewinnermittlung noch nicht als Betriebseinnahmen bzw. Betriebsausgaben niederschlagen, bleiben bei der Gewinnermittlung im Rahmen der einfachen Buchführung zunächst ohne Gewinnauswirkung.
Beispiel
Ein selbstständiger Arzt zahlt Anfang Oktober 2008 die Miete für seine Praxisräume (monatlich 1500 €) für die Monate Oktober 2008 bis März 2009 in einer Summe durch Banküberweisung in Höhe von 9000 €. Der Arzt ermittelt seinen Gewinn
a) freiwillig durch Betriebsvermögensvergleich, d.h. durch Bilanzierung
b) durch Überschussrechnung.
Lösung:
a) Bei der Bilanzierung wird der Mietaufwand periodengerecht, d.h. gewinnmindernd im Jahr der wirtschaftlichen Zugehörigkeit erfasst. Insofern mindern sich im vorliegenden Sachverhalt die Gewinne der Jahre 2008 und 2009 um jeweils 4500 €, da auf jedes Jahr drei Monate entfallen. Der Totalgewinn auf beide Jahre bezogen verringert sich um 9000 €.

b) Die Zahlung des Betrags von 9000 € ist betrieblich veranlasst, denn es handelt sich um die Praxismiete; damit handelt es sich um eine Betriebsausgabe im Sinne des § 4 Abs. 4 EStG, die wegen der Zahlung 2008 den Gewinn des Jahres 2008 um 9000 € mindert (§ 11 Abs. 2 EStG). Für die ersten drei Monate für 2009 kann demzufolge keine Betriebsausgabe mehr in 2009 berücksichtigt werden.

8.5 Das leidige Thema Steuern – Worauf Sie in der Praxis achten müssen

Die Steuergesetze werden immer komplizierter – von der viel gepriesenen Vereinfachung keine Spur. Freiberufler haben dabei nicht nur die laufend veränderten Formulare der Steuererklärung zu beachten, sondern auch ständig wechselnde Vorschriften zur Ermittlung des Gewinns. Die Nichtbeachtung – wenn auch nur aus formalen Gründen – kann schnell zu unnötigen Abgaben an das Finanzamt führen.

Ganz gleich, ob ein Arzt angestellt ist, sich mit seiner Einzelpraxis niedergelassen hat oder im Rahmen von Gemeinschaftspraxen oder Praxisgemeinschaften agiert: Er ist verpflichtet, Steuern zu zahlen. In der Regel unterliegen seine Einkünfte der **Einkommensteuer**, hinzu kommen Solidaritätszuschlag und möglicherweise auch noch die Kirchensteuer. Dabei spielt keine Rolle, ob es sich um Einzelpraxis, Praxisgemeinschaft oder Gemeinschaftspraxis handelt. Immerhin müssen Ärzte als Freiberufler auch weiterhin keine Gewerbesteuer zahlen, sind zumeist von umsatzsteuerlichen Pflichten befreit und benötigen zur Gewinnermittlung keine Bilanz.

Praxistipp
In der Praxis zeigt sich immer wieder, dass Sie als niedergelassener Arzt durch die jährlichen Steuernachzahlungen liquiditätsmäßig in den Grenzbereich kommen. Dies lässt sich durch das nur eingeschränkte Vorsichtsprinzip des selbstständigen Arztes erklären: Die Steuervorauszahlungen werden vorgenommen – aber gerade mögliche Änderungen im Einkommensverhalten, z.B. durch Steigerung der Einnahmen infolge erhöhter Selbstzahlerpatienten oder neu geschlossener Direktverträge nach § 73b oder § 73c SGB V, können dann zu einer erhöhten Steuerlast führen, die nicht in Ihrer Liquiditätsplanung berücksichtigt ist. Entsprechende Änderungen können sich beispielsweise auch durch den Wegfall von bis dato bestehenden Abschreibungsmöglichkeiten ergeben. Von daher ist jährlich vorausschauend die mögliche Steuerschuld zu schätzen und demzufolge der Differenzbetrag zwischen der Steuervorauszahlung und dem zu erwartenden Zahlbetrag periodengerecht auf der Bank anzusparen.

Auch um die schwierige Materie **Lohnsteuer** kommen Ärzte kaum herum. Entweder beschäftigen sie Mitarbeiter, für die sie steuerliche Pflichten erfüllen müssen, oder sie sind selbst angestellt, etwa in einem Medizinischen Versorgungszentrum oder im Krankenhaus. Dann unterliegen ihre Einnahmen ebenfalls der Einkommensteuer, die aber bereits vorab mittels Lohnsteuer einbehalten wird.

Nicht nur auf die laufenden Einnahmen greift der Fiskus zu. Praxisaufgabe oder -verkauf unterliegen ebenfalls der Einkommensteuer, beim Immobilienkauf fällt Grunderwerbsteuer an und beim Übergang auf die Nachkommen greifen Erbschaft- oder Schenkungsteuer zu. Hinzu kommt eine Vielzahl von indirekten Steuern. Hiervon bemerkt der Arzt i.d.R. kaum etwas, da diese Steuern nicht offen ausgewiesen, sondern in die Endpreise eingerechnet werden.

Zu den indirekten Steuern als Kostenbestandteil gehört beim Arzt im Gegensatz zu vielen anderen Freiberuflern oder Unternehmern auch die Umsatzsteuer. Da er für seine Leistungen i.d.R. keine Umsatzsteuer ausweist, kann er die ihm in Rechnung gestellten Beträge auch nicht wie durchlaufende Posten verrechnen. Somit fällt die Umsatzsteuer wie auch Versicherungs- oder Feuerschutzsteuer unter die Betriebsausgaben. Gleiches gilt auch für die auf den Betriebs-Pkw entfallenden Posten Kraftfahrzeug- und Mineralölsteuer. Bei umsatzsteuerpflichtigen Freiberuflern ist aber lediglich die Vorsteuer ein durchlaufender Posten und die übrigen Pkw-Kosten sind ebenfalls nur Gewinn mindernd absetzbar.

8.5.1 Einkommensteuer

Natürliche Personen, die ihren Wohnsitz oder gewöhnlichen Aufenthalt in Deutschland haben, sind unbeschränkt einkommensteuerpflichtig. Das bedeutet, dass diese Personen nach dem sog. Welteinkommensprinzip mit sämtlichen in- und ausländischen Einkünften der deutschen Einkommensteuer unterliegen. So muss der in Deutschland niedergelassene Arzt dem Finanzamt nicht nur seinen Praxisgewinn melden, sondern auch seine Zins- oder Dividendeneinkünfte jenseits der Grenze.

Der Arzt als Steuerpflichtiger

Der Einkommensteuer unterliegen **natürliche Personen**, also auch der Arzt. Er erfasst seine Einkünfte aus freiberuflicher und ggf. gewerblicher Tätigkeit im Rahmen seiner **privaten Steuererklärung** neben Miet- oder Kapitaleinnahmen oder dem Arbeitslohn des

Ehepartners. Eine eigene Steuererklärung für die Praxis hat er nicht zu erstellen. Liegt die Praxis allerdings an einem anderen Ort als der Wohnsitz, kommt eine gesonderte Feststellung in Betracht. Dann muss die Gewinnermittlung – faktisch als Ausschnitt der Einkommensteuererklärung – beim betrieblichen Finanzamt eingereicht werden und der restliche Teil bei der Behörde am Wohnort. Bei Freiberuflern entfällt diese Splittung oftmals, da das für die Praxis zuständige Finanzamt aus Vereinfachungsgründen auf eine gesonderte Feststellung verzichtet.

Ist der Arzt Mitglied einer Gemeinschaftspraxis, bleibt es weiterhin bei der Erfassung im Rahmen der persönlichen Einkommensteuererklärung. Nicht die Gesellschaft und somit die Praxis unterliegt der Einkommensteuer, sondern jeder einzelne Arzt als natürliche Person. Da jedoch mehrere Ärzte an der Gemeinschaftspraxis beteiligt sind, sehen die Steuergesetze einen besonderen Mechanismus zur Bestimmung der Einkünfte vor. Sie werden in solchen Fällen im Rahmen einer einheitlichen und gesonderten Gewinnfeststellung gem. § 180 AO ermittelt. Danach wird im ersten Schritt der Gewinn der Praxis festgestellt und anschließend auf die einzelnen Gesellschafter verteilt. Die anteiligen Beträge dienen als Grundlage für die Besteuerung der an der Gemeinschaft beteiligten Personen und gehen in die Steuererklärung der einzelnen Ärzte ein.

Welche Einkommen fallen unter die Einkommensteuer?

Die Einkommensteuer ist eine Jahressteuer. Das bedeutet, dass die Grundlagen für die Festsetzung regelmäßig für ein komplettes **Kalenderjahr** ermittelt werden. War ein Freiberufler nur einen Teil des Jahres tätig, wird das anteilige Einkommen auf das gesamte Jahr berechnet. Dabei ist das Finanzamt nicht an seine sachliche Beurteilung aus dem Vorjahr gebunden. Theoretisch kann die Finanzbehörde etwa eine Fortbildungsreise in einem Jahr akzeptieren und bei der Erklärung des darauf folgenden Jahres als privat verursacht ablehnen.

Vorweg eine positive Nachricht: Nicht sämtliche Einkünfte unterliegen der Steuer. Es werden nur solche Einnahmen erfasst, die durch die **sieben Einkunftsarten** (Landwirtschaft, Gewerbebetrieb, selbstständige Arbeit, nicht selbstständige Arbeit, Kapitalvermögen, Vermietung, sonstiges) des Gesetzes erfasst werden. **Unversteuert** bleiben beispielsweise:

◢ Erbschaften und Schenkungen; diese werden – teilweise unter Ansatz hoher Freibeträge – separat besteuert.

◢ Preisgelder, sofern diese eine Auszeichnung darstellen und keinen leistungsbezogenen Charakter besitzen.

◢ Gewinne aus dem Verkauf von privaten Vermögensgegenständen und Wertpapieren, sofern sie nicht innerhalb bestimmter Fristen als Spekulationsgeschäft besteuert werden. (Bitte beachten Sie die besondere Bestimmung der ab dem Jahr 2009 geltenden Abgeltungssteuer für Finanzanlangen. Eine individuelle Beratung durch die Bank oder Ihren Steuerberater sollten sie fristgerecht, also im Jahr 2008, in Anspruch nehmen, um Ihre individuellen Rahmenbedingungen angemessen gestalten zu können.)

◢ Verkäufe von Gebrauchsgütern, etwa des privaten Pkw. Das Finanzamt setzt bei solchen Geschäften nicht die einjährige Spekulationsfrist an, was Betroffene mit Minusgeschäften nicht akzeptieren sollten.

◢ Schadenersatzleistungen im privaten Bereich.

Neben diesen Sachverhalten, im Fachjargon als nicht steuerbar bezeichnet, gibt es auch Einnahmen, die durch das Gesetz steuerfrei gestellt werden. Hierzu zählen etwa das Arbeitslosengeld oder bis zu einer gewissen Höhe die immer wieder zur Disposition stehenden Nacht- und Sonntagszuschläge. Erfasst werden nur die tatsächlich erzielten Einnahmen und nicht solche, die hätten erzielt werden können.

Die genannten Lücken in der Besteuerung gelten jedoch nur, wenn die Einnahmen im Privatbereich anfallen. Sind sie jedoch der betrieblichen Sphäre zuzuordnen, stellen sie Betriebseinnahmen dar und sind damit steuerpflichtig.

8.5.2 Wie wird die Einkommensteuer berechnet?

Maßgebende Größe für die Einkommensteuer ist das zu versteuernde Einkommen. Die Berechnung des Einkommens besteht aus zwei Komponenten: den Einkünften und den persönlichen Abzügen. Dabei werden bei zusammen veranlagten Ehegatten die Einkünfte getrennt und das zu versteuernde Einkommen zusammengefasst ermittelt.

Mit zunehmendem Einkommen steigt die Steuerbelastung jedes zusätzlichen Euros weiter an – bis auf den Höchststeuersatz von derzeit 42%. Die zunehmende Steuerbelastung bei steigendem Einkommen wird Steuerprogression genannt.

Auf das zu versteuernde Einkommen wird der **Grund- oder Splittingtarif** angewendet. Der Grundtarif wird auch auf Ehepaare angewendet, die getrennt veranlagt werden. Werden die Partner zusammen veranlagt, so wird das Splittingverfahren angewendet, bei dem der Grundtarif auch wieder die wesentliche Rolle spielt. Die Berechnung geschieht dabei in der Weise, dass das gemeinsame (zu versteuernde) Einkommen erst einmal halbiert wird. Auf diesen Betrag wird dann der Grundtarif wie bei Ledigen angewendet. Die fällige Steuer ermittelt sich nun, indem die Steuer laut Grundtarif einfach verdoppelt wird und zur Abgabe für Ehepaare führt.

Dieses Splittingverfahren können Paare unabhängig davon anwenden, in welchem Verhältnis die zusammen veranlagten Ehegatten das gemeinsame Einkommen erzielt haben. Als Faustregel gilt: Das Splittingverfahren führt zu einer Progressionsmilderung. Diese fällt umso höher aus, je weiter die jeweiligen Einkommen der Ehegatten auseinanderliegen und je höher das gemeinsame zu versteuernde Einkommen ist. Dabei bleiben seit dem Jahr 2004 Beträge bis 7664 € beim Grund- und 15 328 € beim Splittingtarif steuerfrei. Ab jedem Euro darüber greift der Eingangssteuersatz. Der Maximalsatz von 45 % wird bei einem Einkommen von 250 001 € pro Person erreicht und greift dann auf den übersteigenden Betrag zu.

Auf die tarifliche Einkommensteuer werden dann bereits vorab bezahlte Beträge wie Zinsabschlag, Lohnsteuer, Kapitalertragsteuer oder Vorauszahlungen angerechnet.

Einkunftsarten eines Arztes

Ärzte oder Zahnärzte üben meist eine **freiberufliche Tätigkeit** aus, wenn sie nicht innerhalb eines Angestelltenverhältnisses arbeiten. Sie erzielen Einkünfte aus selbstständiger Tätigkeit und nicht aus Gewerbebetrieb. Die Einordnung als freiberufliche Tätigkeit ist sowohl für die Einkommen- als auch für die Gewerbesteuer relevant. Wer gewerblich tätig ist, unterliegt im Gegensatz zum Freiberufler der Gewerbesteuer. Zudem ist die Gewinnermittlung bei Freiberuflern deutlich einfacher, da ihre Gewinne durch eine vereinfachte Einnahmeüberschussrechnung ermittelt werden können. Für sie besteht also keine Pflicht, eine Bilanz aufzustellen – auch nicht bei hohen Umsätzen und Gewinnen.

Abgrenzung zwischen selbstständigen/nicht selbstständigen Ärzten

Der Gesetzgeber ordnet im Rahmen der sog. **Katalogberufe** gem. § 18 Abs. 1 Nr. 1 EStG unter die freiberufliche Tätigkeit neben Architekten, Rechtsanwälten, Steuerberatern

oder Wirtschaftsprüfern insbesondere die selbstständige Berufstätigkeit von Ärzten, Zahnärzten, Heilpraktikern, Dentisten und Krankengymnasten ein. Grundsatz: Angehörige dieser Berufsgruppe erbringen höchstpersönlich eine Arbeitsleistung unter Einsatz ihrer **geistigen Fähigkeiten** – der Einsatz von Kapital und eine kaufmännische Organisation tritt hierbei in den Hintergrund. Selbstständig bedeutet jedoch nicht, dass der Angehörige eines freien Berufs alleine arbeiten muss. Er ist nach § 18 Abs. 1 Nr. 1 S. 3 auch dann freiberuflich tätig, wenn er sich der Mithilfe fachlich vorgebildeter Arbeitskräfte bedient. Voraussetzung ist dann allerdings, dass er aufgrund eigener Fachkenntnis leitend und eigenverantwortlich tätig ist.

Nicht selbstständig tätig ist der **angestellte** oder **beamtete Arzt.** Daher bezieht dieser auch keine freiberuflichen Einkünfte, sondern Einkünfte aus nicht selbstständiger Arbeit. Das Gehalt bzw. die Dienstbezüge unterliegen dann dem Lohnsteuerabzug.

Abgrenzung der freiberuflichen Tätigkeit zum Gewerbebetrieb

Die freiberufliche Tätigkeit muss sich neben der Selbstständigkeit und der Zugehörigkeit zu einem Katalogberuf auch aus der Art und Weise der Ausübung des Berufs ergeben. Beruht die Tätigkeit eines Arztes beispielsweise nicht im Wesentlichen auf seiner persönlichen Arbeitsleistung, sondern auf dem **Einsatz gewerblichen Vermögens**, führt dieses zur Annahme eines **Gewerbebetriebes.** Das kann beim Betrieb privater Krankenanstalten oder medizinischer Badeanstalten der Fall sein. Stellen vom Arzt betriebene Kliniken, Kurheime oder Sanatorien einen gewerblichen Betrieb dar, führt dies im Ergebnis dazu, dass auch die im Rahmen dieses Betriebes erzielten Einnahmen aus ärztlichen Leistungen zu den Einnahmen aus Gewerbebetrieb gehören.

An der Freiberuflichkeit fehlt es auch dann, wenn beispielsweise ein Facharzt für

Laboratoriumsdiagnostik ein Institut für medizinische Mikrobiologie und klinische Chemie betreibt und dort neben einem Verwaltungsdirektor drei Ärzte und weitere 61 Mitarbeiter (medizinisch-technische Assistentinnen, Laborantinnen, Büropersonal usw.) beschäftigt sind, die jährlich rd. 300 000 Untersuchungen vornehmen. Der Arzt ist dann nicht mehr eigenverantwortlich tätig (BFH-Urteil vom 07.10.1987, BStBl II 1988, S. 17).

Es stellt sich die Frage, wie ein Medizinisches Versorgungszentrum (MVZ) oder eine Berufsausübungsgemeinschaft (BAG) mit unterschiedlichen Facharztrichtungen zukünftig steuerlich eingeordnet werden. Hier bleibt abzuwarten, inwieweit steuerlich die Vorschriften des § 95 Abs. 9 SGB V i.V.m. dem § 32 Abs. 1 Ärzte-ZV im Sinne der Gesellschafter interpretiert werden. Gemäß § 18 EStG müssen die erbrachten Leistungen unter der strengen Prägung des Vertragsarztes durch den angestellten Arzt erbracht werden, um eine persönliche Leistungserbringung im Sinne des Einkommensteuergesetzes sicherzustellen. Dies ist allerdings im Praxisalltag als eine entsprechende Herausforderung zu betrachten, da die angestellten Fachärzte i.d.R. selbstständig tätig sind. Es ist zu prüfen, inwieweit ggf. ein Vieraugenprinzip bei den Arztbriefen, tägliche Praxiskonferenzen und medizinisch vorgegebene Praxisstandards diese Voraussetzungen erfüllen werden. Werden diese eben genannten Voraussetzungen nicht erfüllt, dann werden die Praxisumsätze gewerbesteuerpflichtig. Es empfiehlt sich bei diesen Fragen, immer steuerfachlichen Rat zu berücksichtigen.

Grundsätzlich problematisch kann die Freiberuflichkeit sein, wenn der Arzt in großem Rahmen **fachlich vorgebildete Arbeitskräfte einsetzt**. Hierunter sind sämtliche Mitarbeiter mit tätigkeitsbezogener, qualifizierter Berufsausbildung zu verstehen. Solange der Arzt bei der Erledigung der einzelnen Aufträge durch die Mitarbeiter leitend

und eigenverantwortlich aufgrund eigener Fachkenntnisse tätig ist, ist dies unproblematisch. Schwierig ist die Abgrenzung zwischen freiberuflicher und gewerblicher Tätigkeit insbesondere bei Laborpraxen. Im Zweifel sollte sich der Arzt hier fachlich beraten lassen, da eine detaillierte Beschreibung der Abgrenzungskriterien den Umfang dieser Darstellung sprengen würde.

Sofern der Arzt neben seiner originären ärztlichen Tätigkeit auch **Medikamente** oder medizinische Hilfsmittel im Zusammenhang mit der Behandlung eines Patienten verkauft, gehört dies **nicht mehr zur freiberuflichen Tätigkeit** des Arztes mit der Folge, dass insoweit gewerbliche Einkünfte anzunehmen sind (BFH-Urteil vom 24.04. 1997, BStBl II, 567). Derartige Handlungen stellen keine Nebenleistungen zur ärztlichen Tätigkeit dar. Dies gilt beispielsweise für den Verkauf von Medikamenten aus der Hausapotheke (BFH Urteil vom 26.05.1977, BStBl II, 879), die Lieferung oder die Vermittlung von Kontaktlinsen und Pflegemitteln durch einen Augenarzt sowie von Hörgeräten durch einen Hals-, Nasen -und Ohrenarzt. Auch der Verkauf von optischen Karten durch Ärzte gehört nicht zur Ausübung der Heilkunde.

In Zweifelsfällen sollte der Arzt anhand eines Schreibens des Bundesministeriums der Finanzen vom 3.3.2003 (IV A 6 - S 2246 - 8/03, BStBl I, 183) prüfen, ob die jeweilige Tätigkeit im Rahmen eines Heil- oder Heilhilfsberufs den freiberuflichen oder gewerblichen Einkünften zuzuordnen ist.

Die **Zuordnung** der vom Arzt erzielten Einkünfte zu den freiberuflichen oder den gewerblichen Einkünften ist für die Höhe der Einkommensteuer von **untergeordneter Bedeutung**, da sie nur der Zuordnung zur entsprechenden Einkunftsart dient. Lediglich in Bezug auf die Buchführungspflichten hat die Einstufung Auswirkungen. Wesentlich größeren Einfluss hat die Fragestellung bei der Gewerbesteuer, der nur die gewerblichen

Einkünfte unterliegen. Probleme tauchen oft bei der BAG auf, da dort eine sog. **Abfärbetheorie** gilt. Diese führt dazu, dass sämtliche Einkünfte der Gesellschaft als gewerblich eingestuft werden, auch wenn nur ein Teil der Tätigkeit unter diese Rubrik fällt. Folge: Sämtliche, also auch die freiberuflichen Einkünfte, unterliegen der Gewerbesteuer. Dieses lässt sich zwar durch entsprechende Gestaltungen vermeiden, wird hierauf jedoch keine Sorgfalt angewandt, führt die Abfärbetheorie zu erheblichen, vermeidbaren Steuerbelastungen.

Die Relevanz von Einkünften aus nicht selbstständiger Arbeit

Die Einkünfte aus nicht selbstständiger Tätigkeit sind für den Arzt aus zweierlei Gründen relevant. Ist er beispielsweise bei einem Medizinischen Versorgungszentrum angestellt, das in Form einer Kapitalgesellschaft geführt wird, bezieht er Lohneinkünfte, selbst wenn er zugleich Gesellschafter ist. Außerdem kann der Arzt auch Arbeitgeber sein. Dann beziehen seine Mitarbeiter Einkünfte aus nicht selbstständiger Arbeit. Dies ist für den Arzt als Arbeitgeber relevant, da er für die Abführung der Lohnsteuer verantwortlich ist

Im Rahmen der Arztpraxis können auch Mieteinnahmen anfallen, wenn sich etwa die Einzelpraxis im Privateigentum befindet oder der Arzt seine Praxisräume an eine Gemeinschaftspraxis oder Praxisgemeinschaft vermietet. Dieses Mietverhältnis fällt aber nicht unter die Einkünfte aus Vermietung und Verpachtung, sondern in den Umfang der selbstständigen Tätigkeit. Der niedergelassene Arzt darf sich zwar aus dem betrieblichen Bereich Mieten aufs Privatkonto überweisen, doch steuerlich spielt diese Transaktion keine Rolle. Auch die von der Praxisgemeinschaft überwiesene Miete fließt ihm im Rahmen der selbstständigen Tätigkeit wieder zu.

Dieselbe Logik gilt auch bei Kapitalerträgen. Auf betrieblichen Konten aufgelaufene Zinsen fallen unter die freiberuflichen Einnahmen.

8.5.3 Steuerliche Besonderheiten in der Arztpraxis – Das müssen Sie beachten

Nach Angaben der KBV 2007 werden noch rd. 70% der Arztpraxen in Form der Einzelpraxis geführt. Unter Berücksichtigung der verschiedenen Einflussgrößen, wie der zunehmenden Wettbewerbs- und Kostensituation, des technischen Innovations- und damit verbundenen Investitionsdrucks sowie der vom Gesetzgeber zum 01.01.2007 ermöglichten (über-)örtlichen Berufsausübungsgemeinschaft wird sich in den kommenden Jahren die nachfolgende Entwicklung beobachten lassen: Gründung von größeren Arztpraxen mit mehr als zehn Partnern und angestellten Ärzten. Diese Berufsausübungsgemeinschaften werden dann auch i.d.R. nicht auf einen Standort begrenzt sein. Infolgedessen wird es zu einer Änderung der Wettbewerbssituation im ambulanten Versorgungssegment kommen.

Schließen sich Ärzte zur gemeinsamen Ausübung ihrer Tätigkeit zusammen, führt dies bei der Gesellschaft nicht automatisch zu gewerblichen Einkünften. Sie bilden i.d.R. eine BGB-Gesellschaft. Die Tendenz zur Bildung einer Partnerschaftsgesellschaft nimmt allerdings im freiberuflichen Bereich zu. Vorteil: Sie kann unter eigenem Namen Rechte erwerben und auch klagen und nähert sich in ihrem Gebilde der Kapitalgesellschaft an.

Die einzelnen Ärzte einer Partnerschaft handeln eigenverantwortlich und unabhängig, jeder kann die Gesellschaft alleine vertreten und Geschäfte führen. Für beruflich ausgelöste Schäden haftet das Betriebsvermögen und regelmäßig (nur) der handelnde Arzt persönlich.

Neben den Berufsausübungsgemeinschaften wird auch die Zahl der Medizinischen

Versorgungszentren zunehmen. Auch in dieser Form der ärztlichen Berufsausübung ist zu berücksichtigen, dass die Frage der Gewerbesteuerpflicht ebenfalls in jedem Einzelfall zu diskutieren ist.

Gewinnermittlung und Steuerbescheid
Sowohl die Partnerschaft als auch die Gemeinschaftspraxis unterliegen als Personengesellschaft nicht selbst der Einkommensteuer. Der Gewinn wird einheitlich und gesondert festgestellt und dann auf die **einzelnen Gesellschafter** verteilt. Jeder beteiligte Arzt setzt dann in seiner Einkommensteuererklärung den auf ihn entfallenden Gewinn- oder Verlustanteil an. Kommt es im Rahmen des Feststellungsbescheides zu Fehlern, oder akzeptiert das Finanzamt einige Ausgaben nicht, kann sich der einzelne Arzt hiergegen nicht mehr im Rahmen seiner Einkommensteuerveranlagung wehren. Denn der Feststellungsbescheid ist Grundlage für die Einkommensteuer aller Beteiligten und muss selbstständig per Einspruch angefochten werden.

Innerhalb der Gewinnermittlung für die Gemeinschaft wird nicht nur der laufende Gewinn festgestellt, sondern auch über Sondervergütungen entschieden. Stellt ein Beteiligter der Gemeinschaftspraxis oder Partnerschaft seine Immobilie zur Verfügung, gelten die Mieten für die Gemeinschaft als Betriebsausgabe und für den Vermieter als separat wieder hinzuzurechnende Betriebseinnahme. Damit wird der Vorgang per Saldo egalisiert. Das gleiche Verfahren wird auf der Ausgabenseite angewendet. Kauft einer der Partner Fachliteratur, fährt auf Seminare oder stellt seinen Pkw der Gemeinschaft zur Verfügung, kann er die Kosten hierfür gesondert geltend machen.

Gefahr der gewerblichen Einordnung
Während der niedergelassene Arzt nur in Ausnahmefällen gewerblich tätig wird, ist diese Einordnung bei Gemeinschaften ungleich eher möglich. Werden im Rahmen der Personengesellschaften auch Leistungen erbracht, die als gewerblich einzustufen sind, führt dies insgesamt zur Einstufung als gewerblich geprägter Berufsausübungsgemeinschaft, Medizinischem Versorgungszentrum oder Partnerschaft. Diese sog. Abfärbetheorie i.S.d. § 15 Abs. 3 Nr. 1 EStG greift auch dann schon, wenn der gewerbliche Anteil gering ist. Dann unterliegt die gesamte Gemeinschaftspraxis oder Partnerschaft der Gewerbesteuer.

Die Gesellschafter haben zwei Möglichkeiten, dieser Konsequenz aus dem Weg zu gehen: Entweder vermeiden sie generell gewerblich einstufbare Tätigkeiten oder gliedern diese in eine weitere Gesellschaft aus. Dann ist nur dieser abgetrennte Bereich gewerbesteuerpflichtig. Eine solche Spaltung ist etwa bei Medikamentenverkauf im Rahmen einer tierärztlichen oder bei Abgabe von Kontaktlinsen und Zubehör in einer augenärztlichen Gemeinschaftspraxis denkbar. Damit die Trennung auch vom Finanzamt akzeptiert wird, muss diese wirtschaftlich, organisatorisch und finanziell vollzogen werden. Weit überwiegend ist bei natürlichen Personen die Gewerbesteuer allerdings auf die Einkommensteuer anrechenbar, sofern sie ihr ärztliches Unternehmen als GbR oder Partnergesellschaft führen. Eine gewisse Mehrbelastung bleibt jedoch.

8.6 Ärzte-GmbH und Körperschaftsteuer

8.6.1 Unterschiede zur Gemeinschaftspraxis

Die Gründung einer GmbH zur gemeinschaftlichen Ausübung der ärztlichen Tätigkeit ist bisher eher selten, aber auf dem Vormarsch, seit das Gesundheitssystemmodernisierungsgesetz (GMG) 2004 für Ärzte neue Möglichkeiten des Zusammenschlusses in Medizinischen Versorgungszentren geschaffen hat. Vorteile einer Kapitalgesellschaft ergeben sich aus den **Haftungsverhältnissen** und den möglichen **Verträgen** zwischen GmbH und ihren Gesellschaftern. Eine Reihe von Ärzten nutzt diese Gesellschaftsform nicht für die allgemeine Tätigkeit, sondern im Rahmen von ausgegliederten Verwaltungsbereichen.

Neben formal erhöhten Anforderungen im Vergleich zur Personengesellschaft ergeben sich auch steuerlich gravierende Unterschiede. So unterliegt die GmbH als juristische Person der **Körperschaftsteuer**; der Gewinn wird nicht auf die Besitzer verteilt. Vergütungen an die Gesellschafter gelten als Betriebsausgabe und fließen den Personen im privaten Bereich zu. Das mindert die Gewerbesteuer, der die GmbH, anders als die Freiberufler-Personengesellschaft, unterliegt. Die GmbH muss einen Jahresabschluss erstellen, die Einnahmenüberschussrechnung ist nicht möglich. Der Abschluss muss zumindest als verkürzte Bilanz im Handelsregister veröffentlicht werden.

8.6.2 Gewinn- und Steuerermittlung

Der im Jahresabschluss ausgewiesene Gewinn bildet die Basis für das zu versteuernde Einkommen. Hinzugerechnet wird die bezahlte Körperschaftsteuer, sie gilt nicht als abzugsfähige Betriebsausgabe. Der Steuersatz beträgt einheitlich seit 2008 nur noch 15% und ist damit – im Gegensatz zur Einkommensteuer – nicht progressionsabhängig. Der Satz erscheint auf den ersten Blick gering. Aber die GmbH ist stets gewerbesteuerpflichtig, und das ohne Vergünstigungen. Darüber hinaus kann eine GmbH diese Abgabe an die Gemeinde seit 2008 nicht als Betriebsausgabe und damit nicht auf die Körperschaftsteuer anrechnen. Gewerbliche Selbstständige hingegen können die Kommunalabgabe zum Großteil von ihrer persönlichen Einkommensteuerschuld abziehen.

Dafür werden Verträge zwischen GmbH und ihren Gesellschaftern steuerlich akzeptiert. So erhält der beteiligte Arzt von seiner Gesellschaft Arbeitslohn; die von der GmbH für das überlassene Gebäude bezahlte Miete kann als Betriebsausgabe abgezogen werden. Der Gewinn kann an die Gesellschafter ausgeschüttet werden und ist dann von ihnen als Kapitaleinnahme zu versteuern. Bei der Gemeinschaftspraxis in Form einer GbR oder Partnerschaft sind solche Ausschüttungen nicht möglich. Entnahmen sind dort Vorauszahlungen auf den Gewinn und werden steuerlich automatisch den beteiligten Personen zugerechnet.

Die Abgeltungsteuer ab 2009 bringt jedoch einen gravierenden Einschnitt auf Seiten des GmbH-Gesellschafters. Während dieser die erhaltenen Gewinnausschüttungen bis dahin nur zur Hälfte mit seiner individuellen Progression versteuern muss, sind es ab 2009 pauschal 25% von der gesamten Summe. Dieser Aufschlag wirkt sich auch auf den Solidaritätszuschlag, nicht jedoch die Kirchensteuer aus. Während es auf der GmbH-Seite also zu einer Entlastung durch den sinkenden Körperschaftsteuertarif seit 2008 kommt, müssen ihre privaten Anteilseigner hierauf ein Jahr später höhere Abgaben leisten.

Dabei ist noch ein weiterer wesentlicher Punkt zu beachten. Während der GmbH-Gesellschafter derzeit etwa die Schuldzinsen für den Erwerb seiner Anteile zur Hälfte als Werbungskosten absetzen kann, ist dies ab 2009 nicht mehr möglich. Der Aufwand für die GmbH-Gründung wird nicht mehr mindernd berücksichtigt.

Hier unser **Praxisbeispiel** zu diesem Thema: Eine Ärzte-GmbH zahlt dem Alleingesellschafter einen angemessenen Jahreslohn von 200 000 €. Aus dem Firmengewinn von 150 000 € werden 100 000 € ausgeschüttet. Die Tabelle 8.3 berücksichtigt, dass die Ausschüttung jeweils im Folgejahr erfolgt.

Für die Gewinnausschüttung der GmbH können Gesellschafter die Abgeltungsteuer

Tab. 8.3: Gewinnausschüttung an die Gesellschafter

Steuerjahr	2008	2009
Gewinn vor Lohn	350 000	350 000
./. Lohnaufwand	200 000	200 000
Gewinn der GmbH	150 000	150 000
Körperschaftsteuer 25/15%	37 500	22 500
Arbeitslohn	200 000	200 000
Ausschüttung zur Hälfte/	50 000	–
Ergibt Bemessungsgrundlage für die Einkommensteuer	250 000	200 000
Einkommensteuer Grundtabelle	97 086	76 086
Abgeltungsteuer auf Ausschüttung		25 000
Gesamtbelastung Gesellschafter	97 086	101 086
Belastung GmbH und Gesellschafter	134 586	123 586

abwählen und auf Antrag weiterhin den individuellen Einkommensteuertarif anwenden. Dieses Wahlrecht steht offen, wenn Sie zu mindestens 25% an der GmbH beteiligt sind. Sind es zwischen 1 und 24,99%, gelingt dies, wenn der Gesellschafter gleichzeitig etwa als Geschäftsführer für die GmbH beruflich tätig ist. Dann werden die Ausschüttungen so behandelt, als würden sie von einem Personenunternehmer im Betriebsvermögen gehalten. 40% der Ausschüttung bleiben dann steuerfrei und 60% der Werbungskosten sind weiterhin abzugsfähig. Diese Option lohnt auf dem ersten Blick generell, wenn Anteile fremd finanziert sind und daher hohe Schuldzinsen vorliegen. Statt Nichtabzug wirken sich dann immerhin 60% steuermindernd aus. Allerdings belastet die Gewinnausschüttung dann auch – anders als unter der Abgeltungsteuer – mit 60% die Progression für die übrigen Einkünfte wie z.B. Geschäftsführergehalt oder Mieteinnahmen. Der persönliche Steuersatz kann insoweit steigen, während er unter dem Abgeltungssystem für die sonstigen Einkünfte eher sinkt.

8.7 Umsatzsteuer

Nach § 4 Nr. 14 UStG sind die Umsätze aus der Tätigkeit als Arzt, Zahnarzt, Heilpraktiker, Physiotherapeut, Hebamme oder aus einer ähnlichen heilberuflichen Tätigkeit im Sinne des § 18 Abs. 1 Nr. 1 EStG sowie aus der Tätigkeit als klinischer Chemiker **umsatzsteuerfrei**. Diese Steuerbefreiung beschränkt sich nicht nur auf Leistungen aus der Vertragsarztpraxis, sondern erstreckt sich auch auf die Honorare für die Behandlung von Privatpatienten.

Wesentlich für die Frage der Umsatzsteuerfreiheit von ärztlichen Leistungen ist ein Urteil des Europäischen Gerichtshofs (EuGH) vom 14.09.2000. Dieser hat mit Blick auf das europäische Recht festgestellt, dass ärztliche Leistungen nur steuerfrei sind, wenn sie der medizinischen Betreuung von Personen durch das Diagnostizieren und Behandeln von Krankheiten oder anderen Gesundheitsstörungen dienen. Danach sind jedenfalls alle Leistungen umsatzsteuerfrei, die von den Sozialversicherungsträgern oder Privaten Krankenkassen erstattet werden. Anhaltspunkte für die Umsatzsteuerfreiheit sind sowohl das BMF-Schreiben vom 08.11. 2001 und die Verfügung der OFD Karlsruhe vom 11.04.2006 als auch R 88 und 91a UStR. In den Verwaltungsanweisungen und R 91a UStR werden Kataloge von umsatzsteuerpflichtigen und umsatzsteuerfreien Leistungen genannt.

In einem Urteil vom 15.07.2004 hat der Bundesfinanzhof dem Urteil des EuGH folgend entschieden, dass nur diejenigen Leistungen von der Umsatzsteuer befreit sind, deren Zweck der Schutz der menschlichen Gesundheit ist. Die befreiten Leistungen müssten der medizinischen Behandlung einer Krankheit oder einer anderen Gesundheitsstörung dienen.

Diese Maßstäbe gelten für alle ärztlichen Leistungen, also auch für Selbstzahlerleistungen. **Eine pauschale Aussage, Selbstzahlerleistungen seien umsatzsteuerpflichtig oder umsatzsteuerfrei, ist daher nicht möglich.**

Umsatzsteuer im Alltag des Arztes
Führt der Arzt steuerpflichtige Umsätze aus, ist das hierfür erhaltene Entgelt Bemessungsgrundlage zur Ermittlung der Umsatzsteuer. Zum Entgelt gehört alles, was der Leistungsempfänger oder ein Dritter für die steuerpflichtige Leistung aufgewendet hat, abzüglich der in dem Aufwand enthaltenen Umsatzsteuer. Formelhaft lässt sich die **Bemessungsgrundlage** für steuerpflichtige, entgeltliche Leistungen also ermitteln, indem der Gesamtaufwand des Leistungsempfängers mit 100/119 (Steuersatz von 19%) bzw. 100/107 (Steuersatz von 7%) multipliziert wird. Sofern der Arzt auch steuerpflichtige Umsätze erbringt, unterliegen diese grundsätzlich der **Normalbesteuerung**. Dies bedeutet, dass von einem Steuersatz von 19% auszugehen ist. Dem ermäßigten Steuersatz von 7% unterliegen beispielsweise die steuerpflichtigen Umsätze aus der Lieferung von Zahnersatz durch Zahnärzte, die den Zahnersatz im praxiseigenen Labor hergestellt haben.

Gegenstück zur Umsatzsteuer ist der **Vorsteuerabzug.** Der Unternehmer kann grundsätzlich die in Rechnungen gesondert ausgewiesene Umsatzsteuer als Vorsteuer von seiner eigenen Umsatzsteuerschuld abziehen. Hierdurch wird eine mehrfache Belastung der Entgelte mit Umsatzsteuer vermieden. Ein Unternehmer hat damit nur die Umsatzsteuer auf die sog. Wertschöpfung an das Finanzamt abzuführen.

Zum Vorsteuerabzug berechtigt sind jedoch nur Unternehmer, die steuerpflichtige Umsätze ausführen. Dies bedeutet, dass der Arzt **im Regelfall keine Vorsteuer** geltend machen kann, da er ausschließlich umsatzsteuerfreie Leistungen erbringt. Soweit ein Arzt oder Zahnarzt jedoch auch umsatzsteuerpflichtige Tätigkeiten ausübt, ergibt sich ein anteiliger Vorsteuerabzug. Der Arzt muss in solchen Fällen seine gesamten Vorsteuerbeträge in zum Abzug berechtigende und nicht abziehbare aufteilen. Grundlage hierfür ist entweder eine direkte Zuordnung der Vorsteuerbeträge zu den steuerpflichtigen Umsätzen oder eine Aufteilung im Verhältnis der steuerpflichtigen und -freien Umsätze.

Müssen Arzt oder Zahnarzt Umsatzsteuer ans Finanzamt abführen, erfolgt dies mittels einer monatlichen Umsatzsteuervoranmeldung sowie einer Jahressteuererklärung. Die durch den Arzt selbst errechnete Umsatzsteuerabschlusszahlung muss binnen eines Monats nach Abgabe der Steuererklärung an das Finanzamt abgeführt werden. Das Finanzamt fordert hierzu nicht gesondert auf. Wenn die Umsatzsteuer für das vorangegangene Kalenderjahr weniger als 6136 € beträgt, muss die Umsatzsteuervoranmeldung nur quartalsweise abgegeben werden. Betrug die Steuer weniger als 512 €, kann das Finanzamt den Unternehmer von der Verpflichtung zur Abgabe der Voranmeldung befreien.

Jeder Arzt, der festgestellt hat, dass er Leistungen erbracht hat, die möglicherweise umsatzsteuerpflichtig sind, sollte prüfen, ob er nicht als sog. **Kleinunternehmer** eingestuft werden kann. Werden nämlich nur in geringem Umfang umsatzsteuerpflichtige Leistungen erbracht, kommt eine Besteuerung als Kleinunternehmer nach § 19 Abs. 1 UStG in Betracht. Sofern der umsatzsteuerpflichtige Umsatz des Arztes im laufenden Kalenderjahr 50 000 € nicht übersteigen wird und im vorangegangenen Kalenderjahr 17 500 € nicht überstiegen hat, wird die auf diese Leistungen entfallende Umsatzsteuer nicht erhoben.

8.8 Lohnsteuer

8.8.1 Die Grundsätze

In der Vergangenheit war die Lohnsteuer in Bezug auf den Arzt selbst nur dann ein Thema, wenn er sich in einem **Anstellungsverhältnis** in einem Krankenhaus oder einer nicht medizinischen Einrichtung befand. Mit der Gründung Medizinischer Versorgungszentren und BAG wird jedoch das Anstellungsverhältnis auch im niedergelassenen Bereich Einzug halten.

Sofern der Arzt in einem Angestelltenverhältnis für das MVZ oder die BAG tätig ist, bezieht er Lohn, also Einkünfte aus nicht selbstständiger Arbeit. Hiervon führt sein Arbeitgeber, etwa das Krankenhaus, an welches das MVZ/die BAG angegliedert ist, oder die GmbH des MVZ/der BAG, bereits Lohnsteuer ab, die als Vorauszahlung auf die festgesetzte Einkommensteuer angerechnet wird.

Auf der anderen Seite treten der Arzt oder die Gemeinschaftspraxis selbst als **Arbeitgeber** auf, indem sie Sprechstundenhilfen oder Raumpfleger beschäftigen. Damit haben sie automatisch die Pflicht, Lohnsteuer und Sozialabgaben einzubehalten, anzumelden und abzuführen. Maßgebend ist dabei der Bruttoarbeitslohn. Die Lohnsteueranmeldung erfolgt einheitlich pro Arbeitgeber und ist nicht nach Art des Personals zu unterscheiden. Die Abgabe der Lohnsteueranmeldung beim Finanzamt erfolgt i.d.R. monatlich, bis zum 10. des Folgemonats. Beträgt das jährliche Lohnsteueraufkommen in der Praxis weniger als 800 €, kann die Erklärung einmal jährlich und bei Beträgen bis 3 000 € pro Quartal eingereicht werden. Diese Grenzbeträge erhöhen sich ab 2009 leicht. Gleichzeitig ist die angemeldete Steuer auch abzuführen.

Der Arbeitgeber hat eine Reihe von Pflichten zu erfüllen. So hat der Arzt für seine Angestellten ein Lohnkonto zu führen, auf dem die Grundangaben der Beschäftigten aufzuführen sind. Ob dies auch alles in geordneten Bahnen abläuft, kontrolliert die Finanzverwaltung im Rahmen turnusmäßig wiederkehrender Lohnsteuer-Außenprüfungen. Im Rahmen des Angestelltenverhältnisses können auch der Ehepartner oder andere Angehörige beschäftigt werden. Denkbar sind z.B. Buchhaltungs- oder Verwaltungsarbeiten.

Alternativ besteht für den Praxisbereich die Möglichkeit, verstärkt Minijobber einzusetzen. Ihre Zahl ist in Deutschland auf nunmehr rund 6,7 Mio. angeschwollen und sich damit in den vergangenen fünf Jahren mehr als verdoppelt hat. Dieser Bereich macht bereits 18 Prozent aller Beschäftigten aus. Eine geringfügige Beschäftigung liegt vor, wenn der Arbeitslohn monatlich nicht mehr als 400 € beträgt. Auf die Dauer der Arbeitszeit kommt es hierbei nicht an. Ein solcher Mini-Job bleibt für den Beschäftigten steuer- und sozialversicherungsfrei, auch wenn er neben einem Hauptberuf ausgeübt wird. Zwar ist die Belastung mit Renten- und Krankenversicherung sowie Lohnsteuer beim Minijob im Juli 2006 von 25 auf insgesamt 30% gestiegen. Diese Abgaben werden vom Arbeitgeber getragen, sodass die Minijobber brutto 400 € im Monat ohne Abzüge kassieren dürfen, und dies unabhängig von der Anzahl der geleisteten Stunden. Der Verdienst wird auch nicht über die jährliche Einkommensteuererklärung erfasst, belastet also nicht die Progression für die übrigen Einkünfte.

Wird die monatliche Arbeitslohngrenze von 400 € überschritten, handelt es sich nicht mehr um eine geringfügige Beschäftigung. Mit Überschreiten dieser Grenze wird der Arbeitslohn versicherungspflichtig. Arbeitgeber und Arbeitnehmer müssen Beiträge zur Renten-, Kranken- und Pflegeversicherung sowie gegebenenfalls zur Arbeitslosenversicherung zahlen. Für die vorhergehende Zeit aber bleibt die Versicherungsfreiheit erhalten und damit auch die Pflicht des Arbeitgebers, die Pauschalabgaben zu zahlen. Bei einem Monatsverdienst im Bereich zwischen 400,01 und 800 € gilt die Vergünstigung der so genannten Gleitzone: Hier braucht der Arbeitnehmer noch nicht die vollen Sozialversicherungsbeiträge zu zahlen.

8.8.2 Geldwerter Vorteil

Den Angestellten im Praxisbereich kann der Arzt einige Zuwendungen zukommen lassen, die entweder nicht oder geringer besteuert werden. Sofern dieser geldwerte Vorteil steuerfrei bleibt, wird er auch nicht auf die 400-€-Grenze beim Mini-Job angerechnet. Das sind beispielsweise:

◢ Reisekosten: Schickt der Arzt seine Angestellten auf Dienstreise oder Fortbildung, kann er die entstandenen Aufwendungen steuerfrei erstatten. Beinhalten die jeweiligen auswärtigen Programmabläufe aber auch zum Teil allgemeine private Veranstaltungen, handelt es sich insoweit um einen geldwerten Vorteil. Zuwendungen des Arbeitgebers im Rahmen von Reiseveranstaltungen bleiben bis zur Freigrenze von 110 € unbehelligt.

◢ Kindergartenkosten: Steuerfrei bleiben zusätzlich zum Arbeitslohn erbrachte Leistungen des Arbeitgebers zur Unterbringung und Beaufsichtigung von nicht schulpflichtigem Nachwuchs der Arbeitnehmer in Kindergärten, -tagesstätten, -krippen, Hort sowie durch Tagesmütter.

Zahlt der Arbeitgeber den Zuschuss in bar aus, müssen ihm die Eltern lediglich einen Nachweis über die angefallenen Kosten einreichen. Der Höhe sind hierbei keine Grenzen gesetzt. Der Betrag darf aber nicht über den tatsächlichen Kosten für Kinderhort oder Tagesmutter liegen.

◢ Medien: Steuerfrei bleiben Vorteile aus der privaten Nutzung von betrieblichen PC, Internet oder Telefoneinrichtungen. Das gilt auch für Mobiltelefone im Auto oder den Computer in der Wohnung des Arbeitnehmers. Auch die vom Arbeitgeber getragenen laufenden Kosten sind befreit, unabhängig vom Verhältnis der beruflichen zur privaten Nutzung des Arbeitnehmers.

◢ Freigrenze: Einen Lohnzuschlag von bis zu 44 € im Monat kann der Arzt durch einen steuerfreien Sachbezug ausgleichen. Das gelingt etwa durch einen Benzingutschein über 25 Liter Super, nicht jedoch durch einen Tankbon über 40 €. Denn nur Sachbezüge sind begünstigt, nicht jedoch Geldleistungen. Eine solche Gestaltung mit sachlichen Vorteilen bringt monatlich netto meist mehr als eine Gehaltserhöhung von 60 €.

◢ Bildung: Wer sich beruflich fort- oder weiterbildet, kann sich dies steuerfrei vom Arbeitgeber erstatten lassen. Das stellt keinen Arbeitslohn dar, wenn ein betriebliches Interesse an den Maßnahmen besteht. Als ausreichend wird hierbei bereits angesehen, wenn die Weiterbildung eine Einsatzfähigkeit des Arbeitnehmers im Betrieb erhöht. Sollen allerdings Sprachkurse durchgeführt werden, ist erforderlich, dass der Arbeitgeber Sprachkenntnisse im für Arbeitnehmer vorgesehenen Aufgabengebiet verlangt.

◢ Aufmerksamkeiten: Freiwillige Sachzuwendungen, die Arbeitgeber ihren Arbeitnehmern oder deren Angehörigen aus besonderem Anlass wie etwa eine silberne Hochzeit oder ein bestandenes

Examen gewähren, sind lohnsteuerfrei, wenn sie maximal 40 € betragen. Zu solchen steuerfreien Aufmerksamkeiten gehören auch Getränke und Genussmittel, die der Arbeitgeber den Arbeitnehmern in der Praxis unentgeltlich oder teilentgeltlich überlässt. Dasselbe gilt für Speisen an Arbeitnehmer soweit eigenes Interesse des Arbeitgebers vorliegt, beispielsweise anlässlich außergewöhnlicher Arbeitseinsätze oder Fortbildungsveranstaltungen. Seit 2006 nicht mehr steuerfrei sind Zuschüsse zu Hochzeit oder Geburt.

◢ Macht der Arbeitnehmer Ausgaben für Rechnung des Arbeitgebers, sind die Erstattungen des Arbeitgebers steuerfrei. Das gilt generell für Auslagenersatz, wenn dem Mitarbeiter vom Arbeitgeber auf Nachweis Aufwendungen ersetzt werden, die überwiegend durch die betrieblichen Belange bedingt und veranlasst sind. Voraussetzung ist jedoch, dass über die Ausgaben im Einzelnen abgerechnet wird. Zum steuerfreien Auslagenersatz gehören etwa Gebühren für geschäftliche Telefongespräche oder Bewirtungskosten für Geschäftsfreunde.

◢ Seit 2007 können Arbeitgeber die Besteuerung von Zuwendungen an eigene Arbeitnehmer mit abgeltender Wirkung selbst übernehmen und pauschal versteuern. Dann deckt die Zahlung des Arztes die steuerliche Erfassung des geldwerten Vorteils beim Empfänger ab, sodass die Mitarbeiter die Zuwendungen abgabenfrei genießen können. In ihrer Steuererklärung tauchen diese Zuschüsse nicht auf. Dabei ist die Gestaltungsmöglichkeit sehr großzügig ausgestattet, denn diese Pauschallösung ist auf Sachzuwendungen bis zu 10 000 € pro Empfänger und Jahr erlaubt. Der Steuersatz auf diese Sachzuwendungen ist mit 30% nicht moderat bemessen. Hinzu kommen noch Solidaritätszuschlag und Kirchensteuer.

Allerdings muss die Steuer gar nicht so hoch ausfallen. Bemessungsgrundlage hierfür sind grundsätzlich die tatsächlich angefallenen Kosten einschließlich der Umsatzsteuer. Bei der Besteuerung eines geldwerten Vorteils an Arbeitnehmer ist in der Regel auch noch der Gewinnaufschlag enthalten, da der ortsübliche Abgabepreis maßgebend ist.

8.9 Praxisbeispiel: Steuerliche Fallstricke der Einnahmenüberschussrechnung vermeiden

Der HNO-Arzt Dr. med. A. Mustermann aus Musterstadt ermittelt für das Jahr 2007 seinen Gewinn mittels der Einnahmenüberschussrechnung. Bisher ergaben sich Betriebseinnahmen in Höhe von 320 000 € und Betriebsausgaben in Höhe von 180 000 €. Mit der Fertigstellung der Steuererklärung hat der Arzt den Steuerberater S. Teuer, Musterstadt, beauftragt. Der Steuerberater weist seinen Mandanten auf folgende Punkte hin, die teilweise einer Korrektur bedürfen:

◢ Vom Finanzamt wurden 4400 € Einkommensteuer erstattet und von Dr. Mustermann als Betriebseinnahme angesetzt. *Kommentar des Steuerberaters:* Einkommensteuer ist eine private Steuer; es besteht kein Einkünftezusammenhang, daher liegt keine Betriebseinnahme vor. Folglich sind die Betriebseinnahmen um 4400 € zu mindern.

◢ Dr. Mustermann nahm im Januar 2007 ein Darlehen in Höhe von 30 000 € für die Beschaffung eines Praxisgerätes auf. Die Bank zahlte 29 400 € aus. Der Arzt erfasste 29 400 € als Betriebseinnahme. Das Disagio (praktisch ein in einer Summe vorweg gezahlter Zins) in Höhe von 600 € verteilte er auf die Darlehenslaufzeit von fünf Jahren und setzte daher 120 € als Betriebsausgabe für 2007 an. *Kommentar des Steuerberaters:* Der Zufluss des Darlehens führt nicht zu einer Betriebseinnahme, es handelt sich um eine reine Vermögensumschichtung. Folglich sind die Betriebseinnahmen um die bereits angesetzten 29 400,– € zu mindern. Das Disagio stellt im Jahr der Darlehensauszahlung wegen des Abflussprinzips in voller Höhe Betriebsausgaben dar. Statt um 120 € hätte Dr. Mustermann die Betriebsausgaben also auf den vollen Betrag von 600 € erhöhen müssen. Folglich sind die Betriebsausgaben um weitere 480 € zu erhöhen.

◢ Unter den Betriebsausgaben befindet sich ein Betrag von 2000 €, der sich aus einem Tilgungsanteil von 800 € und einem Zinsanteil von 1200 € für ein betriebliches Darlehen zusammensetzt.
Kommentar des Steuerberaters: Die Tilgung des Darlehens ist keine Betriebsausgabe, jedoch sind die Zinsen gewinnmindernd anzusetzen. Folglich darf nur der Zinsanteil in Höhe von 1200 € als Betriebsausgabe erfasst werden, der von Dr. Mustermann als Betriebsausgabe erfasste Betrag in Höhe von 2000 € muss also um den Tilgungsanteil von 800 € gemindert werden.

◢ Die Abschreibung des Praxisgerätes aus dem zweiten Beispiel wurde noch nicht vorgenommen. Das Gerät wurde Anfang Januar 2007 angeschafft. Die Nutzungsdauer beträgt fünf Jahre, die Anschaffungskosten lagen bei 25 210,08 € zzgl. 19% Umsatzsteuer.
Kommentar des Steuerberaters: Da der Arzt die beim Kauf des Gerätes in Rechnung gestellte Umsatzsteuer vom Finanzamt nicht erstattet bekommt (s. Kap. 8.7), stellt der Bruttowert des Gerätes in Höhe von 30 000 € die Bemessungsgrundlage für die steuerliche Abschreibung (AfA) dar. Die Anschaffungskosten sind bei linearer Abschreibung gleichmäßig auf fünf Jahre zu verteilen. Da das Gerät im Januar angeschafft wurde, erfolgt im ers-

ten Jahr keine zeitanteilige Berechnung (s.a. Kap. 8.2.1). Folglich sind im ersten Jahr wie in den Folgejahren jeweils 6000 € als Betriebsausgabe anzusetzen. Die Möglichkeit einer eventuellen Sonderabschreibung soll an dieser Stelle nicht erörtert werden. Ebenso bleibt es auch aus Vereinfachungsgründen bei der linearen Abschreibung.

◢ Für den betrieblich genutzten Pkw wurde die Haftpflichtversicherungsprämie in Höhe von 1200 € am 02.10.2007 für ein Jahr im Voraus gezahlt und voll als Betriebsausgabe angesetzt.
Kommentar des Steuerberaters: Wegen des Abflussprinzips wurde die Betriebsausgabe korrekt in voller Höhe angesetzt. Die in Kapitel 8.2.1 unter „Ausnahmen vom Zufluss-Abfluss-Prinzip" genannte Ausnahmeregelung greift nicht.

◢ Ein gebrauchter Computer, der nur für medizinische Zwecke benutzt wurde, wird gegen Barzahlung für 2000 € verkauft. Der Buchwert betrug zum Zeitpunkt der Veräußerung 1500 €. Der Arzt setzte 2000 € als Betriebseinnahme an.
Kommentar des Steuerberaters: Die Betriebseinnahme ist korrekt angesetzt worden, da es sich um den Verkauf eines Anlagegutes handelt. Dr. Mustermann hat es jedoch versäumt, den Restbuchwert zum Zeitpunkt der Veräußerung als Betriebsausgabe geltend zu machen. Folglich sind noch 1500 € als Betriebsausgabe zu erfassen.

◢ Forderungen in Höhe von 5000 € an Privatpatienten wurden als uneinbringlich deklariert und als Betriebsausgabe erfasst.
Kommentar des Steuerberaters: Die Entstehung der Forderung hat nicht zu einer Betriebseinnahme geführt, da die Zahlung unterblieben ist. Der Honorarausfall führt mangels Abflusses nicht zu einer Betriebsausgabe: Honorar, das nicht liquidiert wurde und demnach nicht zugeflossen ist, kann auch nicht als Betriebs-

ausgabe wieder abfließen. Die Ansetzung als Betriebsausgabe ist also nicht korrekt. Folglich sind die Betriebsausgaben um 5000 € zu reduzieren.

◢ Dr. Mustermann entnahm aus seinem Betriebsvermögen einen bereits voll abgeschriebenen PC (Wiederbeschaffungskosten 100 € netto) und schenkte ihn seinem Sohn. Der Vorgang wurde nicht erfasst.

Kommentar des Steuerberaters: Die Entnahme des PC führt in Höhe des Teilwertes zu einer Betriebseinnahme, daher sind 119 € (brutto!) gewinnerhöhend anzusetzen.

9 Kostenplanung und Erfolgskontrolle in der Arztpraxis

Rolf-Rainer Riedel

Als niedergelassener Arzt sind Sie primär gehalten, die Ihnen anvertrauten Patienten nach den Grundsätzen des §12 (1) SGB V „ausreichend, zweckmäßig und wirtschaftlich" zu behandeln. Darüber hinaus verfolgt jeder Arzt das Ziel, Patienten nach ihren individuellen Bedürfnissen diagnostisch und therapeutisch zu versorgen.

In diesem Zusammenhang werden Sie sich auch als Arzt berechtigterweise die Frage stellen, wie Sie Ihrem beruflichen Anspruch der Sicherstellung der qualitätsbasierten Patientenversorgung bei gleichzeitiger Wahrung der wirtschaftlichen Unternehmensziele, wie Erzielung eines vertretbaren Gewinnes und Erhalt von Arbeitsplätzen für Ihre Mitarbeiter, auch zukünftig gerecht werden können. Gerade bei solchen Betrachtungen werden die Aufgaben des klassischen Controllings im Hinblick auf die Ressourcensteuerung heute oft nicht angemessen geschätzt.

So haben Sie als niedergelassener Arzt wie jeder Unternehmer die Herausforderung des Erlös- und Kostenmanagements zu bewältigen. Das heißt, Sie müssen Ihre Personal- und Sachkosten im Verhältnis zu den Erlösen planen und steuern. Entsprechendes Handeln ist umso bedeutender, da die Kosten Ihrer Praxis in den vergangenen 15 Jahren jährlich angestiegen sind. Ihre Praxiserlöse sind jedoch nicht in entsprechendem Umfang adaptiert worden. Vielmehr sind in der Durchschnittsarztpraxis die Gewinne vor Steuern seit der Einführung der Praxisbudgetierung 1993 gesunken: Betrachtet man die Einnahmesituation niedergelassener Ärzte über den Zeitraum der vergangenen zehn Jahre in Abhängigkeit von den einzelnen Facharztrichtungen und den bestehenden Praxisstrukturen, ist ein Rückgang der GKV-Einnahmen um durchschnittlich 25–50% zu verzeichnen.

Bei einer gleichbleibenden Kostenstruktur führt eine solche Entwicklung unausweichlich zu einer Absenkung des zu versteuernden ärztlichen Einkommens und damit auch zu einem geringeren verfügbaren freien Einkommen.

Demzufolge ist es nun Ihre Aufgabe als Unternehmer, die Arbeitsprozesse möglichst kostenoptimiert zu gestalten. Solche Arbeitsablaufkorrekturen können auch in der Arztpraxis fortlaufend realisiert werden. Unternehmer aller Branchen verfolgen das Ziel, kostenoptimierte Arbeitsprozesse zu realisieren, um so perspektivisch Gewinne zu generieren. Gelingt dies nicht, wird eine Vielzahl von unternehmerischen Maßnahmen ergriffen, um die Unternehmensrentabilität sicherzustellen. Sofern es nicht vermeidbar ist, werden auch mitarbeiterbezogene Maßnahmen, wie z.B. Änderungen der Arbeitszeit, Einführung eines Haustarifes oder Mitarbeiterkündigungen, umgesetzt. Ergänzend ist man bestrebt, Marktanteile von Wettbewerbern zu gewinnen und die Verkaufspreise zu erhöhen. Gerade an dieser Stelle besteht jedoch ein wichtiger Unterschied zwischen dem Unternehmenssegment niedergelassene Ärzte und den anderen Wirtschaftszweigen: Arztpraxen sind besonderen wettbewerblichen Rahmenbedingungen und gesundheitspolitischen Vorgaben ausgesetzt, die mit anderen Branchen nur bedingt vergleichbar sind. In diesem Sinn sind u.a. die vorgegebenen Leistungsmengen und die Erlösvorgaben zu nennen. Zusätzliche Marktanteile verbunden mit einer Erhöhung der GKV-Honorareinnahmen lassen sich zurzeit im Segment der vertragsärztlichen Versorgung bedingt durch die Budgetierung der ärztlichen Honorare i.d.R. nicht realisieren.

9.1 Arzthonorare und Preisgrenzen im Gesundheitsmarkt

Die freie und soziale Marktwirtschaft gründet i.d.R. auf dem folgenden Grundprinzip: Eine Preisbildung erfolgt in Abhängigkeit von Angebot und Nachfrage des jeweiligen Wirtschaftsgutes. Im Allgemeinen haben die Ergebnisse der **Kostenrechnung** Auswirkungen auf die Preisbildung. Das geschieht insbesondere dann, wenn ein Anbieter einen Preis bei einer bestehenden Nachfragesituation mitgestalten kann. Dies ist u.a. bei der Einführung von neuen Produkten oder bei Produkten mit einem positiv besetzten Image gegeben.

Individuelle Einzelstückanfertigungen, wie z.B. die einer Schrankwand, erfordern auch eine individuelle Kalkulation. Die Preisfindung seitens des Schreiners erfolgt dann auf der Basis der Selbstkosten zuzüglich eines hinzugerechneten kalkulatorischen Gewinnes. Für die Mehrzahl der Wirtschaftsgüter gilt grundsätzlich das **Preisbildungsprinzip**, dass die Selbstkosten die Preisuntergrenze darstellen sollten. Mit Wirtschaftsgütern, die nur zum Selbstkostenpreis in Verkehr gebracht werden, erzielt man aber keinen Gewinn.

Weshalb wird an dieser Stelle hierauf verwiesen? Jeder niedergelassene Arzt sollte auch die betriebswirtschaftlichen Koordinaten der Leistungserbringung berücksichtigen, um die Ertragssituation seines Unternehmens nicht in Schieflage zu bringen.

Allerdings muss man an dieser Stelle eine Relativierung vornehmen: Für das Marktsegment der Gesundheitsdienstleistungen folgt

man in vielen Ländern diesem Preisbildungsprinzip nicht. In Deutschland werden durch gesetzliche Rahmenbedingungen Vergütungsspannen und damit Preise vorgegeben:

◢ Für die Erbringung **von ärztlichen Leistungen im Bereich der Behandlung von Privatversicherten** ist durch die Gebührenordnung für Ärzte (GOÄ) ein entsprechender Vergütungsrahmen je Leistung vorgegeben, der auch bei der Abrechnung von Selbstzahlerleistungen zugrunde gelegt wird. Für jede ärztliche Leistung ist eine entsprechende Punktzahl im Gebührenverzeichnis vorgegeben, die mit dem in der Gebührenordnung festgelegten Punktwert multipliziert wird. Dieses Honorar kann durch den Arzt noch durch die Nutzung eines vorgegebenen Steigerungsfaktors erhöht werden. Die aktuell geltende GOÄ mit dem Gebührenverzeichnis wurde letztmalig 1996 novelliert; eine neue GOÄ ist für das Jahr 2009 zu erwarten.

Innovative Behandlungsformen sind von daher nicht in der vorliegenden GOÄ-Version abgebildet, weshalb bei der Erbringung von entsprechenden Leistungen Analogbewertungen durch den Arzt für die Honorarberechnung zu wählen sind. Für die Zukunft ist es nicht auszuschließen, dass die GOÄ-Vergütungssätze für erbrachte Leistungen der Beihilfepatienten abgesenkt werden. Diese mögliche Entwicklung sollten Ärzte bereits heute bei der Erstellung von Wirtschaftsplänen für die kommenden Jahre berücksichtigen. Auch sollte diese Bewertung im Hinblick auf die vielseitig diskutierten „Korbmodelle" (kollektive Zulassungsrückgabe nach § 95b SGB V) bedacht werden, da diese eben aufgezeigte Änderung der Vergütung dann auch zu verminderten Praxiseinnahmen führen würde!

◢ Die ambulanten **vertragsärztlichen Leistungen** im Rahmen der Versorgung von GKV-Patienten werden nach dem

EBM erbracht. Auch in dieser Gebührenordnung wird eine entsprechende Leistungsbewertung in Punkten ausgedrückt. Auch im EBM 2008 erfolgt noch keine feste geldwerte Bewertung eines Punktes (in Cent oder Euro), es handelt sich um einen floatenden Punktwert, der Punktwert in Euro unterliegt also einer quartalsweisen Schwankung. Zum 01.01.2009 werden feste Punktwerte eingeführt, die jedoch regional von KV zu KV abweichen (Stand der Information zu Redaktionsschluss).

◢ Arzneimittelbudgets in der Patientenversorgung sind im Hinblick auf die Ausgabensteuerung der GKV praxisindividuell begrenzt: Es besteht das wirtschaftliche Risiko, bei einem unwirtschaftlichen Medikamenten-Verordnungsverhalten in die persönliche Haftung genommen zu werden, indem Sie bei Überschreitung Ihres Arzneimittelbudgets in den Regress genommen werden können.

Insofern weicht grundsätzlich der Preisbildungsmechanismus für Leistungen im Gesundheitswesen von Dienstleistungen und Produkten aus anderen Marktsegmenten ab. Preiserhöhungen können demnach nicht umgesetzt werden; stattdessen müssen Sie eine stagnierende bzw. degressive Vergütung der Patientenbehandlung akzeptieren.

Für den niedergelassenen Arzt ist die Berücksichtigung der Preisuntergrenze (Honoraruntergrenze) insbesondere im Hinblick auf die Erbringung von Selbstzahlerleistungen von Bedeutung: Er muss daher wissen, welche Leistung wie vergütet wird, damit er sie auch kostendeckend erbringen kann. Das Honorar der Selbstzahlerleistungen muss folglich mindestens die Selbstkosten der Leistungserbringung decken. Zu den Möglichkeiten der Preispolitik im Gesundheitswesen siehe auch Kapitel 6.

Dagegen können durch die Erbringung von honorarfreien Leistungen nicht nur potenzielle Gewinnanteile verloren gehen, sondern auch zusätzliche Kosten bedingt sein, die dann auch noch zu einer Verminderung des Praxisgewinns führen.

Weshalb muss ich mich als Arzt mit diesen grundsätzlich nicht ärztlichen Fragestellungen beschäftigen? Es gibt ein schlagendes Argument: Eine Arztpraxis wird nur dann am Gesundheitsmarkt bestehen können, wenn Sie Ihre Praxis als Unternehmen führen und dementsprechend an der Marktentwicklung und dem Nachfragepotenzial orientieren. Diesen Anspruch vor sich selbst und nach außen hin zu vertreten, mag im Hinblick auf ein vom ärztlichen Berufsethos geprägtes Selbstverständnis Probleme bereiten. Politische Entscheidungen und Gesundheitsgesetze fordern jedoch ein Umdenken. Wirtschaftliche Praxisführung ist nicht unethisch, sondern ist eine Voraussetzung für das Überleben der Arztpraxis am Gesundheitsmarkt. Zusätzlich erwirtschaftete Einnahmen tragen auch zur wirtschaftlichen Standortsicherung der einzelnen Praxis und damit zur Sicherung der Arbeitsplätze in der Praxis bei.

Praxistipp

Vor diesem Hintergrund ist es für Sie als niedergelassener Arzt ratsam, bei der Entwicklung Ihrer Praxisstrategie auch die betriebswirtschaftlichen Koordinaten der Leistungserbringung zu berücksichtigen und die Ertragslage Ihres Unternehmens kritisch zu hinterfragen. Die Situation im Gesundheitswesen macht es erforderlich, dass Sie anhand der betriebswirtschaftlichen Daten Ihrer Praxis regelmäßig prüfen, wie sich die Einnahme- und Kostensituation, bezogen auf die einzelnen Quartale, entwickelt. Controlling ist bei dieser Aufgabe ein wichtiges Mittel zum Zweck.

9.2 Der Arzt in einem sich verschärfenden Wettbewerbsumfeld

Darüber hinaus lässt sich schon heute absehen, dass es in den kommenden Jahren aufgrund der vom Gesetzgeber angestrebten Medizinischen Versorgungszentren (MVZ) sowie der örtlichen und überörtlichen Berufsausübungsgemeinschaften (BAG) gem. des VÄndG zu der folgenden Entwicklung kommen wird (s.a. Kap. 1):

◢ Bereits existierende Ärztehäuser entwickeln sich zu MVZ oder BAG weiter. Bis zum 31.08.2007 waren in Deutschland 820 MVZ gegründet worden.

◢ MVZ können auch als Filialbetriebe eines MVZ-Hauptbetriebes geführt werden.

◢ Ärzte in Gemeinschaftspraxen gründen mit Kollegen in Kooperation mit einem lokalen Krankenhaus selbst ein MVZ.

◢ Kooperationen zwischen Arztpraxen unterschiedlicher Facharztrichtung und auch an verschiedenen Standorten; hierbei handelt es sich um die oben bereits angesprochenen BAG. Denkbar sind hier Formen der Zusammenarbeit z.B. zwischen Hausärzten und/oder einem Psychotherapeuten oder Gynäkologen mit einem Pädiater. Grundsätzlich können sich alle Facharztrichtungen mit Ausnahme der zuweisungsabhängigen Facharztgruppen (Labor, Röntgen) hier zusammenschließen.

◢ Diese MVZ und BAG werden sich darüber hinaus in den kommenden Jahren zu ambulanten Kompetenzzentren (Center of Competence – CoC) weiterentwickeln.

◢ CoC führen zu einer Erhöhung der Leistungsfähigkeit in der ambulanten Versorgung, was demzufolge die Wettbewerbssituation in der ambulanten medizinischen Versorgung verschärfen wird.

◢ Es ist erwarten, dass die Gesetzlichen Krankenversicherungen bestrebt sein werden, für ihre Versicherte die Leistungen in CoC einzukaufen.

So lässt sich aufgrund der bestehenden Erfahrungen mit der Entwicklung bei Steuer-, Wirtschaftsprüfern und Rechtsanwaltskanzleien erkennen, dass eine erfolgreiche Umsetzung und Führung von Unternehmen solcher freien Berufe nur langfristig und erfolgreich möglich ist, wenn die hier dargestellten Praxissteuerungsinstrumente eingesetzt werden. Daher ist es im Sinne einer Fortsetzung der freiberuflichen Tätigkeit des Arztes notwendig, sich den Praxismanagementaufgaben des Controllings zu widmen.

9.3 Wettbewerbszunahme: Wie setze ich Controlling in meiner Arztpraxis um?

Dem Grunde nach unterscheiden sich die grundsätzlichen Aufgaben und Methoden des Controllings für ein Großunternehmen und eine Arztpraxis nicht. Das Controlling einer Arztpraxis sollte heute so verstanden werden, dass Sie als Arzt den wirtschaftlichen Erfolg Ihrer Praxis in regelmäßigen Abständen (monatlich bzw. quartalsweise) überprüfen. Diese kontinuierliche Überprüfung des wirtschaftlichen Erfolges einer Arztpraxis ist u.a. aus den nachstehenden Gründen empfehlenswert:

◢ Der Kosten- und Ertragsdruck verstärkt sich in Arztpraxen durch gezielte Kostenmanagementprogramme des Gesetzgebers.

◢ Das Praxis- und Arzneimittelbudgets ist zu steuern.

◢ Die Liquidität muss sichergestellt werden.

◢ Hohe Steuernachzahlungsforderungen sind durch eine entsprechende Finanzplanung zu vermeiden.

◢ Die Praxisstrategie ist an die sich ändernden gesetzlichen Rahmenbedingungen anzupassen.

◢ Das Praxisleistungsspektrum ist an die Wettbewerbs- und Kostensituation zu adaptieren.

◢ Die Voraussetzungen für Bankkredite sind sicherzustellen: Aufgrund der neuen Basel-II-Ratingkriterien müssen Sie als Kreditnehmer zur Erlangung von guten Kreditkonditionen ein Betriebssteuerungssystem nachweisen können.

In erfolgreichen Unternehmen nutzt das Controlling die vom betrieblichen Rechnungswesen gelieferten Daten, um Erkenntnisse zu erarbeiten und damit die definierten Unternehmensziele zu erreichen. In diesem Sinn werden grundsätzlich die zu definierten Zeitpunkten verursachten Kosten und die erzielten Erlöse (Ist-Daten) mit den im Vorfeld geplanten Kosten- und Erlösdaten (Plan-Daten) abgeglichen. Die Ergebnisse dieser Abweichungsanalyse werden dann dazu verwendet, um ggf. unternehmerische Maßnahmen für eine erfolgreiche Unternehmenszielerreichung umzusetzen. Damit besitzt das Controlling einen besonderen Stellenwert als Führungsunterstützungsfunktion zur Ausrichtung von Führungsaktivitäten im Unternehmen. Dies trifft nicht nur auf mittelständische Unternehmen und Konzerne, sondern auch – insbesondere aufgrund der Entwicklung im Gesundheitswesen (vgl. Kap. 1) – auf die ärztliche Praxis zu (vgl. Kap. 9.4).

Auch als niedergelassener Arzt können Sie mit den Instrumenten des Controllings eine Vielzahl von Teilaufgaben, die im Rahmen des Arztpraxis-Managements zu erfüllen sind, in den folgenden Bereichen abdecken:

◢ Unternehmensplanung/-steuerung
◢ Unternehmenserfolgskontrolle
◢ Führung des Praxispersonals
◢ Organisation der Praxisprozesse
◢ Systematische Information über Praxisprozesse im Hinblick auf ein erfolgreiches Kosten- und Qualitätsmanagement

Damit lässt sich erkennen, dass sich der wirtschaftliche Erfolg Ihrer Praxis durch eine Vielzahl von Methoden steuern lässt.

9.4 Praxisplanung: Ein wichtiger Erfolgsfaktor

Praxistipp
Unabhängig davon, in welcher Form und Geschwindigkeit sich ein möglicher Strukturwandel für ärztliche Praxen vollziehen wird, ist es für Sie als niedergelassener Arzt von steigender Bedeutung, die strategische Marktposition Ihrer Praxis zu hinterfragen und darauf basierend Ihre Unternehmensstrategie zu definieren. Eine erfolgreiche Strategie fußt immer auf einer detaillierten Planung der unternehmerischen Tätigkeit.

Die Planungsansätze für eine Arztpraxis folgen primär dem Leitgedanken, den Weg in die Zukunft nach möglichst strukturierten Zieldefinitionen sicherzustellen. Im Rahmen einer Planung wird grundsätzlich festgelegt: Wer macht was?

◢ Zu welchem Zeitpunkt wird die Tätigkeit vollzogen?
◢ Auf welche Weise wird es getan?
◢ Welche Ressourcen (Personal, Sachmittel) werden eingesetzt?
◢ Was darf es kosten?
◢ Welcher Ertrag wird durch die Erbringung welcher Leistung erwartet?

Zum Management einer Arztpraxis gehört auch, dass Sie Wirtschaftspläne erarbeiten, um die definierten Zielsetzungen Ihrer Arztpraxis innerhalb des vorgegebenen Zeitraumes realisieren zu können.

Praxistipp
Neben einem Basisplan sollten Sie auch ein Worst-Case-Szenario erarbeiten, d.h. Sie bilden eine wirtschaftlich schlechte Betriebsentwicklung ab. Hierunter versteht man beispielsweise die Konstellation, dass aufgrund von verminderten EBM-Fallwerten und/oder der novellierten GOÄ 2009 sich Ihre Gewinnsitua-

tion negativ entwickelt. Auch würde sich die wirtschaftliche Ertragskraft Ihrer Praxis durch die Eröffnung eines Ärztezentrums in Ihrem unmittelbaren Einzugsgebiet vermindern.

Im Rahmen der Planerstellung ist von Ihnen als Arzt und Ihren Beratern zu berücksichtigen, dass die wirtschaftlichen Ziele auch entsprechend umsetzbar sind. Eine erfolgreiche Strategie basiert auf einer guten Planung. Nur auf diese Weise wird es Ihnen als Arzt möglich sein, Ihre individuellen Wettbewerbsvorteile nicht nur zu erkennen, sondern auch längerfristig zu sichern.

9.4.1 Den Wettbewerb beim Planen im Auge behalten!

Durch den stark wachsenden Wettbewerb unter den ambulanten medizinischen Leistungsanbietern ist es für Sie dringend notwendig, die internen Prozessabläufe in Ihrer Praxis und die damit verbundenen Behandlungskosten vs. der -erträge zu planen.

Es muss beispielsweise im Interesse des niedergelassenen Arztes sein, eine möglichst hohe Flexibilität in der Personaleinsatzplanung (s. Kap. 5) nutzen zu können. Insbesondere durch die Neuerungen im Vertragsarztrecht werden auch Berufsausübungsgemeinschaften in naher Zukunft Praxissprechstunden samstags anbieten. Es bleibt abzuwarten, in welchem Rahmen solche Tendenzen dann auch zu entsprechenden Patientenwanderungen führen werden. Mit großem Interesse sollten Sie den sich ändernden Versorgungs- und Serviceumfang von großen MVZ im Patientenversorgungsmarkt beobachten.

Praxistipp
Bedingt durch die sich verändernde Wettbewerbssituation müssen Sie sich darauf einstellen, dass ein bisher nicht bestehender Verdrängungswettbewerb im ambulanten medizinischen Dienstleistungsbereich begonnen hat. Hier

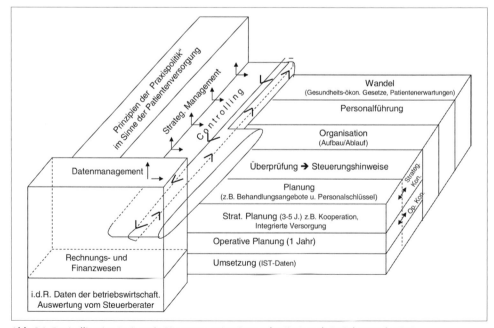

Abb. 9.1: Controlling im Arztpraxis-Managementsystem, adaptiert nach Steinle/Bruch 2003

und heute wird Ihnen deshalb empfohlen, dieser neuen Marktkonstellation aktiv zu begegnen: Prüfen Sie, inwieweit Sie in der Lage sind, Ihr medizinisches Leistungsspektrum zu verbreitern und Ihr eigenes Serviceangebot zu verbessern.

Mittels der operativen Planungs- und Steuerungsinstrumente des Controllings lassen sich u.a. die Personaleinsatzplanungen sehr gut an die Tagesauslastung der Praxis anpassen. Darüber hinaus können Sie durch die Einführung von versetzten Dienstzeiten der Mitarbeiter zusätzliche Sprechzeiten, z.B. freitagsnachmittags, für die Erbringung von Selbstzahlerleistungen einrichten.

Wenden Sie als Arzt die Grundsätze an, so sind Sie mit der Zeit in der Lage, das Know-how in Kostenmanagement und Kostenkontrolle entsprechend der Wissenspyramide miteinander zu vernetzen (s. Abb. 9.2). Darüber hinaus werden Sie aufgrund Ihres eigenen Wissenszuwachses ein kompetenterer und sachkundigerer Diskussionspartner für Ihren wirtschaftlichen Berater (Steuerberater). Eine solche Unternehmerqualifizierung

korrespondiert erfahrungsgemäß auch mit einer erfolgreichen Weiterentwicklung Ihrer Arztpraxis.

9.4.2 Mehr als einmal planen

Meist wird zum Zeitpunkt der Niederlassung bzw. der Praxisübernahme zwar eine Plan-Einnahmenüberschussrechnung erstellt, aber häufig wird eine Planfortschreibung und damit die Aktualisierung von Wirtschaftsplänen an die aktuellen wirtschaftlichen Rahmenbedingungen aufgrund der geringen Entwicklungspotenziale in der ärztlichen Praxis als nur bedingt sinnvoll erachtet. Diese Sichtweise muss jedoch in Anbetracht der schon erwähnten Gesetzesänderungen dringend überdacht werden, da sich die Märkte in der niedergelassenen ambulanten Versorgung in ihrer Angebotsstruktur weiterentwickeln:

◢ Gründung von MVZ
◢ Gründung von BAG

Sofern Sie sich mit Ihrer Praxis an diesen Marktentwicklungen beteiligen wollen, sind Sie gehalten, für Ihre Arztpraxis eine konti-

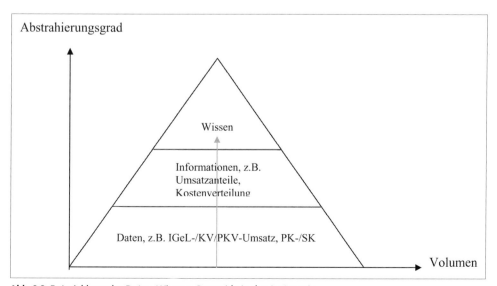

Abb. 9.2: Entwicklung der Daten-Wissens-Pyramide in der Arztpraxis

nuierliche Planung fortzuschreiben. Denn Ihre Planungsgrundlagen bilden die Basis für eine zukünftige Einbringung Ihrer Praxis in ein neues gemeinsames Ganzes: ein neues und tragfähigeres Gemeinschaftsunternehmen.

Abgesehen von diesen Argumenten ist ein solcher Schritt auch aus den folgenden Überlegungen notwendig: Es gibt feste Schnittstellen zwischen Ihrem Praxisergebnis und Ihrer privaten Sphäre.

Praxistipp
Gerade als selbstständiger Unternehmer müssen Sie auch Ihre verbindlichen Privatausgaben auf Ihre Einnahmesituation abstimmen. Dies ist gerade in Zeiten degressiver Einnahmen und sich progressiv entwickelnder Kostenstruktur (in der Praxis und in der privaten Lebensführung) von Bedeutung, da Sie die freiverfügbaren finanziellen Ressourcen planen und steuern müssen. Vielleicht haben Sie sich wie viele Ihrer Kollegen aus Steuervermeidungsstrategien finanziell in Abschreibungsprojekten engagiert, ohne dabei zu berücksichtigen, dass man solche Investitionen i.d.R. nur dann über Kredite finanzieren kann, wenn man nicht nur die Kreditverpflichtungen, sondern auch die mit diesen Objekten verbundenen laufenden Kosten aus dem erwirtschafteten Praxisgewinn langfristig generieren kann. Um sich in diesen Fällen nicht in eine Liquiditätsfalle zu begeben, ist eine langfristige und regelmäßig adaptierte Finanzplanung erforderlich. Nur so können Sie vermeiden, konsumbedingt und/oder durch absehbare, aber nicht budgetierte Steuerverpflichtungen der Kreditfalle ausgesetzt zu sein. Demzufolge müssen Sie im Rahmen einer guten Finanzplanung immer in der Lage sein, ohne Kreditverpflichtungen diese Zahlungen sicherzustellen.

Hier muss allerdings eingewendet werden, dass eine Erstellung von Finanzplänen bzw. ihre Fortschreibung gerade in Zeiten mit eingeschränkter finanzieller Beweglichkeit sehr empfehlenswert ist. Warum? Gerade dann müssen Sie Ihre möglichen finanziellen Pufferbereiche kennen, um nicht unvorbereitet in finanzielle Engpässe zu geraten. Folgt man diesem betriebswirtschaftlichen Grundsatz, so ist es möglich, negativen Überraschungen, wie z.B. hohen steuerlichen Nachzahlungsforderungen der Finanzämter oder möglichen Tilgungslücken, vorzubeugen.

Ein weiterer Vorteil einer routinemäßigen Planung ist, dass Sie aus dem aktuellen Finanzplan auch den voraussichtlichen Gewinnanteil des laufenden Jahres abschätzen können. So ist es möglich, diesen Plangewinn über zwölf gleichmäßige Monatsraten auszuzahlen. Erfahrungsgemäß wird diese Gewinnvorabausschüttung dazu genutzt, um den täglichen Lebensunterhalt zu finanzieren. So wird es nachvollziehbar, dass bei der Kalkulation der auszuschüttenden Vorabgewinne auch die damit verbundenen Steuerzahlungen zu berechnen sind. An dieser Stelle mögen Sie einwenden, dass Sie regelmäßig Steuervorauszahlungen tätigen. Allerdings zeigt der Praxisalltag, dass die vorab ermittelten Steuervorauszahlungsbeträge am Jahresende nicht ausreichen, um die bestehende Steuerschuld vollständig zu begleichen. Dann kann es finanziell eng werden, denn das Finanzamt wartet nur ungern auf die ausstehenden Steuerschulden.

9.4.3 Planungsansätze und -zeiträume unterscheiden

Die regelmäßige Erstellung bzw. Anpassung von Wirtschaftsplänen unterstützt eine erfolgreiche Unternehmensentwicklung. Bei der Erstellung von Wirtschaftsplänen unterscheidet man

◢ die strategische Planung mit einem Zeitansatz von fünf Jahren und länger,

◢ die taktische Planung mit einem Zeitansatz von bis zu maximal drei Jahren,

◢ die operative Planung mit einem einem Zeitansatz von bis zu einem Jahr.

Strategische Planung

Bedingt durch den Strukturwandel im Gesundheitssystem (s.a. Kap. 1) ist eine strategische Planung unumgänglich. Im Rahmen der strategischen Planung positionieren Sie Ihre Praxis in ihrem Umfeld, z.B. durch Spezialisierung auf bestimmte Leistungen, loten potenzielle Kooperationen aus und definieren Aufgabenfelder in der Integrierten Versorgung. Nur wenn Sie sich als Praxisinhaber auch mit dieser wichtigen Themenstellung beschäftigen, werden Sie in der Lage sein, Ihren bis heute erwirtschafteten Praxiswert auch in der Zukunft stabil zu halten und bei einer Abgabe einen entsprechenden Erlös aus dem Verkauf zu finanzieren [Fahlbusch, Kirschner, Wigge 2005], d.h., nur wenn es Ihnen gelingen wird, Ihre Praxis auch unter den schon jetzt bekannten Rahmenbedingungen erfolgreich im Gesundheitsmarkt zu positionieren, können Sie Ihre Praxis auch zu dem gewünschten Zeitpunkt verkaufen oder an eines Ihrer Kinder übergeben.

Praxistipp

Von wachsender Bedeutung ist bereits in der strategischen Planungsphase das Ressourcenmanagement: Hierbei handelt es sich um das Anlagevermögen wie Medizingeräte, Einrichtungsgegenstände (s. Kap. 7), die Sicherstellung in der Versorgung mit Verbrauchsgütern (s. Kap. 4) sowie die Verfügbarkeit von ausreichend qualifiziertem, motiviertem Personal (s. Kap. 5). Der Planungshorizont beträgt hier für die Zielerreichung fünf bis zehn Jahre.

Taktische Planung

Auf der Basis Ihrer entwickelten strategischen Planungsziele leiten Sie Planungsteilziele (Milestones) ab. Auf diese Weise wird es Ihnen möglich sein, die angestrebten Langzeitziele in einzelnen auch umsetzbaren Teilschritten zu erreichen. Ihre Milestones betreffen Teilzielsetzungen, die Sie in einem Zeitraum zwischen einem und fünf Jahren umsetzen wollen. Auch werden Sie durch eine entsprechende Arbeitsweise in die Lage versetzt zu überprüfen, inwieweit Sie auf lange Sicht Ihre strategische Vision auch im Umfeld Ihres medizinischen Wettbewerbs umsetzen können.

Operative Planung

Hier werden insbesondere kurzfristig erforderliche Personalbestandsänderungen, Investitionen/Ersatzbeschaffungen und das Ergebnis geplant. Als Planungszeitraum werden i.d.R. zwölf Monate (das Geschäftsjahr) gewählt.

Betriebswirtschaftliche Planung

Der Vergleich der Quartalsergebnisse (Ist) aus den betriebswirtschaftlichen Auswertungen (i.d.R. erstellt durch den Steuerberater) mit den Planungszahlen gibt Aufschluss über die Erreichung des wirtschaftlichen Praxisziels.

9.5 Praxisziele als Voraussetzung für Controlling

Was hat Controlling mit Ihren Praxiszielen zu tun? Ganz einfach: Controlling kann seine Aufgabe nur erfüllen, wenn Sie zuvor Ziele definiert haben, an denen sich das Controlling orientieren kann. Vor allem müssen diese Ziele eindeutig formuliert werden, d.h. Sie müssen Inhalt, Ausmaß und Zeitrahmen des Zieles abstecken. Die Realisierbarkeit ist unbedingte Voraussetzung für die Zielformulierung. Nur wenn Ziele in dieser Form operationalisiert werden, sind sie auch im Rahmen des Controllings messbar [Börkircher 2006]. Wenn Sie an langfristigem wirtschaftlichen Erfolg interessiert sind, sollten Sie daher auf die Zielbildung Ihr Augenmerk richten, da Controlling in der Arztpraxis eine Ausrichtung an den Praxiszielen fordert und ohne diese nicht denkbar ist. Praxisziele dienen insofern als Richtwerte für die Aufgabenerfüllung des Arztes.

Die vier wesentlichen Eckpfeiler der Unternehmensziele niedergelassener Ärzte lassen sich wie folgt definieren und werden nachfolgend beschrieben:

◢ Strategische Ziele
◢ Betriebswirtschaftliche Ziele (Marktziele)
◢ Mitarbeiterbezogene Ziele (soziale/personelle Ziele)
◢ Finanzwirtschaftliche Ziele (ergebnisbezogene Ziele)

9.5.1 Strategische Ziele

Wenn Sie als niedergelassener Arzt Ihre eigene Unternehmensstrategie festlegen, müssen Sie zunächst die Grundsatzentscheidung zur Praxisform treffen, z.B. Einzelpraxis, Berufsausübungsgemeinschaft, Medizinisches Versorgungszentrum (s.a. Kap. 1).

Die Praxisform beeinflusst die Praxis-Unternehmensstruktur und damit die strategische Planung der Praxisorganisation: Während Sie als Inhaber einer Einzelpraxis beispielsweise über die EDV- und Medizingeräte-Ausstattung selbstständig entscheiden, müssen Sie im Falle einer Praxisgemeinschaft oder Gemeinschaftspraxis diese Entscheidungen mit den gleichberechtigten Partnern treffen. Wird eine Tätigkeit in einem Ärztehaus, einer Arztpraxis im Krankenhaus oder ggf. in einem Medizinischen Versorgungszentrum ausgeübt, so sind die unterschiedlichen Anforderungsprofile der verschiedenen Facharztrichtungen einschließlich einer ggf. erforderlichen OP-Dokumentation und einer EDV-technischen Anbindung der Arztpraxis

an das Krankenhaus in die Entscheidung mit einzubeziehen. (Gemäß dem VÄndG können MVZ auch von Fachärzten gleicher Fachrichtung, aber mit unterschiedlichen Schwerpunkten gegründet und betrieben werden.)

9.5.2 Betriebswirtschaftliche Ziele

Für den Erfolg Ihres unternehmerischen Handelns als niedergelassener Arzt ist es notwendig, die wirtschaftlichen Ziele der Leistungserbringung in Ihrer Praxis im Vorfeld zu definieren.

Bereits bei der strategischen Ausrichtung der Praxis gilt es, diagnostische und therapeutische Schwerpunkte zu setzen. Gedacht ist hier z.B. für eine internistische Fachpraxis an Untersuchungsmethoden wie Fahrradergometrie, Echokardiografie, endoskopische Verfahren oder aber die Behandlung von diabetischen oder onkologischen Patienten.

Praxistipp
Darüber hinaus sollten Sie im Hinblick auf die Änderungen durch das VÄndG auch prüfen, in welchem Umfang für Ihre Praxis nicht auch örtliche bzw. überörtliche Kooperationen mit unterschiedlichen Versorgungsschwerpunkten im Rahmen der Berufsausübungsgemeinschaften umgesetzt werden sollten. Die Umsetzung solcher Schritte führt nicht nur zu einer Verbesserung des Versorgungsangebotes an die Patienten, sondern bietet Ihnen als niedergelassenem Arzt konkrete wirtschaftliche Vorteile, z.B. durch die Erweiterung des Leistungsspektrums und der Sprechstundenzeiten sowie die Aufteilung von Kosten für die Finanzierung der Praxisausstattung, der Medizingeräte, des Personals etc.

In modernen Wirtschaftsunternehmen werden auf der Basis der Leistungsschwerpunkte sog. strategische Geschäftseinheiten (SGE) gebildet, die auch Geschäftsbereichen entsprechen können. Diese Organisationsstrukturen sind notwendig, um sich erfolgreich am Markt positionieren zu können. Überträgt man diesen Ansatz auf das Gesundheitswesen, so können auch in einem Klinikum die einzelnen Kliniken (z.B. Klinik für Chirurgie, Klinik für innere Medizin) mit ihren entsprechenden Abteilungen, wie z.B. der Abteilung für Kardiologie oder Gastroenterologie, als Beispiele für strategische Geschäftseinheiten aufgeführt werden. Aktuell wird die Gründung von ambulanten medizinischen Versorgungszentren von der Gesundheitspolitik gefördert; die hier geplanten unterschiedlichen Facharztrichtungen könnten auch als SGE bezeichnet werden.

Bei einer Gründung von größeren Berufsausübungsgemeinschaften stellen dann beispielsweise die einzelnen fachärztlichen Versorgungsschwerpunkte strategische Geschäftseinheiten dar. Diese müssen dann auch nicht mehr an einem Praxisort lokalisiert sein. Vor der Schaffung neuer Geschäftsfelder bzw. der Neugründung oder Umwandlung Ihrer Praxis in eine BAG bzw. ein MVZ müssen zwei Richtgrößen ermittelt werden:

- ◢ das potenzielle Marktvolumen, z.B. die noch zu gewinnende Anzahl an neuen Patienten, und
- ◢ der aktuelle Marktanteil, d.h. die aktuell behandelten Patienten unter Berücksichtigung der Mitbewerberstruktur.

So können Sie als niedergelassener Arzt abschätzen, wie sich die Fallzahlen in Ihrer neuen BAG im Vergleich zur bisherigen Einzelpraxis entwickeln werden. Entsprechendes gilt bei der Übernahme eines Vertragsarztsitzes.

Ein Beispiel für die betriebswirtschaftliche Praxisplanung finden Sie in Kapitel 9.8.

9.5.3 Mitarbeiterbezogene Ziele

Die betriebswirtschaftlichen Ziele eines Praxisbetriebes lassen sich nur dann erfolgreich realisieren, wenn sich neben Ihnen auch Ihre Mitarbeiter mit den Zielen Ihrer Arztpraxis identifizieren und bereit sind, sich im Sinne des gemeinsamen Praxisleitbilds zu engagieren (s. Kap. 2 und 5).

Daher ist es wichtig, dass Sie als Praxischef die Gewinnung und Bindung Ihres Praxispersonals sowie alle Belange Ihrer Mitarbeiter nicht als lästiges Übel, sondern als eine der zentralen Aufgaben Ihres Praxismanagements betrachten.

9.5.4 Finanzwirtschaftliche Ziele

Finanzwirtschaftliche Planungsansätze sind für Sie von hoher Wertigkeit. Auch wenn Sie diese Aufgabe zunächst einem erfahrenen Berater übergeben, sollten Sie den Planungsprozess aktiv begleiten.

Zielsetzung einer vorausschauenden Finanzplanung lautet, jederzeit zahlungsbereit zu sein. Liquidität bedeutet für die Arztpraxis die Fähigkeit, bestehende und fällige Verbindlichkeiten fristgerecht zu erfüllen, ohne dass der Praxisablauf dabei gestört wird. Oder anders ausgedrückt stellt sie die Fähigkeit dar, zu jedem Zeitpunkt den Zahlungsverpflichtungen nachkommen zu können. Im Wesentlichen sind drei Gründe für eine Illiquidität zu nennen:

- ◢ Verwechslung von Umsatz und Gewinn. Der sich auf dem Konto befindende Betrag des Praxisumsatzes wird ausgegeben, ohne zu berücksichtigen, dass es sich hier nicht um Reingewinn nach Steuern handelt. Häufig fehlen entsprechende Rückstellungen für Steuervorauszahlungen.
- ◢ Ehescheidung. Liegt eine Zugewinngemeinschaft ohne Ehevertrag vor, kann es im Falle der Scheidung dazu kommen, dass dem Expartner die Hälfte des Praxis-

wertes ausgezahlt werden muss. Eine solche Situation kann durch einen Ehevertrag oder eine Zwangsvollstreckungsverzichterklärung vermieden werden.

◢ Fehlkalkulationen bei Beteiligungen von Abschreibungsmodellen. Bei diesen Beteiligungsmodellen ist zu bedenken, dass zwar Steuerersparnisse generiert werden, aber gleichzeitig muss diese Beteiligung auch finanziert werden. Die Erfahrung zeigt auch, dass sich die erstellten Finanzierungsmodelle durch Steuerersparnisse und Projekterträge nur dann umsetzen lassen, wenn es beispielsweise keine Veränderung in der Projektertragssituation ergibt. An dieser Stelle sei exemplarisch nur auf die partiell erheblichen Renditeausfälle bei Immobilienfinanzierungen in den neuen Bundesländern verwiesen.

Die erforderlichen Schritte zur Durchführung der notwendigen Steuerungstätigkeiten zur Sicherstellung der Liquidität sind im Folgenden dargestellt.

Erarbeiten Sie einen Finanzplan!
In einem Finanzplan antizipieren Sie wesentliche Kosten- und Ertragspositionen Ihrer Praxis und stellen sämtliche zahlungswirksamen Vorgänge zusammen. Er dient dazu, den Finanzbedarf eines Planungszeitraums zu bestimmen, die Liquidität zu planen und sicherzustellen. Um die notwendigen Investitionen tätigen zu können, ist es ebenfalls dringend zu empfehlen, eine Finanzplanung vorzunehmen. Nur so werden Sie in die Lage versetzt, auch im Vorfeld der Investition zu erkennen, inwieweit Sie diese Investition nur mittels eines Bankkredits finanzieren können. Wenn dies der Fall ist, lässt sich so auch errechnen, innerhalb welchen Zeitraumes Sie den geplanten Kredit tilgen können (vgl. Kap. 7).

Eine entsprechende Planung ist insbesondere deshalb sinnvoll, weil Sie als Arzt und Unternehmer die Praxiskosten, Ihren Unternehmerlohn sowie Ihre Steuerverpflichtungen aus Ihrem Praxisumsatz finanzieren müssen. Eine quartalsbezogene Finanzplanung bietet sich an, weil Sie als niedergelassener Vertragsarzt mit konstanten Zahlungsflüssen durch die pro Quartal erfolgende KV-Abrechnung rechnen können.

Stellen Sie die Liquidität des Unternehmens Arztpraxis sicher!
Bedingung für Liquidität ist ein Gleichgewicht zwischen dem Zahlungsmittelbedarf und der Zahlungsmitteldecke, d.h., dass die verfügbaren finanziellen Mittel mindestens der Summe der offenen Forderungsbeträge entsprechen müssen. Betriebswirtschaftlich gesehen sollen auch zwingende Investitionen aus liquiden Mitteln finanziert werden können. Eine Investitionsplanung soll nämlich Liquidität, Sicherheit und Rentabilität berücksichtigen. Kann Illiquidität nicht durch Kredite oder Privateinlagen beseitigt werden, droht nach geltendem Wirtschaftsrecht der Konkurs. Erfahrungsgemäß muss die Mehrzahl der klein- oder mittelständischen Unternehmen nicht wegen Überschuldung, sondern wegen Illiquidität ein Insolvenzverfahren beim Amtsgericht beantragen. Illiquidität ist also in höchstem Maße existenzbedrohend. Dies macht deutlich, welchen Stellenwert eine angemessene Liquiditätssteuerung auch für den Arzt als Unternehmer hat.

Planen Sie die Gewinnverwendung!
Unternehmen entscheiden i.d.R. darüber, welchen Betrag des Gewinns sie an ihre Anteilseigner ausschütten und welcher Anteil des Gewinns für zukünftige größere Investitionen angespart wird. Entsprechend diesen Grundsätzen sollten auch Sie als niedergelassener Arzt verfahren. Darüber hinaus wird bei der Planung der Mittelverwendung häufig nicht daran gedacht, dass neben der Ausschüttung des Gewinns an die Gesellschafter (hier den Arzt) auch die erforderlichen

Neuinvestitionen sowie die fälligen Tilgungs- und Zinszahlungen der mittel- und langfristigen Darlehen finanziert werden müssen. Alle diese Beträge sind aus dem erzielten Gewinn zu decken! Daher ist zu empfehlen, die Gewinnverwendung vor der Entnahme vorausschauend zu planen.

9.6 Risikomanagement

Die Steuerungsaufgaben des Controllings sollen auch zu einer Verringerung der bestehenden Unternehmensrisiken führen, denn unternehmerisches Handeln ist grundsätzlich mit Risiken verbunden. Dies trifft auch in wachsendem Umfang auf den niedergelassenen Arzt zu.

Fehlerhaftes Handeln kann Unternehmensrisiken zur Folge haben. Unter Risiko versteht man die Gefahr, dass unerwünschte Ereignisse und Vorgänge im Rahmen einer Tätigkeit auftreten. Zielsetzung des Risikomanagements ist es, die Fehlerquote des Handelns in Ihrer Arztpraxis zu senken.

Bei der Vielzahl von Handlungsschritten, die täglich in einer Arztpraxis ablaufen, können Fehler auch im Handeln von Ihnen als Arzt und Ihrem Praxisteam nicht grundsätzlich ausgeschlossen werden. Fehler in der medizinischen Versorgung von Patienten wirken sich i.d.R. unmittelbar auf den Gesundheitszustand des Patienten aus und können je nach Ausmaß des Schadens sogar strafrechtliche Konsequenzen haben. In diesem sensiblen Bereich müssen Sie daher besonders bestrebt sein, mögliche Fehler zu minimieren. Von daher sollte die Maxime gelten: Fehler können auftreten, dürfen aber nicht tabuisiert werden. Die Praxismitarbeiter müssen vielmehr lernen, aufgetretene Fehler nicht zu wiederholen.

Gerade in der Arztpraxis ist daher ein systematisches Fehlermanagement sinnvoll: Aufgetretene Fehler werden dokumentiert, Ursachen identifiziert. Die bestehenden Kausalitäten werden dann mit der betreffenden Person besprochen, stets mit der Zielsetzung, nicht den Schuldigen zu suchen und zu sanktionieren, sondern die Ursachen zu beseitigen und die Qualitätssicherung in Ihrer Praxis voranzutreiben (s. Kap. 3).

Eine adäquate Risikostrategie beinhaltet das ständige Bewusstsein aller an einen Behandlungsprozess Beteiligten, dass bei einem therapeutischen Handeln immer das Risiko besteht, insbesondere durch vermeidbare Fehler den Patienten zu schädigen. Diese ganzheitliche Betrachtungsweise wird immer bedeutsamer, da die Zahl der sektorenübergreifend und interdisziplinär behandelten Patienten in Anbetracht der wachsenden Anzahl von Programmen der Integrierten Versorgung (IGV) wächst. Gesundheitspolitisch strebt man eine Zunahme der verzahnten IGV-Behandlungsprogramme an. Damit wird deutlich, dass gerade die Implementierung von Risikomanagement- und Qualitätsmanagementprogrammen Hand in Hand gehen muss. Diese Verantwortung für einen jeden im Behandlungsprozess ist umso bedeutsamer, als wir in Deutschland ähnlichen Behandlungsfehlerprozessen wie insbesondere in den USA entgegenwirken müssen. Dies heißt auch, dass selbst für eine Arztpraxis ein Qualitätsmanagementprozess genutzt werden sollte. Die Implementierung eines QM-Systems bedeutet immer, dass die bestehenden Risiken mittel- und langfristig nicht nur erkannt, sondern auch vermieden werden können (s. Kap. 3).

Es existieren im Wesentlichen die Risiken der Behandlungsfehler, gegen die sich jedoch jeder Arzt mit einer ausreichenden Haftpflichtsumme versichern kann. Außerdem können sich die Vergütungssituation nach EBM verändern oder Regresse drohen. Ein weiterer Punkt sind die Zahlungsausfälle von Privatpatienten, wenn diese unbekannt verzogen sind.

Gerade nach dem Inkrafttreten des Arzneimittelverordnungs-Wirtschaftlichkeitsgesetzes (AVWG) gibt es für die Umsetzung des Risikomanagements ein weiteres Argument: Ihnen als Arzt drohen finanzielle Regresszahlungen, soweit Sie in Ihrer Praxis nicht den KV-internen Arzneimittel-Budget-Richtlinien der wirtschaftlichen Verordnung von Arzneimitteln folgen. Tritt der Arzneimittelregress ein, dann geht dies zulasten Ihres Praxisgewinns. Nur diese Perspektive sollte genügen, um ein entsprechendes Steuerungssystem für das Arzneimittelverbrauchsmanagement in Ihrer Praxis einzuführen. Es genügt nicht nur, dies als Software-Modul in der Praxis-EDV zu haben! Sie sollten es auch täglich nutzen, um rechtzeitig im Quartal der Tendenz zur Überschreitung der Verordnungen gegensteuern zu können.

Neben den klassischen Tätigkeitsrisiken aus dem Praxisalltag muss der niedergelassene Arzt als Unternehmer die Markt-, Geschäfts- und Finanzrisiken erkennen und beurteilen. Und diese Risiken müssen ebenfalls Teil Ihres Risikomanagements sein.

9.7 Wirtschaftlichkeitskontrolle in der Arztpraxis

In Bezug auf den Arzt als Unternehmer in einer Einzelpraxis, BAG, Gemeinschaftspraxis oder Praxisgemeinschaft werden die Wirt-

schaftlichkeitskennzahlen selten eingesetzt. Dennoch sollten Ärzte als Unternehmer in Zeiten sinkender Umsätze Kenntnisse über diese Parameter gewinnen, die in der Wirtschaft regelmäßig in den Unternehmensberichten ausgewiesen werden. Die in Tabelle 9.2 aufgeführten **Kennzahlen** werden auch von Finanzinstituten bei der **Bewertung von Praxen** als Benchmarks (Kenn- bzw. Vergleichszahlen) herangezogen.

Dabei sollte auch nicht vergessen werden, dass insbesondere seit der Einführung von Basel II im Jahre 2005 neue Eigenkapitalvorschriften für die Kreditvergabe an Unternehmen eine Bedeutung gelten (s. Kap. 7.4.1).

Um den Begriff **Return on Investment (ROI)** besser nachvollziehen zu können, sei auf Abbildung 9.3 verwiesen. Hier sieht man, dass sich der ROI aus der Umsatzrentabilität und dem Kapitalumschlag für jedes Unternehmen ermitteln lässt. Welchen Stellenwert hat der ROI für den Arzt als Unternehmer? Betrachtet man den Berechnungsweg für den ROI als Benchmark, wird erkennbar, dass dieser Parameter sich für die Bewertung der Wirtschaftlichkeit eines Unternehmens eignet. Aus diesem Grund nutzen u.a. Banken diese Kennzahl zur Bewertung von Unternehmen. Dabei wird bei näherer Betrachtung deutlich, dass auch ein Arzt als Unter-

Tab. 9.1: Risikoarten und -inhalte in der Arztpraxis

Risikoart	Risikoinhalt (Beispiel)
Marktrisiko	Veränderungen der Marktgröße, der Marktteilnehmer: Teilnahme von ärztlichen Wettbewerbern an der Integrierten Versorgung, Zulassung eines Medizinischen Versorgungszentrums im Praxiseinzugsgebiet
Geschäftsrisiko	Fehlkalkulation bei der Leistungserbringung von ambulanten Operationen oder von IGeL-Leistungen: der Einsatz der Produktionsfaktoren (Material- und Personalkosten) übersteigt den Erlös
Finanzrisiko	Veränderung der Zinssätze, der Anleihen- und Aktienkurse (relevant für die private Vorsorge), der Materialpreise (z.B. DRG-Vergütungssätze) Illiquidität bei fehlender Überschuldung (§ 17 InsO) Floatender Punktwert bei der Erbringung der ärztlichen Leistungen auf der EBM-Abrechnungsbasis

Tab. 9.2: Kennzahlen für die wirtschaftliche Bewertung von Praxen

Kennzahl	Formel
Eigenkapitalrendite in %	$\dfrac{\text{Gewinn x 100}}{\text{Eigenkapital}}$
Umsatzrentabilität in %	$\dfrac{\text{Gewinn x 100}}{\text{Umsatz}}$
Gesamtkapitalrentabilität in %	$\dfrac{\text{EK + FK-Zinsen x 100}}{\text{Gesamtkapital}}$
Return on Investment (ROI) in %	$\dfrac{\text{EBIT x 100}}{\text{Gesamtkapital}}$
Investiertes Kapital	Umlaufvermögen (Working Capital) + Anlagevermögen

EBIT: Gewinn vor Zinsen und Steuern (Earnings before interest and taxes)

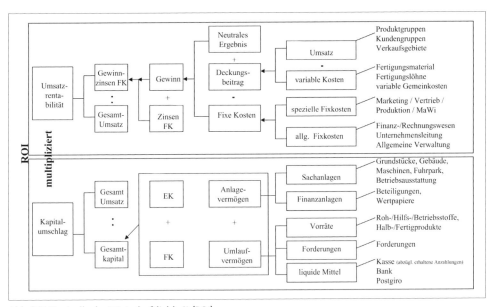

Abb. 9.3: Kontrolle der Wirtschaftlichkeit (ROI)

nehmer diese Benchmark für sich gut heranziehen kann, da alle relevanten Aufwands- und Ertragspositionen in ihre Berechnung einfließen. Die Erfahrung hat gezeigt, wie sinnvoll es ist, anhand möglichst weniger Kennzahlen die Wirtschaftlichkeit eines Unternehmens Arztpraxis zu steuern.

9.7.1 Budgetierung

Budgetierung bedeutet, die für einen gewissen Zeitraum geplante Geschäftätigkeit Ihrer Praxis zusammenfassend und vollständig darzustellen, wobei die vorgegebenen Leistungsziele, Erlöse und dafür notwendigen Kosten zu berücksichtigen sind. Dabei müssen die Soll-Zahlen des Budgets laufend mit den Ist-Zahlen, mit dem Ziel der planmäßigen Kapital- und Geldbedarfssicherstellung des Unternehmens, verglichen werden.

9.7.2 Sprungfixe Kosten

Sprunghaft ansteigende und nicht stetig steigende Kosten werden als sprungfixe Kosten definiert. Zur Verdeutlichung folgender Ansatz:

In einer Gemeinschaftspraxis wird eine bestimmte Anzahl von Patienten, z.B. 1500/ Quartal, mit zweieinhalb bis drei Medizinischen Fachangestellten und zwei Ärzten behandelt. Wird nun ein dritter Arzt als Partner mit einer KV-Zulassung aufgenommen und für die Behandlung von weiteren 500 Patienten eine neue Medizinische Fachangestellte eingestellt, entstehen dadurch sprungfixe Kosten.

9.7.3 Einsatz von Wirtschaftlichkeitskennzahlen zur Erfolgskontrolle

In Zeiten sinkender Umsätze ist es wichtig, Kenntnisse über die nachstehenden Parameter zu gewinnen, um die wirtschaftlichen Ergebnisse der eigenen Praxis bewerten und mit denen von Wettbewerbern vergleichen zu können.

Cashflow

Der Cashflow ist eine Kennzahl, die angibt, welchen Mittelzufluss ein Unternehmen in einer Periode aus dem Umsatzprozess erwirtschaftet hat und was somit unterjährig für Investitionen, Tilgungszahlungen oder Gewinnausschüttungen zur Verfügung steht (Finanzmittelüberschuss).

Er ist ein Maßstab für die Selbstfinanzierungskraft Ihrer Praxis und zeigt die finanzielle Flexibilität und finanzielle Unabhängigkeit von außenstehenden Geldgebern an. Ein niedriger Cashflow führt zu einer Schwächung des Eigenkapitals, somit zu einem erhöhten Verschuldungsgrad und schließlich zwangsläufig zu einer wachsenden Zinslast. Das Wachstumspotenzial Ihres Unternehmens wird durch eine solche Konstellation

eingeschränkt. Ihre Cashflow-Situation wird sich dann zukünftig positiv entwickeln, wenn es Ihnen gelingt, den Praxisumsatz zu erhöhen, ihre Betriebskosten jedoch konstant bleiben oder nicht im gleichen Maße steigen. Dies lässt sich u.a. durch eine Verminderung der Leerkosten, Erschließung neuer Teilmärkte, Eröffnung von Zweigpraxen, Zusammenschlüsse von verschiedenen Arztpraxen zu einer BAG erreichen.

Zum Cashflow einer Arztpraxis sind nicht nur die Einnahmenüberschüsse zu zählen, sondern auch die nicht liquiditätswirksamen Abschreibungen und ggf. erforderlichen Rückstellungen.

Sie können mittels der Cashflow-Analyse also sichtbar machen, welche selbst erwirtschafteten Mittel der Praxis zur Verfügung stehen.

Umsatz-Erlös-Funktion

Aus Abbildung 9.4 ist erkennbar, dass ein Praxisgewinn nur zu erzielen ist, wenn der **Break-even** erreicht wurde. Dies ist dann der Fall, wenn die entstandenen Ist-Kosten durch den erzielten Umsatz an Arzthonoraren abgedeckt werden. Ab diesem Zeitpunkt entsteht ein zu verwendender Gewinn.

9.7.4 Wie Sie Leerkosten in Ihrer Praxis vermeiden

In vielen Arztpraxen entsteht regelmäßig die Diskussion mit den Praxismitarbeitern darüber, inwieweit sie angemessen mit den ihnen übertragenen Aufgaben ausgelastet sind. Hier ist es die Aufgabe des Arztes als Unternehmer, gut über die wesentlichen Arbeitsabläufe und Aufgaben je Mitarbeiter (Stichwort: Stellenbeschreibungen) informiert zu sein, um z.B. im Mitarbeitergespräch zum Thema Arbeitsüberlastung aus Sicht des Mitarbeiters stichhaltige Argumente bereit zu haben. Nur auf diese Weise ist es möglich, notwendige Aufgaben an die hierfür qualifi-

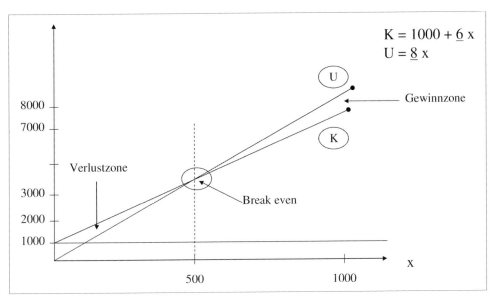

$$K = 1000 + \underline{6}\, x$$
$$U = \underline{8}\, x$$

Abb. 9.4: Umsatz-Erlös-Funktion

zierten Mitarbeiter zu delegieren und ggf. eine Aufgabenumverteilung vorzunehmen. Dies ist i.d.R. dann erforderlich, wenn neue Aufgaben auf die Mitarbeiter zukommen, wie z.B. beim Erbringen von Selbstzahlerleistungen.

In diesem Fall müssen nicht nur die Patienten über das neue Leistungsspektrum informiert werden. Auch müssen hierfür spezielle Abrechnungsmodalitäten neu eingeführt und umgesetzt werden. In solchen Situationen fordern die Mitarbeiter häufig Unterstützung durch eine neue Kollegin. Dann ist es die Aufgabe des Arztes zu ermitteln, in welchem Umfang diese neuen Aufgaben die bereits beschäftigten Mitarbeiter binden werden. Die Personalbindungszeiten sind kalkulatorisch zu bewerten; anschließend kann eine angemessene Personalentscheidung getroffen werden.

Würde man sich als Arzt nun – entgegen der oben beschriebenen Vorgehensweise – von dem Mitarbeiterstamm sofort zur Einstellung einer Medizinischen Fachangestellten als Halbtagskraft bewegen lassen, und diese neue Medizinische Fachangestellte wäre nur 2,5 Std. von 3,75 Std. täglich ausge-

lastet, dann entstünden dem Arzt als Unternehmer Leerkosten. Diese Leerkosten bedeuten, dass die neue Mitarbeiterin nicht in dem Maße zum wirtschaftlichen Erfolg des Unternehmens beiträgt, wie dies bei einer adäquaten Personalbemessung möglich wäre.

9.8 Beispiel für eine betriebswirtschaftliche Planung

Das folgende Planungsbeispiel orientiert sich aus Vereinfachungsgründen an der Struktur für die Gewinnermittlung gem. § 4 Abs. 3 EStG (s.a. Kap. 8). Es soll Ihnen als niedergelassenem Arzt ermöglichen, selbstständig die Kosten- und Ertragsplanung für Ihre Praxis vorzunehmen. Ein weiteres Ziel des Beispiels ist es, dass Sie am Ende der geplanten Wirtschaftsperiode die Planungsdaten mit den Ist-Daten abgleichen können. Wir empfehlen Ihnen, eine quartalsbezogene Gegenüberstellung der Plan-/Ist-Daten vorzunehmen.

Sie mögen einwenden, dass eine entsprechende unterjährige betriebswirtschaftliche Analyse aufgrund der verzögerten KV-Abrechnungen und eines floatenden Punktwertes wenig sinnvoll ist. Jedoch bietet es sich in betriebswirtschaftlichen Situationen mit floatenden Punktwerten an, die Planungsrechnung nach den Grundsätzen eines vorsichtigen Kaufmannes mit dem niedrigsten Punktwert der letzten zwei Jahre vorzunehmen. Erfahrungsgemäß kann bei einer solchen Vorgehensweise keine unerwünschte Überraschung bei der Durchführung von Plan-Ist-Abgleichen auftreten.

Wenn Sie eine solche betriebswirtschaftliche Steuerung Ihrer Aufwendungen und Er-träge anwenden, werden Sie am Ende eines Wirtschaftsjahres auch keine unerfreulichen Informationen z.B. hinsichtlich unerwarteter Steuernachzahlungen erhalten.

Beispielpraxis „Dr. Mustermänner", BAG mit drei Allgemeinmedizinern und einem Pädiater in einer Stadt mit rund 150 000 Einwohnern

Aus den Tabellen 9.3a und b wird deutlich, dass in der Gemeinschaftspraxis „Dr. Mustermänner" die vier ärztlichen Partner je einen Gewinn von 62 579,21 € erzielten. Dies be-

Tab. 9.3a: Planungs- und IST-Kosten-Vergleich für die Praxis „Dr. Mustermänner", Teil I

	Planung Euro	Planung IST	Abweichung in Euro	Abweichung in %
A. Betriebseinnahmen				
1. Einnahmen aus freiberuflicher Tätigkeit				
a. Praxiseinnahmen (KV+PKV)	478 230,00	508 666,00	30 436,00	6,36
2. Sonstige Einnahmen	14 200,00	14 980,00	780,00	5,49
a. Zwischensumme	492 430,00	523 646,00	31 216,00	6,34
3. Sonstige Erträge	100,00	150,00	50,00	50,00
Summe Betriebseinnahmen	492 530,00	523 796,00	31 266,00	6,35
B. Betriebsausgaben				
1. Praxis- und Laborbedarf	17 500,00	17 688,55	188,55	1,08
2. Personalkosten	134 264,19	135 373,40	1109,21	0,83
3. Raumkosten	47 696,90	45 724,53	−1972,37	−4,14
4. Beiträge und Versicherungen	8928,71	7983,48	−945,23	−10,59
5. KFZ-Kosten	101,42	0,00	−101,42	−100,00
6. Finanzierungskosten	8727,66	7083,80	−1643,86	−18,84
7. Porto, Telefon, Büromaterial	4193,30	4748,48	555,18	13,24
8. Geräte und Einrichtungskosten	30 145,31	30 642,47	497,16	1,65
9. Abschreibungen auf geringwertige Anlagegüter	1330,78	1705,81	375,03	28,18
10. Verschiedene Kosten	17 782,99	22 528,64	4745,65	26,69
Summe Betriebsausgaben	270 671,26	273 479,16	2807,90	1,04
C. Gewinn	221 858,74	250 316,84	28 458,10	12,83
Gewinn je Partner bei vier gleichberechtigten Partnern	55 464,69	62 579,21	7114,53	12,83

Tab. 9.3b: Planungs- und IST-Kosten-Vergleich für die Praxis „Dr. Mustermänner", Teil II

Konto		Planung Euro	Zwischensumme Plangeschäftsjahr	IST	Zwischensumme Plangeschäftsjahr	Abweichung in Euro
	A. Betriebseinnahmen					
Praxiseinnahmen						
	1. Einnahmen aus freiberuflicher Tätigkeit					
1010	a. Praxiseinnahmen (KV + PKV)	478 230,00		508 666,00		
8700	Gutachterliche Kurzmitteilungen	14 200,00		14 980,00		−780,00
			492 430,00		523 646,00	
Sonstige Erträge						
2610	Zinserträge	100,00		150,00		−50,00
			100,00		150,00	
	B. Betriebsausgaben					
Praxis- und Laborbedarf						
4000	Sammelkonto Praxis- und Laborbedarf	15 000,00		16 500,00		−1500,00
4030	Sonstiger Praxisbedarf	1000,00		396,99		603,01
4070	Fremdleistungen Labor	1500,00		791,56		708,44
			17 500,00		17 688,55	
Personalkosten						
4110	Gehälter	102 210,50		85 307,44		16 903,06
4111	Aushilfslöhne	2500,20		3999,64		−1499,44
4130	Gesetz. Sozialaufwendungen	21 121,30		18 653,10		2468,20
4140	Freiwillige soziale Aufwendungen	0,00		178,00		−178,00
4141	Fahrkostenersatz	725,27		511,25		214,02
4155	Vermögensbildung	478,57		478,56		0,01
4170	Kosten für Praxisvertretung	7228,35		26 245,41		−19 017,06
			134 264,19		135 373,40	
Raumkosten						
4210	Miete	40 180,79		43 248,60		−3.067,81
4240	Gas, Strom, Wasser	1688,51		1579,64		108,87
4250	Reinigung, Desinfektion	162,80		142,61		20,19
4251	Abfallgebühr	428,87		428,88		−0,01
4260	Instandhaltung Praxisräume, Reparaturen	5235,93		324,80		4911,13
			47 696,90		45 724,53	
Beiträge und Versicherungen						
4360	Versicherungen	2788,73		2341,24		447,49
4362	Berufsgenossenschaft Arzt	719,30		729,75		−10,45
4381	Beiträge	855,90		810,00		45,90
4382	Verbandsbeiträge	552,20		563,47		−11,27
4385	KV-Verwaltungskosten	4012,58		3539,02		473,56
			8928,71		7983,48	

Tab. 9.3b: Fortsetzung

Konto		Planung Euro	Zwischen-summe Plange-schäftsjahr	IST	Zwischen-summe Plange-schäftsjahr	Abwei-chung in Euro
KFZ-Kosten						
4570	Fremdfahrzeuge	76,34		0,00		76,34
4580	Sonstige KFZ-Kosten	25,08		0,00		25,08
			101,42		0,00	
Finanzierungskosten						
2115	Zinsen für Darlehen Musterbank	8727,66		7083,80		1643,86
			8727,66		7083,80	
Porto, Telefon, Büromaterial						
4910	Porto	823,28		921,96		−98,68
4911	Kurierdienste	0,00		306,60		−306,60
4920	Telefon und Telefax	2382,87		2084,03		298,84
4930	Bürobedarf	987,15		1435,89		−448,74
			4193,30		4748,48	
Abschreibungen						
4860	Sammelkonto Abschreibungen	30145,31		30642,47		−497,16
			30145,31		30642,47	
Abschreibungen auf geringwertige Anlagegüter						
4870	GWG Sammelkonto	1330,78		1705,81		−375,03
			1330,78		1705,81	
Verschiedene Kosten						
2610	Kongress- und Seminarkosten für Arzt	3000,00		2000,00		1000,00
4615	Kongress- und Seminarkosten f. Angestellte	2204,52		1790,00		415,00
4090	Sammelkonto f. versch. Gemein-kosten	352,67		110,00		243,00
4935	Berufskleidung, Praxiswäsche	1482,49		1240,00		242,00
4940	Wartezimmerlektüre	619,40		624,54		−5,00
4941	Dekoration Praxis	140,50		197,99		−57,00
4950	Rechts- und Beratungskosten	200,96		3548,92		−3348,00
4951	Steuerberatungskosten	1949,52		4416,16		−2467,00
4955	Buchführungskosten	2800,96		2809,89		−9,00
4960	Geschenke bis 40,– Euro	77,62		56,62		21,00
4970	Nebenkosten des Geldverkehrs	454,79		1482,90		−1028,00
4980	Bewirtungskosten	972,93		150,12		823,00
4990	Sonstige Kosten	751,43		360,43		391,00
4991	Verwaltungskosten Praxis, Bera-tungs- und Abrechnungsstelle	2775,20		3741,07		−966,00
			17782,99		22528,64	
Gewinn			221858,74		250316,84	
Gewinn je Arztpartner (4 Partner)			55464,69		62579,21	

deutet, dass die einzelnen Partner ihre Vorabausschüttungen, d.h. Liquidität zur Finanzierung des Lebensunterhalts, unter Berücksichtigung ihrer Steuervorauszahlungen individuell gestalten müssen.

Im Sinne einer weiteren Unterstützung wird nun ein Gliederungsvorschlag für einen Planungsansatz vorgenommen. Dieser orientiert sich an dem DATEV-Kontenrahmen für Freiberufler, unter den auch Ärzte fallen.

Zur Vereinfachung kann man bei der Aufstellung der Plan-Zahlen die Ist-Zahlen des abgelaufenen Geschäftsjahres übernehmen. Voraussetzung ist allerdings, dass es sich bei den einzelnen Kostenansätzen nicht um Extremwerte (Ausreißer) handelt. Diesen Zahlen stellt man dann die Ist-Zahlen je Quartal gegenüber. In dem o.g. Beispiel wurden aus Vereinfachungsgründen die Zahlen für ein Gesamtjahr dargestellt. Die quartalsweisen Aufarbeitungen der entsprechenden Quartalsergebnisse unterscheiden sich nur im Hinblick darauf, dass hier die Zahlbeträge unterschiedlich sind.

An dieser Stelle wird wiederholt eingewendet, dass die KV-Zahlungen mit entsprechenden Verzögerungen eingehen. Das ist korrekt. Ärzte werden in einer GbR (wie in dem o.g. Beispiel einer fachübergreifenden Gemeinschaftspraxis) nach § 4 Abs. 3 EStG besteuert. Dies hat zur Folge, dass die Einnahmen und Aufwendungen nach dem Zufluss-Abfluss-Prinzip besteuert werden (s. Kap. 8.2.1). Demzufolge werden im Gegensatz zur Kapitalgesellschaft (z.B. GmbH) in der Steuerbilanz, die die Grundlage für die Steuererklärung bildet, nicht die in Rechnung gestellten Zahlungsbeträge, sondern die tatsächlich vereinnahmten Zahlungsbeträge zugrunde gelegt. Für die Ermittlung seiner Praxisgewinne bedeutet das, dass der Vertragsarzt bei den KV-Zahlbeträgen die Abschlusszahlungen jeweils quartalsversetzt verbucht, z.B. im ersten Quartal die Zahlungen des vierten Quartals des Vorjahres.

Aus den Spalten Planung Ist, Abweichungen in Euro und Prozent in Tabelle 9.3a können Sie nun aus der Kenntnis der individuellen Praxisführung beurteilen, inwieweit die eingetretenen Abweichungen nur während des abgelaufenen Geschäftsjahres oder auch möglicherweise für die zukünftigen Jahre gelten. Eine entsprechende Abschätzung und Bewertung der Abweichungstendenzen, z.B. für die PKV-/GKV-Einnahmen oder die Personalkostenentwicklung, sind in dem hier genannten Beispiel von den vier Partnern gemeinsam zu beurteilen. Ist eine entsprechende Einschätzung und Bewertung durch den Arzt als Unternehmer selbst nicht möglich, so empfiehlt es sich, hier einen erfahrenen Berater hinzuzuziehen.

Literatur

Corsten H (Hrsg.) (2000) Lexikon der Betriebswirtschaftslehre, 4. Aufl. Oldenbourg, München

Fahlbusch, Kirschner, Wigge 2005

Olfert K (Hrsg.) (2002) Kompendium der praktischen Betriebswirtschaftslehre. Kiehl, Ludwigshafen

SGB V, BGBl I S.2477, letzte Änderung: 05.09.2006 (BGBl I S. 2098)

Steinle C, Bruch H (Hrsg.) (2003) Controlling, 3. Aufl. Schäffer-Poeschel, Stuttgart

Wittmann W et al. (Hrsg.) (1993) Handwörterbuch der Betriebswirtschaftslehre, Bd. 2, 5. Aufl. Schäffer-Poeschel, Stuttgart

10　Arzt und Recht

Matthias Wallhäuser, Daniel Knickenberg, Susanne Strick

Die ärztliche Profession gehört zu den sog. freien Berufen. Mit seinem berechtigten Selbstverständnis als Freiberufler bewegt sich der Arzt dennoch in einem stark regulierten Gebiet. Berufsrecht und Vertragsarztrecht bilden einen engen Rahmen; eine Vielzahl weiterer rechtlicher Regelungen ergänzt diesen. Kenntnis und Einhaltung rechtlicher Grenzen sowie die Nutzung rechtlicher Spielräume sind für den nachhaltigen Erfolg des Unternehmens Arztpraxis von großer Bedeutung. Die nachfolgende Darstellung soll daher einen komprimierten, aber möglichst umfassenden Einblick und Überblick verschaffen.

10.1　Berufsrecht

Dem ärztlichen Berufsrecht ist jeder Arzt unterworfen, der Krankenhausarzt genauso wie der niedergelassene Arzt, der Vertragsarzt ebenso wie der Privatarzt.

Neben den in ärztlichen Berufsordnungen zusammengefassten Berufspflichten finden sich maßgebliche Regelungen insbesondere in den Heilberufe(kammer)gesetzen der Länder.

Die Landesärztekammern beschließen auf der Grundlage der Kammer- und Heilberufsgesetze der Länder eine für die in ihrem Gebiet tätigen Ärzte gültige Berufsordnung. Die Regelungen werden meist mit nur geringfügigen Änderungen der Musterberufsordnung für die Deutschen Ärztinnen und Ärzte (MBO-Ä) entnommen, die ihrerseits allerdings nur ein unverbindlicher Vorschlag des Deutschen Ärztetages als Organ der Bundesärztekammer an die Landesärztekammern ist.

Gleichwohl beziehen sich die nachfolgenden Ausführungen stets auf die Musterberufsordnung, da eine differenzierte Betrachtung der Regelungen in den einzelnen Bundesländern den Rahmen dieses Beitrags sprengen würde.

10.1.1　Die Niederlassung

Seit 2004 ist die Ausübung ambulanter ärztlicher Tätigkeit außerhalb von Krankenhäusern nicht mehr an die „Niederlassung in *eigener* Praxis" gebunden, sondern es genügt die „Niederlassung in *einer* Praxis" (§ 17 MBO-Ä).

Diese Neuerung führte dazu, dass jedenfalls auch angestellte Ärzte nunmehr als „niedergelassen" anzusehen sind; dies war aufgrund der bis 2004 geltenden Regelung stets umstritten. Von einigen wird dies als Öffnung hin zur rechtlichen Zulässigkeit von Arztpraxen in der Hand von Kapitalgesellschaften (Stichworte: Praxis-AG, Heilberufe-GmbH) gesehen.

Zwischenzeitlich ist auch das Vertragsarztrecht dieser Regelung angepasst worden; die Anstellung von Ärzten ist heute viel einfacher und mehrgestaltig möglich, als dies bislang noch der Fall war (s. Kap. 1.2).

10.1.2　Weitere Praxissitze

Seit 2004 ist es Ärzten ferner gestattet, über den Praxissitz hinaus an zwei weiteren Orten ärztlich tätig zu sein, soweit sie Vorkehrungen für eine ordnungsgemäße Versorgung ihrer Patienten an jedem der Orte ihrer Tätigkeit getroffen haben (§ 17 MBO-Ä). Konsequenterweise ist zugleich die bisherige Regelung in § 18 MBO-Ä ersatzlos gestrichen worden, nach der eine ärztliche Tätigkeit außerhalb des Praxissitzes nur in einer Zweigpraxis bzw. in ausgelagerten Praxisräumen (ausnahmsweise) zulässig war. Zwar haben bislang nicht alle Landesärztekammern diese Neuerung übernommen, aber das Vertragsarztrecht hat im Jahre 2007 seine Regelungen entsprechend angepasst (s.a. Kap. 1.2).

10.1.3 Gemeinsame Berufsausübung

Die Regelungen der MBO-Ä zur gemeinsamen Berufsausübung (unter Ärzten und mit anderen Berufsgruppen) haben in den §§ 18, 23a–d MBO-Ä eine grundlegende Erneuerung erfahren.

Stichwort: Teilgemeinschaftspraxis
Berufsausübungsgemeinschaften unter Ärzten sind nunmehr auch hinsichtlich nur einzelner Leistungen statthaft (§ 18 Abs. 1 MBO-Ä).

Umfasst hiervon ist unstreitig die Behandlung von Patienten desselben Krankheitsbildes durch Ärzte aus verschiedenen Praxen, die für diese gemeinschaftliche Behandlung eine Gemeinschaftspraxis bilden und als solche abrechnen.

Nicht zulässig sind allerdings solche Gestaltungen, bei denen nur einer der Beteiligten die eigentliche Behandlungsleistung erbringt, während sich die Leistung des/der anderen Beteiligten auf die Zuweisung beschränkt, angesprochen sind hiermit z.B. die nicht seltenen Beteiligungen von niedergelassenen Haus- und Fachärzten an der von einer fachärztlichen Laborgemeinschaft organisierten Teilgemeinschaftspraxis (Verbot der Zuweisung gegen Entgelt in § 31 MBO-Ä).

Mit dem Vertragsarztrechtsänderungsgesetz sind auch die Regelungen des Vertragsarztrechts entsprechend angepasst worden (s.a. Kap. 1.2).

Zulässige Gesellschaftsformen
Ärzte dürfen ihren Beruf nach der Neuregelung in § 18 Abs. 2 MBO-Ä einzeln oder gemeinsam „in allen für den Arztberuf zulässigen Gesellschaftsformen" ausüben, „wenn ihre eigenverantwortliche, medizinisch unabhängige sowie nicht gewerbliche Berufsausübung gewährleistet ist".

Auch wenn das aktuelle Berufsrecht somit die GmbH als grundsätzlich zulässige Rechtsform für die Organisation ärztlicher Tätigkeit ansieht, kann derzeit noch nicht (überall) von der Zulässigkeit dieser Rechtsform ausgegangen werden. In vielen Bundesländern sind solche Gesellschaftsformen für Ärzte noch immer verboten bzw. nur beschränkt möglich.

10.1.4 Grundsatz der persönlichen Leistungserbringung

Die persönliche Leistungserbringung ist eines der wesentlichen Merkmale der freiberuflichen Tätigkeit. Als berufsrechtliches Gebot findet sich der Grundsatz der persönlichen Leistungserbringung in §§ 1 Abs. 2, 17 und 29 Abs. 3 MBO. Verstöße gegen diesen Grundsatz können weitreichende Folgen haben, vom Verlust des Vergütungsanspruchs bis zur strafrechtlichen Verfolgung.

Eigene Leistungen des Arztes können durch Dritte nur unter bestimmten Voraussetzungen erbracht werden. So dürfen Leistungen von dem Arzt nur im Einzelfall konkret an ausgewähltes und entsprechend qualifiziertes Personal delegiert werden, das von dem Arzt beaufsichtigt wird.

Eine Rolle spielt die Verpflichtung zur persönlichen Leistungserbringung etwa bei der Frage der Delegationsfähigkeit von Injektionsleistungen vom Arzt an medizinische Hilfskräfte – eine noch immer nicht beendete Diskussion.

10.1.5 Beschäftigung angestellter Ärzte

Nach der aktuellen Regelung des § 19 MBO-Ä ist es statthaft, unbegrenzt ärztliche Mitarbeiter zu beschäftigen; die früheren Beschränkungen sind aufgegeben worden. Erlaubt ist ferner die Anstellung fachgebietsfremder Ärzte, wenn der Behandlungsauftrag des Patienten regelmäßig nur durch Ärzte verschiedener Fachgebiete gemeinschaftlich durchgeführt werden kann (Beispiel: Hausärztlicher Internist in Anstellung bei einem Gastroenterologen).

Die vorstehend skizzierten Neuregelungen ändern natürlich nichts an den durch das Bedarfsplanungsrecht gesetzten Grenzen [s. Fahlbusch, Kirschner 2008, Kap. 4]. Zu beachten sind auch die Grenzen, die durch den Bundesmantelvertrag gezogen worden sind, der zum 01.07.2007 in Kraft getreten ist. Dort findet sich in § 14a BMV-Ä die Regelung, dass ein Vertragsarzt nicht mehr als drei vollbeschäftigte Ärzte oder teilzeitbeschäftigte Ärzte in einer Anzahl, die im zeitlichen Umfang ihrer Arbeitszeit drei vollzeitbeschäftigten Ärzten entspricht, beschäftigen kann (Ausfluss des Grundsatzes der persönlichen Leistungserbringung; s.o.).

10.1.6 Honorarvereinbarungen und Vorschuss

Nach § 12 Abs. 1 MBO-Ä ist der Arzt an die Gebührenordnung für Ärzte (GOÄ) gebunden, soweit nicht andere gesetzliche Vergütungsregelungen gelten. Durch diese Einschränkung ist der gesamte vertragsärztliche Bereich ausgenommen; dort gelten vorrangig die Regelungen des einheitlichen Bewertungsmaßstabs (EBM) und des Honorarver-

teilungsvertrages (HVV) (s. Kap. 10.2.4). Die GOÄ ist für den Arzt verbindlich. Eine generelle Abdingung der Vorschriften der GOÄ ist nicht möglich. Nach § 2 Abs. 1 GOÄ können Arzt und Patient nur eine von der GOÄ abweichende Höhe der Vergütung festlegen, sowohl für die gesamte Behandlung als auch für einzelne Behandlungsabschnitte. Die Höhe der Vergütung richtet sich grundsätzlich streng nach dem Steigerungssatz (§ 5 GOÄ). Auch eine Individualvereinbarung zur Höhe der Vergütung setzt am Steigerungssatz an. Die Vereinbarung eines Fest- bzw. Pauschalpreises ist nach der Rechtsprechung unzulässig (LG Stuttgart, NJW 1985, 688; Bundesverfassungsgericht, NJW 1992, 737).

Bei den Vereinbarungen zur Höhe sind die allgemeinen Grenzen des Wuchers und der Sittenwidrigkeit zu wahren. Zudem sind die persönlichen Verhältnisse des Patienten zu berücksichtigen.

Unzulässig sind vorformulierte Honorarvereinbarungen, die auch den erhöhten Steigerungssatz bereits angeben und in denen nachträglich lediglich Name des Patienten, Diagnose und Datum eingesetzt werden. Der Bundesgerichtshof stört sich aber nicht nur an pauschalierten Vereinbarungen. Auch die individuelle Vereinbarung eines erhöhten Steigerungssatzes hält er für unwirksam, wenn der Patient nicht darauf hingewiesen wurde, dass er gegenüber der GOÄ aufgrund dieser Vereinbarung mehr zahlen muss (BGH, VersR 1992, 185).

Wirksam und sicher sind Honorarvereinbarungen nur, wenn sie mit dem betreffenden Patienten individuell besprochen und verabredet wurden. Dabei ist zu berücksichtigen, dass nach Auffassung einiger Ärztekammern und auch des OLG Düsseldorf (Urteil vom 09.11.1995, Az. 8 U 146/94) sich der Arzt bei Abschluss der Honorarvereinbarung nicht – beispielsweise durch seine Medizinische Fachangestellte – vertreten lassen kann. Selbst wenn man eine wirksame Stellvertretung bei der Honorarvereinbarung für möglich hält, setzt die Bestimmung der Angemessenheit des individuell zu vereinbarenden Honorars die Berücksichtigung der persönlichen Verhältnisse des Patienten voraus; es wird landläufig als persönliche Pflicht des Arztes angesehen, sich den hierfür erforderlichen Eindruck persönlich zu verschaffen.

Die Honorarvereinbarung ist nach § 2 GOÄ **schriftlich vor Beginn der Behandlung** zu treffen und mit dem Hinweis zu versehen, dass eine Erstattung der Vergütung durch Kostenträger ggf. nicht im vollen Umfang gewährleistet ist (so auch: OLG Hamburg, NJW 1987, 2937). Das Schriftstück darf neben Honorarvereinbarung und vorstehendem Warnhinweis keine weiteren Inhalte haben. Zu empfehlen ist, sich bei der Formulierung der Vereinbarung eng und unmittelbar an den Wortlaut des § 2 GOÄ zu halten.

Nach § 126 Abs. 2 BGB muss die Unterschrift beider Parteien der Honorarvereinbarung auf derselben Urkunde erfolgen, es sei denn, jede Partei unterschreibt das für die andere Partei bestimmte Schriftstück und man tauscht diese hinterher aus. Die einseitige schriftliche Verpflichtung des Patienten zur Zahlung höherer Vergütung ist jedenfalls (form-)unwirksam (vgl. LG München, MedR 1985, 128; BGH, NJW 1998, 781).

Nach herrschender Meinung ist die Anforderung eines Vorschusses durch den Arzt unzulässig und wird teilweise sogar als „berufsunwürdig" angesehen (etwa: Berufsgericht für die Heilberufe bei dem Verwaltungsgericht Bremen, Urteil vom 20.10.1982, Luyken A 2.8 Nr. 16, Vorauszahlung bei Schwangerschaftsabbrüchen). Für den Arzt, der bereits vor Behandlungsbeginn ahnt, dass er es mit einem zahlungsunwilligen Patienten zu tun hat, ist diese Situation natürlich unbefriedigend. Schutz findet der betroffene Arzt – außer es handelt sich um einen behandlungspflichtigen Notfall – in solchen Fällen nur in der Ablehnung der Behandlung. Auch kann – soweit kein Notfall vorliegt – die Weiterbehandlung von der Zahlung der bisherigen Rechnungen abhängig gemacht werden. Die Erstattung von Auslagen, die der Arzt notwendigerweise für die Behandlung tätigen muss, kann verlangt werden (§ 669 BGB analog) [s. Brück 2007].

10.1.7 Werbung

Auch Werbung ist für den Arzt von wesentlicher Bedeutung (s. Kap. 6). Obwohl Freiberufler, ist der Arzt doch auch in dieser Hinsicht nach wie vor einigen nicht unwesentlichen gesetzlichen Beschränkungen unterworfen.

Die wesentlichen berufsrechtlichen Regelungen zu „**erlaubter Werbung**" finden sich in den §§ 27, 28, 31, 33, 34 und 35 MBO-Ä und im Heilmittelwerbegesetz (HWG).

Das **Unterlassen ärztlicher Werbung** gehört zu den althergebrachten berufsrechtlichen Grundpflichten. Das Werbeverbot hat in jüngster Zeit aber eine erhebliche Wandlung erfahren. Insbesondere die neuere Rechtsprechung des Bundesverfassungsgerichts zur Werbung von Freiberuflern (BVerfG, MedR 2000, 523ff.; BVerfGE 94, 372 – Apotheker; BVerfGE 98, 48ff. – Anwaltsnotare und Wirtschaftsprüfer) hat zu einer Lockerung des Werbeverbots geführt. Jede Einschränkung des ärztlichen Werberechts ist an der geschützten Berufs(ausübungs)freiheit (Art. 12 Grundgesetz) zu messen, die nur dann eingeschränkt werden kann, wenn wichtige Belange des Gemeinwohls zu schützen sind. Alleine die Zielvorstellungen der berufsständischen Selbstverwaltung über das Berufsbild des Arztes genügen hierfür aber nicht.

Wann eine Werbung des Arztes also „berufswidrig" ist, wie dies § 27 MBO-Ä in Anlehnung an die höchstrichterliche Rechtsprechung nunmehr vorsieht, ist im Einzelfall zu ermitteln. Die Zahl relevanter gerichtlicher Entscheidungen ist zu hoch, um in dem hier gegebenen Rahmen umfassend dargestellt werden zu können.

Das Werbeverbot richtet sich an jeden Arzt, unabhängig davon, ob es sich um einen niedergelassenen Arzt, einen Krankenhausarzt oder um einen Arzt handelt, der für ein Gewerbeunternehmen, eine Behörde, einen Verband oder die Industrie tätig ist (OLG Nürnberg, Urteil v. 12.02.1997), und zwar auch dann, wenn er beispielsweise als Unternehmer in Wettbewerb tritt mit anderen Unternehmen, die keinem standesrechtlichen Werbeverbot unterliegen (BGH, NJW 1989, 2324).

10.1.8 Ärztliche Schweigepflicht und Datenschutz

Die ärztliche Schweigepflicht

Die ärztliche Schweigepflicht wird als das älteste Datenschutzrecht der Welt bezeichnet.

Normiert ist sie in § 203 Strafgesetzbuch, in §§ 3 und 5 der Bundesärzteordnung und in § 9 MBO-Ä. Wer gegen die ärztliche Schweigepflicht verstößt, läuft also Gefahr, neben einem Berufsgerichtsverfahren auch mit **strafrechtlichen Ermittlungen** (Freiheits- oder Geldstrafe) und dem Approbationsverlust belastet zu werden.

Die ärztliche Schweigepflicht erfasst nicht nur die Diagnose, sondern auch den Arztbesuch als solchen, sie bezieht sich auf die Identifikationsdaten ebenso wie auf administrative und medizinische Daten.

Sie schließt jeden aus, der nicht in das Behandlungsgeschehen einbezogen ist, also auch den Familienangehörigen des Patienten und den nicht behandelnden Arzt. Die ärztliche Schweigepflicht wirkt über den Tod des Patienten hinaus fort.

Voraussetzung für die Verletzung der ärztlichen Schweigepflicht ist das **unbefugte** Offenbaren. Die Befugnis kann sich aus dem Gesetz ergeben (z.B. § 301 SGB V, betreffend die von Krankenhäusern zu übermittelnden Daten) oder vom Patienten selbst erteilt werden. Zum Umgang mit der Schweigepflicht

in der alltäglichen Praxis nachstehend Weiteres.

Praxistipp

In der Praxis muss dafür gesorgt werden, dass andere Personen von Gesundheitsdaten der Patienten nichts mitbekommen. Leider gibt es noch immer häufig Situationen, in denen Patienten vor den Ohren anderer am Empfang der Medizinischen Fachangestellten Auskunft über den Grund ihres Erscheinens geben müssen. Es ist im Sinne einer vertrauensvollen Zusammenarbeit zwischen Arzt und Patient empfehlenswert, alle notwendigen diagnoserelevanten Befunde in einem Gespräch zusammenzufassen und zu erläutern. Bildschirme sollten von praxisfremden Personen nicht eingesehen werden können. Bei Telefonaten sollten keine Gesundheitsdaten offenbart werden, wenn Mithörer in der Nähe sind. Patientenunterlagen sollten nicht offen einsehbar umherliegen. Das Praxispersonal muss förmlich verpflichtet werden, über die bekannt gewordenen Gesundheitsdaten Stillschweigen zu bewahren (§ 5 BDSG).

Wichtig: Auch die Überlassung der Patientendaten an den Praxisübernehmer kann zu einer Verletzung der ärztlichen Schweigepflicht führen. Aus diesem Grunde ist die Einhaltung des sog. Zwei-Schrank-Modells dringend zu empfehlen. Hiernach übernimmt der Praxisübernehmer nur die Aufbewahrung der Patientendaten und verpflichtet sich gegenüber dem Praxisabgeber, diese nur dann zu nutzen, wenn der Patient ihm dies erlaubt (etwa durch Betreten der Praxis zwecks Behandlung durch den neuen Inhaber). **Vorsicht:** Eine vertragliche Klausel in dem Kaufvertrag mit dem Übernehmer, nach der die Patienten- und Beratungskartei von dem Veräußerer unabhängig von der Einwilligung des

Patienten an den Übernehmer zu übergeben ist, ist wegen Verletzung des informationellen Selbstbestimmungsrechts des Patienten nichtig (BGH, Urteil vom 11.12.1991, Az. VIII ZR 4/91, MedR 1992, 104ff.).

Auch die Abtretung der Gebührenforderungen an eine **privatärztliche Verrechnungsstelle** (PVS) ist als Verletzung der ärztlichen Schweigepflicht anzusehen, wenn der Patient nicht vorher die ausdrückliche Einwilligung erteilt hat. Daher ist auf jeden Fall das Einverständnis des Patienten zur Weitergabe der Daten an die PVS schriftlich vor Behandlungsbeginn über das Ausfüllen und die Unterschrift eines entsprechenden Vordruckes einzuholen.

Die Datenschutzgesetze

Gesundheitsdaten sind als besondere personenbezogene Daten nach § 3 BDSG einem besonderen Schutz unterworfen. Jeglicher Umgang mit diesen Daten ist nur dann zulässig, wenn er durch eine Rechtsvorschrift erlaubt oder angeordnet ist oder wenn der Betroffene eingewilligt hat, ansonsten nur, wenn dies entweder zum Schutz lebenswichtiger Interessen erforderlich ist oder wenn dies zum Zweck der Gesundheitsvorsorge, der medizinischen Diagnostik, der Gesundheitsversorgung oder Behandlung oder für die Verwaltung von Gesundheitsdiensten erforderlich ist und die Verarbeitung der Daten durch Personal erfolgt, das einer entsprechenden Geheimhaltungspflicht unterliegt.

Die Einwilligung des Patienten ist an bestimmte Voraussetzungen gebunden: Sie muss sich auf die Gesundheitsdaten ausdrücklich beziehen und auf einer freien Entscheidung des Betroffenen beruhen. Der Patient ist deshalb auf den Zweck des Umgangs mit seinen Daten sowie auf die Folgen einer Einwilligungsverweigerung hinzuweisen. Die Einwilligung bedarf der Schriftform und – wenn sie zusammen mit anderen Erklärungen abgegeben wird – der besonderen Hervorhebung.

10.1.9 Aufbewahrungsfristen

Der Arzt muss seine Diagnosen und Therapieentscheidungen dokumentieren. Nach § 10 MBO-Ä sind die ärztlichen Aufzeichnungen mindestens zehn Jahre aufzubewahren, wenn nicht ein Gesetz eine längere Aufbewahrung vorschreibt:

◢ Strahlenschutz- und Röntgenverordnung sehen für den Fall der Anwendung radioaktiver Stoffe oder ionisierender Strahlen Aufbewahrungsfristen bei Aufzeichnungen über die Untersuchung von zehn Jahren und über die Behandlung von 30 Jahren nach der letzten Untersuchung oder Behandlung vor.

◢ Die beteiligten Ärzte und Krankenhäuser im berufsgenossenschaftlichen Verletzungsartenverfahren und im Durchgangsarztverfahren müssen Krankengeschichten, Berichte und Röntgenfilme 15 Jahre lang aufbewahren, andernfalls droht der Verlust des berufsgenossenschaftlichen Zulassungsstatus.

Praxistipp

Die ärztlichen Aufzeichnungen erfüllen neben anderen Zwecken insbesondere auch eine wichtige Funktion als Nachweis über Art und Inhalt der Behandlung im Falle der Inanspruchnahme durch den Patienten wegen fehlerhafter Behandlung (s. Kap. 10.5). Wichtig in diesem Zusammenhang: Schadenersatzansprüche, die auf der Verletzung des Lebens, des Körpers oder der Gesundheit beruhen, verjähren erst nach Ablauf von 30 Jahren. Allerdings werden die meisten Behandlungsfehler innerhalb von zehn Jahren auffällig und angezeigt. Auch ist die Beweislage für den Patienten nach Ablauf von mehr als zehn Jahren eher als schwierig anzusehen. In Einzelfällen kann es aber geboten sein, die ärztlicher Aufzeichnungen während der gesamten Verjährungsfrist aufzubewahren.

Nach § 10 Abs. 2 MBO-Ä hat der Arzt dem Patienten auf Verlangen Einsicht in die ihn betreffenden Unterlagen zu gewähren. Gegen Erstattung der Kosten kann der Patient auch Herausgabe von Kopien verlangen. Ein Anspruch auf Herausgabe und dauerhafte Überlassung der Originalunterlagen besteht hingegen nicht. Das Einsichtsrecht bezieht sich im Übrigen nur auf den objektiven Teil der Krankenakte, also nicht auf denjenigen Teil, in dem die persönlichen Eindrücke über den Patienten oder seine Angehörigen niedergelegt sind. Denkbar – wenn auch nur in seltenen Ausnahmefällen – ist auch, dass der Einsichtnahme des Patienten in seine Unterlagen medizinische Gründe entgegenstehen (z.B. Kontraindikation bei bestimmten psychischen Erkrankungen).

Das Einsichtsrecht des Patienten wirkt über den Zeitpunkt der Praxisaufgabe hinaus fort. Der betreffende Arzt hat auch dann noch Sorge dafür zu tragen, dass die Unterlagen innerhalb der Aufbewahrungsfristen zur Einsicht zur Verfügung stehen. Dies muss beachtet werden, wenn – wie häufig – die Unterlagen an den Kollegen übergeben werden, der die Praxis übernimmt.

10.1.10 Ahndung von Verstößen gegen Berufspflichten

Die Ahndung von Verstößen gegen die ärztlichen Berufspflichten ist den Berufsgerichten übertragen. Sanktionen durch die Ärztekammer sind gesetzlich nicht vorgesehen und deshalb unzulässig (VGH Mannheim, ArztR 2000, 252; OVG Lüneburg, MedR1989, 99).

Das Berufsgericht kann folgende Sanktionen verhängen: Verwarnung, Verweis, Geldbuße, Entziehung des aktiven und passiven Wahlrechts zu den Gremien auf bestimmte Dauer. In einigen Bundesländern (z.B. § 60 Heilberufsgesetz NRW) ist als weitere Sanktion noch der Ausspruch vorgesehen, der Arzt sei unwürdig, seinen Beruf als Arzt auszuüben. Nicht im Sanktionskatalog enthalten und daher nicht zulässig ist der Ausspruch, dass ein bestimmtes Verhalten (z.B. ein begangener Behandlungsfehler) missbilligt wird.

10.2 Vertragsarztrecht

Der zweite Abschnitt des SGB V enthält das sog. Vertrags(zahn)arztrecht. Hierunter ist die Gesamtheit der öffentlich-rechtlichen Vorschriften zu verstehen, die das Zusammenwirken von Krankenkassen, Zahnärzten, Ärzten und anderen Leistungserbringern im Gesundheitswesen zur Sicherstellung der ärztlichen Versorgung regeln.

10.2.1 Das System der Selbstverwaltung

Nach § 77 Abs. 1 SGB V bilden die Vertragsärzte für den Bereich eines jeden Bundeslandes eine KV. Ärzte werden mit Zulassung automatisch „ordentliche Mitglieder der für ihren Arztsitz zuständigen Kassenärztlichen Vereinigung" (§ 77 Abs. 3 Satz 1 SGB V).

Bei den **Kassenärztlichen Vereinigungen** handelt es sich um mitgliedschaftlich organisierte und selbstverwaltete Körperschaften des öffentlichen Rechts auf Landesebene (§ 77 Abs. 5 SGB V), zusammengefasst auf der Bundesebene zur Kassenärztlichen Bundesvereinigung (§ 77 Abs. 4 SGB V). Gegenüber den Mitgliedern sind sie mit hoheitlichen Befugnissen ausgestattet einschließlich des Rechts, Satzungen zu erlassen (§ 81 SGB V). Dabei unterliegen sie der staatlichen

Aufsicht durch die Sozialminister (auf Landesebene) und das Bundesministerium für Gesundheit und Soziales (auf Bundesebene) (§ 78 SGB V).

Den KVen obliegt die Sicherstellung der vertragsärztlichen Versorgung der Versicherten (§§ 72, 73, 75, 77 Abs. 1 Satz 1 SGB V). Den Vertragsärzten als Mitgliedern der KVen ist hierzu ein Behandlungsmonopol für die ärztliche Versorgung der Versicherten übertragen.

Sie sind Vertragspartner der Landesverbände der Krankenkassen bei Gestaltung und Vereinbarung der Gesamtverträge auf Landesebene (§ 83 SGB V). Gemeinsam mit den Landesverbänden der Krankenkassen und den Verbänden der Ersatzkassen sind sie zuständig für die Arznei- und Heilmittelbudgets und die Richtgrößenvereinbarungen, (§ 84 SGB V). Ferner wirken sie in den Landesausschüssen bei der Fortschreibung des Bedarfsplans (§ 90 SGB V) sowie bei der Feststellung einer Über- bzw. Unterversorgung (§ 100, 103 SGB V) mit. Sie sind zudem Mitglieder im Zulassungsausschuss (§ 96 SGB V) und im Berufungsausschuss (§97 SGB V).

Zugleich sind (auch) die Vertragsärzte Mitglied der **Ärztekammer** in ihrem Gebiet. In den jeweiligen Heilberufe(kammer)gesetzen der Bundesländer sind die Befugnisse der Ärztekammern und die Pflichten des Arztes bei der Berufsausübung geregelt; letztere ergänzt durch die Berufsordnungen der Ärztekammern (s.o.). Den Kammern obliegen vielfältige Aufgaben, neben der Wahrnehmung der beruflichen Belange ihrer Mitglieder vor allen Dingen auch die Überwachung der Berufspflichten der Mitglieder sowie die Unterstützung weiterer Behörden und Dritter bei der Wahrnehmung öffentlicher Gesundheitsaufgaben.

10.2.2 Zulassung zur vertragsärztlichen Versorgung

Dieses Buch wendet sich in erster Linie an diejenigen, die ihre Zulassung bereits innehaben. Die Darstellungen zu Fragen der Zulassung beschränken sich daher auf Themen, die für Sie als bereits zugelassenen Arzt interessant sein können. Informationen zum Niederlassungsprozess bietet z.B. der Wegweiser „Arzt und Niederlassung" [Fahlbusch, Kirschner 2008].

Nachfolgezulassung in der Gemeinschaftspraxis

Das Zulassungsrecht ist kaum deckungsgleich mit den wirtschaftlichen Realitäten in der Gemeinschaftspraxis. Erlischt die Zulassung eines Partners der Gemeinschaftspraxis, kann dies zu erheblich belastenden Verwerfungen für die verbleibenden Partner der Gemeinschaft führen. Es ist deshalb ratsam, sich frühzeitig über die Fragen der Nachfolgezulassung zu informieren.

Die Problematik: In „gesperrten" Gebieten besteht aufgrund des Bedarfsplanungsrechts ein Anspruch auf Erteilung der Zulassung auch dann nicht, wenn die Zulassungsvoraussetzungen im Übrigen erfüllt sind. Um die wirtschaftliche Verwertbarkeit einer bestehenden Praxis dennoch zu gewährleisten und die Fortführung der Gemeinschaftspraxis zu ermöglichen, sieht das Gesetz in § 103 SGB V eine Ausnahmeregelung vor. Der Vertragsarztsitz des ausscheidenden Partners kann ausgeschrieben und an einen Nachfolger neu vergeben werden. Nach der Rechtsprechung des Bundessozialgerichts sind neben dem ausscheidenden Vertragsarzt selbst (und ggf. seinen Erben) auch die verbleibenden bisherigen Partner der Gemeinschaftspraxis berechtigt, die Ausschreibung zu beantragen. Dabei kommt es auf die konkrete Ausgestaltung des Gemeinschaftspraxisvertrags nicht an, denn die privatrechtliche Gestaltung ist von den Fragen des sozialrechtlichen Zulassungsrechts zu trennen. Gleichwohl ist es zur Streitvermeidung unter den Partnern sinnvoll, im Gemeinschaftspraxisvertrag eine klarstellende und verbindliche Regelung vorzusehen.

Die Auswahlfreiheit des Vertragsarztes bzw. seiner Gemeinschaftspraxispartner bei der Bestimmung des Nachfolgers ist weitestgehend beschränkt. Durch die von den verbleibenden Gemeinschaftspraxispartnern bevorzugte Wahl eines bestimmten Kollegen als Nachfolger des ausgeschiedenen Vertragsarztes wird die Entscheidung des Zulassungsausschusses in keiner Weise zwingend beeinflusst.

Schutz schon niedergelassener Vertragsärzte gegen neue Mitbewerber
Fraglich ist, ob und welche rechtliche Möglichkeit Sie als zugelassener Arzt haben, sich ggf. gegen die Zulassung eines weiteren Kollegen in ihrer unmittelbaren Nähe zu wehren, denn dies könnte schließlich zu einer spürbaren Verschärfung der Wettbewerbssituation führen.

In rechtlicher Hinsicht steht infrage, ob der bereits zugelassene Arzt den Bescheid des Zulassungsausschusses bei der KV über die Zulassung eines weiteren neuen Kollegen zulässigerweise anfechten kann. Das Bundessozialgericht hat eine Anfechtungsbefugnis des niedergelassenen Arztes gegen die Sonderbedarfszulassung eines Kollegen noch im Jahre 2000 (Az. B 6 KA 9/99 R) mit der Begründung zurückgewiesen, die Zulassungsvorschriften seien nicht zum Schutz der Einzelnen vor weiteren Konkurrenten bestimmt, sondern dienten nur dem Zweck, eine möglichst leistungsfähige und lückenlose Versorgung der gesetzlich Versicherten sicherzustellen. Allerdings hat das Bundesverfassungsgericht zur Konkurrentenklage eines Krankenhausträgers gegen die Aufnahme eines anderen Krankenhausträgers in den Krankenhausplan eines Landes diese – dort ähnliche – Argumentation aufgegeben; überträgt man die

dortige Begründung des Gerichts auf die hier angesprochene Fragestellung, spricht einiges dafür, die Zulässigkeit der Konkurrentenklage auch im vertragsärztlichen Bereich annehmen zu können.

Zulassungsentziehung wegen gröblicher Pflichtverletzung
Nach § 95 Abs. 5 SGB V ist die Zulassung des Vertragsarztes zu entziehen, wenn der Vertragsarzt seine vertragsärztlichen Pflichten gröblich verletzt.

Der Zulassungsausschuss ist auf Antrag der Kassen verpflichtet, die Zulassung zu entziehen, wenn die gesetzliche Voraussetzung einer gröblichen Pflichtverletzung vorliegt, ohne hierbei einen Ermessensspielraum zu haben. Ebenso wenig kommt es auf die Frage des Verschuldens an; es spielt also keine Rolle, ob der betroffene Vertragsarzt seine vertragsärztlichen Pflichten lediglich fahrlässig oder sogar vorsätzlich verletzt hat. Wenn eine Pflichtverletzung objektiv feststeht und als gröblich einzustufen ist, steht auch fest, dass der Vertragsarzt zur Fortführung seiner Tätigkeit nicht mehr geeignet ist (BVerfGE 69, 233). Das klassische Beispiel ist der Abrechnungsbetrug.

Häufig fühlen sich Vertragsärzte zu Unrecht von der Zulassungsentziehung bedroht. Da es für die Rechtmäßigkeit des Vorwurfes auf die objektive Feststellung eines Pflichtenverstoßes ankommt, ist es für diese Ärzte wichtig, gegenüber dem Zulassungsausschuss an der Aufklärung des – entlastenden – Sachverhalts mitzuwirken. Gelegentlich kommt es vor, dass die Kassen gegen ein bestimmtes Abrechnungsverhalten von Ärzten vorgehen und die Zulassungsentziehung gegen diese Ärzte beantragen, um das beanstandete Abrechnungsverhalten auf diese Weise – nämlich mit Hilfe der Furcht der bislang nicht betroffenen Ärzte vor dieser Konsequenz – zu unterbinden. Dann kann es sein, dass auch der eine oder andere Vertragsarzt betroffen ist, der sich tatsächlich nichts zuschulden hat kommen lassen. Vor einer Entscheidung des Zulassungsausschusses erhält der betroffene Vertragsarzt Gelegenheit zur Stellungnahme. Auch wird die Angelegenheit in einem Termin zur Anhörung gemeinsam mit dem Vertragsarzt erörtert. Der Vertragsarzt darf sich anwaltlich vertreten lassen, was dringend anzuraten ist. Insbesondere der auf das Medizinrecht spezialisierte Anwalt ist – eher als der häufig erstmals betroffene Vertragsarzt – den Umgang mit den entscheidenden Rechtsfragen und mit den Entscheidungsgremien gewohnt.

Gegen die Entscheidung des Zulassungsausschusses kann Beschwerde zum Berufungsausschuss eingelegt werden, die sog. aufschiebende Wirkung hat, d.h., der Vertragsarzt kann trotz der Zulassungsentziehung durch den Zulassungsausschuss bis zur Entscheidung des Berufungsausschusses weiter arbeiten. Gegen die Entscheidung des Beschwerdeausschusses steht der Klageweg offen; die Klage hat ebenfalls aufschiebende Wirkung. Es folgt der gerichtliche Instanzenweg, sodass bis zur rechts- und bestandskräftigen Entziehung der Zulassung häufig ein durchaus längerer Zeitraum vergeht, in dem der betroffene Vertragsarzt weiter tätig sein darf.

10.2.3 Die Vergütung des Vertragsarztes

Nach § 72 Abs. 2 SGB V erhält der Vertragsarzt für seine Leistungen gegenüber gesetzlich Versicherten eine angemessene Vergütung. Ein Anspruch des Vertragsarztes auf Vergütung in bestimmter Höhe lässt sich hieraus aber nicht ableiten. Die Grundlagen der Vergütung vertragsärztlicher Leistungen sind wie folgt zu beschreiben:

EBM

§ 87 Abs. 2 SGB V legt fest: „Der einheitliche Bewertungsmaßstab bestimmt den Inhalt der abrechnungsfähigen Leistungen und ihr wertmäßiges, in Punkten ausgedrücktes Ver-

hältnis zueinander; soweit möglich, sind die Leistungen mit Angaben für den zur Leistungserbringung erforderlichen Zeitaufwand des Vertragsarztes zu versehen."

Seit dem 01.01.2004 wird die Rahmenstruktur des EBM 2000plus zudem durch das GKV-Modernisierungsgesetz (GMG) vorgegeben. Die Leistungen werden seitdem in Komplexen bzw. Fallpauschalen zusammengefasst; zudem werden kooperative Versorgungsformen besonders berücksichtigt.

Der EBM wird durch den sog. Bewertungsausschuss beschlossen. Dieser setzt sich paritätisch aus Vertretern der Spitzenverbände der Krankenkassen und der Kassenärztlichen Bundesvereinigung (KBV) zusammen. Mit Mehrheit gefasste Beschlüsse des Bewertungsausschusses sind grundsätzlich bindend. Allerdings hat das Bundesministerium für Gesundheit seit der Gesundheitsreform von 2007 die Möglichkeit, Beschlüsse zu beanstanden. Kommen gesetzlich vorgegebene Beschlüsse nicht zustande, kann das Ministerium eine Ersatzvornahme tätigen.

Der EBM ist nach einigen einführenden Bemerkungen in fünf Teile gegliedert:

- Arztgruppenübergreifende allgemeine Leistungen
- Allgemeine diagnostische und therapeutische Leistungen
- Arztgruppenspezifische Leistungen
- Arztgruppenübergreifende spezielle Leistungen
- Kostenpauschalen

Ferner kommen drei Anhänge hinzu. Anhang 1 enthält das Verzeichnis der nicht gesondert abrechnungsfähigen und in Komplexen enthaltenen Leistungen. In Anhang 2 wird die Zuordnung der operativen Prozeduren nach § 301 SGB V zu den Leistungen des Kapitels 31 EBM definiert und in Anhang 3 sind die Angaben für den zur Leistungserbringung erforderlichen Zeitaufwand des Arztes gem. § 87 Abs. 2 Satz 1 SGB V i.V.m. § 106a Abs. 2 SGB V enthalten.

Jede Leistung hat eine EBM-Nummer und eine Punktzahl. Teilweise sind die EBM-Nummern mit Richtzeiten versehen, die bei den Plausibilitätsprüfungen nach der Abrechnung berücksichtigt werden.

◢ Die arztgruppenübergreifenden allgemeinen Leistungen stehen allen Ärzten offen. Hier finden sich Leistungen, die für die Notdienst-Ableistung erforderlich sind, „Unzeit"-Ziffern für Leistungen nachts und am Wochenende, Hausbesuche, Berichte, Schwangerschafts- und Substitutionsbetreuung und Präventionsleistungen. Alle Nummern dieses Teils beginnen mit den Ziffern 01.

◢ Die allgemeinen diagnostischen und therapeutischen Leistungen enthalten kleinere operative Leistungen wie Punktionen, Wundversorgungen, Infusionen, Transfusionen, Gipsanlage und einige physikalische Therapien. Die Leistungen dieses Kapitels stehen ebenfalls allen ärztlichen Fachgruppen offen. Die Nummern dieses Teils beginnen mit den Ziffern 02,

◢ Die arztgruppenspezifischen Leistungen sind sehr ausführlich gestaltet. Getrennt für Hausärzte und alle Facharztgruppen sind die EBM-Nummern mit den eigentlichen Betreuungsleistungen und fach-(arzt)spezifischen Komplexen ausgeführt. Jeder Facharztgruppe ist ein eigenes Kapitel zugeordnet, die Leistungsziffern beginnen jeweils mit anderen Ziffern, etwa für Hausärzte mit 03, Kinderärzte mit 04, Augenärzte mit 06 und so weiter bis zu Urologen (26) und Fachärzten für Physikalische und Rehabilitative Medizin (27). Den Fachärzten stehen nur die Leistungsziffern aus ihrem Kapitel zur Abrechnung zur Verfügung.

◢ Die arztgruppenübergreifenden speziellen Leistungen stehen wieder allen Ärzten offen. Für die Abrechnung ist jedoch eine Genehmigung durch die jeweilige KV erforderlich, die von der Erfüllung bestimmter Voraussetzungen (Qualifikationen) abhängig ist. So kann die Leistung 30201 (chirotherapeutischer Eingriff) nur abgerechnet werden, wenn der Arzt die entsprechende Weiterbildung besucht hat. Auch operative Leistungen und Labor- und Röntgenleistungen werden in diesem Teil behandelt.

◢ Im Teil Kostenpauschalen werden verschiedene Sachkostenpauschalen aufgeführt wie Porti, Wegegelder bei Besuchen und bestimmte Verbrauchsmaterialien.

Das ärztliche Honorar ist das Produkt aus Punktzahl und Punktwert. Letzterer ist derzeit noch variabel. Dem EBM 2005 lag ein kalkulatorischer Punktwert von 5,11 Cent zugrunde. Tatsächlich ausgezahlt werden je nach Fachgruppe und Region Punktwerte zwischen 2 und 5,11 Cent.

Die Bedeutung der Pauschalen des EBM 2008 ist hervorzuheben. Ein Kinderarzt erhält für die Gebührenordnungsposition (GOP) 04110 derzeit 1000 Punkte (Punktzahl). Multipliziert mit dem derzeitigen Punktwert von 0,025 € (2,5 Cent) ergibt sich ein Honorar für diese Leistung i.H.v. 25,– €. Wohlgemerkt: Dieses Honorar erhält der Kinderarzt für die vollständige Versorgung eines Kindes für ein Quartal, ohne dass es darauf ankommt, ob das Kind einmal oder fünfmal in die Sprechstunde kommt (Hinweis: Ab 2009 Orientierungspunktwert mit 3,508 Cent).

Die Punktzahlen legen in diesem EBM-System also das Wertverhältnis der Leistungen untereinander fest. Für eine Leistung, die mit 100 Punkten bewertet ist, erhält ein Arzt doppelt so viel Geld wie für eine, die mit 50 Punkten bewertet ist.

Jedem Punkt entspricht aber nicht immer derselbe Centwert. Wie viel ein Punkt tatsächlich wert ist, lässt sich erst sagen, wenn der durchschnittliche Punktwert im Abrechnungszeitraum ermittelt ist. Dieser ergibt sich aus der der KV von allen Gesetzlichen Krankenkassen in der Region für diesen Abrechnungszeitraum zur Verfügung gestellten Geldmenge und den nach dem EBM summierten Punktzahlen aller vertragsärztlichen Leistungen (aller Vertragsärzte) für die gesetzlich versicherten Patienten in dieser Region. Anders als bei der GOÄ handelt es sich bei dem EBM also nicht um ein „Preisverzeichnis" für die Krankenkassen.

Die von einem Vertragsarzt gegenüber seiner KV abrechenbaren Punkte sind über die sog. Praxisbudgets gedeckelt. Punkte (d.h. Leistungen), die über das Praxisbudget hinaus abgerechnet werden, werden grundsätzlich nicht vergütet.

Viermal jährlich (quartalsweise) teilt der Vertragsarzt seiner KV die Namen sämtlicher Kassenpatienten der letzten drei Monate, deren Diagnosen und die erbrachten Leistungen (in Form der entsprechenden EBM-Ziffer) mit. Die Krankenkassen entrichten nach Maßgabe der Gesamtverträge die Gesamtvergütung an die KVen, womit sämtliche vertragsärztliche Leistungen während des Abrechnungszeitraums in dem betreffenden Zuständigkeitsgebiet der KV abgegolten sind. Die KVen verteilen diese Gesamtvergütung an die Vertragsärzte nach Maßgabe des jeweils gültigen **Honorarverteilungsvertrages (HVV)**. Die KV teilt hierzu das gesamte Geldvolumen, das ihr von den Krankenkassen für das betreffende Quartal zur Verfügung gestellt wurde, nach den komplizierten Regeln des HVV in verschiedene „Töpfe" auf. Jede Fachgruppe (z.B. Hausärzte, Dermatologen, …) erhält einen „Fachgruppentopf" zugeteilt. Dieser Fachgruppentopf wird daraufhin unter allen Ärzten der Fachgruppe je nach abgerechneten Punktzahlvolumina aufgeteilt. Der Arzt erhält etwa vier bis sechs Monate nach der Abrechnung eine Mitteilung, wie hoch sein Honorar gewesen ist.

Anhand der Richtzeiten für zahlreiche EBM-Nummern errechnet die KV zudem, ob die Abrechnung der Leistungen in der Summe überhaupt plausibel ist, indem bestimmte Tageshöchstarbeitszeiten für die Ärzte angenommen werden.

Am 01.01.2008 ist der Einheitliche Bewertungsmaßstab (EBM) 2008 in Kraft getreten. Damit ist der erste Schritt auf dem Weg zu der vom Gesetzgeber im GKV-Wettbewerbsstärkungsgesetz beschlossenen Honorarreform gegangen. Ab 01.01. 2009 wird es ein völlig neues Vergütungssystem geben: Die ärztliche Leistungen sollen nicht mehr in Punkten, sondern in Euros bewertet und vergütet werden. Außerdem soll das Morbiditätsrisiko auf die Krankenkassen übergehen und die Honorarbudgets abgeschafft werden.

Abrechnungskontrolle durch die KV

Seit dem 01.01.2004 ist die bis dato nur rudimentär in den Bundesmantelverträgen geregelte **Plausibilitätsprüfung** integraler Bestandteil der Abrechnungsprüfung durch die KV geworden (§ 106a SGB V). Hiernach prüfen die KVen und die Krankenkassen die Rechtmäßigkeit und Plausibilität der Abrechnungen in der vertragsärztlichen Versorgung. Festgestellte Unrichtigkeiten werden durch Berichtigungsbescheid der KV korrigiert, der mit dem Widerspruch angefochten werden kann; dieser Widerspruch entfaltet keine aufschiebende Wirkung. Unrichtigkeiten können auf diesem Wege auch rückwirkend (bis zu 16 Quartale) korrigiert werden, was zu erheblichen Rückerstattungsansprüchen der KV gegen den betroffenen Arzt führen kann.

Je nach Intensität und Häufigkeit der festgestellten Unrichtigkeit kommen über die Honorarberichtigung weitere Konsequenzen als Ergebnis eines Plausibilitätsverfahrens in Betracht: Wirtschaftlichkeitsprüfungsverfahren (s.u.), Disziplinarverfahren, Zulassungsentziehungsverfahren (s. Kap. 9.2.3), strafrechtliches Ermittlungsverfahren.

Wirtschaftlichkeitsprüfung

Die Wirtschaftlichkeitsprüfung ist eines der wichtigsten Instrumente zur Steuerung der Wirtschaftlichkeit der vertragsärztlichen Versorgung. Neben der Prävention entfaltet die Wirtschaftlichkeitsprüfung insbesondere mit den aus ihr ggf. resultierenden Rückforderungen und Regressen eine erheblich belastende Wirkung für den betroffenen Vertragsarzt.

Das Prüfungsverfahren wird auf Antrag der Kassen oder von Amts wegen bei sog. Prüfungsausschüssen geführt, denen Vertreter der Ärzte und der Kassen in gleicher Zahl angehören. Gegen die Entscheidung des Prüfungsausschusses kann Widerspruch zum Beschwerdeausschuss erhoben werden, danach ist Klage möglich.

Die Wirtschaftlichkeitsprüfung kann zu durchaus hohen Rückzahlungen (betreffend das eigene Honorar) bzw. Regressen (betreffend die Verordnungen) führen. Rückzahlungen und Regresse können nur dann vermieden werden, wenn die Überschreitungen nachweislich auf Praxisbesonderheiten zurückzuführen sind, oder wenn – im Falle von Rückzahlungen – dem Mehraufwand ein kompensatorischer Minderaufwand gegenübersteht.

Praxisbesonderheiten sind alle Gegebenheiten, die für den Fallwert der Ärzte im überprüften Bereich (mit)ursächlich und durch den Patientenkreis des Arztes bedingt sind. Zwischen der Kassenärztlichen Bundesvereinigung und den Spitzenverbänden der Krankenkassen ist in der Empfehlung vom 21.02.2000 eine Reihe von Praxisbesonderheiten vereinbart worden. Es werden dort z.B. Arzneimittel und Wirkstoffe genannt, bei denen davon auszugehen ist, dass sie als Praxisbesonderheit zu berücksichtigen sind, d.h. bei der Richtgrößenprüfung nicht berücksichtigt werden dürfen. Ferner findet sich dort eine Auflistung bestimmter indikationsbedingter Therapieformen, die unabhängig von der Verwendung bestimmter Wirkstoffe als Praxisbesonderheit anerkannt werden sollen. Zwei weitere Sachverhalte sind dort genannt, die als Praxisbesonderheiten im Rahmen der Richtgrößenprüfung Be-

deutung gewinnen können: Zum einen ein im Verhältnis zur Vergleichsarztgruppe abweichender Anteil zuzahlungsbefreiter Versicherter und zum anderen eine im Verhältnis zur Vergleichsarztgruppe abweichende Altersstruktur der behandelten Versicherten.

Von großer Bedeutung sind zudem die von der Rechtsprechung anerkannten Praxisbesonderheiten:

◢ **Besondere Ausrichtungen der Praxis.** Wenn im Gegensatz zur Vergleichsgruppe in der betroffenen Arztpraxis lediglich bestimmte Fachbereiche oder Teilgebiete bedient werden oder eine diagnostische oder therapeutische Ausrichtung vorliegt, kann dies eine Praxisbesonderheit darstellen, soweit sie für die höheren Gesamtfallwerte kausal ist. Besondere Behandlungsmethoden begründen nur dann eine Praxisbesonderheit, wenn sie anerkannt sind.

◢ **Spezialisierung.** In diesem Falle könnte eine Eingruppierung in eine besondere Vergleichsgruppe überlegt werden. Andernfalls kommt die Anerkennung als Praxisbesonderheit in Betracht. Infrage kommt hier eine Spezialisierung auf chirurgische, internistische oder gynäkologische Tätigkeit sowie Spezialisierungen auf Proktologie, Kardiologie, Phlebologie usw.

◢ **Anfängerpraxis.** Bei der Arztpraxis eines neu zugelassenen Arztes ist der durch die überdurchschnittlich hohe Zahl an Erstuntersuchungen bedingte hohe Aufwand als Praxisbesonderheit zu berücksichtigen.

◢ **Hohe Fluktuation.** Eine hohe Fluktuation in der Patientenklientel kann – ähnlich wie bei der Anfängerpraxis – zu einem hohen Anteil an Erstuntersuchungen führen und somit zu einem erhöhten Aufwand pro Einzelfall, was als Praxisbesonderheit anerkannt werden kann.

◢ **Spezielle Patientenklientel.** Befinden sich unter den Patienten überdurchschnittlich viele chronisch Kranke bzw. extrem teure Einzelfälle, kann dies als Praxisbesonderheit anerkannt werden. Es kann sinnvoll sein, solche Praxisbesonderheiten schon frühzeitig zu melden, um ein Prüfungsverfahren von vornherein zu vermeiden.

◢ **Einzugsgebiet der Praxis.** Der Praxissitz in einem dünn besiedelten Gebiet und viele schlecht zu erreichende Patienten (erhöhte Besuchstätigkeit) können ebenfalls eine Praxisbesonderheit darstellen. Auch wenn es an Fachärzten in für den Patienten zumutbarer Nähe mangelt, kann dies einen erhöhten Aufwand der Praxis rechtfertigen.

◢ **Örtliche Besonderheiten.** Der Standort der Praxis etwa in der Nähe einer besonders unfallträchtigen Örtlichkeit mit einer Häufung von Unfallversorgungen kann eine Praxisbesonderheit darstellen. Auch die Nähe eines Altenheims führt gelegentlich zu einer Praxisbesonderheit.

◢ **Belegärztliche Tätigkeit/Durchführung ambulanter Operationen.** Das hiermit einhergehende andere Tätigkeitsprofil gegenüber den Ärzten in der Vergleichsgruppe kann eine Praxisbesonderheit darstellen.

◢ **Überdurchschnittlich hoher Überweisungsempfang.** Die durch die Vielzahl von Überweisungen bestehenden Einflüsse auf die Patientenklientel können sich als Besonderheit der Praxis darstellen. Häufig kommt hinzu, dass der überweisende Kollege (Facharzt oder Krankenhausarzt) dem Patienten (unwirtschaftliche) Therapieanweisungen bzw. -empfehlungen mitgegeben hat. Dem weiterbehandelnden Vertragsarzt ist dann nur selten zuzumuten, das Arzt-Patienten-Verhältnis mit einer Korrektur der unwirtschaftlichen Anweisungen und Empfehlungen des Kollegen zu belasten.

◢ **Besonderheiten in der Praxisorganisation.** Besonderheiten in der Praxisorganisation können als Praxisbesonderheit anerkannt werden, wenn sie zur Erhöhung des Gesamtfallwertes führen. Gibt es z.B. keine urlaubsbedingte Schließung oder aber Sprechstunden zu ungewöhnlichen Zeiten o.Ä., kann dies zu einem erhöhten Aufwand führen, der durch diese Praxisbesonderheit bedingt ist.

◢ Ein **kompensatorischer Minderaufwand** liegt nach der Rechtsprechung dann vor, wenn der Mehraufwand in einem Leistungsbereich in einem ursächlichen Verhältnis mit dem Minderaufwand in einem anderen Leistungsbereich steht (z.B. bei einem Mehraufwand von Injektionen und medizinisch-physikalischen Leistungen einerseits und einem Minderaufwand an Medikamenten andererseits).

> **Praxistipp**
> Anzuraten ist, die Praxisorganisation auch hinsichtlich etwaiger Praxisbesonderheiten und kompensatorischen Minderaufwands stets im Blick zu behalten. Grundsätzlich besser ist es, den Prüfungsausschuss proaktiv auf bestimmte Praxisbesonderheiten frühzeitig aufmerksam zu machen, als erst im Regressverfahren hierüber zu diskutieren.

10.3 Gesellschaftsrecht – Praxisformen und Kooperationsmodelle

Ein Zusammenschluss von Ärzten ist nicht nur aus Kostengründen sinnvoll, sondern kann auch Leistungsvorteile bei Qualität und Patientengewinnung bedeuten. Als gemeinschaftliche Praxisformen seit ehedem anerkannt sind die Praxisgemeinschaft und die Gemeinschaftspraxis. Nach dem neuen Berufsrecht sind heute weitere Praxisformen als Berufsausübungsgemeinschaften denkbar (Teilgemeinschaftspraxis, überregionale Praxisgemeinschaften etc., s.a. Kap. 1).

Hiervon zu unterscheiden sind die Rechts- bzw. Unternehmensformen, die für gemeinschaftliche Praxisformen zulässig sind und um die es nachstehend geht. Anerkannt sind die Gesellschaft bürgerlichen Rechts und die Partnerschaftsgesellschaft. Ob daneben weitere Gesellschaftsformen wie etwa die GmbH oder die AG in Betracht kommen, ist nach wie vor differenziert zu betrachten. Zusammenschlüsse von Ärzten in der Rechtsform einer GmbH erhalten (derzeit wohl noch) keine Zulassung zur vertragsärztlichen Tätigkeit (abgesehen vom MVZ); darüber hinaus ist in vielen Bundesländern die ambulante Ausübung ärztlicher Heilkunde in Form einer Kapitalgesellschaft sogar verboten. Die Rechtsform der GmbH wird nachfolgend daher keine weitere Beachtung erfahren. Aufgrund der neueren Entwicklungen bleibt dies aber zu beobachten.

Dabei ist jedoch im Augenblick auch noch in Betracht zu ziehen, welche abrechnungstechnischen Probleme sich aus einer „Arzt-GmbH" ergeben könnten: Nach überwiegender Ansicht darf die Ärzte-GmbH allerdings nur Privatpatienten behandeln (anders das MVZ in der Rechtsform einer GmbH). Denn die GmbH selbst ist nicht approbiert und der angestellte Arzt ist gleichzeitig nicht niedergelassen: Somit ergeben sich regelmäßig Abrechnungsprobleme für die erbrachten Leistungen der Privatpatienten gegenüber deren Krankenversicherung, da nach den landesrechtlichen Berufsordnungen niedergelassene Ärzte ihre Leistungen gegenüber den Privatpatienten liquidieren sollen.

Praxistipp
Die nachfolgenden Formen der ärztlichen Berufsübung prägen noch heute die Praxislandschaft. Dabei wird die überwiegende Zahl (ca. 70%) der Arztpraxen als Einzelpraxis geführt. Sie müssen sich jedoch aufgrund der gesetzlichen Rahmenbedingungen (VÄndG,

GKV-WSG) intensiv mit der Frage beschäftigen, in welcher Form ihre Praxis in den kommenden Jahren fortgeführt werden soll. Nach vorherrschender Ansicht der gesundheitspolitischen Experten wird in den kommenden Jahren die Zahl der Einzelpraxen zugunsten von BAG und MVZ in nennenswertem Umfang zurückgehen. Achten Sie darauf, dass Sie nicht mit Ihrer Einzelpraxis am Ende als „der letzte Einsiedler" in Ihrem medizinischen Einzugs- und Versorgungsgebiet übrig bleiben.

10.3.1 Praxisgemeinschaft

Als Praxisgemeinschaften beschreibt man Zusammenschlüsse von Berufsträgern, die lediglich eine gemeinsame Infrastruktur oder Praxisräume nutzen, bei denen für sich gesehen jedoch jeder selbstständig ist. Bei solchen Praxisgemeinschaften besteht latent die Gefahr, dass die strikte Trennung zwischen den in der Praxisgemeinschaft verbundenen Ärzten nach außen nicht hinreichend deutlich dokumentiert wird. Der Patient und andere Personen können dann den Eindruck gewinnen, dass es sich nicht um eine Praxisgemeinschaft, sondern um eine Gemeinschaftspraxis handelt. Um dies zu vermeiden, müssen Briefpapier, Praxisschild, Anrufannahme etc. so gestaltet werden, dass hieraus deutlich wird, dass jedes einzelne Mitglied einer Praxisgemeinschaft von den übrigen Mitgliedern der Praxisgemeinschaft getrennt selbstständig arbeitet. Auch die innerbetriebliche Organisation muss dementsprechend eingerichtet werden (eigenes Personal, getrennte Datenbestände etc.).

Bei der Praxisgemeinschaft handelt es sich um eine Gesellschaft bürgerlichen Rechts (GbR), deren Gesellschaftszweck sich auf die gemeinsame Nutzung der Infrastruktur beschränkt.

10.3.2 Gemeinschaftspraxis

Unter einer Gemeinschaftspraxis versteht man den organisatorischen Zusammenschluss von zwei oder mehreren Ärzten in gemeinsamen Räumen, mit gemeinschaftlichen Einrichtungen und Personal, mit einer gemeinsamen Büroorganisation und Abrechnung. Vertragspartner aller Patienten ist im Regelfall die Gemeinschaftspraxis (OLG Köln, VersR 1992, 1231), die ärztlichen Leistungen können austauschbar von jedem Gemeinschaftsmitglied erbracht werden.

Auch bei der Gemeinschaftspraxis handelt es sich um eine GbR, allerdings mit einem Gesellschaftszweck, der weit über den der Praxisgemeinschaft hinausgeht, nämlich die gemeinsame Ausübung des ärztlichen Berufs.

Entstehung einer Gemeinschaftspraxis/ Gesellschaftervertrag

Die Gemeinschaftspraxis ist eine auf Vertrag beruhende Personenvereinigung.

Ihre Rechtsgrundlagen finden sich in den §§ 705ff. BGB; zunehmend werden durch die Rechtsprechung auch Vorschriften des Handelsgesetzbuchs auf die Gesellschaft bürgerlichen Rechts entsprechend angewandt.

Da der Abschluss eines Gesellschaftervertrages nicht zwingend der Schriftform bedarf, kann die GbR auch mündlich oder durch konkludentes Verhalten, z.B. mit Aufnahme der gemeinsamen Berufsausübung, entstehen. Dies birgt Gefahren, denn die Gesellschafter machen sich meist keine Gedanken darüber, welche rechtlichen Konsequenzen die gemeinsame Tätigkeit in einer GbR hat. Der Abschluss eines **schriftlichen Gesellschaftervertrages** möglichst vor Eingehung einer Gemeinschaftspraxis ist aber dringend zu empfehlen, damit den beteiligten Ärzten die Rechtsgrundlage bekannt und die Rechtsfolgen bewusst werden. Von den Zulassungsausschüssen wird daher regelmäßig die Vorlage eines schriftlichen Gesellschaftervertrages verlangt. Wird kein schrift-

licher Gesellschaftervertrag geschlossen bzw. machen sich die Gesellschafter keine Gedanken über geltende Regeln, finden die gesetzlichen Vorschriften Anwendung. Diese führen im Streitfall aber nur selten zu einer für die Beteiligten angemessenen, praktikablen und wirtschaftlichen Lösung.

Bei der Gestaltung des Gesellschaftervertrages sind die wesentlichen Regelungsbereiche wie etwa die Geschäftsführung, die Stimmrechte und/oder die Gewinn- und Verlustbeteiligung frei verhandelbar; die Gesellschafter können vom Gesetz abweichende Vereinbarungen treffen.

Praxistipp

Die Gründung einer Gemeinschaftspraxis bindet die Gesellschafter. Nach § 719 BGB kann ein Gesellschafter nicht alleine über seinen Anteil am Gesellschaftsvermögen verfügen, ebenso wenig über seinen Anteil an einzelnen, zum Gesellschaftsvermögen gehörenden Gegenständen. Der Gesellschafter kann auch nicht ohne Weiteres einseitig die Teilung des Gesellschaftsvermögens verlangen. Dies setzt vielmehr die Beendigung der Gesellschaft voraus. Die Beendigung ihrerseits kann entweder durch einvernehmliche Aufhebung oder durch Kündigung erfolgen. Nach einer Kündigung ist entweder das gesamte Vermögen der Gesellschaft auseinanderzusetzen oder der ausscheidende Gesellschafter abzufinden. Beides kann die Gesellschaft durchaus in ihrer Existenz gefährden. Bei streitigen Trennungen hat sich die Existenz einer wohl überlegten gesellschaftervertraglichen Regelung schon häufig als vorteilhaft erwiesen.

Rechtsstellung der Gemeinschaftspraxis/GbR

Die Gemeinschaftspraxis ist Gesellschaft bürgerlichen Rechts und somit ein rechtlich selbstständiges Unternehmen. Wenn die in der Gemeinschaftspraxis tätigen Ärzte für die

Praxis Geschäfte tätigen, wird also die Gemeinschaftspraxis und nicht der Arzt persönlich aus diesem Geschäft verpflichtet und berechtigt.

Aber Vorsicht: Bei der GbR hat jeder Gesellschafter für alle Verbindlichkeiten der Gesellschaft mit seinem gesamten persönlichen Vermögen einzustehen, d.h. auch für diejenigen Verbindlichkeiten der Gemeinschaftspraxis, die nicht auf seinem eigenen Tun, sondern auf demjenigen seiner Mitgesellschafter beruhen (Gesamtschuldnerschaft).

Nach der Rechtsprechung des Bundesgerichtshofes (Urteil vom 29.01.2001) ist die GbR überdies parteifähig, d.h. sie kann im eigenen Namen klagen und verklagt werden.

Geschäftsführung und Vertretung der Gemeinschaftspraxis/GbR

Soweit zwischen den Parteien keine besonderen Absprachen hinsichtlich der Geschäftsführung und Vertretung der GbR getroffen sind, gelten die gesetzlichen Vorschriften (§§ 709, 714 BGB). Hiernach steht die Geschäftsführungs- und Vertretungsbefugnis grundsätzlich **allen Gesellschaftern gemeinsam** zu. Entscheidungen können dann nur mit Zustimmung aller Gesellschafter getroffen werden. Im Alltag ist dies häufig unpraktisch, hiervon abweichende Geschäftsführungs- und Vertretungsregelungen sind daher sinnvoll. Die Erteilung einer Alleinvertretungsbefugnis setzt ein hinreichendes Vertrauen unter den Gesellschaftern voraus, denn alle Gesellschafter haften für Verbindlichkeiten der Gemeinschaftspraxis persönlich und unbeschränkt (s.u.). Zudem ist zu beachten, dass eine erteilte Vertretungsmacht nach außen hin inhaltlich nicht beschränkt werden kann. Wird einem Gesellschafter die Geschäftsführung der Gemeinschaftspraxis übertragen, können sich die übrigen Gesellschafter gegenüber einem Gesellschaftsgläubiger deshalb nicht darauf berufen, dass dieser Gesellschafter für ein spe-

zielles Geschäft gerade keine Bevollmächtigung hatte.

Beispiel: Einem Gesellschafter wird die alleinige Geschäftsführung der Gemeinschaftspraxis für die laufenden Geschäfte von nicht mehr als 5000 € (pro Geschäft) übertragen, dieser Gesellschafter wird ohne Hinweis auf diese Beschränkung als geschäftsführender Gesellschafter auf dem Briefbogen der Praxis ausgewiesen, er bestellt dann Praxisbedarf für 10 000 €. Die übrigen geschäftsführenden Gesellschafter können gem. § 711 BGB der Vornahme eines solchen die Beschränkung im Innenverhältnis überschreitenden Geschäftes zwar widersprechen. Dieser Widerspruch beschränkt die Geschäftsführungsbefugnis allerdings nur im Innenverhältnis, d.h. er hat keinerlei Wirkung auf die Vertretungsmacht nach außen. Im Ergebnis bedeutet dies, dass die Gemeinschaftspraxis trotz eines solchen Widerspruchs wirksam verpflichtet bleibt, sodass alle Gesellschafter für dadurch entstehende Verbindlichkeiten der Gesellschaft persönlich und in voller Höhe haften. Den wider ihren Willen vertretenen Gesellschaftern bleibt dann allenfalls die Möglichkeit, dem handelnden Gesellschafter die Vertretungsbefugnis zu entziehen und einen entstandenen Schaden gegenüber diesem Gesellschafter im Innenverhältnis geltend zu machen. Je nach Art und Schwere des Verstoßes kommt auch der Ausschluss des betreffenden Gesellschafters in Betracht.

Haftung der Gemeinschaftspraxis/GbR

Die Gesellschafter einer Gemeinschaftspraxis haften grundsätzlich persönlich und unbeschränkt für alle Verbindlichkeiten der Gesellschaft. Es handelt sich um eine sog. gesamtschuldnerische Haftung, d.h., der Gläubiger kann die geforderte Leistung nach seinem Belieben von jedem einzelnen Gesellschafter unabhängig von der Höhe von dessen Beteiligung ganz oder teilweise – aber natürlich insgesamt nur einmal – fordern.

Folglich haftet jeder Gesellschafter der Gemeinschaftspraxis für schuldhafte (vertragliche oder deliktische) Pflichtverletzung seines Mitgesellschafters mit seinem Privatvermögen unbegrenzt, beispielsweise auch für dessen Behandlungsfehler (BGH NJW 2003, 1445).

Eine Beschränkung der Haftung auf das Gesellschaftsvermögen der GbR ist nur dann wirksam möglich, wenn mit dem jeweiligen Vertragspartner eine solche Haftungsbeschränkung individuell vereinbart ist. Nach Ansicht des Bundesgerichtshofs (DStR 1999, 1704) kann eine Haftungsbeschränkung nicht durch einseitige Erklärung – auf einem Briefkopf oder in Allgemeinen Geschäftsbedingungen – wirksam vereinbart werden.

Rechte und Pflichten der Gesellschafter

Pflicht zur Beitragsleistung. Im Rahmen des Gesellschaftervertrages verpflichten sich die Gesellschafter, Leistungen zu erbringen, die dazu dienen sollen, den Gesellschaftszweck zu fördern und zu erreichen. Diese Leistungen bestehen bei Gemeinschaftspraxen i.d.R. in der Einbringung der Arbeitsleistung. Häufig wird aber auch die Zahlung von Geldleistungen, die Gewährung von Sicherheiten oder die Einbringung von Sachwerten wie Praxisinventar oder -geräte vereinbart.

Sollen die verabredeten Beiträge erhöht oder geändert werden, muss hierüber eine einvernehmliche Regelung zwischen den Gesellschaftern getroffen werden. Nach § 707 BGB sind die Gesellschafter zur Erhöhung der ursprünglich vereinbarten Beiträge sowie zur Ergänzung der durch einen Verlust verminderten Einlagen grundsätzlich nicht verpflichtet. Eine Beitragserhöhung gegen den Willen eines Gesellschafters ist demnach grundsätzlich nicht möglich. Anders kann dies aber dann sein, wenn der Gesellschaftervertrag vorsieht, dass Gesellschafterbeschlüsse mit einfacher Mehrheit gefasst werden können. Dann kann es vorkommen, dass ein einzelner Gesellschafter überstimmt wird.

Die Treuepflicht der Gesellschafter. Wegen der unbeschränkten persönlichen Haftung (Gesamtschuldnerschaft; s. „Rechtstellung der Gemeinschaftspraxis") jedes einzelnen Gesellschafters für sämtliche Verbindlichkeiten der Gemeinschaftspraxis besteht in der Gemeinschaftspraxis zwischen den Beteiligten eine starke persönliche Bindung. Deshalb wird das Verhältnis der Gesellschafter zueinander vom Grundsatz der gegenseitigen Treue beherrscht. Hieraus ergibt sich die rechtliche Pflicht, die Interessen der Gesellschaft wahrzunehmen und alles zu unterlassen, was diese Interessen schädigt. Die Treuepflicht besteht nicht nur im Verhältnis der Gesellschafter zur Gesellschaft, sondern auch im Verhältnis der Mitgesellschafter untereinander. Inhalt und Umfang der Treuepflicht lassen sich nicht abschließend bestimmen. Aus der Treuepflicht kann z.B. ein vertragliches Wettbewerbsverbot für die Gesellschafter resultieren. Nachvertragliche Wettbewerbsverbote oder sog. Konkurrenzverbote bedürfen demgegenüber in jedem Fall einer gesonderten ausdrücklichen Vereinbarung. Gleiches gilt für Patientenschutzabreden, also einer Absprache dahingehend, dass bestimmte Patienten nur von den in der Gemeinschaftspraxis verbleibenden Ärzten/Gesellschaftern behandelt werden dürfen, nicht aber von einem ausscheidenden Gesellschafter. Häufig sind solche Verbote nach zivilrechtlichen Grundsätzen unwirksam und damit angreifbar. Diese sollten deshalb durch Fachleute formuliert werden.

Mitverwaltungsrechte. Soll innerhalb der Gemeinschaftspraxis eine Entscheidung getroffen werden, so geschieht dieses formal durch Beschlussfassung der Gesellschafter. Soweit im Gesellschaftervertrag nicht etwas anderes geregelt ist, ist für die Beschlussfassung die Einstimmigkeit erforderlich (§ 709 Abs. 1 BGB). Die Gesellschafter können jedoch vereinbaren, dass die Mehrheit der Stimmen (und welche) entscheidet. Für die Vielzahl der alltäglichen Praxisangelegenheiten ist dies aus Praktikabilitätsgründen empfehlenswert.

Ob und wann eine Stimmenmehrheit zustande kommt, hängt von den Stimmenverhältnissen in der Gesellschaft ab. Sind die Beteiligungsverhältnisse aller Gesellschafter gleich, so kann der Einfachheit halber nach Köpfen abgestimmt werden, d.h. jeder Gesellschafter hat eine Stimme. Sind die Beteiligungsverhältnisse unterschiedlich gewichtet, so wird i.d.R. für jedes Beteiligungsprozent eine Stimme eingeräumt (Beispiel: Ein mit 20% an einer Gemeinschaftspraxis beteiligter Gesellschafter hat ein Stimmrecht von 20/100).

Bei bestimmten Beschlussfassungen sind Gesellschafter von ihrem Stimmrecht ausgeschlossen. Ein Stimmrechtausschluss kann sich z.B. aus einer Vereinbarung zwischen den Gesellschaftern ergeben. Denkbar ist auch, dass ein Gesellschafter im Gesellschaftsvertrag freiwillig auf sein Stimmrecht verzichtet. Ein solcher Verzicht findet jedoch dort seine Grenze, wo es um die Entscheidung über den Bestand und die Ausgestaltung der Gesellschafterstellung geht oder wo über die Auflösung oder Kündigung der Gesellschaft entschieden werden soll. In bestimmten Fällen kann sich ein Stimmrechtausschluss auch aus dem Gesetz ergeben. So ist ein Gesellschafter grundsätzlich mit seiner Stimme ausgeschlossen, wenn über seine Entlastung, seine Befreiung von einer Verbindlichkeit oder über die Einleitung oder Erledigung eines gegen ihn gerichteten Rechtsstreits zu beschließen ist. Zum Teil wird ein Stimmverbot auch bei Beschlüssen über Rechtsgeschäfte zwischen einem Gesellschafter und der Gesellschaft angenommen (Beispiel: Ein Gesellschafter vermietet an die Gemeinschaftspraxis Praxisräume, die in seinem privaten Eigentum stehen). Soll einem Gesellschafter die Geschäftsführungsbefugnis nach § 712 BGB entzogen werden, ist er ebenfalls nicht an der Abstimmung zu betei-

ligen. Andernfalls könnte ein Mehrheitsgesellschafter seine Abberufung von der Geschäftsführung auf Dauer verhindern.

Neben dem Stimmrecht stehen den nicht zur Geschäftsführung befugten Gesellschaftern Informationsrechte (§§ 713, 666 BGB) und das Recht auf persönliche Kontrolle der geschäftsführenden Gesellschafter nach § 716 BGB zu.

Beteiligung an Gewinn und Verlust. Die Beteiligung an Gewinn und Verlust richtet sich in erster Linie nach dem Gesellschaftervertrag. Nur soweit dieser keine Bestimmungen enthält, gelten die §§ 721, 722 BGB. Gemäß § 722 Abs. 1 BGB haben die Gesellschafter „im Zweifel" den gleichen Anteil am Gewinn und Verlust. Im Regelfall ist im Gesellschaftervertrag die Gewinnverteilung entsprechend der jeweiligen Einlagehöhe vereinbart.

Ersatz- und Ausgleichsansprüche. Tilgt ein Gesellschafter eine Schuld der Gesellschaft, beispielsweise weil er von einem Gesellschaftsgläubiger in Anspruch genommen wurde, so hat er einen Ausgleichsanspruch gegen die Gemeinschaftspraxis. Er kann Erstattung aus dem Gesellschaftsvermögen verlangen. Die Gesellschafter der GbR sind untereinander Gesamtschuldner und damit gem. § 426 Abs. 1 BGB ausgleichspflichtig. Jedoch kann der Gesellschafter seine Mitgesellschafter nur in Höhe ihrer jeweiligen Verlustbeteiligung in Anspruch nehmen. Seinen eigenen Verlustanteil muss er selbst tragen. Überdies ist die Haftung der Mitgesellschafter mit ihrem Privatvermögen gegenüber der Haftung der Gesamthand mit dem Gesellschaftsvermögen subsidiär, d.h., der ausgleichsberechtigte Gesellschafter muss zunächst seine Ansprüche gegenüber der Gemeinschaftspraxis geltend machen und kann erst dann seine Mitgesellschafter in Anspruch nehmen, wenn er von der Gesellschaft keinen Ausgleich erlangt.

Veränderungen im Personenstand der Gemeinschaftspraxis/GbR

Ausscheiden eines Gesellschafters/Kündigung. Das Ausscheiden eines Gesellschafters ist nur unter eingeschränkten Voraussetzungen möglich. Nach § 723 BGB kann jeder Gesellschafter einer auf unbestimmte Zeit eingegangenen Gemeinschaftspraxis jederzeit kündigen. Die Kündigung darf jedoch nicht zur Unzeit erfolgen. Dies wäre z.B. dann der Fall, wenn der Gesellschaft gerade aufgrund des Kündigungszeitpunktes ein unverhältnismäßig hoher Schaden droht. Ist eine Gemeinschaftspraxis nur für eine bestimmte Zeit eingegangen oder wurden im Gesellschaftervertrag Kündigungsfristen vereinbart, so kann die Gesellschafterstellung vor Ablauf der vereinbarten Laufzeit oder Kündigungsfristen nur dann gekündigt werden, wenn der kündigende Gesellschafter hierfür einen wichtigen Grund hat (außerordentliches Kündigungsrecht). Ein solcher zur Kündigung berechtigender Grund liegt nur dann vor, wenn ein anderer Gesellschafter eine ihm nach dem Gesellschaftervertrag obliegende wesentliche Verpflichtung vorsätzlich oder aus grober Fahrlässigkeit verletzt hat oder wenn die Erfüllung einer solchen Verpflichtung unmöglich wird (§ 723 Abs. 1. BGB).

Kündigt ein Gesellschafter seine Gesellschafterstellung, hat dies grundsätzlich die Auflösung der gesamten Gesellschaft zur Folge. Diese i.d.R. nicht gewollte Rechtsfolge kann dadurch verhindert werden, dass der Gesellschaftervertrag gem. § 736 BGB im Falle der Kündigung eine Fortsetzung der Gemeinschaftspraxis unter den verbleibenden Gesellschaftern vorsieht. Hier zeigt sich die Bedeutung eines vor Aufnahme einer Gemeinschaftspraxis zu vereinbarenden Gesellschaftervertrages.

Andererseits kann auch die Gesellschaft einen Gesellschafter, in dessen Person ein wichtiger Grund im Sinne des § 723 Abs. 1 BGB vorliegt, aus der Gesellschaft ausschließen (§ 737 BGB). Damit die Gesellschaft in einem solchen Fall nicht vollständig aufgelöst wird, sollte auch hier im Gesellschaftervertrag eine entsprechende sog. Fortsetzungsklausel vereinbart werden. Die Gesellschafter können im Gesellschaftervertrag besondere Ausschlussgründe vereinbaren, so z.B. Krankheit, Erreichung einer bestimmten Altersgrenze, Konkurrenztätigkeit, Insolvenzeröffnung über das Vermögen eines Gesellschafters. Ein in das freie Ermessen der Gesellschafter gestelltes Ausschlussrecht ist grundsätzlich nichtig (BGH Z 107, 351). Eine solche unzulässige Regelung findet sich häufiger in Verträgen sog. Senior-Junior-Gemeinschaftspraxen, in welchen dem Senior auf diese Weise ein jederzeitiges „Herauskündigungsrecht" gegenüber dem Juniorgesellschafter eingeräumt werden soll.

Scheidet ein Gesellschafter aus der Gemeinschaftspraxis aus und wird die Gesellschaft mit den übrigen Gesellschaftern fortgesetzt, so wächst der ursprünglich dem ausgeschiedenen Gesellschafter gehörende Geschäftsanteil den übrigen Gesellschaftern zu gleichen Anteilen zu. Der ausgeschiedene Gesellschafter hat gem. § 738 BGB lediglich einen Anspruch auf Abfindung. Dieser Abfindungsanspruch kann gesellschaftsvertraglich zwar näher modifiziert werden, jedoch dürfen Regelungen hierzu nicht dazu führen, dass der Abfindungsanspruch des Ausscheidenden unverhältnismäßig gering ausfällt (z.B. Abfindung nach Buchwert bei erheblichem Missverhältnis zum Verkehrswert).

Besteht eine Gemeinschaftspraxis aus nur zwei Gesellschaftern und scheidet einer von beiden aus der Gesellschaft aus, so ist nach herrschender Meinung ein Übergang des Gesellschaftsvermögens auf einen Gesellschafter ohne Liquidation möglich. Voraussetzung ist aber auch hierfür, dass im Gesellschaftervertrag eine Fortsetzungsklausel enthalten ist bzw. bei Ausscheiden zwischen den Gesellschaftern Einvernehmen über die

Fortsetzung durch den verbleibenden Gesellschafter getroffen wird. In diesem Fall gehen dann die Aktiva und Passiva der Gesellschaft durch Gesamtrechtsnachfolge unter Umwandlung des Gesellschaftsvermögens in Privatvermögen auf den übernehmenden Gesellschafter über. Der Übernehmer haftet für die Schulden der Gesellschaft ohne Einschränkung weiter.

Für Verbindlichkeiten der Gemeinschaftspraxis, die erst nach dem Austritt eines Gesellschafters entstanden sind, haftet dieser nicht. Nach § 736 Abs. 2 BGB i.V.m. § 160 HGB haftet der ausgeschiedene Gesellschafter aber für die bis zu seinem Austritt begründeten Verbindlichkeiten für einen Zeitraum von fünf Jahren weiter. Entscheidend ist dabei, wann der Rechtsgrund einer möglicherweise erst nach Ausscheiden fällig werdenden Verbindlichkeit gelegt wurde (BGH NJW 2000, 208). Schließt z.B. die Gemeinschaftspraxis noch vor Ausscheiden eines Gesellschafters einen Mietvertrag, so haftet der ausgeschiedene Gesellschafter auch für die erst nach seinem Ausscheiden fällig werdenden Mieten. (Beispiel: Die Gemeinschaftspraxis schließt am 01.12.2003 einen Mietvertrag, der Gesellschafter X tritt mit Wirkung zum 01.01.2004 aus der Gemeinschaftspraxis aus. X haftet dann noch für alle Mieten bis einschließlich Dezember 2008.) Das Ausscheiden aus der Gemeinschaftspraxis führt also nicht automatisch zu einer Haftungsbefreiung. Da die GbR nicht registerfähig ist, beginnt die Fünfjahresfrist mit dem Ende des Tages, an dem der Gläubiger vom Ausscheiden des Gesellschafters *positiv* Kenntnis erlangt. Im Falle des Ausscheidens aus einer Gemeinschaftspraxis sollte der Ausscheidende deshalb genau darauf achten, dass sein Ausscheiden gegenüber allen Vertragspartnern der Praxis publik gemacht wird.

Eintritt in eine bestehende GbR. Voraussetzung für den Eintritt in eine bestehende Gemeinschaftspraxis ist ein sog. Gesellschaftsaufnahmevertrag, dem alle Gesellschafter zustimmen müssen, soweit der Gesellschaftervertrag nicht etwas Abweichendes bestimmt. Die Aufnahme eines weiteren Gesellschafters hat rechtlich zur Folge, dass der Eintretende wie die übrigen Gesellschafter am Vermögen der Gesellschaft beteiligt wird. Die Zahl der am Gesellschaftsvermögen gesamthänderisch Berechtigten erhöht sich demnach um eine Person.

Von zentraler Bedeutung ist in diesem Zusammenhang jedoch auch die **Haftung** des eintretenden Gesellschafters. Dieser haftet selbstverständlich für alle nach seinem Eintritt begründeten Verbindlichkeiten der Gemeinschaftspraxis wie die übrigen Gesellschafter. Nach der aktuellen Rechtsprechung des BGH (Urteil vom 07.04.2003) haftet der eintretende Gesellschafter nunmehr nach § 130 HGB analog auch für Altverbindlichkeiten der Gesellschaft. Unter Berücksichtigung des Vertrauensschutzes wendet der BGH diese Regelung jedoch nur für Gesellschafter an, die nach Verkündung der Entscheidung als neue Gesellschafter in eine Gesellschaft bürgerlichen Rechts eingetreten sind.

Von **Nullbeteiligungsgesellschaften** wird gesprochen, wenn ein neu aufgenommener „Gesellschafter" tatsächlich zunächst nicht am Gesellschaftsvermögen partizipiert (eine Beteiligung wird meist nur nach dem ab dem Zeitpunkt des Eintritts entstehenden „Goodwill" der Praxis gewährt) und ihm nur symbolische Mitwirkungsrechte zugestanden werden. Solche Vereinbarungen finden sich recht häufig. Problematisch ist hierbei allerdings, ob eine anzuerkennende Gesellschafterstellung überhaupt entsteht. Unabhängig davon wird bei einer Betriebsprüfung der nur scheinbare Gesellschafter als scheinselbstständig und damit als Angestellter angesehen mit der Folge, dass rückwirkend für die vergangenen fünf Jahre sämtliche Sozialversicherungsleistungen nachentrichtet werden müssen. Derartige Gestaltungen müssen im

Lichte der aktuellen Rechtsprechung sorgfältig formuliert werden.

Gesellschafterwechsel. Ein Gesellschafterwechsel kann durch die Kombination von Ausscheiden des alten und Eintritt eines neuen Gesellschafters oder durch die Abtretung des Geschäftsanteiles erfolgen. Eine Abtretung des Geschäftsanteils bedarf aufgrund der treuhänderischen Bindung nach § 719 BGB der Zustimmung der übrigen Gesellschafter. Der Erwerb oder Verlust der gesamthänderischen Mitberechtigung findet durch An- bzw. Abwachsung gem. § 738 BGB statt und ist nur eine gesetzliche Form des Erwerbes oder Verlustes der Mitgliedschaft. Auch beim Gesellschafterwechsel haftet der ausgeschiedene Gesellschafter nach § 736 Abs. 2 BGB i.V.m. § 160 HGB für die bis zu seinem Ausscheiden entstandenen Verbindlichkeiten der Gemeinschaftspraxis fünf Jahre nach.

Nachfolge bei Tod des Gesellschafters. Bei der Gemeinschaftspraxis hat der Tod eines Gesellschafters grundsätzlich die Auflösung der Gesellschaft zur Folge (vgl. § 727 Abs. 2 BGB). Die Gesellschafter können im Gesellschaftervertrag von dieser gesetzlichen Regelung abweichen, indem sie bestimmte Klauseln vereinbaren, z.B.:

◢ Fortsetzungsklausel: Regelung, wonach die verbleibenden Gesellschafter die Gesellschaft unverändert fortführen.
◢ Nachfolgeklausel: Es wird bestimmt, dass beim Tod eines Gesellschafters automatisch ein bereits benannter Dritter in die Gesellschafterstellung eintritt
◢ Eintrittsklausel: Ein Dritter erhält das Recht, in die Gesellschafterstellung des Verstorbenen einzurücken; ob er dies wahrnimmt oder nicht, bleibt diesem überlassen.

Wird die Gemeinschaftspraxis mit den verbliebenen Gesellschaftern fortgesetzt, d.h., es tritt kein neuer Gesellschafter an die Stelle des Verstorbenen, wächst den verbliebenen Gesellschaftern der Anteil des Verstorbenen am Gesellschaftsvermögen zu. Den Erben des verstorbenen Gesellschafters steht dann als Ausgleich für den Verlust des Anteils ein schuldrechtlicher Abfindungsanspruch zu, der sich nach dem wirklichen Wert des Gesellschaftsvermögens am Tag des Todes richtet.

Beendigung der Gesellschaft

Soweit eine Gemeinschaftspraxis durch Kündigung oder einvernehmliche Vereinbarung der Gesellschafter aufgelöst wird, sehen die Vorschriften der §§ 730–735 BGB die Auseinandersetzung bzw. Liquidation vor. Die laufenden Geschäfte der Gesellschaft sind abzuwickeln, ihre Verbindlichkeiten zu tilgen. Gegebenenfalls sind neue, für die Beendigung der Gesellschaft erforderliche Geschäfte einzugehen. Das noch verbliebene Gesellschaftsvermögen ist unter den Gesellschaftern zu verteilen. Reicht das Gesellschaftsvermögen zur Tilgung der gemeinschaftlichen Verbindlichkeiten nicht aus, besteht eine Nachschusspflicht der Gesellschafter (§ 735 BGB). Nach Abschluss des Auseinandersetzungs- bzw. Liquidationsverfahrens ist die Gesellschaft beendet.

10.3.3 Partnerschaftsgesellschaft

Im Jahre 1994 wurde speziell für die Angehörigen freier Berufe ein Gesetz über Partnerschaftsgesellschaften (PartGG) geschaffen. Im Gegensatz zum GbR-Vertrag bedarf der Partnerschaftsvertrag gem. § 3 PartGG zwingend der Schriftform. Der Vertrag muss

◢ den Namen und den Sitz der Partnerschaft,
◢ den Namen und den Vornamen sowie den in der Partnerschaft ausgeübten Beruf und den Wohnort jeden Partners sowie
◢ den Gegenstand der Partnerschaft enthalten.

Der Name der Partnerschaftsgesellschaft muss den Namen mindestens eines Partners, den Zusatz „& Partner" oder „Partnerschaft" sowie die Berufsbezeichnung aller in der Partnerschaftsgesellschaft vertretenen Berufe enthalten. Die Partnerschaftsgesellschaft wird sodann beim zuständigen Partnerschaftsregister angemeldet. Die Anmeldung bedarf der notariellen Beglaubigung.

Der wesentliche Unterschied zur GbR: Bei der Erbringung ihrer beruflichen Leistung handeln die Partner grundsätzlich eigenverantwortlich und unabhängig. Nach § 8 Abs. 2 PartGG ist deshalb die Haftung für berufliche Fehler auf die **tatsächlich behandelnden Partner** sowie die Partnerschaftsgesellschaft selbst beschränkt. Dies ist ein entscheidender Vorteil zur GbR, obgleich dieser bei Bestehen ausreichender Haftpflichtversicherungen an Relevanz einbüßt.

Noch weiter gehen die Vorteile der europäischen Partnerschaftsgesellschaft (llp = limited liability partnership). Die llp ist bei Gemeinschaftspraxen bislang nach hiesiger Kenntnis nicht existent, was allerdings daran liegen dürfte, dass diese Rechtsform erst aufgrund der Liberalisierung des Europäischen Marktes vor nicht allzu langer Zeit auch für alleine in Deutschland ansässige Zusammenschlüsse von Freiberuflern nutzbar wurde. Der große Vorteil der llp gegenüber der Partnerschaftsgesellschaft und der GbR ist die *echte* Haftungsbegrenzung auf das Stammkapital der Gesellschaft, das wiederum frei gewählt werden kann. Eine Durchgriffshaftung auf das Vermögen des Gesellschafters gibt es bei dieser Rechtsform nicht.

10.4 Arzthaftung

10.4.1 Haftungsgrundlage: Behandlungsvertrag und Deliktsrecht

Der Arzt verpflichtet sich durch den **Behandlungsvertrag** zu einer Behandlung, die dem jeweiligen medizinischen Standard entsprechen muss. Der Behandlungsvertrag ist i.d.R. ein Dienstvertrag, d.h., der Arzt schuldet nicht den Heilungserfolg, sondern seine fachkundige Dienstleistung.

Die Anforderungen an den medizinischen Standard können für den Facharzt oder den, der eine besondere Spezialisierung und besonderes Können herausstellt, höher sein als für den durchschnittlichen Arzt. Der jeweilige Arzt muss wissen, welchem Standard er genügen kann; wer sich mehr zutraut, als er tatsächlich beherrschen kann, haftet bereits aus diesem Grunde (sog. Übernahmeverschulden). Bei Berufsanfängern wird erwartet, dass sie jeweils unter fachkundiger Anleitung und Aufsicht arbeiten und die nötige Erfahrung sammeln.

Verletzt der Arzt die danach geschuldeten vertraglichen Pflichten, haftet er dem Patienten für die daraus verursachten Schäden.

Grundlage einer Haftung nach **Delikt** sind die Vorschriften des Bürgerlichen Gesetzbuches zur sog. unerlaubten Handlung (§§ 823ff. BGB), die denjenigen zum Schadenersatz verpflichtet, der den Körper oder die Gesundheit eines anderen rechtswidrig verletzt. Hat der Arzt durch sein Handeln oder durch das Unterlassen einer gebotenen Behandlung oder Maßnahme einen Körper- oder Gesundheitsschaden hervorgerufen, so hat er für diese Folgen zu haften, wenn das Handeln oder Unterlassen pflichtwidrig war. Letztlich hat der Arzt im Ergebnis auch nach dieser Haftungsgrundlage für die Einhaltung des medizinischen Standards einzustehen.

10.4.2 Wann haftet der Arzt gegenüber dem Patienten?

Die Haftungsvoraussetzungen sind sowohl bei Vertrag als auch bei Delikt i.d.R. die gleichen. Nach ihrer Art können sie wie folgt unterteilt werden:

Behandlungsfehler

Hierunter versteht man jedes Handeln oder Unterlassen, das dem medizinischen Standard widerspricht. Dieser Standard wird letztlich nicht vom Gericht oder von Juristen festgelegt, sondern von der Medizin selbst, im Haftpflichtprozess letztlich also vom medizinischen Sachverständigen.

Klassische Behandlungsfehler sind etwa ein **operatives Vorgehen mit falschen oder veralteten Maßnahmen**, z.B. das Verwechseln der Körperseiten bei einer Operation, das Zurücklassen von Material im Operationsgebiet, falsche oder unterlassene Medikation etc.

Eine besondere Rolle spielen die **Diagnosefehler**, sei es in Gestalt des Unterlassens einer gebotenen Untersuchung oder der falschen Interpretation eines Untersuchungsergebnisses. Derartige Fehler können zur Veränderung der Beweissituation im Prozess zulasten des Arztes führen (s.u.).

Zu den Behandlungsfehlern zählt auch das **Unterlassen von Schutzmaßnahmen** im Rahmen oder am Ende einer Behandlung. Hierzu gehören insbesondere die Aufklärung des Patienten über das von ihm zu beobachtende Verhalten (Sicherungsaufklärung) ebenso wie die Überwachung der Wiedereinbestellung des Patienten.

Ursächlichkeit des Behandlungsfehlers für den eingetretenen Schaden

Der Behandlungsfehler muss für den eingetretenen Schaden ursächlich geworden sein, andernfalls kommt eine Haftung nicht in Betracht. Die Ursächlichkeit muss nicht im naturwissenschaftlichen Sinne bewiesen sein; zur Annahme der Kausalität genügt eine ausreichende praktische Gewissheit.

Verschulden des Arztes

Nach den gesetzlichen Regelungen wird bei Vorliegen einer Pflichtverletzung das Verschulden grundsätzlich vermutet. Im Falle der Arzthaftung ist die Anwendung der Ver-schuldensvermutung allerdings umstritten, weil nach Auffassung vieler dies zu einer ausufernden Haftung des Arztes führen würde bis hin zu einer Verlagerung des Krankheitsrisikos des Patienten auf den Arzt.

Unstreitig ist allerdings, dass der Arzt sich dann aktiv entlasten muss, wenn sich der Schaden des Patienten in einem Bereich ereignet hat, den der Arzt immer in vollem Umfange beherrschen und den Patienten damit vor Schaden bewahren kann (z.B. die Verantwortung dafür, dass ein Patient während oder nach der Untersuchung nicht von der Untersuchungsliege fällt). Man spricht insoweit vom „voll beherrschbaren Risiko".

10.4.3 Beweis und Beweislast

Als Grundsatz gilt sowohl im vertraglichen als auch im deliktischen Bereich, dass der Patient als Anspruchsteller den von ihm behaupteten Behandlungsfehler und dessen Kausalität für den eingetretenen Gesundheitsschaden ebenso wie auch diesen Schaden selbst beweisen muss.

Dieser Grundsatz wird indessen durch so zahlreiche und schwerwiegende Einschränkungen verändert, dass man in vielen Fällen von seiner Umkehr auszugehen hat. Für den Arzthaftpflichtprozess sind die Regelungen zur Beweislast und deren Kenntnis (auch des Arztes) häufig streitentscheidend.

Ärztliche Dokumentation

Eine zentrale Rolle spielt die Dokumentation der ärztlichen Behandlung. Sie ist **Verpflichtung** des Arztes in erster Linie deshalb, um den Behandlungsverlauf für sich und etwaige Mit- und Nachbehandler zu dokumentieren, daneben aber auch zur Rechtfertigung der Behandlung und deren Nachweis gegenüber dem Patienten. Es sind keine ausschließlich für den Arzt bestimmten, gewissermaßen privaten Aufzeichnungen, sondern sie sind Bestandteil der Behandlung;

der Patient hat Anspruch auf Einsicht in die Unterlagen und Überlassung von Kopien.

Den **notwendigen Inhalt** der Dokumentation bestimmt der medizinische Standard. Grundsätzlich gilt, dass alles, was für die Diagnose und den Behandlungsverlauf relevant ist und aus dem anschließend ein Dritter, etwa ein Sachverständiger, alles Wesentliche hierüber ablesen und ableiten kann, zu dokumentieren ist. Entscheidend ist, dass der Arzt sich der guten medizinischen Übung im Hinblick auf dokumentationspflichtige Sachverhalte anschließt.

Problematisch kann zuweilen die Frage werden, ob **Diagnosemaßnahmen, die keinen Befund erbracht haben**, gleichwohl zu dokumentieren sind. Dem Arzt kann nur geraten werden, besser umfangreicher als zu wenig zu dokumentieren, schließlich auch wegen des Gesamteindrucks der Dokumentation und der entsprechenden Rückschlüsse etwa eines Sachverständigen oder eines Gerichts auf die Sorgfalt der Behandlung.

Praxistipp

Im Übrigen muss die Dokumentation **zeitnah** erfolgen; sie kann aus Kürzeln bestehen, die der Arzt später erläutern kann. Anzuraten ist die Selbstdisziplin, bei jedem Behandlungsschritt sogleich zu dokumentieren oder durch eine Hilfsperson – MFA, Krankenschwester, Pfleger etc. – dokumentieren zu lassen.

Als Beweisregel gilt: **Was dokumentiert ist, gilt als zutreffend.** Das Gegenteil hat der Arzt zu beweisen. Auch dort, wo eine Tatsache nicht dokumentiert ist, auf die sich der Arzt berufen will, muss er diese Tatsache beweisen, etwa durch das Zeugnis der MFA etc. In der Praxis ist dieser Beweis sehr schwierig zu führen. Denn nicht immer sind Dritte bei den jeweiligen Behandlungsschritten anwesend, vor allem aber können sich die beteiligten Personen nach Jahren in aller Regel nicht mehr an Einzelheiten einer solchen

(aus ihrer Sicht häufig alltäglichen) Behandlung erinnern; die Behauptung einer solchen Erinnerung würde bei einem Gericht auch i.d.R. auf Skepsis treffen – von Ausnahmen selbstverständlich immer abgesehen.

Tatsachen und Sachverhalte aus dem Behandlungsverlauf werden nicht selten vom Patienten auch durch dessen Angehörige als Zeugen unter Beweis gestellt. Für den Patienten ist diese Beweissituation durchaus günstig, weil diesen Personen eher geglaubt wird, dass sie sich an konkrete Einzelheiten erinnern, denn die Krankheit ihres Angehörigen oder Bekannten war – anders als für den behandelnden Arzt – ein besonderes Ereignis. Die Dokumentation ist damit das zentrale Instrument der Überprüfung, ob ein Behandlungsfehler vorliegt oder nicht. Auf ihr werden regelmäßig die Sachverständigen und damit auch das Gericht aufbauen, Zeugenaussagen kommt in der Praxis eher untergeordnete Bedeutung zu. Insbesondere für den Arzt ist damit die Dokumentation als Nachweis und Rechtfertigung der Richtigkeit seiner Behandlung von ausschlaggebender Bedeutung.

Kausalitätsnachweis

Ist ein Behandlungsfehler bewiesen, dann ist die Kausalität dieses Fehlers für den eingetretenen Gesundheitsschaden zu überprüfen. Diesen Nachweis hat grundsätzlich der Patient zu führen. Regelmäßig geschieht dies durch den vom Gericht jeweils beauftragten Sachverständigen.

Eine **Ausnahme von dieser Beweislast** ist dann gegeben, wenn es sich bei dem Behandlungsfehler um einen sog. groben Fehler handelt; dann muss der Arzt das Fehlen der Kausalität beweisen. Ob ein Behandlungsfehler als grob einzustufen ist, ist eine Rechtsfrage, die die Gerichte beantworten – wenn auch mit gewisser sachverständiger Hilfe. Ein **grober Behandlungsfehler** liegt nicht bereits dann vor, wenn dem Arzt grobe Fahrlässigkeit vorgeworfen werden kann.

Der Begriff des groben Behandlungsfehlers zielt vielmehr darauf, ob ein Fehler einen Verstoß gegen elementare Behandlungsgrundsätze für den konkreten Fall darstellt, ob er schlechterdings nicht mehr verständlich ist, oder ob elementare Grundregeln verletzt worden sind, die gerade aufgestellt wurden, um den bei dem konkreten Patienten eingetretenen Schaden zu verhindern. Wird ein solcher grober Behandlungsfehler festgestellt, kann der Arzt zwar noch versuchen, die fehlende Ursächlichkeit für den im konkreten Fall eingetretenen Schaden zu beweisen; in aller Regel wird dieser Beweis nicht gelingen.

Eine weitere Besonderheit der Beweislast zur Kausalität besteht bei **Diagnosefehlern**. Hier kann die Beweislast ebenfalls dem Arzt auferlegt werden; dem zugrunde liegt die Erwägung, dass durch den Diagnoseirrtum die Überprüfung des Krankheitsverlaufs durch den Arzt erschwert worden ist, sodass Zweifel über den konkreten Verlauf zulasten des Arztes gehen.

Deutlich wird dies an folgendem Beispiel: Eine an sich gebotene Untersuchung auf einen Gehirntumor unterbleibt fehlerhaft; die erst ein Jahr später durchgeführte Untersuchung und anschließende Operation bringt einen Tumor zutage, der bereits zu dieser Zeit nicht mehr vollständig operabel ist. Zulasten des Arztes, der die erste Diagnose pflichtwidrig unterlassen hat, wird in einem solchen Fall davon ausgegangen, dass bei rechtzeitiger zutreffender Diagnose der Tumor noch vollständig operabel gewesen wäre, sodass dieser Arzt für die weiteren Folgen dieses Tumors haftet.

10.4.4 Unterlassene oder unzureichende Risikoaufklärung

Eine eigene Haftungsgrundlage bildet die unterlassene oder unzureichende Risikoaufklärung (zu unterscheiden von der o.g. Si-cherungsaufklärung). Jede ärztliche Behandlung ist ein Eingriff in die körperliche Unversehrtheit des Patienten (Körperverletzung im strafrechtlichen Sinne), die nur dann rechtmäßig ist, wenn der Patient eingewilligt hat. Diese Einwilligung wiederum ist nur dann wirksam erteilt, wenn sie auf einer sachgemäßen Aufklärung des Arztes gründet. Um es deutlich zu sagen: Auch die lege artis durchgeführte Behandlung des Patienten kann bei fehlender oder unzureichender Risikoaufklärung zu Schadenersatz- und Schmerzensgeldansprüchen des Patienten führen.

Gegenstand der Risikoaufklärung

Hierunter sind alle Behandlungsmaßnahmen zu rechnen, die in irgendeiner Weise einen Eingriff in die körperliche Integrität des Patienten bedeuten und ein Risiko enthalten.

Aufzuklären ist über alle relevanten Risiken, die für die Entscheidung des Patienten von Bedeutung sein können. Dabei ist über besonders schwerwiegende Risiken auch dann aufzuklären, wenn sie nur äußerst selten auftreten. Der Patient kann auch auf eine Aufklärung verzichten und die Entscheidung über den Eingriff allein dem Arzt überlassen; in der forensischen Praxis kommt dies indessen so gut wie nicht vor. Der Zeitpunkt der Aufklärung muss so gewählt werden, dass der Patient noch volle Entscheidungsfreiheit hat, keinesfalls also erst unmittelbar vor einer Operation – von Notfällen abgesehen. Für problematisch wird gelegentlich sogar die Aufklärung am Vortag der Operation angesehen, weil zu diesem Zeitpunkt die gesamte operative Behandlung bereits gebahnt ist und der Patient sich nicht mehr frei fühlen könnte, seine Einwilligung zu verweigern.

Beweis und Beweislast

Dass eine Aufklärung mit dem jeweils konkreten Inhalt durchgeführt worden ist, muss der Arzt beweisen. Dieser Beweis gelingt am einfachsten durch eine schriftliche, vom Patienten unterzeichnete Erklärung, in der alle Risiken ausdrücklich genannt sind. Sofern diese nicht vorliegt, gelingt gelegentlich auch der Beweis dadurch, dass der regelmäßige Inhalt eines für den konkreten Fall typischen Aufklärungsgesprächs nachgewiesen wird, zusammen mit der Tatsache, dass im vorliegenden Fall überhaupt ein Aufklärungsgespräch stattgefunden hat.

Es ist ein besonderes Phänomen, dass Patienten sich an den Inhalt solcher Aufklärungsgespräche schon nach verhältnismäßig kurzer Zeit nicht mehr erinnern; das mag seine Erklärung darin haben, dass unangenehme Lebenssituationen eher schneller als andere aus dem Gedächtnis verdrängt werden. Auch aus diesem Grunde ist die sorgfältige Dokumentation des Aufklärungsgesprächs für den Arzt unerlässlich.

Hypothetische Einwilligung

Aus der Tatsache, dass häufig Patienten ihre Einwilligung letztlich vom Rat des behandelnden Arztes, dem sie vertrauen, abhängig machen, hat die Rechtsprechung die sog. hypothetische Einwilligung entwickelt. Sie bedeutet, dass dann, wenn kein Aufklärungsgespräch unter Nennung der relevanten Risiken nachgewiesen werden kann, gleichwohl von einer hypothetischen Einwilligung auszugehen ist, wenn keine ernsthafte Behandlungsalternative in Betracht kam. Hier muss der Arzt zwar ebenfalls eine hypothetische Einwilligung beweisen, der Beweis gelingt aber in aller Regel, wenn der Patient, der vom Gericht hierzu persönlich anzuhören ist, keinen Entscheidungskonflikt zwischen verschiedenen denkbaren und vernünftigen medizinischen Alternativen darlegen kann. Die häufig vom Patienten aufgestellte Behauptung, bei genauer Risikoaufklärung hätte er die Operation verschoben und andere Meinungen eingeholt, genügt in diesen Fällen nicht.

Folgen fehlender oder nicht nachweisbarer Aufklärung

Die fehlende oder nicht nachweisbare Aufklärung führt in aller Regel dazu, dass die darauf durchgeführte Behandlung als rechtswidrig gilt, deren Folgen mithin vom Arzt als Schaden getragen werden müssen. Das gilt nur dann nicht, wenn feststeht, dass bestimmte Folgen nicht kausal auf die Behandlung zurückzuführen sind, was wiederum der Arzt beweisen muss. Im Ergebnis bildet somit die unzureichende Aufklärung eine eigene Haftungsgrundlage, und diese ist im forensischen Alltag für die Beurteilung der Haftung mindestens ebenso wichtig wie der Behandlungsfehler.

10.4.5 Haftungsfolgen

Ist eine Haftung des Arztes festgestellt, dann ist Schadenersatz zu leisten für

- ◢ alle materiellen Schäden, die aus der Behandlung und der dadurch verursachten Gesundheitsbeeinträchtigung folgen, also etwa für weitere zusätzliche Behandlungskosten, Kosten von Hilfsmitteln, zusätzliche Pflegekosten einschließlich etwaiger häuslicher Pflege; zu ersetzen ist der Ausfall des Arbeitsverdienstes ebenso wie ein fiktiv errechneter Schaden dadurch, dass bislang durchgeführte Hausarbeit nicht mehr oder nur eingeschränkt erbracht werden kann. In bestimmten Fällen muss auch der Unterhalt von Angehörigen, der durch die Gesundheitsschädigung des Patienten wegfällt, als Schaden getragen werden. Der materielle Schaden umschreibt mithin alles, was dem Patienten durch das schädigende Ereignis an messbaren wirtschaftlichen Nachteilen entstanden ist.

- ◢ die immateriellen Schäden (Schmerzensgeld). Mit dem Schmerzensgeld soll der Verlust an Lebensfreude kompensiert werden, der durch die körperliche Beeinträchtigung entstanden ist. Es richtet sich damit nicht an den konkreten wirtschaftlichen Nachteilen des Geschädigten aus – diese sind Gegenstand des materiellen Schadenersatzes –, sondern an der immateriellen, darüber hinaus gehenden Beeinträchtigung. Die Höhe des Schmerzensgeldes bestimmt sich in Deutschland nach bestimmten Fallgruppen, wie sie die Rechtsprechung entwickelt hat.

10.4.6 Verfahren nach Behandlungsfehlern

Das Verfahren in einem Haftpflichtfall bzw. bei Vorwurf eines Behandlungsfehlers unterscheidet sich nicht grundsätzlich von jedem anderen Zivilprozess, der vor einem Amts- oder Landgericht geführt wird. Allerdings haben sich durch die Tatsache, dass der Sachverhalt im Wesentlichen durch Sachverständige geklärt und beurteilt werden muss, die Vorverfahren bei den Gutachterstellen der Ärztekammern als hilfreich erwiesen. Dort haben i.d.R. die Patienten die Möglichkeit, durch eine objektive Begutachtung die Frage eines Behandlungsfehlers vor und außerhalb eines gerichtlichen Verfahrens klären zu lassen. Die dortigen Gutachten haben zwar keine förmliche Bindungswirkung für ein späteres Gerichtsverfahren, sind aber regelmäßig eine erste Grundlage für die weiteren Entscheidungen der Betroffenen und darüber hinaus nicht selten Grundlage abschließender Regelungen, sei es, dass der Patient von weiteren Schritten Abstand nimmt, sei es, dass der Haftpflichtversicherer des Arztes den Schaden reguliert. Den Gutachterkommissionen ist es darüber hinaus zu verdanken, dass Strafanzeigen von Patienten seltener geworden sind, eben weil vor den Kommissionen sachliche Klärungen möglich geworden sind.

Praxistipp

1. Generell gilt, dass der Arzt unverzüglich einen geltendgemachten Arzthaftungsanspruch seiner Versicherung anzeigen muss. Sicher empfehlenswert ist es, wenn der Arzt mit seiner Berufhaftpflichtversicherung sich im Umgang mit den Patienten abstimmt, um bei berechtigten Patientenansprüchen keine vermeidbare Unzufriedenheit des Patienten hervorzurufen.

2. Grundsätzlich gilt schließlich die Empfehlung, die Höhe der eigenen Haftpflichtversicherung zu überprüfen. Die Risiken können je nach ärztlicher Fachrichtung außerordentlich unterschiedlich sein, und in der Vergangenheit – etwa bei Gynäkologen und Geburtshelfern – waren die Haftungsrisiken häufig höher als die Versicherungssummen, sodass die Ärzte jeweils aus eigenem Vermögen Behandlungsschäden regulieren mussten.

Im Haftungsfall gilt weiter, dass, sogleich nachdem ein Patient Ansprüche angemeldet hat, der Haftpflichtversicherer zu informieren ist.

Insgesamt gilt: Wie in jedem Beruf kann auch bei noch so sorgfältiger ärztlicher Tätigkeit ein Fehler unterlaufen, der zur Haftung führt. Anders als vielleicht noch vor Jahrzehnten wird deswegen ein Haftungsverfahren nicht mehr als fast ehrenrührig angesehen. Im Übrigen sollte zur Vermeidung und Minimierung solcher Risiken neben die selbstverständlich gute ärztliche Leistung die nachvollziehbare und ausreichende Dokumentation treten; Letztere nicht nur im forensischen Interesse des Arztes, sondern auch und in erster Linie im Interesse des Patienten; eine genaue Krankengeschichte ist für jede Mit- und Nachbehandlung unerlässlich. Man sollte deswegen die Dokumentation nicht nur als Mittel zur Abwehr unberechtigter Ansprüche eines Patienten begreifen, sondern als notwendigen Bestandteil der ärztlichen Tätigkeit.

10.5 Arbeitsrecht – Der Arzt als Arbeitgeber

Das Arbeitsrecht findet seine Grundlage im Bürgerlichen Gesetzbuch. Jedoch gibt es eine große Anzahl von für die Praxis äußerst relevanten Gesetzen, die die rechtliche Beurteilung erheblich mitprägen. In dem nachfolgenden Kapitel sollen die wichtigsten Grundlagen für Abschluss, Inhalt und Beendigung von Arbeitsverträgen vorgestellt werden. Aufgrund der Detailfülle kann die folgende Darstellung allerdings nur als Überblick verstanden werden.

10.5.1 Der Abschluss von Arbeitsverträgen

Ein Arbeitsvertrag ist wie jeder Vertrag ein Rechtsgeschäft, für dessen Abschluss es zweier übereinstimmender Willenserklärungen bedarf. Er muss nicht zwingend schriftlich geschlossen werden, auch eine mündliche Vereinbarung ist wirksam. Besonderheiten gelten für den Ausbildungsvertrag (§ 11 BBiG) und Leiharbeitsverträge (§ 11 AÜG). Bei Abschluss eines Arbeits- oder Ausbildungsvertrages mit einem minderjährigen Arbeitnehmer bedarf es zudem der Einwilligung des gesetzlichen Vertreters, grundsätzlich also der Eltern (§ 107 BGB). Fehlt diese Zustimmung bei Vertragsschluss, so ist der Vertrag zunächst schwebend unwirksam; bei Verweigerung der Genehmigung wird er endgültig unwirksam (§ 108 BGB).

Auch wenn der Arbeitsvertrag nicht schriftlich geschlossen werden muss, ist er auf Wunsch des Arbeitnehmers schriftlich zu fixieren. Denn jeder Arbeitnehmer, ausgenommen Aushilfen, die nicht länger als einen Monat eingestellt werden, hat gemäß dem wenig bekannten Nachweisgesetz (NachwG) einen Anspruch darauf, dass der Arbeitgeber spätestens einen Monat nach dem vereinbarten Beginn des Arbeitsverhältnisses die wesentlichen Vertragsbedingungen schriftlich niederlegt, diese unterschreibt und dem Arbeitnehmer aushändigt (§§ 1, 2 NachwG). Daher ist es sinnvoll, bereits vor Beginn eines Arbeitsverhältnisses schriftliche Arbeitsverträge zu verfassen. So können auch Missverständnisse ausgeräumt und eine spätere Beweisführung erleichtert werden. Will der Arbeitgeber den Arbeitnehmer nur für eine gewisse Zeit einstellen, muss die Befristung gem. § 14 Abs. 4 Teilzeit- und Befristungsgesetz (TzBfG) schriftlich vereinbart werden (s. Kap. 10.4.4).

Im Rahmen der Ausschreibung von Arbeitsplätzen ist das im August 2006 in Kraft getretene Allgemeine Gleichbehandlungsgesetz (AGG) zu beachten (s.a. Kap. 5.1.5). Ziel dieses Gesetzes ist es, Benachteiligungen aufgrund von den Betroffenen nicht beeinflussbarer Faktoren (Rasse, Geschlecht, Alter, Behinderung, ethnische Herkunft) oder aufgrund grundgesetzlich zugesicherter Rechte (Religion, Weltanschauung, sexuelle Identität) zu verhindern oder zu beseitigen.

Diskriminierungstatbestände können insbesondere im Bewerbungsverfahren auftreten, so führen Fehler bei der Formulierung von Stellenanzeigen i.d.R. bereits zu einer Schadensersatzpflicht des Arbeitgebers. Denn gem. § 22 AGG haben die sich auf eine Diskriminierung berufenden, abgewiesenen Bewerber lediglich Indizien zu beweisen, die eine Benachteiligung aufgrund eines der in § 1 AGG genannten Kriterien vermuten lassen. Ist eine Stellenanzeige z.B. nur auf ein Geschlecht und/oder eine bestimmte Altersgruppe („Wir suchen eine jung-dynamische Arzthelferin") bezogen, liegen hierin bereits hinreichende Indizien, die eine Benachteiligung vermuten lassen. Damit kehrt sich nach dem Gesetz die Beweislast um mit der Folge, dass nun der Arbeitgeber beweisen muss, dass die vorgenommene Differenzierung erlaubt, d.h. sachlich begründet war. Dies wird im Regelfall nicht möglich sein.

10.5.2 Der Inhalt von Arbeitsverträgen

Zentrale Bestandteile eines Arbeitsvertrages sind Regelungen über die vereinbarte Tätigkeit, die hierfür zu zahlende Vergütung, die Vereinbarung von Arbeitszeiten, den Urlaub sowie die Kündigungsfristen.

Tätigkeitsbeschreibung

Eine Tätigkeitsbeschreibung sollte im Arbeitgeberinteresse i.d.R. möglichst weit gefasst werden, damit der Arbeitnehmer im Falle innerbetrieblicher Umsetzungen nicht auf der Beibehaltung seines bisherigen Tätigkeitsfeldes beharren kann, sondern es dem Arbeitgeber im Rahmen seines Direktionsrechtes möglich ist, den Arbeitnehmer wunschgemäß umzusetzen. Anderseits erschwert eine weit gefasste Tätigkeitsbeschreibung die Auswahlentscheidung des Arbeitgebers im Falle einer betriebsbedingten Kündigung, da er u.U. mehr Arbeitsplätze in die vorzunehmende Sozialauswahl einzubeziehen hat (vgl. Kap. 10.4.3). Sind die Tätigkeitsbeschreibungen zu detailliert, entsteht oft Streit darüber, ob der Arbeitnehmer über die im Arbeitsvertrag beschriebenen Tätigkeiten hinaus Arbeiten übernehmen muss.

Vergütung

Hinsichtlich der zu vereinbarenden Vergütung sind die Parteien grundsätzlich frei. Dies gilt dann nicht, wenn auf das Arbeitsverhältnis einwirkende Tarifverträge Mindestlohnbeträge fordern (zur Einwirkung von Tarifrecht auf den Arbeitsvertrag s.u.). Der Arbeitgeber ist auch nicht verpflichtet,

Weihnachts- oder Urlaubsgeld zu bezahlen. Dies sind rein freiwillige Leistungen, welche zwischen den Parteien des Arbeitsvertrages ausgehandelt werden können.

Nach § 3 Entgeltfortzahlungsgesetz (EntgFG), einer Vorschrift, die arbeitsvertraglich nicht ausgeschlossen werden kann, haben Arbeitnehmer, die infolge Krankheit ihre Arbeitskraft nicht zur Verfügung stellen können, gegenüber ihrem Arbeitgeber einen Anspruch auf Fortzahlung ihrer regelmäßigen Bezüge für einen Zeitraum von sechs Wochen. Grundsätzlich entsteht der Anspruch auf Entgeltfortzahlung im Krankheitsfall gem. § 3 Abs. 3 EntgFG erst nach vierwöchiger, ununterbrochener Dauer des Arbeitsverhältnisses. Unerheblich ist dabei, ob der Arbeitnehmer während dieser vier Wochen arbeitet oder etwa bereits krank ist. Von dieser Regelung macht das Bundesarbeitsgericht (Az. 5 AZR 436/02) in den Fällen eine Ausnahme, in denen ein Auszubildender von seinem Ausbildungsbetrieb in ein festes Arbeitsverhältnis übernommen wird. Dieser habe von Anfang an Anspruch auf Entgeltfortzahlung im Krankheitsfall. Es gebe keine neuerliche vierwöchige Wartezeit für die Entgeltfortzahlung.

Urlaub

Der Gestaltungsspielraum hinsichtlich der Bemessung von Urlaubsansprüchen ist gesetzlich durch das Bundesurlaubsgesetz (BUrlG) eingeschränkt. Das BUrlG gewährt jedem vollzeitbeschäftigten Arbeitnehmer, der eine Fünftagewoche hat, einen jährlichen Mindesturlaubsanspruch in Höhe von 20 Werktagen. Dieser Urlaub steht Teilzeit- bzw. geringfügig Beschäftigten jeweils anteilig zu. Regelungen im Arbeitsvertrag, die diesen gesetzlich garantierten Urlaubsanspruch unterlaufen, sind grundsätzlich unwirksam. Über die gesetzlichen Vorschriften hinausgehende Urlaubsansprüche können zwischen den Parteien selbstverständlich vereinbart werden. Auch im Rahmen der Urlaubsansprüche gilt, dass tarifliche Regelungen den Arbeitnehmern höhere Urlaubsansprüche zubilligen können.

Nach § 7 Abs. 3 BUrlG muss der Urlaub im laufenden Kalenderjahr seitens des Arbeitgebers gewährt und seitens des Arbeitnehmers auch genommen werden. Eine Übertragung des Urlaubs auf das nächste Kalenderjahr ist nur dann statthaft, wenn dringende betriebliche oder in der Person des Arbeitnehmers liegende Gründe dies rechtfertigen. Kann der Urlaub nicht im selben Kalenderjahr genommen werden, so muss dieser im folgenden Kalenderjahr innerhalb der ersten drei Monate, d.h. bis spätestens zum 31.03. des folgenden Kalenderjahres gewährt und genommen werden. Andernfalls **verfällt** dieser Urlaub. Erkrankt ein Arbeitnehmer während seines Urlaubs, werden die durch ärztliches Zeugnis nachgewiesenen Tage der Arbeitsunfähigkeit vom Jahresurlaub nicht abgezogen. Nach § 11 BUrlG hat der Arbeitnehmer während des Urlaubes grundsätzlich Anspruch auf Lohnfortzahlung, sog. Urlaubs*entgelt*. Darüber hinaus hat der Arbeitnehmer regelmäßig keinen Anspruch auf zusätzliches Urlaubs*geld*. Dieses ist eine freiwillige Leistung des Arbeitgebers, soweit keine hiervon abweichende tarifliche Vereinbarung besteht.

Arbeitszeit

Jeder Arbeitsvertrag sollte die geschuldete Arbeitszeit (Umfang und Lage) näher konkretisieren. Schreiben tarifliche Bestimmungen nichts anderes vor, sind die Parteien eines Arbeitsvertrages bei der Arbeitszeitregelung – im Rahmen der im Arbeitszeitgesetz (ArbZG) vorgesehenen Bedingungen – frei. Nach § 3 ArbZG darf die werktägliche Arbeitszeit acht Stunden nicht überschreiten. Sie kann auf bis zu zehn Stunden verlängert werden, wenn innerhalb von sechs Kalendermonaten oder innerhalb von 24 Wochen im Durchschnitt acht Stunden werktäglich nicht überschritten werden. Der Gesetzgeber hat in § 4

ArbZG auch Ruhepausen verordnet. Danach ist die Arbeit durch im Voraus feststehende Ruhepausen von mindestens 30 Minuten bei einer Arbeitszeit von mehr als sechs bis neun Stunden und 45 Minuten bei einer Arbeitszeit von mehr als neun Stunden insgesamt zu unterbrechen. Besonderheiten gelten für Nacht- und Schichtarbeiten. Nach der Rechtsprechung des EuGH (Urteil vom 09.09. 2003) gilt nunmehr auch **Bereitschaftsdienst** in vollem Umfang als **Arbeitszeit**. Dies bedeutet jedoch nicht zugleich, dass die als Bereitschaftsdienst geleistete Arbeitszeit wie „normale" Arbeitszeit zu vergüten ist.

Leistet der Arbeitnehmer über die vertraglich vereinbarte Arbeitszeit hinaus Arbeit, so ist diese Mehrarbeit grundsätzlich zusätzlich zu vergüten. Die Höhe der Vergütung richtet sich nach dem Durchschnitt der sonstigen Vergütung. Zuschläge für Überstunden kennt das Gesetz nicht. Auch Gehaltszuschläge für Samstags-, Sonntags- und Feiertagsarbeit sind gesetzlich nicht vorgesehen. Jedoch enthält das Arbeitszeitgesetz eine Kompensation in Form von Zeitausgleich (s. § 11 ArbZG).

Kündigungsfristen

In der Regel befinden sich in Arbeitsverträgen Verweise auf die gesetzlichen Vorschriften hinsichtlich der Kündigungsfristen. Fristen, die die gesetzlichen Regelungen in § 622 BGB unterlaufen, sind ohnehin unwirksam. § 622 BGB staffelt die seitens des Arbeitgebers einzuhaltenden Kündigungsfristen nach betrieblicher Zugehörigkeit. Dabei wird häufig übersehen, dass bei der Berechnung der Beschäftigungsdauer die Zeiten, die vor der Vollendung des 25. Lebensjahres des Arbeitnehmers liegen, nicht berücksichtigt werden. Im Einzelnen gelten für die arbeitgeberseitige Kündigung die in Tabelle 10.1 genannten Fristen.

Zu beachten ist, dass die in § 622 Abs. 2, Satz 2 BGB enthaltene Regelung, nach welcher bei der Berechnung der Beschäftigungs-

Tab 10.1: Kündigungsfristen des Arbeitgebers

Dauer des Arbeitsverhältnisses des Arbeitnehmers	Kündigungsfrist des Arbeitgebers
unter 2 Jahren	4 Wochen zum 15. oder zum Ende eines Kalendermonates
2 Jahre	1 Monat zum Ende des Kalendermonates
5 Jahre	2 Monate zum Ende des Kalendermonates
8 Jahre	3 Monate zum Ende des Kalendermonates
10 Jahre	4 Monate zum Ende des Kalendermonates
12 Jahre	5 Monate zum Ende des Kalendermonates
15 Jahre	6 Monate zum Ende des Kalendermonates
20 Jahre	7 Monate zum Ende des Kalendermonates

dauer Zeiten, die vor Vollendung des 25. Lebensjahres des Arbeitnehmers liegen, keine Berücksichtigung finden, wegen Verstoßes gegen das europäische Altersdiskriminierungsverbot unwirksam ist und deshalb nicht mehr angewendet werden darf (LAG Berlin-Brandenburg, Urteil vom 24.07.2007).

Der Arbeitnehmer kann sein Arbeitsverhältnis unabhängig von der Beschäftigungsdauer stets mit einer Frist von vier Wochen zum 15. oder zum Ende eines Kalendermonates kündigen. Selbstverständlich können die Parteien des Arbeitsvertrages abweichend von der gesetzlichen Regelung längere Kündigungsfristen vereinbaren. Hierbei ist jedoch zu beachten, dass für die Kündigung des Arbeitsverhältnisses durch den Arbeitnehmer keine längere Frist vereinbart werden darf als für die Kündigung durch den Arbeitgeber (§ 622 Abs. 6 BGB).

Wird im Arbeitsvertrag eine Probezeit vereinbart, was stets zu empfehlen ist, so kann das Arbeitsverhältnis von beiden Seiten aus mit einer Frist von zwei Wochen gekündigt werden. Als Probezeit kann maximal eine Zeit von sechs Monaten vereinbart werden. Die Kündigung innerhalb der Probezeit ist bis zum letzten Tag der Probezeit möglich, auch wenn das Arbeitsverhältnis aufgrund der gesetzlichen Frist erst zwei Wochen später endet. Sie bedarf keiner besonderen Begründung. Da Arbeitsverhältnisse, die noch

keine sechs Monate bestehen, auch nicht dem Kündigungsschutzgesetz unterliegen, sind diese Kündigungen grundsätzlich nicht angreifbar.

Verjährung von Ansprüchen/ Ausschlussfristen

Grundsätzlich verjähren Ansprüche aus Arbeitsverhältnissen nach der allgemeinen Verjährungsvorschrift in § 195 BGB in drei Jahren. Im Arbeitsvertrag und insbesondere im Tarifvertrag werden aber häufig sog. ein- oder zweistufige Ausschlussfristen vereinbart, die die Parteien dazu zwingen, ihre Ansprüche in wesentlich kürzerer Zeit gegenüber dem Vertragspartner geltend zu machen. Nach zwischenzeitlich gefestigter Rechtsprechung des Bundesarbeitsgerichts sind Ausschlussfristen von unter drei Monaten wegen Verstoßes gegen § 307 Abs. 1 BGB unwirksam (Urteil vom 25.05.2005, Az. 5 AZR 527/04). Ausschlussfristen von mehr als drei Monaten werden generell als unproblematisch angesehen. Tarifvertragliche Ausschlussfristen sind einer gerichtlichen Überprüfung hingegen entzogen und daher grundsätzlich immer, d.h. auch bei kürzerer Frist wirksam.

Einwirken von Tarifverträgen

Arbeitsverträge werden häufig durch Tarifvertrag beeinflusst. Eine solche Einwirkung liegt aber nur dann vor, wenn

◢ entweder sowohl der Arbeitgeber als auch der Arbeitnehmer tarifgebunden sind, oder

◢ Arbeitgeber und Arbeitnehmer im Arbeitsvertrag vereinbart haben, dass der Tarifvertrag gelten soll, oder

◢ der Tarifvertrag für allgemeinverbindlich erklärt ist.

Nur im letzten Fall gerät ein Arbeitgeber ohne bzw. gegen seinen Willen in den Anwendungsbereich von Tarifverträgen. Im Gesundheitswesen existieren zurzeit keine für allgemeinverbindlich erklärten Tarifverträge, abgesehen vom TVöD, dem die öffentlich-rechtlich betriebenen Krankenhäuser unterstehen.

10.5.3 Die Beendigung von Arbeitsverträgen

Gegen den Willen des anderen Vertragspartners kann ein Arbeitsverhältnis nur durch Kündigung beendet werden. Sind sich die Parteien über die Beendigung eines Arbeitsverhältnisses einig, so kann ein Arbeitsverhältnis selbstverständlich auch einvernehmlich aufgehoben werden.

Kündigung

Möchte der Arbeitgeber oder der Arbeitnehmer das Arbeitsverhältnis einseitig beenden, muss er gegenüber dem anderen Vertragspartner die Kündigung aussprechen. Die Kündigung ist eine einseitige zugangsbedürftige Willenserklärung, die ohne Zustimmung des anderen Vertragspartners nicht wieder zurückgenommen werden kann. Nach § 623 BGB muss eine Kündigung, durch die ein Arbeitsverhältnis beendet werden soll, **schriftlich** erfolgen. Die Kündigung muss vom Kündigungsberechtigten persönlich unterschrieben sein. Wird die Kündigung durch einen Vertreter unterschrieben, so muss der Kündigung eine Originalvollmacht beigefügt werden. Soll mit der Kündigung eine Frist gewahrt werden, kommt es entscheidend darauf an, wann die Kündigung dem anderen Vertragsteil zugegangen ist. Der sicherste Weg ist die unmittelbare Aushändigung der Kündigung. Die Versendung eines Kündigungsschreibens per Post sollte vorsorglich immer per Einschreiben/Rückschein oder Einwurf-Einschreiben erfolgen. Eine Kündigung per Telefax ist grundsätzlich unwirksam.

Man unterscheidet die ordentliche von der außerordentlichen Kündigung. Wird eine **ordentliche Kündigung** ausgesprochen, sind die Kündigungsfristen (s.o.) zu beachten. Der Arbeitgeber kann die ordentliche Kündigung entweder auf betriebs-, verhaltens- oder personenbedingte Gründe stützen. Findet auf das Arbeitsverhältnis das nachfolgend noch näher zu erläuternde Kündigungsschutzgesetz Anwendung, folgt i.d.R. auch eine gerichtliche Überprüfung der Kündigung, d.h., der Arbeitgeber muss seine Kündigungsgründe näher nachweisen. Nur in besonders krassen Fällen mangelnder Sozialauswahl kommt auch bei sog. Kleinbetrieben, also solchen mit zehn oder weniger Arbeitnehmern, eine rechtliche Überprüfung der Kündigung in Betracht. Im Gegensatz zum Arbeitgeber kann der Arbeitnehmer sein Arbeitsverhältnis bei Einhaltung der Kündigungsfrist ohne Angabe von Gründen kündigen.

Demgegenüber bedarf es bei der **außerordentlichen Kündigung** sowohl seitens des Arbeitnehmers als auch seitens des Arbeitgebers eines wichtigen Grundes im Sinne des § 626 Abs. 1 BGB. Der Grund muss so gewichtig sein, dass dem Kündigenden unter Berücksichtigung aller Umstände und unter Abwägung der Interessen beider Vertragsteile die Fortsetzung des Arbeitsverhältnisses bis zum Ablauf der Kündigungsfrist nicht zugemutet werden kann. In der Regel wird vor Ausspruch einer außerordentlichen Kündigung eine **Abmahnung** verlangt. Die Rechtsprechung hält es im Rahmen der Verhältnismäßigkeit für geboten, den Arbeitnehmer auf sein vertragswidriges Verhalten hinzuweisen und ihm bei dessen Fortsetzung die Beendigung des Arbeitsverhältnisses in Aussicht zu stellen. Die Kündigung sei das letzte Mittel, um auf Vertragsverletzungen des Arbeitnehmers zu reagieren. Bei einem Verhalten, das der Arbeitnehmer beeinflussen kann (z.B. ständiges Zu-spät-Kommen), müsse dieser deshalb vorgewarnt werden. Wenn der Arbeitgeber wiederholt abmahnt, ohne die Androhung der Kündigung zu verwirklichen, kann beim Arbeitnehmer ein Vertrauen auf den Bestand des Arbeitsverhältnisses entstehen (BAG, Az. 2 AZR 609/00). Der Arbeitgeber muss vor der Kündigung dann die Warnfunktion durch eine besonders eindringliche Abmahnung erst wieder herstellen.

Nur bei besonders gravierenden Vertragsverletzungen, so z.B. bei Beleidigung des Vorgesetzten, Tätlichkeiten gegenüber Kollegen, Diebstahl oder Fälschung einer Arbeitsunfähigkeitsbescheinigung, halten die Gerichte eine vorherige Abmahnung für entbehrlich.

Wichtige Voraussetzung einer außerordentlichen Kündigung ist, dass sie innerhalb von zwei Wochen nach dem die Kündigung begründenden Pflichtverstoß ausgesprochen wird (§ 622 Abs. 2 BGB). Die Kündigung muss dem Arbeitnehmer innerhalb dieses Zeitraumes zugehen. Wird diese Frist versäumt, kann das Arbeitsverhältnis nur noch unter Einhaltung der ordentlichen Kündigungsfrist beendet werden. Dem Arbeitgeber steht es in diesen Fällen zwar regelmäßig frei, den Arbeitnehmer bis zur Beendigung des Arbeitsverhältnisses von der Arbeit freizustellen, dies jedoch nur bei Fortzahlung der Bezüge.

Besondere Schutzgesetze

Die Kündigungsfreiheit des Arbeitgebers ist durch den allgemeinen und besonderen Kündigungsschutz eingeschränkt.

Das wichtigste Gesetz zur Begrenzung der Kündigungsfreiheit des Arbeitgebers ist das **Kündigungsschutzgesetz** (KSchG). Der daraus resultierende allgemeine Kündigungsschutz gilt jedoch nicht für Kleinbetriebe. Das sind Betriebe, in denen i.d.R. zehn oder weniger Arbeitnehmer ausschließlich der Auszubildenden beschäftigt werden, wobei teilzeitbeschäftigte Arbeitnehmer von nicht mehr als 20 Stunden mit 0,5 und von nicht mehr als 30 Stunden mit 0,75 berücksichtigt werden. Für Beschäftigte, die vor dem 01.01. 2004 ihr Arbeitsverhältnis aufgenommen haben, gilt noch der alte Schwellenwert von i.d.R. nicht mehr als fünf Arbeitnehmern ausschließlich der Auszubildenden. Hier greift der Kündigungsschutz allerdings nur, wenn im Zeitpunkt der Kündigung noch mehr als fünf „Altarbeitnehmer", also Arbeitnehmer beschäftigt sind, die ebenfalls vor dem 01.01.2004 angestellt waren. Soweit das Kündigungsschutzgesetz auf das Arbeitsverhältnis Anwendung findet, ist die Kündigung gegenüber einem Arbeitnehmer, dessen Arbeitsverhältnis länger als sechs Monate bestanden hat, rechtsunwirksam, wenn sie nicht sozial gerechtfertigt ist. Der Arbeitgeber muss also einen Kündigungsgrund haben, der entweder in der Person oder im Verhalten des Arbeitnehmers liegt oder durch dringende **betriebliche Erfordernisse** bedingt ist, die einer Weiterbeschäftigung entgegenstehen. Stützt der Arbeitgeber seine Kündigung auf betriebliche Gründe, so hat er zusätzlich hinsichtlich der Auswahl des Arbeitnehmers soziale Gesichtspunkte zu berücksichtigen. Das Gesetz nennt hier insbesondere

- ◢ die Dauer der Betriebszugehörigkeit,
- ◢ das Lebensalter,
- ◢ die Unterhaltpflichten und
- ◢ eine mögliche Schwerbehinderung des Arbeitnehmers (§ 1 Abs. 3 KSchG).

Will der vom KSchG geschützte Arbeitnehmer die Kündigung angreifen, muss er dies innerhalb von drei Wochen nach Zugang der Kündigung durch Einreichung einer Klage beim zuständigen Arbeitsgericht geltend machen (§ 4 KSchG). Verstreicht diese Frist, ist die Kündigung grundsätzlich unangreifbar. Dasselbe gilt auch für eine vom Arbeitgeber ausgesprochene außerordentliche Kündigung, wenn der Arbeitnehmer geltend machen will, dass für sie kein wichtiger Grund vorgelegen habe.

Das KSchG gilt innerhalb seines Anwendungsbereichs auch für sog. **Änderungskündigungen** (§ 2 KSchG). Es handelt sich dabei um Fallgestaltungen, in denen der Arbeitgeber das Arbeitsverhältnis mit dem Arbeitnehmer nur zu veränderten Bedingungen (z.B. Änderung der Tätigkeit oder Arbeitzeit) fortsetzen will. Ist der Arbeitnehmer mit der seitens des Arbeitgebers gewünschten Änderung nicht einverstanden, so muss der Arbeitgeber das Arbeitsverhältnis kündigen und dem Arbeitnehmer zugleich die Fortsetzung des Arbeitsverhältnisses zu den geänderten Bedingungen anbieten. Der Arbeitnehmer kann dann das Angebot unter dem Vorbehalt annehmen, dass die Änderung der Arbeitsbedingungen sozial gerechtfertigt ist. Er muss dann ebenfalls innerhalb einer Dreiwochenfrist, beginnend ab Zugang der Änderungskündigung, entsprechende Klage beim Arbeitsgericht einreichen.

Besondere Kündigungsschutzrechte stehen Schwangeren sowie in Elternzeit befindlichen Arbeitnehmern zu. Nach § 9 **Mutterschutzgesetz** (MuSchG) bzw. § 18 **Bundeserziehungsgeldgesetz** (BErzGG) darf der Arbeitgeber das Arbeitsverhältnis nur mit ausdrücklicher behördlicher Zustimmung kündigen. Diese behördliche Zustimmung muss bereits vor Ausspruch einer Kündigung schriftlich vorliegen und der Kündigung beigefügt sein. Wird die Zustimmung verweigert, muss sie vor den Verwaltungsgerichten erstritten werden. Dieser besondere Kündi-gungsschutz für Schwangere besteht bereits mit Beginn der Schwangerschaft und endet erst mit Ablauf von vier Monaten nach Entbindung, wenn dem Arbeitgeber zur Zeit der Kündigung die Schwangerschaft oder Entbindung bekannt war oder innerhalb von zwei Wochen nach Zugang der Kündigung mitgeteilt wird. Hinsichtlich der Elternzeit darf der Arbeitgeber das Arbeitsverhältnis ab dem Zeitpunkt, von dem an Elternzeit verlangt worden ist, frühestens jedoch acht Wochen vor Beginn der Elternzeit und während der Elternzeit nicht kündigen.

Die Frage des Arbeitgebers nach einer bestehenden oder beabsichtigten Schwangerschaft verstößt grundsätzlich gegen § 611a BGB, der ein geschlechtsbezogenes Benachteiligungsverbot insbesondere bei der Begründung eines Arbeitsverhältnisses aufstellt. Stellt der Arbeitgeber diese Frage im Rahmen eines Bewerbungsgespräches, so darf die Bewerberin diese wahrheitswidrig beantworten. Nach einem Urteil des BAG vom 06.02.2003 (Az. 2 AZR 621 / 01) gilt dies auch und sogar dann, wenn die Frau die vereinbarte Tätigkeit wegen eines mutterschutzrechtlichen Beschäftigungsverbotes (z.B. bestimmte Labortätigkeit) zunächst nicht aufnehmen kann. Das BAG reagierte mit dieser Entscheidung auf eine entsprechende Rechtsprechung des EuGH.

Auch für **Schwerbehinderte** bestehen besondere Schutzrechte. Die Kündigung eines schwerbehinderten Arbeitnehmers bedarf nach § 85 SBG IX einer vorher einzuholenden behördlichen Zustimmung (Integrationsamt). Dies gilt für ordentliche wie für außerordentliche Kündigungen. Arbeitgeber, die über mindestens 20 Arbeitsplätze verfügen, haben auf wenigstens 5% der Arbeitsplätze Schwerbehinderte zu beschäftigen (§ 71 SGB IX). Von dieser Verpflichtung kann sich der Arbeitgeber allerdings im Wege einer Ausgleichsabgabe befreien (§ 77 SGB IX). Gemäß § 124 SGB IX sind Schwerbehinderte auf ihr Verlangen hin von der Ableistung von Überstunden freizustellen. Darüber hinaus haben Schwerbehinderte Anspruch auf im Regelfall fünf Arbeitstage Zusatzurlaub (§ 125 SGB IX).

Zur Sicherung des Kündigungsschutzes bestimmt § 613a BGB, dass bei rechtsgeschäftlicher Übertragung eines Betriebes oder Betriebsteiles (sog. **Betriebsübergang**) der Erwerber von Gesetz wegen in die Rechte und Pflichten aus den im Zeitpunkt des Überganges bestehenden Arbeitsverhältnissen eintritt. Im Zusammenhang mit dem **Erwerb einer Praxis** kann § 613a BGB erhebliche Bedeutung haben. Die Vorschrift verbietet ausdrücklich sowohl dem bisherigen Arbeitgeber als auch dem neuen Betriebsinhaber, Arbeitsverhältnisse wegen des Überganges des Betriebes zu kündigen (§ 613a Abs. 4 BGB). Zur Absicherung der Arbeitnehmer haftet der bisherige Arbeitgeber neben dem neuen Inhaber für alle arbeitsvertraglichen Verpflichtungen, soweit diese vor dem Zeitpunkt des Übergangs entstanden sind und vor Ablauf eines Jahres nach diesem Zeitpunkt geltend gemacht werden. Da keinem Arbeitnehmer gegen seinen Willen ein neuer Arbeitgeber aufgezwungen werden soll, hat der Arbeitnehmer die Möglichkeit, dem Übergang seines Arbeitsverhältnisses zu widersprechen (§ 613a Abs. 6 BGB). Ein solcher Widerspruch ist gegenüber dem bisherigem Arbeitgeber oder dem neuem Inhaber innerhalb **eines Monats** zu erklären. Die Erklärungsfrist beginnt erst ab Unterrichtung des Arbeitnehmers gem. § 613a Abs. 5 BGB. Widerspricht ein Arbeitnehmer dem Übergang seines Arbeitsverhältnisses, bleibt das Vertragsverhältnis zum bisherigen Arbeitgeber bestehen. Dieser kann den Arbeitnehmer aber i.d.R. mangels Weiterbeschäftigungsmöglichkeit aus betriebsbedingten Gründen kündigen. Bei Praxisübernahmen empfiehlt sich für den Übernehmer aufgrund der weitreichenden Rechtsfolgen eine intensive und umfassende Prüfung aller bestehenden Arbeitsverhältnisse.

Aufhebung von Arbeitsverträgen

Anstatt der Kündigung kann das Arbeitsverhältnis selbstverständlich auch durch Aufhebungsvertrag einvernehmlich beendet werden. Auch der Aufhebungsvertrag bedarf gem. § 623 BGB der Schriftform. Diese Form ist nur gewahrt bei eigenhändiger Unterzeichnung der Urkunde durch Namensunterschrift, sie kann nicht durch eine elektronische Form ersetzt werden.

Der Abschluss eines Aufhebungsvertrages hat i.d.R. für den Arbeitnehmer sozialversicherungsrechtliche Nachteile, da das Arbeitsamt in diesen Fällen regelmäßig eine Sperrzeit von zwölf Wochen hinsichtlich der Arbeitslosenansprüche verhängt (§ 144 SGB III).

10.5.4 Befristete Arbeitsverhältnisse

Die Befristung eines Arbeitsvertrages muss grundsätzlich schriftlich erfolgen. Mündliche Befristungsvereinbarungen sind unwirksam mit der Folge, dass das aufgenommene Beschäftigungsverhältnis als unbefristet gilt. Die Befristung des Arbeitsvertrages ohne sachlichen Grund ist nur zulässig bis zu einer Gesamtdauer von zwei Jahren, sofern zuvor noch nie ein Arbeitsverhältnis zu demselben Arbeitgeber bestanden hat und dieses innerhalb der Zweijahresgrenze höchstens dreimal verlängert wird. Bei neu gegründeten Betrieben ist eine Befristung ohne sachlichen Grund zulässig bis zu einer Gesamtdauer von vier Jahren, wobei eine unbegrenzte Zahl von Verlängerungen innerhalb von vier Jahren erfolgen kann. Eine erweiterte sachgrundlose Befristungsmöglichkeit sieht § 14 Abs. 3 TzBfG für Arbeitnehmer vor, die das 52. Lebensjahr vollendet haben und unmittelbar vor Beginn des befristeten Arbeitsverhältnisses mindestens vier Monate arbeitslos waren. Diese Arbeitnehmer können sachgrundlos bis zu einer Dauer von fünf Jahren mehrfach hintereinander befristet beschäftigt werden. Mit Sachgrund können Arbeitsverhältnisse unbeschränkt befristet werden. § 14 Abs. 1 TzBfG enthält einen nicht abschließenden Katalog von anerkannten Befristungsgründen; ein **sachlicher Befristungsgrund** liegt hiernach insbesondere dann vor, wenn

◢ der betriebliche Bedarf an der Arbeitsleistung nur vorübergehend besteht (z.B. vorübergehend erhöhter Arbeitsanfall),

◢ die Befristung im Anschluss an eine Ausbildung oder ein Studium erfolgt (z.B. Übernahme einer Auszubildenden),

◢ der Arbeitnehmer zur Vertretung eines anderen Arbeitnehmers beschäftigt wird (z.B. Schwangerschaftsvertretung),

◢ die Befristung zur Erprobung erfolgt oder

◢ in der Person des Arbeitnehmers liegende Gründe die Befristung rechtfertigen (z.B. ausdrücklicher Wunsch des Arbeitnehmers auf Befristung).

Wurde ein Arbeitsverhältnis wirksam befristet, endet es mit Ablauf der vereinbarten Zeit, ohne dass es einer Kündigung bedarf. Wird das Arbeitsverhältnis aber nach Ablauf der Befristung auch nur für einen Tag mit Wissen des Arbeitgebers fortgesetzt, so gilt es als auf unbestimmte Zeit verlängert, wenn der Arbeitgeber nicht unverzüglich widerspricht (§ 15 Abs. 5 TzBfG). Will sich der Arbeitnehmer auf die Unwirksamkeit einer Befristung berufen, so muss er innerhalb von drei Wochen nach dem vereinbarten Ende des befristeten Arbeitsvertrages eine sog. Entfristungsklage beim zuständigen Arbeitsgericht einreichen (§ 17 TzBfG).

10.5.5 Teilzeitarbeit

Arbeitnehmer, deren Arbeitsverhältnis länger als sechs Monate Bestand hat, haben nach Maßgabe des § 8 TzBfG einen einklagbaren Anspruch auf **Verkürzung** der bisherigen Arbeitszeit. Dies gilt jedoch nur gegen-

über Arbeitgebern, die (ausgenommen die Auszubildenden) i.d.R. mehr als 15 Arbeitnehmer beschäftigen (§ 8 Abs. 7 TzBfG). Nach § 8 Abs. 4 Satz 1 TzBfG hat der Arbeitnehmer Anspruch darauf, dass der Arbeitgeber seinem Verlangen auf Verringerung der Arbeitszeit zustimmt, soweit dieser nicht betriebliche Gründe gegen ein solches Begehren geltend machen kann. Nach einer BAG-Entscheidung vom 09.12.2003 (9 AZR 16/03) besteht ein solcher betrieblicher Grund nicht, wenn der Arbeitgeber die ausfallende Arbeitszeit durch die Einstellung einer Teilzeitkraft ausgleichen kann. Steht keine Ersatzkraft in Teilzeit zur Verfügung, ist es dem Arbeitgeber aber nicht zuzumuten, eine Vollzeitkraft einzustellen und Überstunden abzubauen. Klarstellend hat das BAG in seiner Entscheidung betont, dass es für die Beurteilung des Teilzeitanspruchs unerheblich sei, aus welchen Gründen der Arbeitnehmer eine Verringerung seiner Arbeitszeit anstrebe. Gemäß § 9 TzBfG sind Teilzeitbeschäftigte, die den Wunsch nach einer Verlängerung ihrer Arbeitszeit bekunden, bei der Neubesetzung von Arbeitsplätzen bevorzugt zu berücksichtigen.

10.5.6 Berufsausbildungsverträge

Für Berufsausbildungsverträge sieht das Berufsbildungsgesetz (BBiG) besondere Vorschriften vor. So beginnt das Berufsausbildungsverhältnis i.d.R. mit einer Probezeit. Diese muss mindestens einen Monat und darf höchstens vier Monate betragen (§ 20 BBiG). Das Berufsausbildungsverhältnis ist i.d.R. nur während der Probezeit, dann aber ohne Einhaltung einer Kündigungsfrist kündbar. Nach der Probezeit kann das Berufsausbildungsverhältnis immer nur dann gekündigt werden, wenn ein wichtiger Grund hierfür vorliegt. Ein solcher wichtiger Grund kann nicht in der unterdurchschnittlichen Leistung des Auszubildenden gesehen werden. Schwänzt der Auszubildende jedoch regelmäßig seine Berufsschulzeit oder ist er ansonsten im Betrieb unpünktlich, so kann er nach erfolgter Abmahnung auch nach Beendigung der Probezeit wirksam gekündigt werden. Berufsausbildungsverträge sollten im Regelfall vom zuständigen Berufsverband angefordert und somit einheitlich gestaltet werden. Besondere Aufmerksamkeit verdient die Vorschrift des § 24 BBiG, nach welcher das Arbeitsverhältnis als auf unbestimmte Zeit eingegangen gilt, wenn der Auszubildende auch nur einen Tag im Anschluss an das Ausbildungsverhältnis ohne schriftliche Befristungsabrede weiterbeschäftigt wird.

10.5.7 Zeugnis

Arbeitnehmer haben im Laufe des Arbeitsverhältnisses und spätestens bei Beendigung des Arbeitsverhältnisses Anspruch auf ein Zwischen- bzw. Schlusszeugnis [s. hierzu ausführlich: Schleßmann 2007]. Der Streit um Zeugnisse entfacht sich i.d.R. über deren Inhalt. Arbeitszeugnisse müssen in erster Linie der Wahrheit entsprechen (BAG, 23.06.1960, BB 1960, 983). Es ist dem Arbeitgeber nicht zu empfehlen, dem Arbeitnehmer Fähigkeiten oder Kenntnisse zu bescheinigen, die dieser nicht hat. Hier drohen dem das Zeugnis ausstellenden Arbeitgeber Schadenersatzansprüche eines künftigen Arbeitgebers, der im Vertrauen auf die Richtigkeit des Zeugnisses den betreffenden Arbeitnehmer eingestellt und hierdurch selbst einen Schaden erfahren hat. Daneben soll das Arbeitszeugnis aber auch grundsätzlich das berufliche Fortkommen des Arbeitnehmers fördern, es muss „wohlwollend" sein. In diesem Spannungsfeld bedarf es insbesondere bei Unzufriedenheit eines Arbeitgebers mit den Leistungen des Arbeitnehmers einigen Fingerspitzengefühls, um für beide Parteien akzeptable Formulierungen zu finden.

10.5.8 Betriebsverfassungsrecht

In Betrieben, in denen mindestens fünf wahlberechtigte Arbeitnehmer beschäftigt sind, von denen drei wählbar sind, hat die Belegschaft das Recht, einen Betriebsrat zu installieren. Wahlberechtigt sind alle volljährigen Arbeitnehmer des Betriebes. Wählbar sind alle Wahlberechtigten, die sechs Monate dem Betrieb angehören. Das Betriebsverfassungsgesetz (BetrVG) gewährt dem Betriebsrat weitreichende Mitwirkungs- und Mitbestimmungsrechte in den Bereichen soziale Angelegenheiten, Gestaltung des Arbeitsplatzes, Arbeitsablauf und Arbeitsumgebung sowie in personellen Angelegenheiten. Von besonderer Bedeutung ist insoweit die Vorschrift des § 102 BetrVG. Nach dieser ist der Betriebsrat vor jeder Kündigung anzuhören. Widerspricht der Betriebsrat einer Kündigung und hat der Arbeitnehmer gegen diese Kündigung geklagt, so ist der Arbeitgeber gem. § 102 Abs. 5 BetrVG verpflichtet, auf Verlangen des Arbeitnehmers diesen nach Ablauf der Kündigungsfrist bis zum rechtskräftigen Abschluss des Rechtsstreits bei unveränderten Bedingungen weiterzubeschäftigen.

10.5.9 Arbeitsgerichtsverfahren

Für alle Streitigkeiten zwischen Arbeitnehmern und Arbeitgebern, die das Bestehen bzw. Nichtbestehen eines Arbeitsverhältnisses oder Ansprüche aus einem solchen betreffen, sind die Arbeitsgerichte ausschließlich zuständig. Die örtliche Zuständigkeit ergibt sich aus § 29 ZPO. Sie liegt für gewöhnlich am Sitz des Arbeitgebers. Vor den erstinstanzlichen Arbeitsgerichten besteht kein Anwaltszwang, die Parteien können sich mithin selbst vertreten. Nach § 12a ArbGG besteht im Urteilsverfahren der ersten Instanz kein Anspruch der obsiegenden Partei auf Erstattung der durch eine Beauftragung eines Rechtsanwaltes entstehenden Kosten, d.h., beide Parteien haben ihre Kosten selbst zu tragen. Im Rahmen eines Berufungsverfahrens gilt dann die allgemeine zivilprozessuale Kostentragungspflicht der unterliegenden Partei.

10.6 Arzt und Familienrecht

Es ist kein Geheimnis, dass die Ehe und das Zusammenleben in der familiären Gemeinschaft nicht alleine Gefühlsangelegenheiten sind. Dies gilt umso mehr, wenn Familie und Unternehmen/Arztpraxis miteinander vereint werden müssen. Um die Auszehrung und Vernichtung der Praxis zu vermeiden, ist Vorsorge auch in diesem Bereich unerlässlich. Dies ist auch im Interesse des Ehepartners, denn die Praxis soll schließlich auch weiter der Existenzsicherung der gesamten Familie dienen.

Es bietet sich an, im Rahmen eines vorsorgenden Ehevertrages die sog. **modifizierte Zugewinngemeinschaft** zu vereinbaren, in der für den Fall der Scheidung die Praxis vom Zugewinn ausgenommen wird. Geschieht das nicht, fällt die Praxis in den Zugewinn und ist im Rahmen des gesetzlichen Zugewinnausgleichs – war sie bei Eheschließung schon vorhanden – mit ihrer Wertsteigerung während der Ehezeit oder – ist die Praxis erst während der Ehezeit gegründet worden – mit ihrem gesamten Wert anzusetzen.

Beim gesetzlichen Zugewinnausgleich ist das jeweilige sog. Endvermögen der Ehegatten zum Scheidungsstichtag (Zustellung des Antrags an den Gegner) mit dem jeweiligen Anfangsvermögen bei Eheschließung zu vergleichen. Hat der eine Ehegatte während der Ehe ein höheres Vermögen erworben als der andere, ist der Saldo hälftig auszugleichen. Auch wenn bei der Berechnung des Endvermögens Verbindlichkeiten in Abzug zu bringen sind, bleibt i.d.R. dem Ehegatten, der

Hauptverdiener in eigener Arztpraxis ist, ein durch oftmals jahrzehntelange Arbeit geschaffener erheblicher Praxiswert, der dann ggf. zu teilen ist.

Im Hinblick auf die aktuell häufig erfolgenden BAG-Gründungen muss an dieser Stelle auf einen weiteren Teilaspekt hingewiesen werden: Besteht zwischen den Ehepartnern kein Ehevertrag, dann müssen die Gesellschafter einer BAG oder eines MVZ im Gesellschaftervertrag festschreiben, dass jeder Gesellschafter eine notariell beglaubigte Zwangsvollstreckungsverzichtserklärung seines Ehepartners den Mitgesellschaftern vorlegt. Diese Maßnahme ist erforderlich, um zu vermeiden, dass im Scheidungsfall einer der Ehepartner in das Gesellschaftsvermögen mit dem Effekt hineinpfändet, ggf. das gesamte ärztliche Unternehmen in seinem Bestand zu gefährden.

In dieser Situation kommt es häufig zum Streit über die Bewertungsmethode für die Ermittlung des Praxiswerts. Geldforderungen festzustellen, ist einfach. Eine Arztpraxis zu bewerten hat schon viele Gerichte und Sachverständige beschäftigt. Das kostet Geld!

Vom Bundesgerichtshof werden zur **Bewertung einer Arztpraxis** sowohl die von der Bundesärztekammer entwickelte Richtlinie als auch das Ertragswertverfahren anerkannt. Die Empfehlung der Bundesärztekammer stellt eine rein umsatzorientierte Bewertungsmethode dar. Von den durchschnittlich erzielten Umsätzen der letzten drei Jahre abzüglich eines kalkulatorischen Arztlohnes wird eine Quote von einem Drittel gebildet. Besonderheiten werden auf Grundlage bloßer Schätzung durch pauschale Zu- oder Abschläge berücksichtigt.

Die von den öffentlich bestellten Sachverständigen bevorzugte Ertragswertmethode bezieht auch die Kostensituation der Praxis ein: unterschiedliche Kostensätze zwischen einzelnen Fachgruppen, regionale Unterschiede etc.

In jedem Fall muss vom ermittelten Praxiswert die sog. **latente Steuerlast** abgezogen werden, was sich wegen der derzeit noch geltenden Progression für den Ausgleichspflichtigen sehr günstig auswirken kann. Der Zugewinnausgleich fingiert den Verkauf der Praxis zum Wert am Stichtag. Ein Verkauf löst aber Ertragssteuern aus, die dann ebenfalls berücksichtigt werden müssen.

Näheres zur Praxiswertberechnung erfahren Sie im Wegweiser „Arzt und Praxisabgabe" [Fahlbusch, Kirschner, Wigge 2005].

Im Rahmen des **Scheidungsverfahrens** lässt sich lange und kostenintensiv über die richtige Berechnung des Praxiswerts streiten. Es ist deshalb sinnvoll, rechtzeitig und in guten Zeiten über einen Ehevertrag nachzudenken, der im Fall des Scheiterns der Ehe Konfliktpotenzial vermeiden hilft, ohne dass der andere Ehegatte benachteiligt werden muss. Die aktuelle Rechtsprechung des BGH (Urteil vom 11.02.2004, Az. XII ZR 265/02) zur Inhaltskontrolle von Eheverträgen lässt den – jedenfalls isolierten – Ausschluss des Zugewinns und die Vereinbarung der Gütertrennung durchaus zu. Erst recht muss dies für den modifizierten Zugewinnausgleich gelten, der zwar die Praxis, nicht aber andere Vermögenswerte vom Zugewinnausgleich ausnimmt. Wird für den anderen Ehegatten dann noch ein Surrogat vereinbart, z.B. auf seiner Seite die Nichtanrechnung einer Lebensversicherung, die während der Ehe für ihn angespart wurde, kann an der Wirksamkeit einer solchen Vereinbarung letztendlich kein Zweifel bestehen.

Eine andere Variante der Streit- und Kostenvermeidung im Falle der Scheidung besteht in der einvernehmlichen Festlegung der Bewertungsmethode (s.o.) in einem Ehevertrag.

Im Falle der Scheidung hat der Arzt ggf. auch **Kindes- und Ehegattenunterhalt** zu leisten. Soll auch hierzu – insbesondere im Zusammenhang mit anderen Vereinbarungen zum Zugewinn und zum Versorgungs-

ausgleich – eine ehevertragliche Regelung geschaffen werden, bedarf dies wegen der aktuellen Rechtsprechung zur Inhaltskontrolle von Eheverträgen der sorgfältigen Beratung.

Ehevertragliche Regelungen, die einen Verzicht auf Trennungsunterhalt vorsehen, sind von Gesetzes wegen unwirksam. Zum **nachehelichen Unterhalt** kann jedoch eine Vereinbarung sinnvoll sein, die sich nicht an der Höhe des Einkommens aus der Arztpraxis orientiert, sondern an der Höhe des Bedarfs, d.h. dem Zuschnitt während der ehelichen Lebensgemeinschaft. Langwierige Auseinandersetzungen über die Höhe des Einkommens aus der Arztpraxis lassen sich so ebenso vermeiden wie wiederkehrende Abänderungsklagen, die sich auf Schwankungen des Arzteinkommens berufen.

Literatur

D. Brück D (Begr.) (2007) Kommentar zur Gebührenordnung für Ärzte (GOÄ). Fortgeführt von Hess R und. Klakow-Franck R, 3. Aufl., Deutscher Ärzte-Verlag, Köln

Fahlbusch, Kirschner (2008) Arzt und Niederlassung, 2. Aufl. Deutscher Ärzte-Verlag, Köln

Fahlbusch, Kirschner, Wigge (2005) Arzt und Praxisabgabe. Deutscher Ärzte-Verlag, Köln

Madea (2007) Medizinschadensfälle und Patientensicherheit. Deutscher Ärzte-Verlag, Köln

Laum, Gutachterkommissionen und Schlichtungsstellen der Landesärztekammern

Schleßmann (2007) Das Arbeitszeugnis. 18., neu bearbeitete Aufl. Verlag Recht und Wirtschaft, Frankfurt am Main

Die vertragsärztliche Versorgung im Überblick

11 Wirtschaftliche Praxisführung: Erfahrungsbericht der Übernahme einer Hausarztpraxis

Frieder Götz Hutterer, Rolf-Rainer Riedel

Die Hausarztpraxis lebt von der Nähe zu den Patienten. Aus diesem Grund ist die Einzelpraxis noch eine sehr häufig vorkommende Praxisform, vor allem in ländlichen Gebieten ist sie vorherrschend, aber auch in der Stadt. Für eine Entscheidung und Beurteilung der Wirtschaftlichkeit ist die Lage und Umgebung mit entscheidend. Nun kann sich natürlich nicht jeder den gleichen Standort für seine Praxis aussuchen. Praxen in Ballungszentren müssen mit der Konzentration der Haus- und Facharztpraxen in wachsendem Umfang ausgehen, in ländlichen Gebieten wird diese Entwicklung differenzierter zu betrachten sein: Sofern sich die Tendenz fortsetzt, freiwerdende ländliche Hausarztsitze nicht nachbesetzen zu können, wird dies neue regionale Versorgungsschwerpunkte beispielsweise in Form von MVZ oder BAG fördern. In Oberzentren wie beispielsweise kreisfreien Städten kann aufgrund einer eher bewahrenden als innovativen Wirtschaftsentwicklung davon ausgegangen werden, dass die heutige Form der Praxislandschaft weiterbestehen bleibt. Das Patientenaufkommen ist in den Flächengebieten größer als in der Stadt. In vielen Fällen wird die Übernahme einer Altpraxis mit dem Erwerb einer Immobilie verknüpft. All diese Dinge sind bei einer Praxisübernahme zu berücksichtigen.

Ich habe 1989 eine alteingesessene Hausarztpraxis im Kölner Norden übernommen. Die Klientel setzte sich aus den Bewohnern der unmittelbaren Umgebung sowie den Beschäftigen der umgebenden Industriebetrieben zusammen. Die ärztliche Betreuung war sehr persönlich und weitgehend familiär und schloss viele Hausbesuche ein.

11.1 Bestandsaufnahme der zu übernehmenden Altpraxis

11.1.1 Lage und Raumaufteilung

Die Praxis befindet sich im Norden Kölns in einem kleinen, jedoch schon integrierten Vorortstadtteil. Im Einzugsgebiet gibt es ca. 200 000 Einwohner. In unmittelbarer Nähe versorgen insgesamt drei Hausärzte den Sprengel. Ein Krankenhaus befindet sich in unmittelbarer Nähe. Fachärzte sind nicht vorhanden.

Die angebotene Praxis ist zusammen mit einer Immobilie (Mehrfamilienhaus mit Grundstück) komplett erworben worden. Die Praxisräume befinden sich im Erdgeschoss und sind mit 110 Quadratmetern ausreichend groß. Ein großes Wartezimmer, ein Sprech- und Untersuchungszimmer, ein Funktionsraum für physikalische Therapien, ein privates Sprechzimmer und ein Labor waren um eine mittig gelegene Anmeldung angeordnet.

11.1.2 Leistungsspektrum

Die morgendliche Blutabnahme war verbunden mit dem Transport zum Labor, wobei auch häuslich versorgte Patienten angefahren wurden. Das Eintragen der Laborwerte in die Karteikarten, Abheften und Sortieren der Befunde nahmen seinerzeit die meiste Zeit der MFA in Anspruch. Heute werden die Befunde in das Praxismanagementsystem eingepflegt, sofern es sich um pathologische oder kontrollbedürftige Parameter handelt.

Beratung und Untersuchung standen im Mittelpunkt des Praxisangebotes, Therapien in Form von Injektionen, Infusionen, Mikrowellenbestrahlung und Reizstrom vervollständigten das Spektrum.

Ein 12-Kanal-EKG stand für die Routinediagnostik neben Ultraschall und Koloskopie zur Verfügung. Hausbesuche und die regelmäßige Teilnahme am ärztlichen Notdienst gehörten ebenfalls zur ärztlichen Routinetätigkeit.

11.1.3 Personal und Aufgabenverteilung Personalführung

Das Personal bestand neben dem Arzt aus dessen mitarbeitender Ehefrau sowie zwei Arzthelferinnen in Vollzeit und einer Auszubildenden sowie einer Reinemachefrau.

Die Aufgaben bestanden neben der Aufnahme an der Rezeption, der Verwaltung der Karteikarten und der Betreuung des Telefons zumeist im Ausfüllen der Formulare, da es weder Adrema noch Schreibmaschine oder gar PC gab.

Die Personalführung wurde durch die mitarbeitende Ehefrau gewährleistet. In familiärer Atmosphäre wurden Arbeiten einseitig durch den Arzt und seine Frau delegiert.

11.1.4 Kommunikation

Eine Telefonanlage war vorhanden, jedoch nur auf eine Nummer geschaltet, sodass nicht gleichzeitig telefoniert werden konnte. Daneben war die Telefonanlage auch als Rufanlage zu nutzen.

11.1.5 Einkauf und Lagerung

Der Praxisbedarf wurde über die ortsnahe Apotheke geordert und abgewickelt.

11.1.6 Terminplanung

Eine Terminplanung war nicht vorhanden.

Die offiziellen Sprechzeiten lagen von Montag bis Freitag vormittags zwischen 07:30 Uhr und 12:00 Uhr, nachmittags außer Mittwoch zwischen 16:00 Uhr und 18:00 Uhr. Die Praxis wurde morgens um 6:30 Uhr geöffnet. Jeder Patient konnte sich für einen Termin in eine Liste im Wartezimmer eintragen oder warten. Nach dieser Liste wurden die Patienten abgearbeitet.

Feste Arbeitszeiten gab es nicht. Der Dienst war mit der Behandlung des letzten Patienten beendet.

11.1.7 Dokumentation und Archivierung

Für die Dokumentation der ärztlichen und pflegerischen Leistungen wurde die Karteikarte DIN-A5 quer verwendet. Diese lagerten hinter der Anmeldung in Ziehschubladen, geordnet nach Kassen. Eingetragen wurde alles mit Datumsstempel, Labordaten und Krankenhaus- und Facharztberichte ebenso wie persönliche Aufzeichnungen des Arztes.

Laborbefunde und Arztbriefe wurden quartalsweise im DIN-A4-Ordner unter verschiedenen Rubriken abgeheftet. Altordner wurden im Karteiraum im Keller aufbewahrt, Röntgenbilder in einem großen Karton gesammelt. Einen Röntgenbildbetrachter gab es nicht.

11.1.8 Wirtschaftliches Konzept und Ergebnis

Die Praxis lebte von der Menge der Krankenscheine und der Behandlungsziffer 1 nach dem damals gültigen Einheitlichen Bewertungsmaßstab (EBM). Damit wurde die Existenz gesichert. Privatpatienten waren aufgrund der Lage nur in geringem Maße vorhanden (ca. 30 pro Quartal).

Die Strategie der Praxis war die Maximierung der Scheinzahl, da dies zum wirtschaftlichen Erfolg beitrug. Erhöhung des Privatpatientenanteils ließ die Lage und das Einzugsgebiet der beschriebenen Praxis nicht zu.

So basierte das Konzept auf Erinnerung, Ansprache und persönlichem Kontakt zu den Patienten. Dies wurde durch ausgeprägte Hausbesuche und ständige Telefonbereitschaft untermauert. Die Scheinzahl sank dennoch mit den Jahren und lag bei der Übernahme bei rund 1000 Krankenscheinen. Berufgenossenschaftliche Behandlung wurde nicht durchgeführt; auch das nahe gelegene Altersheim war nicht angeschlossen.

11.2 Gedanken zur Wirtschaftlichkeit und Übernahmekonzept

Die Arztpraxis lebt von der persönlichen Leistungserbringung, d.h. in der Zeit der Praxissprechstunde darf die ärztliche Leistung keinen Leerlauf haben. Das Leistungsspektrum muss definiert und auf ökonomische Gegebenheiten geprüft werden. Nicht ärztliche, delegierbare Leistungen müssen delegiert und dürfen nicht selbst erbracht werden. Die Räumlichkeiten müssen den Ablauf der Praxisorganisation unterstützen. Nur Patienten, welche behandelt werden, gehören in die Praxiszone. Das Wartezimmer wird der Anmeldung vorgelagert. Terminvergaben werden eingeführt. Das Personal soll i.d.R. pünktlich die Praxis verlassen. Den MFA werden feste Aufgaben zugeordnet. Sie haben sich um die Patienten zu kümmern, dem Arzt zu assistieren und den reibungslosen Praxisablauf zu garantieren.

11.2.1 Praxisform

Nach eingehenden Gesprächen mit meinem Wirtschaftsberater entschieden wir uns für die Einzelpraxis in der Übernahmezeit. Das Praxispersonal wurde auf Wunsch des scheidenden Kollegen übernommen und hätte auch nach den bestehenden gesetzlichen Bestimmungen nicht gekündigt werden können.

> **Praxistipp**
> Sanfte Übergangslösungen, auch wenn sie wirtschaftlich etwas ungünstiger sind, schaffen Vertrauen und sichern die Nachhaltigkeit der Praxis.

11.2.2 Praxisangebot

Das Praxisangebot richtet sich nach den Qualifikationen des Arztes, den Vorgaben des GKV-Kataloges und der Wirtschaftlichkeit der Leistungserbringung. Leistungen, die sich nicht rechnen, muss man teilweise aus Sicherstellungsgründen vorhalten, sie sollten jedoch die Praxis nicht belasten.

Ein wichtiges Angebot ist die Präsenz, d.h. offene Sprechstunden und telefonische Beratungen sowie die Möglichkeit des Hausbesuches auf Anforderung oder angemeldet zur Routineüberprüfung des Gesundheits- oder Pflegezustandes der Patienten.

Offene Sprechstunde
Die Sprechstundenzeiten sind angezeigt und erstrecken sich i.d.R. vormittags über vier Sunden und am Nachmittag über zwei Stunden. Der Mittwoch- und der Freitagnachmittag sind durch den organisierten Notdienst abgedeckt. Samstagssprechstunden sind regulär nicht üblich, jedoch auf Terminierung jederzeit möglich und werden auch durchgeführt.

Durch die Teilnahme am organisierten Notfalldienst kommen wir auch der gesetzlichen Verpflichtung zur Betreuung der Patienten außerhalb der Sprechstundenzeiten nach.

Untersuchungen

Geplante Untersuchungen. Untersuchungen werden angeboten

▲ im Rahmen der GKV: U9 für Vorschulkinder, Jugendgesundheitsuntersuchungen, Check-up für Frauen und Männer ab 35 Jahren, Krebsfrüherkennungsuntersuchungen für Männer ab 45 Jahren, Vorbereitungsuntersuchungen zur ambulanten Operation

▲ im Rahmen des Arbeitschutzgesetzes: Jugendschutzuntersuchungen vor Aufnahme der Ausbildung und die dazugehörige Nachuntersuchung

▲ im Selbstzahlerbereich: Untersuchungen auf Anforderung der Versicherungen, zur Erlangung der Fahrerlaubnis. Einstellungsuntersuchungen auf Anforderung, Sportuntersuchungen zur Ermittlung der Sporttauglichkeit u.Ä.

Notfall-Untersuchungen. Hier ist die akute Situation führend. Die Praxis ist für den hausärztlichen Notfall, der jederzeit eintreten kann, ausgerüstet, ebenso für häusliche Notfälle durch einen standardisierten Notfallkoffer:

▲ Häusliche Notfälle
▲ Frische Wunden
▲ Akutes Koronarsyndrom
▲ Fieberhafte akute Infekte
▲ Unfälle
▲ Allergische Akutzustände, z.B. Asthmaanfall, Urtikaria, Schleimhautschwellungen
▲ Gicht
▲ Akute Schmerzzustände und Bewegungseinschränkungen
▲ Psychiatrische Notfälle

Untersuchungen im Rahmen der Chroniker-Programme

Wir nehmen seit 1998 an diesen Programmen teil, jetzt sind es DMP Diabetes, DMP KHK und DMP COPD und Asthma. Dafür

sind Zertifizierungen für den Arzt und die Medizinische Fachangestellte notwendig. Regelmäßige Teilnahme an Qualitätszirkeln und Jahresfortbildungen ist erforderlich.

Zunehmend werden außerdem Verträge zur Integrierten Vorsorgungs zwischen verschiedenen Leistungserbringern geschlossen, an denen auch der Hausarzt teilnehmen kann. Hier sei der BEK-Hausarztvertrag als Beispiel genannt, dem wir von Beginn an unseren BEK-Versicherten anbieten.

11.2.3 Beratungen

Die Beratung ist ein wesentlicher Teil hausärztlicher Tätigkeit. Da sich die Behandlung über Jahre erstreckt, immer neue Situationen auf die Betroffenen zukommen und häufig mehrere Generationen innerhalb einer Familie betreut werden, ist die Beratungsleistung elementar.

Von der Prävention bis zu Sterbebegleitung ist die häufig aufwendige und zeitintensive Beratung aus dem ärztlichen Alltag nicht wegzudenken. Im allgemeinen derzeitigen Überlebenskampf gibt es viele Situationen in der Familie, zwischen Partnern und am Arbeitsplatz, welche die körperliche und seelische Kraft überfordern und langfristige Schäden hervorrufen, wenn wir sie nicht mit unserer psychosozialen ärztlichen Kompetenz abfedern und verhindern.

11.2.4 Technische Leistungen

Laboruntersuchungen

Die Laboruntersuchung ist im Zusammenhang mit der Prävention, Diagnostik, dem Follow-Up und der Langzeitbehandlung unverzichtbarer Bestandteil der ärztlichen Praxis. Hygiene-, BÄK- und Arbeitsschutzrichtlinien wie auch wirtschaftliche Zwänge haben dazu geführt, dass notwenige Laborparameter nur noch in einer Laborgemeinschaft wirtschaftlich erbracht werden können. Achten sollte man darauf, dass OI-III und MI-III Labor aus einer Laborkooperation kommt, damit der Proben- und Datentransport mit dem gleichen Fahrdienst erfolgt und so Nebenkosten gesenkt werden können. Wirtschaftlich ist auch eine Kooperation mit einem Handelssegment, mit Geräte-Partnerschaften, Reparatur-, Eich-, Kontroll- und Sicherheitstechnikservice.

Unter diesen Aspekten habe ich 2002 eine Laborgemeinschaft Rheinscher Ärzte gegründet, welche unter dem Dach der MED Laborunion alle diese Vorzüge vereinigt.

EKG-12-Kanal mit Interpretation

In der Akut- und Langzeitdiagnostik ist das EKG ein wichtiges Element. Preiswerte, erweiterungsfähige Modelle mit Schnittstellen zur PC-Anbindung, z.B. Schiller AT10, sind völlig ausreichend und zuverlässig.

Langzeitblutdruckmessung

Die 24-Stunden-Blutdruckmessung erweist sich in der Hausarztpraxis als sehr nützlich. Die Einstellung des Blutdrucks mit exzellenter Dokumentation macht in vielen Fällen den Kardiologen kurzfristig unnötig und bietet gerade bei chronischen Patienten die Möglichkeit, Medikation zu überprüfen und zu verbessern. Die Patientenbindung wird gefestigt, und die Indikation für weitergehende Diagnostik erhält eine höhere Qualität. Die Gerätschaft ist zuverlässig und am Patienten und in der Software einfach zu bedienen.

Ultraschalluntersuchung

Als ich mich 1989 niederließ, hielt ich ein Ultraschallgerät nicht unbedingt nötig. Die erlernte körperliche Untersuchung in meiner langjährigen chirurgischen Ausbildung ermöglichte es, mit den Händen und dem Stethoskop mit hoher Treffsicherheit Erkrankungen des Abdomens, der Nieren oder Schilddrüse zu erkennen. Wirtschaftlich war

es zu dem Zeitpunkt auch nicht, da die Geräte sehr teuer waren und keine Erstattung über die GKV möglich war.

Vor sechs Jahren hat sich meine Meinung geändert. Als Angebot für die wenigen Privatpatienten und zur Sicherung der Diagnostik des Abdomens, der Nieren und der Schilddrüse war es notwendig geworden, ein Ultraschallgerät vorzuhalten, auch um den Wettbewerbsvorteil nicht zu vergeben.

Die Geräte waren preiswerter und vor allem kleiner geworden. Ich habe mich für ein tragbares Gerät entschieden, welches ich im Koffer mit zu dem Patienten nehmen kann, die beiden erforderlichen Schallköpfe inklusive. Die Untersuchungen werden i.d.R. morgens zwischen 8:00 Uhr und 9:00 Uhr nüchtern durchgeführt, meist im Zusammenhang mit einer Blutabnahme. Dokumentiert wird mittels Papierbild oder als Datei im PC. Für die Abrechnung ist die persönliche Zulassung bei der KV notwendig,

Lungenfunktionsuntersuchung

Die Lungenfunktionsdiagnostik ist fast schon obligatorisch für die Hausarztpraxis. Es ist jedoch auch ein gutes Instrument zur Patientenführung und zur Unterscheidung zwischen Atemnotsensationen ohne pulmonales Korrelat und akuten Asthma- oder Exazerbationen chronischer Atemwegserkrankungen. Die Dokumentation erfolgt auf Papier oder als Datei im PC. Ich führe die Lungenfunktionsuntersuchung (LUFU) persönlich durch und habe so einen sicheren Hinweis auf Compliance-Fehler und die Validität der Ergebnisse.

Endoskopie

In der Ausbildung zum Chirurgen war mein Spezialgebiet die kolorektale Chirurgie. Aus diesem Bereich habe ich die Proktologie in die Hausarztpraxis mitgenommen. Sie beinhaltet die Proktoskopie, die Rektoskopie und die Behandlung von Erkrankungen des Enddarms. Die Zusatzbezeichnung Proktologie ist genehmigungspflichtig. Nach einer Prüfung in der Ärztekammer Nordrhein darf ich diese Bezeichung auch auf dem Praxisschild aufführen.

Für die Durchführung sind ein oder zwei Rektoskope, mehrere Proktoskope, die dafür notwendige Kaltlichtquelle sowie das Instrumentarium zur Behandlung von Hämorrhoiden anzuschaffen. Wir verwenden das Instrumentarium nach Barron zur Gummiband-Ligatur der Hämorrhoiden. Alle anderen Erkrankungen des Enddarmes sind mit einem Instrumentarium für die kleine Chirurgie erfolgreich und einfach zu behandeln.

Teilnahme am hausärztlichen Bereitschaftsdienst

Nach der gemeinsamen Notfalldienstordnung der Kassenärztlichen Vereinigung und der Ärztekammer ist die Versorgung außerhalb der sprechstundenfreien Zeit durch die niedergelassenen Vertrags- und Privatärzte zu gewährleisten. Seit 1994 haben sich die Ärzte in unserem Notfallbezirk zusammengeschlossen und bestreiten den Bereitschaftsdienst aus einer zentralen Notfallpraxis heraus.

Für die Abrechnung gelten die speziellen Ziffern des EBM 2008. Die Vergütung erfolgt mit einem festen Punktwert, sodass dies eine zusätzliche Einnahmequelle für die Praxis bedeutet. Die Behandlung erfolg in der Zentralen Notfallpraxis oder über den angeforderten Hausbesuch beim Patienten.

11.2.5 Therapeutische Leistungen

Injektionen

In der täglichen Praxis sind Injektionen unverzichtbarer Bestandteil der Diagnostik, Therapie und Prophylaxe. Intrakutan, subkutan, intramuskulär, intravenös, peri- oder intraartikulär. Punktionen von Gelenken, Abszessen und Lymphknoten gehören genauso dazu wie Infiltrationen von Gewebe-

bereichen und das Einbringen von Lösungen in Gelenke.

Physikalische Therapien

Aus der großen Palette der physikalisch-therapeutischen Leistungen werden die meisten über das Muster 13 Heilmittelverordnung rezeptiert. Wärme-Therapie, Ultrareizstrom, Mikrowellenbestrahlung und Inhalationen sind einfache und günstige Therapieformen, welche die Patientenbindung fördern und die Therapiekontrolle beim Hausarzt verbessern. Hierbei muss die Praxis darauf achten, den Selbstkostenanteil des Patienten zu berechnen und einzufordern. Je nach Ausbildung hat der Hausarzt auch hier die Möglichkeit, die Palette seinen Fähigkeiten gemäß zu erweitern oder zu variieren.

Chirurgische Eingriffe

Die Versorgung kleiner Wunden, Entfernung kleiner Geschwülste, Spaltung kleiner Abszesse, Entfernung von Warzen oder Behandlung eingewachsener Nägel mittel Emmet-Plastik sind durchaus geeignet, in der Hausarztpraxis durchgeführt zu werden. Das notwendige Instrumentarium ist übersichtlich, kann häufig wiederverwendet werden und ist leicht zu sterilisieren. Es erhöht den Standard der Praxis, was wiederum auch lukrativen Privatpatienten den (kurzen, schnellen) Weg in unsere Einrichtung erleichtert. Allerdings fordert es ein gutes Zeit- und Personalmanagement, damit ein kleiner Eingriff nicht lange die Praxis blockiert. Gute Vorbereitung (QM) durch die MFA und geeignete Räumlichkeiten sind Voraussetzung. So entfernen wir häufig kleine Basaliome im Gesichtbereich, unklare Nävii, Fibrome, Atherome, Lipome, Molluscen u.v.a.m.

Proktologische Behandlungen

Durch die Zusatzbezeichnung Proktologie und die Zulassung durch die KVNo bin ich jetzt in der Lage, die Proktologie nach EBM zu erbringen und abzurechnen. Hier handelt es sich vor allem um die Diagnostik der Enddarmerkrankungen mittels Anamnese, Inspektion, digitaler, proktoskopischer und rektoskopischer Untersuchung. Die Behandlung der Hämorrhoidenerkrankungen erfolgt mittels Barron-Ligatur. Zusätzlich werden Probeexzisionen aus Tumoren entnommen, Mariksen, Condylomata und hypertrophische Analpapillen chirurgisch entfernt, Fisteln und perianale Thrombosen gespalten und akute Analfissuren durch Injektionen und Dehnung verbessert. Die Proktologie hinterlässt dankbare Patienten und ist vom Zeitaufwand in einer Hausarztpraxis leicht realisierbar. In vielen Fällen verhindern wir die unnötige stationäre Behandlung, in anderen Fällen erhöhen wir die Akzeptanz des Patienten für einen notwendigen chirurgischen Eingriff im Krankenhaus.

Akupunktur

Für die Indikationen Rückenschmerz und Kniegelenksschmerz hat der Gemeinsame Bundesausschuss eine Behandlung zulasten der GKV beschlossen. Im privaten Bereich hat die Akupunktur weit ausgedehntere Indikationen. Wir verzichten zurzeit auf diese Behandlungsmethode, da in der Einzelpraxis die Zeit und die ärztliche Kapazität begrenzt ist. Es käme in unserer Praxis zu großen Engpässen und damit zur Unzufriedenheit bei allen Beteiligten.

Sonstige Verfahren

Einlagen. Als einfaches und patientenbindendes Therapieangebot hat sich die Versorgung mit Einlagen mittels Schaumabdruck erwiesen. Wir arbeiten mit einem orthopädischen Schumacher zusammen, welcher die Schaumabdrücke in der Praxis abholt und die fertigen Einlagen liefert. Gute Indikationen sind Fußfehlstellungen, Beckenschiefstand und Fersensporn sowie Senk-Spreizfüsse mit Schwielenbildung. Hier ist der Patient sehr dankbar über die einfache und schnelle Hilfe durch den Hausarzt.

Gipsschienen. Durch Verwendung von Kunststoffmaterial bei der Versorgung von Schienen und Hülsen zur Fixierung von gebrochenen und verstauchten oder entzündeten Gliedmaßen ist auch hier ohne großen Aufwand die Durchführung durch den Hausarzt leicht möglich. Die Weiterbehandlung der konservativen Frakturversorgung durch Zirkulieren nach zehn Tagen oder die Ruhigstellung einer entzündeten Extremität durch eine Schiene sind die Hauptindikationen. Auch das Entfernen des Materials mittels einer Gipsschere ist mit wenig Aufwand durchführbar. Bei guter Vorbereitung durch die MFA sind dies alles Tätigkeiten im 5-bis 10-Minuten-Bereich.

Nagel-Trepanation und -Entfernung. Bei Quetschungen der Finger mit Blutergüssen unter dem Nagel ist die Trepanation mittels glühender Büroklammer oder Handbohrer leicht und schmerzlos durchzuführen. Hierbei ist keine Anästhesie notwendig – anders als bei der Nagelentfernung nach schwerer Pilzinfektion oder aus anderen Ursachen. Mit Hilfe einer Oberst-Anästhesie lässt sich der Nagel mit der flachen Nagelzange leicht entfernen.

Entfernen von Fäden und Klammern. Im Kontext der immer kürzeren Liegezeiten sind wir häufig damit konfrontiert, die Patienten zeitgerecht von den Fäden und Klammern zu befreien. Dies kann auch zeitraubend sein, z.B. nach beidseitiger Babcock-Exhärese. Da die Nahttechniken nicht einheitlich ist, muss man sich auf allerlei verschiedene Naht- und Klammertechniken einstellen. So ist man gut beraten, geeignete Scheren, Pinzetten und Klammerentferner vorzuhalten. Wir sollten mit Intrakutan-, Donati-, Einzelknopf- und Tabaksbeutelnaht vertraut sein, um dem Patienten keine unnötigen Schmerzen zuzufügen. Nähte werden bei uns i.d.R. in Narkose, Fäden jedoch ohne Betäubung entfernt.

Wundversorgung und Kompressionsbehandlung. Die Wundversorgung ist eine Domäne der Hausärzte. Akut und chronische Wunden werden von uns versorgt, z.T. täglich, wenn man an die chronischen Unterschenkelgeschwüre denkt. Hier hat man die Qual der Wahl bei den Angeboten der „Wundversorgungsindustrie". Es empfiehlt sich, ein Verfahren für trockene und ein Verfahren für feuchte Wunden zu etablieren. Spezielle Verfahrensweisen sind für Wundbehandlung mit MRSA-Infektionen notwendig. Die Kompressionsbehandlung ist ebenso eine einfache und wirksame Behandlungsmethode bei Ödemen und venöser Insuffizienz. Es ist eine ärztliche Leistung und muss sorgfältig durchgeführt werden. Auch einfache Behandlungsmethoden erfordern hohe Qualität.

Hausbesuche

Akut angeforderter Hausbesuch. Zur hausärztlichen Versorgung gehört der Hausbesuch. In der Regel wird er nach Anforderung durch den Patienten oder dessen Pflegeperson nach Entscheidung des Arztes durchgeführt. Dies kann auch aus der Sprechstunde heraus geschehen. Dies bedeutet jedoch einen starken Einschnitt in den Praxisablauf und muss gut begründet sein. Dazu ist der Notfallkoffer stets aufgeräumt bereitzuhalten.

Auch sind der Kartenleser und entsprechende Formulare bereitzuhalten, ggf. schon vorher ausgefüllt. Nach Einführen der Praxisgebühr müssen wir auch hier an das Kassieren und Ausstellen der Quittung denken.

Der Hausbesuch zur regulären Kontrolle. Bei vielen häuslich betreuten Patienten ist eine regelmäßige Visite zu Hause erforderlich. Von der Überprüfung der laufenden Therapie bei chronisch Kranken über die Beratung zur Sturzprophylaxe (geriatrisches Assessment) bis zur Kontrolle der Pflegesituation bei Pflegeeinstufung. Zunehmende Bedeu-

tung bekommt der Hausbesuch nach Einführung des Vertrages zur Palliativversorgung im häuslichen Bereich.

Patientenschulungen

Im Rahmen der Disease Management Programme Diabetes und KHK sowie Asthma/COPD sind Schulungen einzeln oder in Gruppen vorgesehen. Die Voraussetzungen sind festgelegt. Arzt und MFA müssen qualifiziert sein. Die Qualifikation muss jährlich durch Teilnahme an der Jahresfortbildung erneuert werden. Das Schulungsmaterial wird zunächst auf Kosten der Praxis gekauft und später über eine Abrechnungsziffer von der KV erstattet.

In unserem Sprengel haben wir eine Schulungsgemeinschaft gegründet mit dem Vorteil, die Diabetes-, Hypertonie- und COPD-Schulungen auch dann durchgeführt werden können, wenn die Personalsituation in der eigenen Praxis dies aktuell nicht zulässt (http://www.medicol.de).

11.2.6 Räumliche Organisation

Nutzungsüberlegungen

Für eine gute Patientenversorgung müssen mehrere Sprech- und Behandlungszimmer vorhanden sein.

Die lösten wir durch Umstrukturierung: Das Wartezimmer wurde ein großes, helles, freundliches und repräsentatives Arztzimmer (Raum 1). Das ehemalige Arztzimmer wurde erweitert und als Labor und Endoskopieraum ausgestattet (Raum 2). Durch eine Trennwand wurde die ehemalige Anmeldung zum Multifunktionsbehandlungs- und Untersuchungszimmer (Raum 3). Im ehemaligen Labor wurde eine freundliche Anmeldung installiert, und das private Arztzimmer wurde zum funktionstüchtigen Behandlungs-, Besprechungs- und Schulungsraum ausgebaut. Im ehemaligen Therapieraum entstand ein heller und freundlicher Warteraum mit einer zusätzlichen Patiententoilette.

Damit sind folgende Probleme gelöst:

◢ Die Patienten stören meine Behandlungsfolge beim Wechsel aus einem Arztzimmer zum anderen nicht. Ist es ruhig, bleibt die Tür zwischen Anmeldung und Wartezimmer auf. Wird es hektisch, und die MFA kommen unter Druck, wird sie geschlossen. Das beruhigt, wir können uns konzentrieren und einzelne Patienten mit Termin aufrufen.

◢ Meine Wege sind kurz. Drei Arztzimmer mit schalldicht verschlossenen Türen lassen in jedem dieser Räume ein vernünftiges Arzt-Patienten-Gespräch und eine sensible Untersuchung zu.

◢ Während meiner Behandlung ist Zeit genug, die anderen zwei Zimmer mit Patienten zu besetzen, sodass sich das Wartezimmer auch bei ungewolltem Patientenandrang schnell leert.

◢ Der Patientenstrom ist eine Einbahnstraße. Der Start ist in der Anmeldung und eine Tür führt zum Ausgang ins Treppenhaus. So wird der Effekt vermieden, dass der Patient nach der Behandlung oder nach dem Gespräch in das Wartezimmer zurück muss, wo ihn die Wartenden forschend taxieren, was manchmal unangenehm sein kann.

◢ Die Patienten wissen nie, wie viel Patienten in der Praxis parallel behandelt werden. So kann niemand kritisieren, „ein Patient ist schon eine halbe Stunde in dem Zimmer mit dem Arzt".

◢ Wird ein Raum durch eine längere Behandlung blockiert, kann ich auf die anderen ausweichen.

Einteilung

Raum 1. Das große Arztzimmer ist mit einem breiten Schreibtisch eingerichtet und zwei festen Stühlen davor, sodass immer auch Familien oder Partner zwanglos bei Bedarf mit-

betreut werden können. Die Einrichtung ist funktionell, mit viel Platz auch für Gehversuche und Hörtest im Abstand von fünf Metern und Infusionen, Röntgenbildbetrachtung und Lungenfunktions- und Blutdruckmessung und alles, was man für die orientierende und Komplettuntersuchung benötigt.

Zusätzlich ist ein PC angeschlossen mit einem Drucker für die Standardformulare, sodass der Patient aus dem Raum 1 direkt die Praxis verlassen kann, ohne noch einmal die Anmeldung passieren zu müssen.

Raum 2. Dieser Diagnostikraum (u.a. Labor, Endoskopie) wurde etwas umgerüstet. Durch sinnvolle Anordnung der Schränke und Arbeitsflächen entstand ein Labor, in welchem nun im Sitzen oder Liegen Blutabnahmen, Infusionen, komplette Untersuchungen und auch endoskopische und kleine chirurgische Eingriffe möglich sind. Zusätzlich ist genügend Raum und Atmosphäre, um ein ärztliches Gespräch zu führen.

Raum 3. Multifunktionszimmer: Eine Schrankwand trennt als Raumteiler diesen Raum 3 ab. Ein Vorhang schließt den Eingang optisch ab. Hier werden technische Leistungen, EKG, Infusionen, Reizstromtherapie, Akupunktur, Wundversorgung und auch kurze, orientierende Untersuchungen vorgenommen.

Raum 4. Das ehemalige private Sprechzimmer ist jetzt mit einem Tisch für sechs Personen und einem Schreibtisch ausgerüstet. Hier finden Schulungen statt; außerdem dient das Zimmer als Sozialraum. In Stoßzeiten und zu akuten Krisengesprächen kann man die Patienten mit Familie oder Bekannten aus der Wartezimmeratmosphäre herausholen und zwischendurch in Ruhe ein vertrauliches Gespräch führen, ohne den Druck „Ich weiß nicht, wohin mit Ihnen" für alle Beteiligten.

Gerne wird der Raum für Seminare mit Patientengruppen, für die Teambesprechung und Diabetes- oder Hypertonieschulungen mit Flip-Chart genutzt.

11.2.7 Personal und Aufgabenverteilung in der Praxis

Zunächst habe ich, wie eingangs berichtet, das Personal übernommen. Die Umstrukturierung hat jedoch schnell gezeigt, dass der Personalaufwand zu hoch und unnötig war. So haben wir jetzt nur noch eine ausgebildete Vollzeitkraft und eine Auszubildende, dazu die mitarbeitende Ehefrau.

Die Aufgaben haben sich dahingehend erweitert, dass vor allem die Vor- und Nachbereitung der Konsultation und die Assistenz bei Eingriffen im Vordergrund stehen.

Ein wichtiger Arbeitsplatz ist die Administration. Hier wird die Patientenkartei verwaltet, es werden Anrufe entgegengenommen, das Anliegen des Anrufers gehört und ggf. wird der Anruf weitergeleitet. Terminvergabe, Kontrolle über notwendige Präventionsleistungen, Überprüfung der Chronikerprogramme, Verteilen der Patienten nach Dringlichkeit, Terminen und Behandlungsart auf die Behandlungs- und Sprechzimmer. Eintragen der Leistungen, Führen des Kassenbuches, Einnahme der Praxisgebühren und sonstiger Privateinnahmen für Atteste, gebührenpflichtige Behandlungen (z.B. physikalische Therapie), Vorbereitung der Drucksachen (Rezepte, Überweisungen, Verordnungen) u.v.a.m. Eine wichtige Aufgabe ist auch die Aufsicht über das Wartezimmer, die Bewertung der Dringlichkeit der Konsultationsanfrage. Hier ist Sensibilität vonnöten: Wenn ein Herzinfarkt übersehen wird, weil der Patient sich nicht klassisch äußert, hat dies Konsequenzen; wenn andererseits ein Patient überdramatisch die sofortige Konsultation fordert, kann das auch in seiner Persönlichkeit liegen und muss nicht krankheitsbedingt sein. Hier ist manchmal ein Krisenmanagement notwendig. Das Gleiche gilt für die telefonisch angeforderte Konsultation.

Der Arbeitsplatz außerhalb der Anmeldung ist vielseitig. Die Patienten werden in die Räume begleitet. Dort werden neben der Kartei evtl. notwendige Vorbereitungen getroffen, z.B. für Infusionen, Spritzen, Lungenfunktionstest, EKG, Urin- oder BZ-Test, Lagerungen für chirurgische oder endoskopische Eingriffe; es gilt, Röntgenbilder an den Betrachter zu hängen, das Ultraschallgerät mit den Patientendaten zu füttern und Fragebogen für Jugendschutz-, Versicherungs- oder Einstellungsuntersuchungen vorzubereiten.

Nach der Konsultation der Behandlung sind die Räume zu ordnen und ggf. zu desinfizieren. Die verwendeten Instrumente sind zu reinigen, Dokumente, Röntgenbilder und Karteikarte müssen archiviert werden. Für den nächsten Patienten muss alles wieder frisch sein. Die Assistenz bei Eingriffen ist wichtig. Die Arbeitsstunde des Arztes ist die teuerste, also müssen Wartezeiten für den Arzt möglichst vermieden werden.

Die Konzentration des Personals ist am größten am Morgen mit allen drei Kräften. Die Administration ist besetzt, die Blutabnahmen, technischen Untersuchungen werden durchgeführt und, wie in einer Hausarztpraxis üblich, muss auch bei häuslich zu versorgenden Patienten morgens Blut abgenommen werden. Ab 9:00 Uhr sind i.d.R. nur noch zwei von drei Mitarbeiterinnen tätig. In ruhigen Quartalsmonaten, wenn keine Vertretung für den Nachbarkollegen notwendig ist und in der Nachmittagssprechstunde sind die Aufgaben auch mit der Hauptkraft alleine zu schaffen. Voraussetzung ist eine gute Praxisorganisation.

11.2.8 Personalführung

Die Personalführung ist zunächst einmal Chefsache. Ich versuche auch bei charakteristischen Krankheitsbildern, Notsituationen, technischen Untersuchungen, Verbänden und Eingriffen die Auszubildende dazuzuholen, um ihr die Möglichkeit zu geben, ganzheitlich Patiententyp und Erkrankung sowie die damit verbundenen Reaktionen zu erfahren. Die Hauptkraft ist verantwortlich für den Einsatz der Auszubildenden, Kontrolle und Führung. Der mitarbeitenden Ehefrau obliegt die Kontrolle über die Hygiene im Zusammenhang mit der Putzfrau und über den notwendigen Sprechstunden- und Praxisbedarf.

Teambesprechungen finden einmal wöchentlich freitags statt, wobei Notwendiges und Allgemeines angesprochen wird. Diese regelmäßigen Teambesprechungen ermöglichen eine gegenseitige Überprüfung möglich gemacht und beugen Fehlern in allen Bereichen vor. Eingefahrene Strukturen und Fehler, welche sich im Alltag und durch Routine einschleichen, können dadurch identifiziert und abgestellt werden. Dies ist auch Teil des eingeführten Qualitätsmanagements.

11.2.9 Arbeitszeit

Die annoncierten Sprechstunden geben nicht die wirkliche Arbeitszeit wieder. In meiner Praxis wird die Haustür morgens um 7:00 Uhr geöffnet. Die Patienten können dann ins Wartezimmer und brauchen nicht bei Wind und Wetter vor der Tür zu warten.

Die Mitarbeiterinnen kommen um 7:15 Uhr. In der Regel verlassen sie die Praxis um 12.30 Uhr. Unsere Nachmittagssprechstunde beginnt um 16:00 Uhr und endet um 18:00 Uhr. Die Zeit von 11:30 Uhr bis 12.00 Uhr und 17.30 Uhr bis 18.00 Uhr ist an den Praxistagen reserviert für kleine operative und endoskopische Eingriffe. Schulungen finden zu bestimmten Zeiten am Vormittag statt. Wir achten sehr auf die Einhaltung der Arbeitszeit.

11.2.10 Kommunikation

Bereits vor Übernahme der Praxis habe ich alle Räume für die IT ausrüsten lassen. In jedem Zimmer stehen ein Telefon und ein PC zur Verfügung. Die Telefonanlage ist für ISDN, DSL und WLAN eingerichtet. Mehrere Rufnummern stehen zur Verfügung. Ein Verlassen des jeweiligen Arbeitsplatzes wegen eines Telefongespräches ist nicht erforderlich. Intern kann in der ganzen Praxis und in den darüber liegenden Privaträumen kommuniziert werden.

Alle PC greifen auf einen zentralen Server zu, der alle Daten der notwendigen Arztsoftware beinhaltet.

Die jeweiligen Arbeitsstationen in den Behandlungszimmern haben eigene Dateien, sodass der Zugriff und die Bearbeitung der Patientenakte denkbar schnell vonstatten geht. Von allen Arbeitsstationen kann entweder der zentrale Drucker an der Anmeldung, der eigene Arbeitsplatz oder ein Laserdrucker in Raum 4 angesteuert werden und so die Qualität der Drucksachen optimiert (Privatrechung oder Kassenrezept, Befundausdruck oder Formulare mit Durchschlägen, z.B. Arbeitsunfähigkeitsbescheinigung) werden.

Ein Internetanschluss ermöglicht und erleichtert die Kommunikation zwischen der Kollegen und den Selbstverwaltungsorganen KV, Kammer und Kassen. Das Internet ermöglicht die schnelle Information und Informationsweitergabe an die Patienten (Reiseberatung in Sekunden durch gezielte Ansteuerung der Webseiten, Ausdruck für den Patienten).

Kommunikation bedeutet aber auch für mich der Arztbrief. Dazu ist eine gute Dokumentation in der elektronischen Patientenakte der zuweisenden Ärzte notwendig und eine immer aktualisierte Adressendatei. Kommunikation mit dem Facharzt, dem Krankenhaus oder dem Patienten ist ebenso wichtig wie nützlich. Hierbei ist die Internet-Flatrate eine sinnvolle Einrichtung.

11.2.11 Einkauf und Lagerung

Eine Hausarztpraxis mit mehreren Schwerpunkten (z.B. Proktologie/Chirurgie) hat einen höheren Materialverbrauch als eine durchschnittliche Hausarztpraxis ohne diese Behandlungsschwerpunkte. Eine großzügige Lagerung ist zu teuer. Eine Berechnung der Kosten sollte sich an den Mengenrabatten und den Kosten des Lagerraumes orientieren. Verbrauchsmaterialien sollten in Griffnähe sein.

Einkaufsgemeinschaft
Bewährt für die Anschaffung des Sprechstunden- und Praxisbedarfes hat sich die Organisation über eine Einkaufsgemeinschaft. In unserem Fall ist diese mit der Laborgemeinschaft gekoppelt. Hier werden die Rabatte über die Menge an die Gemeinschaft weitergegeben, und über die Logistik der Laborfahrer wird ohne Zusatztransportkosten das Material täglich verteilt.

Damit ist die Kontrolle des Lagergutes gewährleistet, Verfallsdaten werden nicht überschritten, der eigene Lagerraum ist minimiert. Das Material ist sehr kurzfristig lieferbar, da die Praxis durch den Laborfahrer täglich angefahren wird, und Bestellungen per Telefon, Fax oder E-Mail aufgegeben werden.

11.2.12 Terminplanung

Für mich ist die Terminplanung ein wichtiger Bestandteil der Praxisorganisation und Voraussetzung eines stressfreien, ruhigen Arbeitstages, ohne die notwendige Zeit für Untersuchung, Gespräche und Behandlung einzuschränken – und das schon lange, bevor es in einigen Hausarztverträgen als Voraussetzung für die Teilnahme festgeschrieben wurde.

Die Praxis-EDV unterstützt die Terminplanung in vollkommener Weise. Von jedem Platz kann die Terminplanung durchgeführt werden, d.h., ich vergebe bei Notwendigkeit sofort selbst den Termin, der dann für alle Stationen blockiert ist. Doppelbuchungen sind ausgeschlossen. Jeder kann von dem Platz, an dem er das Telefongespräch entgegennimmt, dem Anrufer Auskunft geben über Termine, sie buchen oder stornieren usw. Die Termine können unterschiedlichen Sparten zugeordnet werden: Blutabnahme, Gespräche, Operationen, Hausbesuche, Privattermine, Schulungen, Ultraschalluntersuchungen, Lungenfunktionsuntersuchungen usw. Die Auswahl richtet sich nach der Praxisstruktur.

Meine Konsultationen beginnen um 9:00 Uhr im 10-Minuten-Rhythmus. Parallel dazu können Infusionen, Injektionen, physikalische Therapien, Verbandwechsel sowie weitere diagnostische und/oder therapeutische Behandlungen erfolgen. Die Zeit vom 8:00–9:00 Uhr halten wir für akut erkrankte Patienten frei. Operationen oder Endoskopien werden ans Ende der Sprechstunde gelegt. Diese Termine sind ein Jahr im Voraus terminierbar. Das ist besonders wichtig, da ich auch Termine in der Selbstverwaltung (Vertreter-Kammerversammlung), Fraktionssitzungen, Urlaube der MFA, Schulzeit der Auszubildenden, Schulungen und Fortbildungen langfristig mit Unterstützung meiner Praxissoftware festlege.

11.2.13 Dokumentation

Für die Dokumentation als elementaren Bestandteil ärztlichen Handelns haben wir von

vornherein eine elektronische Lösung gewählt. Unsere Arztsoftware auf einem Wind-
ows-Betriebssystem bietet alle Möglichkeiten
der ärztlichen IT-gestützten Dokumentation.

Patientendatei

Über das Lesegerät wird per Krankenversi-
cherungskarte (KVK) oder Smart Card die Patientenkartei angelegt. Dabei kontrolliert die
Software automatisch den Status des Patienten, Kassenzugehörigkeit, Zuzahlungsbefrei-
ung und alle anderen notwendigen Daten.
Beim Aufrufen des Patienten werden notwendige Untersuchungen oder eingepflegte
Warnungen aktiviert. So sind z.B. Fehlbe-
handlungen durch Verabreichen falscher
Medikamente schwer möglich, wenn dies sofort als Warnhinweis auf dem Bildschirm
blinkt.

Praxisgebühr

Das Einlesen der KVK generiert auch die Abfrage der Praxisgebühr und verwaltet und
dokumentiert, ob und wann bezahlt wurde.
Das Tagesprotokoll kontrolliert die Praxisge-
bühreinnahmen.

Labordaten

Sie werden mittels Datenfernübertragung
aus der Laborgemeinschaft in die Patientenkartei eingelesen. Notwendig dafür sind die
Vorbereitung der Laborkarten und das elektronische Laborbuch mit den zugewiesenen
Labornummern. Dies gilt sowohl für die notwendigen Laborergebnisse als auch die zuge-
hörigen Gebührenordnungspositionen jeder
möglichen Gebührenordnung.

Arztberichte

Arztberichte, Krankenhausbriefe, Röntgen-,
Pathologie- und andere Befunde werden
über den angeschlossenen Scanner in die Pa-
tientendatei eingelesen.

Diagnosen

Die Dokumentation der Diagnosen erfolgt
über einen vorgegebenen ICD-Thesaurus.
Hier unterscheiden wir die Dauerdiagnosen
(DD) von den laufenden Diagnosen (LD).
Die Dauerdiagnosen werden quartalsüber-
greifend übernommen, laufende Diagnosen
gelten nur für ein Quartal.

Freie Dokumentation

Die Anamnese kann in freier Schriftform
oder durch Benutzen eigens hergestellter
Kürzel unter der Sparte AN dokumentiert
werden. Die Sparte BZ ist für die Behand-
lungsziffern reserviert. Diese kann man sowohl selbst hineinschreiben als auch sie über
die jeweils automatisch vorgeschlagene Gebührenordnung anklicken und übernehmen.

In ähnlicher Weise kann das gesamte
Spektrum der ärztlichen Behandlung in un-
zähligen Sparten einfach dokumentiert
werden: Therapien TH, Röntgenbefunde, er-
hobene Befunde BE, Erfahrungen ER, Formulare FO, Medikation ME usw. Diese Sparten-
bildung ist wichtig für die Textverarbeitung,
da man die Dokumentation direkt aus jeder
Sparte übernehmen kann und dadurch in
kürzester Zeit einen Arztbrief, ein Attest oder
ein Gutachten auch für länger zurückliegen-
de Fälle erstellen kann.

Dokumentation technischer Untersuchungen

Ultraschallbefunde können in Papierform
mit dem Bildausdruck oder als elektronisch
gespeichertes Medium in der Patientenakte
dokumentiert werden. Dies gilt ebenso für
EKG-, LUFU- oder 24-Stunden-RR-Messungs-
befunde.

11.2.14 Archivierung

Befunde

Natürlich werden die eingescannten Origi-
nalbefunde in DIN-A4-Ordnern alphabetisch

und quartalsweise abgeheftet, trocken und sicher gelagert. Nach der vorgeschriebenen Lagerzeit werden die Befunde über den Aktenvernichter entsorgt.

Der Zugriff auf die eingescannten Daten ist an jedem PC-Arbeitsplatz möglich: Dokumentation der selbst erhobenen Befunde, Therapievorschläge, Diagnosen, verordnete Medikamente, Überweisungen, ausgestellte Vordrucke, z.B. DMP-Erst- oder Folgedokumentation, Jugendgesundheitsuntersuchung, REHA-Antrag, Verordnung von häuslicher Krankenpflege, physikalischer Therapie, selbst geschriebene Arztbriefe sowie Atteste.

Mittels dieses Systems können alle (!) für die kassenärztliche, private und berufsgenossenschaftliche Behandlung notwendigen Formulare im Original aufgerufen, einfach ausgefüllt, z.T. mit Plausibilitätskontrollen (DMP) versehen, gespeichert oder bei Bedarf ausgedruckt werden.

Röntgenbilder

Röntgenbilder werden im Original für die Zeit der Behandlung in der Praxis gelagert, da sie zur Besprechung des Befundes mit dem Patienten am Röntgenschirm benötigt werden. Meines Erachtens kann der Patient unter Einbeziehung der Röntgenbilder besser als nur durch Vorlesen eines schriftlichen Befundes beraten werden. Eine solche Behandlungsform unterstreicht gegenüber dem Patienten die eigene fachliche Kompetenz. Nach abgeschlossener Behandlung werden die Röntgenbilder zur Entlastung des eigenen Archivraumes an die jeweiligen Institute zurückgegeben.

Patientenkartei

Präsenzkartei. Die Patientenkarteikarten DIN-A5 quer werden von Beginn eines Quartals an alphabetisch und in der jeweiligen Kassengruppe (Privat, AOK/Sonstige Primärkassen/Ersatzkassen/BKK FORD/BG) angelegt (laufendes Quartal). Am Ende des Quartals

werden sie in die Altkartei zurückgeordnet. Patientenkarteien, welche durch Tod oder Wegzug überflüssig werden, ordnen wir in das Archiv ein. Da wir ein modernes, IT-gestütztes Praxismanagementsystem einsetzen, handelt es sich bei diesem Arbeitsschritt zwar um eine Doppelarbeit, da die patientenbezogene Dokumentation mittels des Praxisverwaltungssystems erfolgt, jedoch behalten wir diese zweigleisige Ablage bei, um z.B. bei Ausfall des Praxiscomputers noch die Möglichkeit zur Identifikation der Patienten zu haben.

Elektronische Kartei. Die elektronische Quartalskartei erneuert sich automatisch quartalsweise. Patientendateien, welche nicht mehr gebraucht werden, kann man elektronisch archivieren. Der Zugriff auf sie ist dennoch jederzeit möglich.

Die Archivierung der Quartalsabrechnungen und anderer Sicherungen erfolgt über eine komprimierte ZIP-Datei auf Datenträger. Diese Datensicherung wird trocken und sicher platzsparend im eigenen Safe oder im Bankschließfach aufbewahrt.

11.2.15 Qualitätsmanagement in der Arztpraxis

Die Qualität der Praxis muss laufend überprüft werden. Dazu gehört neben dem technisch einwandfreien Zustand der Geräte, der Einhaltung der Hygienerichtlinien, des Arbeitsschutzes und der Wartung auch die Aktualisierung des Wissens und der Praxisangebote. Dies erfordert regelmäßige Fort- und Weiterbildung der Mitarbeiterinnen und des Praxisinhabers, evtl. die Neuanschaffung von Geräten oder das Etablieren neuer Behandlungsmethoden, z.B. Akupunktur.

Qualitätsmanagementsystem

Qualitätsmanagement ist auch in einer Einzelpraxis mit geringstem Personal wichtig.

Wir haben uns für das QM-System unserer KV entschieden, da dies flexibel ist und die Mitarbeiter motiviert, selbst Verantwortung zu übernehmen.

Internes Qualitätsmanagement in der Arztpraxis

Nach und nach werden einzelne Arbeitsabläufe in einem Fluss-Diagramm dargestellt. Dies wird durch die Mitarbeiter erarbeitet und gemeinsam diskutiert. Wenn es von allen akzeptiert wird, gehen wir so vor, bis eine Verbesserung oder das Verfallsdatum der Flow-Charts eine Änderung erfordert. Diese Flow-Charts sind jedem Mitarbeiter am Praxis-PC-Arbeitsplatz zugänglich. Ein gutes Prozessmanagement ist ein wichtiger Erfolgsfaktor für eine renditestarke Arztpraxis.

Diese abgebildeten Praxis-Prozesse bilden die Grundlage für unser QM-Handbuch.

Externes Qualitätsmanagement in der Arztpraxis

Das intern gelebte Qualitätsmanagement kann man auch durch ein externes Zertifizierungsverfahren belegen lassen. Dies ist dann für alle Praxispartner, wie z.B. die Patienten, die Krankenkassen, die Krankenhäuser sowie die zuweisenden Kollegen, ein Beweis dafür, dass in diesem ärztlichen Unternehmen ein Qualitätsmanagementsystem etabliert wurde. Überträgt man die Erfahrungen der externen Qualitätssicherung einschließlich der Zertifizierung aus der Industrie und legt die von den Gesetzlichen Krankenkassen gewünschten Qualitätssicherungsnachweise zugrunde, dann kann man bereits heute die Empfehlung aussprechen, seine Arztpraxis zukunftsorientiert zertifizieren zu lassen. Gerade in Hinblick auf die zu schließenden Selektivverträge ist diese Vorgehensweise besonders sinnvoll, da die Krankenkassen qualitätssichernde Maßnahmen in diese Verträge aufnehmen werden. Für die hier beschriebene Arztpraxis wird eine Zertifizierung angestrebt.

QM innerhalb der Laborgemeinschaft

Innerhalb der Laborgemeinschaft ist die Qualitätssicherung durch ISO 9000 gesichert.

Durch innerärztliche oder multiprofessionelle Qualitätszirkel lassen sich die aktuellen **Behandlungsverfahren** abgleichen, verbessern und aktualisieren. Es gibt dem Praxisinhaber Sicherheit, wenn er sich austauschen kann und sieht, dass er in seiner Behandlung bestätigt wird. Qualitätszirkel sind nach meiner Erfahrung die beste Form der Qualitätssicherung und des Controllings.

11.2.16 Externe medizinische Dienstleister

Laborleistungen

Laborleistungen werden über die Laborgemeinschaft durchgeführt. Hierbei ist es wichtig, die Qualität und die Wirtschaftlichkeit zu optimieren (ISO-Zertifizierung). Für die Praxis ist es wichtig, den präanalytischen Teil der Probenaufbereitung qualitätsgesichert durchzuführen. Hierzu werden in regelmäßigen Abständen Fortbildungen durchgeführt.

> **Praxistipp**
> Vorsicht bei Dumping-Angeboten. Gewinne durch „Sonderangebote" im Laborbereich sind keine ärztlichen Leistungen und werden mit der Gewerbesteuer belegt. Sollten Sie an solchen Geschäftsmodellen Interesse haben, entwickeln Sie diese und stimmen diese dann mit Ihren Beratern ab.

Notwendige Dienste nach dem Arbeitsschutzgesetz, dem Medizinproduktegesetz, den Hygienerichtlinien, der Berufsgenossenschaft

Sicherheitsberatung, Gerätewartung und Eichung sowie der Betriebsärztliche Dienst für die Praxis werden über den Labordienstleister kostengünstig geregelt. Regelmäßig werden diese Dienste von dem Labordienstleister für die Mitglieder angeboten. Dabei ist die Logistik durch die Laborfahrer vorhanden, um die Geräte zur zentralen Wartungs- und Eichungsstelle zu transportieren.

Wartungsdienste

Die Telefonanlage ist ebenso wie die Praxis-EDV quasi wartungsfrei. Quartalsweise wird über eine CD das Update für die Praxissoftware aufgespielt. Danach ist es jederzeit möglich, sich über das Praxissoftware-Internetportal die Software zu aktualisieren.

11.2.17 Steuer- und Wirtschaftsberatung

Während der Praxisplanungsphase ist es aus meiner Erfahrung unumgänglich, sich durch einen externen Berater mit großer Expertise beraten zu lassen. Nur so lassen sich kostspielige und folgenreiche Fehler vermeiden, da man als Praxisgründer keine betriebswirtschaftlichen bzw. managementbezogenen Erfahrungen hat. Ergänzend hierzu sollte man die zu unterzeichnenden Praxiskaufverträge durch seinen Steuerberater sowie einen Rechtsanwalt seines Vertrauens hinsichtlich steuer- bzw. rechtlicher Fallstricke prüfen lassen. Durch die genannte fachliche Unterstützung lassen sich die Bankfinanzierungsgespräche mit einer höheren Effizienz führen, und die sowieso angespannten Nerven werden nicht noch unnötig durch sich hinziehende Bankgespräche und eine fehlende Finanzierungszusage belastet.

Dadurch kann sich der Arzt bereits zu diesem Zeitpunkt auf die wesentlichen Praxisabläufe und somit auf seine Kernkompetenzen konzentrieren [s.a. Fahlbusch, Kirschner 2008].

Praxistipp
Der Praxisinhaber sollte sich einen festen Geldbetrag als Privatentnahme aus den Praxiseinnahmen auf sein Privatkonto als Gehalt überweisen. Dieser Betrag sollte vernünftig und realistisch und mit dem Steuerberater und Wirtschaftprüfer vereinbart sein. Bitte beachten Sie bei einer solchen Finanzplanung, dass Sie im Jahr der Praxisgründung auch die zu zahlenden Steuern ansparen, um den zukünftigen Steuerzahlbetrag aus eigner Liquidität sicherzustellen.

Leistungen des Steuerbüros sind neben der Erfassung der laufenden Belege auch die Lohnbuchhaltung für die Mitarbeiter, Quartalauswertungen, Gewinn-/Verlustrechnungen, Hinweise auf Investitionsrücklagen oder Veränderungen in der Einkommenssituation, die Warnung vor Steuerzahlungen zur Bildung von Rücklagen und Verweise auf aktuelle Gesetzesänderungen und deren Auswirkung auf die Praxis. Der Geschäftsbericht und die Prognose, sowie der Vergleich mit ähnlichen Praxen erlaubt eine qualifizierte Betrachtung der eigenen Situation und lässt frühzeitig notwendige Reaktionen oder Änderungen zu. Dieses fortlaufende Überwachen der betriebswirtschaftlichen Kennzahlen meiner Arztpraxis hat sich als einer der wichtigen Erfolgsfaktoren meines ärztlichen Unternehmerdaseins bewährt. Dazu werden die Buchungsunterlagen von der mitarbeitenden Ehefrau sorgfältig unter Anleitung des Steuerberaters gesammelt und geordnet. Diese setzen sich aus den laufenden Belegen und dem Kassenbuch zusammen. Das Kassenbuch wird elektronisch eingetragen, die Belege sortiert und abgeheftet. Quartalsweise werden die Belege mit der Kassenbuchdiskette dem Steuerbüro übergeben und dort verarbeitet. Kurz darauf erfolgt die Auswertung in schriftlicher Form mit einer aktuellen Beurteilung.

Ein **Controlling** ist in der Einzelpraxis notwendig und möglich. Regelmäßige Auswertungen der Praxiswirtschaftlichkeit mit Benchmarking und zeitnahe Besprechungen mit dem Wirtschaftsberater sind Voraussetzung für eine langfristige sichere und gesunde Arztpraxis. Es erfordert jedoch sowohl die Offenheit und Kooperation mit externen Personen als auch die eigene Offenheit für Veränderung und Flexibilität, die den guten Praxisinhaber auszeichnen.

11.2.18 Praxismarketing

In einer Hausarztpraxis ist Praxismarketing möglich und hilfreich. Die Darstellung der Praxis nach außen im erlaubten Rahmen ist sinnvoll. Dabei sollte Abstand von einer übertriebenen Darstellung genommen werden, da es schlecht ist, wenn geweckte Erwartungen sich nicht erfüllen.

Das Praxisschild ist ein Aushängeschild und ein Eyecatcher. Hier sollten die wichtigsten Informationen vorhanden sein (s. Kap. 6.9).

Das Praxisschild kann man auch für die Darstellung im Internet wählen und in den Folgeseiten alles darstellen, was wichtig für den Betrachter ist.

In der Praxis kann man kostengünstig durch Termin- oder Visitenkarten seine Leistungen in der Bevölkerung verbreiten. Hinweistafeln, eine Praxiszeitung oder Videodarstellungen können sinnvoll sein.

> **Praxistipp**
> Die wichtigste Außendarstellung ist das Verhalten des Praxis-Teams! Freundlichkeit, Respekt und das Signal zur Hilfsbereitschaft werden positiv von Ihren Patienten wahrgenommen, und so werden Sie dann auch entsprechend weiterempfohlen. Ebenso registriert wird natürlich negatives Verhalten.
> Allein durch Marmoreinrichtung und durch teure Geräte lassen sich die Patienten auf Dauer nicht halten. Aber beachten Sie, im wachsenden Wettbewerb der größeren BAG und MVZ wird auch auf das äußere Erscheinungsbild geachtet.

In der Praxis ist es durchaus legitim zu zeigen, welche Qualifikationen die Mitarbeiterinnen und der Praxisinhaber erworben haben. Ebenso darf man ruhig zeigen, welchen Verbänden und Gesellschaften man angehört. Hat man Ehrenämter ist auch dies sinnvoll anzuzeigen, erklärt es doch leichter die zeitweilige Abwesenheit des Arztes und die Notwendigkeit einer Vertretung.

Hier wird wieder deutlich, weshalb die neuen Praxisformen wie BAG und MVZ ihren besonderen Reiz für die dort tätigen Ärzte u.a. haben:

◢ Die Vertretung ist im Fall von Krankheit oder Urlaub sichergestellt.

◢ Die Bündelung von ärztlichen Kollegen mit unterschiedlichen Spezialisierungen ist möglich.

◢ Die Investitionssumme für den einzelnen Arzt reduziert sich.

◢ Die betriebswirtschaftlichen Fixkosten lassen sich absenken.

◢ Es ist für Sie als Arzt möglich, an dem Aufbau eines medizinischen Kompetenzzentrums mitzuwirken.

11.2.19 Kooperationen

Innerärztliche Kooperation

Kooperationen und Zusammenarbeit mit dem benachbarten Kollegen, z.B. als Urlaubsvertretung, sind sinnvoll und fördern die Kollegialität. Gleichzeitig schützt diese Koalition beide Praxen vor dem unkontrollierbaren Arztwechsel, auch Doctor hopping genannt. Ein Ausspielen der vermeintlichen Konkurrenten ist weniger möglich. Bei unterschiedlichen Praxisschwerpunkten können sich die Praxen gegenseitig im Sinne der Patienten unterstützen.

In diesem Zusammenhang sei hier noch einmal an die wachsende Bedeutung von Ärztenetzen und den eben schon erwähnten BAG erinnert.

Schulungsgemeinschaften

Mit dem gemeinnützigen Verein Medicol e.V. haben wir eine Schulungsgemeinschaft für Diabetiker-, Hypertonie- und Asthmaschulungen gegründet (s. Patientenschulungen in Kap. 11.2.5).

Zentrale Notfallpraxis

1994 haben wir den Ärztlichen Notdienst Köln Nord e.V. als zentrale Notfallpraxis gegründet. Dadurch ist es möglich, die sprechstundenfreien Zeiten sinnvoll zu gestalten, ohne die Versorgung der Patienten zu vernachlässigen. Bei einheitlich hoher Qualität ist die hausärztliche Notfallbehandlung stets gewährleistet. Die Tätigkeit in der Notfallpraxis kann durchaus auch ein lukrativer Beitrag zum Praxiseinkommen sein.

Kooperationsformen

Eine Kooperation kann durch eine überörtliche Gemeinschaftspraxis oder Zweitpraxis am Krankenhaus entstehen. Als Proktologe biete ich eine Sprechstunde im angrenzenden Krankenhaus an. Mit der Kollegin gegenüber ist eine überörtliche Gemeinschaftspraxis auf der Basis der neuen Regelungen des Vertragsarztrechtänderungsgesetzes vorgesehen, ohne dass die Räumlichkeiten verändert werden müssen, da jeder in seiner Praxis bleibt. Unabhängig von der geplanten Änderung der Praxisausübungsform muss ich in regelmäßigen Abständen prüfen, inwieweit es für mein Praxismanagement als Hausarzt nicht von Vorteil sein könnte, wenn ich mit meiner Praxis auch Mitglied in dem zuständigen Praxisnetz werde. Diese Entscheidung ist erfahrungsgemäß von einer Vielzahl von Faktoren abhängig (z.B. fachliche Zusammensetzung, zwischenmenschliche Komponente, extrabudgetäre Vergütungsverträge des Arztnetzes).

11.2.20 Verwaltung

In der Einzelpraxis besteht die Verwaltung in der Vorbreitung der Buchhaltung. Dies führt meine Ehefrau durch. Die Barkasse wird elektronisch über ein Kassenmodul gebucht und jedes Quartal mit der Buchhaltung an das Steuerbüro weitergegeben.

Die Verwaltung der Gehälter, steuerliche und wirtschaftliche Managementaufgaben werden vom Steuerbüro wahrgenommen und mit mir regelmäßig besprochen.

Diese hier beschriebene klassische Konstellation des Praxismanagements ermöglicht es mir als Hausarzt, mich auf meine medizinische Kernkompetenz in weiten Teilen zu konzentrieren. Aber dennoch muss ich mich heute bereits aufgrund der sich ändernden Rahmenbedingungen fragen, ob ich meine Praxis auch weiterhin so erfolgreich in dem sich verschärfenden Wettbewerbsumfeld nicht nur in der vorgesehenen Gemeinschaftspraxis weiterführen kann:

- Krankenhäuser betreiben MVZ.
- Kollegen führen ihre Praxen zu größeren BAG zusammen.
- Tendenziell kann man die Entwicklung von ambulanten Kompetenzzentren erkennen.
- Krankenkassen schreiben mit wachsender Tendenz regionale Versorgungsverträge z.B. für Hausärzte aus (vgl. südliches Baden-Württemberg).

Neben diesen Aspekten muss man auch in die Betrachtung einbeziehen, inwieweit man selbst die Absicht hat, seine Praxis nach dem Erreichen der Altersgrenze zu verkaufen. Wenn man diese Frage bejaht, dann muss man sich bewusst sein: **Einzelpraxen lassen sich im Vergleich zu Gemeinschaftspraxen wesentlich schlechter an einen Nachfolger abgeben.**

Bereits heute kann man in ländlichen Regionen (sowohl in den Neuen als auch Alten Bundesländern) den eindeutigen Trend erkennen, dass sich diese Einzelpraxen nur bedingt an einen Nachfolger abgeben lassen. Wird dieses Szenario nicht nur eine ungewünschte Vision sein, sondern sich als bittere Wahrheit herausstellen, dann wird man später gezwungen sein, sein Lebenswerk, die Arztpraxis, stillzulegen.

Diese Entwicklung lässt sich auf weitere umweltbedingte Faktoren zurückführen:

◢ Den sich langsam auswirkenden Ärztemangel. Die Folge: Man lässt sich nur noch an entsprechend attraktiven Standorten nieder.

◢ Ärzte, die sich heute niederlassen, scheuen die hohen Investitionen, da unter den gegebenen Rahmenbedingungen nicht sichergestellt ist, ob die getätigten Investitionen innerhalb von zehn Jahren wieder eingespielt werden.

◢ Banken tendieren dazu, Einzelpraxen nur mit Risikoabschlägen zu finanzieren: Der Kreditrahmen wird reduziert, und der Eigenanteil in der Finanzierung steigt zwangsläufig.

◢ Die Kassenärztlichen Vereinigungen gehen in ihren eigenen Projektionen davon aus, dass der auszuzahlende Honorarbetrag 2012 um bis zu 50% zugunsten der zu schließenden Selektivverträge sinken könnte.

11.2.21 Abrechnung

Kassenabrechnung

Seit 1989 rechnen wir elektronisch mit der Kassenärztlichen Vereinigung ab. In der Regel erfordert dies ein tägliches Protokoll, welches ich persönlich kontrolliere oder durchführe. Bei Bedarf und Zeit führe ich innerhalb des Quartals eine Testabrechnung durch, um so grobe Fehler im Vorfeld auszumerzen und gegebenenfalls korrigierend eingreifen zu können.

Die Voraussetzung für die ordnungsgemäße Kassenabrechnung ist das für die Praxis-Software genehmigte KBV-Prüfmodul und die aktuelle Software-Version. Bei dem Prüflauf werden mögliche Fehler angezeigt und können sofort korrigiert werden. Die Abrechnung ist dadurch sicher geworden und nicht mehr zeitaufwendig; Überstunden für die MFA fallen nicht mehr an.

Privatabrechnung

Die Privatabrechnung kann in gleicher Weise durchgeführt werden. In der ersten Stufe wird ein Test- oder Prüflauf durchgeführt. Anschließend wird mit einem modifizierbaren Layout die Privatrechnung zweifach ausgedruckt, wobei die Rechungsverwaltung automatisch durch den PC generiert wird. Nach Eingang der Rechnung wird im PC dies mit Datum dokumentiert. So ist eine Rechungs- und Mahnungskontrolle leicht selbst durchzuführen.

BG-Abrechnung

Die BG-Abrechnung (für Patienten der Berufsgenossenschaften) erfolgt in gleicher Weise, wobei automatisch die Layouts für die vorgeschriebenen Abrechnungsformulare der BG verwendet werden [Gibis, Berner 2008]. Auch hier ist nach Eingang der Zahlung durch die Rechnungsnummer oder den Namen die Rechnung leicht zu identifizieren und über die Rechnungsverwaltung zu buchen und zu kontrollieren.

11.2.22 Zusammenfassung

70% der Hausarztpraxen existieren in Nordrhein in der Form der Einzelpraxis. Auf den ersten Blick ist die Einzelpraxis per se unwirtschaftlich. Natürlich hängt der wirtschaftliche Erfolg von vielen Faktoren ab:

◢ Lage der Praxis

◢ Leistungsspektrum im Rahmen der hausärztlichen Versorgung

◢ Privatpatientenanteil

◢ Maximale Mobilisation der vorhandenen Resourcen

◢ Außendarstellung der Praxis (der gute Ruf)

◢ Zusatzangebote im Rahmen der GKV oder sinnvolle IGeL-Angebote

◢ Kooperationen, wo es möglich ist (Labor-Apparategemeinschaften)

◢ Teilnahme an IGV-Verträgen, Chroniker-Programmen (Extrabudget)

◢ Teilnahme am organisierten Notfalldienst (Dienstübernahme für Kollegen)

◢ Teilnahme an qualitätssichernden Maßnahmen, QZ, Fortbildung, Zusatzbezeichnung

◢ Ausschöpfen der gesetzlichen Möglichkeiten (Zweigpraxis, überörtliche Gemeinschaftspraxis)

◢ Auf die Praxis zugeschnitte Praxissoftware

Der Erfolg der Einzelpraxis hängt vor allem vom **Praxisinhaber** ab. Mit seinem körperlichen Einsatz ist er der Garant für eine kontinuierliche Inanspruchnahme der Praxis durch die Patienten. Er muss immer gut drauf sein. Viele Patienten können sich nicht vorstellen, dass ihr Doktor krank werden kann.

Schon der Name der „Firma" zeigt, wer der Wichtigste für den Erhalt der Praxis ist: Praxis Dr. med. Frieder Götz Hutterer.

Fazit: Im Hinblick auf dieses Arztunternehmen, das seine Patienten auch noch in der Zukunft ohne Ausfallzeiten versorgen soll, zeigt sich: Im Wandel der Zeiten muss sich der Leistungserbringer, der Arzt, fragen, inwieweit er in dieser Form der Berufsausübung seine Patienten versorgen will. Leider hat die Politik die Weichen so gestellt, dass ich als Arzt gehalten bin, mich diesen neuen Rahmenbedingungen rechtzeitig und zukunftssichernd anzupassen: Ich muss einfach vorausschauend für meine Patienten, meine Mitarbeiter, meine Familie und mich handeln.

Literatur

Fahlbusch, Kirschner (2008) Arzt und Niederlassung, 2. Aufl. Deutscher Ärzte-Verlag, Köln

Gibis B, Berner B (2008) Vertrag Ärzte/Unfallversicherungsträger. Kommentar zum Vertrag – Gebührenverzeichnis mit Nebenkostentarif. 3. Aufl. mit der 8. Ergänzungslieferung, Stand 01.03.2007. Deutscher Ärzte-Verlag, Köln

12 Gemeinsam statt einsam – Erfahrungsbericht einer QM-zertifizierten fachärztlichen Gemeinschaftspraxis

Dieses Interview wurde mit Dr. med. Jürgen Blaue und Dr. med. Christopher Klein, den Inhabern der HNO-Praxisklinik am Krankenhaus in Lübbecke, geführt. Die Praxis wird als Gemeinschaftspraxis betrieben, das Spektrum umfasst neben der kompletten HNO-Diagnostik und -Therapie ambulantes und stationäres Operieren mit Belegbetten im Krankenhaus und verschiedene Schwerpunkte wie Diagnostik und Therapie des Schwindels, Tinnitusdiagnostik und -therapie, schlafmedizinische Diagnostik und Allergologie.

Warum haben Sie sich für eine Doppelpraxis entschieden?

Dr. Blaue: In der Kleinstadt Lübbecke gab es zunächst zwei HNO-Kassensitze, die als getrennte Praxen betrieben wurden. Als vor elf Jahren der eine der beiden Kassensitze aus Altersgründen abzugeben war, war für mich sofort klar, dass ich eine Kooperation mit dem Nachfolger anstreben würde. Der wichtigste Grund ist, dass Konkurrenz in einer Kleinstadt (Lübbecke hat ca. 25 000 Einwohner) eher negativ ist. Sie belastet beide Kollegen sowohl finanziell als auch psychisch. Ich habe mich daher sofort darum bemüht, meinen ehemaligen Kollegen aus der Klinik, Herrn Dr. Klein, als Übernahmekandidaten zu gewinnen und mit ihm eine größere Gemeinschaftspraxis zu gründen, was sehr gut funktioniert hat.

Warum haben Sie sich für eine Gemeinschaftspraxis und nicht für eine Praxisgemeinschaft entschieden?

Dr. Klein: Wir haben darüber durchaus länger diskutiert. Unsere Entscheidung hatte verschiedene Gründe:

◢ Wir strebten von Beginn an ein produktives Miteinander an, wofür uns die Gemeinschaftspraxis als die leichtere Organisationsform erschien. In einer Praxisgemeinschaft führt letztendlich jeder doch seine eigenen Geschäfte und Synergien entstehen nicht so leicht wie in einer Gemeinschaftspraxis.

◢ Wir hatten eigentlich immer eine gemeinsame Strategie und gleiche Visionen, was die Entscheidung für eine Gemeinschaftspraxis erheblich vereinfacht hat.

◢ Wir sind beide vom Typ her Teamplayer und wollten dies auch nach außen hin durch unseren Geschäftsauftritt demonstrieren. Dies ist natürlich in einer Gemeinschaftspraxis den Patienten leichter zu kommunizieren als in einer Praxisgemeinschaft.

Was sind für Sie die Vorteile einer Gemeinschaftspraxis?

Dr. Klein: Der wichtigste Vorteil ist das Entwickeln einer gemeinsamen Praxisstrategie. Festzulegen, wo wir gemeinsam hinwollen mit einem klaren Zielkorridoren für die nächsten fünf bis zehn Jahre, hat uns viel Arbeit und Diskussionen gekostet, ist aber die unverzichtbare Basis jeder funktionierenden Gemeinschaftspraxis. An nicht miteinander abgesprochenen Zielen und einer nicht konsentierten strategischen Planung scheitern viele Kollegen. Zahlreiche Praxisgemeinschaften und Gemeinschaftspraxen gehen meines Erachtens hauptsächlich deshalb wieder auseinander, weil diese Grundvoraussetzung fehlt. Die tägliche Arbeit miteinander abzustimmen und zu planen, das ist für alle selbstverständlich, und darauf wird oft auch viel Mühe verwendet. Ohne einen strategischen Plan dahinter kann aber das operative Geschäft (und damit meine ich nicht die Operationen, sondern die tägliche Routinearbeit) nicht wirklich geplant und realisiert werden. Unserer Meinung nach kommt das doch in sehr vielen Praxen zu kurz, und auch wir mussten dies erst langsam lernen.

Ein weiterer wichtiger Vorteil ist der geschlossene gemeinsame Außenauftritt als Praxisteam. Dies wirkt nach innen und außen. Für die Mitarbeiter und auch für uns beide als Kollegen macht das Arbeiten einfach mehr Spaß. Wir stimmen uns untereinander ab, nicht nur was Arbeitszeiten und den Umgang mit Mitarbeiterinnen und Patienten betrifft, sondern z.B. auch zu medizinischen Fällen und Fragestellungen. Unsere Fort- und Weiterbildungsspektren koordinieren wir, sodass sich für die Praxis größtmögliche Synergien ergeben. Jeder lernt vom anderen, und das halten wir aus qualitativen Gründen auch für selbstverständlich. Dies ist natürlich nur möglich, weil wir uns gegenseitig schätzen und nicht in Konkurrenz zueinander stehen. Insgesamt ist durch die gemeinsame Praxisstrategie eine hohe Identifikation mit der Praxis als Ganzes gegeben, was auch die Mitarbeiterinnen spüren; dies kann man fast schon als wirkliche Corporate Identity beschreiben. Wir haben deshalb auch zehn Jahre nach unserer Praxisgründung einen Betriebsausflug mit dem gesamten Team nach Rom gemacht, was die Zusammengehörigkeit des Teams noch weiter gestärkt hat.

Für die Patienten ist innerhalb unserer Praxis die freie Arztwahl selbstverständlich. Dadurch, dass wir beide aber merkbar Hand in Hand arbeiten, hat der Patient den Vorteil, jederzeit eine Zweitmeinung einfordern zu können. Unsere Behandlungspfade sind festgelegt und identisch. Hierdurch vermeiden wir Verunsicherungen der Patienten, haben in Zweifelsfällen und auch in kritischen Situationen aber immer den Vorteil eines kompetenten Teams statt einer Einzelmeinung.

Dr. Blaue: Ein weiterer Vorteil einer Gemeinschaftspraxis ist natürlich der wirtschaftliche Gesichtspunkt. In einer großen Doppelpraxis können wir die Praxiskosten trotz einer hohen Arbeitsbelastung gering halten. Dies betrifft nicht nur die Personalkosten, sondern auch die Miete. Unsere Praxis ist sehr großzügig geschnitten, insgesamt aber natürlich kleiner, als zwei Einzelpraxen es wären. Mit drei Behandlungszimmern könnten wir jederzeit einen dritten Partner in die Praxis aufnehmen, ohne weitere Räume anmieten zu müssen. Zurzeit nutzen wir den Raum aber prozessorientiert, was uns im täglichen Ablauf hilft, Zeit zu sparen.

Auch Investitionen rechnen sich für zwei Kollegen immer eher als für einen. In Zeiten gedeckelter Budgets müssen wir mit dem zur Verfügung stehenden Geld sorgfältig umgehen. Patienten, aber auch KV und Krankenkassen erwarten von uns, dass wir ständig auf dem Stand der Technik sind, was gerade in der modernen HNO-Heilkunde nur mit regelmäßigen Nachinvestitionen möglich ist. Hier haben wir zu zweit erheblich mehr Bewegungsfreiheit als alleine.

Ein ganz großer Vorteil, der viel zu selten angesprochen wir, ist übrigens die gegenseitige Vertretung. Wir stellen unsere Ressourcen fünf Tage in der Woche von morgens 8:00 Uhr bis abends 18:00 Uhr zur Verfügung, samstags operieren wir ambulant. Dabei sind wir natürlich nicht immer beide anwesend, sondern teilen uns die Zeiten (Praxis-Sprechstunde, Operationen, Tinnitusbehandlung etc.) auf. Wir halten die Praxis trotz Budgetierung zwölf Monate im Jahr offen, weil wir glauben, dass dies nicht nur unser Sicherstellungsauftrag erfordert, sondern auch für Patienten wichtig ist. Trotzdem achten wir schon im eigenen Interesse darauf, dass wir unsere Arbeitsfähigkeit durch ausreichende Urlaube aufrechterhalten, in denen wir uns gegenseitig vertreten. Darüber hinaus haben wir vertraglich festgelegt, dass wir uns im Krankheitsfall bis zu sechs Monate gegenseitig vertreten, bevor sich in der Umsatzverteilung etwas ändert. Gott sei Dank war dies bisher noch nicht der Fall, aber der Passus beruhigt schon ungemein und macht darauf abgestimmte preisgünstige Vorsorgeabschlüsse möglich.

Dr. Klein: Übrigens kann die Wichtigkeit eines Vertrages für die Praxispartner nicht oft genug betont werden. Auch wenn man diesen in der Regel (wie einen Ehevertrag) nur benötigt, wenn etwas schief geht, halten wir ihn für unglaublich wichtig und haben hier auch in professionelle juristische und betriebswirtschaftliche Beratung investiert.

Sehen Sie Nachteile in einer Gemeinschaftspraxis?
Dr. Blaue: Nachteile wäre vielleicht zu viel gesagt, aber es gibt natürlich auch Unangenehmes, das angesprochen werden muss. Zum Beispiel darf man nie vergessen, dass man in einer Gemeinschaftspraxis für die Behandlungsfehler des Kollegen mit haftbar ist. Um damit umzugehen, muss man sich gegenseitig schätzen und vertrauen, sowohl fachlich als auch menschlich.

Auch die Patienten machen uns beide für vermeintliche Fehler oder Missstände verantwortlich, beispielsweise bei Wartezeiten oder Therapieresistenz von Beschwerden. Daran muss man sich gewöhnen und darf sich unter keinen Umständen gegenseitig in den Rücken fallen.

Ungewohnt war für mich nach fünf Jahren Einzelpraxis auch, dass man in einer Doppelpraxis gelegentlich Kompromisse schließen muss. Natürlich wird das aufgewogen durch die vielen Vorteile, aber nicht mehr einfach die Dinge ohne Absprachen so regeln zu können, wie man selbst es für richtig hält, war am Anfang ungewohnt. Oft

zeigt sich erst im Nachhinein, dass die Ideen des Partners gut waren.

Dr. Klein: Noch etwas muss man immer im Fokus behalten: Die medizinischen Fachangestellten versuchen in kritischen Situationen manchmal, die Chefs gegeneinander auszuspielen. Bei uns ist dies nicht der Fall, was daran liegt, dass Herr Blaue und ich sehr viel miteinander reden, das Team dies weiß und es daher schwer ist, uns auseinanderzudividieren.

Wenn Sie Ihre wichtigsten Tipps für eine funktionierende Gemeinschaftspraxis geben sollten, was würden Sie empfehlen?
Dr. Klein:

◢ Unter allen Umständen muss man nach innen und nach außen eine Einheit demonstrieren. Absolutes Tabu ist Kritik aneinander vor anderen, egal ob innerhalb der Praxis oder gegenüber Patienten oder Kollegen oder gar in der Öffentlichkeit.

◢ Die Kollegen untereinander müssen ständig kommunizieren: täglich über Routineabläufe und Aktuelles, darüber hinaus möglichst monatlich außerhalb der Praxis zur Abstimmung größerer Themenblöcke. Einmal im Jahr sollte es einen Tag geben, an dem man miteinander (evtl. mit externer Gesprächsmoderation) die Praxisstrategie durchspricht und gegebenenfalls an die Versorgungsrealität anpasst.

◢ Hilfreich kann auch ein gemeinsames privates Wochenende der Praxispartner sein, bei dem wir neben gemeinsamen sportlichen Aktivitäten auch über die Zukunft der Praxis „philosophieren". Häufig begleitet uns dabei unser Steuerberater.

◢ Man muss fair bleiben. In gegenseitiger Wertschätzung den Partner so akzeptieren, wie er ist, ist eine Conditio sine qua non für eine funktionierende Kooperation.

Sind auch Praxisformen wie die neue über-örtliche Berufsausübungsgemeinschaft für Sie zukünftig ein Thema?

Dr. Blaue: Das WSG und das Vertragsarzt-rechtsänderungsgesetz werden die Vertrags-arztlandschaft sicherlich stark verändern. Wir sehen das positiv, da wir uns in den letzten fünf Jahren schon sehr gut im Wettbewerb positioniert haben. Wir sondieren schon jetzt auch KV-übergreifend das Terrain zur Kooperation mit anderen HNO-Fachärzten, sind aber auch anderen Fachgruppen gegenüber offen, zum Beispiel Neurologen und Internisten, aber auch Pädiatern und Rehabilitationsmedizinern gegenüber.

Dr. Klein: Auch prüfen wir, mit welchen Kollegen wir uns im näheren Umfeld zusmmen-schließen können, um uns im wachsenden Wettbewerb wieder positionieren zu können.

Warum haben Sie vor zwei Jahren den Praxissitz aus der Fußgängerzone ins Krankenhaus verlegt?

Dr. Klein: Die sektorübergreifende Versorgung war schon immer eine wesentliche strategische Option in unserer Praxis. Wir haben Belegbetten im Krankenhaus, weshalb die Kooperation schon immer vollzogen war. Jetzt haben wir wesentlich kürzere Wege zu unseren stationären Patienten, was beispielsweise gerade bei den sehr seltenen, aber doch manchmal sehr gefährlichen Nachblutungen nach Tonsillektomien hilfreich und für Stationspersonal und uns ausgesprochen beruhigend ist.

Ein weiterer Grund für die räumliche Anbindung war aber neben organisatorischen Vorteilen die Diskussion in der Politik, dass ein Grundübel unseres Gesundheitswesens die sogenannte doppelte Facharztschiene ist. Die Gesetzesänderungen, die einen einfacheren Zugang der Krankenhäuser zur fachärztlichen ambulanten Versorgung möglich machen, waren schon vor fünf Jahren absehbar, sodass wir uns vor Überraschungen schützen wollten. Da wir immer sehr gut mit dem Krankenhaus in Lübbecke kooperiert haben, ist schon unsere erste diesbezügliche Anfrage vor vier Jahren auf positives Echo gestoßen. Die Räume waren durch Umstrukturierung der Krankenpflegeschule frei geworden, und wir konnten den Umbau frei gestalten. Entstanden ist eine großzügige, freundliche und moderne Praxis, die den heutigen Patienten-erwartungen besser entspricht als unsere alten Räume in der Stadt. Hinzu kommen Vorteile wie ausreichende Parkplätze und eine perfekte verkehrstechnische Anbindung mit öffentlichen Verkehrsmitteln bzw. Taxen.

Dr. Blaue: Auch der wirtschaftliche Vorteil springt schnell ins Auge. Die Tatsache, dass eine große radiologische Praxis ebenfalls am Krankenhaus eingerichtet ist, erleichtert den reibungslosen Ablauf zwischen Diagnostik und Therapie. Doppeluntersuchungen werden vermieden, die Vorbefunde sind sofort greifbar, der Patient hat kürzeste Wege. Auch andere Ressourcen des Krankenhauses können wir nutzen, wie zum Beispiel die Operationssäle, Narkoseeinrichtungen, spezielle Geräte wie Laser und neurologische Spezialdiagnostik usw. Dabei kommt es auf gute und für beide Seiten finanzierbare Absprachen an, denn manche Investitionen tätigt das Krankenhaus und wir partizipieren; andererseits schaffen auch wir neue Geräte an, auf die die Abteilungen des Krankenhauses zugreifen können. Erleichtert wird dies vor Ort durch einen sehr persönlichen und oft freundschaftlichen Umgang mit den Chefärzten und der Geschäftsführung des Hauses. Wir sind in die Abläufe des Krankenhauses vollständig integriert.

Das ist gelebte Integrierte Versorgung! Sehen Sie weitere Vorteile der Anbindung an das Krankenhaus?

Dr. Klein: Die Flut der gesetzlichen Vorgaben für Arztpraxen ist für uns, die wir in der

Hauptsache ärztlich arbeiten wollen, kaum zu durchschauen. Das geht wahrscheinlich jedem Kollegen in Deutschland so, diese Zeitfresser der Überregulation machen unzufrieden und lassen sich ohne erheblichen persönlichen Einsatz kaum rechtssicher regeln. Im Krankenhaus haben wir den Vorteil, dass wir zum Beispiel schnell und problemlos eine Fachsicherheitskraft und einen Betriebsarzt zur Verfügung haben für die Gefährdungsbeurteilung und den daraus resultierenden Maßnahmenkatalog. Bei Fragen zu meldepflichtigen Erkrankungen, die über unsere aushängenden Listen hinausgehen, haben wir jederzeit die Telefonnummer der Hygienefachkraft zur Hand. Brandschutzrechtliche Auflagen musste aufgrund der Vermieterfunktion das Krankenhaus regeln, aber die Techniker des Krankenhauses stehen uns rund um die Uhr bei Stromausfällen, technischen Störungen oder Wassereinbrüchen (den wir schon hatten) zur Verfügung. Das Reanimationsteam des Krankenhauses ist innerhalb von Minuten bei uns vor Ort, was gerade in einer Praxis mit vielen Allergietestungen sehr beruhigend ist, auch wenn wir es hoffentlich nicht brauchen werden. Unsere Mitarbeiter und auch wir selbst nutzen die Krankenhauskantine, was die Kooperation mit dem gesamten Krankenhausteam fördert. Die Liste der kleinen aber das tägliche Leben erleichternden Vorteile ist lang.

Entstehen Ihnen auch Nachteile durch den Praxissitz am Krankenhaus?
Dr. Blaue: Nein, Nachteile konnten wir bisher keine entdecken. Es wurde uns vorher von vielen Kollegen abgeraten, die die Befürchtung aussprachen, dass die Patienten nur ungern außerhalb der Innenstadt ihren Arzt aufsuchen. Dies hat sich nicht bewahrheitet, im Gegenteil steigen unsere Patientenzahlen trotz Budgetierung kontinuierlich, sodass wir fast an die Grenzen unserer Ressourcen stoßen. Dank einer sehr straffen Organisation können wir aber die zusätzliche

Arbeit bewältigen, und durch die optimalen Räumlichkeiten macht uns allen die Arbeit viel mehr Spaß als früher.

Das liefert uns eine gute Überleitung zum Thema Qualitätsmanagement: Sie waren schon 2004 nach KPQM zertifiziert, als noch niemand über Qualitätsmanagement in Arztpraxen gesprochen hat. Seit April 2007 sind Sie sogar nach QEP zertifiziert, einem die gesamte Praxis umfassenden QM-System der Kassenärztlichen Vereinigungen. Hat Ihnen die Einführung von Qualitätsmanagement etwas gebracht?
Dr. Blaue: Wir können uns heute, vier Jahre, nachdem wir mit QM angefangen haben, nicht mehr vorstellen, wie es ohne gehen könnte. Manches, was heute bei uns unter QM läuft, hatten wir schon immer, es hieß nur anders. Aber erst seit der Einführung von QEP, dem Qualitätsmanagementsystem der KBV und den KVen, können wir das Thema systematisch und strukturiert angehen. Heute findet sich alles, was früher auf uneinheitlichen Zetteln stand, systematisch und für alle leicht auffindbar im QM-Handbuch. Neuerungen oder auch Verbesserungsoptionen werden immer gemeinsam im Team besprochen, schriftlich festgelegt und so schneller und reibungsloser in die Realität umgesetzt, ohne dass ständig wieder und wieder darüber gesprochen werden muss. Wir als Praxisleiter haben die Professionalität unseres medizinischen Fachpersonals durch die gemeinsame Arbeit am und im QM viel stärker wahrgenommen und schätzen sie viel höher ein als früher, was das Arbeitsklima wesentlich verbessert hat. Unsere Mitarbeiterinnen identifizieren sich viel stärker als früher mit der Praxis als Gesamtorganisation, melden Verbesserungsvorschläge an und empfinden sich und uns als Team. Natürlich befreit QM nicht von allen Streitigkeiten im täglichen Miteinander, aber wir streiten uns jetzt sogar anders. Insgesamt ist für uns alle vor allem die eingesparte Zeit wichtig: Durch

bessere Abläufe sind wir heute 30 bis 60 Minuten täglich früher fertig, was bei inzwischen neun Mitarbeiterinnen doch eine Vielzahl von Überstunden vermieden hat.

Dr. Klein: Ein ganz wichtiger Punkt für uns war auch, dass wir doch sehr viele unangenehme gesetzliche Vorgaben und untergesetzliche Normen nur unvollkommen oder auch gar nicht erfüllt haben. Gerade in einer so hoch technischen Praxis wie der unseren spielt das MPG und die Medizinproduktebetreiberverordnung eine große Rolle, der wir uns vor QM doch nur recht halbherzig widmeten. Auch der Arbeitsschutz gehörte nicht gerade zu unseren priorisierten Themen. All dies hat sich durch QM erheblich geändert, wir haben in praktisch allen Bereichen weitestgehend Rechtssicherheit erreicht oder befinden uns zu mindestens auf einem guten Weg.

Der wichtigste Vorteil ist, dass wir durch die miteinander abgestimmte Strategie unserer Praxis nicht mehr getrieben von der Politik agieren, sondern unsere eigenen strategischen Visionen verfolgen. Qualitätsmanagement war für uns nie ein Eingriff in unsere Autonomie als Ärzte und als Unternehmer, sondern im Gegenteil haben wir durch QM unsere Selbstbestimmung erheblich ausgebaut. Natürlich versuchen wir, immer das Ohr am Puls der Zeit zu haben, und nutzen dabei alle Kanäle, die uns zur Verfügung stehen. Aber unsere Prognosen und daraus resultierenden Handlungsoptionen haben sich bisher immer bestätigt. Wir sehen unsere Zukunft weiterhin im KV-System, wobei wir Verträgen mit Kassen oder anderen Organisationen gegenüber jederzeit offen sind. Deshalb haben wir uns modern und zukunftssicher positioniert und uns auch nach einem anerkannten und umfassenden QM-System zertifizieren lassen.

Und noch etwas will ich nicht unerwähnt lassen: Wir haben es nach und nach auch richtiggehend genossen, mal aus unserem täglichen Einheitstrott herauszukommen. Statt über den Eingriff in unsere Autonomie zu klagen, haben wir QM als intellektuelle Herausforderung empfunden und genutzt.

Was sind die Nachteile von QM?
Dr. Klein: Ein vermeintlicher Nachteil ist ganz sicher die zu Anfang investierte Zeit. Die Motivation der Mitarbeiterinnen, neben der anfallenden Arbeit noch weitere Aufgaben zu übernehmen, ging gegen Null. Es war nicht einfach, alle immer am Ball zu halten, und auch wir Ärzte sind gelegentlich nur halbherzig dabei gewesen. Aber das gesamte Team und vor allem unsere QM-Koordinatorin Frau Meyer hat uns vor allem in der zweiten Hälfte der Einführungsphase sehr unterstützt. Mit den immer wieder erlebten Vorteilen, wie eingesparter Zeit, weniger Streitigkeiten durch geklärte und verbindliche Zuständigkeiten, reproduzierbar guter Arbeit usw., gewann das Projekt Fahrt. Es ist wie mit einem Segelboot: Um erst einmal aus dem Hafen herauszukommen, müssen Sie paddeln, rudern oder sonst irgendwie aktiv werden, wobei Sie nur langsam vorwärts kommen. Draußen dann ergreift Sie (hoffentlich!) der Wind, und Sie segeln.

Dr. Blaue: Was uns wundert, ist die Skepsis der Kollegen. QM ist nach wie vor unter den Kollegen ein unbeliebtes Thema, es wird uns oft vorgeworfen, dass wir in vorauseilendem Gehorsam die Politik nur in ihren arztfeindlichen Bestrebungen unterstützen. Wir sehen uns ganz im Gegenteil dazu als eine moderne Einrichtung, die die Anforderungen der heutigen Patienten an Arztpraxen ernst nimmt und versucht, bestmöglich zu erfüllen. Nur das kann Politik dazu überzeugen, dass Ärzte weitestgehend selbstbestimmt agieren können und Eingriffe des Gesetzgebers in der Regel kontraproduktiv sind.

Warum haben Sie sich nach QEP zertifizieren lassen, obwohl das nicht vorgeschrieben ist?

Dr. Klein: Für uns war von vornherein klar, dass eine Arztpraxis heutzutage ein anerkanntes Zertifikat braucht. Wir hatten eine KPQM-Zertifzierung, die ein guter Einstieg in Qualitätsmanagement ist, aber natürlich nicht die ganze Praxis erfasst. Es ist ein bisschen wie beim Schwimmenlernen: Beim „Seepferdchen" kamen wir durchs Becken und waren zu Recht stolz darauf. Anschließend widmeten wir uns sozusagen dem systematischen Schwimmtraining, und unser QEP-Zertifikat ist für uns so etwas wie der DLRG-Leistungsschein.

Dr. Blaue: Nicht unterschätzen darf man bei einer Zertifizierung auch zwei Dinge:

◢ Der Zeitdruck bewirkt, dass man fertig wird und auch unbeliebte Ziele in Angriff nimmt.

◢ Der gemeinsame Feind (und der externe Visitor ist für die Praxis doch zunächst so etwas wie ein Feind) bewirkt, dass alle in der Praxis ein eingeschworenes Team sind.

Der Schwiegermuttereffekt einer externen Begehung ist an sich schon ausgesprochen sinnvoll; wir haben uns vorgenommen, dies intern unter befreundeten Kollegen einmal jährlich zu nutzen, indem wir uns gegenseitig visitieren. Das kostet kein Geld, macht unter Freunden Spaß und man schaut über den Rand seiner Suppenschüssel hinaus.

Können Sie uns noch einen Ausblick für Ihre Praxis und Ihre Vision geben?

Dr. Klein: Wir glauben, dass wir uns in den letzten fünf Jahren eine sehr gute Ausgangsposition erarbeitet haben. Wir wollen zunächst abwarten, was sich aus dem GKV-WSG und dem Vertragsarztrechtsänderungsgesetz für uns Fachärzte entwickelt, zum Beispiel, was uns wann die neuen Pauschalen für Fachärzte bringen werden. Der Entwicklung, dass nunmehr KV-übergreifend die Kooperation mit anderen HNO-Fachärzten und mit anderen Fachgruppen möglich ist, stehen wir grundsätzlich aufgeschlossen gegenüber. Bis hier die Entwicklung etwas besser abzusehen ist, widmen wir uns wie auch schon zuvor der engeren und systematischen Kooperation mit dem stationären Bereich. Wir haben eine Arbeitsgruppe mit der chirurgischen Abteilung des Hauses zur Qualitätssicherung der Schilddrüsenoperationen. Es existiert ein abgestimmtes Konzept einer sogenannten Swing Unit, in der wir gemeinsam mit Neurologen, Internisten, Radiologen und Psychiatern die unterschiedlichsten Genesen des Schwindels evidenzbasiert diagnostizieren und therapieren. Neu ist für uns der Einstieg in die Schlafmedizin, in der wir uns fortgebildet haben und für die wir als Praxis die Vordiagnostik übernehmen, um die Indikation für eine Behandlung in einem Schlaflabor präzise stellen zu können. Schon lange kooperieren wir mit der Rehabilitationsklinik Holsing im Bereich Tinnitus und bieten ein von vielen Krankenkassen anerkanntes Retraining-Konzept an.

Auch die Weiterentwicklung unseres QM-Systems ist eine für uns intern wichtige Maßnahme. Wir werden uns insgesamt als Praxis nach dem bekannten Motto weiterentwickeln: Wenn wir nicht besser werden, werden wir bald nicht mehr gut sein. So haben wir auf der einen Seite mehr Spaß an der Arbeit, die uns immer wieder Neues und Anregendes bietet. Und auf der anderen Seite können wir unsere Geschicke planen und steuern in einem Maße, wie es viele andere Kollegen nicht für möglich halten.

Herr Dr. Blaue, Herr Dr. Klein, wir bedanken uns sehr herzlich für dieses Gespräch und wünschen Ihnen für die Zukunft weiter alles Gute.

Stichwortverzeichnis

Rationelle Arztpraxis
Konzepte für Ihre Zukunft

Die Rationelle Arztpraxis e.V., besteht seit 40 Jahren. Geboren aus der Idee, „Ärzte helfen Ärzten" ist das engagierte Ziel, Praxisführung rationell und wirtschaftlich zu gestalten.

Telefon: 0711-976390,
info@rationelle-arztpraxis.de,
www.rationelle-arztpraxis.de

Dr. med. Manfred Claussen, Vorsitzender

Dipl.rer.pol.techn. Bernd Bundschuh,
Geschäftsführer

20.000 Mitglieder

vertrauen der Rationelle Arztpraxis e.V. als Partner für alles, was wirtschaftliche Praxisführung erfolgreicher macht!

Vorteile:

✔ Kostenlose Rationelle-CD
✔ Günstige Versicherungen
✔ CMS-Arzt-Homepage
✔ Arbeitsschutz: Das Ärztemodell „Sicherheit und Gesundheitsschutz"

✔ Ermäßigung – Kongresse und Seminare
✔ Informationsbroschüren
✔ Kostenloser Informationsservice
✔ u.v.m.

Antwort-Fax: 0711-976398

Rationelle Arztpraxis e.V.

Felix-Dahn-Str. 43

70597 Stuttgart

Bitte senden Sie mir kostenlos zu:
○ **Rationelle-CD**

Anschrift:

Titel	Name/Vorname

Straße	PLZ/Ort

Telefon	E-Mail

Mitgliedschaft für € 12,–/Jahr:
○ **Ich entscheide mich spontan für die Mitgliedschaft.**

Fachrichtung _____ Geb.-Datum _____

BLZ _____ Konto-Nr. _____

Datum, Unterschrift _____